"十三五"国家重点出版物出版规划项目

金融学

经济科学译丛

第二版

Financial Economics

Second Edition

Zvi Bodie

兹维·博迪

Robert C. Merton

罗伯特·C. 默顿 / 著

David L. Cleeton

戴维·L. 克利顿

曹辉 曹音／译
刘澄 曹辉／校

中国人民大学出版社
·北京·

总　序

自新中国成立尤其是改革开放 40 多年来，中国经济的发展创造了人类经济史上不曾有过的奇迹。中国由传统落后的农业国变成世界第一大工业国、第二大经济体，中华民族伟大复兴目标的实现将是人类文明史上由盛而衰再由衰而盛的旷世奇迹之一。新的理论来自新的社会经济现象，显然，中国的发展奇迹已经不能用现有理论很好地加以解释，这为创新中国经济学理论、构建具有中国特色的经济学创造了一次难得的机遇，为当代学人带来了从事哲学社会科学研究的丰沃土壤与最佳原料，为我们提供了观察和分析这一伟大"试验田"的难得机会，更为进一步繁荣我国哲学社会科学创造了绝佳的历史机遇，从而必将有助于我们建构中国特色哲学社会科学自主知识体系，彰显中国之路、中国之治、中国之理。

中国经济学理论的创新需要坚持兼容并蓄、开放包容、相互借鉴的原则。纵观人类历史的漫长进程，各民族创造了具有自身特点和标识的文明，这些文明共同构成了人类文明绚丽多彩的百花园。各种文明是各民族历史探索和开拓的丰厚积累，深入了解和把握各种文明的悠久历史和丰富内容，让一切文明的精华造福当今、造福人类，也是今天各民族生存和发展的深层指引。

"经济科学译丛"于 1995 年春由中国人民大学出版社发起筹备，其入选书目是国内较早引进的国外经济类教材。本套丛书一经推出就立即受到了国内经济学界和读者们的一致好评和普遍欢迎，并持续畅销多年。许多著名经济学家都对本套丛书给予了很高的评价，认为"经济科学译丛"的出版为国内关于经济理论和经济政策的讨论打下了共同研究的基础。近三十年来，"经济科学译丛"共出版了百余种全球范围内经典的经济学图书，为我国经济学教育事业的发展和学术研究的繁荣作出了积极的贡献。近年来，随着我国经济学教育事业的快速发展，国内经济学类引进版图书的品种越来越多，出版和更新的周期也在明显加快。为此，本套丛书也适时更新版本，增加新的内容，以顺应经济学教育发展的大趋势。

"经济科学译丛"的入选书目都是世界知名出版机构畅销全球的权威经济学教材，被世界各国和地区的著名大学普遍选用，很多都一版再版，盛行不衰，是紧扣时代脉搏、论述精辟、视野开阔、资料丰富的经典之作。本套丛书的作者皆为经济学界享有盛誉的著名教授，他们对西方经济学的前沿课题都有透彻的把握和理解，在各自的研究领域都作出了突出的贡献。本套丛书的译者大多是国内著名经济学者和优秀中青年学术骨干，他们不仅在长期的教学研究和社会实践中积累了丰富的经验，而且具有较高的翻译水平。

本套丛书从筹备至今，已经过去近三十年，在此，对曾经对本套丛书作出贡献的单位和个人表示衷心感谢：中国留美经济学会的许多学者参与了原著的推荐工作；北京大学、中国人民大学、复旦大学以及中国社会科学院的许多专家教授参与了翻译工作；前任策划编辑梁晶女士为本套丛书的出版作出了重要贡献。

愿本套丛书为中国经济学教育事业的发展继续作出应有的贡献。

中国人民大学出版社

序　言

　　每年都有数十种新教材出版。这也难怪，正如威利·萨顿告诉法官他为何抢劫银行时所称："那是钱所在的地方。"但是，每隔 10 年才会出现一本具有创新性的新教材，这种教材会开创一种全新且卓越的教学模式。本版《金融学》已经被期待了很长时间。同时，事实证明，它完全值得等待。就像优质的葡萄酒那样，良好的教学适用性同样需要很长的酝酿时间。

　　在此期间，罗伯特·C. 默顿与他人共同获得了 1997 年的诺贝尔经济学奖。他的获奖从不是一个"能否"的问题，而仅是"时间"的问题，这是因为默顿被普遍认为是现代金融理论领域中的艾萨克·牛顿。而且，自从博迪和默顿在麻省理工学院开始研究生生活以来，他们就已经组成了一个高产的团队。作为他们的老师，我欢欣于他们证明了青出于蓝而胜于蓝。对现代专家至关重要的金融范畴正在超越针对期权以及其他依状况而定的衍生工具进行定价的工具范围，这些工具已经并且正在对华尔街造成革命性影响。诚然，所有那些定价工具在理论上和实践上都是很重要的。但是，正如本书的涵盖范围所表明的，本书突出阐明的是生产过程、资本预算、个人金融以及理性估算等主流经济学内容。

　　我感叹道："当我还是一个学生的时候，这些作者在哪里呢？"好了，明天总会更美好，而且未来的学生将收获这些具有创新精神的教师们播种的成果。

　　好好享受此书吧！

保罗·A. 萨缪尔森

麻省理工学院

前　言

自从本教材第一版出版以来，已经过去了 10 年，这是大学金融学教材正常修订周期的 3 倍。为了顺利完成工作，增加了第三位合作者——戴维·L.克利顿。无论怎样，这本教材面世了。

我们写作了本教材的第一版，因为我们坚信，存在针对建构在一般原理之上的入门性金融学教材的需要，这些一般原理适用于所有子领域——公司财务、投资学以及金融市场和金融机构。我们同样坚信，未来依然存在针对这种教材的需要。而且，我们是正确的。

我们和出版方都认识到我们的跨领域一般原理方法面临巨大挑战：大部分美国商学院的入门课程专注于公司财务管理。实际上，由于存在围绕整体金融课程安排的制度性约束，一些完全赞同我们方法的教学人员反而无法采用这本教材。我们预期这本教材在其他国家不会遇到很多诸如此类的僵化对待，在那些国家里，以公司方式讲授金融入门课程的习惯不那么统一。更进一步地，我们认为，由于将金融的功能而不是特定金融机构看做理解金融体系基石的焦点，这种跨领域一般原理方法将彻底超越地缘政治边界。

事实证明，我们的预测是准确的。本教材第一版在美国虽然只取得了适度成功，但是在其他国家是极为成功的。它已经被翻译成 8 种其他语言：汉语（简体中文和繁体中文）、法语、日语、韩语、波兰语、葡萄牙语、俄语以及西班牙语。在中国，这本教材取得了巨大的成功，顶尖高校正在使用它。

《金融学》第一版的热忱采用者之一是戴维·L.克利顿教授。我们的方法与他为经济学专业的学生讲授金融学的方式相吻合。实际上，戴维随后为本教材第一版编写了互动式学习指南，并因此与我们开始了为期 10 年的学术联系，这种学术联系到达的顶点是，他和我们一起共同编写了本教材的第二版。在金融实践惊人变化的条件下，这种变化与过去 10 年间金融体系的全球化相伴随。为了反映现代金融学是经济学的一个分支的事实，我们将书名由《金融学》（*Finance*）改为《金融经济学》（*Financial Economics*）。*

---

* 作为《金融学》第一版的延续，我们在翻译第二版时，还是将书名译为《金融学》。——译者注

教材的涵盖范围

《金融学》是可在第一学期使用的入门教材。它拥有比大部分其他金融学入门教材更加宽泛的范围，而且更加强调一般原理，而大部分其他金融学入门教材通常专注于公司金融。本教材第一版被证明完全适用于经济学专业、法律专业和数学专业的学生，以及那些寻求对整体金融领域有一个完整理解和全面纵览的企业管理人员。

在诸如化学等大部分得到良好发展的学科领域里，教学的范式是入门课程将涵盖一般原理，同时给予学生针对整体学科主题所关注范围的评价。因此，这种教学范式为拥有较狭窄关注焦点的更多特定学科奠定了基础，如有机化学与无机化学。与这种方法相类似，我们的教材将金融学的所有子领域囊括在一个简单且统一的概念性框架之内。

内容与组织

作为一门学科，金融学是针对不确定条件下怎样跨期配置稀缺资源的研究。它存在三个分析"支柱"：跨期最优化（跨期权衡取舍分析）、资产估值和风险管理（包括资产组合理论）。每一个支柱的核心都是一些可以应用于当前关注的全部子领域的基本法则和原理。本书分为六个主要部分：第1部分解释什么是金融，提供金融体系的概览，同时复习公司财务报表的结构与运用。第2、3、4部分对应于三个金融学概念支柱的每一个，同时强调金融原理在居民户所面对的决策问题（以生命周期为基础的财务规划和投资）以及企业所面对的决策问题（资本预算）中的应用。第5部分涵盖资产定价的理论与实践。这一部分解释了资本资产定价模型以及期货、期权和其他或有索取权的定价问题，例如，存在风险的公司债务、贷款担保和杠杆化证券。第6部分处理公司金融领域中的问题：企业的资本结构以及投资机会的实物期权分析。

教学特色

● 例证丰富，旨在说明理论在金融决策过程中的作用。

● 为了帮助学生测查对刚提供材料的理解，设有"快速测查"版块，针对教材中的关键知识点提出概念性问题。

● 设有聚焦于不同领域的专栏。这些专栏包括报刊文章以及理论的应用例证，旨在鼓励学生主动运用理论处理个人事务以及解读金融新闻。

● 章后设有按照主题分类的"问题与疑难"版块。

本版新增部分

《金融学》第二版的显著变化总结如下：

● 增加了种类繁多且数量巨大的专栏。这些专栏以世界范围内的广泛政策问题为特色说明章节主题的应用。

● 完全更新贯穿教材始终的表格和图形。

● 全新的章后疑难问题。绝大多数章后疑难问题已经按照不同的重点被修订或改变，重点检测学生以全新且有创意的方式应用章节中的概念的能力。这些练习激励学生重视并加深他们对关键金融原理的理解。

章节中的主要变化

第1章——金融学概览

● 三个新增的专栏。

第2章——金融市场和金融机构

● 六个新增的专栏；

● 金融市场的大量图表与数据。

第3章——管理财务健康状况和业绩

● 五个新增的专栏。

第4章——跨期配置资源

● 引入针对金融性因子和货币的时间价值计算的标准化符号，这些符号被用于在全书中提出并解决章后疑难问题。

第5章——居民户的储蓄和投资决策

● 四个新增的专栏；

● 新增的统一化最新符号。

第6章——投资项目分析

● 新增的统一化最新符号。

第7章——市场估值原理

● 两个新增的专栏。

第8章——已知现金流的价值评估：债券

● 关于债券定价的新增最新符号；

● 针对利率风险的新增部分，它与附带数字一起说明债券价格对收益率以及收益率变化的敏感程度。

第9章——普通股的价值评估

● 针对证券发行的修订部分；

- 新增的专栏；
- 针对红利折现模型的修订和更新部分。

第 11 章——对冲、投保和分散化

- 新增的专栏；
- 针对可分散风险和不可分散风险的修订部分；
- 包括回归分析与相关系数讨论的经过广泛修订的附录。

第 12 章——资产组合机会和选择

- 两个新增的专栏。

第 13 章——资本市场均衡

- 两个新增的专栏；
- 以新增图表形式针对有效分散化部分的广泛修订。

第 14 章——远期市场与期货市场

- 两个新增的专栏；
- 针对预期和汇率的修订部分。

第 15 章——期权市场与或有索取权市场

- 三个新增的专栏；
- 针对期权特征、期权运作机制以及指数型期权的修订部分。

第 16 章——企业的资本结构

- 四个新增的专栏。

第 17 章——实物期权

- 本章被完全修订，同时重新集中说明怎样在分析复杂战略选择的过程中，运用来源于资本预算以及金融期权定价的模型，这种复杂战略选择涉及实物投资机会的时机选定、规模和顺序；
- 一个新增的专栏。

灵活适用性

本教材的组织方式便于讲授公司理财或财务管理领域传统入门课程的教师采用。然而，对于那些为了反映金融理论和实践的最新进展而正在更新金融课程设置的学校而言，《金融学》提供了一项针对传统入门教材的灵活的替代选择。《金融学》没有专注于公司金融，而是讲授所有金融领域——投资学与金融机构以及公司理财所需的概念性模块和应用性技术。因此，后续选修课程的教师不必像现在这样从零开始详尽阐明这些基础知识。从而，本教材的宽泛性基础方法杜绝了选修课程的大量重复性努力。

本教材的组织方式使得教师在为其授课班级选择讲授的内容和详尽程度方面拥有相当大的自由度。

　　这种灵活的结构安排的一个结果是，希望在入门课程中强调公司理财的教师可以集中讲授第 3 章、第 6 章、第 13 章、第 16 章以及第 17 章，而且仍然可以通过使用第 3 部分和第 4 部分的选定章节，提供针对一般性价值评估和风险管理的有效覆盖范围。而希望在入门课程中强调诸如资产组合选择和期权定价等投资学主题的教师，可以通过涵盖第 4 部分和第 5 部分的更多章节迅捷地做到这一点。

第1部分　金融和金融体系

第 2 部分　时间与资源配置

第 9 章 普通股的价值评估   239

第 4 部分 风险管理与资产组合理论

第 10 章 风险管理的原理   261

第 11 章 对冲、投保和分散化   288

第 5 部分　资产定价

金融和金融体系

第1章 金融学概览

- 你已经开始为未来储蓄，同时所有储蓄均存入银行账户。你应当投资共同基金吗？你应当投资何种类型的共同基金？

- 你已经决定得到一辆轿车。你应当购买它还是租赁它？

- 在大学期间，你当过餐馆服务员，同时正在考虑毕业后开办自己的餐馆。这值得做吗？开办餐馆需要多少资金？你可以从何处得到这笔资金？

- 你正在为一家主要计算机生产商的首席财务官（CFO）提供是否扩张至电信行业的咨询建议。进入该行业预期在接下来的数年中将花费 30 亿美元，此后预期利润每年将增长 10 亿美元。你的建议是什么？

- 你是在世界银行工作的团队成员，目前正在分析拉丁美洲一个小国的贷款申请，这笔贷款为一个重要的水力发电项目提供融资。你怎样决定建议的内容？

这些都是金融决策的例子。通过探究金融学的基本原理，本书将为你提供解决这些例子中的问题以及类似问题的方法。在本章中，我们将对金融学进行界定，同时考察为什么金融学值得学习；然后介绍金融世界的主要参与者——居民户和企业以及它们做出的金融决策类型。

1.1 对金融学进行界定

金融学（finance）研究人们怎样跨期配置稀缺资源。金融决策区别于其他资源配置决策的两项特征是：（1）金融决策的成本和收益是跨期分摊的；（2）无论是决策者还是其他人，通常都无法预先确知金融决策的成本和收益。例如，在决定是否开办自己的餐馆时，你必须在成本（例如，整理场地，购买炉灶、桌椅、装饰酒杯的小纸伞以及其他必需设备的投资）和未定收益（你的未来利润）之间进行权衡，这种未定收益是你预期在未来数年内所获得的收益。

人们在实施金融决策的过程中运用**金融体系**（financial system），金融体系被定义为金融市场以及其他金融机构的集合，这些集合被用于金融合同的订立以及资产和风险的交换。金融体系包括股票市场、债券市场和其他金融工具市场，金融中介（如银行和保险公司），以及对所有这些机构进行监管的监管主体。研究金融体系怎样随时间推移而演变是金融学主题的重要组成部分。

金融理论由一组概念以及一系列数量化模型构成，这组概念集合能帮助你厘清怎样跨期配置资源，而数量化模型则能帮助你评估选择、做出决策并且实施决策。这些基本概念和模型适用于所有决策层次，从你租赁轿车或者开办企业的决策，到一家大型公司的首席财务官进入远程通信行业的决策，甚至包括世界银行为哪个发展项目提供融资的决策。

金融学的一个基本信条是：金融体系的终极功能在于满足人们的消费偏好，包括食物、衣服和住所等全部基本生活必需品。为了便于这种终极功能的实现，企业和政府等经济组织得以产生。

1.2 为什么学习金融学？

这里至少有五个学习金融学的理由：

- 管理私人资源。
- 应对商业世界。
- 追求有趣且值得从事的工作机会。
- 作为公民，做出知情条件下的公共选择。
- 扩展思维。

我们逐一对这五个理由进行详尽阐述。

第一，了解一些金融知识可以帮助你管理自己的资源。你能在对金融一无所知的条件下生活吗？或许能。但是如果你彻底无知，其他人会可怜你。记住古谚："傻瓜难聚财。"

在某些场合下，你将寻求专家的帮助。存在众多提供金融建议的金融专业人士和金融服务企业——银行家、股票经纪人、保险经纪人以及销售共同基金和其他金融产品与服务的企业。如果你是一位潜在客户，这些服务经常是"免费"的。但是你怎样评价所得到的建议呢？学习金融为你提供了进行评价的一个概念性框架。

第二，对金融的基本了解在商业世界里是必不可少的。即使你不打算精通金融，为了能够和金融专业人士进行交流，同时认知他们可以为你做的事情的限度，你同样必须对金融专业人士所采用的概念、技术和术语有充分的了解。

第三，你可能对金融职业生涯感兴趣。金融领域中存在各种各样值得从事的潜在工作机会，以及作为金融专业人士可能遵从的众多人生路径。大部分金融专业人士受雇于金融服务部门，例如银行、保险公司和投资管理部门。然而，其他很多人在非金融性公司或政府部门担任财务管理人员，某些人甚至致力于学术生涯。

居民户、企业和政府部门经常寻求金融咨询师的建议。更进一步地，金融背景

1

为一般性的管理生涯提供了坚实基础，在全世界范围内的大型公司中，许多高层管理人员都从金融领域起步。

专栏 1.1

金融工程中的工作机会

　　在赫赫有名的巴黎综合理工学院，数学教授妮可·厄尔·卡露伊（Nicole El Karoui）持续引领向未来的数量分析师讲授模型化衍生工具的方式。妮可·厄尔·卡露伊教授在通过数理金融课程提供衍生工具知识的领域中发挥着重要作用。由于对这些日益重要的金融工具的理解，她的学生被世界顶尖的投资银行竞相争抢。

　　衍生工具是从一项标的资产的业绩中衍生出其价值的金融合同，最初曾经作为银行对冲风险的套期保值工具使用。在过去，除了提供金融服务以外，投资银行从承销以及交易股票和债券中获得大部分利润。如今，它们的大约 30％ 与证券相关的收入来源于衍生工具。由这种投资结构变化引致的大量需求驱动着服务部门企业。妮可·厄尔·卡露伊教授讲授的课程是使学生在服务部门企业的工作中变得有竞争力的必要专业技能。

　　在为期 6 个月的学术休假期间，妮可·厄尔·卡露伊教授为一家商业信贷银行工作，在此期间，她首次对金融工具的模型化产生了兴趣。她注意到，衍生工具部门的雇员遇到的问题类似于学习随机分析的学生面临的问题——随机分析是针对随机变量随时间推移的影响的研究。当她重新回到教学岗位的时候，她实施了一个数理金融的研究生项目，以满足银行日益增长的了解金融工具的需要。妮可·厄尔·卡露伊教授的学生因专业技能而受到招聘者热捧，这些专业技能使他们能够理解衍生工具的隐含行为。这些核心的数理技巧已经构成投资银行家工作的内在组成部分。

资料来源："Why Students of Prof. El Karoui Are in Demand," *Wall Street Journal*, March 9, 2006.

　　第四，作为公民，为了做出知情条件下的公共选择，应当拥有对金融体系怎样运作的基本理解。金融体系是任何市场经济的重要基础设施部分。实际上，许多人认为一套运行良好的金融机构是经济增长和经济发展的基础要素。作为公民，我们有时必须做出影响金融体系功能发挥的政治性选择。例如，你希望把选票投给赞成废除政府储蓄保险的候选人，还是投给将对股票市场交易实施严格控制的候选人？

　　第五，金融学可能是以纯学术背景为基础的一个极具诱惑力的研究领域。它扩展了对真实世界怎样运作的理解。对金融学的研究有很长的历史。亚当·斯密（Adam Smith）的《国富论》（*The Wealth of Nations*）出版于 1776 年，被广泛认为是经济科学的发轫。一般而言，现在的金融理论家是金融经济学领域的经济学家。实际上在 1990 年和 1997 年，诺贝尔经济学奖都被颁发给了对金融领域有学术贡献的科学家（参见专栏 1.3）。

专栏 1.2

高等教育中的债务融资：大学债券

遍布全国的大学逐步认识到为了筹集运作和投资的资金而发行债务的融资潜力。多年来，大学委托理财规划师管理它们的捐赠基金，而现在一些更富有的院校已经显示出对通过发行债券筹集资金的高涨热情。2006年，为了偿付高等教育负债，它们从初级发行市场筹集了大约330亿美元，这一数字有望在未来迅猛增长。

由于其非营利地位，公共机构和非营利私人机构可以发行免税债券，同时将筹集到的资金投资于高收益率市场。这种战略被证明是极有盈利能力的，它受益于公立大学和非营利私立大学同样免征投资所得税的事实。随后，大学可以利用这些扩展的资源建立新设施，如体育馆、运动设施和影剧院等，所有这些都是新生们极为需要的。随着学生不断期待学校增添高档次的设施，学校可能将继续通过发行更多的债券为其绝大部分运作提供资金。

资料来源："An Education in Finance," *The Economist*，May 18，2006.

1.3 居民户的金融决策

大部分居民户是家庭。家庭存在许多形式和规模。一种极端情形是大家庭，由居住在一个屋檐下，同时共享经济资源的几代人构成；另一种极端情形是独自生活的独身者，大部分人通常并不把独身者看做一个"家庭"。然而，在金融学里，所有这些都被归类为居民户。

居民户面临四类基本金融决策：

● 消费决策和储蓄决策：他们应当将多少当前财富用于消费，同时应当为未来储蓄多少当前收入？

● 投资决策：他们应当怎样投资所节省的资金？

● 融资决策：为了实施自己的消费和投资计划，居民户应当在何时以及采用何种方式使用他人的资金？

● 风险管理决策：居民户应当怎样寻求、以何种条款寻求减少他们面临的金融不确定性，或者什么时候应当增加风险？

作为储蓄部分收入以供未来使用的结果，人们积累了一个能够以不同形式的任意数量持有的财富集合。一种形式是银行账户，另一种形式可能是房地产或是风险企业的股份。所有这些都是**资产**（asset）。资产是拥有经济价值的任何东西。

专栏 1.3

金融领域诺贝尔经济学奖的获得者

1990 年，诺贝尔经济学奖被授予三位学者——哈里·马科维茨、默顿·米勒和威廉·夏普，以表彰他们对金融理论和实践有重大影响的学术贡献。我们简要地阐释他们的贡献。

哈里·马科维茨是现代资产组合理论之父。资产组合理论是关于在风险投资进行选择的过程中，怎样对风险和收益进行权衡取舍的科学研究。在其于 1952 年发表在《金融杂志》(*Journal of Finance*) 上的影响深远的《资产组合选择》(*Portfolio Selection*) 一文中，马科维茨发展了一个数学模型，说明就任何给定的目标收益率而言，投资者怎样实现最低的可能风险。马科维茨模型已经被吸纳进基础金融理论之中，而且被勇于实践的投资经理们广泛使用。

威廉·夏普将马科维茨的结果作为出发点，完善了该结果对资产价格的可能影响。通过加入在所有时间里，为了使每一项风险资产的需求与供给相等，资产价格均会进行调整的假设，威廉·夏普证明了在风险资产的预期收益率中必然存在一个极其特殊的结构 [《资本资产价格：风险条件下的一个市场均衡理论》("Capital Asset Prices：A Theory of Market Equilibrium under Conditions of Risk," *Journal of Finance*，1964)]。在金融理论和实践的众多领域里，夏普理论所提出的结构如今被广泛地作为风险调整的基础使用。

默顿·米勒主要对公司金融理论做出了贡献。他和弗朗哥·莫迪利亚尼（一位更早的诺贝尔经济学奖获得者）在一系列文章中论证了企业的分红和信贷政策。这开始于《资本成本、公司金融与投资理论》(The Cost of Capital, Corporation Finance, and the Theory of Investment) 一文，这篇文章于 1958 年发表于《美国经济评论》(*American Economic Review*)。他们的基础性贡献是，使金融理论家与实践者的注意力集中于公司的股利和融资政策怎样影响企业价值的问题。他们联合写作的论文所发展完善的 M&M（莫迪利亚尼-米勒）定理是现代公司金融理论的基本支柱之一。

1997 年，诺贝尔经济学奖被再次授予金融经济学家。获奖者为罗伯特·C. 默顿（本教材的作者之一）和迈伦·斯科尔斯。评奖委员会也提到了第三位学者，费希尔·布莱克，他在 1995 年 57 岁时猝然辞世，这使他无法分享这一奖项。他们发现了对期权和其他衍生证券进行定价的数学方程，该数学方程已经对金融理论和实践产生了显著的影响。它通常被称为布莱克-斯科尔斯期权定价方程。

当人们选择以何种方式持有他们的累积结余资金集合时，这被称为个人投资或**资产配置**（asset allocation）。除了投资于他们自己的房屋以外，人们经常选择投资于金融资产，如股票或债券。

专栏 1.4

大学贷款市场的新趋势

　　私人学生贷款已经成为消费信贷不断增长且利润丰厚的一部分。它的盈利能力来源于所拥有的相对较高利率以及持续上升的需求，这种需求产生于为学费进行融资的学生数量的增加。与联邦贷款不同，私人贷款可以通过索取市场利率加上预付费用赚取收益。使得私人贷款对投资者而言如此有利可图的这些费用可能构成贷款总金额的 6%～7%。更进一步地，整个国家范围之内学费都在上涨，加之在婴儿潮时期出生的人的子女进入大学的人数不断增加，构成学生贷款需求旺盛的主要因素。不仅上大学的成本持续增加，同时以担保和贷款为表现形式的联邦资助停止增长，而且实际上在很多场合有所降低。更高教育价格与家庭负担教育的能力之间的差距正在扩大，为了填平这一鸿沟，私人贷款出现了。

　　由学生贷款市场协会等贷款者打包提供的私人贷款近来急剧流行，从 1994—1995 年的 5% 开始上升，目前夺取了联邦学生贷款规模的 22%。它们正被赞誉为消费信贷中成长最快而且利润最丰厚的部分。2004—2005 学年，学生贷款总量为 138 亿美元——可望在未来 3 年之内进一步翻番。由于大学生的数量持续与学费一起增长，私人学生贷款行业有望保持强劲的增长纪录。

　　资料来源："Thanks to the Banks," *The Economist*，February 16，2006.

　　当人们借入资金的时候，他们招致了一项**负债**（liability），负债仅是债务的另一种说法。居民户的财富或**净值**（net worth）通过资产价值减去负债价值进行衡量。假设你拥有价值 10 万美元的房屋，并且持有 2 万美元的银行存款。同时，你以房屋抵押贷款（负债）的形式欠银行 8 万美元，而且有 5 000 美元的信用卡未付款项。你的净值是 3.5 万美元：总资产（12 万美元）减去总负债（8.5 万美元）。从根本上说，全部社会资源都归属于居民户，因为它们拥有企业（直接拥有企业，或者通过企业的股份所有权、退休金计划或人寿保险单等拥有企业），同时支付由政府支配的税收。

　　金融理论将人们的消费偏好看成是给定的。虽然偏好可能随时间的推移而变化，但金融理论并不设法解决偏好为什么变动以及怎样变动的问题。[①] 人们的行为被解释为满足那些消费偏好的尝试。企业和政府的行为则从怎样影响人们福利的角度进行考察。

快速测查 1-1[*]

　　居民户必然做出的四类基本金融决策是什么？举出每个类型的一个例证。

---

　　① 理论自身不能解释的基本构成要素被称为是外生的。作为对比，由理论自身解释的基本构成要素被称为是内生的。在金融学中，对金融理论而言，人们的偏好是外生的，而企业的目标则是内生的。

　　* 快速测查的答案可登录中国人民大学出版社官方网站（www.crup.com.cn）下载。——译者注

1.4　企业的金融决策

按照定义，厂商或企业是基本功能为生产产品和提供服务的实体。与居民户一样，企业同样存在不同的类型与规模。一个极端是小作坊、零售店以及个人或家庭拥有的餐馆；另一个极端是巨型公司，如三菱公司和通用汽车公司，它们拥有数十万劳动力和更多数量的所有者。研究企业金融决策的金融学分支被称为企业金融或公司金融。

为了生产产品和提供服务，所有企业无论大小都需要资本。厂房、机器设备以及再生产过程中使用的其他中间投入品被称为物质资本；股票、债券以及用来为获取物质资本提供融资的贷款被称为金融资本。

任何企业都必须做出的第一项决策是它希望进入何种行业，这被称为战略规划。因为战略规划涉及对分布在不同时期的成本和收益的评估，所以在很大程度上它是一个金融决策过程。

企业经常拥有由其主要产品线界定范围的核心业务，而且这种核心业务可以延伸到相关行业。例如，生产计算机硬件的企业也可以选择生产软件，它同样可能选择为计算机提供服务。

企业的战略目标可能随时间的推移发生变化，这种变化有时候是极其剧烈的。一些企业进入看上去互不相关的行业，它们甚至可能完全放弃原有的核心业务，从而企业名称不再与现有业务存在任何关联。

例如，作为一家电话公司，美国国际电话电报公司（ITT）于 1920 年开始运营。20 世纪 70 年代，国际电话电报公司成长为一家大型跨国集团，经营一系列分散化的行业，包括保险、军需品、旅馆、面包店、汽车租赁、矿山开采、林产品、园艺产品和电信等行业。20 世纪 80 年代期间，国际电话电报公司裁撤了很多业务，同时专注于经营旅馆与赌场。到 1996 年，它已经放弃了原有生产电话设备和提供电信服务的核心业务。

一旦企业的管理者已经决定进入何种行业，为了获取厂房、机器设备、研究实验室、商品陈列厅、仓库以及其他诸如此类长期存在的资产，同时为了培训运营所有这些资产的人员，企业的管理者就必须准备一项规划，这就是资本预算过程。

资本预算过程中的基本分析单位是投资项目。资本预算过程包括鉴定新投资项目的构思，对其进行评估，决定哪些可以实施，然后贯彻执行。

一旦企业已经决定它希望实施的项目，它就必须清楚怎样为其融资。与资本预算决策不同，资本结构决策的分析单位并不是个别的投资项目，而是整个企业。进行资本结构决策的出发点是为该企业确定可行的融资计划。一旦通过努力得到一项可行的融资计划，就可以设法解决最优融资组合的问题。

企业可以发行一系列广泛的金融工具和索取权。在这些金融工具和索取权中，一些是可以在有组织的市场中进行交易的标准化证券，例如，普通股、优先股、债券和可转换证券；另一些则是无法在市场上交易的索取权，例如，银行贷款、雇员的股票期权、租赁合约，以及退休金债务。

公司的资本结构决定了谁将得到公司未来现金流的何种份额。举个例子，债券承诺固定的现金偿付，与此同时，股票支付剩余的残值，这些残值是所有其他拥有索取权的人已经得到偿付后剩余的价值。同时，资本结构部分地决定了谁将有机会控制该公司。一般而言，股东通过选举董事会的权利对公司进行控制。但是，债券和其他贷款经常包含约束管理活动的合同条款，这种合同条款被称为承诺。这些承诺性约束给予债权人对该公司事务的某些控制力量。

营运资本管理对企业的成功是极其重要的。如果公司管理层不参与企业的日常金融事务，最好的长期计划也可能失败。即使在一家成长中的成功企业里，现金的流入与流出也可能在时间上并不完全匹配。为了保证能够为营运现金流的赤字提供融资，使营运现金流的盈余得到有效投资从而获得良好收益，管理者必须关心向客户收款以及到期支付账单。

企业在所有金融决策领域如投资、融资和营运资本管理中做出的选择依赖于它的生产技术以及特定的规制、税收和企业运营的竞争环境。政策选择也是高度相互依赖的。

快速测查 1-2

企业必然做出的四类基本金融决策是什么？举出每个类型的一个例证。

1.5 企业的组织形式

企业存在三类基本组织形式：**独资企业**（sole proprietorship）、**合伙企业**（partnership）和**公司**（corporation）。独资企业是指由个人或家庭所有的企业。在该类企业中，资产和负债是出资人的私人资产和私人负债。单个出资人对企业的债务以及其他负债承担无限责任。这意味着如果企业不能偿付它的债务，为了满足企业债权人的需要，可以剥夺出资人的其他私人资产。

许多企业以独资企业起步，然后在企业稳固并开始扩张时改变组织形式。但是诸如餐馆、房产代理或小作坊等企业经常在整个存续期间一直保持独资企业的形式。

合伙企业是指拥有两位或更多所有者的企业。这些所有者被称为合伙人，他们共同分享企业的权益。合伙协议通常规定了怎样进行决策，以及怎样分享利润和分担亏损。如果没有特别指定，所有合伙人就像在独资企业中那样承担无限责任。

然而，限定某些合伙人的责任是可能的，他们被称为有限责任合伙人；至少存在一位合伙人对企业的债务承担无限责任，该合伙人被称为普通合伙人。有限责任合伙人通常并不做出合伙企业的日常决策；普通合伙人进行合伙企业的日常决策。

与独资企业或合伙企业不同，公司是这样的企业：该企业和它的所有者是截然不同的法律主体。公司可以拥有财产、借入资金，以及订立合同，可以提起诉讼或者受到指控。公司通常按照不同于其他企业组织形式适用的规则缴纳税收。

公司章程设定了监管企业自身的原则。股东有权依据所拥有股份数量的比例享有来自公司的任何分配份额（例如现金红利）。股东选举董事会，董事会随之选择经营企业的管理者。通常每股拥有一张选票，但是有时存在拥有不同投票权的不同类别的股票。

公司形式的一项优势是，通常可以在不干扰企业运作的条件下转让代表所有权的股份；另一项优势是有限责任，有限责任意味着如果公司无法偿付它的负债，债权人可以剥夺公司的资产，但是没有权利征用股东的私人资产。在这种意义上，公司执行与合伙企业中的普通合伙人相同的功能，同时公司的股东类似于有限责任合伙人。

在全世界范围内，大企业几乎总是被组织为公司，虽然公司的所有权可能被限定于单独的个人或家庭。在美国，拥有广泛分散化所有权的公司被称为公众公司；而那些拥有集中性所有权的公司被称为私人公司。

不同国家间监管公司组织形式的法律在细节上存在差异，而且即使在一个国家内部，在不同的管辖区域里也可能有所不同。例如，美国以州为层次创设并执行监管公司的法律（参见专栏1.5）。

专栏 1.5

怎样鉴别一家企业是公司？

在美国，公司由其名称后面的"Inc."认定，它代表"被组成公司的"；在法国为"SA"，表示无记名股份公司；在意大利是"SPA"，表示（共同）股份公司；在荷兰为"NV"，表示公众公司；在瑞典则是"AB"，表示公司。

在德国，公众公司被称为"Aktiengesellschaft"，以公司名称后面的字母"AG"认定；而私人公司则是"Gesellschaft mit beschränkter Haftung"，以"GmbH"标记。在英国，公众公司相应的名称为"PLC"，而私人公司则为"LTD"。

目前已知的最早的公司于17世纪在阿姆斯特丹和伦敦成立，同时在英语中被称为联合股份公司（joint stock company）。这一术语已经不再使用。

快速测查 1-3

由个人所有的公司不是独资企业，为什么？

1.6 所有权与管理的分离

在独资企业甚至许多合伙企业中，所有者与企业的当前管理层是同一群人。但是，在许多企业里，尤其在大企业中，所有者并不亲自管理企业。相反，他们把管理责任委托给职业经理人，这些职业经理人可能并不拥有企业的任何股份。企业的所有者至少有五个将公司的运营移交给他人进行管理的理由：

第一，职业经理人的企业运营才能可能更胜一筹。事实可能就是这样，因为职业经理人拥有更好的技术知识、更丰富的从业经验或者更适宜的人格魅力去运营企业。在所有者同时也是管理者的架构中，所有者必须拥有管理者的天赋以及实施生产所必需的金融资源；在所有者与管理者分离的架构里，则不需要这种巧合。

举个例子，考察娱乐行业。更适合管理一家电影制片厂的人可能没有金融资源拥有该企业，同时，持有能够拥有该企业的财富的人可能没有管理企业的能力。因此，在管理方面具有竞争力的人制作并发行电影，富人仅提供资本是有道理的。

第二，为了达到企业的有效规模，可能不得不聚拢众多居民户的资源。例如，对于低预算电影而言，制作单部电影的成本在百万美元以内，而制作普通的长篇电影则需要花费数百万美元。为了达到有效的生产规模，聚拢资源的需要要求拥有众多所有者的企业结构，并不是全部所有者都能积极地参与企业的管理。

第三，在不确定的经济环境中，所有者希望在众多企业之间分散风险。为了最优地进行分散化，需要投资者持有这样的资产组合：在这种资产组合里，每一种证券都要有，但是都只有一小部分。如果没有所有权与管理的分离，这种有效分散化很难实现。

举个例子，假设投资者认为娱乐行业中的企业在未来几年将经营得很好，同时希望在该行业中购买分散化的股份。如果投资者同时不得不管理所投资的企业，那么就不存在可以在众多企业间分散风险的任何途径。公司形式尤其适合为既是投资者又是所有者的人实施分散化提供便利，因为公司形式允许他们持有每家企业的相对较小份额。

第四，分离型结构考虑到了信息搜集成本的节省。管理者可以搜集现有关于企业生产技术、投入成本和产品需求的最精确的信息。该企业的所有者仅需要相对较少地了解企业的技术、运作强度和产品需求。

再次考察娱乐行业。成功管理一部电影的制作和发行需要大量信息。虽然可以用低成本便捷地得到可能被雇用出演一部电影的顶级演员和导演的信息，但是就有关电影制作与发行的其他资源投入而言，情况却不是这样。建立经纪人和临时演员信息网络的成本极高，而且由电影公司的管理人员专门从事这项工作可以最有效地对其进行管理。

第五，存在支持分离型结构的"学习曲线"或者"持续经营"效应。假设所有者希望在此时或者以后某个时日出售全部或部分技术。如果所有者同时必须是管理者，那么为了更有效地管理这家企业，新的所有者不得不从前任所有者那里了解它；然而，如果所有者没有必要是管理者，那么在企业被出售后，管理者还可以继续在位并且为新的所有者工作。当一家企业首次向公众发行股份的时候，即使原来既是所有者又是管理者的人不再持有该企业的任何股份，他们也经常继续管理企业。

因为公司形式可以在不影响企业运作的条件下通过股份转让使所有者相对频繁的变化成为可能，所以它尤为适合所有者与管理者的分离。在全世界范围内，很多公司股份正在转手，同时极少存在对企业管理和运作的影响。

快速测查 1－4

使企业所有权与管理分离的主要理由是什么？公司组织形式怎样为这种分离提供便利？

除了所有支持所有权与管理分离的理由以外，分离型结构也引起所有者与管理者之间的潜在利益冲突。因为公司的所有者仅拥有关于管理者是否有效地为其利益服务的不完全信息，所以管理者可能忽视他们对股东承担的责任。在极端的情形下，管理者甚至可能逆股东利益行事。古典经济学之父亚当·斯密将其总结如下：

> 然而，作为他人资金而不是自己资金的管理者，不能完全指望这些（联合股份）公司的经理们使用和私人合伙企业中的合伙人频繁照看自己资金时相同的警觉性照管这些资金。就像富人的管家，他们倾向于关注小事情而不是主人的荣誉，并且极易自我宽宥持有这种态度。因此，或多或少，疏忽和慷慨一定总是同时存在于这种公司的事务管理之中。[①]

在那些可以用合理成本解决所有者和管理者之间潜在利益冲突的企业环境中，我们有望看到企业的所有者并不是该企业的管理者。我们可以预期，企业的所有权将在众多个人之间分散。更进一步地，随着时间的推移，我们可望看到所有权构成的变化比管理层构成的变化更加常见。

1.7　管理的目标

因为公司的管理者受雇于股东（通过董事会），所以管理者的基本约束是依照股东的最大利益进行决策，这不是管理层的唯一目标。和社会中的其他所有人一样，公司管理者必须遵守法律。他们同样被期待尊重道德规范，而且以对股东而言合理的成本在可能的时候推进理想的社会目标。[②]

---

① Adam Smith，*The Wealth of Nations*（Chicago：University of Chicago Press，1977）．
② 我们假定股东财富最大化目标并不必然与其他理想的社会目标产生冲突。

1

然而，即使我们将公司管理层的目标专门限定于为股东利益最大化服务，管理者怎样实现这一目标仍不明确。原则上，管理者可以和所有者共同审查包括生产选择、资本获得成本等在内的每项决策，同时询问所有者更偏好何种组合。但是在那种情况下，所有者不得不像自己正在管理企业那样具备相同的知识，并且花费同样长的时间。因此，雇用管理者运营企业没有什么意义。

更进一步地，虽然在企业所有者较少时，这一流程可能是可行的，但是随着股东数量逐步增加，这一流程将变得完全不切实际。实际上对于大型跨国公司而言，股东人数可能超过百万，而且这些股东可能位于不同国家。因此，找到指引企业管理者的目标或原则，从而不需要针对大部分决策对所有者进行"民意测验"是完全必要的。

为了行之有效，这一原则不应当要求管理者知道股东的风险偏好或观点，因为获得这种数据几乎是不可能的。即使这些数据在某一时点可以得到，它们也随时间的推移而发生变化。实际上，因为股份每天都在转手，所以公司的所有者每天都在变动。因此，为了可行，恰当的原则应当与所有者是谁无关。

如果找到了管理者遵从的可行原则，该原则可以引导管理者做出与每位单个所有者自己做决策时相同的投融资决策，那么这项原则明显是最恰当的原则。最大化当前股东的财富恰好就是一项这样的原则。[①] 我们解释因何如此。

举个例子，假定你是一家公司的管理者，试图在两项相互替代的投资之间做出抉择。这种抉择是在一项极具风险和一项极其安全的投资项目之间进行。某些股东可能希望避免冒险，另一些股东可能对投资项目的未来持悲观态度，还有一些股东是风险偏好者，或者对投资项目的产出持乐观态度，那么管理者怎样才能从现有全部股东的最大利益出发做出决策呢？

假设实施风险项目比实施安全项目更能增加该企业股份的市场价值。即使某些股东极希望将其资金投入更安全的资产，作为公司的管理者，你选择更安全的项目也没有体现这些股东的最大利益。

这是因为在运转良好的资本市场中，股东可以通过出售你所管理公司的一些股份，同时将出售所得投资于安全资产来降低个人资产组合的风险。通过接受更有风险的项目，即使厌恶风险的股东最终境况也会变好。此时，这些股东将拥有额外的美元，在他们认为合适的时候进行投资或者消费。

因此，我们看到单个所有者希望管理者选择最大化其股份市场价值的投资项目。与管理者决策相关的唯一风险是项目的风险，该项目影响这家企业股份的市场价值。

股东财富最大化原则依赖于公司的生产技术、市场利率、市场的风险溢价和证券价格。它引导管理者做出投资决策，这种投资决策与每位单个所有者自己做决策时所做出的投资决策相同。与此同时，股东财富最大化原则不依赖于所有者的风险

---

① 如同任何包罗万象的格言那样，这一原则并不总是正确的，需要满足几项条件：首先，它假定存在运行良好且具有竞争性的资本市场。其次，它假定管理者不做出违法或不道德的决策。

规避态度以及财富，于是它可以在没有任何关于所有者的特定信息的条件下做出。因此，股东财富最大化原则是管理者在运营企业的过程中应当遵循的"适宜"原则。管理者可以遵从这一原则，而不用每当决策问题出现时，就对所有者进行"民意测验"。

学者以及其他公司行为的评论者们有时断言，管理者的目标是最大化公司的利润。在某些特定条件下，利润最大化与股东财富最大化导致相同的决策。但是一般而言，利润最大化原则有两个根本的模糊之处：

● 如果生产过程需要多个时期，那么哪一期的利润将被最大化？

● 如果未来的收入或者费用是不确定的，那么当利润由概率分布表述的时候，"利润最大化"的含义是什么？

我们对利润最大化原则的两个问题进行说明。首先是多个时期的问题。

假设该企业面临两个项目之间的选择，两个项目都需要 100 万美元的初始必要资金，但是具有不同的存续时间。项目 A 预期 1 年后回报 105 万美元并随后终止。因此，它的利润为 5 万美元（105 万美元减去 100 万美元）。项目 B 将存续 2 年，第一年没有任何回报，2 年后回报 110 万美元。在这个例子中，你怎样应用利润最大化原则？

现在我们说明在不确定环境中运用利润最大化原则的困难之处。假设你是一家企业的管理者，试图在两个投资项目中做出选择。两个项目都需要 100 万美元的初始必要资金，同时都在一个存续期内产生全部回报。与前面的例子一样，项目 A 将确定支付 105 万美元。因此，毫无疑义，项目 A 的利润是 5 万美元（105 万美元减去 100 万美元）。

项目 C 拥有不确定的回报。它支付 120 万美元或者 90 万美元。每项回报拥有 0.5 的概率。因此，项目 C 或者产生 20 万美元的利润，或者产生 10 万美元的亏损。在这种背景下谈及"选择最大化企业利润的项目"意味着什么？

与利润不同，企业股东权益的当期市场价值依然得到恰当界定的事实是明显的（例如，IBM 公司的未来现金流是不确定的，但是存在确定的当前股票价格）。因此，与利润最大化原则不同，当企业的未来现金流不确定时，股东财富最大化原则不会引起任何歧义。

快速测查 1 - 5

相对于利润最大化原则而言，股东财富最大化原则为什么是企业管理者应当遵从的更好原则？

当然，管理者还承担估计其决策对企业股票价值影响的艰巨任务。因此，在前述说明中，为了在项目 A 和项目 B 之间或者项目 A 和项目 C 之间进行选择，管理者不得不决定哪个项目可能最大限度地增加企业价值。这不容易，但是做出这种决策的判断标准是明晰的。

因此，管理者的目标是进行可以最大化对其股东而言的企业价值的决策。执行这种判断标准的主要挑战是获取关于管理者决策对企业价值产生的可能影响的信息，当能够观察到自己的股票和其他企业股票的市场价格时，管理者的任务就变得更加容易。

实际上，在不存在这种市场价格信息的条件下，完全了解管理者怎样执行这种判断标准是极其困难的。虽然假设优秀管理者所拥有的本企业生产技术信息不输于任何人是合理的，但是根据这些内部信息（对该企业而言）不足以做出有效的决策。在不存在股票市场的条件下，管理者需要外部信息（对该企业而言），即所有者的财富、偏好以及其他投资机会，这些外部信息即使不是不可能得到的，也是成本高昂的。

因此，股票市场的存在使管理者能够用相对容易获得的外部信息集合——股票价格，替换另外的几乎无法获得的信息集合——关于股东的财富、偏好以及其他投资机会的信息。因此，运转良好的股票市场的存在为企业所有权与管理的有效分离提供了便利。

注意，在某些方面，公司的高层管理者和跟踪企业的外部股票分析师面临相同的任务。两类人群都对回答这个问题感兴趣：管理者采取的行动怎样影响企业股票的市场价格？重大区别是，管理者是那些确实进行决策并对实施决策负有责任的人。

能说明公司高层管理者目标的是年度报告。公司首席执行官的公开信经常会陈述公司高层管理者的财务目标是什么，以及实现这些财务目标的整体战略计划（参见专栏1.6）。

快速测查 1-6

运转良好的股票市场怎样为企业所有权与管理的分离提供便利？

专栏 1.6

公司财务目标与年度报告

以下是霍尼韦尔（Honeywell）公司1994年年度报告的摘录。霍尼韦尔公司的董事会主席兼总裁迈克尔·R.邦西格诺（Michael R. Bonsignore）在给其股东的信中写道：

具有增长的盈利能力、愉悦的顾客和管理的全球领先地位，这些是全世界的霍尼韦尔人和我为自己设立的霍尼韦尔公司的愿景。这一愿景体现了我们希望成为什么样的公司，它构成我们怎样设定目标的基础，同时界定了我们将怎样达成公司的意图，这项意图就是为我们的股东创造价值……

公司现在正在为达到最基本的财务目标即第一季度总体股东收益而努力。我们将股东收益定义为股票价格的升值加上股票再投资的股息。

我们的管理团队正在坚定不移地为实现这一目标而努力，这也是我们公司关系到长期激励体系的关键目标。我们的短期薪酬计划针对经济增加值进行奖励。我们已经建立了整体性财务规划，该财务规划在每一项股东价值的驱动因素中都设定了极富进取性的目标：销售额增长率、营业利润率、营运资本、资本支出和税收。

1.8　市场性管束：收购

这里存在什么力量能够驱使管理者按照股东的最大利益行事呢？股东可以通过投票罢免的方式解雇管理者，但是，因为分散型结构的主要好处是可以保持所有者对企业运作相对不知情，所以这些所有者用来了解其企业是否正处于混乱管理之下的方式并不是显而易见的。

如果这家企业的所有权被广泛分散，作为强制执行手段的投票权的价值将进一步令人困惑。假如情况是那样（所有权被广泛分散），那么任何单个所有者持有的份额可能如此之小，以至于他将无法承担知情成本，而且无法承担将这些信息传递给其他所有者的成本。① 因此，仅依靠投票权自身对摆脱这一困境收效甚微。

竞争性股票市场的存在为保持管理者动机与股东动机一致提供了另一项重要机制，这项机制被称为收购。

为了考察收购的威胁怎样驱使管理者按照股东的最大利益行事，假设某行动主体，称为收购竞标者，已经确定了一家管理明显混乱的企业（也就是说，这家企业的管理者已经选择了一项投资计划，这项投资计划将导致该企业的市场价值明显低于该企业资源所能实现的最大价值）。如果这个收购竞标者成功地购买到这家价值被低估企业的足够股票，从而获得了控制力量，那么它可以用能够最优化运营企业的管理者替换现有的管理者。

由于已经宣布了企业投资计划的变更，因此为了获得立即实现的利润，收购竞标者现在可以按照新的市场价格出售企业股份。注意，收购竞标者不需要增加任何有形资源去获得这种利润。因此，它所要承担的唯一支出是确定一家管理混乱的企业的成本，以及获取这家企业股票的成本。

虽然确定一家管理混乱的企业的成本的方法不尽相同，但是如果收购竞标者恰好是这家企业的供货商、客户或者竞争对手，那么这种成本可能会很低。这是因为它可能已经基于其他目的搜集到了所需的大部分信息。因此，即使没有因确定管

① 这被称为投票悖论。这个悖论是指当存在众多投票者时，任何投票者的个别选票都不足以重要到影响最终结果，投票悖论不能为任何单个投票者承担知情成本和行使投票权提供回报。

理混乱企业的显著理由而投入资源，收购机制依然可以发挥作用。

然而，如果企业的显著管理混乱状态是广泛存在的，那么按照与研究新实际投资项目几乎相同的方式投入资源去寻找管理混乱的企业是值得的。现实中确实存在擅长恶意收购（针对管理者）的企业。因此，收购威胁是可信的，随之而来的管理者更换为在任管理者（按照自我利益行事）为了股东利益而最大化市场价值提供了一项强有力的激励。

实际上，即使没有来自股东的任何明确指令或者有关优秀管理的理论知识，作为一种自我保护，同样可以预期管理者会沿着价值最大化的方向行进。进一步地，应当注意到，管理混乱的根源是不称职还是对不同目标的追求是无关紧要的，收购机制对校正任何一种情况都同样有效。

政府政策可能降低收购机制的有效性。例如，在一项防止在不同产品市场形成垄断的尝试中，美国司法部在反垄断法的框架下采取法律行动阻止可能降低竞争程度的兼并或收购。因为供货商、客户以及竞争对手更可能成为管理混乱企业的收购竞标者，所以这项公共政策有降低收购威胁的倾向。

快速测查 1-7

收购威胁怎样充当解决公司所有者与管理者之间利益冲突的机制？

1.9 财务专家在公司中的角色

实际上一家公司所做出的全部决策至少部分与金融有关，因为这些决策涉及跨期分布的成本与收益之间的权衡取舍，因此，在大公司中，上至高层行政管理人员，下至单个生产单位、营销单位、研究实验室以及其他部门的经理，几乎所有的管理者都在使用财务专家的服务。

作为一个由擅长财务的公司管理人员组成的志愿性组织，高级财务管理人协会提供了财务管理人员的宽泛定义，财务管理人员是任何有权执行表 1-1 所列职能之一的人员。

表 1-1   **公司中的财务职能**

1. 制订计划

作为管理不可或缺的部分，建立、协调及执行一个控制运营的充分计划。按照企业的需求程度，这项计划至少应当提供下述内容：

a. 长期和短期的财务规划和公司规划

b. 资本支出预算和/或运营预算

c. 销售预测

d. 业绩评价

e. 定价政策

续表

f. 经济形势评测
g. 收购及撤资分析
2. 资本供应
企业所需资本的供给程序的建立与执行
3. 资金管理
a. 现金管理
b. 银行融资安排的维持
c. 公司资金和证券的接收、保管和拨付
d. 信贷管理以及募集资金的管理
e. 退休金的管理
f. 投资的管理
g. 保管的职责
4. 会计与控制
a. 会计政策的建立
b. 会计数据的开发和报告
c. 成本确认标准
d. 内部审计
e. （会计）体系和程序
f. 针对政府的报告
g. 针对管理层的运营结果的解释和报告
h. 将业绩与运营计划及标准进行比较
5. 资产保护
a. 提供所需承保范围
b. 通过内部控制和内部审计为企业资产提供防护，避免损失
c. 不动产的管理
6. 税收管理
a. 税收政策与程序的设立和管理
b. 与税收征收机构的联系
c. 税收报告的准备
d. 税收规划
7. 投资者关系
a. 建立并维护与利益相关投资者群体的联系
b. 与公司股东交流机制的建立与维护
c. 向分析师进行咨询——公共财务信息
8. 评估与咨询
针对公司的政策、运营、目标及其效果，与公司其他管理人员进行商讨并为他们提供建议
9. 管理信息系统
a. 电子数据处理设备的开发与使用
b. 管理信息系统的开发与使用
c. 系统与程序的开发与使用

资料来源：高级财务管理人协会。

财务功能的组织以及财务功能与其他部门的关系随公司的不同而不同，但是图1-1展示了一家大型公司的典型组织结构。

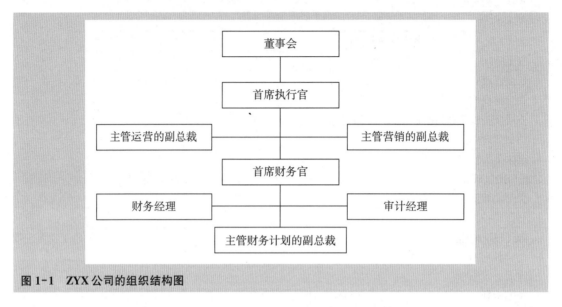

图 1-1　ZYX 公司的组织结构图

公司的首席执行官处于上端，通常也是总裁。首席财务官负责该公司的所有财务职能，同时是直接向首席执行官报告的高级副总裁。这家公司还有负责营销与运营的高级副总裁。在大型公司里有时还有首席运营官，负责执行首席执行官的公司战略。

首席财务官拥有三个向他报告的部门：计划部门、资金部门和审计部门，每一个部门由一位主管领导。主管财务规划的副总裁负责分析主要的资本支出，如进入新行业或退出现有行业的提议。这项工作包括对所提出的兼并、收购和撤资进行分析。

财务经理负责管理该公司的财务活动，同时负责营运资本的管理。财务经理的工作包括处理与外部利益相关投资者群体的关系、管理公司的现金头寸和利率风险，以及管理税务部门。

审计经理监督该公司的会计和审计活动，其中包括内部报告的准备（内部报告对公司不同业务单位的计划与实际的成本、收益和利润进行比较），也包括财务报表的准备，这些财务报表供股东、债权人和监管部门使用。

小　结

金融学是研究怎样跨期配置资源的学科。金融学区别于其他学科的两项特征是金融决策的成本和收益是跨期分布的，同时决策者或其他人通常都无法预先确知金融决策的成本和收益。

金融学的一个基本信条在于金融体系的根本功能是满足人们的消费偏好，企业和政府等经济组织的存在则是为了便利这种根本功能的实现。许多金融决策能够在改进人们所得的权衡取舍的基础上做出，而无须关于其消费偏好的知识。

这里至少有五个学习金融学的重要理由：

- 管理私人资源。
- 应对商业世界。
- 追求有趣且值得从事的工作机会。
- 作为公民，做出知情条件下的公共选择。
- 扩展思维。

金融理论中的行动主体是居民户、企业、金融中介以及政府。居民户在金融理论中处于特殊的地位，这是因为金融体系的根本功能是满足人们的偏好，同时金融理论将人们的偏好看成是给定的。金融理论将居民户的行为解释为满足其偏好的尝试，企业的行为则从它们怎样影响居民户福利的角度进行考察。

居民户面对四类基本的金融决策：

- 消费决策和储蓄决策：他们应当将多少当前财富用于消费，同时应当为未来储蓄多少当前收入？
- 投资决策：他们应当怎样投资所节省的资金？
- 融资决策：为了实施自己的消费和投资计划，居民户应当在何时以及采用何种方式使用他人的资金？
- 风险管理决策：为了降低他们所面临的金融不确定性或者承担已经计算得出的风险，居民户应当怎样选择以及选择何种期限？

在企业中存在金融决策的三个主要领域：资本预算决策、资本结构决策和营运资本管理决策。

这里有五个将管理从企业所有权中分离出来的理由：

- 职业经理人的企业运营才能可能更胜一筹。
- 为了达到企业的有效规模，可能不得不聚拢众多居民户的资源。
- 在不确定的经济环境中，所有者希望在众多企业之间分散风险。如果没有所有权与管理的分离，这种有效分散化很难实现。
- 分离型结构考虑到了信息搜集成本的节省。
- 存在支持分离型结构的"学习曲线"或是"持续经营"效应。当所有者同时也是管理者的时候，为了有效管理企业，新的所有者不得不从前任所有者那里了解该企业；如果所有者不是管理者，那么当企业被出售的时候，管理者可以继续在位并为新的所有者工作。

由于公司形式可以在不影响企业运作的条件下，通过股份转让使所有者的相对频繁变更成为可能，因此尤为适合所有者与管理者的分离。

公司管理者的根本目标是最大化股东的财富，这引导管理者做出与每位单个所有者亲自进行决策时相同的投资决策。

竞争性股票市场将强有力的约束强加于管理者，迫使其采取行动最大化企业股票的市场价值。

关键术语

金融学　金融体系　资产　资产配置　负债　净值　独资企业　合伙企业　公司

问题与疑难

对金融学进行界定

1. 在生活中你的主要目标是什么？金融怎样在实现那些目标的过程中发挥作用？你所面临的最重要的权衡取舍是什么？

居民户的金融决策

2. 你的财富净值是什么？你的资产与负债中包括什么？你将潜在的终生赚钱能力的价值列为资产还是负债？在价值方面，它怎样与你已经列出的资产进行类比？

3. 独自生活的单身汉所面临的金融决策怎样不同于对一些处于上学年龄的孩子负有责任的家长所面临的金融决策？是他们不得不做出的权衡

取舍存在差异，还是他们对权衡取舍的评价不同？

4. 家庭 A 和家庭 B 都由父亲、母亲和两位处于上学年龄的孩子构成。在家庭 A 中，两位家长都有工作，同时两人每年共赚取 10 万美元的收入。在家庭 B 中，只有一位家长在外工作，并且每年赚取 10 万美元的收入。两个家庭所面临的金融环境和金融决策有什么不同？

5. 假定我们将财务独立定义为在做出财务决策时，在不求助使用亲戚资源的条件下参与四项居民户基本金融决策的能力，那么应当预期孩子应在多大年龄时财务独立？

6. 你正在考虑购买一辆汽车，通过解决下述问题分析这项决策：

a. 除了购买汽车以外，是否存在满足交通需要的其他方式？列出所有的可替代选择，并且写出赞成或反对的依据。

b. 你可以为购买汽车融资的不同方式有什么？

c. 至少从三位不同的汽车融资提供商那里获取所提供的期限信息。

d. 在进行决策的过程中，你应该使用的判定标准是什么？

7. 将下述每个例子与居民户的四类基本金融决策之一进行匹配：

● 在超市使用借记卡支付，而不是花费时间签支票。

● 决定从中奖彩票中提取所得，同时用所得支付在意大利沿海的延长假期费用。

● 听从希拉里的建议，出售微软公司的股票并投资冷冻猪腩肉期货。

● 通过让 15 岁的儿子在乡间公路上驾车去集镇，帮助他学习驾驶。

● 接受来自浴具供应公司的报价，这份报价允许你用前 3 个月零支付的 15 个月贷款偿还新浴缸的费用。

企业的组织形式

8. 你正在考虑开办自己的企业，但是没有资金：

a. 思考在不需要借入任何资金的条件下所能开办的企业。

b. 现在思考如果能按照现行市场利率借入任意数量的资金，那么你希望开办的企业。

c. 在这家企业中，你面临的风险是什么？

d. 你可以从哪里获得新企业的融资？

9. 选择一个不是企业的组织，如一个俱乐部或是教堂团体，列出它不得不做出的最重要的金融决策。这个组织面临的关键权衡取舍是什么？在挑选不同替代选择的过程中，偏好扮演什么角色？拜访该组织的财务管理人员，看看他或她是否同意你的想法。

市场性管束：收购

10. 具有挑战性的问题。企业所有权与管理分离在具备明显优势的同时，也有一项根本性的劣势，这项劣势是保持管理者的目标与所有者的目标相契合可能是成本高昂的。提出至少两种不同于收购市场的可以减少冲突的方法，虽然存在某些成本。

11. 具有挑战性的问题。考虑一家惨淡经营的本地咖啡店，它拥有得天独厚的经营场所，该场所以稳定的潜在客户为特征，这些潜在客户在来去校园的路上会经过它。长期令人不满的、马虎且低效的咖啡店的所有者兼管理者应怎样渡过难关，同时避免来自收购市场的惩戒？

财务专家在公司中的角色

12. 下述哪项在公司办公室内执行的任务可能处于财务经理的监督之下？哪项任务可能处于审计经理的监督之下？

● 准备扩大银行信贷额度。

● 与投资银行一起安排外汇交易。

● 做出对该公司不同生产线的成本结构的详尽分析。

● 公司销售接受现金支付，以及购买美国国债。

● 向美国证券交易委员会提交季度报告。

第2章 金融市场和金融机构

第1章设定了本教材的主要目的，即帮助你做出更好的金融决策。这些金融决策总是在既限制决策者又为其提供机会的金融体系里做出。因此，要做出有效的金融决策需要理解金融体系。

举个例子，假设你希望继续深造、购买一幢房屋或者开办一家新企业，你可以从哪里获得资金完成这些事情呢？这些问题的答案在很大程度上取决于你居住在什么地方。在为经济活动融资的过程中，居民户、政府和私人部门机构（比如银行和证券市场）所扮演的角色在不同国家之间差异明显，而且这些角色也随时间的推移而发生变化。

这一章提供一个理解金融体系怎样运作，以及金融体系怎样随时间变化的概念性框架。这开始于对在为资金流动、风险转移以及其他一些基本金融功能提供便利的过程中，金融市场和金融中介所发挥的中心作用的概述。本章提供了对全世界金融市场和金融机构现行结构的宽泛概述，同时说明了基本金融功能的执行方式随时间的推移而变化，而且在不同国家之间存在差异。最后，本章提供了怎样决定利率和风险资产收益率的简单概述，同时回顾了这些比率的历史。

2.1 什么是金融体系？

金融体系包括金融市场、金融中介、金融服务企业以及其他用来执行居民户、企业和政府的金融决策的机构。有时候特定金融工具的市场拥有特定的地理位置，例如纽约证券交易所和大阪期权与期货交易所就是分别坐落于美国纽约和日本大阪的金融机构。然而，金融市场经常没有一个特定的场所，股票、债券及货币的**柜台交易市场**（over-the-counter markets）即场外交易市场的情形就是这样，它们本质上是连接证券经纪人及其客户的全球化计算机通信网络。

金融中介被定义为主要业务是提供金融服务和金融产品的企业。它们包括银行、投资公司和保险公司，其产品包括支票账户、商业贷款、抵押、共同基金以及一系列各种各样的保险合约。

就范围而言，当今的金融体系是全球化的。金融市场和金融中介通过一个巨型国际通信网络相连接，因此，支付转移和证券交易几乎可以 24 小时不间断地进行。举个例子，如果一家位于德国的大型公司希望为一个重要的新项目融资，那么它将考虑一系列国际融资的可能性，包括发行股票并将其在纽约证券交易所或伦敦证券交易所出售，或是从一只日本退休基金那里借入资金。如果它选择从日本退休基金那里借入资金，这笔贷款可能会以欧元、日元甚至美元计价。

2.2 资金流动

金融体系中不同参与者之间的互动关系如图 2-1 所示，图 2-1 是资金流动示意图。资金通过金融体系从拥有资金盈余的主体（左边的方框）流向存在赤字的主体（右边的方框）。

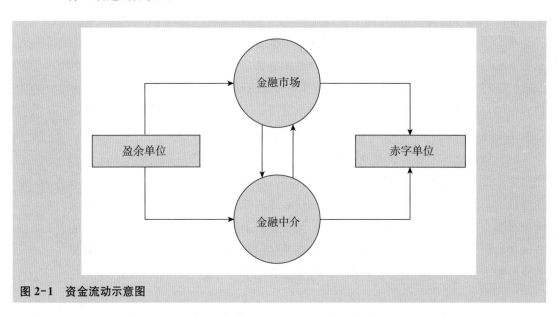

图 2-1 资金流动示意图

例如，一位正在为退休储蓄部分当前收入的居民户拥有资金盈余，而谋求购买住房的另一位居民户存在资金赤字。一家利润超过新增投资支出需要的企业是盈余单位，而另一家需要为重要的扩张融资的企业则是赤字单位。①

图 2-1 表明部分资金通过诸如银行等金融中介从盈余单位流向赤字单位（图 2-1 的下半部分路线），而某些资金在不流经金融中介的条件下通过金融市场流动（图 2-1 的上半部分路线）。

为了说明沿着金融市场进行的**资金流动**（flow of funds），假定居民户（盈余单位）从一家发行股票的企业（赤字单位）那里购买股票。在某些场合，如企业有股息再投资计划，居民户可以在不通过股票经纪人的情况下，直接从宣布股息再投资

---

① 在家庭成员或者同一企业的不同部门之间的资金流动通常不被视为金融体系中的资金流动。

计划的企业那里购买股票。在大部分场合，经纪人或者经销商可能参与这种资金流动，从居民户那里筹措资金并将其转移给发行股票的企业。

　　然而，通过金融体系流动的大部分资金从来不通过金融市场流动，因此并不遵循图 2-1 的上半部分路线；相反，如图 2-1 的下半部分路线所示，这些资金通过金融中介从盈余单位流向赤字单位。

　　为了说明通过金融中介的资金流动，假设你将节省的资金存入银行账户，银行运用这笔资金向企业发放贷款。在这个例子中，你没有贷款企业的直接索取权；相反，你在银行里有储蓄存款。反之，银行拥有该企业的索取权。你的银行储蓄具有与企业贷款不同的风险和流动性特征，企业贷款现在成为银行的资产。你的储蓄是安全的，而且具有流动性（也就是说，你可以在任意时间提取全部金额）。与此同时，银行作为资产持有的贷款存在一定的风险，并且可能是不具有流动性的。因此，当资金通过银行从盈余单位流向赤字单位的时候，由该途径创设的金融工具的风险和流动性可能被显著改变。当然，某些主体不得不承担这笔贷款的风险——要么是银行的所有者，要么是为银行存款提供担保的政府部门。

　　从标记为金融中介的圆圈向上指向标记为金融市场的圆圈的箭头表明，金融中介经常将资金输送到金融市场中。例如，一对为退休而储蓄的中年夫妇（盈余单位）可能将他们的储蓄投资于一家保险公司的账户（金融中介），然后保险公司将这笔资金投资于股票和债券（金融市场）。通过这家保险公司，该夫妇间接地向发行股票和债券的企业（赤字单位）提供了资金。

　　从标记为金融市场的圆圈向下指向标记为金融中介的圆圈的箭头表明，除了向金融市场输送资金以外，某些金融中介还从金融市场上获得资金。例如，一家向居民户发放贷款的金融公司可能通过在证券市场上发行股票或债券筹措资金。

快速测查 2-1

　　一位储蓄者在一家银行的账户中存入 5 000 美元，同时你从该银行得到一笔 5 000 美元的学生贷款。利用图 2-1 描述这一资金流动过程。

2.3　从功能出发的视角

　　基于各种各样的理由——包括规模、复杂性和可利用技术的不同，以及政治、文化和历史背景的不同，金融机构通常在国家之间存在差异，同时它们也随时间的推移而发生变化。甚至在机构名称相同的时候，这些金融机构所执行的功能也经常差异巨大。例如，现在的美国银行明显不同于 1928 年或 1958 年时的美国银行，同时也明显不同于当前在德国或英国被称为银行的金融机构。

　　在本节，我们首次尝试建立一个理解金融体系怎样运作，以及金融体系怎样随时间变化的统一的概念性框架。这个框架的关键性基础要素是它将功能而不是机构作为概念性的"安全基石"加以关注。因此，我们称之为从功能出发的视角。该框架依赖于两个基本前提：

● 金融功能比金融机构更加稳定。也就是说，功能随时间的推移变化较少，跨国界的变动较少。

● 金融机构的形式以功能为指导。也就是说，机构之间的创新和竞争最终将导致金融体系功能绩效的提高。

从有效资源配置这一根本性功能的最综合层次出发，我们对由金融体系执行的六项基本或核心功能进行了区分：

● 提供跨时间、跨地域和跨行业转移经济资源的方式。

● 提供管理风险的途径。

● 提供便利交易的清算支付和结算支付的方式。

● 提供归集资源并在不同企业间细分所有权的机制。

● 提供有助于在不同经济部门间协调分散化决策的价格信息。

● 提供解决当交易的一方拥有另一方不具备的信息，或者一方担任另一方的代理人时引发的激励问题的方式。

本章将详细解释金融体系的这些功能，同时说明每项功能的绩效怎样随时间的推移而发生变动。

2.3.1 功能1：跨时间和空间转移资源

金融体系提供了跨时间、跨地域和跨行业转移经济资源的方式。

图2-1中显示的许多资金流动涉及为了在未来得到某些东西而现在放弃某些东西，或是相反。学生贷款、借款买房、为退休进行储蓄和投资生产设备都是将资源从一个时点转移到另一个时点的行动。金融体系便利了这种资源的跨期（从字面意义上说，是指"不同时间之间"）转移。

举个例子，如果没有获得学生贷款的机会，那些其家庭无力支付大学费用的年轻人可能不得不放弃接受高等教育的机会。同样地，如果没有从投资者那里筹集风险投资的能力，很多企业可能永远无法开办。

除了为跨时间资源转移提供便利以外，金融体系也在将资源从一个地方转移至另一个地方的过程中发挥着重要作用。有时候，可以用于开展一项活动的资本资源位于远离其可被最有效使用的地方。例如，德国的居民户可能正在通过储蓄生成资本，该资本可能会在俄罗斯得到更有效的利用。金融体系提供了各种各样的机制来为资本资源从德国向俄罗斯转移提供便利。一种途径是德国公民投资位于俄罗斯的公司所发行的股票，另一种途径是德国银行向那些企业发放贷款。

经济状况越复杂，金融体系在提供跨时间和空间转移资源的有效途径中所扮演的角色越重要。因此，在当今的全球化金融体系中，金融市场与金融中介的复杂网络使得日本工人的退休储蓄被用于为一对美国年轻夫妇购买房屋提供资金成为可能。

使得稀缺资源能够被跨时间和空间地从相对较低收益的用途转移到提供更高收益的用途的创新提高了效率。举个例子，假设所有家庭均被强制仅能在家庭内部投资储蓄。在这种情形下，家庭 A 在其储蓄上每年可以赚取 2％ 的收益率，同时家庭 B 拥有赚取 20％ 的收益率的机会。通过创立一家投资公司征集家庭 A 的储蓄并将其贷给家庭 B，效率将得到提升。

快速测查 2 - 2

举出一个通过金融体系发生的跨时间资源转移的例证，是否存在支配这种资源转移的更有效的途径？

2.3.2　功能 2：管理风险

金融体系提供了管理风险的途径。

就像资金通过金融体系得到转移一样，风险也通过金融体系进行转移。例如，保险公司是专门从事风险转移活动的金融中介。它们从希望降低风险的客户那里收取保险费，同时将风险转移给为了换取某种回报而愿意偿付索赔，同时承担相应风险的投资者。

资金与风险经常被"捆绑"在一起，而且同时通过金融体系转移，从而图 2 - 1 中所说明的资金流动也可以刻画风险流动的特征。我们使用公司金融和企业风险转移的例证进行说明。

假设你希望开办一家企业，同时需要 10 万美元做这件事情。你自己没有任何储蓄，于是你是一个赤字单位。假设你说服一位私人投资者（盈余单位）以权益资本的形式提供 7 万美元换取 75％ 的公司利润份额，同时你说服一家银行（金融中介）按照 6％ 的年利率贷给你剩余的 3 万美元。在图 2 - 1 中，这 10 万美元的流动将表现为从他人那里到你这里的资金流动。

但是企业失败的风险是怎样的呢？

一般而言，股权投资者承担企业失败的风险。因此，如果你的商业冒险活动令人失望，私人投资者可能无法收回他或她的 7 万美元。银行也可能面临某种无法收回全部本金和利息的风险。举个例子，假设在某年期末，这家企业仅拥有 2 万美元的价值，那么股权投资者损失了全部 7 万美元的投资，同时银行损失了它已经贷给你的 3 万美元中的 1 万美元。因此，贷款者与股权投资者一起分担了该企业的部分商业风险。

虽然资金和风险经常被捆绑在一起出现，但是它们也可能是"不被捆绑"的。举个例子，考察从银行流向企业的 3 万美元贷款，假设银行要求你让其他家庭成员为这笔贷款提供担保。因此，这家银行将违约风险从自身转移给你的亲戚。现在该银行以尽可能小的风险向你提供 3 万美元资金，同时贷款风险已经被转移给你的亲戚。

正如我们即将看到的那样，我们在金融世界中所观察到的许多金融合同可以在不转移资金的条件下为转移风险服务。大部分保险和担保的情形就是这样，而且诸如期货、互换和期权等衍生工具的情形也是如此。

快速测查 2-3

举出一个通过金融体系发生的风险转移的例证。

2.3.3 功能 3：清算支付和结算支付

金融体系提供清算支付和结算支付的方式，从而为商品、服务及资产的交换提供便利。

金融体系的一项重要功能是，在人们和企业希望购买商品和服务时为他们提供相互支付的有效途径。假设你居住在美国，同时正在计划一次全球旅行。你认为在旅行时5 000 美元应当足以偿付你的支出。你应当以何种方式携带这笔资金？你将怎样进行支付？

一些宾馆、青年旅馆和餐馆接受美元作为支付手段，但是另外一些不接受。你或许能用信用卡购买所有的东西，但是你感兴趣的某些参观地可能并不接受信用卡。你应当购买旅行支票吗？旅行支票应当用何种货币计价？对旅行深思熟虑的你可能想到，如果每个国家的每位销售者都愿意接受相同的支付手段，那该有多么方便。

与之相反，想象你是一位富人，居住在一个政府对获得外国货币的途径进行限制的国家，并且希望周游世界。在国内，你可以用本国货币购买任何你想要的东西，但是在国外，没有人接受该国货币作为支付手段。外汇短缺导致该国政府禁止其公民购买外国货币或者从国外借入资金。你能够做些什么？

专栏2.1

30 年期国债的收益

使债务超过 7 万亿美元的途径有很多。在 2006 年年初，7 万亿美元债务就是美国政府债务的大致规模，虽然在 20 世纪 90 年代后半期甚至直到 2001 年，该债务的确在下降。在这段时期，联邦政府的预算盈余促使财政部做出在 2001 年 10 月停止发行 30 年期国债的决策。这一停歇并没有持续很长时间：由于政府很快又回到了财政赤字状态，在随后不到 5 年的时间里，30 年期国债又被召回提供服务。

2

政府债务的到期期限结构可能存在有趣的含义。一方面，长期债券使得银行可以锁定一个特定利率，而且避免了再次发行债券的成本。在利率处于历史较低水平，同时长期利率仅略微高于短期利率的条件下，近年来长期信贷尤其具有吸引力。

另一方面，政府的动机和私人部门的需要相互影响。政府债务与私人债务针对可以使用的资金展开竞争。与此同时，国债充当债券市场的一个有流动性且无风险的基准，在私人部门发行定价的过程中提供帮助。

特定的投资者尤其是退休基金，可能从 30 年期国债的收益中获益最多。退休基金曾经一直以股权形式持有其 2/3 的资产。因为它们的负债对应于必须支付给退休者的退休金，与长期债务联系更为紧密，所以退休基金可以通过将其资产组合重新配置于长期债券的方式降低风险暴露。政府有望鼓励退休基金精确地从事这项工作。全国范围内的退休金计划大约有 5 000 亿美元是没有偿还能力的，这是为退休金提供保险的联邦机构可以承受的负担。

公共债务的规模是重要的，但是公共债务的结构对债券市场和私人部门同样具有重要意义。

资料来源："Long Ranger," *The Economist*，February 2，2006.

一种可能性是在母国购买便于携带的商品（例如皮草或珠宝），将它们全部装入一只旅行用手提箱，并且试着用它们支付你在国外的食宿。换句话说，你可以进行易货贸易，易货贸易是在不使用货币的条件下交换商品的过程。毫无疑问，这不是环球旅游的方便途径。你将需要携带大量的行李，而且大部分时间和精力不是花费在享受风光上，而是花费在寻找接受用皮革或珠宝交换房间或是食物的旅馆或餐馆上。

就像这些例证所暗示的那样，金融体系的一项重要功能是提供有效的支付体系，从而使居民户和企业无须在购买过程中浪费时间和资源。作为一种支付手段，纸币对黄金的替代是支付体系效率变化的一个例证，这个变化提升了支付体系的效率。黄金是用于药品和珠宝生产的稀缺资源，纸币充当支付手段更胜一筹。与黄金相比，纸币更容易鉴定（很难仿造），同时更便于携带。与其说制作和印刷货币花费多，不如说开采、提纯和铸造黄金花费更多。作为替代纸币的支付手段，支票、信用卡和电子汇款方式的随后发展已经进一步提高了效率。

快速测查 2-4

在从你那里购买商品或服务并进行支付的过程中，你能接受来自我的一张借据吗？什么因素决定该问题的答案？

2.3.4　功能 4：归集资源并细分股份

金融体系提供了一项机制，归集资金开办规模巨大且无法分拆的企业，或者将大型企业中的股份在众多所有者之间进行细分。

在现代经济中，经营一家企业所需要的最小投资额经常超过一个人，甚至一个大家庭的财富。金融体系提供了各种各样的机制（例如证券市场或银行）来将居民户的财富归集或加总为更大数量的资本供企业使用。

从投资者的视角来看，金融体系通过归集居民户的资金，然后以在投资中细分股份的方式为单个居民户提供参与筹集巨量资金的投资机会。举个例子，假设你希望投资一匹赛马，它将花费 10 万美元，但是你仅有 1 万美元可用于投资。如果存在一种从肉体上将这匹赛马分成十份的方法，那么你可以买 1 份。然而，在这个例证中，整体无疑比部分之和价值更大。对这匹赛马的物理性分割将不会取得成功。金融体系解决了在不伤害赛马的条件下怎样对它进行分割的问题。通过创设一个投资组合并且向投资者分配股份的方式，10 万美元的投资可以被分割成 1 万美元的经济意义上的"份"，而不用实际切割赛马。在去除了训练及饲养支出以后，该赛马在比赛获胜时赚取的任何收入或是其种马费用将在所有股东中进行分割。

作为另外一个例证，考察货币市场基金。假设你希望投资于以美元计价的最安全且最具有流动性的资产——美国短期国债。最小的计价单位为 1 万美元，而你只有 1 000 美元用于投资。因此，你可以投资于美国短期国债的唯一途径是和其他人一起归集资源。在 20 世纪 70 年代，持有美国短期国债的共同基金发展起来，为这种归集过程提供了便利。

共同基金归集了投资者的资金，同时给予他们代表基金中比例性份额的账户记录。共同基金频繁地通知投资者每份基金的价格，同时允许他们在几乎任何时间以几乎任意数量增加或提取资金。因此，如果每份基金的价格现在是 11 美元，同时你投资了 1 000 美元，那么该基金将会把 1 000/11 份，也就是 90.91 份基金存入你的账户。因此，美国短期国债通过将大额计价单位的短期国债转换成几乎无限可分的证券，提升功能 4 的绩效。

快速测查 2-5

举出一个如果不能聚拢众多不同居民户的储蓄将无法实施的投资的例证。

2.3.5 功能 5：提供信息

金融体系可以提供有助于在不同经济部门间协调分散性决策的价格信息。

报纸、广播和电视每天都在公布股票的价格和利率，在数以百万计接收这些新闻报道的人中，只有相对极少的人真正买卖证券。然而，许多不交易证券的人同样利用证券价格所产生的信息进行其他类型的决策。在决定将多少当前收入用于储蓄，以及怎样对当前收入进行投资时，居民户会利用关于利率和证券价格的信息。

一个例证可能有助于说明即使在家庭内部，市场利率知识同样为资源跨期转移提供便利。假设你现在 30 岁，刚刚结婚，并希望以 10 万美元购买房屋，当地银行将按照 8% 的年利率向你发放 8 万美元贷款，即相当于该房屋销售价格 80% 的按揭（抵押）贷款，但是你需要首先预付 20%（也就是说，2 万美元）。你 45 岁的姐姐在一家储蓄银行拥有一个账户，里面有 2 万美元——刚好够你的首付。她正在为退休储蓄资金，退休时间还早，同时这个账户正在赚取年利率为 6% 的收益。如果你姐姐愿意把她的退休储蓄借给你支付首付，你应怎样确定"公平"利率？很明显，知道当前的市场利率是有用的，你已经知道你姐姐的储蓄账户正在获取年利率为 6% 的收益，同时本地银行将对按揭贷款索取 8% 的利息。

与之类似，资产的市场价格信息也有助于家庭内部的决策。假设你和你的姐姐继承了一幢房屋或一家家族企业，并且它将在你们之间平均分配。你们并不希望出售它，因为你们中的一位希望住在其中，或是继续运营该企业。另一位应当获得多少？显然，了解类似资产的市场价格对按照合理的价格结算遗产是有用的。

在投资项目选择和融资安排的过程中，资产价格和利率为企业管理者提供了关键的信息。预期不需要在金融市场进行交易的企业管理者，例行公事地利用那些市场为决策提供的信息。

例如，一家企业在好年景里赚取了 1 000 万美元利润，正面临是否将它再投资于该企业的决策，即是以现金分红的形式向股东发放这笔巨款，还是用它回购该企业的股份。关于该企业自身和其他企业股票价格的信息以及市场利率，确实将在决定做什么的过程中提供帮助。

在引入一种新的金融工具的任何时候，都会创造作为副产品的信息提取的全新机会。例如，自从 1973 年以来，在交易所交易标准期权合同的演进极大地增加了关于经济和金融变量风险的可用统计信息的数量。这些信息在做出风险管理决策的过程中尤为有用。

快速测查 2－6

举出一个向不参与金融交易的当事人提供重要信息的金融交易的例证。

2.3.6　功能 6：设法解决激励问题

金融体系可以提供解决当交易的一方拥有另一方不具备的信息，或者一方担任另一方的代理人时引发的激励问题的方式。

正如我们已经讨论的那样，金融市场和金融中介发挥的某些功能为资源和风险的有效配置提供了便利。然而，这里存在的激励问题限制了金融市场和金融中介执行某些功能的能力。激励问题之所以产生，是因为合同的当事人经常不易彼此监督和相互控制。激励问题以各种各样的形式出现，其中包括**道德风险**（moral hazard）、**逆向选择**（adverse selection）和**委托-代理问题**（principal-agent problem）。

当运用保险规避风险，导致被保险方甘冒更大风险，或者导致被保险方在避免发生引起损失的事件时不太经心的时候就存在道德风险。从保险公司的角度而言，道德风险导致它们不愿意为特定类型的风险提供保险。举个例子，一位仓库所有者购买了火灾险，这项保险的存在降低了仓库所有者动用资金避免火灾发生的激励。疏于采取与未购买火灾险时相同的预防措施使仓库更容易发生火灾。在一种极端的情形中，如果保险赔付的金额超过了仓库的市场价值，那么这位所有者可能会为了获得保险赔付而故意纵火。由于存在这种潜在的道德风险，保险公司可能对它们所提供保险的金额进行限定，或者在特定情形下直接拒绝出售火灾险。

合同领域里的一个道德风险例证是，如果我提前为一份工作向你支付报酬，而且无论你工作得好坏都得到相同金额，那么你努力工作的激励将小于我在你工作完成后再支付报酬情形下的激励。

一个更加精细的道德风险例证出现于为风险投资企业提供融资的过程中。假设你有意开办风险投资企业，同时需要启动资本。你可以从哪里获得启动资本？你可能寻求的第一个来源是家庭成员或者朋友。为什么？因为你信任他们，同时他们也了解并信任你。你知道将自己的秘密计划与他们分享是安全的。另外，你的家庭成员会认为你将完全公开你所拥有的关于该商业机会的信息，包括所有的隐患。更进一步地，如果该企业并没有立即兴旺，而是运转艰难，他们知道为了保护他们的利益你将努力工作。

寻求一家银行作为贷款的来源会怎么样呢？你或许对和银行贷款官员，一位彻底的陌生人，讨论商业计划的细节感觉有点不适，他可能将你的计划泄露给可能是竞争对手的另一位客户。即使你可以消除对银行的担忧，还存在别的问题。贷款官员不愿意贷给你所希望的这笔资金，因为他知道你没有动机披露商业计划中的隐患，除非你不得不这样做。因此，这种商业机会的信息在交换过程中存在不平衡或不对称的现象：你比该贷款官员更了解这个商业计划。

更进一步地，这位贷款官员知道，对你而言他是一位陌生人，而且这家银行对你而言只是一家客观存在的机构。因此，如果情况变得艰难，你将不像为家庭或朋友那样努力地扭转该企业的颓势。相反，你可能决定撤离这家企业，而且不偿还贷款。于是，当企业的部分风险已经被转移至你并不在意其福利的主体（例如一家银行或者保险公司）时，你努力工作动机的降低就是道德风险的一个例证。

快速测查 2-7

举出一个道德风险问题怎样可能阻止你得到想做某事的融资的例证。你能否想到解决该问题的方法？

由不对称信息引发的另一类问题是逆向选择——那些购买保险来规避风险的人比一般人群更可能处于风险境地。举个例子，考察**终身年金**（life annuity）。终身年金是只要购买者存活就每月向其支付固定数额金钱的合同。出售这种终身年金的企业不可能假设购买终身年金的人与一般人群拥有相同的预期寿命。

例如，假设一家企业向 65 岁退休的人出售年金，一般人群里存在三类相同数量的人：A 类人存活 10 年，B 类人存活 15 年，C 类人存活 20 年。平均而言，65 岁的人可以存活 15 年。如果该企业索取反映 15 年预期寿命的价格，它会发现购买年金的人不成比例地是 B 类人和 C 类人。A 类人将发现对他们而言，所售年金并不是一笔划算的交易，并且不购买这项年金。

如果销售年金的企业知道每位潜在客户的类型，即 A 类、B 类或是 C 类，同时索取反映该类型真实预期寿命的价格，那么就不存在逆向选择问题。但是销售年金的企业无法得到客户的足够信息以使其就客户各自的预期寿命而言与客户自己了解的同样多。除非保险提供者能够索取准确反映每个人真实预期寿命的价格，否则与人群不成比例的大量年金将会被预期长时间生存的健康人群购买。在我们的例证中，年金购买者的平均预期存活年限为 17.5 年，这一年限比一般人群的预期存活年限长 2.5 年。

因此，如果销售年金的企业使用一般人群的预期存活年限对其年金定价，而没有考虑因逆向选择问题进行调整的金额，那么它们都将损失金钱。结果是，这一市场上的企业为年金索要了对拥有平均预期存活年限的人们而言相对没有吸引力的价格，而且该市场比不存在逆向选择问题时的市场小许多。

快速测查 2-8

假设一家银行主动提出在不检查信用历史的条件下向潜在借款者发放贷款。与确实进行信用历史检查的银行相比，它们将吸引到的借款者类型的真实状况是什么？这家银行将和检查信用历史的银行索取相同的贷款利率吗？

当关键的任务被委托给其他人的时候会引发另一类激励问题。例如，一家公司的股东将该公司的运营委托给公司的管理者，或者共同基金的投资者将选择所持证券组合的权利委托给证券组合的管理者。在每一种情形里，对与决策相关的风险负有责任的个人或组织都放弃了决策的权利或将决策权利委托给其他个人或组织。承受与决策相关的风险的人被称为委托人，而那些获得决策权利的人则被称为代理人。

委托-代理问题是代理人可能并不做出和委托人本该做出的决策相同的决策。委托人本该做出的决策是如果委托人知道代理人所知道的信息，自己在做决策时所做出的决策。这里可能存在委托人与代理人之间的利益冲突。在极端的情形里，代理人甚至可能逆委托人的利益行事，就像股票经纪人对委托人的账户进行"频繁对倒交易"只是为了产生给自己的佣金一样。

一项运转良好的金融体系为解决由所有这些激励问题即道德风险、逆向选择和委托-代理问题提供了便利，从而金融体系的其他好处，诸如归集资金、分散风险和专业化得以实现。例如，贷款**抵押**（collateralization）意味着给予贷款者在违约发生的情况下获得特定企业资产的权利，这是一项广泛运用的减少和信贷相关联的激励问题的机制。抵押降低了贷款者监控借款者行为的成本。贷款者仅需要关注充当抵押物的资产的市场价值是否足以偿还贷款的本金和到期利息。随着时间的推移，技术的进步已经降低了跟踪和评估特定类型的可以充当抵押物的企业资产的成本，例如，以存货形式表现的物品，并因而扩展了抵押贷款合同的适用范围。

通过运用金融体系同样可以减轻委托-代理问题。如果管理层的薪酬依赖于该企业股票市场价值的表现，那么管理者和股东的利益可以更加接近一致。举个例子，为了有助于限制公司股东与债权人之间可能的利益冲突，在贷款合同中引入"权益参与者"条款。权益参与者条款是任意一项允许贷款者分享股东累积收益的贷款合同条款。一项常见的权益参与者条款是贷款尚未偿还期间的利润分享百分比；另一项权益参与者条款则是贷款者将贷款数量转换成预设数量股份的权利。

专栏2.2

投资者的积极态度能否提升公司的效率？

一家公司的管理者和股东并不总是共享相同的目标。作为一家公司的所有者，股东通常祈盼公司收入的高增长率，收入的高增长率可以解释为更高的股票价格和更多的分红，而管理者可能谋取高额薪金、威望和可观红利等。这些目标可能相互冲突：花费在管理人员薪酬上的资金就不能用来分配给股东。

近来，在对冲基金以及类似投资企业中具有影响力的股东已经对公司管理重新产生兴趣。最著名的两位是柯克·克科里安（Kirk Kerkorian）和卡尔·伊坎（Carl Icahn）。2006年2月，克科里安帮助说服通用汽车公司削减红利，降低管理者薪酬并聘用一位新的董事会成员。与此同时，伊坎建议时代华纳拆分成四家相互独立的公司。

积极的投资者可以通过引入新理念，以及迫使管理者按照股东的最大利益行事而在提升公司效率的过程中发挥重要作用。然而，关于投资者的积极性是否确实有效的证据却是混乱的，而且某些人公开反对它。积极的投资者可能干扰一家公司的管理者，同时，为了设法消除少数强有力的投资者的担心而使资源偏离更好的用途。毕竟，公司的管理者可能处于决定一家公司应当怎样运行的最佳位置。

虽然管理者经常面临激励，导致他们追求不同于股东价值的目标，但是积极投资者的干预可以提升公司效率这一点并不明显。

资料来源："Busy Bodies," *The Economist*，February 10，2006.

管理者由公司的股东选出。因此，在股东与债权人之间存在利益冲突的情形里，管理者有动机采取以该公司债权人的利益为代价使股东受益的行动，由此而导致的道德风险问题可能会阻止另外一项多方受益的贷款合同产生。通过在贷款合同中纳入权益参与者条款，道德风险问题可以得以减轻甚至消除，从而使该公司的股东和债权人境况都变好。

快速测查 2 - 9

如果你从你的保险代理人那里获得财务规划建议，将怎样引发委托-代理问题？你能想出解决该问题的方法吗？

2.4　金融创新与"看不见的手"

一般而言，金融创新不是由任何一个中央当局进行规划，而是产生于企业家和企业的独立行动之中。金融创新背后的根本经济推动力实质上和一般意义的创新是相同的，就像亚当·斯密所观察到的那样：

> 每个人都不断地努力为他自己所能支配的资本找到最有利的用途。他通常既不打算促进公共利益，也不知道自己在什么程度上促进那种利益。他只是盘算他自己的安全和自己的利益。他受一只**"看不见的手"**（invisible hand）的指导，尽力去达到一个并非他本意想要达到的目的，他追求自己的利益的行为往往使他能够比在真正出于本意的情况下更有效地促进社会利益。[1]

为了对其进行说明，比较 40 年前环游世界的大学毕业生以及今天开始这种旅行的大学毕业生所面对的情形。回到那时候，你不断担心在某些语言不通的地方用尽资金。如果你用尽资金，那么你不得不用电报联系家里，而且试图安排将资金从家里的一家银行电汇到本地的一家银行。这一过程的成本是高昂的，而且耗费时间，预先安排好的信贷业务只提供给最富有的旅行者。

但是现在，你可以用信用卡在几乎任何地方为你所购买的几乎所有东西进行支付。维萨卡、万事达卡、美国运通卡以及其他某些信用卡几乎被全球任何地方所接受。为了支付你的宾馆账单，你只要把信用卡交给服务生，同时他把信用卡插入一台机器。在几秒钟之内，他就已经确认你的信用是否良好（也就是说，向你发行该卡的银行将会担保支付），你只需要在收据上签名就可以前往下一个目的地。

更进一步地，你不需要担心你的钱丢失或被盗。如果你无法找到你的信用卡，你可以走入任何一家与你的信用卡网络相连接的银行。该银行将帮助你挂失丢失的

---

[1]　Adam Smith，*The Wealth of Nations*（Chicago：University of Chicago Press，1977），p. 408.

信用卡（于是其他任何人无法使用它）并给你一张新卡，同时将经常借给你资金。

明显地，由于信用卡的存在，环游世界的成本更低而且更为方便。信用卡的发明和传播已经使数百万人的境况变好，同时增进了金融的民主化*。

但是这些是怎样发生的呢？我们运用信用卡的例证追踪金融创新发展过程中的关键因素。

技术是一项重要的因素。信用卡依赖于由电话、计算机以及其他更精密的处理通信与数据的硬件和软件组成的复杂网络。由于信用卡在经济中日益重要，寻找利润机会的金融服务企业不得不在提供信用卡服务的过程中采用先进技术，同时居民户和企业不得不购买这些先进技术。

在创新（金融创新以及其他创新）的历史中，开创在商业上成功的创新理念的企业并不是从中获利最多的企业，这种情形并非罕见。信用卡的情况就是这样。提供由全球旅行者使用的信用卡的首家企业是大来信用证国际有限公司（简称大来公司），这家公司在第二次世界大战刚结束时就得以组建。大来公司的初步成功导致其他企业也开始提供类似的信用卡项目。

信用卡行业中的企业从购买信用卡的零售商向其支付的费用（通常是购买价格的一个百分比）中赚取收入，同时从信用卡客户为贷款支付的利息（未偿余额的利息）中赚取收入。主要的成本来源于交易处理过程、信用卡失窃和信用卡持有者的贷款拖欠。

当商业银行在 20 世纪 50 年代首次尝试进入信用卡行业的时候，它们发现无法和现存企业竞争，因为银行的运作成本过高。但是在 20 世纪 60 年代后期，计算机技术的进步将银行的成本降至银行可以成功地进行竞争的水平。如今，维萨和万事达两家大型企业控制着全球的信用卡行业，大来公司仅占有少许市场份额。

信用卡的主要提供者之间的竞争使它们的成本保持相对较低的水平。对于现在旅行的大部分人而言，与使用旅行支票相比，旅行时使用信用卡不仅更加方便，而且成本更加低廉。

最后的这个观察现象将我们引向金融创新的另一个关键点。对消费者偏好以及金融服务提供者之间的竞争力量的分析，有助于做出对金融体系未来变化的预测。例如，鉴于信用卡作为一种支付方法的优势，关于旅行支票的未来你将做出何种预测？旅行支票是否注定与便携式计算器发明后计算尺的命运相同？

信用卡只是过去 40 年间新金融产品改变我们的经济行为的一个例子。这些创新大大增加了人们高效率地协调风险收益的机会，以及使人们更有效率地安排他们整个生命周期中的个人需要，包括在工作年份的积累以及退休后的分配。

---

* 金融的民主化指的是让更多的人参与到金融体系中，并且从金融体系的健康运行中获益。——译者注

2.5　金融市场

金融资产的基本类型是债务、权益和衍生工具。债务性工具由借入资金的任何人——政府、企业和居民户——发行。因此，在债务市场上进行交易的资产包括公司债券、政府债券、住宅性和商业性按揭贷款以及消费贷款等。债务性工具也被称为**固定收益工具**（fixed-income instruments），因为它们承诺在未来支付固定数额的现金。

一项不同的分类是按照正在交易的索取权的到期期限进行划分。短期债务市场（低于 1 年）被称为**货币市场**（money market）；长期债务市场和权益性证券市场被称为**资本市场**（capital market）。

货币市场工具是由政府发行的可赚取利息的证券（例如美国国库券）以及由安全的私人部门借款者发行的可赚取利息的证券（例如大公司的商业票据）。如今，货币市场在全球范围内是完整统一的，而且具有流动性。**流动性**（liquidity）通过一项资产被转换成现金的相对容易程度、成本和速度进行定义。

权益是一家企业的所有者的索取权。由公司发行的权益性证券在美国被称为普通股，而在英国则被称为股票。它们在股票市场上进行买卖。每一股普通股均使得其持有者有权拥有企业所有权的等同份额。一般情况下，每一股普通股有权拥有利润的等同数量，同时有权拥有针对公司治理事务的一张选票。然而，有些公司发行两类普通股，一类拥有投票权，而另一类则不拥有投票权。

普通股代表对一家公司资产的**剩余索取权**（residual claim）。在履行了该企业的其他所有金融合同之后，普通股的所有者有权拥有剩余的任何资产。举个例子，如果该企业破产，而且全部资产被出售，那么在偿付了所有不同类型债权人的债务以后，普通股的所有者将得到剩余部分。

普通股同时具备**有限责任**（limited liability）的特征。有限责任表明假如企业被清算，而且来自资产出售的所得不足以清偿这家企业的全部债务，那么债权人无法向普通股的所有者索求更多资金弥补这一缺口。公司债权人的索取权被限定在该企业资产的范围之内。

衍生工具（derivatives）是指由权益性证券、固定收益工具、外汇或商品等一种或多种资产的价格衍生出其价值的金融工具。衍生工具的基本功能是充当管理与标的资产相关的风险暴露的工具。

衍生工具的最普遍类型是期权和远期合约。**买入期权**（call option）是给予其持有者在某个特定到期日当日或之前按照特定价格购买某种资产的权利的金融工具。**卖出期权**（put option）是给予其持有者在某个特定到期日当日或之前按照特定价格出售某种资产的权利的金融工具。当一项资产的所有者购买了针对该资产的卖出期权时，他有效地为该资产提供了保险，以防价格下降至低于卖出期权合同中所指定的价格。

远期合约（forward contract）是要求在某个特定日期合同一方按照特定价格购买，同时合同另一方按照该价格出售某些资产的工具。远期合约使资产的买卖双方消除了未来资产交易价格的不确定性。

快速测查 2 - 10

什么是债务、权益和衍生工具的定义性特征？

2.6 金融市场中的比率

每天报纸、电视、广播和联网计算机都会报告金融市场指标信息，包括利率、汇率和股票市场业绩表现等。在本节，我们将解释相关比率的含义。

2.6.1 利　率

利率是一项经过承诺的收益率，而且有多少不同类型的借贷行为，就存在多少不同类型的利率。例如，房屋购买者为其房屋融资贷款所支付的利率被称为**按揭利率**（mortgage rate），与此同时，银行对发放给企业的贷款收取的利率被称为**商业贷款利率**（commercial loan rate）。

任何类型贷款或固定收益工具的利率都由众多因素决定，但是最重要的三项因素是**记账单位**（unit of account）、**到期期限**（maturity）和**违约风险**（default risk）。我们对这些因素的每一项进行定义。

● 记账单位是计价支付的手段。记账单位通常是一种货币，例如美元、法郎＊、英镑、欧元、比索、日元等。有时候，记账单位是黄金或白银乃至某些商品或服务的标准化篮子。利率依照不同的记账单位发生变化。

● 一项固定收益工具的到期期限是直至清偿全部所借数量的时间跨度。短期固定收益工具的利率可能高于、低于或等于长期固定收益工具的利率。

● 违约风险指的是一项固定收益工具的本金或利息的某些部分无法全部得到清偿的可能性。违约风险越大，发行者为使投资者购买固定收益工具而向他们承诺的利率越高。

我们考察这三项因素的每一项怎样影响现实世界中的利率。

＊ 这里的法郎并不特指法国法郎，世界上有很多国家的货币都以法郎命名，如瑞士的货币称为瑞士法郎。原属于法国殖民地的某些国家也沿用法郎作为货币，但在前面冠以本国的国名，如吉布提的货币称为吉布提法郎。在非洲，贝宁、布基纳法索、科特迪瓦、几内亚比绍、马里、尼日尔、塞内加尔和多哥八国统一使用西非法郎，而喀麦隆、中非、乍得、刚果（布）、赤道几内亚和加蓬六国则使用中非法郎，两者通常合称为非洲法郎。法国法郎已经被欧元取代。——译者注

记账单位的影响

一项固定收益工具只有从自身的记账单位角度而言才是无风险的，而且利率变化取决于记账单位。为了对其进行说明，考察以不同货币计价的债券。

假设英国政府债券的利率远高于相同期限的日本政府债券的利率。由于这些债券都不存在违约风险，因此难道不是所有的投资者都会选择英国政府债券吗？

答案是否定的，因为这些债券按照不同货币进行计价。英国政府债券以英镑计价，而日本政府债券则用日元计价。虽然债券提供了以本国货币表示的无风险收益率，但是以任何其他货币表示的收益率都是不确定的，因为该收益率取决于未来得到支付时货币之间的汇率。

我们用一个例证进行说明。假设你正在进行为期 1 年的投资，1 年期日本政府债券的利率为 3%，同时 1 年期英国政府债券的利率为 9%。**汇率**（exchange rate）是以另一种货币表示的该种货币的价格，现在为 150 日元兑 1 英镑。

假设你是一位日本投资者，需要一项以日元表示的安全投资。如果购买 1 年期日本政府债券，你一定能得到 3% 的收益率。但是如果你购买 1 年期英国政府债券，那么以日元表示的收益率取决于 1 年后的日元兑英镑汇率。

假设你在英国政府债券中投资 100 英镑。为了进行这项投资，你不得不将 1.5 万日元转换成英镑，从而你的初始投资用日元表示是 1.5 万日元。由于英国政府债券的利率是 9%，因此，1 年后你将得到 109 英镑。用日元表示的 109 英镑的价值现在无从知晓，因为日元兑英镑的未来汇率是未知的。

你意识到以日元表示的收益率的计算公式将是：

$$\text{以日元表示的收益率} = \frac{109\text{英镑} \times \text{这笔英镑的未来日元价格}\left(\frac{\text{日元}}{\text{英镑}}\right) - 15\,000\text{日元}}{15\,000\text{日元}}$$

假设这笔英镑的日元价格在该年内下降，1 年后日元兑英镑的汇率是 140 日元兑 1 英镑。以日元表示的英国政府债券的实际收益率是多少？

代入上述方程，我们得到：

$$\text{以日元表示的收益率} = \frac{109\text{英镑} \times 140\text{日元/英镑} - 15\,000\text{日元}}{15\,000\text{日元}} = 0.017\,333$$

因此，以日元表示的实际收益率将是 1.73%，这个收益率小于你本该在 1 年期日本政府债券上得到的 3% 的无风险利率。

快速测查 2 - 11

在上述例子中，为了使日本投资者每年正好在英国政府债券的投资中获得 3% 的收益率，在该年末汇率应该变化为多少？

到期期限的影响

为了说明到期期限对利率的影响，考察图 2-2。图 2-2 显示了 2006 年 5 月 26 日美国国债的**收益率曲线**（yield curve）。这条收益率曲线描述了美国财政部发行的固定收益工具的利率（收益率）与该工具在给定时刻的到期期限之间的关系。从图 2-2 中我们看到，2 年期国债的年收益率大约是每年 4.95%，并且随着到期期限的延长增加到 30 年期国债的每年 5.15%。虽然无法在图 2-2 中看到，但是收益率曲线的形状和水平将随着时间的推移发生显著变化。在过去，有时短期利率高于长期利率，因此收益率曲线一直向下倾斜。

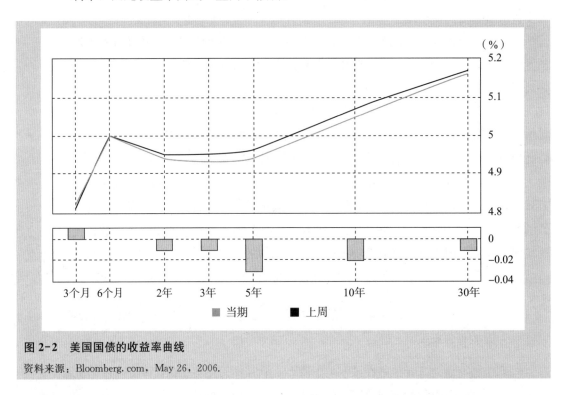

图 2-2　美国国债的收益率曲线

资料来源：Bloomberg.com，May 26，2006.

专栏 2.3

债券市场中的异常可能发出衰退信号

资产价格包含人们对未来的预期。这就是当债券市场显示出被称为反转收益率曲线的不寻常模式时，市场观察者开始对该模式可能预示的未来事件表示担心的原因。在大部分时间里，长期债券（比如 10 年期国债）的收益率高于短期债券的收益率（比如 3 个月期国库券）。反转收益率曲线指的是长期债券拥有比短期债券更低的收益率的情形。过去半个世纪的所有经济衰退都以反转收益率曲线为先导，在这段时期，只有一次反转收益率曲线后面没有跟随经济衰退。2006 年年初，在 10 年期国债收益率仅比 3 个月期国库券的收益率多 0.4 个百分点的条件下，市场分析家推测，收益率曲线可能反转，衰退可能随之而来。

　　但是反转收益率曲线与经济衰退的联系是什么？答案是预期。长期利率在很大程度上仅是当期利率和未来利率的组合。假设你现在需要一笔 10 年的贷款。你可以发行利率为 7.5％ 的单一 10 年期债券，在第 10 年年末偿还这笔贷款的本金和利息；或者你可以发行利率为 5％ 的 5 年期债券，同时 5 年后发行利率为 10％ 的另一种 5 年期债券。在这个例子中，你在两种选择之间是无差异的，平均利率在每一种方法下都是 7.5％。但是如果你预期 5 年期债券利率在 5 年后将是 15％，情形会是什么样的呢？你（以及其他任何借款者）应当毫无疑问地发行 10 年期债券。当然，如果每个人都发行 10 年期债券而避免发行 5 年期债券，那么 10 年期债券的收益率将上升，同时 5 年期债券的收益率会下降，直至所有借款者在这两种选择之间毫无差异。从另外一个不同的途径来考察，如果长期利率和未来短期利率的理性预期不一致，那么存在套利的机会。通过出售 10 年期债券并将出售所得投资于一系列 5 年期债券可以赚钱。这种买卖行为必然将会导致利率从平均角度而言均是相同的，无论债券所采用的到期期限是什么。

　　谜团的最后部分是什么？美国联邦储备系统。在美国，美国联邦储备系统有效地决定着短期利率。因此，反转收益率曲线表明市场认为美国联邦储备系统将在未来降低利率。如果美国联邦储备系统降低利率，那么美国经济存在很大的可能性增长缓慢。因为美国联邦储备系统显著地降低了利率（足以抵消通常向上倾斜的收益率曲线），美国可能正在经历一场衰退。从根本上说，正是人们对未来的预期决定了收益率曲线的形状。

资料来源："The Long and the Short of It," *The Economist*, January 5, 2006.

快速测查 2－12

　　浏览财经网站并找出美国国库券收益率曲线的水平和形状。同样找出德国和日本国库券收益率曲线的水平和形状。

违约风险的影响

　　在保持其他特征不变的条件下，固定收益工具的违约风险越高，利率越高。表 2-1 显示了为拥有不同违约风险程度的发行者提供的以美元计价的债券利率。美国国债拥有最小的违约风险，紧随其后的是高质量公司债券。

表 2-1	收益率的比较
	收益率（％）
5 年期国债	4.94
10 年期国债	5.05
5 年期 AAA 级银行金融债券	5.58
10 年期 AAA 级银行金融债券	5.91

资料来源：Bloomberg.com, May 26, 2006.

2

拥有 10 年到期期限的国债的收益率（每年 5.05%）与拥有相同到期期限的高质量公司债券的收益率（每年 5.91%）之间的差异，称为**收益率价差**（yield spread），收益率价差为每年 0.86%。

快速测查 2 - 13

浏览财经网站并找出公司债券与美国国债之间的收益率价差。

2.6.2 风险资产的收益率

利率是固定收益工具得到承诺的收益率，固定收益工具是契约型合同。但是许多资产并不拥有得到承诺的收益率。举个例子，如果你投资房地产、权益性证券或者艺术品，那么就不存在针对未来特定现金支付的承诺。现在我们考察怎样测度这种风险资产的收益率。

当你投资于诸如普通股等权益性证券时，收益有两个来源。第一个来源是由发行该股票的企业向股东支付的现金红利。这些红利支付在契约意义上并不是必要的，因此不被称为利息支付。该企业的董事会自行决定向股东支付红利。

股东收益的第二个来源是持有期内该股票在市场价格上的任何收益（或者损失），即**资本利得**（capital gain）[或者**资本损失**（capital loss）]。衡量股票收益率的持有期长度可能短至一天或者长至几十年。

为了说明怎样衡量收益率，假设你按照每股 100 美元的价格购买股票。一天后该价格为每股 101 美元，同时你将该股票售出，这一天的收益率是 1%——每股 1 美元的资本利得除以 100 美元的购买价格。

假设你在 1 年内持有该股票。在该年末，这只股票支付每股 5 美元的现金红利，同时红利刚被支付后的股票价格为 105 美元，这一年的收益率 r 的计算公式是：

$$r = \frac{股票的期末价格 - 初始价格 + 现金红利}{初始价格}$$

在这个例子中，我们有：

$$r = \frac{105\ 美元 - 100\ 美元 + 5\ 美元}{100\ 美元} = 0.1\ 或\ 10\%$$

注意，我们可以将总体收益率表示为红利收入部分与价格变化部分之和：

$$r = \frac{现金红利}{初始价格} + \frac{股票的期末价格 - 初始价格}{初始价格}$$

$$= 红利收入部分 + 价格变化部分$$

$$= 5\% + 5\%$$

$$= 10\%$$

如果你决定不在该年末出售股票，情形会是怎样？我们应当怎样衡量你的收益率？

答案是，无论是否出售股票，你都用完全相同的方法衡量收益率。每股 5 美元的价格增值部分和 5 美元的红利同样都是收益的一部分。你选择持有该股票，而不是将其出售，这并没有改变你可以在该年末将股票转换成 105 美元的事实。因此，不管你是决定通过出售股票实现资本收益，还是将股票进行再投资（通过不出售股票），你的收益率都是 10%。[①]

快速测查 2-14

你投资于一只成本为 50 美元的股票。该年度它支付了 1 美元的现金红利，并且你预期该股票的价格在年末为 60 美元。你的预期收益率是多少？如果该股票的价格在该年末实际上为 40 美元，你的实际收益率是多少？

2.6.3 市场指数和市场指数化

在许多场合里，拥有衡量整体股票价格水平的标准是有用的。例如，持有股票的人们可能需要一个衡量其投资的当前价值的指标，或者一个衡量自己股票投资业绩的基准。表 2-2 是一个股票指数列表，这些股票指数通常会在金融报刊上公布，而且是在全世界主要国家或地区的证券交易所中进行交易。

表 2-2 　　　　　　　　　　全世界范围内的主要股票指数

国家或地区	指数
美国	道琼斯工业指数（DJI），标准普尔 500 指数（SP500）
日本	日经指数（Nikkei），东京证券交易所股票价格指数（Topix）
英国	伦敦《金融时报》100 指数（FTSE-100），伦敦《金融时报》全部股票指数（FTSE-ALL SHARE）
德国	德国证券指数（DAX）
法国	法国巴黎 CAC40 指数（CAC40）
瑞士	瑞士股票指数（SMI）
欧洲、澳大利亚、远东地区	摩根士丹利指数（MSCI），欧洲、澳大利亚和远东地区指数（EAFE）
中国香港	恒生指数（Hang Seng）

指数化是一项投资策略，这项投资策略寻求与特定股票市场指数的投资收益率保持一致。指数化基于一个简单的事实：总体而言，所有投资者不可能胜过整体股票市场。当进行指数化的时候，投资管理者试图通过持有该指数中的所有股票，或者在超大规模指数的场合下持有一个代表性样本，复制目标指数的投资结果。在超越指数的努力中，不存在运用"积极"的货币管理或是在单个股票或少数行业部门

---

① 这仅在税前收益率的情形里是正确的。因为出售证券可以影响你支付的所得税，所以你的税后收益率可能受到影响。

2

进行"赌博"的尝试。因此，指数化是一项强调广泛多样化以及少量资产组合交易活动的被动投资型策略。

专栏2.4

使住房市场涨幅趋缓的威胁成为经济的绊脚石

世界上大部分地区在过去数年中曾经经历的住房市场繁荣可能正在走向终结，而且对GDP造成的后果可能是极其严重的。在低利率的刺激下，全世界的住房价格一直在飞速增长：1997—2005年间，美国的平均住房价格上涨了91%；在英国，这一数字是167%；在爱尔兰为212%；而在南非，则是令人震惊的279%。然而，从2006年早期开始，价格的增长已经明显放缓。

在受到影响的国家中，住房市场的繁荣曾经显著地促进了GDP的增长。上升的住房价格至少可以通过两个途径刺激经济增长：首先，住房所有者可以采用按揭贷款、房屋净值信贷等形式以其住房价值作抵押借入资金；其次，上涨的住房价格使得住房所有者感觉更加富有。两者都导致消费者花费更多，而在短期，消费可以刺激增长。

在美国，已经减弱的价格增长、正在放缓的现存住房销售，以及增加的房屋存货均指向已经达到峰值的住房市场。一些分析家担心在价格平均被高估40%的条件下，甚至可能存在住房"泡沫"。如果价格注定下降，住房市场对GDP的刺激效应可能恰好相反，导致一个缓慢增长或者衰退的时期。即使价格停滞在当前水平，对GDP造成的后果也可能是严峻的。为了避免住房所有者遭受金钱损失，住房价格不得不上升以弥补诸如法律费用、房地产代理费用、税收以及所有者首付利息等交易成本。在住房上损失金钱的消费者将拥有更少的金钱花费于其他商品。正在放缓的住房市场涨幅可能严重地损害整体经济的增长。

资料来源："Soft Isn't Safe," *The Economist*，March 2, 2006.

当然，总是存在得到积极管理的基金，这种基金在效益上胜过指数基金。这可能仅仅是运气——纯粹的机会青睐于某些投资管理者，他们可以提供超常收益，甚至可能在长时间的"连续取胜"中表现卓越。或者这可能是技巧——可能存在某些真正拥有杰出能力的投资管理者，他们可以长时间赚取超额收益。在选择得到积极管理的基金的过程中，存在的问题是怎样预先辨别那些可以长时间持续表现卓越的基金。

指数化的成本优势

自1926年以来，美国股票市场每年向投资者提供大约10%的平均收益率。然而，这一数字是扣除成本之前的数字，这些成本以下述形式出现：

- 该基金的费用比率（包括咨询费用、分销费用和运营费用等）；
- 资产组合的交易成本（经纪人的佣金和其他交易成本）。

图2-3A表示了1990—2003年股票基金运营费用比率。2005年，一般的普通股权基金具有相当于投资者资产1.54%的年度费用比率，如图2-3C所示。此外，

传统的共同基金管理者进行高频率的资产组合活动。2005 年，以资产为权重加权平均的基金资产组合的周转率为 47%，如图 2 - 3B 所示。资产组合周转的交易成本可望每年降低 0.5%～1%。加在一起，典型基金的基金费用和交易成本从投资收益率的馅饼中拿走了显著的一块。收取销售佣金的基金甚至吞噬了更多的收益率。

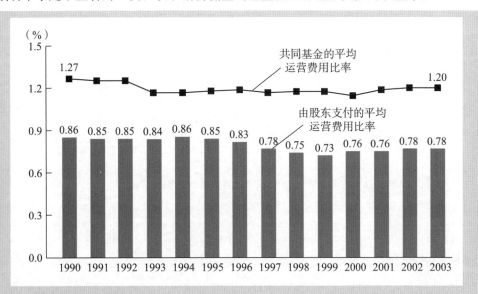

图 2-3A　股票基金运营费用比率（1990—2003 年）

资料来源：Investment Company Institute；Lipper；Value Line Publishing, Inc.；CDA/Wiesenberger Investment Companies Service；ⓒ CRSP University of Chicago, used with permission, all rights reserved（773.702.7467/ www.crsp.com）；Primary datasource & ⓒStandard & Poor's Micropal, Inc. 1998（617.451.1585/www.micropal.com）；and Strategic Insight Mutual Fund Research and Consulting, LLC.

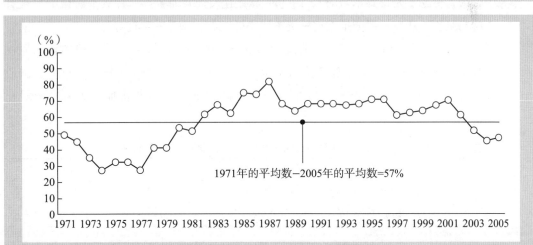

图 2-3B　股票基金的投资者所拥有的周转率仍然较低（1971—2005 年）

说明：①以资产为权重的加权平均数。
　　　②除了可变年金以外。

资料来源：Investment Company Institute；ⓒ CRSP University of Chicago, used with permission, all rights reserved （312.263.6400/www.crsp.com）；and Strategic Insight Simfund.

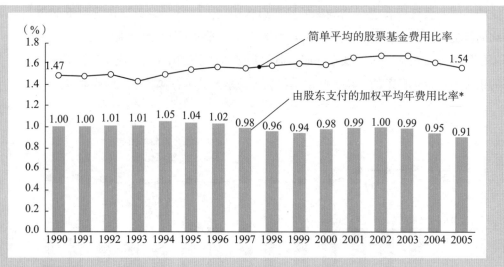

图 2-3C　基金所有者在股票基金中支付低于平均值的费用（1990—2005 年）

说明：＊表示单个基金的以资产为权重的加权平均年费用比率。

资料来源：Investment Company Institute；Lipper；Value Line Publishing, Inc.；CDA/Wiesenberger Investment Companies Service；© CRSP University of Chicago, used with permission, all rights reserved（312.263.6400/www.crsp.com）；and Strategic Insight Simfund.

　　相反，指数基金的一项关键优势是其低成本。指数基金仅需极低的咨询费用，不仅可以将运营费用保持在最低水平，而且可以将资产组合的交易成本维持在最低限度。更进一步地，因为指数基金的资产组合比积极管理的基金周转更慢，所以存在一个强劲趋势，指数基金能够实现最大限度的资本所得而且向股东分配，如果有的话（但绝不是得到承诺的）。因为对于所有投资者而言，这种资本所得的分配都应当纳税，所以尽可能推迟这种资本所得分配的实现是一项优势。

　　随着时间的推移，大量的股票市场指数已经在效益上超过了一般的普通股权基金。表 2-3 显示了道琼斯威尔希尔 5 000（Wilshire 5 000）指数（总体美国股票市场的一个衡量标准）与股权基金的全部收益（资本变化加上收入）的对比情况。

表 2-3　　　　　以年度衡量的总体收益率（截至 2006 年 5 月 26 日）

	1 年期	3 年期	5 年期
道琼斯威尔希尔 5 000 指数	11.06%	15.01%	3.36%
美国股票基金的平均值	13.45%	15.75%	3.48%

　　资料来源：Morningstar.

　　这项收益需要在将基金费用和资产组合的交易成本纳入考虑范围的条件下进行调整。因为低费率和极少交易成本的存在，这些交易成本与资产组合的重新平衡相互关联，所以每年指数基金的收益率大约会降低 0.3%。

　　表 2-4 显示了全世界不同种类资产的收益率。每一项收益率最初都由自身的货币单位衡量。例如，表 2-4 表明从 2005 年年末到 2006 年 5 月 27 日这一期间，

就标准普尔 500 指数而言美国股票上涨了 0.8%，而在加拿大则是就多伦多股票综合价格指数而言，加拿大股票上涨了 1.3%。为了比较两个国家的市场表现，必须将收益率转换成相同的货币单位。

表 2 - 4　　　　　　　　　　**金融市场指标（截至 2006 年 5 月 27 日）**

股票市场		从 2005 年末开始的变化（%）		利率（%/年）		货币单位（每美元）	
国家/地区	指数	本币	以美元表示	短期（3 个月）	长期（10 年）	最新	1 年前
澳大利亚	全部普通股股票价格指数	6.10	8.70	5.87	5.68	1.33	1.31
英国	伦敦《金融时报》100 指数	−0.60	8.10	4.64	4.57	0.54	0.55
加拿大	多伦多股票综合价格指数	1.30	5.20	4.08	4.34	1.12	1.27
丹麦	丹麦股票市场综合指数	−4.90	2.90	2.95	3.88	5.84	5.91
日本	日经指数	−1.30	3.40	0.10	1.85	113.00	108.00
瑞典	瑞典股票市场一般指数	−0.70	8.30	2.12	3.71	7.29	7.29
瑞士	瑞士股票指数	−1.40	6.70	1.41	2.68	1.22	1.23
美国	标准普尔 500 指数	0.80	0.80	5.06	5.05	—	−0.79
欧元区	伦敦《金融时报》欧元 100 指数	0.90	9.20	2.91	3.83	0.78	0.79

资料来源：*The Economist*，May 27，2006.

专栏 2.5

为大学教育融资

借款给大学生是有道理的。大学教育可能极其昂贵，而大学生经常相对贫穷。另外，大学毕业生拥有广泛的机会来赚取较高的收入。问题是，为了成为大学毕业生，你不得不首先是大学生。学生贷款帮助你以未来收入作抵押借入资金为现在的大学教育付费。

美国学生贷款的最大提供者之一是美国学生贷款市场协会，它近来被由两家私人直接投资公司和两家银行构成的混合体以 250 亿美元的价格收购。交易本身是所谓的杠杆收购行为——为了完成交易，银行与私人直接投资公司借入了相当于购买价格 2/3 的款项。

由于政府的参与程度高，美国学生贷款市场协会是一家不寻常的企业。因为联邦政府希望鼓励年轻人追求大学教育，所以它为大量学生贷款提供补贴。对于一位在校的学生，政府可能偿还贷款利息、按照低利率提供贷款，或是提供贷款担保。贷款担保是一种保险，据此如果学生违约，政府承诺向贷款者偿还贷款。

由于其健康的现金流和盈利能力，美国学生贷款市场协会吸引了新的购买者。它也曾经通过提供无补贴私人贷款、债务催收服务和大学教育储蓄基金而在核心业务之外赚钱，但是，学生贷款市场上存在相当大的风险。政府可以在任何时候改变补贴：削减利率、限制获得贷款的资格或者为较少数量贷款提供担保。由于该协会涉嫌使用欺骗性销售技巧，纽约首席检察官近来对美国学生贷款市场协会颇感兴趣，而且该协会被迫偿付了 200 万美元欠款。因为政府补贴贷款的利率受到管制，所以边际利润可能是极小的。最糟糕的是，学生经常被证明是不负责任的借款者，积累了大量他们以后无法清偿的债务。

即使存在许多风险，美国学生贷款市场协会的新所有者似乎认同总体而言提供贷款给大学生是有道理的。

资料来源："Pay-Back Time," *The Economist*，April 17，2007.

在同一时期，加拿大股票市场从美元角度而言上涨了 5.2%。忽略股票所得到的任何现金红利，这必然与相对于美元而言，加拿大元的价值增加有关。事实上，表 2-4 的最后两列表明，在直至 2006 年 5 月 27 日的 1 年期间，相对于美元而言，加拿大元在走强：相对于 1 年前 1 美元兑换 1.27 加拿大元而言，现在仅需要 1.12 加拿大元就可以兑换 1 美元。2006 年年初，加拿大元的显著升值将加拿大股票市场的少许正收益变成显著的更大的收益。这项收益用以美元为基础的收益率表示。

2.6.4　历史视角下的收益率

图 2-4A 和图 2-4B 与表 2-5A 和表 2-5B 一起提供了全球范围内以及美国国内几类宽泛的资产的收益率信息。图 2-4A 给出了包含在表 2-5A 中的数据的图形形式，除通货膨胀率外的数据代表通过投资于某类资产在长期内可得到的总收益率指数。注意，纵轴用对数标度刻画，对数标度具有一项性质，即具有不变年增长率

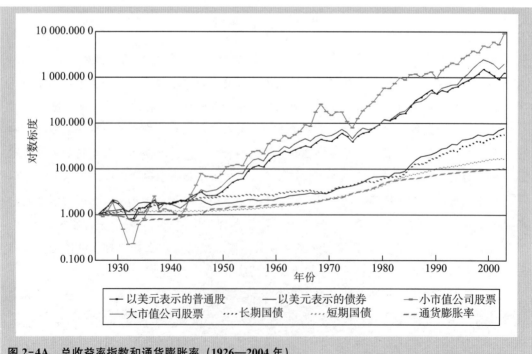

图 2-4A　总收益率指数和通货膨胀率（1926—2004 年）

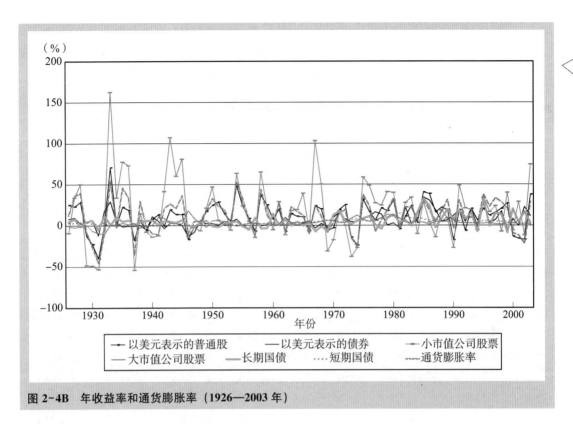

图 2-4B　年收益率和通货膨胀率（1926—2003 年）

的时间序列会被标示成一条直线。在任一时点上，我们都可以将指数价值看成代表最初于 1926 年投资的 1 美元的累积价值。例如，在 1955 年年初，1926 年年初投资于美国大型公司普通股的分散化组合的 1 美元已经增至大约 12.09 美元。如果这项组合由美国小型公司的普通股组成，那么 1926 年同样的 1 美元将在 1952 年年初增至 12 美元。

表 2-5B 和图 2-4B 将总收益率指数转换成年收益率，同时使我们可以考察不同类别资产之间年收益率的相对波动性。在美国普通股的类别中，我们已经将普通股资产组合在大市值公司和小市值公司之间进行了划分。我们也已经将时间序列标示在同样的坐标系中。明显地，小市值公司的股票拥有波动性最强的序列。

表 2-5B 的倒数第 2 列显示了 30 天期美国国库券到期后延期支付政策下的 1 年期收益率。由于该收益率随月份不同而发生变化，所以它仅在 30 天的持有期内是无风险的。以长期国债标记的那一列，代表投资者通过投资到期期限为 20 年的美国债券本该赚取的年收益率。最后一列给出了由消费价格指数变化率衡量的通货膨胀率。

表 2-5B 的最后部分是几项描述性统计结果。计算得出年收益率的算术平均值和几何平均值。对短期国债而言，算术平均值为 3.79%；对于长期国债而言是 5.64%；而对于大市值公司股票而言，算术平均值则为 12.25%。这些数字暗示长期国债每年 1.85% 的风险溢价以及大市值公司股票每年 8.46% 的风险溢价（平均收益率减去 3.79% 的平均无风险利率）。

表2-5B所公告的统计结果中有年收益率的标准差。标准差越高，年收益率的波动性越大。大市值公司股票年收益率的标准差为20.50%，相对而言，长期国债年收益率的标准差是8.19%，而短期国债年收益率的标准差则为3.18%。

表2-5A   **1926—2004年的总收益率指数和通货膨胀率（年初数字）**

年份	全球性资产组合		美国市场				
	以美元表示的普通股	以美元表示的债券	小市值公司股票	大市值公司股票	长期国债	短期国债	通货膨胀率
1926	1.000 0	1.000 0	1.000 0	1.000 0	1.000 0	1.000 0	1.000 0
1927	1.252 4	1.077 6	0.910 9	1.122 1	1.045 4	1.031 9	0.988 8
1928	1.542 3	1.181 9	1.221 8	1.525 9	1.130 2	1.064 1	0.966 5
1929	1.983 7	1.210 0	1.836 7	2.125 5	1.119 7	1.104 7	0.955 2
1930	1.734 6	1.251 3	0.945 7	1.962 7	1.169 0	1.157 1	0.960 8
1931	1.342 6	1.327 1	0.482 0	1.454 3	1.241 8	1.184 3	0.899 3
1932	0.806 3	1.165 0	0.225 7	0.791 7	1.175 8	1.196 4	0.815 5
1933	0.818 1	1.379 4	0.233 8	0.719 4	1.315 6	1.206 1	0.731 7
1934	1.397 4	1.783 3	0.614 0	1.111 9	1.329 2	1.209 6	0.737 3
1935	1.399 5	1.853 6	0.822 8	1.086 1	1.464 1	1.211 4	0.748 5
1936	1.713 6	1.825 0	1.462 3	1.582 1	1.537 0	1.213 8	0.770 9
1937	2.036 4	1.816 6	2.534 0	2.112 9	1.637 2	1.215 5	0.782 1
1938	1.676 0	1.803 6	1.161 1	1.351 6	1.644 1	1.219 4	0.804 4
1939	1.780 1	1.809 3	1.331 2	1.749 3	1.730 6	1.219 9	0.782 1
1940	1.680 4	1.717 6	1.230 7	1.730 7	1.832 7	1.220 0	0.782 1
1941	1.814 3	1.908 1	1.061 5	1.563 7	1.952 5	1.219 3	0.787 6
1942	2.054 9	2.012 8	0.932 3	1.388 6	1.971 9	1.219 8	0.865 8
1943	2.043 4	1.937 6	1.319 4	1.677 4	2.078 2	1.222 9	0.944 0
1944	2.437 7	1.994 7	2.735 6	2.122 6	2.179 4	1.227 1	0.971 9
1945	2.766 6	2.053 2	4.382 1	2.567 4	2.257 6	1.231 0	0.994 3
1946	3.146 2	2.055 8	7.933 9	3.494 6	2.412 0	1.235 0	1.016 7
1947	2.614 1	1.782 6	6.899 3	3.171 0	2.415 6	1.239 3	1.201 0
1948	2.585 6	1.635 4	6.753 7	3.325 2	2.386 9	1.245 0	1.307 2
1949	2.664 8	1.719 8	6.327 9	3.501 6	2.460 2	1.257 2	1.346 2
1950	3.127 1	1.757 4	7.669 6	4.140 3	2.608 5	1.271 1	1.318 4
1951	3.891 4	1.800 6	11.259 8	5.493 4	2.583 5	1.286 5	1.396 6
1952	5.007 8	1.810 4	11.991 7	6.782 7	2.533 1	1.305 6	1.480 4
1953	5.719 4	1.897 6	12.570 9	8.065 3	2.582 0	1.327 0	1.491 5
1954	6.026 5	1.967 1	11.863 1	7.925 0	2.680 9	1.350 6	1.502 6
1955	8.931 3	2.120 5	19.410 5	12.089 5	2.811 7	1.362 2	1.491 5
1956	10.980 2	2.125 4	24.082 6	15.890 5	2.774 0	1.383 5	1.497 0
1957	11.926 7	2.033 8	25.322 8	16.915 4	2.632 0	1.416 9	1.541 8

续表

年份	全球性资产组合		美国市场				
	以美元表示的普通股	以美元表示的债券	小市值公司股票	大市值公司股票	长期国债	短期国债	通货膨胀率
1958	11. 108 5	2. 095 4	21. 668 7	15. 031 0	2. 881 0	1. 461 3	1. 586 5
1959	15. 194 2	2. 086 0	35. 827 1	21. 611 6	2. 774 1	1. 482 0	1. 614 4
1960	18. 986 7	2. 095 2	43. 443 9	24. 410 3	2. 675 6	1. 523 8	1. 642 4
1961	20. 450 6	2. 314 9	41. 232 6	24. 456 7	3. 044 3	1. 563 1	1. 664 7
1962	24. 512 1	2. 360 8	53. 173 6	31. 214 1	3. 050 1	1. 596 9	1. 675 9
1963	22. 747 2	2. 587 9	47. 175 6	28. 470 3	3. 257 8	1. 640 3	1. 698 1
1964	26. 011 4	2. 659 3	55. 723 8	34. 913 2	3. 241 9	1. 692 0	1. 726 0
1965	28. 885 7	2. 744 1	66. 456 2	40. 733 2	3. 388 1	1. 751 6	1. 742 7
1966	31. 915 8	2. 822 4	92. 447 3	45. 824 9	3. 378 9	1. 821 1	1. 776 2
1967	29. 850 8	2. 973 9	86. 040 7	41. 127 8	3. 503 9	1. 906 9	1. 837 7
1968	36. 940 4	2. 875 2	174. 937 9	51. 043 7	3. 244 3	1. 986 0	1. 893 5
1969	44. 298 9	2. 935 6	262. 879 2	56. 658 5	3. 205 4	2. 091 1	1. 982 9
1970	41. 548 0	2. 867 2	180. 650 6	51. 938 9	2. 996 4	2. 228 9	2. 105 8
1971	40. 326 5	3. 147 9	149. 199 3	54. 068 4	3. 376 6	2. 371 1	2. 223 1
1972	48. 077 2	3. 620 7	175. 906 0	61. 729 9	3. 966 5	2. 473 5	2. 295 8
1973	60. 207 1	3. 906 7	176. 293 0	73. 544 9	4. 186 7	2. 569 7	2. 374 1
1974	51. 561 4	4. 074 7	109. 160 6	62. 697 1	4. 245 3	2. 751 2	2. 580 9
1975	39. 181 5	4. 281 3	79. 501 7	46. 145 0	4. 480 0	2. 973 4	2. 899 4
1976	51. 656 8	4. 602 4	126. 264 6	63. 338 7	4. 860 8	3. 146 5	3. 100 6
1977	60. 314 5	5. 119 2	187. 805 9	78. 527 3	5. 398 9	3. 308 9	3. 251 3
1978	64. 192 8	5. 947 0	239. 339 9	72. 826 2	5. 447 5	3. 479 3	3. 469 1
1979	77. 763 1	6. 754 0	298. 097 8	77. 559 9	5. 220 9	3. 733 6	3. 782 0
1980	91. 776 0	6. 783 7	419. 870 7	92. 117 9	5. 691 8	4. 132 7	4. 284 7
1981	119. 703 5	6. 976 4	588. 154 9	122. 037 8	6. 441 4	4. 608 8	4. 821 1
1982	114. 699 9	6. 718 9	579. 273 8	115. 960 3	6. 674 0	5. 293 7	5. 251 2
1983	127. 615 1	8. 207 9	740. 601 5	141. 576 0	7. 109 1	5. 858 0	5. 452 3
1984	158. 064 0	8. 347 4	993. 294 8	173. 246 5	7. 071 4	6. 376 4	5. 658 9
1985	163. 359 2	8. 976 8	891. 879 4	184. 438 2	8. 152 7	7. 011 5	5. 882 4
1986	229. 307 3	12. 047 7	1 151. 148 7	243. 458 5	10. 816 9	7. 550 0	6. 106 0
1987	317. 774 0	15. 741 6	1 195. 813 3	288. 254 9	13. 408 7	8. 007 5	6. 173 1
1988	369. 221 6	18. 693 1	1 029. 116 9	303. 647 7	13. 053 4	8. 438 3	6. 446 6
1989	449. 896 5	19. 655 8	1 220. 635 6	354. 842 7	14. 149 8	8. 971 6	6. 731 0
1990	535. 151 9	20. 917 7	1 331. 103 1	466. 050 3	16. 907 6	9. 709 1	7. 044 6
1991	440. 644 1	23. 423 7	968. 910 0	451. 136 7	18. 113 2	10. 454 8	7. 475 0
1992	524. 058 0	27. 782 8	1 441. 350 4	589. 455 3	21. 444 2	11. 030 8	7. 703 7
1993	491. 252 0	29. 091 4	1 745. 475 4	634. 902 3	23. 114 7	11. 405 9	7. 927 1

续表

年份	全球性资产组合		美国市场				
	以美元表示的普通股	以美元表示的债券	小市值公司股票	大市值公司股票	长期国债	短期国债	通货膨胀率
1994	592.007 8	34.973 6	2 078.512 1	697.567 1	26.692 8	11.736 6	8.145 1
1995	631.494 7	34.386 1	1 967.103 8	706.565 7	24.776 3	12.192 0	8.362 6
1996	761.330 0	43.536 2	2 630.804 7	973.011 7	32.622 9	12.872 3	8.575 0
1997	854.212 3	45.129 7	3 067.781 3	1 197.485 5	32.358 7	13.534 0	8.859 7
1998	990.630 0	48.230 1	3 799.754 0	1 594.691 4	37.238 4	14.221 5	9.010 3
1999	1 194.204 5	56.583 5	3 524.651 8	2 050.454 2	42.273 0	14.901 3	9.155 4
2000	1 517.833 9	53.414 8	4 939.799 5	2 481.869 7	38.578 3	15.580 8	9.400 8
2001	1 318.997 6	57.848 3	4 651.809 2	2 256.019 6	46.398 2	16.482 9	9.719 4
2002	1 110.332 2	57.640 0	5 993.856 1	1 987.778 9	48.351 5	17.096 1	9.870 1
2003	921.353 7	70.689 7	5 297.969 4	1 548.479 7	56.469 8	17.379 9	10.105 0
2004	1 269.256 8	78.769 5	9 248.665 2	1 992.738 6	57.813 7	17.555 4	10.295 0

表 2 - 5B   1926—2003 年的年收益率、通货膨胀率与描述性统计结果（跨年度）

年份	全球性资产组合（%）		美国市场（%）				
	以美元表示的普通股	以美元表示的债券	小市值公司股票	大市值公司股票	长期国债	短期国债	通货膨胀率
1926	25.24	7.76	−8.91	12.21	4.54	3.19	−1.12
1927	23.15	9.68	34.13	35.99	8.11	3.12	−2.26
1928	28.62	2.38	50.33	39.29	−0.93	3.82	−1.16
1929	−12.56	3.41	−48.51	−7.66	4.41	4.74	0.58
1930	−22.6	6.06	−49.03	−25.90	6.22	2.35	−6.40
1931	39.94	−12.22	−53.18	−45.56	−5.31	1.02	−9.32
1932	1.46	18.41	3.58	−9.14	11.89	0.81	−10.27
1933	70.81	29.28	162.67	54.56	1.03	0.29	0.76
1934	0.15	3.94	34.00	−2.32	10.15	0.15	1.52
1935	22.44	−1.54	77.72	45.67	4.98	0.17	2.99
1936	18.84	−0.46	73.29	33.55	6.52	0.17	1.45
1937	−17.7	−0.72	−54.16	−36.03	0.43	0.32	2.86
1938	6.21	0.32	14.60	29.42	5.25	0.04	−2.78
1939	−5.6	−5.07	−7.55	−1.06	5.90	0.01	0.00
1940	7.97	11.09	−13.75	−9.65	6.54	−0.06	0.71
1941	13.26	5.49	−12.17	−11.20	0.99	0.04	9.93
1942	−0.56	−3.74	41.52	20.80	5.39	0.26	9.03
1943	19.3	2.95	107.34	26.54	4.87	0.34	2.96
1944	13.49	2.93	60.19	20.96	3.59	0.32	2.30
1945	13.72	0.13	81.05	36.11	6.84	0.32	2.25

续表

| 年份 | 全球性资产组合（%） | | 美国市场（%） | | | | |
	以美元表示的普通股	以美元表示的债券	小市值公司股票	大市值公司股票	长期国债	短期国债	通货膨胀率
1946	−16.91	−13.29	−13.04	−9.26	0.15	0.35	18.13
1947	−1.09	−8.26	−2.11	4.88	−1.19	0.46	8.84
1948	3.06	5.16	−6.31	5.29	3.07	0.98	2.99
1949	17.35	2.19	21.21	18.24	6.03	1.11	−2.07
1950	24.44	2.46	46.81	32.68	−0.96	1.21	5.93
1951	28.69	0.54	6.50	23.47	−1.95	1.48	6.00
1952	14.21	4.82	4.83	18.91	1.93	1.64	0.75
1953	5.37	3.66	−5.63	−1.74	3.83	1.78	0.75
1954	48.2	7.8	63.62	52.55	4.88	0.86	−0.74
1955	22.94	0.23	24.07	31.44	−1.34	1.56	0.37
1956	8.62	−4.31	5.15	6.45	−5.12	2.42	2.99
1957	−6.86	3.03	−14.43	−11.14	9.46	3.13	2.90
1958	36.78	−0.45	65.34	43.78	−3.71	1.42	1.76
1959	24.96	0.44	21.26	12.95	−3.55	2.82	1.73
1960	7.71	10.49	−5.09	0.19	13.78	2.58	1.36
1961	19.86	1.98	28.96	27.63	0.19	2.16	0.67
1962	−7.2	9.62	−11.28	−8.79	6.81	2.72	1.33
1963	14.35	2.76	18.12	22.63	−0.49	3.15	1.64
1964	11.05	3.19	19.26	16.67	4.51	3.52	0.97
1965	10.49	2.85	39.11	12.50	−0.27	3.97	1.92
1966	−6.47	5.37	−6.93	−10.25	3.70	4.71	3.46
1967	23.75	−3.32	103.32	24.11	−7.41	4.15	3.04
1968	19.92	2.1	50.27	11.00	−1.20	5.29	4.72
1969	−6.21	−2.33	−31.28	−8.33	−6.52	6.59	6.20
1970	−2.94	9.79	−17.41	4.10	12.69	6.38	5.57
1971	19.22	15.02	17.90	14.17	17.47	4.32	3.27
1972	25.23	7.9	0.22	19.14	5.55	3.89	3.41
1973	−14.36	4.3	−38.08	−14.75	1.40	7.06	8.71
1974	−24.01	5.07	−27.17	−26.40	5.53	8.08	12.34
1975	31.84	7.5	58.82	37.26	8.50	5.82	6.94
1976	16.76	11.23	48.74	23.98	11.07	5.16	4.86
1977	6.43	16.17	27.44	−7.26	0.90	5.15	6.70
1978	21.14	13.57	24.55	6.50	−4.16	7.31	9.02
1979	18.02	0.44	40.85	18.77	9.02	10.69	13.29
1980	30.43	2.84	40.08	32.48	13.17	11.52	12.52
1981	−4.18	−3.69	−1.51	−4.98	3.61	14.86	8.92

续表

年份	全球性资产组合（%）		美国市场（%）				
	以美元表示的普通股	以美元表示的债券	小市值公司股票	大市值公司股票	长期国债	短期国债	通货膨胀率
1982	11.26	22.16	27.85	22.09	6.52	10.66	3.83
1983	23.86	1.7	34.12	22.37	−0.53	8.85	3.79
1984	3.35	7.54	−10.21	6.46	15.29	9.96	3.95
1985	40.37	34.21	29.07	32.00	32.68	7.68	3.80
1986	38.58	30.66	3.88	18.40	23.96	6.06	1.10
1987	16.19	18.75	−13.94	5.34	−2.65	5.38	4.43
1988	21.85	5.15	18.61	16.86	8.40	6.32	4.42
1989	18.95	6.42	9.05	31.34	19.49	8.22	4.65
1990	−17.66	11.98	−27.21	−3.20	7.13	7.68	6.11
1991	18.93	18.61	48.76	30.66	18.39	5.51	3.06
1992	−6.26	4.71	21.10	7.71	7.79	3.40	2.90
1993	20.51	20.22	19.08	9.87	15.48	2.90	2.75
1994	6.67	−1.68	−5.36	1.29	−7.18	3.88	2.67
1995	20.56	26.61	33.74	37.71	31.67	5.58	2.54
1996	12.2	3.66	16.61	23.07	−0.81	5.14	3.32
1997	15.97	6.87	23.86	33.17	15.08	5.08	1.70
1998	20.55	17.32	−7.24	28.58	13.52	4.78	1.61
1999	27.1	−5.6	40.15	21.04	−8.74	4.56	2.68
2000	−13.1	8.3	−5.83	−9.10	20.27	5.79	3.39
2001	−15.82	−0.36	28.85	−11.89	4.21	3.72	1.55
2002	−17.02	22.64	−11.61	−22.10	16.79	1.66	2.38
2003	37.76	11.43	74.57	28.69	2.38	1.01	1.88
收益率的统计结果							
几何平均值	9.41	5.34	11.80	10.23	5.10	3.71	2.98
算术平均值	11.17	6.13	18.43	12.25	5.64	3.79	3.12
标准差	18.38	9.14	38.11	20.50	8.19	3.18	4.35
最小值	−39.94	−13.29	−54.16	−45.56	−8.74	−0.06	−10.27
最大值	70.81	34.21	162.67	54.56	32.68	14.86	18.13
超额收益率的统计结果							
平均值	7.37	2.34	14.64	8.46	1.85		
标准差	18.69	8.98	38.72	20.80	8.00		
最小值	−41.02	−18.40	−54.48	−46.58	−13.30		
最大值	70.51	28.99	162.38	54.27	26.09		

表 2-5B 中另外的概括性衡量标准是 78 年间每项资产的最高与最低年收益率（值域）。值域的大小是每种资产类型相对风险的另外一种可能衡量标准。它同样确认了股票是三种资产类型中最有风险的资产类型，同时短期国债是最没有风险的资

产类型。

表 2-5B 公告了两项全球性资产组合的年收益率。全球性普通股组合是一个来自 16 个发达经济体，包括日本、欧洲和美国公司在内的大市值公司普通股的分散化组合。直到 1986 年，权重一直以不同经济体的国内生产总值为比例进行设置，用美元进行衡量。自 1987 年以来，权重转而与不同经济体总体证券市场的以美元为基础的市场价值成比例。

全球性债券组合使用与全球性普通股组合相同的 16 个发达经济体，而且还包括作为金融工具的长期政府债券。我们从表 2-5B 的概括性统计结果中可以看出，全球性普通股组合的年收益率拥有比美国大市值公司股票更低的均值和标准差。对于年收益率的算术平均值而言，二者的数据分别为 12.25% 和 11.17%；对于年收益率的标准差而言，二者的数据分别为 20.50% 和 18.38%。与长期国债相比，全球性债券组合拥有更高的平均年收益率和标准差。美国长期国债年收益率的算术平均值为 5.64%，而全球性债券组合为 6.13%；美国长期国债年收益率的标准差为 8.19%，相对的全球性债券组合为 9.14%。

2.6.5　通货膨胀与实际利率

人们很早就认识到，为了在不同时期进行有意义的经济比较，商品、服务和资产的价格必须针对通货膨胀的影响进行校正。为了校正通货膨胀的影响，经济学家对所谓的**名义价格**（nominal price）和**实际价格**（real price）进行了区分。名义价格是以某种货币表示的价格；而实际价格是以商品和服务的购买力表示的价格。

就像在名义价格与实际价格之间进行区分一样，我们也对**名义利率**（nominal interest rate）与实际利率进行划分。* 债的名义利率是指每单位贷出资金所获得的承诺金额。**实际收益率**（real rate of return）被定义为你赚取的经过货币购买力变化调整的名义利率。例如，如果你每年获得 8% 的名义利率，而通货膨胀率也是每年 8%，那么实际收益率为零。

计算实际收益率的价值尺度是什么呢？是一些标准化的消费品组合。因此，实际收益率依赖于消费品组合的构成。在不同国家对于实际收益率的探讨过程中，普遍的做法是采用用来计算国内消费价格指数（CPI）的任意组合。

如果名义收益率是每年 8%，同时由消费价格指数的比例变化衡量的通货膨胀率是每年 5%，那么实际收益率是多少？学术机构认为，实际收益率是名义利率与通货膨胀率之间的差额，在这个例子中是每年 3%。这一说法大致是正确的，但并不完全正确。

为了探究原因，我们精确地计算实际收益率。对于每一笔现在投资的 100 美元而言，1 年后你将得到 108 美元。但是现在成本为 100 美元的一项消费品组合 1 年

* 名义利率也可称名义收益率，实际利率也可称实际收益率。——译者注

后成本为 105 美元。从消费品组合的角度来看，108 美元的未来价值将是多少呢？为了找出答案，我们必须用 108 美元除以消费品组合的未来价格，得到 108/105＝1.028 57 份组合。于是对于每一份你现在放弃的组合而言，1 年后你将得到相当于 1.028 57 份组合。因此，实际收益率是每年 2.857％。

实际收益率与名义利率和通货膨胀率相关的一般公式为：

$$1＋实际收益率＝\frac{1＋名义利率}{1＋通货膨胀率}$$

或者同样地，

$$实际收益率＝\frac{名义利率－通货膨胀率}{1＋通货膨胀率}$$

将数字代入该方程，可以确定在我们的例子中，计算得出的实际收益率为每年 2.857％。

$$实际收益率＝\frac{0.08－0.05}{1＋0.05}＝0.028\ 57＝2.857％$$

注意，名义上无风险的固定收益工具实际上并不是没有风险的。举个例子，假设一家银行向储户提供每年 8％的无风险利率。因为不能预先确知通货膨胀率，所以银行账户实际上是有风险的。

如果预期通货膨胀率为每年 5％，那么预期的实际收益率则是 2.857％。但是如果通货膨胀率被证实高于 5％，那么实现的实际收益率将低于 2.857％。

快速测查 2-15

假设 1 年期美国国库券的无风险名义利率为每年 6％，同时预期通货膨胀率为每年 3％。这种国库券的预期实际收益率是多少？为什么实际上该国库券存在风险？

专栏 2.6

德国的通货膨胀挂钩型债券

通货膨胀可能是债券持有者最坏的敌人，如果这位债券持有者不是碰巧持有通货膨胀保值债券的话。大部分债券在名义利率的基础上运作：它们使持有者有权获得在未来某些时候支付的特定数量的金钱。如果通货膨胀率是稳定的，那么它可以融入该债券的名义利率，同时当债券到期时可以保证持有者得到债券的实际价值。然而，如果通货膨胀率出人意料地显著上升，那么当债券到期时，所获得的金额可能拥有比预期少得多的购买力。

想象琼今天借给马克 900 美元。马克承诺 1 年后归还琼 1 000 美元。琼估计该年通货膨胀率为 1％，于是她预期借给马克的贷款的实际收益率将大约是 10％。随着时间的流逝，某些没有预料到的事情发生了——通货膨胀率结果是 50%：所有价格上升 50%。现在，当马克向琼还钱的时候，她得到的 1 000 美元从购买力的角度仅价值 500 美元：琼已经从贷款中损失了 400 美元！她仅能买到如果她把那笔钱花掉，而不是借给马克的话，本该在去年购买到的物品的 5/9。

如今，许多国家政府提供通货膨胀保值债券。这些债券的收益率与一个价格指数挂钩，从而如果通货膨胀率高于（或低于）所预期的通货膨胀率，那么利率可以随之进行调整。因此，这些债券的实际收益率的不确定性极小。英国在 1981 年引入通货膨胀挂钩型债券，随后美国在 1997 年引入这种债券。其他一些发达国家，比如法国、意大利，以及最近的德国，也发行通货膨胀挂钩型债券。

德国的情形尤为有趣。20 世纪 20 年代，德意志帝国银行——当时的德国中央银行走上了印制过量货币的老路。不久通货膨胀随之而来：通货膨胀率在 1922 年是 1 024%，而到 1923 年已经增加到 105 700 000 000%！到 1923 年后期，纸币成为可资利用的加热燃料的最廉价形式。第一次世界大战期间所发行的德国债券变得毫无价值。

在很大程度上，这种通货膨胀螺旋是自我强化的：人们预期通货膨胀率是高的，于是价格持续上升。德国因通货膨胀挂钩型债券助长通货膨胀预期而谴责它，同时在 1948 年禁止所有这类产品。在随后的 50 年中，德意志联邦银行——德国的新中央银行建立起了作为世界上最坚决的反通货膨胀斗士之一的声誉。

德国在 2006 年早期重新引入通货膨胀挂钩型债券。只要通货膨胀率保持低水平，通货膨胀挂钩型债券就是政府借入资金的最廉价的途径之一。这种债券对那些希望减少通货膨胀风险的投资者是有吸引力的。譬如，退休金可能有按照通货膨胀率进行指数化的偿债义务。持有通货膨胀挂钩型债券消除了通货膨胀侵蚀资产价值的可能性。

资料来源："Laying the Ghost of 1923," *The Economist*，March 14，2006.

为了规避通货膨胀风险，可以从实际产品和服务的角度对利率进行计价。例如，可以明确规定固定收益工具的价值尺度是某些产品。

某些债券拥有以产品和服务的组合进行计价的利息和本金，这些产品和服务的组合被用于计算特定国家的生活成本。例如，自 1981 年以来，英国政府一直发行这种**指数挂钩型债券**（index-linked bonds）。美国财政部于 1997 年 1 月开始发行这种债券。它们被称为通货膨胀保值债券（treasury inflation protected securities，TIPS）。这些债券的利率是无风险实际利率。1998 年 9 月，美国财政部增加发行了通货膨胀保值型储蓄债券（inflation-protected savings bonds）。

为了阐明通货膨胀保值债券怎样运作，考察 1 年内到期的通货膨胀保值债券。假定它提供每年 3% 的无风险实际利率。以美元表示的收益率无法预先确知，因为它取决于通货膨胀率。如果通货膨胀率被证实仅为 2%，那么以美元表示的收益率将为 5%；然而，如果通货膨胀率结果是 10%，那么以美元表示的收益率将为 13%。

简而言之，利率是得到承诺的收益率。因为大部分债券提供以某些货币为计价单位的利率，所以它们用消费品组合表示的实际利率是不确定的。对于通货膨胀保值债券来说，利率以某种消费品组合进行计价，而且对该组合而言是一项无风险利率。

快速测查 2 - 16

假设通货膨胀保值债券的实际利率为每年 3.5%，并且美国的预期通货膨胀率为每年 4%。这种债券的预期名义收益率是多少？

2.6.6 利率等同化

金融市场中的竞争保证了等同资产的利率是相同的。举个例子，假设美国财政部现在为其 1 年期国库券支付的利率是每年 4%，你预期一家主要金融机构，例如世界银行，为其 1 年期以美元计价的债务型证券（假定它们完全没有违约风险）支付的利率是多少？

你的答案应当是大约每年 4%。

为了探究原因，假设世界银行提供的利率显著低于每年 4%，消息灵通的投资者不会购买由世界银行发行的债券；相反，他们会投资于 1 年期国库券。因此，如果世界银行希望出售它的债券，它必须提供至少和美国财政部同样高的利率。

世界银行提供的利率能否显著高于每年 4%？假设世界银行希望最小化它的借款成本，它将提供不超过对吸引投资者而言必要的利率。因此，任何以美元计价且期限为 1 年的无违约风险信贷的利率倾向于在每年 4% 上下波动，这与 1 年期美国国库券的利率相同。

如果存在这样的行动主体，他们拥有在相同条件（例如到期期限、违约风险）下按照不同利率进行借贷的能力，那么这些主体可以实施**利率套利**（interest-rate arbitrage）行为：按照较低利率借入资金，同时以较高利率贷出资金。扩张套利活动的尝试将会导致利率等同化。

快速测查 2 - 17

假设你在一个每年赚取 3% 年利率的银行账户中拥有 1 万美元。与此同时，你在信用卡上拥有 5 000 美元的未偿还余额，你正每年为其支付 17% 的利率。你面临的套利机会是什么？

2.6.7 收益率的基本决定因素

市场经济中决定收益率的四项主要因素为：

● 资本品的生产能力——矿山、堤坝、道路、桥梁、厂房、机器设备和存货等的预期收益率；

- 关于资本品生产能力的不确定程度；
- 人们的时间偏好——人们在现在消费与未来消费之间的偏好；
- 风险厌恶程度——为了降低风险暴露程度人们愿意放弃的数量。

我们简要地对这四项因素中的每一项进行讨论。

资本品的生产能力

预期收益率的第一项决定因素是**资本品的生产能力**（productivity of capital goods）。资本品是经济中所生产出来的可以用于其他物品的生产过程的产品。资本品的典型例证是矿山、堤坝、道路、桥梁、厂房、机器设备和存货等。除了这些物质资本品（有形资本）以外，资本品还包括专利、合同、配方、品牌标识以及对产出有益的生产和分配体系的设计等。这些非物质资本品（无形资产）经常是研发和广告支出的结果。

资本品的生产能力可以表示为一个年百分率，即**资本收益率**（rate of return on capital）。资本收益是股息和利息的来源，利息和股息被支付给公司发行的股票、债券和其他金融工具的持有者。这些工具代表着资本收益的索取权。按照技术状态，诸如自然资源及劳动力等其他生产要素的可获得性，以及对该资本品所能生产出来的产品和服务的需求，预期的资本收益率随时空变化。预期的资本收益率越高，经济中的利率水平也越高。

关于资本品生产能力的不确定程度

基于众多理由，资本收益率总是不确定的。天气的不确定性影响农业产出；矿山与水井经常被证实是"干涸的"；机器时不时受到损坏；由于口味的变化和替代品的开发，产品需求可能发生出乎意料的变化；尤其是来源于新知识积累的技术进步本质上就是不可预测的；甚至以存货形式储存物品以供未来某日使用的简单流程都不是无风险的，因为难以预料可能腐烂变质或者变得彻底过时的数量。

权益性证券代表对资本品所赚利润的索取权。资本品生产能力的不确定程度越高，权益性证券的风险溢价也就越高。

人们的时间偏好

决定收益率水平的另外一项因素是人们在现在消费与未来消费之间的偏好。经济学家通常假定利率仍将是正的，即使不存在进行投资的资本品，同时借贷的唯一原因是，人们希望随着时间的推移改变消费模式。一般来说，相对于未来消费而言，人们对现在消费的偏好程度越高，经济中的利率也就越高。

相对于未来消费而言，人们更喜欢现在消费的一项理由是死亡时间的不确定性。他们知道，现在活着可以享受消费支出，但是不确定能否在未来苦尽甘来时享受这种消费支出。

风险厌恶程度

如同所讨论的那样，资本收益率总是有风险的，那么人们何以能获得无风险利率，以及什么决定了无风险利率？

答案是，通过放弃某些预期收益而获得无风险利率，金融体系为那些希望投资无风险资产的投资者提供了契约性机制。更能接受风险的人们向更厌恶风险的人们提供得到无风险利率的机会，作为交换，更厌恶风险的人们接受比风险资产的平均预期收益率更低的利率。群体的风险厌恶程度越大，所需要的风险溢价就越高，同时无风险利率就越低。

快速测查 2-18

什么是利率的基本决定因素？

2.7　金融中介

金融中介即主要业务是向客户提供金融产品和服务的企业，这些金融产品和服务无法通过在证券市场上直接交易而更有效地获取。金融中介的主要类型是银行、投资公司和保险公司。它们的产品包括支票账户、贷款、抵押、共同基金以及各种各样的保险合约。

金融中介的一个最简单例证或许是共同基金。共同基金将众多小额储蓄者的金融资源归集在一起，同时将他们的资金投资于证券。共同基金在记录保存和实施买卖证券方面有巨大的规模经济，并因此为客户提供了一个比在市场上直接买卖证券更有效率的证券投资途径。

2.7.1　银　行

在所有金融中介中，银行如今是最庞大的（从资产角度而言），而且也是最古老的。最早的银行几百年前出现在文艺复兴时期的意大利。它们的主要功能是充当清算支付和结算支付的机制，因而为当时在意大利开始繁荣的产品与服务贸易提供了便利。早期的银行由货币兑换者发展而来。[①] 实际上，"bank" 这个单词来源于 "banca"，在意大利语中意为 "长凳"，因为在兑换货币的过程中，货币兑换者是在长凳上工作。

然而，许多现在被称为银行的企业执行至少两项功能：吸纳储蓄和发放贷款。在美国，这类企业被称为**商业银行**（commercial bank）。

---

① 关于历史学家已经发现的银行活动起源的一篇优秀的综述，可以在雷蒙德·德鲁弗（Raymond de Roover）所著的《中世纪后期与现代早期欧洲的商业、银行和经济思想》（*Business, Banking, and Economic Thought in Late Medieval and Early Modern Europe*）中的第五章"银行起源的新发现"里找到。

在某些国家里，银行完全是万能的金融中介，不仅向客户提供交易服务和贷款，而且还提供各式各样的共同基金和保险。例如在德国，全能型银行几乎履行由本章剩余部分将讨论的特定金融中介执行的所有功能。

实际上，以企业是何种金融中介或金融服务提供者为基础，对全世界经营业务的金融企业进行区分变得越来越困难。因此，虽然德意志银行被归类为全能型银行，但是它在全世界范围内履行和美林集团几乎完全相同的职能，美林集团通常被划分为券商。

2.7.2　其他存款储蓄机构

存款储蓄机构、储蓄机构或者简而言之储蓄商，是用于统称储蓄银行、储蓄和贷款协会以及信用合作社的术语。在美国，它们与商业银行在吸纳储蓄和发放贷款的活动中展开竞争。美国的储蓄机构专长于发放住房按揭贷款和消费贷款。在其他国家中存在各种各样与美国的储蓄机构和信用合作社类似的专门储蓄机构。

2.7.3　保险公司

保险公司即主要功能是使居民户和企业能够通过购买被称为保险单的合约规避特定风险的企业。如果某些特定事件发生，保险合约给予现金赔付。承保范围为交通事故、盗窃或者火灾的保险单被称为财产险或意外险，承保范围为寿命的保险单被称为人寿险。

保险单是购买它们的居民户和企业的资产，同时也是销售它们的保险公司的负债。因保险公司提供保险而向其进行的支付被称为保险费。客户在得到赔付之前会支付保险费，保险公司可以在从不到 1 年至数十年的区间里运用这笔资金。保险公司将筹集到的保险费投资于诸如股票、债券和房地产等资产。

2.7.4　退休金计划

退休金计划的功能是用社会保障基金提供的退休福利和私人储蓄替代一个人的退休前组合收入。退休金计划可以由雇主、工会或个人进行缴存。

退休金计划被分成两种类型：**固定缴款退休金计划**（defined-contribution pension plan）和**固定收益退休金计划**（defined-benefit pension plan）。在固定缴款退休金计划中，每位雇员拥有一个账户，雇主以及其雇员通常向该账户定期缴存款项。在退休的时候，该雇员退休金的多少取决于账户中资金累积价值的收益。

在固定收益退休金计划中，雇员的退休收益取决于一个考虑该雇员的服务年限，以及在多数场合下还考虑工资或者薪水的计算公式。

固定收益退休金计划的缴存者或者由该缴存者雇用的保险公司为该项收益提供担保，并因此而承担投资风险。在一些国家里，例如德国、日本和美国，政府或准政府机构在特定界限以内对缴存者的退休金收益担保提供支持。

2.7.5 共同基金

共同基金（mutual fund）是以投资者团体的名义购买，并由专业投资公司或其他金融机构管理的股票、债券以及其他资产的组合。每位客户都有权享有任何分红的比例性份额，同时可以在任何时间以当时的市场价值赎回他的基金份额。

管理基金的公司记录每位投资者拥有的数量，同时按照该基金的规则对所有分配份额进行再投资。除了可分割性、保有记录和对所得进行再投资以外，共同基金还提供了分散化投资的有效途径。

存在两种类型的共同基金：开放式共同基金与封闭式共同基金。开放式共同基金随时准备按照它的资产净值赎回或发行基金份额，资产净值是所持有全部证券的市场价值与公开发行的股份数量的商。因为投资者购买新的基金份额或者赎回原有基金份额，所以开放式共同基金的流通份额每天都在变化。

封闭式共同基金不按照资产净值赎回或发行基金份额。封闭式共同基金的份额就像其他普通股那样通过经纪人进行交易，因此，它的价格可能不同于资产净值。

2.7.6 投资银行

投资银行（investment bank）的主要功能是帮助企业、政府和其他主体通过发行证券筹集资金为其活动融资。投资银行也为企业并购提供了便利，同时有时发起企业并购。

投资银行经常包销它们分销的证券。包销意味着对其提供保险。在证券的例子中，包销意味着有责任按照担保的价格购买证券。

在许多国家，全能型银行履行美国投资银行的职能，但是在美国，1933 年的《格拉斯-斯蒂格尔法案》（Glass-Steagall Act）禁止商业银行从事大部分包销活动。然而近年来，美国的商业银行又被允许从事某些包销活动。

2.7.7 风险投资企业

除了其客户是新开办企业而不是大型企业之外，风险投资企业类似于投资银行。除融资方面之外，管理者缺乏经验的年轻企业经常需要运营企业的重要建议。风险投资企业既提供融资服务，也提供这些建议。

风险投资企业将其资金投入新企业，同时帮助管理者使企业达到公开上市的阶段，也就是说，向公众投资者出售股份。一旦达到这一阶段，风险投资企业一般将出售其在该企业的股份，并且转向新的风险投资。

2.7.8 资产管理企业

资产管理企业也被称为投资管理企业。它们为个人、企业和政府提供关于共同基金、退休金和其他资产组合的建议，而且经常管理这些共同基金、退休金和其他资产组合。它们可以是独立的企业，或是一家企业内部的一个部门，例如作为银行、保险公司或是经纪公司的一部分的信托公司。

2.7.9　信息服务企业

许多金融服务企业提供作为其主要业务活动副产品的信息，但是也存在专门提供信息的企业。最古老的信息服务企业是评级机构，例如，为证券业务提供服务的穆迪公司或标准普尔公司，以及为保险行业提供服务的贝斯特公司。存在提供金融数据分析的公司或者公司内部的部门，例如彭博社和路透社。

2.8　金融基础设施与金融管制

所有社会活动都在特定行为准则的范围之内进行。一些准则被编纂成法律，并且像针对经济活动的所有其他领域那样对金融体系进行强制性约束。在这些法律中首要的是宣布欺诈为非法行为的法律和强制执行合同的法律。而且这些法律在国与国之间可能有所不同，同时随时间的推移而发生变化。它们是社会法律基础设施的一部分。虽然法律变化有时候是对金融体系运作不同需要的反应，但是我们认为，这些法律处于金融体系之外。

金融基础设施包括法律程序和会计程序、交易和清算设施的组织架构，以及监管金融体系参与者之间关系的管制结构。那些从历史视角观察的人们已经将金融体系基础设施的进化看成是理解国家经济发展的关键因素。

某些管制任务由私人部门组织执行，而另一些则由政府组织执行。某些从法律上指派给政府执行的管制任务也被委托给私人部门组织。在美国以及其他国家，这是符合事实的。这种私人部门组织有些是美国财务会计准则委员会等拥有特殊技能的行业协会，有些是证券交易所，还有些则是国际掉期与衍生工具协会等交易协会。

如同在经济体系的其他领域中，政府可以在提升经济效率的过程中扮演重要的角色那样，在金融体系中也是如此。然而，成功的公共政策严重依赖于认识到为了改进经济效率，政府可以实施的行为的限制，以及认识到政府不作为什么时候是最好的选择。

2.8.1　交易规则

证券交易的规则通常由组织化的证券交易所制定，并且有时得到法律认可。这些规则承担对交易程序进行标准化的功能，从而交易成本被维持在最低水平。从完美意义上说，这些规则经过了充分考虑以促进低成本的交易，但是有时它们看上去是随意的。然而，即使是随意性的规则，通常也比根本没有规则更为可取。

2.8.2 会计体系

为了有使用价值，金融信息必须以标准化的格式展示。研究金融信息报告的学科被称为会计学。会计体系可能是金融体系基础设施中最重要的部分。

毫不奇怪，最早的会计体系与金融合同的发展同步进行。考古学家已经发现了可以回溯至古巴比伦时期的细致而详尽的金融交易记录。为了适应记录复杂金融交易的需要，复式记账法的发展——会计体系的一个重大飞跃——出现在文艺复兴时期的意大利，这种金融交易由贸易和银行业务引发。

2.9 政府与准政府组织

作为社会法律的制定者和实施者，政府负有管制金融体系的终极责任。正如前面部分所描述的那样，存在被委托给诸如交易协会、行业协会或者证券交易所等私人部门组织的管制任务。在美国以及其他国家，这是符合事实的。

例如，在美国，美国证券交易委员会设立了对公开发行证券而言必须满足的明晰的信息披露要求。其他国家同样拥有类似的监管主体。

然而，除了扮演金融体系管制者的角色之外，政府还利用金融体系实现其他的公共政策目标。一个例证是运用货币政策实现国家的经济增长或就业目标。在随后的部分，我们将描述一些主要的政府组织，这些政府组织要么寻求对金融体系某些部分的运作进行管制，要么将金融体系作为实现其他经济目标的主要手段加以利用。

2.9.1 中央银行

中央银行是金融中介，它的主要功能是通过影响本国货币供给等特定金融市场变量，促进公共政策目标的实现。在某些国家里，中央银行处于政府行政主体的直接控制之下；而在其他一些国家，中央银行是半自主的。[1]

在许多国家，中央银行通过其名称得到认定，如英格兰银行、日本银行等。但是在美国，中央银行被称为美国联邦储备系统（或简称"美联储"），而在瑞典，则中央银行被称为瑞典中央银行。

中央银行通常位于一个国家支付体系的中心位置。它提供本国货币的供给，并且运营银行的清算体系。一个有效率的支付体系至少需要适度的价格稳定，因此，中央银行通常将价格稳定看成其首要目标。但是许多国家的中央银行也可望实现促进充分就业和经济增长的目标。在这些国家里，中央银行必须平衡价格稳定和充分就业的目标，这些目标在某些时候是相互冲突的。

---

① 在美国，中央银行拥有独立于政府的较大自主性。

2.9.2　特定功能的中介

这类组织由为了鼓励经济活动而设立的主体构成，通过使融资更易于获得，或者为不同类型的债务性工具提供担保实现对经济活动的激励。例如，向农民、学生、小企业、新的购房者等发放贷款或提供担保的政府机构。

另一类政府性组织是设计出来对银行储蓄进行保险的机构。它们的主要功能是避免金融体系的部分或全部崩溃，以促进经济效率。

最坏的情形是银行危机。储蓄者满足于将存款放在银行，只要他们相信存款是安全的，而且容易提取。然而，储蓄者知道，银行持有不具有流动性且存在风险的资产作为对储蓄者应尽义务的抵押物。如果储蓄者认为他们将无法获得存款的全部价值，那么他们将会争先恐后地提取资金。

这迫使银行变现某些风险资产。如果抵押资产不具有流动性，那么被迫迅速变现那项资产意味着银行不得不接受少于其全部价值的价值。如果一家银行没有充足的资金对储蓄者进行清偿，那么传染就开始了，而且其他银行将面临一段倒霉的时光。然而，就银行体系而言，这种传染问题只有存在"现金抽逃"时才会出现。在这种情形里，人们拒绝持有任何银行的储蓄而坚持拥有现金。

2.9.3　区域性组织和全球性组织

为了协调不同国家政府的金融政策，当前存在数个国际性团体。最重要的国际性团体或许是位于瑞士巴塞尔的国际清算银行，它的目标是提升银行业务管制的统一性。

此外，两家官方的国际机构在国际金融市场上运作以推动贸易与金融的增长：国际货币基金组织（IMF）和世界银行（World Bank）。国际货币基金组织监控成员的经济和金融状况，提供技术帮助，建立国际贸易与金融规则，提供国际磋商的论坛。同时最重要的是，提供资源使个别成员能够延长校正针对其他成员支付的不平衡所必需的时间。

世界银行为发展中国家的投资项目提供融资。它主要通过在发达国家出售债券筹措资金，然后向投资项目发放贷款，这些投资项目必须满足为鼓励经济发展而设计的特定标准。

小　结

金融体系是居民户、企业和政府用来实施其金融决策的市场和金融中介的集合。它包括股票、债券和其他证券市场，以及银行、保险公司等金融中介。

资金通过金融体系从拥有资金盈余的主体流向存在资金赤字的主体。资金流动经常通过金融中介发生。

金融体系执行的六项核心功能是：

- 提供跨时间、跨地域和跨行业转移经济资源的方式。
- 提供管理风险的途径。
- 提供便利交易的清算支付和结算支付的方式。
- 提供归集资源并在不同企业间细分所有权的机制。
- 提供有助于在不同经济部门间协调分散化决策的价格信息。
- 提供解决当交易的一方拥有另一方不具备的信息，或者一方担任另一方的代理人时引发的激励问题的方式。

金融创新背后的根本经济推动力是竞争，竞争通常导致金融功能执行方式的改进。

在市场上交易的金融资产的基本类型是债务、权益和衍生工具。

- 债务性工具由任何借入资金的主体——企业、政府和居民户——发行。
- 权益是一家企业的所有者的索取权。由公司发行的权益性证券在美国被称为普通股。
- 衍生工具是由一种或多种资产的价格衍生出其价值的金融工具。例如，期权和期货合约。

利率是一项经过承诺的收益率，并且存在与不同类型借贷行为同样多的不同类型利率。利率变化取决于信用工具的记账单位、到期期限和违约风险。名义利率以某些货币单位进行衡量；实际利率以某些消费品组合进行衡量。提供固定名义利率的债券拥有不确定的实际利率；同时，提供固定实际利率的通货膨胀挂钩型债券拥有不确定的名义利率。

市场经济中决定收益率的四项主要因素为：

- 资本品的生产能力——矿山、堤坝、道路、桥梁、厂房、机器设备和存货的预期收益率；
- 关于资本品生产能力的不确定程度；
- 人们的时间偏好——人们在现在消费与未来消费之间的偏好；
- 风险厌恶程度——为了降低风险暴露程度人们愿意放弃的数量。

指数化是一项寻求与特定股票市场指数的投资收益率保持一致的投资策略。

金融中介即主要业务是向客户提供金融产品和服务的企业，这些金融产品和服务无法通过在证券市场上直接交易而更有效地获取。金融中介的主要类型是银行、投资公司和保险公司。它们的产品包括支票账户、贷款、抵押、共同基金以及各种各样的保险合约。

关键术语

柜台交易市场	资金流动	道德风险	逆向选择
委托-代理问题	终身年金	抵押	看不见的手
固定收益工具	货币市场	资本市场	流动性
剩余索取权	有限责任	衍生工具	买入期权
卖出期权	远期合约	按揭利率	商业贷款利率
记账单位	到期期限	违约风险	汇率
收益率曲线	收益率价差	资本利得	资本损失
名义价格	实际价格	名义利率	实际收益率
指数挂钩型债券	利率套利	资本品的生产能力	资本收益率
商业银行	固定缴款退休金计划	固定收益退休金计划	共同基金
投资银行	市场权重型股票指数		

问题与疑难

什么是金融体系？

1. 在经济社会中，金融体系怎样增进了经济安全和经济繁荣？

资金流动

2. 假设你的祖父决定取出本月储蓄，同时购买捷威计算机公司发行的债券，该债券为公司新厂房中计算机元器件的增加提供融资。说明怎样在资金流动的框架里分析这一交换。

从功能出发的视角

3. 在没有其他人提供担保的情况下，你能否获得一笔学生贷款？

4. 举出一个如果不存在针对风险的保险，那么一家企业就无法获得融资的例证。

5. 假设你投资于一项房地产开发交易，总投资为 10 万美元。你用自己的 2 万美元投资并从银行借入剩余的 8 万美元。谁承担这一经营项目的风险？为什么？

6. 给出道德风险问题可能阻止你得到某项融资的例证。你能否想出一种解决该问题的方法？

7. 给出逆向选择问题可能阻止你得到某项融资的例证。你能否想出一种解决该问题的方法？

8. 给出委托-代理问题可能阻止你得到某项融资的例证。你能否想出一种解决该问题的方法？

9. 给出金融体系六项核心功能中的每一项在今天比在亚当·斯密时代得到更有效执行的例证。

10. 你居住在美国，并且正在考虑从现在开始去德国旅游 6 个月。你可以购买一只期权，按照 6 个月后 1.50 美元兑换 1 欧元的固定汇率购买欧元。这只期权为何类似于一张保险单？

金融创新与"看不见的手"

11. 你是否同意亚当·斯密的社会可以更多地依赖"看不见的手"而不是政府去推进经济繁荣的观点？

12. 为什么一个国家的邮票不是像其纸币那样好的交易媒介？

13. 如果我发行了伪造的美元，同时用它们购买有价值的产品和服务，那么谁将受到伤害？

14. 某些人说，在预期什么将在未来充当货币时，所使用的唯一标准是生产它的实际资源成本，包括鉴别其真实性的交易成本在内。按照这一标准，你认为未来的货币将是什么？

金融市场

15. 具有挑战性的问题。假设美国达美航空公司签订了一项按照固定的谈判价格购买 50 架新波音 787 飞机的合同，这项合同规定了随后 5 年里的固定交货日期。除此之外，这项合同拥有一项特殊条款，声明购买者可以自行决定购买额外 20 架飞机。该条款使得美国达美航空公司每年能够在初始 50 架飞机所设定价格的基础上溢价 5% 多购买 4 架飞机。这一条款代表了何种类型的衍生证券？决定合同存续期间该条款价值的基本因素是什么？从美国达美航空公司风险管理的角度而言，这项条款有什么价值？

金融市场中的比率

16. 是否所有政府都应当发行与本国价格水平挂钩的债券？当政府债务以本国货币单位的形式被固定时，是否存在公民面临的关于政府官员的道德风险问题？

17. 利用互联网回答下述问题：从买入收益率的数据出发，标出德国、日本和美国的收益率曲线，同时总结期限结构中的主要差异。

金融中介

18. 描述你们国家为高等教育提供融资的体系。居民户、非营利组织、营利性企业和政府所扮演的角色是什么？

19. 描述你们国家为住宅提供融资的体系。居民户、企业和政府所扮演的角色是什么？

20. 描述你们国家为新开办企业提供融资的体系。居民户、企业和政府所扮演的角色是什么？

金融基础设施与金融管制

21. 竞争性股票市场怎样实现亚当·斯密描述的结果？股票市场是否应当被管制？怎样管制以及为什么管制？

政府与准政府组织

22. 由于十几个国家已经联合起来在欧洲经济货币联盟下运营，而且使用全新的货币欧元进行交易，欧洲中央银行的体系结构在过去数年内发生了改变。浏览欧洲中央银行的官方网站，找出关于欧洲中央银行组织架构的背景资料，同时简述欧洲中央银行管理委员会的组成和作用。说出两个成为欧元区最新成员的欧盟成员国的名称。

附 录

其他股票市场指数

在美国，新闻中经常提到的股票指数或许是道琼斯工业指数（DJI）。它是以美国 30 家主要的工业公司股票为编制对象的道琼斯工业股价平均指数。道琼斯工业指数存在两个严重的不足，这两个不足限制了它作为衡量股票绩效基准的作用：一是它没有普遍分散化从而足以精确反映美国股票的宽泛幅度；二是它契合于不适合作为绩效基准的投资策略。

因此，大部分投资专业人士更愿意使用诸如标准普尔 500 指数等其他指数作为绩效基准。标准普尔 500 指数对应于从美国最大的公众上市公司中选出的 500 只股票的组合，投资于每只股票的美元数量与这些股票在总市值中的份额成比例。

为了说明这两类指数的构建过程并对它们进行比较，我们通过分析一项包含两只股票的虚拟指数对事情进行简化处理。该指数中的两只股票是 IBM 公司和惠普公司的股票。两只股票的相关数据显示在表 2A-1 中。

表 2A-1 构建股票价格指数的数据

公司	股票价格（美元）		持股数量（百万）	市场价值（10 亿美元）	
	基年	当期		基年	当期
IBM 公司	100	50	200	20	10
惠普公司	50	110	100	5	11
总计				25	21

道琼斯工业指数类型的指数通过用一只股票的当期股票价格的平均值除以基年股票价格的平均值，然后乘以 100 计算得出：

$$\text{道琼斯工业指数类型的指数} = \frac{\text{当期股票价格的平均值}}{\text{基年股票价格的平均值}} \times 100$$

我们假设在基年里，IBM 公司股票的价格为每股 100 美元，同时惠普公司股票的价格为每股 50 美元。因此，通过加总这两个价格并除以 2 计算得出的每股价格平均值为 75 美元。1 年后，IBM 公司股票的价格为每股 50 美元，同时惠普公司股票的价格为每股 110 美元，平均值为 80 美元。因此，道琼斯工业指数类型的指数为 106.67，表明 6.67% 的增长。

$$\text{道琼斯工业指数类型的指数} = \frac{(50 \text{美元} + 110 \text{美元})/2}{(100 \text{美元} + 50 \text{美元})/2} \times 100 = \frac{80 \text{美元}}{75 \text{美元}} \times 100 = 106.67$$

道琼斯工业指数类型的指数假设基准资产组合由每种股票的一股构成。如果投资者在基年购买 1 股

IBM 公司股票和 1 股惠普公司股票，那么该资产组合在价值上将增加 6.67％。这一组合不是衡量业绩的正常基准，因为在我们的例子中，全部股票的总价值从 250 亿美元降至 210 亿美元，下降了 16％。

投资专业人士一般用**市场权重型股票指数**（market-weighted stock indexes）作为衡量共同基金业绩的基准，这种共同基金投资于普通股。市场权重型股票指数代表一项资产组合的价格表现，该资产组合按照与其市场总价值成比例的方式持有每只股票。在前述例子中，IBM 公司占有 80％的股票市场总价值，而惠普公司则为 20％。市场权重型股票指数给予每只股票如下权重：

$$市场权重型股票指数 = \left(IBM\ 公司股票的权重 \times \frac{IBM\ 公司股票当期价格}{IBM\ 公司股票基年价格} \right.$$

$$\left. + 惠普公司股票的权重 \times \frac{惠普公司股票当期价格}{惠普公司股票基年价格} \right) \times 100$$

$$= (0.8 \times 0.5 + 0.2 \times 2.2) \times 100 = 84$$

因此，该指数表明了 16％的下降，这精确地反映了所有股票的总体市场价值发生了何种变化。

其他股票市场指数

23. 假设仅存在两只在股票市场上交易的股票，并且你正试图建立一个指数来说明股票价格发生了何种变化。我们假设在基年股票 1 的价格是每股 20 美元，同时存在 1 亿股流通股。股票 2 的价格为每股 10 美元，同时存在 5 000 万股流通股。1 年后，股票 1 的价格为每股 30 美元，而股票 2 的价格为每股 2 美元。使用本章阐释的两种不同方法计算能表明在整体股票市场上发生了什么的股票指数，你愿意选择哪一种方法？为什么选择这种方法？

第3章　管理财务健康状况和业绩

金融决策者可以利用的企业以及其他组织的大量信息以标准财务报表的形式出现，这些财务报表在向股东提供的年报或季报中公布。它们包括资产负债表、利润表和现金流量表，按照由会计专业人士建立的规则准备，因此理解那些规则是什么很重要。但是金融分析师有时不同意会计专业人士决定的衡量特定关键性财务变量的方式，最根本的分歧是怎样衡量资产和负债的价值。

在本章中，我们温习基本的财务报表，同时说明怎样将其作为财务预算的模板使用。首先，我们温习现行会计准则。其次，考察价值和收入的会计标准怎样不同于做出良好金融决策所需要的潜在经济概念。再次，从过去几年的企业财务报表出发，为一家典型的制造企业构建财务预算模型。最后，我们讨论短期财务预算以及营运资本管理。

3.1　财务报表的功能

财务报表承担三项重要的经济功能：

● 财务报表向企业的所有者和债权人提供关于企业的现时状况以及过去的财务业绩的信息。

虽然已经公布的财务报表很少提供充足信息，从而使人们能够形成对企业业绩的结论性判断，但是它们可以提供关于企业运营的重要线索，这些线索应当更审慎地审查。有时候，通过对企业财务报表的细致审计，可能查出混乱管理甚至欺诈等行为。例如，通过分析财务报表，一位会计学教授揭露了他所在大学的某项投资中的欺诈行为。

● 财务报表为企业的所有者和债权人提供设定业绩目标以及限制企业管理者的便捷途径。

财务报表被董事会用于规定管理者的业绩目标。例如，董事会可能从财务收入增长率或是净资产收益率的角度设定目标。债权人经常从诸如流动比率等衡量标准的角度明确规定对管理者行为的限制。

● 财务报表为财务规划提供方便的模板。

通过准备针对整个企业的利润表、资产负债表和现金流量表的预测，管理者可以测查以逐个项目为基础做出的独立规划的整体一致性，并且估计企业的整体融资需求。虽然在规划过程中，可以用其他模板替代标准的财务报表，但是使用标准的利润表和资产负债表的一项主要优势是，有关人士可能通过职业教育和职业培训熟悉它们。

快速测查 3-1

财务报表承担的三项基本经济功能是什么？

专栏 3.1

回溯型期权

公司行政管理人员的巨额回报经常源自持有一家公司的大量期权以及不道德地行事，遗憾的是，在当今世界两者常常混合在一起。为行政管理人员提供大量股票期权的做法通常被证实是首席执行官保证公司在证券市场上表现良好的激励。毕竟，如果公司的股票价格上涨，行政管理人员的报酬也随之上升。但是，如果这些期权被人为操纵，从而行政管理人员恰巧在股票价格上涨之前获得执行期权的权利，这种行为是否合理是有讨论余地的。

近来的研究已经表明，当股票期权被安排给高层行政管理人员时，公司极有可能出具虚假报告。特别地，公司经常宣布股份被回溯至恰当的时刻，这一时刻正好是在公司股票价格迅猛上涨之前。这种回溯股份的流程在特定环境下可能是非法的，或者是合法的，但是它确实提出了以股票期权体现的薪酬是否为公司行政管理人员提供了尽力工作的最佳激励的问题。为了提升股票价格，行政管理人员可以做很多事情，例如，向股东提供较少的红利。这与回溯型期权相结合可以显著地改变行政管理人员行动背后的真实动机，而且在未来给企业带来更多麻烦。

最后，作为对更高薪金的替代，给予公司首席执行官股票期权可能激励行政管理人员更好地为企业服务，但是如果这些行政管理人员能够像事后诸葛亮那样精确地决定期权被回溯的日期，问题的关键点是什么？

资料来源：改编自 "Time and Money," *The Economist*，May 30，2006。

3.2　财务报表回顾

为了解释三种基本的财务报表，我们将运用虚拟的通用产品公司（Generic Products Corporation，GPC）的例证。通用产品公司是为了制造并向消费市场出售通用产品而在 10 年前成立的公司。

表 3-1、表 3-2 和表 3-3 分别显示了通用产品公司的资产负债表、利润表和现金流量表。它们是美国制造企业的典型。我们依次对每一张报表进行考察。

3.2.1 资产负债表

一家企业的资产负债表显示了一个时点上的企业资产和负债。资产与负债之间的差额是该企业的净值，也被称为所有者权益。对于公司而言，净值被称为股东权益。

为了符合通用会计准则，一家公司已公布的财务报表中列示的资产、负债和股东权益的价值按照历史购置成本进行衡量，通用会计准则也被称为 GAAP。该准则由美国财务会计准则委员会定期制定并进行修正。任何希望在美国证券交易所上市的美国公司以及非美国公司都必须遵从该会计准则，同时通过向美国证券交易委员会呈送财务报表，定期公布其经营活动。

表 3-1 通用产品公司 12 月 31 日的资产负债表

资产	20×0	20×1	变化
流动资产			
现金和有价证券	100.0	120.0	20.0
应收账款	50.0	60.0	10.0
存货	150.0	180.0	30.0
总流动资产	300.0	360.0	60.0
财产、厂房和设备	400.0	490.0	90.0
减去累计折旧	100.0	130.0	30.0
财产、厂房和设备净值	300.0	360.0	60.0
总资产	600.0	720.0	120.0
负债及股东权益			
流动负债			
应付账款	60.0	72.0	12.0
短期负债	90.0	184.6	94.6
总流动负债	150.0	256.6	106.6
长期负债（20×7 年到期利率为 8% 的债券）	150.0	150.0	0.0
股东权益（100 万股流通股）	300.0	313.4	13.4
实收资本	200.0	200.0	0.0
留存收益	100.0	113.4	13.4
总负债及股东权益	600.0	720.0	120.0
其他数据：普通股的每股价格（美元）	200.0	187.2	−12.8

说明：除了最后一行以外，所有数据均以百万美元表示。

表 3-1 提供了通用产品公司在两个不同时点的资产负债表。我们首先考察刚

好在 20×1 年开始之前的 20×0 年 12 月 31 日的资产负债表。这一资产负债表的第一部分从流动资产开始列示该公司的资产，流动资产被定义为能在 1 年之内被转换成现金的货币以及其他产品。在通用产品公司的例子中，现金和有价证券被估价为 1 亿美元。其他货币资产包括 5 000 万美元的应收账款，这是客户欠通用产品公司的款项，以及 1.5 亿美元的存货。存货由原材料、处于生产过程中的产品以及制成品构成。

接下来是通用产品公司的固定资产。这由财产、厂房和设备构成。这些资产减去折旧的报表价值被列示为 3 亿美元，总资产是 6 亿美元。

随后是通用产品公司的负债。必须在 1 年之内得到清偿的负债被称为流动负债。对于通用产品公司而言，负债包括 6 000 万美元的应付账款以及 9 000 万美元的短期负债。应付账款是通用产品公司欠供货商的数额。

一家企业的流动资产与流动负债之间的差额被称为净营运资本。净营运资本并不直截了当地作为资产负债表的科目出现。20×0 年年末，通用产品公司的净营运资本为 1.5 亿美元：3 亿美元的流动资产减去 1.5 亿美元的流动负债。

通用产品公司资产负债表中接下来的负债科目是长期负债，它由 20×7 年到期且面值为 1.5 亿美元的债券构成。该债券的利率固定为每年 8%，这意味着每年与该债券相关的利息费用为 1 200 万美元。这项利息费用显示在通用产品公司的利润表中。

通用产品公司资产负债表的最后部分是股东权益。实收资本是通用产品公司过去通过发行普通股筹集的金额，为 2 亿美元，而留存收益是被留存在企业中的过去收益的累积数量，为 1 亿美元。

现在我们考察通用产品公司资产负债表在 20×0 年 12 月 31 日与 20×1 年 12 月 31 日之间的变化。在该年期间资产增加了 20%，应付账款也是如此。通用产品公司的短期负债增加了 9 460 万美元，同时长期负债在 1.5 亿美元上保持固定。股东权益增加了 1 340 万美元，这是留存在企业里的净收入。由于没有发行新股，所以实收资本停留在相同水平。

快速测查 3-2

如果通用产品公司在该年以长期负债的形式发行了额外的 5 000 万美元，同时将这个数额加入以现金和有价证券形式持有的数额中，这会导致通用产品公司的年末资产负债表发生什么变化？

3.2.2 利润表

利润表概括了一段时期里的企业盈利能力，在这个例子中是一年。利润和收益都意味着相同的东西——收入与支出之间的差额。利润表也被称为收益表或者损益表。表3-2显示了20×1年通用产品公司拥有2亿美元的销售收入，同时它的净收入为2 340万美元。

通用产品公司的支出被划分为四种主要类型。第一种类型是1.1亿美元的主营业务成本。主营业务成本是该年内通用产品公司在生产所售产品的过程中发生的支出，而且包括用于生产这些产品的原材料和劳动力成本。销售收入与主营业务成本之间的差额被称为毛利润。通用产品公司20×1年的毛利润为9 000万美元。

第二种支出类型为日常费用、销售费用和管理费用（简称营业支出）。这种支出代表该年度在管理企业的过程中发生的支出（例如管理人员的工资）以及在营销和分销产品的过程中发生的支出。毛利润与营业支出之间的差额被称为营业利润。20×1年通用产品公司的营业支出为3 000万美元，因此它的营业利润是6 000万美元。

支出的第三种类型是公司债务的利息费用。通用产品公司的利息费用在20×1年为2 100万美元。在减掉利息费用以后，通用产品公司的应税收入（也就是它应缴纳企业所得税的收入）为3 900万美元。

支出的第四种也是最后一种类型是收入所得税。通用产品公司在20×1年按照40%的平均税率为其应税收入缴纳税收，于是公司收入所得税为1 560万美元。因此，通用产品公司的税后净收入为2 340万美元。由于存在100万股流通股，所以每股收益为23.40美元。

利润表也表明通用产品公司在20×1年支付了1 000万美元的现金红利。这意味着1 340万美元的净收入被留存在企业中，而且在20×1年年末的资产负债表中以股东权益增加的形式展现。重要的是，注意后面的这个数字（1 340万美元）并不是企业现金余额的增加，因为净收入和现金流是不同的。

表3-2	通用产品公司20×1年的利润表
销售收入	200.0
主营业务成本	(110.0)
毛利润	90.0
日常费用、销售费用和管理费用	(30.0)
营业利润	60.0
利息费用	(21.0)
应税收入	39.0
收入所得税	(15.6)
净收入	23.4
净收入的分配：	
红利	10.0
留存收益变化	13.4
每股收益（100万股流通股）（美元）	23.4

说明：除了最后一行以外，所有数据均以百万美元表示。

如果通用产品公司留存了全部净收入，而不是派发 1 000 万美元的现金红利，这会引起通用产品公司的利润表和年末资产负债表发生什么变化？

3.2.3　现金流量表

现金流量表展示了一段时间内所有流入和流出该企业的现金。现金流量表不同于利润表，利润表展示的是企业的收入和支出。

基于两项理由，现金流量表成为利润表的有益补充。首先，它将注意力集中于随时间的推移，企业现金头寸发生何种变化。即使是极能盈利的企业，如果耗尽现金，也会经历财务拮据。关注现金流量表使得企业的管理者和外部人员可以观察到企业正在增加还是减少现金，同时了解到其原因。例如，迅速增长且具有盈利能力的企业经常缺乏现金，而且难以履行付款责任。

因为现金流量表避免了对进入利润表的收入和支出的判定，因此它同样是有用的。利润表是以权责发生制为基础的，依照权责发生制，并不是每一笔收入都是现金流入，同时并不是每一笔支出都是现金流出。一家企业公布的净收入受到从管理层利益出发针对许多问题的判断的影响，例如，怎样对存货进行计价以及折旧有形资产和摊销无形资产的快慢程度。

现金流量表不受权责发生制的影响，因此，通过核查一家企业的现金流量表和利润表之间的差异，分析人员可以测定财务决策的影响。

我们通过考察表 3 - 3 进行说明，表 3 - 3 代表通用产品公司 20×1 年的现金流量表。它将现金流分为三种类型：来自经营活动的现金流、来自投资活动的现金流和来自融资活动的现金流。我们依次观察每个部分。

来自经营活动的现金流（或者营运现金流）由从销售产品中得到的现金流入减去诸如原材料和劳动力等支出的现金流出构成。20×1 年，通用产品公司来自经营活动的现金流为 2 540 万美元，与此同时，它的净收入为 2 340 万美元。为什么这两个数字之间存在差异呢？

这里存在四个解释企业净收入与现金流之间差异的科目：折旧费用、应收账款变动、存货变动和应付账款变动。我们从通用产品公司 20×1 年的情形出发对每一个科目进行考察。

表 3 - 3	通用产品公司 20×1 年的现金流量表	单位：百万美元
来自经营活动的现金流		
净收入	23.4	
＋折旧费用	＋30.0	

—应收账款增加	−10.0
—存货增加	−30.0
＋应付账款增加	＋12.0
来自经营活动的现金流总量	25.4
来自投资活动的现金流	
—厂房和设备投资	−90.0
来自融资活动的现金流	
—红利支付	−10.0
＋短期负债增加	＋94.6
现金及有价证券的总体变化	20.0

第一个科目是20×1年3 000万美元的折旧费用。折旧费用是在计算净收入的过程中扣除的非现金支出。当厂房及设备刚被购买时，产生了厂房及设备的必要现金开支，这种必要的现金开支产生折旧费用。折旧费用在假定使用年限内的每一期里都被确认为支出，因此，为了从净收入中得到来自经营活动的现金流，我们不得不加回折旧费用。

第二个科目是1 000万美元的应收账款增加。这是该年内已确认的收入与从客户那里筹集到的实际现金之间的差额。利润表中的2亿美元收入这一数字意味着在20×1年价值2亿美元的产品和服务被转移给消费者并由消费者付费，但是只以现金的形式筹集到1.9亿美元。因此，为了从净收入中得到来自经营活动的现金流，我们不得不减去1 000万美元的应收账款增加。

第三个科目是3 000万美元的存货增加。这意味着该年末的存货价值比年初增加了3 000万美元。于是，3 000万美元现金被用于购买或生产已成为存货的物品。这项必要的现金开支在计算净收入的过程中没有被考虑。因此，为了从净收入中得到来自经营活动的现金流，我们不得不减去3 000万美元的存货增加。

第四个科目是1 200万美元的应付账款增加。这是通用产品公司该年度主营业务成本（1.1亿美元）与它向供货商和雇员支付的现金数量之间的差额。在计算净收入的过程中，全部的1.1亿美元被扣除，而在计算来自经营活动的现金流时，只有该公司派发的9 800万美元被扣除。因此，为了从净收入中得到来自经营活动的现金流，必须加回1 200万美元。

于是，我们可以看到，不存在任何理由预期来自经营活动的现金流和净收入相等。为了使这两项衡量标准保持一致，我们必须按照前面详述的四个科目对净收入进行调整。在对不同公司进行比较的过程中，现金流量表是特别重要的，这些公司在拥有不同权责发生制标准的国家公告其净收入。

表3-3的第二部分为来自投资活动的现金流，显示了20×1年通用产品公司在新厂房和设备上的9 000万美元现金必要开支。第三部分为来自融资活动的现金

流，表明通用产品公司向股东派发了 1 000 万美元的现金红利，同时通过增加短期负债筹措到 9 460 万美元现金。

　　总结一下，经营活动、投资活动和融资活动对通用产品公司现金余额的净影响是增加了 2 000 万美元的现金。通用产品公司的经营活动产生了 2 540 万美元现金，同时通用产品公司增加了 9 460 万美元的借款，所以总共有 1.2 亿美元的现金流入该公司。在这一金额中，9 000 万美元现金被用于购买新厂房和设备，同时 1 000 万美元被用于支付红利。

　　财务报表小结如表 3－4 所示。

表 3－4	财务报表小结
资产负债表	
资产＝负债＋股东权益	● 该企业的资产和负债价值在某一时点的简要说明。 ● 长期资产依照历史成本给出，随着时间的推移进行折旧。
利润表	
净收入＝收入－支出	● 该时期内收入及相关支出的记录。 ● 权责发生制的使用暗指净收入经常不等于净现金流。
现金流量表	
总现金流＝来自经营活动的现金流＋来自投资活动的现金流＋来自融资活动的现金流	● 说明在该时期内多少现金已经流入和流出该企业的现金流量表。 ● 每一项现金来源及现金使用均被归入三种分类之一。

快速测查 3－4

　　如果通用产品公司留存了全部净收入，而不是派发 1 000 万美元的现金红利，这会引起现金流量表发生何种变化？

3.2.4　财务报表注释

　　当一家公司公布其财务报表时，财务报表中包括注释，这些注释提供了关于该公司所使用的会计方法以及财务状况的更多细节。与财务报表本身相较而言，财务报表注释中经常存在更多与了解该公司真实财务状况相关的信息。

　　经常在财务报表注释中发现的一些特定项目如下：

　　● 关于所使用会计方法的解释。因为在选择公告特定成本的方式的过程中，企业被赋予一定的选择自由（例如，直线折旧或加速折旧、后进先出存货成本方法或先进先出存货成本方法），所以财务报表注释必须解释这家公司实际采用了哪种方法。更进一步地，会计标准经常发生变化，所以公司在财务报表注释中会使用新标准重新表述之前年度的结果。

　　● 关于特定资产与负债的更多细节。财务报表注释提供了关于长期负债、短期负债、租赁和到期期限等的情况。

● 关于企业权益结构的信息。财务报表注释阐释了与股份所有权相关联的情况，同时这些情况可能对评估被收购企业的脆弱性特别有用。

● 运营变化的证明文件。可能对财务报表存在重大影响的两项重要活动是合并和分拆，而财务报表注释解释了这些活动的影响。

● 表外项目。在财务报表注释中，通常披露该企业所签订的金融合约，这些金融合约不显示在资产负债表中，但是可能显著影响企业财务状况，其中包括诸如远期合约、互换和期权等一般用于降低特定风险暴露程度的衍生合约。

快速测查 3-5

在财务报表注释中可以发现的企业潜在的重要信息是什么？

专栏 3.2

退休金的困境

公司金融领域的精算师经常被召集在一起评估与退休金相关的负债，同时决定需要什么类型的资产组合来满足那些负债的要求。这个过程是复杂的，同时成功率存在变数，而且改变了公司提供退休金的方式。

精算师对影响退休金收益的众多事情进行预测，或者至少这是他们应该做的。然而在世界范围内，公司退休金在市场上表现得极为糟糕。这些退休金会遇到无法预测的负债，而且不得不偿付这些负债，从而引致总体基金的净收益较少。

世界上所有的精算师是否都不称职？哦，不是这样的。一位精算师必须考虑的可变因素是难以想象的——利率、预期寿命、其他可选投资的收益率。在预期一家公司未来需要何种资产来偿付给定退休金负债集合的时候，必须考虑所有这些因素，甚至要考虑更多的因素。

过去的精算师倾向于建议将退休金投资于那些在短期内能产生高收益，但是从长期角度来看具有风险的资产。因此，精算师关于偿付未来负债所需资产的预测结果更加充满变数。与某些基金的表现相关联的损失导致公司重新构建谁有资格获得退休金收益的框架。这些过去的结果、受此结果影响的工人和管理人员，以及对结果的不满意已经在精算师中间产生了一系列关于怎样为退休金提供更稳定的收益的新观点。

这些观点包括某些基础性的观察结果：你从一只特定基金中拿走的数量不会改变你在未来所欠的数量。例如，如果一家公司贷款投资一项资产，资产可以产生收益的事实不会影响初始负债必须得到清偿的事实。更为一般地，精算师当前正在考虑的保险条款包括控制并降低风险的途径。精算师现在考虑由负债驱动的投资，或者降低与大规模负债相关联风险的投资技巧——如果大规模负债拥有更低的风险，那么关于一家公司需要何种未来资产的预测将会更加准确。

如果这些保险条款是合理谨慎的，那么来自退休金的收益应当是较少可变的。精算师所做出的预测将会更加准确，关于退休金分配的未来条款对工人而言将会更加稳定。

资料来源：改编自 "When the Spinning Stops," *The Economist*，January 26，2006。

专栏 3.3

什么是公允价值？

会计师被期待提供针对一家公司财务状况的公平而准确的报告，而且这些报告应当以标准格式提供，从而便于和其他公司的财务报表进行比较。财务报表被标准化的一个途径是，一家公司拥有的所有资产与负债均按照公允价值公告。也就是说，如果公司的资产和负债按照现有市场价格进行公告，个人就可以在无数公司持有的资产与负债之间进行合理的比较。

当公司被要求为特定类型金融工具和因退休金而承担的负债指定市场价格的时候，情况可能变得复杂而且充满争议。例如，结构化的衍生工具交易可能被赋予市场价格，即使复杂的衍生工具合同经常并不在二级市场上进行交易。公司用来为这类交易指定市场价格的模型可能在不同公司之间差别很大——这使得几乎不可能证明标准化已经发生。

这个以模型化为基础的问题对从事退休金业务的会计师来说同样存在。某些投资者正在向公司施加压力，要求它们更加全面地详尽阐述价值评估模型背后的假设，以便在不同公司之间进行合理比较。最终，标准化这些财务报表的方法可能不得不按照将公平市场价格与某些计算价格的其他方法相结合的方式完成，从而投资者可以在比较不同公司的资产负债组合的过程中增强信心。

资料来源：改编自 "Complexity Dogs the Benefits of Fair Value," *Financial Times*，January 12，2006。

3.3　市场价值与账面价值

资产以及股东权益的公告会计价值被称为**账面价值**（book value）。一家公司的每股账面价值就是用该公司公告的资产负债表中股东权益账户里的全部美元数量，除以普通流通股数量所得到的数字。[①]

因此，从表 3-1 中我们看到，20×1 年年末通用产品公司股票的每股账面价值为 313.4 美元，但是 20×1 年年末该股票的市场价格仅为 187.2 美元。市场价格是投资者愿意为每股通用产品公司股票支付的价格。该股票的市场价值不显示在公告的资产负债表中。

为什么一家公司股票的市场价格与账面价值不相等呢？同时哪一种价值与金融

---

① 注意流通股不包括库存股，库存股指的是该企业已经重新购回的股份。

决策者更为相关？现在我们将注意力转向这些重要的问题。

从根本上说，这里存在公司股票的市场价格不必与其账面价值相等的两项理由：

- 账面价值不包括一家公司的全部资产和负债。
- 一家公司公告的资产负债表中所包括的资产和负债是以原始购入成本减去折旧进行计价，而不是按照当前的市场价值进行计价。

我们分别对这些理由的每一项进行考察。

从会计角度而言的资产负债表经常忽略某些在经济上有意义的资产。举个例子，如果一家企业积累了关于产品质量和可靠性的良好声誉，这并不作为资产显示在资产负债表中。同样地，如果一家企业形成了作为过去研发支出或人力培训结果的知识库，这同样不作为资产显示。这类资产被称为**无形资产**（intangible assets），无形资产明显增加企业的市场价值，而且与决策相关。

财务人员确实在资产负债表中公告了某些无形资产，但是并没有按照其市场价值进行公告。例如，如果一家企业从另一家企业购买了一项专利，则这项专利的价值被记录为资产，而且分期摊销。当一家企业按照超过账面价值的价格收购了另一家企业时，财务人员将在接收企业的资产负债表中记录一项被称为**商誉**（goodwill）的无形资产。商誉的价值是这笔收购的市场价格与账面价值的差额。虽然在某些情形下，无形资产被记录在从会计角度而言的资产负债表里，但是其他许多无形资产却不是这样。

从会计角度而言的资产负债表也忽略了某些经济上有意义的负债。例如，如果一家企业存在等待裁决的诉讼，这将不出现在资产负债表里。这种或有负债的存在及其数量充其量仅在财务报表注释中披露。

现在我们考察是市场价值还是账面价值与金融决策有关。在几乎所有的场合中，账面价值都与金融决策无关。举个例子，比如3年前IBM公司按照390万美元的价格购买了制造计算机外壳所需的设备，同时该设备在提取了3年折旧之后，拥有260万美元的账面价值。但是现在，由于计算机外壳制造技术的变化，该机器的市场价值已经下跌至120万美元。

假设你正在考虑用更先进的设备替换该设备，用来比较不同选择的相关价值是什么？如果忽略那时的税收因素，我们从重要的经济学原理可知，该价值是这项资产的机会成本，机会成本是该资产在最好的替代用途中的价值。明显地，该价值通过该设备的120万美元市场价值得到最佳估计，而账面价值从根本上说是不相关的。

作为另外一个例证，我们考察用于取暖设备制造流程的存货——铜。你在年初为其支付了2.9万美元，但是今天它的市场价值已经升至6万美元。在你的生产决策中，那批铜存货的相关成本是什么？再一次地，2.9万美元的初始成本是没有意义的，因为那批铜存货可能被出售，而且替换该存货将花费6万美元。如果你在生产中使用那批铜存货，实际上你正在消耗价值为 6 万美元的资源。

两种计量标准之间的价值差异可能依情况发生剧烈变化。例如，在现金的场合里，账面价值和市场价值之间不存在任何字面意义的差异。在固定资产的场合里，例如特定的厂房和设备，差异可能存在，而且经常是巨大的。因此，一项资产的账面价值与市场价值之间的差异取决于资产的类型。再一次地，在可以获取市场价值的任何时候，基于决策目的而使用的正确的价值是市场价值。

值得一提的是，在对决策者更有意义的努力过程中，会计行业已经缓慢地移向以市场价值为基础的会计方法。例如，现在按照当前的市场价值而不是获取成本，对公司以退休金形式持有的资产进行公告。按照当期市场价格对资产和负债重新估值并且进行公告被称为**逐日盯市**（marking to market）。

快速测查 3-6

为什么一家企业股票的市场价格不同于其账面价值？

3.4　收入的会计标准与经济标准

将市场价值与账面价值的区别应用于我们针对收入的观点之中。收入的常识性定义是在保有该期开始时所拥有财富的同时，你在该期可以支出的数量。也就是说，你可以从刚收到的现金中支出一定的数量，同时仍然拥有开始时的期末剩余数量。宽泛地说，这是英国的诺贝尔经济学奖得主希克斯在他关于该主题的经典论文中使用的定义[①]，以及经济学家通常使用的定义。收入的会计性定义忽略了资产和负债的市场价值中未实现的收益或亏损，例如该期内股票价值或者财产价值的涨跌。

举个例子，假设该年内你的净工资为 10 万美元，你将其用于家庭支出，但是你的全部资产在价值上下跌了 6 万美元。一般而言，会计师将忽略资产市场价值的下降，因为它是未实现的。经济学家将会说，必须在计算收入的过程中考虑价值下降，因为它影响消费可能性。这种消费可能性现在比该年开始的时候少了 6 万美元，于是你的收入仅为 4 万美元。

经常被忽略的另一项特征是会计性收入将借入资金成本的利息费用作为收入的扣减部分，但是对所采用的权益性资金而言，这并不是具有可比性的扣减部分。举个例子，如果一家公司赚取了 200 万美元，但是按照大约 10% 的成本使用 5 000 万美元的股东权益来为企业资产提供融资，那么从经济角度而言，该公司遭受了 300 万美元的损失。也就是说，200 万美元－5 000 万美元×0.1＝－300 万美元。这就

---

① J. R. Hicks, *Value and Capital*, 2nd ed. (New York: Oxford University Press, 1946), p. 172.

是会计利润为正，但是该企业并不能弥补包括资本成本在内的基本成本的例证。

专栏 3.4

衡量经济附加值

经济附加值是衡量企业经济业绩的指标。经济附加值可以被看做考虑所需资本成本之后企业拥有的收入。这项衡量标准背后的信念是，只有在资本收益大于资本投资的机会成本时，企业才能增加价值。经济附加值是企业正在使用的诊断财务健康状况的众多衡量标准之一。这项衡量标准是清晰的，而且容易利用：经济附加值要么是正的，要么是负的，同时该衡量标准以标准化的衡量标准和明显的假设为基础。也就是说，机会成本和资本收益是众所周知的存在较少分歧的统计概念。

同样地，经济附加值使得企业面临的全部成本更加透明，同时也使得企业拥有的额外投资机会成本更加透明。经济附加值的问题是，它是一项将计算过程建立在过去支出历史记录基础之上的衡量标准。因此，这种计算过程仅提供关于一家企业的当前投资可能怎样影响该企业将获得的未来收益率的较少信息。某些人认为，这种衡量标准倾向于鼓励短视投资。

如果一家企业的收入当前是高的，那么该企业的经济附加值将同样是高的，但是这不能为实施审慎的长期投资提供额外的激励。因此，虽然经济附加值是一种考察经济业绩的方法，但并不是一种如果被采用，必然将企业运作方式转向更好的方式。

资料来源：改编自 "A Star to Sail By?" *The Economist*，July 31，1997。

3.5 股东收益率与账面净资产收益率

当一家公司的股东询问他们的公司在特定时期（一个季度、一年或几年）表现得怎么样时，他们指的是这一时期该公司为其私人财富增加了多少价值。衡量这种增加值的一个直接途径是计算该时期内这家公司股票投资的收益率。回想在第 2 章中，我们曾经将从公司股票投资中得到的收益率定义为：

$$r = \frac{股票的期末价格 - 初始价格 + 现金红利}{初始价格}$$

这被称为**总体股东收益率**（total shareholder return）。

例如，考察通用产品公司的例子。从观测到的市场数据中我们知道，在 20×1 年年初通用产品公司拥有每股 200 美元的市场价格，同时在该年末支付了红利之后市场价格为 187.2 美元，该年的红利为 10 美元，因此，20×1 年通用产品公司股票投资的收益率为 −1.4%，计算如下：

$$总体股东收益率 = \frac{187.2 美元 - 200 美元 + 10 美元}{200 美元} = -0.014 \text{ 或} -1.4\%$$

但是传统上，公司业绩通过观测一项被称为账面净资产收益率的比率进行衡量。账面净资产收益率被定义为净利润与股东权益账面价值的比值。

对于通用产品公司的账面净资产收益率，我们有：

$$账面净资产收益率 = \frac{净利润}{股东权益} = \frac{2\ 340\ 万美元}{30\ 000\ 万美元} = 0.078\ 或\ 7.8\%$$

因此，我们看到，一家公司任意年份的账面净资产收益率与股东在公司股票投资上赚取的收益率之间不需要存在一致性。

快速测查 3 - 7

20×7 年，VGI 公司公告了 5 美元的每股收益，并且向股东支付了每股 3 美元的现金红利。它的期初每股账面价值为 30 美元，同时市场价格是 40 美元。在该年年末，每股账面价值为 32 美元，而市场价格则为 35 美元。对 VGI 公司的账面净资产收益率和总体股东收益率进行比较。

3.6 运用财务比率进行分析

虽然存在前面列示的会计和财务原理及其实践之间的差异，但是一家公司已公布的财务报表经常可以提供某些线索，这些线索有关公司财务状况，是对可能与未来相关的公司过去业绩的深入了解。在使用财务报表分析一家公司的经营业绩的过程中，定义一系列比率以便于在不同公司之间进行跨期比较是有用的。

我们可以通过比率分析公司经营业绩的五个主要方面：盈利能力、资产周转、财务杠杆、流动性和市场价值。表 3-5 显示了这些方面，而且计算了通用产品公司这些方面的比率。

第一，盈利能力比率。盈利能力可以从销售（销售收益率）、资产（资产收益率）或权益基础（净资产收益率）的角度进行衡量。这里的收入在销售收益率和资产收益率中被当做息税前利润，但是在净资产收益率中则被当做净收入（即净利润）。同时，在财务比率包含一个来自利润表的科目，同时包含另一个来自资产负债表的科目的任何时候，做法是取年初与年末资产负债表数字的平均值，并且将该平均值作为分母。来自利润表的科目覆盖一个时期，而来自资产负债表的科目则是一个时点的简要介绍。

专栏 3.5

《萨班斯-奥克斯利法案》

在安然公司和其他著名公司的丑闻发生之后，美国国会以通过《萨班斯-奥克斯利法案》（Sarbanes-Oxley Act）的方式对公众的改革呼声做出回应。这一行动的有效性和整体价值仍然存在争议。这项法律促成了美国上市公司会计监管委员会的创立，它是一家监控审计者工作的机构。该委员会的设立在很大程度上是安达信会计师事务所针对安然丑闻所采取的行动的结果。

这项法案同样制定了致力于减少公司腐败的条款：公司不得向管理人员发放贷款；管理人员必须保证各自公司会计记录的真实性；如果某人认为任何形式的公司腐败正在发生，同时将其揭发，那么这个人不得受到迫害。这项法律也使经理层与审计人员更加对其日常行为负责。但是为了遵守这项法律，公司不得不支出巨额资金。据估计，遵守该法律的总成本将达到数十亿美元。

随着四家会计师事务所——安永、德勤、普华永道和毕马威——负责审计97%的美国大型公司，遵守法律的成本已经成为一个显著问题。现在这些审计公司为满足遵守法律的需要而索取的更高价格已经产生了溢出效应，增加了小型公司的审计成本。当然这些小型公司拥有除了使用"四大"之外的少数其他选择。一些分析家已经声称，与遵守这项法律相关的成本将阻止外国公司在纽约证券交易所上市，同时这项法律过度惩罚了公司的常规型错误。

一旦审计人员熟悉了新规则，与这些法律遵从问题相关联的许多成本可能有望下降。然而，只有时间可以告知什么时候才会看到《萨班斯-奥克斯利法案》在避免公司不法行为方面是多么有效，与这项法律相关的成本是否物有所值。

资料来源：改编自 "A Price Worth Paying?" *The Economist*，May 19，2005。

第二，资产周转比率。资产周转率评价公司在产出利润的过程中富有成效地运用资产的能力。资产周转率是一项宽泛的标准，而应收账款周转率和存货周转率则是针对特定资产的特定标准。

第三，财务杠杆比率。财务杠杆比率突出了公司的资本结构和债务负担程度。负债比率衡量资本结构，同时利息保障倍数显示了该公司偿付其利息支出的能力。

第四，流动性比率。流动比率衡量公司偿还短期负债的能力，或者在保持没有负债的同时偿付账单的能力。衡量流动性的主要比率是流动比率，以及更严格的速动比率或称酸性测试比率，速动比率仅考虑最具有流动性的流动资产。

第五，市场价值比率。市场价值比率衡量公司价值的会计表述与市场价值之间的关系。两项最常见的比率是市盈率以及市场价值与账面价值之比。[1]

在分析一家公司的财务比率时，我们首先需要设定两件事情：

---

[1] 类似于市场价值与账面价值之比的一项衡量标准是托宾的 Q 值比率，它用获诺贝尔经济学奖的经济学家詹姆斯·托宾的名字命名。Q 值比率被定义为：

$$Q=\frac{资产的市场价值}{重置成本}$$

分母包括因通货膨胀对资产原始成本进行的调整。

- 采用谁的视角——股东、债权人还是某些其他利益关联方群体；
- 使用何种比较标准作为基准。

表 3-5　　　　　　　　　　　　　　　　**财务比率的分类**

比率	公式	计算	
盈利能力			
销售收益率（ROS）	$\dfrac{\text{息税前利润}}{\text{销售收入}}$	$\dfrac{6\ 000\ \text{美元}}{20\ 000\ \text{美元}}$	$=30\%$
资产收益率（ROA）	$\dfrac{\text{息税前利润}}{\text{平均总资产}}$	$\dfrac{6\ 000\ \text{美元}}{(60\ 000\ \text{美元}+72\ 000\ \text{美元})/2}$	$=9.1\%$
净资产收益率（ROE）	$\dfrac{\text{净收入}}{\text{平均股东权益}}$	$\dfrac{2\ 340\ \text{美元}}{(30\ 000\ \text{美元}+31\ 340\ \text{美元})/2}$	$=7.6\%$
资产周转			
应收账款周转率	$\dfrac{\text{销售收入}}{\text{平均应收账款}}$	$\dfrac{20\ 000\ \text{美元}}{(5\ 000\ \text{美元}+6\ 000\ \text{美元})/2}$	$=3.6$（次）
存货周转率	$\dfrac{\text{销售成本}}{\text{平均存货数量}}$	$\dfrac{11\ 000\ \text{美元}}{(15\ 000\ \text{美元}+18\ 000\ \text{美元})/2}$	$=0.7$（次）
资产周转率	$\dfrac{\text{销售收入}}{\text{平均总资产}}$	$\dfrac{20\ 000\ \text{美元}}{(60\ 000\ \text{美元}+72\ 000\ \text{美元})/2}$	$=0.3$（次）
财务杠杆			
负债比率	$\dfrac{\text{总负债}}{\text{总资产}}$	$\dfrac{40\ 660\ \text{美元}}{72\ 000\ \text{美元}}$	$=56.5\%$
利息保障倍数	$\dfrac{\text{息税前利润}}{\text{利息费用}}$	$\dfrac{6\ 000\ \text{美元}}{2\ 100\ \text{美元}}$	$=2.9$（次）
流动性			
流动比率	$\dfrac{\text{流动资产}}{\text{流动负债}}$	$\dfrac{36\ 000\ \text{美元}}{25\ 660\ \text{美元}}$	$=1.4$（次）
速动比率（酸性测试比率）	$\dfrac{\text{现金和有价证券}+\text{应收账款}}{\text{流动负债}}$	$\dfrac{18\ 000\ \text{美元}}{25\ 660\ \text{美元}}$	$=0.7$（次）
市场价值			
市盈率	$\dfrac{\text{每股价格}}{\text{每股收益}}$	$\dfrac{187.2\ \text{美元}}{23.4\ \text{美元}}$	$=8.0$
市场价值与账面价值之比	$\dfrac{\text{每股价格}}{\text{每股账面价值}}$	$\dfrac{187.2\ \text{美元}}{313.4\ \text{美元}}$	$=0.6$

基准可以划分为三种类型：

- 同一时期的其他公司财务比率；
- 前期公司自身的财务比率；
- 诸如资产价格或利率等从金融市场中提取的信息。

存在各种各样为众多行业提供比率的可用来源，包括：（1）邓白氏国际信息咨询有限公司（Dun & Bradstreet）的研究报告；（2）罗伯特·莫里斯事务所（Robert Morris Associates）的年度报告研究；（3）商务部的季度财务报告；（4）贸易协会的研究报告。这些数据可以通过互联网在线获取。

用于分析公司业绩的五类财务比率是什么？

3.6.1 比率之间的关系

将一家公司的资产收益率分解成如下两项比率的乘积是有用的：

$$资产收益率 = \frac{息税前利润}{销售收入} \times \frac{销售收入}{平均总资产}$$

$$= 销售收益率 \times 资产周转率$$

将资产收益率（ROA）分解成销售收益率（ROS）与资产周转率（ATO），强调了不同行业的公司可以拥有差异巨大的销售收益率和资产周转率，但是拥有相同资产收益率的事实。一家超市通常拥有低销售收益率和高资产周转率，而一家高档珠宝店一般拥有高销售收益率和低资产周转率。但两家公司可能拥有相同的资产收益率。

为了说明这一问题，我们选取拥有相同年资产收益率 10% 的两家公司。第一家公司是一家超市连锁店，第二家公司是一家公用事业公司。如表 3-6 所示，超市连锁店拥有 2% 的低销售收益率，同时通过每年周转 5 次资产实现 10% 的资产收益率。另外，资本密集型的公用事业公司拥有每年仅为 0.5 次的低资产周转率，但是通过拥有 20% 的销售收益率实现 10% 的资产收益率。

这里的关键点是低销售收益率或者低资产周转率不一定是公司处于困境的信号。每一项比率必须在考虑行业标准的情况下进行解释，甚至在同一行业也可能存在系统性差异。例如，劳斯莱斯的经销权几乎肯定比雪佛兰的经销权拥有更高的销售收益率以及更低的资产周转率，即使两者拥有相同的资产收益率。

表 3-6　　不同行业销售收益率与资产周转率之间的差别

	销售收益率	×	资产周转率	=	资产收益率
超市连锁店	0.02		5.0		0.10
公用事业公司	0.20		0.5		0.10

如果 A 公司拥有比 B 公司更高的资产收益率，但是拥有与 B 公司相同的资产周转率，那么关于它的销售收益率，必然正确的是什么？

3.6.2 财务杠杆效应

财务杠杆简而言之即所借资金的运用。一家公司的股东为了提升净资产收益率而使用财务杠杆，但是在使用财务杠杆的过程中，增加了净资产收益率对该公司潜在盈利能力波动性的敏感程度，这种潜在盈利能力由资产收益率衡量。换句话说，由于运用财务杠杆，这家公司的股东容易遭受财务风险和运营风险。

当且仅当一家公司的资产收益率超过所借资金的利率时，财务杠杆的增加才会提高该公司的净资产收益率。这合乎直觉。如果资产收益率超过借款利率，那么该公司利用资本赚取的收益比它向债权人支付的要多。因此，这项盈余对股东而言是可以获得的，而且由此提高了净资产收益率。另外，如果资产收益率小于借款利率，股东根本不需要借入资金境况就会变得更好。

例如，Halfdebt 公司使用财务杠杆，而 Nodebt 公司不使用财务杠杆。* 我们在关于利率的两项不同假设下比较它们的净资产收益率：（1）年利率为 10％；（2）年利率为 15％。结果在表 3-7 中给出。

增加的财务杠杆扩大了经济周期中公司所经受的净资产收益率变化程度，同时增加了破产的可能性。表 3-8 在三种代表经济周期不同阶段的虚拟场景下说明了资产收益率和净资产收益率的变化。我们假设 Halfdebt 公司债务的利率为每年 10％。

表 3-7	利率对净资产收益率的影响	
	Nodebt 公司	Halfdebt 公司
总资产	1 000 000 美元	1 000 000 美元
净资产	1 000 000 美元	500 000 美元
负债	0 美元	500 000 美元
息税前利润	120 000 美元	120 000 美元
资产收益率	12.0％	12.0％
情形（1）：按照每年 10％的利率借入资金		
息税前利润	120 000 美元	120 000 美元
利息费用	0 美元	50 000 美元
应税收入	120 000 美元	70 000 美元
税收（税率为 40％）	48 000 美元	28 000 美元
净收入	72 000 美元	42 000 美元
净资产	1 000 000 美元	500 000 美元
净资产收益率	7.2％	8.4％
情形（2）：以年利率 15％借款		
息税前利润	120 000 美元	120 000 美元
利息费用	0 美元	75 000 美元

---

* 这里的 Halfdebt 公司和 Nodebt 公司是作者为了说明财务杠杆效应而假设的两家公司。Halfdebt 公司名字的含义为拥有一半债务的公司，而 Nodebt 公司名字的含义为没有债务的公司。——译者注

续表

	Nodebt 公司	Halfdebt 公司
应税收入	120 000 美元	45 000 美元
税收（税率为 40%）	48 000 美元	18 000 美元
净收入	72 000 美元	27 000 美元
净资产	1 000 000 美元	500 000 美元
净资产收益率	7.2%	5.4%

表 3 - 8   **经济周期对净资产收益率的影响**

虚拟场景	资产收益率（%）	净资产收益率（%）	
		Nodebt 公司	Halfdebt 公司
差年景	1.0	0.6	−4.8
正常年景	12.0	7.2	8.4
好年景	30.0	18.0	30.0

净资产收益率、资产收益率与财务杠杆比率之间的精确关系可以总结在下述公式中：

$$\frac{净资产}{收益率}=(1-税率)\times\left[资产收益率+\frac{负债}{净资产}\times(资产收益率-利率)\right]$$

这个公式有下述含义：如果一家公司的资产收益率超过了它向债权人支付的利率，那么该公司的净资产收益率将比"（1−税率）×资产收益率"大。负债/净资产的比率越大，差额越大。

从债权人的角度而言，一家公司的负债比率增加通常是一个负面信号。如果一家公司的负债比率增加，那么穆迪公司与标准普尔公司等债券评级机构会对它的证券进行降级。但是从股东的角度而言，公司增加其负债比率可能是一个正向信号。

快速测查 3 - 10

如果一家公司的债务利率等于其资产收益率，那么增加的财务杠杆对该公司净资产收益率的影响是什么？

3.6.3 比率分析的局限性

最后，比率的使用者必须了解比率分析的局限性。基本问题是不存在通过比率分析来判断比率是否过高或过低的绝对标准，而且比率由经常以主观武断方式计算得出的会计数字构成。更进一步地，限定一组可以相互进行比较的企业是困难的，因为甚至在同一行业内部，企业也经常极为不同。例如，企业在多样化水平、规模、生存年限、国际化程度和所使用的会计方法（比如，它们的存货和折旧方法可能不同）等方面存在差异。因此，财务比率分析的点睛之处是，它可以为决策提供一项无须完全依赖的简单指南。

3.7　财务规划过程

财务规划是一个遵从制订规划、执行规划以及依照实际结果修正规划的循环的动态过程。发展完善财务规划的起点是企业的战略规划。战略通过建立整体的企业发展纲领和发展目标引导财务规划过程。企业希望扩张何种业务？希望缩减何种业务？希望以何种速度进行扩张或者缩减？

举个例子，1995 年美国国际电话电报公司决定放弃保险业务，同时集中扩张博彩业务。这项决策意味着从该年开始的财务规划将以重新调配资产为基础。在数年间，公司层面的总销售收入没有任何增长，实际上存在显著的"规模缩减"。①

规划的时间跨度是财务规划过程中的另一项要素。一般而言，时间跨度越长，财务规划就越不详尽。一项为期 5 年的财务规划通常包括一组预测的利润表和资产负债表，这组利润表和资产负债表仅能展示包含较少细节的常见类别；另外，一项下个月的财务规划将展示对特定生产线的收入和费用的详尽预测，以及对现金流入和流出的详尽预测。多年度的财务规划经常以年度为基础进行修正，同时年度财务规划经常以季度为基础进行修正。

财务规划的循环可以分解成以下几个步骤：

（1）管理者预测决定该企业产品需求与生产成本的外部因素。这些因素包括产品销售市场的经济活动水平、通货膨胀率、汇率、利率以及竞争对手的产量和价格。

（2）基于这些外部因素，同时考虑有关投资支出、生产水平、研究与销售费用以及红利支付的企业自身暂定决策，管理者对该企业的收入、费用和现金流进行预测，同时估计外源融资的潜在需求。他们审查该企业可能的未来财务效益和为股东创造价值的战略规划是否一致，同时确定实施该财务规划所需的融资能否获取。如果存在任何的不一致，那么管理者将对决策进行修正，直至制订出可以运作的规划，这项规划将成为该年企业运营决策的蓝本。在一些预测被证明是错误的时候，做出依情况而定的决策是一种好做法。

（3）基于这项财务规划，高级管理人员为自己及下属设立业绩目标。

（4）按照固定的时间间隔（月度或是季度）考核实际业绩，并且与规划中所设定的目标进行比较，同时在需要的时候采取修正行动。为了将预期价值的重大偏离纳入考虑范围，管理层可能在该年内调整目标。

---

① 股票市场对这项战略转移反应很积极。相对于标准普尔 500 指数的变化而言，美国国际电话电报公司的股票价格上升迅猛。该公司的股票价格在 1991—1995 年间上涨了 3 倍，在此期间，新战略得以制定并且付诸实施。

（5）在每年年末分配报酬（例如，奖金或是提成），同时财务规划循环再次开始。

3.8 构建财务规划模型

财务规划通常体现在从一家企业的全部或部分财务报表中衍生出来的数量化模型中。举个例子，我们为通用产品公司构建一项为期一年的财务规划，这家企业是我们本章前面对其财务报表进行分析的同一家虚拟企业。通用产品公司是为了制造并在消费市场上销售通用产品而成立的一家公司。表3-9显示了通用产品公司的利润表和资产负债表。

我们假设这些财务报表是关于该公司的唯一可用信息，怎样为下一年度制订规划？最简单的途径是，得出下一年度销售收入的预测值，同时假设利润表和资产负债表中的大部分科目与销售收入的比率和上一年度相同。这被称为**销售额百分比法**（percent-of-sales method）。我们以通用产品公司为例说明这一方法。

表3-9		通用产品公司财务报表		单位：百万美元
利润表		20×1	20×2	20×3
销售收入		200.00	240.00	288.00
销售成本		110.00	132.00	158.40
毛利润		90.00	108.00	129.60
日常费用、销售费用和管理费用		30.00	36.00	43.20
息税前利润		60.00	72.00	86.40
利息费用		30.00	45.21	64.04
税收		12.00	10.72	8.94
净收入		18.00	16.07	13.41
红利		5.40	4.82	4.02
股东权益变动		12.60	11.25	9.39
资产负债表	20×0	20×1	20×2	20×3
资产	600.00	720.00	864.00	1 036.80
现金及一般等价物	10.00	12.00	14.40	17.28
应收账款	40.00	48.00	57.60	69.12
存货	50.00	60.00	72.00	86.40
财产、厂房和设备	500.00	600.00	720.00	864.00
负债	300.00	407.40	540.15	703.56
应付账款	30.00	36.00	43.20	51.84
短期负债	120.00	221.40	346.95	501.72
长期负债	150.00	150.00	150.00	150.00
股东权益	300.00	312.60	323.85	333.24

　　第一步是审查过去的财务数据，以确定利润表和资产负债表中的哪一个科目保持对销售收入的固定比率。这使我们能够决定哪个科目可以在销售收入的基础上严格预测，同时哪个科目不得不在其他基础上进行预测。在通用产品公司的例子里，从财务报表的记载中可以明显看出，销售成本、息税前利润和资产等保持对销售收入的固定比率。然而，利息费用、税收、净收入和大部分负债（除了应付账款以外）则不是这样，如表3-10所示。

　　第二步是预测销售收入。因为如此众多的科目都与销售收入有联系，所以拥有一项精确的销售收入预测值，并测试财务规划对销售收入变化的敏感程度是重要的。对于通用产品公司而言，我们假设销售收入在下一年度继续增长20%，从而预期20×4年的销售收入为34 560万美元。

表3-10　　　　　　　　　通用产品公司的统一度量式财务报表

利润表	20×1	20×2	20×3
销售收入	100.0%	100.0%	100.0%
销售成本	55.0%	55.0%	55.0%
毛利润	45.0%	45.0%	45.0%
日常费用、销售费用和管理费用	15.0%	15.0%	15.0%
息税前利润	30.0%	30.0%	30.0%
利息费用	15.0%	18.8%	22.2%
税收	6.0%	4.5%	3.1%
净收入	9.0%	6.7%	4.7%
红利	2.7%	2.0%	1.4%
股东权益变动	6.3%	4.7%	3.3%
资产负债表	20×1	20×2	20×3
资产	360.0%	360.0%	360.0%
现金及一般等价物	6.0%	6.0%	6.0%
应收账款	24.0%	24.0%	24.0%
存货	30.0%	30.0%	30.0%
财产、厂房和设备	300.0%	300.0%	300.0%
负债	203.7%	225.1%	244.3%
应付账款	18.0%	18.0%	18.0%
短期负债	110.7%	144.6%	174.2%
长期负债	75.0%	62.5%	52.1%
股东权益	156.3%	134.9%	115.7%

说明：所有数字均为对各年度销售收入的百分比。

　　第三步是对利润表和资产负债表中那些被假定对销售收入保持固定比率的科目进行预测。由于销售成本从历史上看是销售收入的55%，因此20×4年的预测值是

0.55×34 560 万美元，为 19 008 万美元。由于该年年末的总资产是 3.6×销售收入，因而 20×4 年年末总资产的预测值为 124 416 万美元。

第四步也即最后一步是填充利润表和资产负债表中的空余科目（也就是说，没有和销售收入保持固定比率的科目）。我们假设长期负债的年利率为 8%，同时短期负债的年利率为 15%，那么我们对利息费用的预测为 8% 乘以长期负债的数量加上 15% 乘以年初（也就是 20×3 年年末）未清偿的短期负债的数量，于是 20×4 年的利息费用将是 8 726 万美元。假设税收为息税前利润扣除利息费用后的 40%，即 657 万美元。因此，税后净收入为 985 万美元。20×4 年的预测利润表和资产负债表信息显示在表 3-11 的最后一列之中。

表 3-11 　　　　　　通用产品公司的实际与预测利润表和资产负债表 　　　　单位：百万美元

利润表	20×1	20×2	20×3	20×4（预测）
销售收入	200.00	240.00	288.00	345.60
销售成本	110.00	132.00	158.40	190.08
毛利润	90.00	108.00	129.60	155.52
日常费用、销售费用和管理费用	30.00	36.00	43.20	51.84
息税前利润	60.00	72.00	86.40	103.68
利息费用	30.00	45.21	64.04	87.26
税收	12.00	10.72	8.94	6.57
净收入	18.00	16.07	13.41	9.85
红利	5.40	4.82	4.02	2.96
股东权益变动	12.60	11.25	9.39	6.90

资产负债表	20×0	20×1	20×2	20×3	20×4（预测）
资产	600.00	720.00	864.00	1 036.80	1 244.16
现金及一般等价物	10.00	12.00	14.40	17.28	20.74
应收账款	40.00	48.00	57.60	69.12	82.94
存货	50.00	60.00	72.00	86.40	103.68
财产、厂房和设备	500.00	600.00	720.00	864.00	1 036.80
负债	300.00	407.40	540.15	703.56	904.02
应付账款	30.00	36.00	43.20	51.84	62.21
短期负债	120.00	221.40	346.95	501.72	691.81
长期负债	150.00	150.00	150.00	150.00	150.00
股东权益	300.00	312.60	323.85	333.24	340.14

现在我们考察 20×4 年年末的预测资产负债表。因为通用产品公司将派发净收入的 30% 作为红利，所以股东权益将增加 690 万美元（从 33 324 万美元到 34 014 万美元）。资产将增加 20 736 万美元，同时应付账款增加 1 037 万美元。为了得出通过发行新股或是增加信贷筹措的额外融资需求（即外源融资需求），我们将股东权益增加额和应付账款增加额从资产增加额中减去，如下所示：

$$额外融资需求＝资产增加额－股东权益增加额－应付账款增加额$$

$$＝20\,736\,万美元－690\,万美元－1\,037\,万美元$$

$$＝19\,009\,万美元$$

因此，这里存在 19 009 万美元的额外融资需求。在表 3－11 里的资产负债表数据中，我们已经假定所有融资将采取增加短期负债的形式，因此短期负债从 50 172 万美元增至 69 181 万美元。

快速测查 3－11

如果 20×4 年的销售收入预测值为 36 000 万美元，而不是 34 560 万美元，那么额外融资需求为多少？

3.9 增长与外源融资需求

我们现在知道，如果通用产品公司的销售收入在 20×4 年间增长 20%，那么将需要从外源那里筹措 19 009 万美元的额外资金。管理层可能决定通过增加短期负债（就像表 3－11 中显示的那样），或增加长期负债，或发行新股筹措资金。我们现在考察这一外源融资需求对假定的销售收入增长率的敏感程度。

进行这种敏感性分析的一种途径是用不同的销售收入增长率重复我们刚才在前面部分进行的流程。这很容易通过用计算机程序创建一个自动生成的试算平衡表模型完成。图 3－1 显示了一个例子。

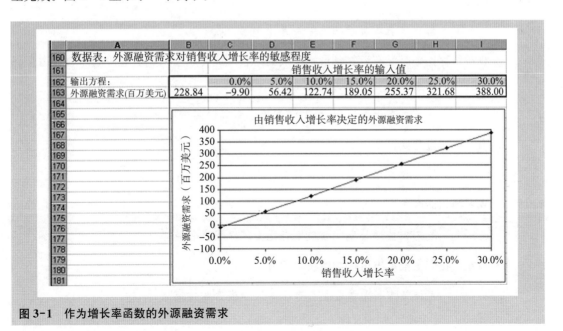

图 3-1　作为增长率函数的外源融资需求

3

企业的可持续增长率

图 3-1 告诉我们为了实现特定的销售收入目标增长率，企业需要的外源融资数量。但是我们可以询问相反的问题：如果一家企业受限于可利用的外源融资数量，那么它可以增长多快呢？

为了回答这个问题，我们假设针对融资的限制采取下述形式：

● 该企业将不会发行任何新的普通股，因此权益资本的增长只能通过收益的留存实现。

● 该企业将不会增加其负债对权益的比率，从而外部债务性融资将按照与通过留存收益增长的权益增长比率相同的比率增长。

在这些条件下，该企业不可能比股东权益增长率增长得更快，股东权益增长率被称为该企业的**可持续增长率**（sustainable growth rate）。可持续增长率的计算公式是：

$$可持续增长率＝收益留存比率×净资产收益率$$

可持续增长率方程的推导

$$可持续增长率＝股东权益增长率$$

在不存在新股发行的条件下，股东权益增长率就是留存收益增加额除以年初股东权益，即：

$$股东权益增长率＝留存收益增加额÷年初股东权益$$

但是，

$$留存收益增加额＝收益留存比率×净收入$$

收益留存比率是没有以红利形式发放的净收入或者用于回购流通股的净收入占全部净收入的比重。依照定义有：

$$收益留存比率＝1－红利派发比率－股份回购比率$$

因此，通过替换：

$$股东权益增长率＝收益留存比率×净收入÷年初股东权益$$

或者换句话说：

$$股东权益增长率＝收益留存比率×净资产收益率$$

因此，我们已推导出可持续增长率的方程：

$$可持续增长率＝收益留存比率×净资产收益率$$

3

可持续增长率方程的含义

最大的可持续增长率等于企业的净资产收益率，而且当红利派发比率为零时，即当全部收益均被留存并且再投资于该企业的时候，最大的可持续增长率得以实现。如果一家企业试图比该比率增长得快，那么它将不得不发行新股，并且（或者）增加其负债比率。

可持续增长的例证

迅猛产业（Rapid Industries，RI）公司拥有下述固定比率：

　　资产周转率＝每年 0.5 次

　　负债/权益比率＝1.0

　　红利派发比率＝0.4

　　净资产收益率＝每年 20%

去年的销售收入为 100 万美元。这意味着资产是 200 万美元，同时负债和股东权益均是 100 万美元。因为净资产收益率为每年 20%，所以净收入应当是 20 万美元，其中 8 万美元已经作为红利派发，而 12 万美元留存为新的权益资本。在负债/权益比率为 1 的条件下，这家公司可以将资产增加 24 万美元，同时将销售收入增加 12 万美元。

因此，销售收入的可持续增长率为：

$$g = \frac{12\ 万美元}{100\ 万美元} = 0.12\ 或是\ 12\%$$

我们可以通过应用方程得到相同的答案：

$$g = 净资产收益率 \times (1 - 红利派发比率)$$
$$= 20\% \times (1 - 0.4)$$
$$= 12\%$$

这家公司的财务报表显示在表 3 - 12 中。

表 3 - 12		RI 公司的财务报表		单位：万美元
利润表		20×1	20×2	20×3
销售收入		100	112	125.44
净收入		20	22.4	25.088
红利		8	8.96	10.035 2
留存收益增加额		12	13.44	15.052 8
资产负债表	20×0	20×1	20×2	20×3
资产	200	224	250.88	280.985 6
负债	100	112	125.44	140.492 8
股东权益	100	112	125.44	140.492 8

快速测查 3-12

如果一家企业按照低于其可持续增长率的比率增长，融资的含义是什么？

3.10 营运资本管理

在大部分企业里，为了偿付支出，必须在从该企业产品销售中得到任何现金之前派发现金。结果是，一家典型企业在资产中进行的诸如存货和应收账款等投资超过了诸如累计费用和应付账款等负债。这些流动资产与流动负债之间的差额被称为**营运资本**（working capital）。如果一家企业对营运资本的需求是永久性的而不是季节性的，那么该企业通常寻求长期融资以满足这种需求。季节性的融资需求通过短期融资合同得到满足，例如来自银行的一笔贷款。

企业营运资本有效管理背后的主要原理是，最小化企业在低盈利资产上的投资数量，如应收账款及存货，同时最大化对客户预付款、应付工资和应付账款等"免费"信贷的使用。资金的这三个来源在其通常不承担明显利息费用的意义上对企业而言是免费的。①

旨在缩短企业销售产品与从客户那里收取现金之间时滞的政策和流程，降低了对营运资本的需求。就理想状态而言，企业希望客户预先支付。该企业也可以通过拉大购买投入和为投入支付现金之间的时间间隔来降低对营运资本的需求。

为了更清晰地理解这些时滞与企业营运资本投资之间的关系，考察图 3-2。

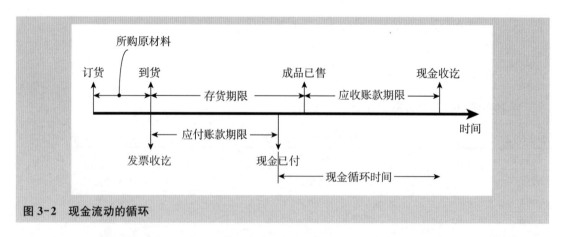

图 3-2　现金流动的循环

现金循环时间（cash cycle time）是企业必须开始向其供货商支付现金的日期与它开始从客户那里获得现金的日期之间的间隔天数。从图 3-2 中我们看到，现

---

① 然而，如果企业向预先付款的消费者提供产品价格折扣，那么这种折扣的规模代表一项隐含的利息费用。同样地，如果该企业通过延迟付款放弃了来自供货商的折扣，这种被放弃的折扣同样代表一项隐含的利息费用。

金循环时间是存货期限和应收账款期限的加总与应付账款期限之间的差额。

$$现金循环时间＝存货期限＋应收账款期限－应付账款期限$$

企业所需要的营运资本投资与其现金循环时间的长度直接相关。如果应付账款期限足够长，从而可以涵盖存货期限和应收账款期限的总和，那么这家企业根本不需要任何营运资本。

一家企业可以采取什么行动降低其对营运资本的需求呢？从现金循环时间公式中我们看到，企业可以通过以下途径来降低营运资本需求：

● 减少以存货形式持有产品的时间。这可以通过改进存货控制流程，或者让供货商正好在生产进程中需要原材料的时候运送原材料的方式实现。

● 更快地回收应收账款。可以用来加快回收进程的众多方法可提升回收的效率，其中包括向更快付款的客户提供折扣，以及对到期未还的账户收取利息。

● 更慢地偿付自己的账单。

快速测查 3 - 13

一家企业可以怎样降低营运资本需求？

3.11　流动性与现金预算

有这样一个虚构的故事：亿万富翁霍华德·休斯发现他在一个不认识任何人的地方没有携带任何现金或信用卡。由于没钱为食物、饮料、住宿或交通进行支付，这位亿万富翁几乎因饥寒而死。同样的关键点适用于企业：如果一家在长期中有盈利能力的企业在短期内耗尽现金或者贷款，那么它可能经历严重的危机甚至倒闭。很少有企业仅通过对进出企业的短期现金流动进行良好管理而大获成功，但如果无法对短期现金流动进行恰当管理，则可能导致彻底毁灭。

霍华德·休斯的问题是，他暂时变得没有流动性了。**流动性**（liquidity）意味着拥有为某些购买行为立即进行支付或者立即清偿到期债务的手段。没有流动性是指虽然拥有充足的财富为购买行为进行支付或清偿债务，但是没有立即进行支付的手段。[①]

为了避免由缺乏流动性而导致的困难，企业需要谨慎地预测现金流入和流出，展示这些预测值的规划被称为**现金预算**（cash budget）。

---

① 一项资产的流动性可以定义为立即按照全部价值将该资产转变成现金的能力。资产流动性的一项衡量标准是买入并立即出售该资产所花费的成本。例如，你购买的一辆新车的流动性，是你为其支付的价格与如果你立即将其出售给他人的价格之间的差额。对于在经纪市场上进行交易的资产而言，这种成本是买卖价差。现金被定义为拥有零买卖价差的资产。

快速测查 3－14

为什么流动性对一家企业很重要？

小　结

财务报表承担三项重要的经济功能：

● 财务报表向企业的所有者和债权人提供关于企业的现时状况以及过去的财务业绩的信息。

● 财务报表为企业的所有者和债权人提供设定业绩目标以及限制企业管理者的便捷途径。

● 财务报表为财务规划提供方便的模板。

基本财务报表是利润表、资产负债表和现金流量表。利润表公告的是该期内的经营结果，并以收入减成本（包括折旧和税收）等于净收入或所得的模型为基础。资产负债表一方面展示资产（流动资产和长期或固定资产），另一方面展示针对这些资产的索取权（也就是说，负债和股东权益）。现金流量表给出该期内来自经营活动、投资活动和融资活动的现金流动的总结。

一家企业的会计角度平衡表不同于它的经济角度平衡表，因为：

● 会计角度平衡表忽略了具有经济意义的资产与负债；

● 会计角度平衡表没有按照当前市场价值对全部资产与负债进行公告。

分析师使用财务比率作为一种分析方式以更好地理解企业的优势与劣势、它的兴隆程度是否正在提升，以及企业的愿景是什么。这些比率经常与具有可比性的一组公司的比率和公司自身的近期比率进行比较。比率的五种类型是盈利能力比率、资产周转比率、财务杠杆比率、流动性比率和市场价值比率。最后，将对这些比率的分析按照显示它们之间逻辑联系的方式以及它们与企业潜在运营之间关系的方式组织起来是有益的。

财务规划的目的是将该企业各自独立的分部门规划组装成一项具有一致性的整体规划，设立衡量成功的明确目标，同时创造实现企业目标的动力。财务规划流程的有形产出是一组蓝图，这些蓝图的形式是预测的财务报表和财务预算。时间跨度越长，财务规划就越不详尽。

在短期里，财务规划首先与营运资本管理相关。由于对许多企业而言，从事生产和销售活动所需的现金在现金流入之前就开始流出，所以产生了营运资本需求。现金循环时间越长，该企业需要的营运资本数量也就越多。

一家企业的营运资本需求用现金等价物、预付费用、应收账款和存货的总和减去客户预付款、应付账款和应付费用的总和进行衡量。企业营运资本有效管理背后的主要原理是，最小化企业在应收账款及存货等低盈利资产上的投资数量，同时最大化对客户预付款、应付账款等通过流动负债实现的低成本融资的使用。

现金管理是重要的，因为如果一家有盈利能力的企业变得不具有流动性，那么它可能陷入财务困境甚至破产。

关键术语

账面价值	无形资产	商誉	逐日盯市
总体股东收益率	销售额百分比法	可持续增长率	营运资本
现金循环时间	流动性	现金预算	

问题与疑难

财务报表回顾

1. 指出下述资产或负债是否应当以及怎样被记入所有者的资产负债表中？

a. 一张彩票。

b. 一首获得成功的歌曲。

c. 一部不成功的电影。

2. 说明下述事件或交易应该怎样显示在你的个人利润表、资产负债表和现金流量表中。

a. 200×年 7 月 1 日，你收到了 2 万美元的学校毕业礼物，同时偿还了 1 万美元的学生贷款。

b. 200×年 8 月 1 日，你得到了一份在通用金融服务公司做财务实习生的工作。月薪 4 000 美元，在每月的最后一天支付。

c. 8 月 31 日，你收到了通用金融服务公司的第一份工资和福利单，这张工资和福利单显示了如下项目：

总工资	4 000 美元
预扣所得税	1 400 美元
社会保障和医疗税	500 美元
医疗保健补贴	150 美元
退休金计划缴费	200 美元
雇主的社会保障税	300 美元
雇主的退休金缴费	200 美元
雇主的医疗保健缴费	150 美元
通用金融服务公司银行提供的雇员支票账户	
信用额度	1 750 美元
雇主提供的总福利	650 美元

d. 9 月 1 日，你用 2 万美元购买了一辆新车。你首付了 5 000 美元，同时按照 1% 的月利率从通用金融服务公司银行借入剩余的 15 000 美元。在 36 个月里，每个月的还款额为 498.21 美元。

e. 作为个人或居民户，为什么你可能希望持有一份资产负债表？你将按照何种频率更新它？

你是按市价逐日对资产与负债进行计价，还是将资产与负债保持在历史价值上？

问题 3～10 以下述信息为基础：

拉菲·斯塔福德玩具公司（Ruffy Stuffed Toy Company）20×1 年年末的资产负债表如下所示：

单位：美元

资产		负债及股东权益	
现金	27 300	应付款项	
应收账款	35 000	应付账款	65 000
存货	57 000	应付工资	3 000
总流动资产	119 300	应付公用事业费用	1 500
财产、厂房和设备		贷款（长期负债）	25 000
设备	25 000	总负债	94 500
减累计折旧	(2 500)	普通股	45 000
设备净值	22 500	留存收益	16 300
办公家具	16 000	股东权益总值	61 300
减累计折旧	(2 000)	负债及股东权益	155 800
家具净值	14 000		
财产、厂房和设备总值	36 500		
总资产	155 800		

20×2 年，拉菲·斯塔福德玩具公司记录了如下交易：

● 该年早些时候用 9 000 美元购买了一台新的填料机，同时签发了余额为 12 000 美元的 3 年期票据。

● 实现了 115 000 美元的现金销售和 316 000 美元的赊销。

● 从供货商那里购买了 207 000 美元的原材料。

● 向原材料供货商支付了 225 000 美元。

● 支付了总额为 43 000 美元的租赁费用。

● 支付了总额为 23 000 美元的保险费用。

● 支付了 7 500 美元的总公用事业账单，其中

1 500 美元抵销来自 20×1 年的应付款项。

● 支付了总额为 79 000 美元的工资和薪水，其中3 000 美元抵销来自20×1 年的应付款项。

● 支付了总额为 4 000 美元的其他各种营运成本。

● 从赊购客户那里回收了 270 000 美元。

● 应付贷款的利率为每年 10%，利息在20×2 年 12 月 31 日支付。

其他信息：

● 估计设备有 20 年的使用年限，没有残值，到20×1 年已经提取了 2 年折旧。

● 估计现存办公家具有 8 年的使用年限（无残值），到 20×1 年已经提取了 1 年折旧。

● 估计新的填料机有 7 年的使用年限，同时可能没有残值。

● 企业所得税税率为 35%，同时在 20×2 年 12 月 31 日支付税收。

● 如果可能的话，红利派发金额为净收入的 10%。

● 该年的销售成本为 250 000 美元。

● 应收款项的期末余额＝期初余额－从赊销客户那里得到的现金＋赊销额。

● 应付款项的期末余额＝期初余额＋购买额－对供货商的现金支付。

● 存货的期末余额＝期初余额＋原材料－销售成本。

● 该公司 20×2 年 12 月 31 日的股票收盘价格为 4.625 美元，该公司拥有 20 000 股流通股。

3. 编制 20×2 年 12 月 31 日拉菲·斯塔福德玩具公司的资产负债表。

4. 编制 20×2 年拉菲·斯塔福德玩具公司的利润表。

5. 编制 20×2 年拉菲·斯塔福德玩具公司的现金流量表。

运用财务比率进行分析

6. 计算下述盈利能力比率：销售收益率、资产收益率、净资产收益率。

7. 计算下述资产周转比率：应收账款周转率、存货周转率、资产周转率。

8. 计算下述财务杠杆比率及流动性比率：负债比率、利息保障倍数、流动比率、速动比率（酸性测试比率）。

9. 拉菲·斯塔福德玩具公司 20×2 年年末的每股账面价值是多少？

市场价值与账面价值

10. 计算拉菲·斯塔福德玩具公司的市盈率以及每股市场价格与账面价值的比率。

运用财务比率进行分析

11. 你拥有下述来自 Computronixs 公司以及 Digitek 公司 2001 年财务报表的信息（除了第二行和最后三行数字，所有数字均以百万美元为单位）：

	Computronixs 公司	Digitek 公司
净收入	153.7	239.0
分红比率	40%	20%
息税前利润	317.6	403.1
利息费用	54.7	4.8
平均资产	2 457.9	3 459.7
销售收入	3 379.3	4 537.0
平均股东权益	1 113.3	2 347.3
普通股市场价格		
年初价格	15 美元	38 美元
年末价格	12 美元	40 美元
流通中的普通股数量	2 亿股	1 亿股

使用本章讨论的财务比率对比这两家公司的经营业绩。

财务报表回顾

12. 你正在考虑利用春季假期去佛罗里达州旅游，该假期将从 2 个月后开始。你在互联网上使用搜索引擎的免费预览旅游服务，寻找从波士顿到劳德代尔堡往返旅行的最廉价费用。它告知你最便宜的航空公司是美国 AirTran 航空公司。你之前从未听说过这家航空公司，而且担心它可能 2 个月后在你可以使用机票之前停业。你怎样使用互联网上的金融数据调查你购买一张美国 AirTran

航空公司机票的风险?

13. 使用利润表和资产负债表(参看下面)回答下述问题:

a. 决定在 20×6 年和 20×7 年之间哪个科目保持对销售收入的不变比例。

b. 决定从 20×6 年到 20×7 年所能实现的销售收入增长率。

c. 20×7 年该企业的资产收益率是多少?你能否计算 20×6 年的资产收益率?

d. 所决定的 2007 年该企业的外源(额外)融资需求是多少?怎样获得资金?

14. 具有挑战性的问题。根据下述假设编制 20×8 年的财务报表:

● 销售收入增长率为 15%。

● 该企业有意于 20×8 年 1 月 1 日偿还 10 万美元的部分短期负债。

● 债务的利率就是资产负债表所说明的利率,并被应用于该年(20×8 年)开始的短期负债与长期负债余额。记住,该企业有意于 20×8 年 1 月 1 日偿还部分短期负债。

● 20×8 年该企业的红利派发比率将减少至 30%。

该企业 20×8 年的预测净资产收益率是多少? 20×8 年该企业需要的额外资金有多少?该企业将通过发行新股弥补 40% 的额外资金缺口。这将全部清偿 10 万美元的长期负债,剩余资金来自利率为 9% 的短期信贷。完成 20×8 年的资产负债表。假设该企业预期企业所得税税率将增至 38%,决定所需要的额外资金数量。

15. 具有挑战性的问题。采用从前述问题中形成的财务报表(税率=35%),同时在假定从 20×7 年到 20×8 年销售收入增长率为 10% 的条件下对它进行修正。在这种情况下,20×8 年的额外融资需求是多少?现在假设从 20×8 年到 20×9 年的销售收入增长率是 20%,完善 20×9 年的财务报表。20×9 年的额外融资需求是多少?这家企业计划使用利率为 9% 的短期负债偿付全部的额外融资需求。

问题 13、14 和 15 参考下述财务报表:

单位:美元

利润表	20×6	20×7	20×8
销售收入	1 200 000	1 500 000	
销售成本	750 000	937 500	
毛利润	450 000	562 500	
运营费用			
营销费用	50 000	62 500	
租赁费用	72 000	90 000	
销售人员佣金费用	48 000	60 000	
公用事业费用	15 000	18 750	
息税前利润	265 000	331 250	
利息费用	106 000	113 000	
应税收入	159 000	218 250	
税收(35%)	55 650	76 388	
净收入	103 350	141 863	
红利(红利派发比率为 40%)	41 340	56 745	
留存收益变动	62 010	85 118	
资产负债表	20×6	20×7	20×8
资产			
现金	300 000	375 000	
应收账款	200 000	250 000	
存货	700 000	875 000	
财产、厂房和设备	1 800 000	2 250 000	
总资产	3 000 000	3 750 000	
负债及股东权益			
负债			
应付款项	300 000	375 000	
短期负债(利率为 10%)	500 000	989 882	
长期负债(利率为 7%)	800 000	900 000	
股东权益			
普通股	1 100 000	1 100 000	
留存收益	300 000	385 118	
全部负债及股东权益	3 000 000	3 750 000	

增长与外源融资需求

16. 假设在分析了 20×8 年的结果并预测了 20×9 年的财务报表之后,Give Me Debt 公司预期总资产将增加 50%,留存收益将增加 25 美元,应付款项将增加 40 美元。假设除了应付款项之外，该企业的负债还包括短期负债与长期负债，同时它的股东权益包括普通股和留存收益。这家企业的财务总监要求你决定 20×9 年所需外源融资的数量。你会告诉这位财务总监些什么？

为了应对你反映的情况，Give Me Debt 公司可以采取什么行动？

财务规划过程

17. 将下述事件按照规划循环内的发生顺序进行归置：

（1）估计实施战略规划的资金需求。

（2）完成涵盖全企业的最终规划和预算。

（3）首席执行官和高层管理团队为该企业设立战略目标（例如，将市场份额由 10% 增加到 12%）。

（4）部门经理设计行动规划为战略目标提供支持。

（5）基于来自部门经理的资源（资金、人员）需求的反馈，对战略规划进行修正。

（6）做出关于发掘何种外源融资的决策。

（7）首席执行官和高层管理团队将部门性预算整合成涵盖全企业的初步预算。

（8）企业决定所需外源融资数量。

（9）部门管理层审查战略规划和预算，同时给予规划好的活动优先权。

（10）部门经理从本部门战略管理的角度审查战略规划。

构建财务规划模型

18. 假设一家冰激凌零售公司 20×8 年的简略实际利润表和资产负债表以及 20×9 年的简略预测利润表和资产负债表显示如下：

单位：美元

利润表	20×8	20×9
息税前利润		100
利息费用		25
应税收入		75
净收入（税率为 33%）		50
红利		20

续表

留存收益变动		30
资产负债表		
资产	800	1 000
负债		
应付账款	80	100
长期负债	300	450
股东权益	420	450

20×8 年年末的 300 美元长期负债未清偿余额的适用利率为 8.33%，预测的 20×9 年的 25 美元利息费用以此为基础。因为存在为弥补缺口而获得的外源融资，所以长期负债从 300 美元增加到 450 美元。这一缺口显示在以下关系式中：

外源融资需求＝资产增加额－股东权益增加
－应付账款增加额

a. 如果用于满足需求的负债在 20×9 年年初全额得到，而不是像这些财务报表所暗示的那样在 20×9 年年末得到，那么在使用预测财务报表决定外源融资需求的过程中将会产生什么问题？

b. 这些问题是不是有意义的？为什么？

增长与外源融资需求

19. 此处可持续增长率由以下表达式给出：$g＝$净资产收益率×（1－红利派发比率）。用净资产收益率和红利派发比率的定义进行替换使得可持续增长率可以表达为：

$$g = \frac{净收入}{平均股东权益} \times 收益留存比率$$
$$= \frac{净收入 \times 收益留存比率}{平均股东权益}$$

一家企业怎样才能保证其可持续增长率是零？

20. 假定一家企业 20×9 年拥有 20 美元的净收入，同时 20×8 年年末的总资产为 450 美元。进一步假定，这家企业拥有一项保持负债/权益比率为 0.8 的常设性需求，而且管理者被禁止进一步借款或发行股票。

a. 该企业的最大可持续增长率是多少？

b. 如果该企业将 20 美元净收入中的 6 美元作为红利进行支付，同时计划在未来一直保持这种红利派发比率，此时这家企业的最大可持续增长率是多少？

c. 如果该企业用 20 美元净收入中的 12 美元回购部分流通股，同时计划保持净收入的这一比率用于未来回购，此时该企业的最大可持续增长率是多少？

d. 如果该企业采取了（b）部分和（c）部分所描述的行动，该企业的最大可持续增长率将是多少？

营运资本管理

21. 假设现在是 20×2 年 3 月 13 日，同时你刚收到余额为 2 000 美元的月度信用卡报表。还款的到期期限为 20×2 年 4 月 5 日，但是你的配偶一看到余额的规模就感到惊慌，同时希望立即偿还余额。如果你在个人金融领域中实践现金循环时间管理的基本原理，那么你将何时进行支付？在采用这一策略的过程中存在什么风险？

22. 假设你拥有一家制造台球桌的企业。30 天前你雇用了一位咨询顾问来审查你的企业并提出改进建议。如果采纳这位顾问的建议，将使企业的每一笔销售与随后的现金回收之间的时间间隔缩短至 20 天，存货购买与销售之间的时间间隔稍微延长至 5 天，但是存货购买与企业账单支付之间的时间间隔缩短至 15 天。你是否会采纳这位咨询顾问的建议？为什么？

23. 一般而言，现金循环时间管理的基本原理要求企业缩短（最小化）回收应收账款所花费的时间，并且延长（最大化）偿付欠供货商金额所花费的时间。如果企业向提前支付的客户提供折扣，同时放弃供货商提供的延长偿付发票时间的折扣，解释需要应对何种权衡取舍。

24. 某些家具公司实施一年一度的宣传促销活动，客户要么可以获得一项使用现金（信用卡）购买的预付费用折扣，要么通过向该公司的信贷账户付费的方式延迟支付所购商品的财务费用，期限最长为 1 年。假设这两种选择不体现公司的资金时间价值优势。从现金循环时间管理的角度而言：（1）公司为什么提供这些折扣？（2）如果客户选择推迟支付，公司为什么愿意在 1 年里放弃现金回收？这家公司在延迟支付场合，而不是在提供折扣场合所假定的风险是什么？

流动性与现金预算

25. 比较两种频率：一种是你认为的一家企业可能监控营运资本状况并且转而改正问题的频率；另一种是该企业在预测未来销售额并决定外源融资需求的过程中采取的规划的频率。如果一家企业打算更紧密地监控营运资本状况，它可能寻求避免什么问题？

第 2 部分

时间与资源配置

第4章 跨期配置资源

就像我们在第 1 章中看到的那样，金融决策涉及对不同时期的成本与收益进行分摊。居民户和企业中的金融决策者都不得不对未来预期收益是否证实了现在进行投资的合理性做出评价，因此，他们必须比较不同时期的资金数量的价值。进行这一工作需要对本章所提出的**货币的时间价值**（time value of money，TVM）概念和**折现现金流**（discounted cash flow）技术有透彻的理解。

货币的时间价值指的是今天所持货币（1 美元、1 欧元或是 1 日元）比未来预期所获得的相同数量更有价值的事实。这里至少存在这一事实为何正确的三条理由：一是你可以投资赚取利息，结果是未来获得更多；二是由于通货膨胀，资金的购买力可能随时间发生变化；三是未来预期所获资金通常是不确定的。

本章我们学习怎样考察第一条理由：利息。我们将怎样应对通货膨胀以及不确定性的学习留待以后章节进行。

4.1 复 利

我们从**复利计算**（compounding）的概念——从今天的价值或**现值**（present value，PV）到**终值**（future value，FV）的过程——开始对货币的时间价值和折现现金流分析的学习。终值是一项投资按照以某种复利利率赚取利息的方式增长至未来某一日期的资金数量。举个例子，假定你将 1 000 美元存入一个账户，该账户每年赚取 10% 的利率。假定在那时之前你没有从该账户中取出任何金钱，5 年后你将拥有的数量就被称为 1 000 美元在 5 年内按照 10% 的年利率计算的终值。

我们更精确地对术语进行定义：

PV＝现值或账户的初始数量。在这里为 1 000 美元。

i＝利率，通常以年百分比表示。在这里为 10%（或是小数形式的 0.1）。

n＝该账户赚取利息的年数。

FV＝n 年期末的终值。

现在我们按时间一步一步地计算本例中的终值。首先，第 1 年后你将拥有多

4

少？你将拥有初始的 1 000 美元加上 100 美元（＝10％×1 000 美元或 0.1×1 000 美元）的利息。因此，第 1 年末的终值为 1 100 美元：

$$FV＝1\ 000\ 美元×1.10＝1\ 100\ 美元$$

如果你将全部的 1 100 美元重新在另一年进行储蓄，那么第 2 年年末你将拥有多少？第 2 年期间你将在全部的 1 100 美元上得到 10％的利息，因此，获得的利息是 0.1×1 100 美元即 110 美元，所以在第 2 年年末你将拥有 1 210 美元。

为了更好地理解复利的本质，我们可以将 1 210 美元的未来价值分成三个组成部分：一是 1 000 美元的本金。二是该本金得到的利息——第 1 年的 100 美元和第 2 年的另外 100 美元。本金所得到的利息被称为**单利**（simple interest）（在我们的例子中是 200 美元）。三是第 2 年在 100 美元利息上所得到的 10 美元利息。在已经支付的利息上所得到的利息被称为**复利**（compound interest）。所赚得的全部利息（210 美元）是单利（200 美元）加上复利（10 美元）的总和。

从实际操作的角度来看，你不用关心 210 美元的总利息中多少是单利，多少是复利。你确实要关心的是未来你的账户中将拥有多少资金，也就是终值是多少。计算第 2 年年末终值的最直接的方法是，认识到终值是本金乘以 1.1（为了缩短方程，我们在这里从 1.10 中舍去了末尾的 0），然后再乘以 1.1 的结果：

$$FV＝1\ 000\ 美元×1.1×1.1＝1\ 000\ 美元×1.1^2＝1\ 210\ 美元$$

3 年后我们将拥有：

$$FV＝1\ 000\ 美元×1.1×1.1×1.1＝1\ 000\ 美元×1.1^3＝1\ 331\ 美元$$

遵照这种推理链条，我们可以通过重复相乘得到 5 年后的终值：

$$FV＝1\ 000\ 美元×1.1×1.1×1.1×1.1×1.1＝1\ 000\ 美元×1.1^5$$
$$＝1\ 610.51\ 美元$$

因此，我们得到初始问题的答案。在年利率为 10％的条件下，1 000 美元在 5 年后的终值是 1 610.51 美元。5 年中所得到的利息总额是 610.51 美元，其中 500 美元是单利，而 110.51 美元为复利。

快速测查 4-1

如果在前面的例子中利率仅为每年 5％，那么终值是多少？单利和复利各是多少？

为了有助于理解复利的影响，参阅表 4-1，表 4-1 显示了 5 年间你账户中金额的增长。它清晰地表明了每年赚取的利息总额等于该年初始金额乘以利率 10％。当该表中的信息用图 4-1 表示时，就显示了该账户中归因于单利的增长部分和归因于复利的增长部分。虽然累积的单利总额每年按照相同的 100 美元增长，但是累积的复利总额每年却按照越来越大的数量增长。这是因为复利是所有之前赚取的利息总和与初始金额之和的 10%。

更一般地，如果 i 为利率，同时 n 为年数，那么 1 000 美元的终值由下述公式给出：

$$FV = 1\ 000\ 美元 \times (1+i)^n \qquad (4.1)$$

一般而言，对于已经投资的任意现值而言，**终值因子**（future value factor）由下式给出：

$$FV = (1+i)^n$$

表 4-1	终值和复利		单位：美元
年数	初始数量	所赚利息	期末数量
1	1 000.00	100.00	1 100.00
2	1 100.00	110.00	1 210.00
3	1 210.00	121.00	1 331.00
4	1 331.00	133.10	1 464.10
5	1 464.10	146.41	1 610.51
	所赚利息总和	610.51	

说明：表 4-1 和图 4-1 显示了 1 000 美元在年利率为 10% 时的终值。图 4-1 中的单利是每年 100 美元的累积数量，图中的复利是直至该时点所赚复利的累积总和。

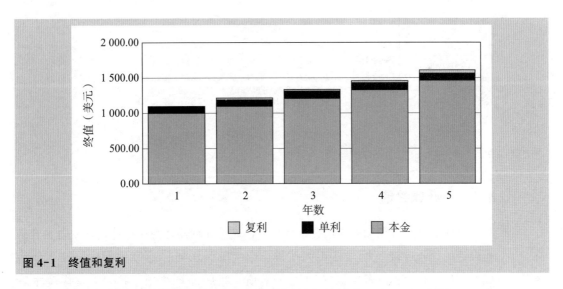

图 4-1　终值和复利

利率越高，同时持有期限越长，那么终值因子也就越大。表 4-2 和图 4-2 中的曲线描述了终值与不同利率和持有期限之间的关系。

表 4-2		不同利率与持有期限条件下 1 美元的终值			单位：美元
	利率				
年数	2%	4%	6%	8%	10%	12%
1	1.020 0	1.040 0	1.060 0	1.080 0	1.100 0	1.120 0

续表

年数	利率					
	2%	4%	6%	8%	10%	12%
2	1.040 4	1.081 6	1.123 6	1.166 4	1.210 0	1.254 4
3	1.061 2	1.124 9	1.191 0	1.259 7	1.331 0	1.404 9
4	1.082 4	1.169 9	1.262 5	1.360 5	1.464 1	1.573 5
5	1.104 1	1.216 7	1.338 2	1.469 3	1.610 5	1.762 3
10	1.219 0	1.480 2	1.790 8	2.158 9	2.593 7	3.105 8
15	1.345 9	1.800 9	2.396 6	3.172 2	4.177 2	5.473 6
20	1.485 9	2.191 1	3.207 1	4.661 0	6.727 5	9.646 3

说明：表4-2和图4-2显示了按照不同利率在不同持有期限内1美元的终值。利率越高，终值增长得越快。

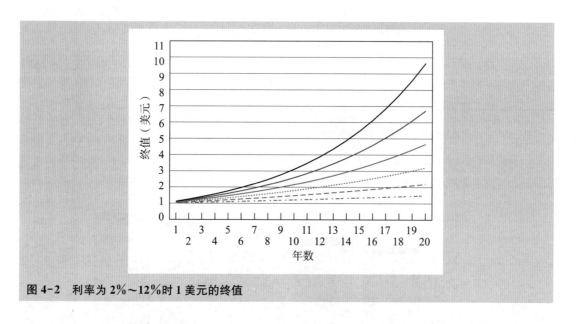

图4-2 利率为2%～12%时1美元的终值

4.1.1 计算终值

目前也存在可利用的专用金融计算器，这种计算器是为使计算过程变得更容易而设计的。通过按下恰当标识的按键，你（按照任何你愿意的顺序）输入年数（n）、利率（i）和投资金额（PV）的数值，然后计算终值（FV）。就像魔术一样，答案很快显示在计算器的显示屏上。与之相类似，电子表格程序有一种简捷而又方便的途径计算终值。在一个Excel电子表格中，终值使用内置的终值函数$FV(i, n, 0, -PV)$计算得出。在Excel中，现金流入与流出分别用正号与负号表示。这要求现值的输入值是负的。在一项单个的电子表格单元格中，可以通过输入"$=FV(10\%, 5, 0, -1\,000)$"直接运用内置的Excel函数。1 610.51美元将会被显示，而且为了能够进行敏感性分析和快速重新计算，结果可以以表格的形式显示。例如，将 A1 单元格中的利率从 10% 变为 15%，就会在 A4 单元格中得到数值为 2 011.36 美元的新的终值。

	A	B
1	10%	i
2	5	n
3	−1 000	PV
4	"=FV(A1，A2，0，A3)" 得到 1 610.51 美元	FV

（1）我们可以使用诸如表 4-2 的终值因子表计算终值。在我们的例子中，寻找对应于年数为 5，同时利率为 10% 的因子。表 4-2 显示 1.610 5 是适宜的终值因子。然后我们用 1 000 美元乘以这项因子。

（2）最后，当你没有可利用的计算器或终值因子表的时候，这里有一项帮助你估计终值的拇指法则。这项拇指法则被称为 **"72 法则"**（rule of 72）。该法则说的是，一笔金钱在价值上翻番需要的时间（"翻番时间"）大约等于 72 除以以年百分比表示的利率（计算时忽略百分号）：

$$翻番时间 = \frac{72}{利率}$$

按照 10% 的年利率，使你的金钱翻番大约需要 7.2（=72÷10）年。如果你从 1 000 美元开始，7.2 年后你将拥有 2 000 美元，14.4 年后将拥有 4 000 美元，21.6 年后将拥有 8 000 美元，以此类推。

从此时开始，我们将使用一项直接的符号来帮助计算货币的时间价值。为了计算一项现时数量的终值，我们将使用**复利因子**（compound amount factor），这项复利因子被定义为：

$$FV_{PV}(PV，i，n) = PV(1+i)^n$$

该符号表明，在知道现值（PV）规模、当期利率（i）和复利时期的数量（n）的情况下，我们可以通过现值计算终值（FV_{PV}）。复利因子是这项现值与终值因子的简单乘积，同时代表全部终值。例如，FV_{PV}（1 000 美元，10%，5）= 1 610.51 美元，而 FV_{PV}（1 000 美元，12%，5）= 1 762.34 美元。

4.1.2 储蓄养老

你现在 20 岁，同时正在考虑将 100 美元存入一个账户，该账户在 45 年里每年支付 8% 的利率。在 65 岁时，这个账户的余额是多少？多少是单利？多少是复利？如果你可以找到一个每年支付 9% 的利率的账户，65 岁时你在该账户中的余额是多少？

使用复利因子，我们得到：

$$FV_{PV}(100\text{ 美元，}8\%，45)=100\text{ 美元}\times1.08^{45}=3\,192.04\text{ 美元}$$

因为初始本金为 100 美元，所以所赚利息总额为 3 092.04 美元。单利为 45×0.08×100 美元即 360 美元，与此同时，复利则是 2 732.04 美元。

按照 9％的年利率，我们得到：

$$FV_{PV}(100\text{ 美元，}9\%，45)=100\text{ 美元}\times1.09^{45}=4\,832.73\text{ 美元}$$

因此，看上去利率只增加 1％，却将导致在 65 岁时拥有额外的 1 640.69 美元（＝4 832.73 美元－3 192.04 美元），增长率$\left(\dfrac{1\,640.69}{3\,192.04}=0.514\right)$超过 50％。

这个例证的关键点是，长期内利率的微小差异可以导致终值的巨大差异。

注意，"72 法则"可以帮助我们得到这个问题的大致答案。按照 8％的年利率，你的 100 美元将大约每 9 年翻一番。于是 45 年后，它将翻 5 番，得到 3 200 美元的近似终值：

$$100\text{ 美元}\times2\times2\times2\times2\times2=100\text{ 美元}\times2^5=3\,200\text{ 美元}$$

这个终值与精确答案 3 192.04 美元相差并不是太远。

按照 9％的年利率，你的资金将大约每 8 年翻一番。在 45 年里，它将大约翻 5.5 番。因此，终值应当比年利率为 8％时多出大约 50％。再一次地，这项终值与精确答案4 832.73 美元相差并不是太远。

4.1.3 按照不同利率进行再投资

你正面临下述投资决策：你拥有在 2 年内进行投资的 1 万美元。你已经决定将资金投资于银行定期存单。2 年期银行定期存单每年支付 7％的利率，同时 1 年期银行定期存单每年支付 6％的利率，你应当做什么？

为了进行这项决策，你必须首先决定你认为 1 年期银行定期存单的利率在下一年将是多少。这种利率被称为**再投资利率**（reinvestment rate），也就是说，在计划时间跨度期末之前所获得的资金用于再投资的利率。假设你肯定它将是 8％。

现在你可以运用终值概念进行这项投资决策。你在可以相互替代的每项投资选择框架下计算终值，选择 2 年期期末回报最多的。就 2 年期银行定期存单而言，终值将是：

$$FV_{PV}(10\,000\text{ 美元，}7\%，2)=10\,000\text{ 美元}\times1.07^2=11\,449\text{ 美元}$$

就两项 1 年期银行定期存单的系列而言，终值将是：

$$FV=10\,000\text{ 美元}\times1.06\times1.08=11\,448\text{ 美元}$$

因此，如果你投资于 2 年期银行定期存单，境况就会稍微变好。

4.1.4 偿还贷款

毕业后的第 50 年，你收到一封来自曾经就读大学的信件，这封信件告知你，它刚发现你没有支付最后的 100 美元学生活动费用。因为这是大学的疏漏，所以它已经决定收取仅为 6% 的年利率。你的大学希望你能在即将到来的毕业 50 周年纪念聚会时偿还这项费用。作为一位忠诚的校友，你觉得有义务进行偿还，那么你欠大学多少钱呢？

使用前面讨论的方法，我们得到：

$$FV_{PV}(100 \text{ 美元}, 6\%, 50) = 100 \text{ 美元} \times 1.06^{50} = 1\,842.02 \text{ 美元}$$

快速测查 4 - 2

1626 年，彼得·米努伊特以大约价值 24 美元的廉价首饰从美洲土著人那里购买了曼哈顿岛。如果他们得到的是现金，并且将其进行投资赚取每年 6% 的年复利收益，那么他们本该在 380 年后的 2006 年得到多少钱？

4.2 复利的频率

贷款和储蓄账户的利率通常采用拥有特定复利频率（例如按月进行）的**以年百分比表示的利率**（annual percentage rate，APR）形式（例如每年 6%）。因为复利的频率可能不同，所以掌握一种使利率可以相互进行比较的方法是重要的。这可以通过计算**有效年利率**（effective annual rate，EFF）实现，有效年利率被定义为每年仅复利一次时的等价利率。

例如，假设你的资金按照每年 6% 这一固定 APR 赚取利息，这意味着利息每月按照固定 APR 的 1/12 归集进你的账户。因此真实的利率实际上是每月 (1/2)%（或者用小数表示为每月 0.005）。

我们通过计算年初投资的 1 美元在该年末的终值得出有效年利率。在本例中，我们得到：

$$FV = 1.005^{12} \text{ 美元} = 1.061\,677\,8 \text{ 美元}$$

有效年利率正是这项数字减去 1：

$$EFF = 1.061\,677\,8 - 1 = 0.061\,677\,8 \text{ 或每年 } 6.167\,78\%$$

有效年利率的一般计算公式为：

$$EFF(APR, m) = \left(1 + \frac{APR}{m}\right)^m - 1 \tag{4.2}$$

这里，APR 是以年百分比表示的利率，同时 m 是每年复利期间的数量。表 4-3 显示了在不同复利频率条件下对应于 6%APR 的有效年利率。

表 4-3	6%APR 条件下的有效年利率	
复利频率	m	EFF（%）
年	1	6.000 00
半年	2	6.090 00
季度	4	6.136 36
月	12	6.167 78
周	52	6.179 98
日	365	6.183 13
连续	∞	6.183 65

如果复利按照每年一次进行，那么有效年利率和以年百分比表示的利率是相同的。随着复利期间数量的增加，有效年利率变得越来越大，但是趋近于一个极限。在这种修正的条件下，复利因子变为 $FV_m(PV, APR, m, n) = PV \cdot \left(1+\frac{APR}{m}\right)^{mn}$，这里 $\frac{APR}{m}$ 是每一个复利期间的利率，同时 mn 是 n 年内复利期间的总数量。随着 m 无限增大，$\left(1+\frac{i}{m}\right)^{mn}$ 趋近于 $e^{i \cdot n}$，这里 e 是常数 2.718 28（四舍五入至第五个小数位）。于是在无限复利的条件下，按照公式 $FV_{con}(PV, i, n) = PV \cdot e^{i \cdot n}$ 计算终值。在上述例子中，$e^{0.06} = 1.061 836 5$。因此，如果利息按照 6% 无限复利，那么有效年利率 = 0.061 836 5 或每年 6.183 65%。

在 Excel 中，有效年利率可以运用内置的效用函数计算。该函数的形式为 EFFECT(APR, m)。在 Excel 的一个单元格中输入"=EFFECT(10%, 4)"，将得到 0.103 812 9，这表明按季度复利的 10% 的 APR 对应于 10.381 29% 的有效年利率。与之对称的 Excel 内置名义函数 NOMINAL 计算的是对应于给定有效年利率和每年复利期间数量的 APR。函数结构为 NOMINAL(EFF, m)，因此，在 Excel 的一个单元格里输入"=NOMINAL(12%, 12)"将得到 0.113 865 5。这被解释为，为了在月复利的条件下得到 12% 的有效年利率，每年的 APR 必须是 11.386 55%。

快速测查 4-3

你在月复利的条件下按照 12% 的 APR 获得一笔贷款。这笔贷款的有效年利率是多少？

4.3 现值与折现

当我们计算终值的时候，我们在询问类似于"如果我们现在按照年利率 8% 投资 1 000 美元，那么 10 年后我们将拥有多少钱"的问题。（答案是：$FV = 2 158.92$ 美元，检查一下！）

但是，假设我们希望知道为了在未来某个日期达到某一目标数量，现在需要投资多少。举个例子，如果我们需要在 8 年后拥有 15 000 美元用于孩子的大学教育，那么现在不得不投资多少？为了得到此类问题的答案，我们需要计算未来给定数量的现值。

计算现值是计算终值的逆运算。也就是说，它告诉我们为了在未来拥有特定数量而应当现在投资的数量。我们一步一步地考察计算现值的过程。

假设我们希望 1 年后拥有 1 000 美元，同时可以每年赚取 10% 的利息。我们现在必须投资的数量就是 1 000 美元的现值。因为利率是 10%，所以我们知道对于现在投资的每一美元而言，我们将拥有 1.1 美元的终值。因此，我们可以写出下述关系式：

$$PV \times 1.1 = 1\ 000\ \text{美元}$$

那么现值由下式给出：

$$PV = \frac{1\ 000\ \text{美元}}{1.1} = 909.09\ \text{美元}$$

于是，如果利率为每年 10%，为了在 1 年后拥有 1 000 美元，我们现在需要投资 909.09 美元。

现在假设直到 2 年后才需要这笔 1 000 美元。明显地，在利率为 10% 的条件下，我们现在需要投资的数量小于 909.09 美元，因为 909.09 美元将按照年利率 10% 在 2 年内赚取利息。为了找出这个现值，我们运用怎样得到终值的相关知识：

$$1\ 000\ \text{美元} = PV \times 1.1^2 = PV \times 1.21$$

在我们的例子中，现值为：

$$PV = \frac{1\ 000\ \text{美元}}{1.1^2} = 826.45\ \text{美元}$$

因此，在年利率为 10% 的条件下，现在投资的 826.45 美元将在 2 年后增至 1 000 美元。

计算现值的过程被称为折现，同时计算过程中使用的利率通常指的是折现率。因此，金融领域中的折现明显不同于零售行业里的折扣。在零售行业里，折扣意味着为了出售更多商品而降低价格；在金融领域中，折现指的是计算未来金额的现值。为了在商业世界中对折现和折扣进行区分，现值的计算过程被称为折现现金流分析。

在（每期）折现率为 i 的条件下，将于 n 期后得到的 **1 美元的现值**（present value of $1）的一般计算公式为：

$$PV = \frac{1}{(1+i)^n} \tag{4.3}$$

这被称为在利率为 i 的条件下，n 期内 1 美元的现值。

在年利率为 10% 的条件下，5 年后得到的 1 美元的现值是：

$$PV = \frac{1 \text{ 美元}}{1.1^5} = 0.620\ 92 \text{（美元）}$$

为了得到在年利率为 10% 的条件下，5 年后得到的 1 000 美元的现值，我们简单地用这项因子乘以 1 000 美元得到 620.92 美元。

因为折现仅是复利的逆运算，所以我们可以运用与之前为计算终值因子使用的相同表格（见表 4-2）得出 1 美元的现值。不是乘以该因子，我们将除以该因子。因此，我们可以通过表 4-2 查到 1.610 5 的终值因子，同时用 1 000 除以 1.610 5 得出按照 10% 的年利率在 5 年后获得的 1 000 美元的现值：

$$\frac{1\ 000 \text{ 美元}}{1.610\ 5} = 620.92 \text{ 美元}$$

为了方便起见，存在如表 4-4 所示的 1 美元的现值的表格，这张表格包含表 4-2 中因子的对应物。在表 4-4 中，查阅 10% 年利率及 5 年条件下 1 美元的现值，并且证实这个现值为 0.620 92 美元。

表 4-4　　　　　　　　　不同利率与持有期限条件下 1 美元的现值因子

年数	利率					
	2%	4%	6%	8%	10%	12%
1	0.980 4	0.961 5	0.943 4	0.925 9	0.909 1	0.892 9
2	0.961 2	0.924 6	0.890 0	0.857 3	0.826 4	0.797 2
3	0.942 3	0.889 0	0.839 6	0.793 8	0.751 3	0.711 8
4	0.923 8	0.854 8	0.792 1	0.735 0	0.683 0	0.635 5
5	0.905 7	0.821 9	0.747 3	0.680 6	0.620 9	0.567 4
10	0.820 3	0.675 6	0.558 4	0.463 2	0.385 5	0.322 0
15	0.743 0	0.555 3	0.417 3	0.315 2	0.239 4	0.182 7
20	0.673 0	0.456 4	0.311 8	0.214 5	0.148 6	0.103 7

1 美元的现值的一般计算公式是：

$$PV = \frac{1}{(1+i)^n}$$

这里 i 是以小数形式表示的利率，同时 n 是期间的数量。

沿表 4-4 中任意一列向下，可以注意到该账户中的现值怎样随着 1 美元被取出的未来时限延长而进一步下降。举个例子，按照 10% 的年利率，1 年后得到的 1 美元的现值为 0.909 1 美元，但是 20 年后得到的 1 美元的现值仅为 0.148 6 美元。

与前述货币的时间价值的计算符号一致，我们可以使用**现值因子**（present

value factor）计算未来金额的现值，现值因子被定义为：

$$PV_{FV}(FV, i, n) = \frac{FV}{(1+i)^n}$$

该符号表明，在知道终值（FV）的规模、期间性利率（i）和复利期间的数量（n）的条件下，我们可以通过终值计算现值。现值因子是终值与 1 美元的现值的简单乘积并且代表总现值。例如，$PV_{FV}(1\,000$ 美元，10%，5）＝620.92 美元，同时 $PV_{FV}(1\,000$ 美元，12%，5）＝567.43 美元。

4.3.1 当价值 100 美元的礼物并不是真正价值 100 美元时

今天是你弟弟的 10 岁生日，同时他收到了一张 5 年后到期的 100 美元储蓄债券，这种类型的债券在到期日之前没有任何偿付。他错误地认为这张债券目前价值 100 美元，这增加了这份礼物的价值。如果折现率为 8%，同时这张债券在从现在开始的 5 年内并未到期，那么它实际上价值多少？你怎样向你的弟弟解释他的错误，从而能够使他理解？

我们正在试图得出按照每年 8% 的折现率，5 年后得到的 100 美元的现值。这里存在计算现值的数种途径，计算公式为：

$$PV = \frac{100 \text{ 美元}}{1.08^5} \approx 68 \text{ 美元}$$

在普通计算器上，我们可以通过用 100 美元除以五次 1.08 得到这个现值约为 68 美元。在金融计算器上，我们将输入 n、i 和 FV 的数值，然后通过敲击标识为 PV 的按键计算现值，或者我们可以使用表 4-4 中 1 美元的现值因子得出现值。在表 4-4 里，对应于 8% 的利率和 5 年的记录值为 0.680 6。用 100 美元乘以这个因子得到约 68 美元的现值。

向你的弟弟解释这个答案是一项艰巨的任务。或许解释答案的最好方法是运用终值的观点，而不是现值的观点。你可以向他解释，他的 100 美元储蓄债券仅价值约 68 美元，因为为了在 5 年后得到 100 美元，他所能做的全部事情就是在一项每年支付 8% 利息的储蓄账户中存入约 68 美元。

快速测查 4-4

按照每年 6% 的利率，4 年后得到的 100 美元的现值是多少？

4.3.2 按照比年度更频繁的频率进行折现

当利息按照比年度更频繁的频率进行复利时，我们需要对折现方法进行适当的调整。此时，现值计算公式将被修正为 $PV_m(FV, APR, n, m) = \dfrac{FV}{\left(1+\dfrac{APR}{m}\right)^{mn}}$，

其中，APR 是以年百分比表示的利率，同时 m 是每年复利期间的数量。例如，在按照 10% 的年利率每半年复利一次的条件下，5 年后 500 美元的现值将是：PV_m（500 美元，10%，5，2）$= \dfrac{500\ \text{美元}}{\left(1+\dfrac{10\%}{2}\right)^{10}} = 306.96$ 美元。注意，使用 Excel 我们可以直接

进行复利调整，将 10% 的年利率转换成在 10 个为期 6 个月的期间内 5% 的半年利率，同时转换成内置的现值函数，并且输入 "＝PV（5%，10，0，－500）"。[①] 这将得到 306.96 美元。

在连续折现的情形中，现值的计算公式是：$PV_{con} = FV \cdot e^{-APR \cdot n}$。假设 6 个月到期的国库券拥有 10 000 美元的面值和 5% 的竞争性连续复利收益率，这一国库券的现值是多少？在连续的基础上对 10 000 美元进行折现，我们将得到：

$$PV = 10\ 000\ \text{美元} \times e^{-0.10 \cdot \frac{1}{2}} = 9\ 512.29\ \text{美元}$$

快速测查 4-5

假设将于 3 个月后到期的 10 000 美元国库券现在按照 9 800 美元出售。如果你购买了该债券并且持有至到期，按照连续复利（在 3 个月期间）年利率计算的这项投资的收益率是多少？

4.4 其他折现现金流决策规则

在本章中，截至目前我们已经学习的折现现金流概念提供了进行金融决策的一系列强有力的工具。在与终值、现值、利率和期间数量相关的方程中可捕捉到以下基本观点：

$$FV = PV(1+i)^n \tag{4.4}$$

给定这个方程中的任意三项变量，我们可以得到第四项变量，同时基于这项变量制定投资的决策规则。最普通的决策规则是**净现值**（net present value）规则。净现值规则不但被广泛使用，同时在各种情况下得到应用（也就是说，正确使用净现值规则永远不会导致错误的选择），而且也是直觉性的。简而言之，净现值规则听起来差不多是明晰的：接受未来现金流的现值超过初始投资的任何项目。唯一需要注意的事情是确保人们不将苹果与橘子进行比较。于是，在计算未来现金流（发

---

① Excel 的现值函数采用 $PV(i, n, PMT, FV)$ 的形式。

生在从现在开始的某一时间）的时候，为了使未来现金流可以相互比较，我们必须使用未来现金流的现值。

净现值规则正式地表述了下面的意思：

> 净现值是所有未来现金流入的现值与现在和未来全部现金流出的现值之间的差额。如果项目的净现值为正，那么就接受该项目；如果项目的净现值为负，则拒绝该项目。

例如，假设一张 5 年到期的 100 美元储蓄债券现在正按照 75 美元的价格出售。你进行投资的下一个最好替代选择是利率为 8% 的银行账户。储蓄债券是一项良好投资吗？让我们说明在评价这项投资的过程中怎样运用净现值规则。购买储蓄债券的初始投资为 75 美元（初始投资发生在现在，无须折现）。这只债券产生的现金流入的现值是多少？这正是 5 年后得到的 100 美元的现值。与之相关的利率是这笔钱如果没有被投资于债券所应当赚取的利率。

一般而言，针对任何投资的净现值计算，我们使用**资本的机会成本**（opportunity cost of capital）（也被称为市场资本化利率）作为利率。资本的机会成本就是如果我们不把资本投入目前正在评价的项目，而是投资于其他地方所赚取的利率。在这个例子中，投资于储蓄债券的资本的机会成本是如果我们将这笔资金存入银行可以得到的利率——在本例中为 8%。

为了便于跟踪计算过程（尤其是在计算过程通过试算平衡表或者金融计算器完成时），我们将信息组织在一起：

货币的时间价值计算表	
10%	i
5	n
?	PV
100 美元	FV
$PV = 68.06$ 美元	结果

问号表明必须进行计算的变量。

在这个例子中，我们使用三项变量即终值、利率和期间数量计算第四项变量——现值。然后我们将计算出来的现值与储蓄债券的已知初始投资进行比较。使用计算公式，我们得到：

$$PV = \frac{100 \text{ 美元}}{1.08^5} = 68.06 \text{ 美元}$$

将 68.06 美元与获得该债券必需的 75 美元进行比较，我们得出结论：投资于债券是不值得的。换句话说，这项投资的净现值是负的。

净现值是衡量当前财富变化的一项标准，这种变化是选择的结果。明显地，如果净现值为负，那么实施这项投资是不值得的。在本例中，如果你投资于债券，那么你的当前财富将减少大约 7 美元。

得出相同结论的另一个途径是使用略微不同的终值规则。简而言之，终值规则说明，如果项目终值大于在次优选择中所获得的终值，那么投资该项目。这项规则实际上稍微更具直觉性（同时导致和净现值规则相同的选择）。终值规则在实践中没有得到经常使用的原因是在许多场合里（就像本书后面将展示的那样）无法计算投资的终值。与此同时，净现值规则仍然可以得到运用。我们在刚才用于说明净现值规则的相同例证中说明终值规则怎样运作。

投资于储蓄债券（初始投资是 75 美元，5 年后现金流的终值为 100 美元）明显导致 100 美元的终值。在 8% 的利率水平上将这笔钱存入银行是我们运用这笔资金的次优用途。储蓄债券是否拥有比我们从银行得到的终值更多的终值？再一次地，我们将信息组织在一起：

货币的时间价值计算表	
8%	i
5	n
75 美元	PV
?	FV
$FV = 110.20$ 美元	结果

使用计算公式，我们知道来自银行账户的终值由下式给出：

$$FV = 75 \text{ 美元} \times 1.08^5 = 110.20 \text{ 美元}$$

该数字明显大于储蓄债券的 100 美元终值，我们再次发现储蓄债券是一项较差的投资。

这里存在同样在实践中使用的其他决策规则。每一项决策规则都有自己的直觉性，同时每一项规则对于特定问题都是有用的。然而，应当注意没有任何一项决策规则可以像净现值规则那样在各种场合里都适用。这里是另外一项广泛应用的规则，该规则在许多场合中等价于净现值规则：

如果一项投资的收益率大于资本的机会成本，那么接受这项投资。

这一规则（明显）以收益率的概念为基础。回顾在我们的例子中，将资金存入银行的资本的机会成本是每年 8%。

通过现在将 75 美元投资于储蓄债券，你可以在 5 年后得到 100 美元，你将得到的利率是多少？换句话说，我们希望得出满足下述方程的利率 i：

$$75 \text{ 美元} = \frac{100 \text{ 美元}}{(1+i)^5}$$

这项利率被称为该债券的**到期收益率**（yield to maturity）或是**内部收益率**（internal rate of return，*IRR*）。内部收益率是使未来现金流入现值等于现金流出现值的折现率。换句话说，内部收益率恰好是净现值为零时的利率。因此，如果净现值为零时的利率高于资本的机会成本，那么我们知道资本的机会成本自身的净现值必然是正的。换句话说，如果内部收益率为（比如说）10％（也就是说，利率为10％时的净现值为零），那么资本的机会成本（比如说）为8％时的净现值必然为正。为什么？我们知道净现值的计算过程对未来现金流进行了折现，我们同样知道当折现率较小的时候未来现金流的现值更大。因此，如果在利率为10％时净现值为零，那么在利率为8％时净现值就是正的。拥有10％的内部收益率和8％的资本的机会成本等于说净现值必然是正的。[①]

为了在金融计算器上得出 i（内部收益率），输入现值、终值和期间数量计算利率：

货币的时间价值计算表	
?	i
5	n
（75 美元）	PV
100 美元	FV
$i=5.92\%$	结果

我们已经将上表中标记为 PV 的栏里的 75 美元用括号（表示负值的记号）括起来，因为它表示一项投资（也就是说，一项现金流出）。大部分金融计算器和试算平衡表要求你将初始投资或现金流出作为负值输入。该模型假设为了在未来获得正现金流入，需要一项投资（负的现金流出）不应当令人感到惊讶。如果所有的现金流都是正的，那么我们将能够创造一台造钱机器，然而很遗憾，这是不可能的。

如果你没有试算平衡表，你可以使用某些代数方法来求解利率 i：

$$100 \text{ 美元} = 75 \text{ 美元} \times (1+i)^5$$

$$(1+i)^5 = \frac{100 \text{ 美元}}{75 \text{ 美元}}$$

$$i = \left(\frac{100 \text{ 美元}}{75 \text{ 美元}}\right)^{\frac{1}{5}} - 1 = 0.059\,2 = 5.92\%$$

因此，该债券的到期收益率（内部收益率）为5.92％。这项到期收益率应当与通过将资金存入银行而赚取的8％年利率进行对比。显然，将你的资金存入银行境况将会变好。

在对一项不存在负未来现金流的简单投资进行评价的过程中，收益率决策规则等

---

① 这一结论只有在所有未来现金流都为正的情况下才适用。

同于净现值规则，即使二者通常不会在数项投资机会间产生从最好到最差的相同排序。

> 当你不得不在一些可以相互替代的投资之间进行选择的时候，选择拥有最高净现值的投资。

在这个例子中存在另外一项变量：n（年数，即当复利按年计算时的期间数量）。为了做出决策，我们可以使用金融计算器求解它。我们使用金融计算器求解储蓄债券的年数。我们知道终值为 100 美元，现值为 75 美元，同时资本的机会成本为 8%。年数是多少？

$$75\ \text{美元} = \frac{100\ \text{美元}}{1.08^n}$$

在金融计算器上我们输入现值、终值和利率，同时计算年数：

n	i	PV	FV	结果
?	8%	−75 美元	100 美元	$n=3.74$ 年

我们得到 n 为 3.74 年。现在，这意味着什么？这一数字表明，如果我们将资金存入银行（按照 8% 的利率），那么 75 美元增长为 100 美元需要花费 3.74 年。对于储蓄债券而言，75 美元增长为 100 美元需要 5 年。这个观察结果已经为如下规则提供了某些建议：

> 选择拥有最短偿付时期的投资替代选择。

换句话说，选择你可以在最短时期回收资金，或者在最短时期满足增长目标（比如说，将 75 美元投资变成 100 美元）的投资。

然而，这项规则仅在特殊场合适用。就像内部收益率规则那样，对一般的投资决策目的而言，"偿付"规则并不是一项可靠的规则。虽然有时候它可以作为替代的其他规则在实践中得到使用，但是应当坚持将净现值规则作为安全且普遍适用的决策规则。

4.4.1 投资于土地

你拥有一项以 1 万美元购买一片土地的机会。你确信 5 年后这片土地将价值 2 万美元。如果通过将资金投资于银行，你可以赚取每年 8% 的利率，那么对这片土地的投资是否值得？

> 如果项目的净现值为正，那么投资该项目。如果净现值为负，不要进行投资。

5 年后拥有的 2 万美元（未来现金流）的现值是多少？在这个例子中，我们输入终值、年数和利率，同时计算现值。然后我们将计算得出的现值与 1 万美元初始必要开支进行比较，同时以较大的数值为基础进行决策。

n	i	PV	FV	结果
5	8%	?	2 万美元	$PV=13\,612$ 美元

因此，在土地上进行的投资拥有 13 612 美元的现值。将该现值与 1 万美元的土地成本进行比较，这看上去明显是一项划算的买卖。它的净现值为 3 612 美元。

快速测查 4-6

说明前边提到的可替代决策标准将导致相同的结果——投资是值得的。

4.4.2　其他人的资金

在前面的例子中，我们考察了一项投资，该投资需要你现在支出资金，同时在某个未来日期获得现金。但是金融决策经常仅涉及相反的事情。举个例子，假设你需要借入 5 000 美元购买汽车。你求助于一家银行，他们按照 12% 的年利率向你提供一笔贷款。然后你求助于一位朋友，他说如果你在 4 年后偿还 9 000 美元，那么他将借给你 5 000 美元。你该怎么办？

首先，我们确定需要评估的项目。你希望评估的现金流是你（现在）可以从朋友那里借到的 5 000 美元（一项现金流入）。你必须进行的投资是 4 年后的 9 000 美元还款（一项现金流出）的现值。

行进路线是计算该项目的净现值。资本的机会成本是 12%（银行贷款利率，你的次优选择）。现金流是给定的。净现值是多少？

n	i	PV	FV	结果
4	12%	?	$-9\,000$ 美元	$PV=5\,719.66$ 美元

我们得到现金流出的现值是 5 719.66 美元。因此，该项目的净现值为 -719.66 美元。于是，向你朋友借钱的项目是不值得的。从银行借入资金，你的境况将变好。

你的朋友向你索要的隐含利率是多少？可求解净现值方程得出 i：

$$5\,000\ \text{美元}=\frac{9\,000\ \text{美元}}{(1+i)^4}$$

使用金融计算器：

n	i	PV	FV	结果
4	?	5 000 美元	$-9\,000$ 美元	$i=15.83\%$

我们得到该利率为每年 15.83%。向银行借钱会使你的境况变好。

注意，你刚才计算的利率是向你朋友借钱的内部收益率，它是 15.83%。现在，在上述例子中我们已经指出，内部收益率在下述条件下起作用：如果内部收益率高于资本的机会成本，那么投资该项目。这项规则对具有一次性投资特征的项目（也就是说，初始现金流为负，同时未来现金流为正）起作用。

然而，很明显，对于那些具有借入资金特征（也就是说，初始现金流为正，而未来现金流为负）的项目而言，该原则将反转：如果贷款的内部收益率小于资本的机会成本，那么从某些来源借入资金。

就像前面所提醒的那样，无论何时，只要存在复合现金流，内部收益率规则的一个重大的潜在问题就会出现。在这种情形里，内部收益率可能不是唯一的（例如，存在众多的内部收益率），或者内部收益率可能并不存在。后面将更多地讨论这个问题。

4.5 复合现金流

至此，我们已经考察了在未来仅存在单一现金流的情形。如果未来不只存在一项现金流，将会发生什么？举个例子，假设你希望通过每年在一个付息账户中存入特定金额为孩子的大学教育或者自己的退休生活进行储蓄；或者你正在对诸如提供一系列未来支付流的债券等投资进行评估；或是正在考虑接受一笔贷款，该贷款要求你定期分期还款。为了应对所有这些更复杂的情形，我们仅需要对已经提出的概念进行扩展。

4.5.1 时间线

分析现金流时机选择的一项有用工具是被称为**时间线**（time line）的一个框架。时间线被描述在图 4-3 中。

现金流前面的负号意味着你投入该金额的资金（现金从你这里流出），而没有符号表明你取出该金额的资金（现金向你流入）。在我们的例子中，你在第 0 期投入 100 美元，并且在第 1 期期末取出 20 美元，在第 2 期期末取出 50 美元，在第 3 期期末取出 60 美元。

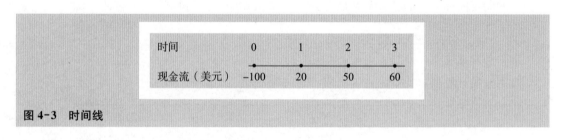

时间	0	1	2	3
现金流（美元）	-100	20	50	60

图 4-3　时间线

4.5.2　一系列现金流的终值

我们从一个储蓄决策和终值的概念出发。每年你将 1 000 美元存入一个账户，该账户立即开始支付 10% 的年利率。如果你在 2 年期满之前没有取出任何资金，那么 2 年后你将拥有多少钱?

初始的 1 000 美元在第 1 年年末增至 1 100 美元。然后,你加入另一笔 1 000 美元,于是在第 2 年开始时该账户里有 2 100 美元。到第 2 年年末账户中有 2 100 美元×1.1,即 2 310 美元。

得出这个 2 310 美元终值的另一种方法是分别计算每一笔 1 000 美元储蓄的终值,然后将其加总。第一笔储蓄的终值为:

$$1 000 \text{ 美元} \times 1.1^2 = 1 210 \text{ 美元}$$

第二笔储蓄的终值是:

$$1 000 \text{ 美元} \times 1.1 = 1 100 \text{ 美元}$$

将两个数值相加,我们得到和上述得出的数值相同的 2 310 美元。

快速测查 4-7

假设你现在储蓄 1 000 美元,然后 1 年后储蓄 2 000 美元。如果利率为每年 10%,2 年后你将拥有多少钱?

4.5.3 一系列现金流的现值

我们经常需要计算一系列现金流的现值,而不是它们的终值。举个例子,假设你希望 1 年后拥有 1 000 美元,2 年后拥有 2 000 美元。如果利率为每年 10%,为了满足这种需求,你现在不得不存入账户的资金是多少?

在这个场合,我们不得不计算图 4-4 中描述的两项现金流的现值。正如一系列现金流的终值是每一项现金流的终值的加总那样,现值也是如此。

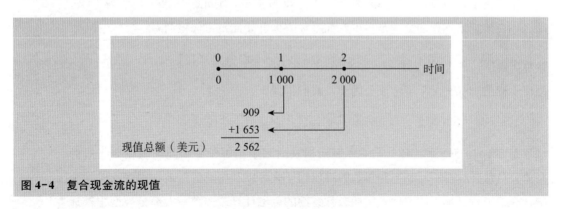

图 4-4 复合现金流的现值

4.5.4 在复合现金流的条件下进行投资

假设你得到投资于一个项目的机会,该项目 1 年后向你支付 1 000 美元,同时 2 年后向你支付另一笔 2 000 美元。该项目要求你现在投资 2 500 美元。你相信这个项目完全没有风险。如果你可以通过将资金存入银行赚取每年 10％ 的利率，那么这项投资是否为一项值得的投资？

注意，这一问题和前述问题有着令人诧异的相似性。该项目产生的现金流与图 4-4 所描述的现金流是相同的：1 年后是 1 000 美元，2 年后是 2 000 美元。我们已经知道如果你把资金存入银行，那么需要 2 562 美元来产生相同的未来现金流。因为该项目所需要的初始必要开支仅为 2 500 美元，所以该项目有 62 美元的净现值。如同我们在本章前面所看到的那样，具有正净现值的投资应当实施。

4.6　年　金

储蓄计划、投资项目或贷款偿还安排中的未来现金流每年经常是相同的。我们将这种相同现金流或相同支付流称为**年金**（annuity）。这一术语来源于寿险行业，在寿险行业中，年金合同是在某些时期向购买者承诺一系列偿付流的合同。在金融学领域，年金不仅得到了更加普遍的应用，还应用于任何相同的现金流。因此，一笔分期偿还的贷款或者按揭贷款的偿付流也被称为年金。

如果现金流立即开始，就像在储蓄计划或租赁中那样，则被称为**即期年金**（immediate annuity）。如果现金流开始于本期期末而不是期初，则被称为**普通年金**（ordinary annuity）。按揭贷款是普通年金的一个例证。这里存在一些计算年金现值和终值的简便公式、图表和金融计算器内置函数，当现金流动在多个时期持续时，它们会起作用。

4.6.1　年金的终值

举个例子，假设你打算在未来 3 年内每年储蓄 100 美元。如果年利率为 10％，那么你在该期末累积的金额是多少？如果你立即开始储蓄，你将拥有：

$$FV = 100 \text{ 美元} \times 1.1^3 + 100 \text{ 美元} \times 1.1^2 + 100 \text{ 美元} \times 1.1$$

提出不变的 100 美元年现金流公因子，我们得到：

$$FV = 100 \text{ 美元} \times (1.1 + 1.1^2 + 1.1^3)$$

结果是 364.10 美元的终值。与 100 美元相乘的因子是每年 1 美元还款在 3 年里的终值。虽然有针对不同利率和年数的终值因子表可以利用，但是现在很多人使用金融计算器进行计算。用于输入定期缴款数额的金融计算器按键在大部分模型中被标识为 PMT ［即支付（payment）的缩写］。

在我们的例子中，我们知道利率、年数和定期缴款数额，同时希望计算终值。我们在表中合适的单元格中输入给定数值，同时为我们希望计算的项目输入一个问号（？）。

n	i	PV	FV	PMT	结果
3	10%	0 美元	?	100 美元	FV＝364.10 美元

在计算年金终值的过程中，就像当前的例子这样，年金是即期年金还是普通年金当然是至关重要的。在普通年金的情形里，第一笔 100 美元的定期缴款是在第 1 年年末缴存。图 4-5 显示了对两种情形进行对比的时间线。

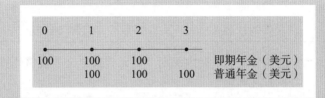

图 4-5　年金的现金流框架

虽然在两种情形中均存在相同的支付次数，但是在即期年金的模式下，所有金额都在额外的一年里赚取了利息。因此，即期年金将拥有等于普通年金终值乘以 $(1+i)$ 的终值。对于每年 1 美元的普通年金而言，终值的计算公式是：

$$FV=\frac{(1+i)^n-1}{i}$$

我们发现，如果第一笔储蓄是立即进行的（一项即期年金），那么 3 年里每年储蓄 100 美元的储蓄计划的终值为 364.10 美元。同时，如果第一笔储蓄推迟到第 1 年年末进行（一项普通年金），那么终值为 331 美元。

为了让金融计算器知道年金支付开始于第 1 期的期初还是期末，某些金融计算器有一个特殊按键。

4.6.2　年金的现值

我们经常希望计算年金的现值，而不是终值。例如，为了能够在随后 3 年里每年取出 100 美元，你不得不在一只赚取 10% 年利率的基金中投入多少？答案是 3 项现金流的现值之和。

年金的现值是 3 项 100 美元的支付中每一项的现值之和：

$$PV=\frac{100 \text{ 美元}}{1.1}+\frac{100 \text{ 美元}}{1.1^2}+\frac{100 \text{ 美元}}{1.1^3}$$

提出每年 100 美元支付的不变公因子，我们得到：

$$PV=100 \text{ 美元} \times \left(\frac{1}{1.1}+\frac{1}{1.1^2}+\frac{1}{1.1^3}\right)$$

结果是 248.69 美元的终值。与 100 美元支付相乘的因子是按照 10% 的利率 3 年中 1

美元普通年金的现值。

表 4-5 证实了 248.69 美元确实是为了能够在随后 3 年中每年取出 100 美元，你不得不存入账户的全部金额。

表 4-5   存入 248.69 美元使你能够在 3 年内每年取出 100 美元的证明

年数	年初数量	乘以	年末数量	减去 100 美元
1	248.69 美元	1.1	273.56 美元	173.56 美元
2	173.56 美元	1.1	190.91 美元	90.91 美元
3	90.91 美元	1.1	100.00 美元	0.00 美元

在利率为 i 的条件下，n 期内每期 1 美元普通年金的现值计算公式为：

$$PV = \frac{1 - (1+i)^{-n}}{i}$$

在金融计算器上，我们可以输入年数、利率和定期缴款数额，同时计算现值。

n	i	PV	FV	PMT	结果
3	10%	?	0 美元	100 美元	$PV = 248.69$ 美元

4.6.3　购买一项年金

你现在 65 岁，同时正在考虑是否值得从保险公司购买一项年金。针对 1 万美元的成本，这家保险公司将在你的余生里每年向你支付 1 000 美元。如果你可以在银行账户中的资金上赚取每年 8% 的利率，同时预期活到 80 岁，那么是否值得购买这项年金？保险公司向你支付的隐含利率是多少？你必须生存多长时间才能使年金成为值得的？

做出这项投资决策的最直接方法是计算来自年金支付的现值，同时将这项现值与 1 万美元的年金成本进行比较。假设该年金是一项普通年金，那么从 66 岁开始到 80 岁结束可望进行 15 次每笔 1 000 美元的支付。按照每年 8% 的年折现率，这 15 次支付的现值为 8 559.48 美元。

n	i	PV	FV	PMT	结果
15	8%	?	0 美元	1 000 美元	$PV = 8\ 559.48$ 美元

换句话说，为了产生同样的 15 次每笔 1 000 美元的支付，将 8 559.48 美元投资于一个年利率为 8% 的银行账户就足够了。因此，这项年金投资的净现值为：

净现值 = 8 559.48 美元 - 10 000 美元 = -1 440.52 美元

这项年金不值得购买。

为了计算这项年金的隐含收益率，我们需要找出使投资净现值为 0 的折现率。

正确的答案是每年 5.56%。在金融计算器上，我们通过输入年数、定期缴款数额和现值计算利率，得出这项年金的隐含收益率。

n	i	PV	FV	PMT	结果
15	?	−1 万美元	0 美元	1 000 美元	$i = 5.56\%$

换句话说，如果一家银行正在向你提供 5.56% 的年利率，那么你可以现在储蓄 1 万美元，同时能够在随后的 15 年里每年取出 1 000 美元。

为了找出一个人不得不生存的年数，从而使年金成为值得的，我们必须思考年数为多少将会使投资净现值为 0 美元。正确的答案是 21 年。在金融计算器上，我们通过输入利率、定期缴款数额和现值，同时计算年数，得到一个人将不得不生存的年数。

n	i	PV	FV	PMT	结果
?	8%	−1 万美元	0 美元	1 000 美元	$n = 20.91$

从不同的角度对这一问题进行考察，如果你生存 21 年而不是 15 年，那么保险公司最终将向你支付每年 8% 的隐含利率。

4.6.4　接受一笔按揭贷款

现在我们考察一个金融决策的例证。你刚刚决定购买一栋别墅，同时需要借入 10 万美元。一家银行向你提供一笔以 360 次月供的形式在 30 年内偿还的按揭贷款。如果年利率是 12%，月供的金额是多少（虽然利率按照年百分比的形式报价，但它实际上就是每月 1%）？另一家银行向你提供月供为 1 100 美元的 15 年期按揭贷款。哪一笔贷款更划算？

30 年期按揭贷款的月供通过使用按月计算的期间（$n = 360$ 个月）以及 1% 的月利率进行计算。支付为每月 1 028.61 美元。计算如下：

n	i	PV	FV	PMT	结果
360	1%	−10 万美元	0 美元	?	$PMT = 1\ 028.61$ 美元

乍看起来，似乎 30 年期按揭贷款是一项更划算的交易，因为 1 028.61 美元的月供小于 15 年期按揭贷款月供 1 100 美元。但是 15 年期按揭贷款在仅进行了 180 次支付后就偿还完毕。月利率为 0.867 7%，或者是 10.4% 的年百分比。为了得出这一月利率，有：

n	i	PV	FV	PMT	结果
180	?	−10 万美元	0 美元	1 100 美元	$i = 10.41\%$

因此，15 年期贷款在本例中是一项更划算的交易。

4.7 永续年金

一类重要而特殊的年金是永远持续的年金或称**永续年金**（perpetuity）。永续年金是永远持续的现金流。经典的例证是英国政府在 19 世纪发行的永续债券，这种债券每年按照明示的面值支付利息，而且没有到期日。另一个或许更加有意义的例证是每期（通常为每季度）支付固定现金红利且永不到期的优先股。

任何永续年金的一个令人困惑的特征是，你无法计算现金流的终值，因为它是无限的。然而，永续年金拥有完全得到恰当界定而且可以确定的现值。乍看起来，一系列永远持续的现金流当前拥有有限价值似乎是矛盾的。但是考虑一项每年 100 美元的永续年金，如果利率为每年 10%，这项永续年金的现值为多少？

答案是 1 000 美元。为了考察因何如此，考虑为了能够永远每年取出 100 美元，你将不得不在每年提供 10% 利率的银行账户中存入多少资金。如果你存入 1 000 美元，那么在第 1 年年末，你将在该账户中拥有 1 100 美元。你可以取出 100 美元，将 1 000 美元留至第 2 年。显然，如果利率停留在每年 10%，而且你青春永驻，那么你可以永续地做这件事情。

更为一般地，相同支付永续年金的现值计算公式是：

$$相同支付永续年金的现值 = \frac{C}{i}$$

这里 C 是定期支付的数量，而 i 是以小数形式表示的利率。这是在 $n = \infty$ 条件下普通年金的现值。

4.7.1 投资于优先股

假设你正在用你的资金赚取每年 8% 的名义利率。波士顿天然气及电力公司（Boston Gas and Electric Co.）的优先股提供每年 10 美元的现金红利，同时这种优先股正在按照每股 100 美元的价格出售。你是否应当将部分资金投资于波士顿天然气及电力公司的优先股？

第一步是计算该优先股的收益率。为了进行这种计算，我们仅需要用 10 美元的年度红利除以 100 美元的价格：

$$优先股的收益率 = \frac{年度红利}{价格}$$

在本例中，该收益率为每年 10%（也就是说，10% 的优先股收益率超过了你正在赚取的 8% 的利率）。然而，为了做出投资决策，你必须同时考虑风险，风险是我们将在本教材后面详尽考察的主题。

我们经常遇到来自投资的现金流按照固定比率增长的情形。举个例子，假设你正在考虑投资一项资产，就其而言，你预期第 1 年的现金流为 1 000 美元，同时你预期这一现金流将永久按照每年 4% 的比率增长。为了对这项投资进行评估，你需要**增长型永续年金**（growth perpetuity）现值的计算公式。该公式为：

$$PV = \frac{C_1}{i - g}$$

这里 C_1 是第 1 年的现金流，同时 g 是增长率。

在手头的例子中，假设折现率是 9%，于是该资产的现值将是：

$$PV = \frac{1\ 000\ \text{美元}}{0.09 - 0.04} = \frac{1\ 000\ \text{美元}}{0.05} = 20\ 000\ \text{美元}$$

如果你可以按照低于 2 万美元的价格购买这项资产，那么购买资产就是一项值得的投资。

4.7.2　投资于普通股

你有机会购买一家公司股票，已知该公司支付每年增长 3% 的现金红利。下期红利将是每股 1 美元，而且在 1 年后支付。如果你要求 10% 的年收益率，那么你愿意付多少钱购买这只股票？

答案是你应该愿意支付按照 10% 的年折现率对预期未来现金流进行折现所得到的现值。预期的未来现金红利是一项增长型永续年金。使用增长型永续年金计算公式可得：

$$PV = \frac{1\ \text{美元}}{0.10 - 0.03} = \frac{1\ \text{美元}}{0.07} = 14.29\ \text{美元}$$

4.8　贷款的分期偿还

许多贷款以等额定期分期还款的形式进行偿还，例如住房按揭贷款和汽车消费贷款。每笔还款的一部分是该贷款尚未偿还余额的利息，另一部分则是本金的偿还。在每笔支付完成以后，尚未偿还的余额按照等同于已偿还本金数量的金额减少。因此，用于利息支付的还款部分占比比上期低，同时用于偿还本金的还款部分占比比上期高。

例如，我们假定你按照年利率 9% 获得了一笔 10 万美元的住房按揭贷款，该贷款以三笔年度分期付款的形式偿还本金及利息。我们通过找出定期缴款数额计算每年的支付，在 3 年内按照 9% 的折现率对这一定期缴款数额进行折现，它拥有 10 万美元现值。

n	i	PV	FV	PMT	结果
3	9%	−10 万美元	0 美元	?	PMT=39 505.48 美元

每年的还款额为 39 505.48 美元。在第 1 年里，39 505.48 美元中有多少是利息，同时有多少是本金？因为利率是每年 9%，所以首次还款的利息部分必然是 10 万美元乘以 0.09 即 9 000 美元。39 505.48 美元的剩余部分，即 30 505.48 美元是对初始本金的偿付。因此，首次还款后的余额是 10 万美元−30 505.48 美元，即 69 494.52 美元。在贷款期限内逐步清偿贷款本金的过程被称为贷款的**分期偿还**（amortization）。

在第 2 年里，39 505.48 美元中有多少是利息，同时有多少是本金？因为年利率是 9%，所以第二次还款的利息部分必然是 69 494.52 美元乘以 0.09，即 6 254.51 美元。39 505.48 美元的剩余部分，即 33 250.97 美元，用于首次还款后剩余的 69 494.52 美元未偿余额的偿付。因此，第二次还款后的余额为 69 494.52 美元−33 250.97 美元，即 36 243.55 美元。

第三次同时也是最后的还款足以偿付剩余的 36 243.55 美元的本金和利息〔也就是说，表 4-6 包括了**分期偿还时间表**（amortization schedule）中的所有信息〕。分期偿还的分解说明了在持续每次还款 39 505.48 美元的条件下，偿付利息的部分怎样减少，同时偿还本金的部分怎样增加。

表 4-6　利率为 9%的条件下 3 年期贷款的分期偿还时间表　　　　　　单位：美元

年数	期初余额	还款总额	已偿利息	已偿本金	剩余余额
1	100 000	39 505	9 000	30 505	69 495
2	69 495	39 505	6 255	33 251	36 244
3	36 244	39 505	3 262	36 244	0
总计		118 516	18 516	100 000	

一笔划算的汽车消费贷款？

你正打算购买一辆汽车，并且考虑按照每年 12%的 APR（每月 1%）获得一笔 1 年期 1 000 美元的分期还款贷款，该贷款以 12 笔等额月供的形式偿还。月还款额为 88.85 美元。

销售员试图向你出售汽车，他表明：

> 虽然这笔贷款的 APR 为每年 12%，事实上这一利率被证明是一项更低的利率。因为在该年内利息支付的总额仅为 66.19 美元，同时这笔贷款为 1 000 美元，所以你将仅支付 6.62%的"真实"利率。

销售员推理过程中的错误是什么？

错误是就你的首次月供（以及随后的每一笔还款）而言，你不仅在支付未偿余额的利息，而且在支付部分本金。第 1 个月月末的到期应偿还利息偿付额为 1 000 美元的 1%，即 10 美元。因为你的月供是 88.85 美元，所以剩下的 78.85 美元是本金的偿付额。完整的分期偿还时间表显示在表 4-7 中。

表 4-7　　　利率为每月 1% 且为期 12 个月的贷款的分期偿还时间表　　　单位：美元

年数	期初余额	还款总额	已偿利息	已偿本金	剩余余额
1	1 000.00	88.85	10.00	78.85	921.15
2	921.15	88.85	9.21	79.64	841.51
3	841.51	88.85	8.42	80.43	761.08
4	761.08	88.85	7.61	81.24	679.84
5	679.84	88.85	6.80	82.05	597.79
6	597.79	88.85	5.98	82.87	514.91
7	514.91	88.85	5.15	83.70	431.21
8	431.21	88.85	4.31	84.54	346.67
9	346.67	88.85	3.47	85.38	261.29
10	261.29	88.85	2.61	86.24	175.05
11	175.05	88.85	1.75	87.10	87.96
12	87.96	88.85	0.88	87.97	0.00
总计		1 066.20	66.20	1 000.00	

4.9　汇率以及货币的时间价值

假设你正在考虑将 1 万美元投资于以美元计价提供每年 10% 利率的债券，或者投资于以日元计价提供每年 3% 利率的债券。下一年的更好投资是什么，以及为什么是这样？

答案依赖于在该年内美元兑日元的汇率将会变化多少。假设该汇率现在是 1 美元兑 100 日元，因此你的 1 万美元现在值 100 万日元。如果你投资于日元债券，那么 1 年后你将拥有 103 万日元。如果你投资于美元债券，那么 1 年后你将拥有 1.1 万美元。哪一项投资是更值得的？

如果美元的日元价值每年下跌 8%，那么 1 年后的汇率将是 1 美元兑 92 日元。日元债券将拥有 11 196 美元以美元计价的价值。11 196 美元比你从美元债券中得到的 11 000 美元多出 196 美元。

另外，如果美元的日元价值每年仅下跌 6%，那么 1 年后的汇率将是 1 美元兑 94 日元。日元债券将拥有 10 957 美元以美元计价的价值，10 957 美元比你从美元债券中得到的 11 000 美元少 43 美元。

按照何种未来汇率水平，你在这两种债券之间是无差异的？为了得到盈亏平衡的汇率，用 103 万日元除以 11 000 美元。结果是 93.636 日元/美元。因此，我们断定，如果美元的日元价值在该年内下跌超过 6.364%，那么日元债券将是一项更好的投资。[①]

快速测查 4-8

如果美元和英镑之间的汇率是 1 英镑兑 2 美元，同时美元的利率为每年 6%，并且英镑的利率为每年 4%，那么 1 年后美元兑英镑未来汇率的盈亏平衡值是多少？

在不同货币条件下计算净现值

为了避免在不同货币条件下做出金融决策时产生混淆，必须注意一项简单规则：

在任何货币的时间价值的计算过程中，现金流和利率必须以相同的货币进行计价。

因此，为了计算以日元计价的现金流的现值，你必须使用日元利率进行折现；同时为了计算以美元计价的现金流的现值，你必须使用美元利率进行折现。如果你使用美元利率计算以日元计价的支付现值，那么你将得到一个存在误导性的数字。

举个例子，假设你正试图决定应当投资日本项目，还是应当投资美国项目，两者都需要 1 万美元的初始必要开支。日本项目将在 5 年内每年向你支付 57.5 万日元，而美国项目将在 5 年内每年向你支付 6 000 美元。美元的利率为每年 6%，日元的利率则是每年 4%，同时 1 美元的当前日元价格是 1 日元兑 0.01 美元。哪个项目拥有更高的净现值？

首先，我们使用 6% 的美元利率计算美国项目的净现值：

n	i	PV	FV	PMT	结果
5	6%	?	0 美元	6 000 美元	$PV=25\ 274$ 美元

减去 1 万美元的初始必要开支，我们得到净现值等于 15 274 美元。

接下来，我们使用 4% 的日元利率计算日本项目的净现值，从而得到：

n	i	PV	FV	PMT	结果
5	4%	?	0 日元	57.5 万日元	$PV=2\ 559\ 798$ 日元

然后，我们按照 1 日元兑 0.01 美元的当前汇率将日本项目的现值从日元转换成美元，从而得到数额为 25 598 美元的现值。减去 1 万美元的初始必要开支，我们

---

① 当然，你无法预先知道汇率将变化多少，于是这项投资存在不确定性。我们将在后面的章节里清晰地处理这种不确定性。

发现净现值等于 15 598 美元。因此，日本项目拥有更高的净现值，是你应当选择的项目。

然而，注意，如果你使用每年 6% 的美元利率错误计算日本项目的现值，那么你将得到仅有 14 221 美元的净现值。因此，你将被引导选择美国项目。

4.10 通货膨胀和折现现金流分析

针对通货膨胀的处理导致了一组规则的产生，这组规则类似于解决不同货币问题时所采用的规则。我们考虑为退休进行储蓄的问题。在 20 岁的时候，你节省了 100 美元，同时按照每年 8% 的利率将这笔资金进行投资。好消息是在 65 岁的时候，你的 100 美元投资将增至 3 192 美元。坏消息是那时购买和今天相同的东西将花费更多。举个例子，如果所有你希望购买的商品和服务的价格在未来 45 年间以每年 8% 的比率上涨，那么你的 3 192 美元所能买到的东西将无法超过今天 100 美元所能买到的东西。在"实际"意义上，你根本没有得到任何利息。因此，为了做出真正有意义的长期储蓄决策，你必须考虑通货膨胀率和利率。

为了将通货膨胀率和利率纳入考虑范围，我们在名义利率和实际利率之间进行区分。名义利率以美元或其他货币计价，而实际利率则以消费品的单位进行计价。实际利率与名义利率之间的这项区别在第 2 章中已经得到讨论（参看 2.6.5 节）。

将实际利率与名义利率和通货膨胀率进行关联的一般计算公式为：

$$1+实际利率=\frac{1+名义利率}{1+通货膨胀率}$$

或者等同为：

$$实际利率=\frac{名义利率-通货膨胀率}{1+通货膨胀率}$$

使用连续复利条件下的 APR 可以简化名义利率与实际利率之间的代数关系。在连续复利的条件下，计算公式可写为：

$$实际利率=名义利率-通货膨胀率$$

于是，如果我们假定存在 6% 的名义 APR，它是连续复利的，以及存在每年 4% 的通货膨胀率，它也是连续复利的，那么实际利率正好是连续复利的每年 2%。

4.10.1 通货膨胀与终值

从财务规划的角度而言，知道实际利率是一项巨大的优势。这是因为你最终关心的是用累积储蓄在未来可以购买到的东西。回到 20 岁时储蓄 100 美元，同时这笔钱在 65 岁之前不被取出的特定例证，实际上我们希望知道的是，当你 65 岁的时候，从实际购买力的角度而言，已经在该账户中累积的数量是多少？这里有两种可以相互替代的计算方法：简单方法和复杂方法。简单方法是使用每年 2.857％ 的实际利率计算 100 美元在 45 年后的终值。我们将其定义为**实际终值**（real future value）：

$$实际终值 = 100 \text{ 美元} \times 1.028\,57^{45} = 355 \text{ 美元}$$

另外，我们可以分阶段得到相同的数字。首先，我们使用每年 8％ 的名义利率计算**名义终值**（nominal future value）：

$$45 \text{ 年后的名义终值} = 100 \text{ 美元} \times 1.08^{45} = 3\,192 \text{ 美元}$$

接下来，我们计算如果通货膨胀率为每年 5％，那么 45 年后的价格水平将是多少，计算结果如下：

$$45 \text{ 年后的价格水平} = 1.05^{45} = 8.985$$

最后，用名义终值除以未来价格水平得到实际终值：

$$实际终值 = \frac{名义终值}{未来价格水平} = \frac{3\,192 \text{ 美元}}{8.985} = 355 \text{ 美元}$$

最终的结果是相同的。我们发现通过现在储蓄 100 美元（在 20 岁的时候），同时在 45 年里进行投资，有望在 65 岁时拥有足够的金钱来购买按照当前价格将花费 355 美元的东西。

因此，我们看到有两种计算 355 美元实际终值的等价方法：

（1）使用实际利率计算实际终值。

（2）使用名义利率计算名义终值，然后平减名义终值得到实际终值。

采用两种等价方法中的哪一种取决于特定的背景。

4.10.2 为大学教育进行储蓄：1

你的女儿现在 10 岁，同时你正在计划开立一个账户以便为她的大学教育提供费用。一年的大学学费现在是 15 000 美元，同时可望按照每年 5％ 的速度增加。如果你在一个每年支付 8％ 利率的账户中存入 8 000 美元，你是否有足够的金钱在 8 年后支付她的第一年学费？如果你按照每年 8％ 的利率计算 8 年后这笔 8 000 美元的终值，那么你将得到：

$$FV = 8\,000 \text{ 美元} \times 1.08^{8} = 14\,807 \text{ 美元}$$

因为 14 807 美元和 15 000 美元极为接近，所以它可能表明现在储蓄 8 000 美元足够提供第一年的大学学费。但是学费的水平是一项变动指标。过去的大学学费至少按照通货膨胀率的一般水平增加。例如，如果通货膨胀率被证实为每年 5％，那么第一年大学学费的成本将是 15 000 美元 × 1.05^{8} 即 22 162 美元。于是你的 14 807

美元将会短缺大约 1/3。

4.10.3 投资于通货膨胀保护型大额可转让定期存单

你正计划在下一年里投资 1 万美元。你面临传统的 1 年期每年支付 8% 利率的大额可转让定期存单和每年支付 3% 利率加上通货膨胀率的大额可转让定期存单之间的选择。我们将前者称为名义大额可转让定期存单，同时将后者称为实际大额可转让定期存单（即通货膨胀保护型大额可转让定期存单）。你将选择哪一种？

你的选择取决于对下一年通货膨胀率的预测。如果你确信通货膨胀率将大于 5%，那么你更喜欢实际大额可转让定期存单。举个例子，假定你认为通货膨胀率是 6%，那么实际大额可转让定期存单的名义利率为 9%。但是如果你确定通货膨胀率为每年 4%，那么实际大额可转让定期存单的名义利率将仅为 7%，于是投资于名义大额可转让定期存单将使你的境况变好。

当然，因为你无法确知通货膨胀率是多少，所以决策更为复杂。我们将在后面讨论怎样将确定性纳入投资决策的考虑范围时回到这一问题。

4.10.4 为什么负债方能够从不可预期的通货膨胀中获益？

假设你按照每年 8% 的利率借入 1 000 美元，同时不得不在 1 年后偿还本金和利息。如果通货膨胀率在该年内被证实是 8%，那么这笔贷款的实际利率为 0。虽然你必须偿还 1 080 美元，但是 1 080 美元的实际价值仅为 1 000 美元。80 美元的利息正好抵销了 1 000 美元本金的购买力下降。另一种表述该思想的方法是你正在使用比所借美元更"便宜"的美元偿还这笔贷款。难怪在利率被预先固定的时候，负债者喜欢不可预期的通货膨胀，而债权人则不是这样。

4.10.5 通货膨胀与现值

在许多计算现值的金融问题中，未来的美元金额并没有固定。举个例子，假设你计划 4 年后购买一辆汽车，同时希望为了购买它现在投资足够的金钱。比如说，你中意的那辆汽车现在需要花费 1 万美元，同时你的资金可以赚取的利率为每年 8%。

在尝试计算现在所需投资数量的过程中，自然要计算在 8% 的利率水平上，4 年后将得到的 1 万美元的现值：

$$PV = \frac{10\ 000\ \text{美元}}{1.08^4} = 7\ 350\ \text{美元}$$

于是你可能得出结论，现在投资 7 350 美元足以在 4 年后购买那辆汽车。

但这将是一个错误。几乎可以确定，如果你中意的那辆汽车现在花费 1 万美元，那么类似的汽车在 4 年后将花费更多。多多少呢？这取决于通货膨胀率。如果

汽车价格的通货膨胀率是每年 5%，那么那辆汽车 4 年后将花费 10 000 美元 ×
1.05^4 即 12 155 美元。

这里有两种等价方法来将通货膨胀纳入诸如此类问题的考虑范围：第一种方法
是使用实际折现率计算 1 万美元实际终值的现值。就像我们在本章前面部分所看到
的那样，实际折现率（也就是实际利率）为：

$$实际利率 = \frac{名义利率 - 通货膨胀率}{1 + 通货膨胀率}$$

$$实际利率 = \frac{0.08 - 0.05}{1.05} = 0.028\ 57 = 2.857\%$$

使用这项实际利率计算 1 万美元的现值，我们得到：

$$PV = \frac{10\ 000\ 美元}{1.028\ 57^4} = 8\ 934\ 美元$$

第二种方法是使用每年 8% 的名义利率计算 12 155 美元名义未来金额的现值：

$$PV = \frac{12\ 155\ 美元}{1.08^4} = 8\ 934\ 美元$$

使用任何一种方法，我们都得到了相同的结果：为了在 4 年后付得起该车的已
增长的价格，你必须现在投资 8 934 美元。我们起初错误地计算出需要投资的数量
只有 7 350 美元的理由是，我们按照每年 8% 的名义利率对 1 万美元的实际终值进行
折现。

4.10.6 为大学教育进行储蓄：2

设想你女儿现在 10 岁，同时你正计划开立一个账户为她的大学教育提供费用。
1 年的大学学费现在是 15 000 美元。如果你认为可以赚取超过通货膨胀率 3% 的利
率，为了有足够的资金在 8 年后支付她的第 1 年学费，你现在必须投资多少？

在本例中，你没有通货膨胀率的精确估计值。但是，你是否需要有人在你面前
回答那个实际问题（投资多少）？如果你认为无论通货膨胀率是多少，大学学费都
按照这一比率上涨，那么答案是不需要。按照这项假设，8 年后大学学费的实际成
本将与今天的 15 000 美元相同。通过假定你可以每年赚取在通货膨胀率基础上增
加 3% 的利率，实际上你认为实际折现率是每年 3%。于是，你应当通过 8 年内按
照 3% 的利率折现 15 000 美元计算现值：

$$PV = \frac{15\ 000\ 美元}{1.03^8} = 11\ 841\ 美元$$

如果你错误地使用诸如每年 8% 的名义利率来对 15 000 美元进行折现，那么你
将得到一个极为不同的答案：

$$PV = \frac{15\,000\ \text{美元}}{1.08^8} = 8\,104\ \text{美元}$$

结果是，你没有足够的资金在 8 年后支付学费。

注意：在对实际现金流进行折现时永远不要使用名义利率，或者在对名义现金流进行折现时永远不要使用实际利率。

4.10.7 通货膨胀和长期储蓄计划

在考察一项长期储蓄计划时，将通货膨胀纳入考虑范围是必要的。你每年可以用于储蓄的金额可能随一般生活成本的上升而上升，因为你的收入同样也可能上涨。在不需要对通货膨胀率进行精确预测的条件下，一种考虑长期储蓄计划的简单方法是从不变实际支付和实际利率的角度出发制订你的计划。

4.10.8 为大学教育进行储蓄：3

设想你的女儿现在 10 岁，同时你正计划开立一个账户，从而为她的大学教育提供费用。一年的大学学费现在是 15 000 美元。为了在 8 年后有足够资金支付她的第 1 年学费，你希望在未来 8 年以每年分期付款的方式进行储蓄，分期付款是等额的，而且以实际购买力计算金额。如果你认为可以赚取 3% 的实际利率，那么每年你必须储蓄多少？如果通货膨胀率是每年 5%，那么实际上你每年应在账户中存入多少（从名义的角度）？

为了得出实际角度的每年储蓄数量，我们首先求解定期缴款数额：

n	i	PV	FV	PMT	结果
8	3%	0 美元	15 000 美元	?	$PMT = 1\,686.85$ 美元

于是，每年储蓄数量必须是按照当前购买力计算的 1 686.85 美元的等价物。按照每年 5% 的通货膨胀率，每年不得不向储蓄计划缴存的名义支付数量显示在表 4-8 中。

表 4-8　　　　　　　　　　实际年金的名义支付数量计算

支付次数	实际支付数量（美元）	通货膨胀因子	名义支付数量（美元）
1	1 686.85	1.050 00	1 771.19
2	1 686.85	1.102 50	1 859.75
3	1 686.85	1.157 63	1 952.74
4	1 686.85	1.215 51	2 050.38
5	1 686.85	1.276 28	2 152.90
6	1 686.85	1.340 10	2 260.54
7	1 686.85	1.407 10	2 373.57
8	1 686.85	1.477 46	2 492.25

在这项储蓄计划中，为了和通货膨胀率保持一致，每年储蓄的名义数量不得不向上调整。结果是 8 年间这个账户的累积数量足以支付学费。因此，如果通货膨胀率被证实是每年 5%，那么 8 年后该账户中的名义数量结果是 22 162 美元。8 年后所需学费从实际角度而言是 15 000 美元，从名义角度而言则是 22 162 美元。

为了证明如果通货膨胀率是每年 5%，那么该储蓄计划的名义数量结果将是 22 162 美元，我们可以计算表 4-9 的最后一列中现金流的名义终值。首先，注意如果实际利率是每年 3%，那么名义利率必然是 8.15%：

$$1 + 实际利率 = \frac{1 + 名义利率}{1 + 通货膨胀率}$$

$$1 + 名义利率 = (1 + 实际利率) \times (1 + 通货膨胀率)$$

$$名义利率 = 实际利率 + 通货膨胀率 + 实际利率 \times 通货膨胀率$$

$$名义利率 = 0.03 + 0.05 + 0.03 \times 0.05 = 0.081\ 5$$

按照 8.15% 的名义利率对每年的名义支付数量进行复利，如表 4-9 所示，我们发现名义终值的总额确实是 22 162 美元。

注意，如果你的收入按照每年 5% 上升，那么名义支付数量将保持在收入的一个固定比例水平上。

如果通货膨胀率被证实为每年 10%，同时你按照这项比率在储蓄计划中增加名义支付数量，那么 8 年后该账户中的名义数量结果为 15 000 美元 × 1.1^8 即 32 154 美元。32 154 美元拥有从当前美元角度而言的 15 000 美元实际价值，刚好足够支付学费。

表 4-9　　　　　　　　　　　计算一项实际年金的名义终值

支付次数	实际支付数量（美元）	通货膨胀因子	名义支付数量（美元）	终值因子	名义终值（美元）
1	1 686.85	1.050 00	1 771.19	1.730 56	3 065.15
2	1 686.85	1.102 50	1 859.75	1.600 14	2 975.87
3	1 686.85	1.157 63	1 952.74	1.479 56	2 889.20
4	1 686.85	1.215 51	2 050.38	1.368 06	2 805.04
5	1 686.85	1.276 28	2 152.90	1.264 97	2 723.34
6	1 686.85	1.340 10	2 260.54	1.169 64	2 644.02
7	1 686.85	1.407 10	2 373.57	1.081 50	2 567.01
8	1 686.85	1.477 46	2 492.25	1.000 00	2 492.25
				名义终值总额	22 161.89

4.10.9　通货膨胀与投资决策

在投资决策中考虑通货膨胀就像在储蓄计划中考虑通货膨胀一样是必要的。在将资金投资于房地产或者厂房和设备等真实资产时，来自该投资的未来现金流可能因为通货膨胀而导致名义价值上升。如果没有做出恰当调整，那么你倾向于错过值得投资的机会。

为了理解适当考虑通货膨胀是如何重要，考察下述例证。你当前正在使用石油为你的房屋取暖，同时每年的取暖费用是 2 000 美元。通过换成天然气加热器，你估计今年可能减少 500 美元的取暖费用，而且你认为，天然气和石油的成本差异在许多年里可能保持相同。安装天然气加热器的成本为 1 万美元。如果这笔资金的机会成本是存入银行账户每年赚取的 8% 利率，那么换成天然气加热器是值得的吗？

注意这一决策不存在天然的时间跨度，因此，我们假定 500 美元的成本差异永远存在。同时，我们假定取暖设备转换的未来必要开支在石油和天然气之间是相同的，从而你可以基于进行这项决策的目的忽略这笔未来必要开支。因此，这项投资是一项永续年金——你现在支付 1 万美元并且永远每年得到 500 美元。天然气取暖器投资的内部收益率是每年 5%，也就是说，$\dfrac{500 \text{ 美元}}{10\ 000 \text{ 美元}} = 5\%$。

将这项每年 5% 的收益率和每年 8% 的替代选择进行比较，你可能倾向于拒绝采用天然气取暖的投资机会。但是稍微等一下。银行储蓄的名义利率是每年 8%，而采用天然气取暖投资的每年 5% 收益率是什么呢？

如果你认为天然气与石油之间的 500 美元成本差异将随着时间的推移与惯常的通货膨胀率同步增加，那么该投资的 5% 收益率就是实际收益率。因此，你应当将 5% 的收益率和银行储蓄的预期实际收益率进行比较。如果你预期通货膨胀率为每年 5%，那么银行储蓄的预期实际收益率为 2.857%（也就是说，$\dfrac{0.08 - 0.05}{1.05} = 2.857\%$）。采用天然气取暖投资的 5% 年实际收益率超过了这个数字，所以从根本上说，或许这项投资是值得的。

这个例子将我们导向下述规则：

> 当比较不同投资选择时，永远不要将实际收益率与货币的名义机会成本进行比较。

这一规则只是我们在本章早些时候所提出的忠告的稍许不同版本：

> 在对实际现金流进行折现时永远不要使用名义利率，或者在对名义现金流进行折现时永远不要使用实际利率。

4.11 税收与投资决策

到此为止，我们的讨论忽略了所得税。但是，你的未来开销多少取决于在向政府支付了所得税后剩余多少。举个例子，假设你必须为赚取的任意利息支付 30% 的税收。你将 1 000 美元存入每年提供 8% 利率的银行账户中，这是**税前利率**（before-tax interest rate）。你的**税后利率**（after-tax interest rate）被定义为支付了所得税后所得到的利率。

我们计算税后利率是多少。你不得不申报所得税收益的利息收入为 0.08× 1 000 美元即 80 美元。[①] 这笔利息收入的税收为 0.3×80 美元即 24 美元。因此，在支付税收后，你将只剩下 56 美元的利息收入。你的税后利率为 56 美元除以 1 000 美元的初始投资，即 5.6%。计算税后利率的一个简便方法就是用税前利率乘以 1 和税率的差值：

$$税后利率 = (1 - 税率) \times 税前利率$$
$$= (1 - 0.3) \times 8\% = 0.7 \times 8\% = 5.6\%$$

投资规则是：

为了最大化税后现金流的净现值而进行投资。

注意这项规则并不必然等同于为了最小化税收支付而进行投资。为了理解这个说法，考察下述例证。

投资于免税债券？

在美国，市政债券免征收入所得税。如果你处于足够高的税收等级，可能愿意将资金投资于市政债券。举个例子，如果市政债券的税率是每年 6%，同时它们也恰好与支付每年 5.6% 税后利率的银行储蓄同样安全，那么你将愿意投资于市政债券。你的税收等级越高，对你而言，投资于免税证券的利益越大。

假设你处于 20% 的税收等级。如果你可以从银行每年赚取 8% 的利率，那么投资于每年支付 6% 利率的市政债券是否有道理？答案是否定的，因为即使在为银行利息支付了收入所得税后，你将仍然拥有高于免税市政债券的利率的税后利率：

$$银行储蓄的税后利率 = (1 - 0.2) \times 8\% = 6.4\%$$

因此，如果你遵从最小化税收的原则，你将被引导做出错误的投资决策！

一个人在投资应税证券与免税证券之间恰好无差异的税收等级是多少？在我们的例子中，答案是 25%。按照 25% 的税率，银行储蓄的税后利率为 6%（也就是说，0.75×8%=6%），这与免税市政债券的利率是相同的。

---

① 而且你最好申报！在美国，银行直接向美国国内收入署（Internal Revenue Service）通报它向储户支付的利息数量。

小　结

● 复利运算是从现值（PV）得到终值（FV）的过程。n 期内按照每期利率 i 赚取利息的 1 美元的终值为 $(1+i)^n$。

● 折现是找出某些未来金额的现值。n 期内按照每期利率 i 进行折现的 1 美元的现值为 $\dfrac{1}{(1+i)^n}$。

● 人们可以通过比较不同做法的预期未来现金流的现值进行金融决策。现金流入的现值减去现金流出的现值被称为净现值。如果一种做法拥有正净现值，那么它值得被采用。

● 在任何货币的时间价值的计算过程中，现金流和利率必须使用同一种货币进行计价。

● 在对实际现金流进行折现时永远不要使用名义利率，或者在对名义现金流进行折现时永远不要使用实际利率。

● 总是从扣除所得税后的净收益角度比较不同的投资选择。

关键术语

货币的时间价值	折现现金流	复利计算	现值
终值	单利	复利	终值因子
72 法则	复利因子	再投资利率	以年百分比表示的利率
有效年利率	1 美元的现值	现值因子	净现值
资本的机会成本	到期收益率	内部收益率	时间线
年金	即期年金	普通年金	永续年金
增长型永续年金	分期偿还	分期偿还时间表	实际终值
名义终值	税前利率	税后利率	

问题与疑难

1. 如果你现在按照每年 10% 的利率投资 1 000 美元，假设在 20 年间没有取款，20 年后你将拥有多少钱？

2. a. 如果你在从 1 年后开始的 20 年内每年投资 100 美元，而且每年赚取 10% 的利息，在第 20 年年末你将拥有多少钱？

b. 如果你希望在第 20 年年末拥有 5 万美元，你必须每年投资多少钱？

3. 按照每年 10% 的利率，下述现金流的现值是多少？

a. 5 年后获得的 100 美元。

b. 60 年后获得的 100 美元。

c. 在 1 年后开始 10 年后结束的期间内，每年获得的 100 美元。

d. 10 年内每年获得的 100 美元。

e. 在 1 年后开始并永远持续的期间内，每年获得的 100 美元（提示：你不需要使用金融计算器，仅依据所学知识）。

4. 你希望成立一个维斯汀基金，这项基金将在 4 年里每年向你提供 1 000 美元，在第 4 年年末该基金将被清算。如果你可以赚取每年 10% 的利率，那么现在必须向该基金投入多少？

5. 你按照每年 12% 的利率（每月 1%）获得一笔 1 000 美元 1 年期分期偿还贷款，这笔贷款使用 12 次等额月供偿还。

a. 月供是多少？

b. 在贷款的 12 个月偿还期内所偿还的利息总额是多少？

6. 你得到了一笔金额为 10 万美元，同时在 25 年内以 300 次月供的方式偿还的按揭贷款。

a. 如果利率为每年 16%，月供的金额是多少？

b. 如果你每月仅可以支付 1 000 美元，你可以获得的贷款规模有多大？

c. 如果你每月可以支付 1 500 美元，同时需要借入 10 万美元，还清这笔贷款需要花费多少个月？

d. 如果你每月可以支付 1 500 美元，并且需要借入 10 万美元，同时希望得到一笔为期 25 年的按揭贷款，你可以支付的最高利率是多少？

7. 1626 年，彼得·米努伊特以大约价值 24 美元的廉价首饰从美洲土著人那里购买了曼哈顿岛。如果他们得到的是现金并以年复利 6% 进行投资，那么他们本该在 380 年后的 2006 年得到多少钱？

8. 你赢得了 100 万美元的彩票，这张彩票在 20 年里每年向你支付 5 000 美元。假定利率为每年 8%，你的奖金实际上价值多少？

9. 你的祖母在去世时留给你 2 万美元。你可以将这笔钱进行投资从而赚取每年 12% 的利率。如果你从这笔遗产中每年花费 3 540 美元，这笔钱可以持续多长时间？

10. 你按照 10.5% 的 APR 从银行借入偿还期为 30 年的 10 万美元。每月的支付是多少？如果你必须支付两个百分点的预付，意味着你仅从银行得到 98 000 美元，这笔按揭贷款的实际 APR 是多少？

11. 假设问题 10 中描述的按揭贷款是一笔 1 年期利率可调的按揭贷款，这意味着 10.5% 的利率只适用于第 1 年。如果利率在第 2 年上升到 12%，新的每月支付是多少？

12. 你刚从祖母那里收到作为礼物的 500 美元，同时正在考虑将这笔钱储蓄起来以备 4 年后毕业之需。你面临在银行 A 和银行 B 之间的选择，银行 A 为 1 年期储蓄支付 7% 的利率，银行 B 为 1 年期储蓄支付 6% 的利率。每家银行都按年对利息进行复利。

a. 如果你将这笔钱存入银行 A，1 年后你的储蓄的终值是多少？将这笔钱存入银行 B 呢？哪一项是更好的决策？

b. 大部分人做出的储蓄决策是什么？银行 B 的可能反应是什么？

13. 雇主刚刚给咨询师休一笔 2 500 美元的奖金，她正考虑用这笔钱开始为未来进行储蓄。她可以将这笔钱进行投资从而赚取每年 10% 的利率。

a. 按照"72 法则"，休将其财富增加到 5 000 美元大约需要多长时间？

b. 她将其财富增加到 5 000 美元实际需要的精确时间是多少？

14. 拉里的银行账户拥有针对特定储蓄的浮动利率。每年利率会进行调整。拉里 3 年前储蓄了 2 万美元，利率在当时为 7%（按年复利）。利率在去年仅为 6%，而且今年利率再次下跌至 5%，本年末他的账户中有多少资金？

15. 你拥有不同银行储蓄账户之间的选择，一项是支付 8% 的利率同时按年复利，另一项是支付 7.5% 的利率同时按日复利。

a. 基于有效年利率，你更愿意选择哪家银行？

b. 假设按年复利的储蓄账户仅提供 1 年期的存单，而且如果你提前取钱将损失全部利息。在进行决策的时候，你怎样评价这条额外信息？

16. 下述 APR 的有效年利率是多少？

a. 按月复利的 12%APR；

b. 按年复利的 10%APR；

c. 按日复利的 6%APR。

17. 哈里承诺在他企业中的一项投资将在 6 年内翻番。利息被假定按季支付，而且进行再投资。该事实所表明的有效年收益率是多少？

18. 假设你知道为了为一辆汽车支付首付，2 年后将需要 2 500 美元。

a. 银行 1 正在为 2 年期账户提供 4% 的利率（按年复利），同时银行 2 正在为 2 年期账户提供 4.5% 的利率（按年复利）。如果你知道 2 年后需要 2 500 美元，为了实现目标，你将需要在银行 1 中投资多少？另外你将需要在银行 2 中投资多少？你更愿意选择哪一种银行账户？

b. 现在假设你在 3 年内不需要这笔资金。此时，你需要在银行 1 中投资多少？在银行 2 中呢？

19. 幸运的琳恩可以选择 1 年后从她祖父那里得到 1 000 美元，或者现在从她祖母那里得到 900 美元。她相信可以按照 12% 的年收益率投资这笔 900 美元。

a. 在琳恩得到来自她祖父的礼物时，该礼物的终值是多少？来自她祖母的礼物呢？

b. 她应当选择哪一种礼物？

c. 如果你认为她仅能按照 10% 的利率投资来自她祖母的 900 美元，你的答案将怎样变化？按照何种利率水平，她在两种选择之间是无差异的？

20. 作为一位短期项目的管理者，你正试图决定是否投资一项 1 年后支付 1 000 美元现金流的短期项目。该项目的总成本是 950 美元。你的另外一项替代选择是将这笔钱储蓄于 1 年期银行大额定期存单，该存单将支付 4% 的年复利率。

a. 假设 1 000 美元的现金流是得到保证的（不存在得不到这笔钱的风险），那么用于决定该项目现金流现值的合理折现率是多少？

b. 如果你按照每年 4% 的利率对现金流进行折现，那么该项目的现值是多少？这项投资的净现值是多少？你是否应当投资该项目？

c. 如果银行将 1 年期大额存单的票面利率增至 5.5%，你将做什么？

d. 按照何种 1 年期大额存单的利率水平，你在两项选择中是无差异的？

21. 计算下述现金流的净现值：你现在投资 2 000 美元并在 1 年后收到 200 美元，在 2 年后得到 800 美元，并且在 4 年后开始的 10 年内每年得到 1 000 美元。

22. 你的表亲向你征求建议，是应当以 995 美元的价格购买 5 年后一次性支付 1 200 美元的债券，还是投资于一家本地银行的账户。

a. 债券现金流的内部收益率是多少？为了做出决策你需要何种额外信息？

b. 如果你了解到该银行在 5 年内支付每年 3.5%（按年复利）的利率，你将给她什么建议？

c. 如果银行在 5 年内每年支付 5% 的利率，你的建议将发生什么变化？如果债券价格是 900 美元，同时该银行每年支付 5% 的利率，你的建议将发生什么变化？

23. 你和你的妹妹刚从你曾祖父那里继承了 300 美元和一张储蓄债券，他将它们放在一个保险箱里。因为你年长，你有权选择领取现金还是债券。该债券距到期期限只有 4 年，到期时它将支付给持有者 500 美元。

a. 如果你现在拿走 300 美元现金，并且按照每年 6% 的利率进行投资，你的 300 美元增至 500 美元需要多长时间（以年为单位）？（提示：你希望求解 n，即期间数量。）给定这些条件，你将选择现金还是债券？

b. 如果你可以按照 10% 的年利率投资 300 美元，你的答案是否会变化？为了分析这项决策，可以使用的其他决策规则是什么？

24. 假设你欠朋友伊丽莎白三笔未清偿的个人贷款。1 000 美元的偿付今天到期，500 美元的偿付 1 年后到期，250 美元的偿付 2 年后到期。你希望将这三笔贷款合并成 36 次等额月付的一笔贷款，这笔贷款从一个月后开始偿还。假设商定的利率（有效年利率）为每年 8%。

a. 你将支付的 APR 是多少？

b. 新的月付额度是多少？

25. 作为某玩具公司的首席执行官，你被给予在无初始费用的条件下参与一个项目的机会，该项目在第一期末产生 5 000 美元的现金流，在接下来的期末产生 4 000 美元的现金流，同时在第三期也就是最后一期产生 11 000 美元的亏损。

a. 如果相关的折现率（该公司的资本成本）是 10%，那么净现值是多少？

b. 你是否接受这项出价？

c. 内部收益率是多少？你能解释为什么要拒绝内部收益率大于资本成本的项目吗？

26. 从现在起 1 年后，你必须向债权人支付 6 000 美元，2 年后向债权人支付 5 000 美元，3 年后向债权人支付 4 000 美元，4 年后向债权人支付 2 000 美元，同时 5 年后向债权人支付最后的 1 000 美元。你希望将这笔贷款重新构造成在每年期末到期的五次等额年度支付。如果商定的利率是按年复利的 6%，那么年度支付是多少？

27. 计算下述普通年金（支付从现在起 1 年后开始，同时所有利率按年复利）的终值：

a. 按照 9% 的利率，10 年内每年 100 美元。

b. 按照 15% 的利率，8 年内每年 500 美元。

c. 按照 7% 的利率，20 年内每年 800 美元。

d. 按照 0 的利率，5 年内每年 1 000 美元。

e. 现在得出 a～d 中年金的现值。

f. 现值与终值的关系是什么？

28. 假设你在 10 年后需要 5 万美元。你计划 3 年后开始在一个按年复利同时收益率为 11% 的账户中进行 7 次每年一次的等额储蓄，每年一次的储蓄数量应当是多大？

29. 假设一项投资 1 年后开始，而且在 5 年内每年按照 5% 的利率提供 100 美元。

a. 现值是多少？如果现在加入一次额外的支付，现值的计算过程将怎样变化？

b. 这项普通年金的终值是多少？如果现在加入一次额外的支付，终值将怎样变化？

30. 你正试图决定是在 3 年内按照针对 2 万美元总购买价格的 4%APR 购买一辆汽车，还是接受一项 1 500 美元现金折扣购买该汽车，同时按照 9.5% 的银行利率对购买价格的剩余部分进行融资。两项贷款在 3 年内都实行月付，你选择哪一项？

31. 你正留意购买一辆运动型汽车，该汽车花费 23 000 美元。第一位销售商为新车销售提供了一笔月付条件下的 3 年期贷款，特定的优惠融资利率为 2.9%APR。第二位销售商提供现金折扣。当然，任何获得现金折扣的客户都将没有资格享受特殊的贷款利率，而且不得不按照 9% 的年利率向本地银行借入购买价格的余额。为了将消费者从提供特定 2.9% 优惠融资利率的销售商那里吸引过来，针对这辆花费 23 000 美元的汽车，现金折扣必须是多大？

32. 证明按照 10% 的利率现在投资 475.48 美元，可以使你在接下来的 4 年里每年末取出 150 美元，同时最后没有任何余额。

33. 作为一位退休金管理者，你正考虑投资于从 1 年后开始永远每年支付 500 万美元的优先股。如果你的替代选择是每年产生 10% 收益率的投资，那么优先股投资的现值是多少？你愿意为优先股投资支付的最高价格是多少？优先股投资的红利收益率是多少？

34. 一种新的彩票游戏为大奖获得者提供了一项选择权利：要么你可以立即获得 100 万美元的巨额资金，要么你可以每年得到一项 10 万美元的支付直至永远，同时现在第一次支付年金（如果你去世，你的遗产将继续得到支付）。如果相关的利率是按年复利的 9.5%，两项奖金之间在价值上的差异是多少？

35. 在下述复利期间内找出 1 000 美元一次性投资的终值（提示：算出有效年利率，或者随着复利期间缩短而变动的期间数量和利率）：

a. 10 年间按年复利的 7% 利率；

b. 10 年间按半年复利的 7% 利率；

c. 10 年间按月复利的 7% 利率；

d. 10 年间按日复利的 7% 利率；

e. 10 年间连续复利的 7% 利率。

36. 萨米·乔一年前使用万事达卡为价值 1 000 美元的商品付费，该卡拥有按月复利且 APR 为 18% 的确定利率。她已经在每月末进行了 12 次定期月付，每次 50 美元，然而在去年被禁止使用该卡，她仍然欠多少钱？

37. 假设你正在考虑借入 12 万美元来为你梦想的别墅融资。APR 为 9%，同时还款按月进行。

a. 如果这笔按揭贷款拥有 30 年期的分期偿还

时间表，月供是多少？

b. 你将支付的有效年利率是多少？

c. 如果这笔贷款是在 15 年内而不是 30 年内分期偿还，你的 a 部分答案和 b 部分答案会怎样变化？

38. 假设在去年你获得了问题 37a 描述的贷款。利率现在倾向于是每年 8%。假设此处不存在再融资费用。

a. 12 次还款以后，你现有的按揭贷款的余额是多少？（提示：找出终值。）

b. 如果你在 29 年内按照更低的利率对按揭贷款进行重新融资，你的支付将会是多少？

汇率以及货币的时间价值

39. 假设英镑与美元之间的汇率现在是 1 英镑兑 1.50 美元，美元的利率是每年 7%，而英镑的利率是每年 9%。你在 1 年期账户中拥有 10 万美元，这个 1 年期账户允许你在两种货币中做出选择，而且按照相应的利率支付。

a. 如果你预期 1 年后美元兑英镑的汇率为 1

英镑兑 1.40 美元，而且对风险而言是无差异的，那么你应当选择哪种货币？

b. 1 年后美元兑英镑汇率的盈亏平衡值是多少？

实际利率与名义利率

40. 传统的 10 年期国债的利率是每年 7%，同时 10 年期财政部通货膨胀保值债券的利率是每年 3.5%。你拥有 1 万美元，可以投资于两者之一。

a. 如果你预期平均通货膨胀率为每年 4%，哪一种债券提供更高的预期收益率？

b. 你更愿意投资于哪一种债券？

41. 你距离退休还有 20 年时间，同时可望在退休后再生存 20 年。如果你现在开始储蓄，针对每年储蓄的每一美元，你每年可以取出多少？

a. 假设有效年利率为 0、1%、2%、3%、3.5%、4%、6%、8%、10%，答案是多少？

b. 如果你预期通货膨胀率为每年 4%，答案将怎样变化？

附　录

按照点数调整按揭贷款

许多银行提供包含点数的按揭贷款。点数实质上是预先支付给银行的一笔额外费用。因此，如果你得到包含 2 个点的 3 年期 1 万美元按揭贷款，你不得不在开始时就向银行支付按揭金额的 2%。换句话说，你开始时并没有从银行得到 1 万美元，实际上你仅得到 9 800 美元。我们考察点数对按揭贷款的实际利率产生何种影响。假设你在月供的条件下按照 12% 的 *APR* 从银行得到包含 2 个点的 3 年期 1 万美元按揭贷款。12% 的 *APR* 对应于 1% 的月利率。

第一步是计算银行每个月所需要的真实支付数量。这一计算过程以 1 万美元按揭贷款总额为基础完成。

n	*i*	*PV*	*FV*	*PMT*	结果
36	1%	1 万美元	0 美元	?	*PMT* = 332.14 美元

按揭贷款的现值并不是真正的 1 万美元，而仅有 9 800 美元。因此与 332.14 美元的月支付结合在一起，我们可以计算月利率：

n	*i*	*PV*	*FV*	*PMT*	结果
36	?	9 800 美元	0 美元	−332.14 美元	*i* = 1.117 57%

这项月利率对应于 $12 \times 1.117\,57\% = 13.41\%$ 的 APR。

因此，如果一家银行为前述 3 年期按揭贷款向你提供 13% 的 APR，而且不索要任何点数，而另一家银行在 2 个点的条件下向你提供 12% 的 APR，你现在知道哪一家银行提供了更划算的交易。（提示：不是第二家银行。）

4

第5章　居民户的储蓄和投资决策

在第 4 章里，我们解释了在做出金融决策的过程中怎样运用折现现金流的分析方法。在本章中，我们将那些折现现金流概念应用于我们所有人都必须在生命的不同阶段做出的主要金融决策。从为退休而储蓄多少的决策开始，我们逐步发展并完善一项用于广泛财务规划的生命周期储蓄模型。然后，我们分析你应当延迟支付税收还是立即支付税收、是否应当投资于专业学位，以及你应当购买还是租赁一幢房屋。

5.1　生命周期储蓄模型

考察下述例证。你现在 35 岁，预期 30 年后在 65 岁退休，然后再生存 15 年直至 80 岁。你当前的工资收入是每年 3 万美元，同时至今没有积累任何资产。

我们通过忽略税收对模型进行简化处理。同时，我们假定按照通货膨胀率进行调整的实际收入直到 65 岁之前都保持每年 3 万美元。换句话说，我们假定你的收入增长将与通货膨胀保持同步，但是不能超过通货膨胀。

你应当为现在的消费支出多少，同时你应当为退休储蓄多少？

你储蓄的每一美元在取出之前一直获得利息。当然，生活成本也在上升。我们假定你赚取的利率每年将会比通货膨胀率超出 3%。换句话说，实际利率为每年 3%。

这里有两种你可以用来计算应当为退休储蓄多少的方法：（1）以瞄准退休前收入的置换率为目标；（2）以退休前后保持相同消费支出水平为目标。接下来，我们将审查这两种方法。

5.1.1　方法 1：瞄准退休前收入的置换率

许多专家建议在制订储蓄计划的过程中，应当瞄准一个置换率，这个置换率等于退休前收入的 75%。我们将这项规则应用于下述情形：在退休前实际收入为 3 万美元的条件下，退休收入的目标水平为 0.75×3 万美元，即每年 22 500 美元。

计算需要储蓄多少才能实现期望目标的方法由两个步骤构成：

- 首先计算达到退休年龄时你需要在个人退休金账户中累积的数量。
- 然后计算实现这一未来价值所需要的每年储蓄数量。

于是，我们首先计算为了可以在 15 年内每年取出 22 500 美元，65 岁时你不得不在个人退休金账户中拥有的数量。

使用年金现值因子：

$$PV_{PMT}(PMT, i, n) = PMT \times \frac{1-(1+i)^{-n}}{i}$$

$$PV_{PMT}(22\ 500\ \text{美元}, 3\%, 15) = 268\ 603.54\ \text{美元}$$

n	15
i	3%
PMT	22 500.00 美元
PV	268 603.54 美元

接下来，我们计算为了在 30 年后拥有累积的 268 603.54 美元，你每年需要储蓄多少。使用偿债基金因子：

$$PMT_{FV}(FV, i, n) = FV \times \frac{i}{(1+i)^n - 1}$$

$$PMT_{FV}(268\ 603.54\ \text{美元}, 3\%, 30) = 5\ 645.85\ \text{美元}$$

n	30
i	3%
FV	268 603.54 美元
PMT	5 645.85 美元

于是，来自这个流程的结论是，为了能够在 15 年间每年取出 22 500 美元的退休收益，你需要在接下来的 30 年里每年储蓄 5 645.85 美元。

现在我们考察使用该方法时所产生的一个问题。这个解决方法并不必然导致你在退休后拥有和工作期间相同的消费水平。在前述例证里，当你每年将 3 万美元年收入中的 5 645.85 美元进行储蓄时，你工作期间的消费支出为每年 24 354.15 美元，然而在退休期间你将每年仅拥有用于消费支出的 22 500 美元。

解决这个问题的一种方法是使用比 75% 更高的置换率重新进行运算。如果置换率被证实过高，那么尝试一项更低的置换率。你可以持续应用这种试错流程直至找到能够使退休前后消费支出水平相同的置换率。方法 2 在不求助于试错搜寻过程的条件下直接解决这个问题。

专栏 5.1

欧洲退休金体系面临的人口压力

　　由于退休提前、预期寿命增加和出生率更低等原因，欧洲越来越多的退休金体系变得难以为继。欧洲退休金体系按照现收现付制的模式运作，在该模式中，现有劳动者为退休者的退休金提供资金。这一体系以现有劳动者在数量上极大地超过退休者的假设为基础运行，但是现有劳动者与退休者之间的比率已经逐步缩小。当前，许多政府已经认识到这个问题，但是除了将问题推给未来的执政机构去讨论之外并没有做什么事情。它们无法提出基础性的根本问题和潜在的解决办法，这从根本上是由于劳动者的抵制。劳动者通常对公共退休金框架的建议性变化感到不快。然而，为了保证现在的工人能够得到所期望的一个安全的退休金体系，欧洲国家的政府必须大幅削减现收现付制体系的规模。

　　雇主或基金管理企业鼓励雇员在个人退休金账户中存入更多储蓄。这种行为迫使劳动者为他们自己的退休承担更大的责任。国家规定的退休年龄有望被重新设定，或者被取消。同时，随着预期寿命的增加，劳动者有望被鼓励更晚退休。移民的增加虽然是争议性的，但是同样将减轻年轻劳动者的负担。最后，在全欧洲范围内曾经显著下降的出生率可能上升——保证了欧洲现有劳动者将持续在数量上极大地超过退休者。这可以通过取消使欧洲女性很难同时拥有工作和家庭的结构性障碍实现，这种取消可能通过税收体系和劳动法的修订完成。如果政府不采取行动，随着越来越多的劳动者活得更长，而且退休得更早，欧洲的现收现付制国家退休金体系可能趋向失败。

　　资料来源：改编自 "Work Longer, Have More Babies," *The Economist*，September 25, 2003。

快速测查 5-1

　　如果目标置换率为 80%，重新计算上例中所需的储蓄数量。关于退休前后的消费支出，新的储蓄水平暗示了什么？

5.1.2　方法 2：保持相同消费支出水平

　　我们现在考察如果你的目标是退休前后在消费上支出相同数量，那么你需要储蓄多少。这暗指在接下来的 45 年内，每年存在用 C 表示的不变的等量现金流。从 35 岁到 65 岁，每一年的储蓄数量是 3 万美元减去 C。65 岁时的累积总量为 47.58 美元×（30 000 美元－C）。[①] 65 岁以后，每年从个人退休金账户中取出的数量将是 C。65

---

　　① 计算过程使用了年金复利数量因子：$FV_{PMT}(PMT, i, n) = PMT \times \dfrac{(1+i)^n - 1}{i}$，或者 FV_{PMT}（1 美元，3%，30）＝47.58 美元。

岁时，该数量的现值为 11.94 美元×C。[1] 为了求出 C，我们让这两个数量相等：

$$47.58 \text{ 美元} \times (30\,000 \text{ 美元} - C) = 11.94 \text{ 美元} \times C$$

$$C = 23\,982 \text{ 美元}$$

于是，消费支出为每年 23 982 美元。因此，在工作期间每年的储蓄必然是 6 018美元（＝30 000 美元－23 982 美元）。65 岁时的累积总量为 286 298 美元。

表 5-1 中的第（1）列到第（4）列以及图 5-1 显示了由本例引出的薪水、消费和储蓄随时间波动的趋势。该趋势说明了直到 65 岁薪水是 3 万美元，然后迅速下降至零。消费从 35 岁到 80 岁停留在每年 23 982 美元。

表 5-1　　　　　　生命周期内的薪水、消费、储蓄、人力资本和退休金

年龄	薪水（美元）	消费（美元）	储蓄（美元）	人力资本（美元）	退休金（美元）
(1)	(2)	(3)	(4)	(5)	(6)
35	30 000	23 982	6 018	588 013	0
45	30 000	23 982	6 018	446 324	68 987
55	30 000	23 982	6 018	255 906	161 700
65	30 000	23 982	(23 982)	0	286 298
66	0	23 982	(23 982)	0	270 905
70	0	23 982	(23 982)	0	204 573
75	0	23 982	(23 982)	0	109 832
80	0	23 982	(23 982)	0	0

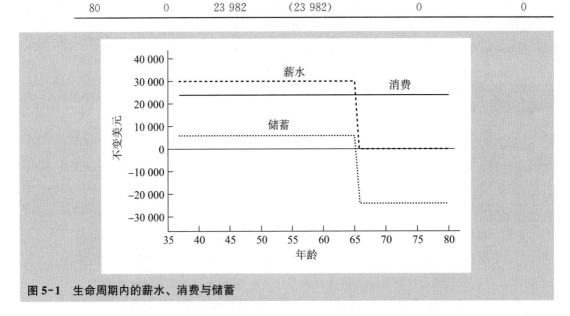

图 5-1　生命周期内的薪水、消费与储蓄

为了得出 C，我们所求解的方程可以被写成稍许不同却更加一般的形式：

---

[1]　计算基于年金现值因子：$PV_{PMT}(PMT, i, n) = PMT \times \dfrac{1-(1+i)^{-n}}{i}$，或者 PV_{PMT}（1 美元，3%，15）＝ 11.94 美元。

$$\sum_{t=1}^{45} \frac{C}{(1+i)^t} = \sum_{t=1}^{30} \frac{Y_t}{(1+i)^t} \tag{5.1}$$

其中 i 是利率，同时 Y_t 为第 t 年的劳动收入。

式（5.1）说明，接下来 45 年里消费支出的现值等于接下来 30 年里劳动收入的现值。经济学家将未来劳动收入的现值称为**人力资本**（human capital），同时他们将现值等于人力资本的不变消费支出水平称为**永久性收入**（permanent income）（参阅专栏 5.2 中关于经济学家的介绍，他们因为对相关理论的贡献而被授予诺贝尔经济学奖）。

在我们的例子中，依照 30 年里每年劳动收入为 3 万美元，你的人力资本在 35 岁时是 588 013 美元，同时你的永久性收入为每年 23 982 美元。[①] 随着你逐步变老，剩余劳动收入的现值降低，从而你的人力资本逐步下降，直到在 65 岁时达到零。

图 5-2 以及表 5-1 的第（5）列和第（6）列显示了人力资本与退休金累积数量随时间波动的趋势，这是由图 5-1 以及表 5-1 的第（2）列和第（4）列中的薪水和储蓄模式所暗示的。退休金在 35 岁时从零开始，并逐步增至 65 岁时的 286 298 美元。然后，在 80 岁时下降至零。定义为人力资本加上退休金的财富总量在 35～80 岁持续下降。

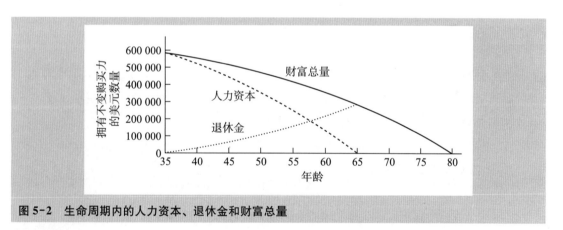

图 5-2　生命周期内的人力资本、退休金和财富总量

专栏 5.2

因永久性收入、生命周期假设和人力资本理论而颁发的诺贝尔经济学奖

米尔顿·弗里德曼（Milton Friedman）在 1976 年被授予诺贝尔经济学奖。评奖委员

---

① 使用年金现值因子，我们解出 35 岁时的人力资本：$PV_{PMT}(PMT, i, n) = PMT \times \frac{1-(1+i)^{-n}}{i}$，即 $PV_{PMT}(30\,000 \text{ 美元}, 3\%, 30) = 588\,013$ 美元。然后使用资金回收因子计算得出永久性收入的价值：$PMT_{PV}(PV, i, n) = PV \times \frac{i}{1-(1+i)^{-n}}$，即 $PMT_{PV}(588\,013 \text{ 美元}, 3\%, 45) = 23\,982$ 美元。

5

会所提到的他的一项极其重要的贡献是，在确定总体消费开支时，永久性收入而不是日常收入是决定性因素的理论。弗里德曼证明永久性收入被储蓄的比例比日常收入更大。

弗朗哥·莫迪利亚尼（Franco Modigliani）荣膺1985年诺贝尔经济学奖，部分是因为居民户生命周期假设的建构与发展。当然，生命周期假设的根本性理念——人们为年老进行储蓄不是一项新理念，也不是莫迪利亚尼自己的理念。从根本上说，他的贡献在于将这一理念理性化处理为一个正式模型。他在不同方向上发展了这个模型，而且将该模型整合在一个定义严谨且建构精巧的经济理论之内。现在生命周期假设是用于消费和储蓄研究的动态模型的基础。

加里·贝克尔（Gary Becker）因为将微观经济分析的领域扩展至一系列广泛的人类行为而获得1992年诺贝尔经济学奖。他的最引人注目的贡献在人力资本领域。人力资本理论明显比贝克尔的工作更为古老，但是贝克尔的贡献在于构建了该理论的微观基础，而且使这一微观基础形成固定的体系。人力资本理论已经创设了一项研究教育和在职培训收益的统一分析框架。人力资本理论的思想方法也有助于解释不同国家的贸易模式，事实上，不同国家间人力资本供给的差异已经被证明比真实资本供给的差异具有更强的解释力。

快速测查 5-2

乔吉特现在30岁，计划在65岁退休，同时预期寿命为85岁。她的薪水为每年25 000美元，而且她打算在接下来的55年里保持实际消费支出水平不变。假定不存在税收，不存在实际劳动收入的增长，同时每年的实际利率为3%。

A. 乔吉特的人力资本的价值是多少？

B. 她的永久性收入是多少？

我们考察不同的实际利率将会对永久性收入和人力资本产生何种影响。表5-2说明实际利率越高，人力资本的价值越低，而永久性收入水平越高。因为你在整个工作期间进行储蓄，所以在更高的实际利率水平上你的境况会变好，即使人力资本的价值会更低。

快速测查 5-3

在表5-2中，若按照每年3.5%的实际利率计算，则人力资本和永久性收入将会是多少？

表 5 - 2　　　　　　　作为实际利率函数的人力资本和永久性收入以及储蓄情况

实际利率（%）	人力资本（美元）	永久性收入（美元）	储蓄（美元）
0	900 000	20 000	10 000
1	774 231	21 450	8 550
2	671 894	22 784	7 216
3	588 013	23 982	6 018
4	518 761	25 037	4 963
5	461 174	25 946	4 054
6	412 945	26 718	3 282
7	372 271	27 362	2 638
8	337 734	27 892	2 108
9	308 210	28 325	1 675
10	282 807	28 674	1 326

　　注：假设你现在 35 岁，计划在 30 年后的 65 岁退休，然后再生存 15 年直至 80 岁。你的实际薪水是每年 30 000 美元，并且迄今为止没有积累任何资产。

　　现在假设你在 35 岁开始时并不是没有任何累积资产，而是在一个储蓄账户中拥有 1 万美元。这将怎样影响你可以终生消费的数量？答案是假定利率为每年 3%，它可以使你在接下来的 45 年里，每年将你的消费支出增加 407.85 美元。

　　另外，假设你希望在 80 岁去世后给孩子留下一笔 1 万美元的遗产。在终生收入不变的条件下，这笔意向遗产怎样影响你的终生消费流？答案是它将在接下来的 45 年里每年将你的消费支出减少 107.85 美元。

　　一个将你所拥有的终生消费可能性表示为劳动收入、初始财富和遗产函数的一般公式为：

$$\sum_{t=1}^{T} \left[\frac{C_t}{(1+i)^t} + \frac{B_t}{(1+i)^t} \right] = W_0 + \sum_{t=1}^{R} \frac{Y_t}{(1+i)^t} \tag{5.2}$$

其中：

　　C_t ＝第 t 年的消费支出；

　　Y_t ＝第 t 年的劳动收入；

　　i ＝利率；

　　R ＝直至退休的年数；

　　T ＝生存年数；

　　W_0 ＝初始财富；

　　B_t ＝第 t 年的遗产。

　　式（5.2）说明，你的终生消费支出和遗产的现值等于你的终生资源——初始财富和未来劳动收入的现值。这是在决定终生消费支出计划的过程中你所面临的**跨期预算约束**（intertemporal budget constraint）。

快速测查 5-4

你预期在 30 年后得到的 100 万美元遗产将对你的永久性收入产生什么影响？

注意，任何满足跨期预算约束［即式（5.2）］的终生消费支出计划都是一项**可行计划**（feasible plan）。这里存在许多可能的可行计划。为了在其中做出选择，你必须明确规定一项标准用于数量化评价你从每项可行计划中得到的福利或满足程度（经济学家使用"效用"这一术语）。一项能够使你在全部可行计划中选出最优可行计划的数量模型被称为**最优化模型**（optimization model）。发展用于终生金融决策的最优化模型超出了本教材的范围。[①]

现在我们考察生命周期内实际收入变化的影响。举个例子，奥马尔·本·霍利姆博士在 30 岁时刚刚从医学院毕业，同时在天堂山医院开始外科医师培训。在接下来的 5 年里，奥马尔的实际薪水将是每年 25 000 美元。然而，结束实习期后，奥马尔预期在 65 岁退休之前每年将赚取从实际角度而言的 30 万美元。给定这种未来预期，他决定立即开始享受高水平生活。如果他希望在生命的剩余时间里保持相同的实际消费支出水平，同时他的预期寿命为 85 岁，那么他应当计划在当前储蓄多少，以及在未来储蓄多少？假定实际利率为每年 3%，同时奥马尔可以按照这个利率借入资金或者贷出资金。

表 5-3 和图 5-3 显示了在希望每年拥有相同实际消费水平的假设条件下，奥马尔的薪水以及计划消费和计划储蓄的预期模式。他的人力资本起初为 5 186 747 美元，同时他的永久性收入为 193 720 美元。为了在 5 年实习期内每年花费 193 720 美元，他将不得不每年借入（"负储蓄"）168 720 美元以补充 25 000 美元的薪水。他的负债总量将在 35 岁时达到 895 758 美元的最大值，从那之后开始下降，这一下降是他从 36 岁开始直到 65 岁退休期间每年储蓄 106 280 美元的结果。注意他在 45 岁之前无法清偿完负债。什么时候开始学习金融都不算晚（见专栏 5.3）。

表 5-3   奥马尔的生命周期储蓄计划

年龄	薪水（美元）	消费（美元）	储蓄（美元）	人力资本（美元）	其他资产或负债（美元）
30	0	0	0	5 186 747	0
31	25 000	193 720	(168 720)	5 317 349	(168 720)
32	25 000	193 720	(168 720)	5 451 869	(342 502)
33	25 000	193 720	(168 720)	5 590 425	(521 497)
34	25 000	193 720	(168 720)	5 733 138	(705 862)
35	25 000	193 720	(168 720)	5 880 132	(895 758)

---

① 对于生命周期储蓄的最优化模型的评论参阅 R. C. Merton, *Continuous-Time Finance*，chapters 4-6。

续表

年龄	薪水 （美元）	消费 （美元）	储蓄 （美元）	人力资本 （美元）	其他资产或负债 （美元）
36	300 000	193 720	106 280	5 756 536	(816 351)
37	300 000	193 720	106 280	5 629 232	(734 562)
38	300 000	193 720	106 280	5 498 109	(650 319)
39	300 000	193 720	106 280	5 363 053	(563 549)
40	300 000	193 720	106 280	5 223 944	(474 175)
44	300 000	193 720	106 280	4 624 507	(89 053)
45	300 000	193 720	106 280	4 463 242	14 555
65	300 000	193 720	106 280	0	2 882 067
66	0	193 720	(193 720)	0	2 774 809
84	0	193 720	(193 720)	0	188 078
85	0	193 720	(193 720)	0	0

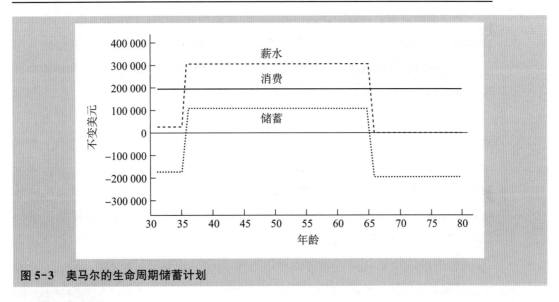

图 5-3　奥马尔的生命周期储蓄计划

快速测查 5-5

假设奥马尔受到信贷限制，而且在接下来的 5 年里无法借入资金。这将怎样影响他的终生储蓄计划和终生消费计划？

专栏 5.3

金融认知能力与退休储蓄

在美国和欧洲，人们对其投资尤其是退休储蓄承担越来越多的责任，但是许多人缺乏金融认知能力。

我们中的大部分人倾向于认为，就基本金融概念（比如通货膨胀、风险分散化和复利）而言，我们知道的比真正做的要多。美国和英国的低个人储蓄率以及频繁的破产证实了许多人缺乏金融认知能力。政府可能因为对没有为退休进行足够储蓄的公民承担责任而蒙受损失，因此，许多私人企业和政府机构已经在向更年轻的劳动力教授基本金融概念的应用，诸如储蓄和跟踪投资等。

但是对金融教育和金融建议进行区分是重要的，金融建议可能由企业或基金管理者提供，而且可能是不太客观的。然而已经证明对金融概念有更强理解力的人们会储蓄更多，同时在长期投资中赚取更高的收益。

资料来源：改编自 "Caveat Investor," *The Economist*，January 12，2006。

5.2 考察社会保障

在许多国家里，政府要求公民参加一种被称为社会保障的法定体系。[①] 在这种体系中，人们在工作期间进行支付，作为回报，在年老的时候有资格获得终身年金。这种强制储蓄体系将影响我们为退休进行的自愿储蓄的数量。我们使用生命周期储蓄模型考察社会保障。

为了在生命周期折现现金流计划模型的背景下提出这一问题，我们首先必须承认，社会保障改变了有生之年净现金流随时间波动的趋势。我们回到第一个例子，其中你 35 岁，同时你的薪水在接下来的 30 年里为每年 3 万美元。你的人力资本是 588 013 美元——利率为每年 3% 时劳动收入的现值。假设消费支出的最优水平是每年不变的 23 982 美元（等于你的永久性收入）。因此，退休前年度的储蓄必然为每年 6 018 美元。在 65 岁时累积总量为 286 298 美元，这一数字足以在 15 年内维持每年 23 982 美元的退休收入。

假设社会保障的补助金等于你在每年储蓄与所支付社会保障税相等的数量，同时赚取每年 3% 的实际利率的条件下所拥有的数量。于是，如果你在 30 年间每年支付 2 000 美元的社会保障税，那么将在从 66 岁开始的 15 年里，每年得到 7 970 美元的补助金。[②] 在这些条件下，社会保障对你的储蓄和福利将产生什么影响？

答案是，你只需简单地将个人的自愿储蓄减少等同于社会保障税的数量。于是，你的储蓄将从每年 6 018 美元降至 4 018 美元。2 000 美元的差额是你将支付的

---

① 在美国，这项社会保障体系被称为联邦社保基金，代表老年、遗属、残疾保险。就像名称所暗指的那样，它不仅提供老年人的补助金，而且提供工作期间死亡的劳动者的家属抚恤金，以及由于残疾而不再工作的人的救济金。

② 使用年金复利因子我们发现 30 年内的退休金是 $FV_{PMT}(PMT, i, n) = PMT \times \frac{(1+i)^n - 1}{i}$，即 $FV_{PMT}(2\,000 \text{美元}, 3\%, 30) = 95\,151$ 美元。然后采用资金回收因子我们可以算出每年的退休收益为：$PMT_{PV}(PV, i, n) = PV \times \frac{i}{1-(1+i)^{-n}}$，即 $PMT_{PV}(95\,151 \text{美元}, 3\%, 15) = 7\,970$ 美元。

社会保障税。因此，你将私人储蓄减少了一定数量，该数量等同于社会保障体系强加给你的"储蓄"数量。你的私人储蓄资金池将足以提供 16 012 美元的终身年金，当加上 7 970 美元的社会保障补助金时，将给予你每年 23 982 美元的退休总收入。

因此，如果社会保障向你支付了与个人储蓄收益率相等的收益率，那么你的终生消费计划将不会受到社会保障的影响。这里仅存在强制储蓄对个人自愿储蓄的替代。

然而，如果社会保障向你支付不同于 3％的隐含实际收益率，那么将会发生什么？如果它支付高于 3％的收益率，那么你将可以支付比 23 982 美元更高的终生消费；如果社会保障每年支付低于 3％的收益率，那么你的消费将会减少。

在许多国家里，与处于收入分配高端的人们相比，社会保障体系向处于收入分配低端的人们提供更高的收益率。但是补助金以终身年金形式支付的事实暗示，无论你是富还是穷，你生存得越长，你的实际收益率也就越高。从社会保障体系中赚取的有效收益率是一个重要的问题（参阅专栏 5.4）。

快速测查 5-6

假定社会保障向在 40 年内每年为 30 000 美元薪水支付 10％税收的人提供 3％的实际收益率。如果按照持续 20 年计算，那么补助金的年度支付额是多少？

专栏 5.4

抵御寿命风险的金融创新

随着全世界范围内的预期寿命持续上升，保险公司和企业年金计划必须寻找途径来适应这种显著的人口增长趋势。许多年金提供者以及年金计划很少拥有甚至没有风险管理工具应对增加的预期寿命。这可能给必须在退休至死亡期间向个人支付收入的组织带来严重问题。

一些机构已经提出了解决这一矛盾的办法。例如由欧洲投资银行发行的长寿债券。这种债券与在该债券发行时 65 岁的英格兰和威尔士男人的生存年限指数挂钩。这种债券被结构化了，从而在债券存续期内，支付随着这种指数的实现而逐渐下降。

英国的保险公司已经针对从不希望承担年金风险的企业那里购买年金的承诺列出利率。对这些风险进行对冲将使人口上升趋势的影响最小化，这种人口上升趋势表明早期的退休者将活得更长同时获得更多的退休金。这种针对寿命的交易已经出现，而且将随着更多的人活得更长同时享受更长的退休期而持续扩张。

资料来源：改编自 "When Old Age Becomes a Risk Factor," *Financial Times*，December 12, 2005。

5.3　通过自愿退休金计划延迟支付税收

在许多国家里，政府通过税收法律鼓励为退休进行自愿储蓄。在美国，人们被允许开立以个人退休金账户（IRAs）为名的税收优惠账户。这个账户的缴款可以从当前收入中扣除以避免缴税，同时这些缴款的利息直至资金被提取之前是不被征税的。这类计划之所以被称为税收延付而不是税收豁免，是因为任何从这类计划里取出的金额在提取时都要被征税。

一些人认为，只有当你提款时处于较低的税收等级时，这种税收延付才存在优势。然而这是不正确的。即使对那些退休后一直处于同一税收等级的人们而言，税收延付也是有利的。

为了理解因何如此，考察下述被概括在图 5-4 中的例证。假设你在退休前后都面临 20% 的税率，利率为每年 8%。你还有 30 年退休，同时向自愿退休金计划缴存了 1 000 美元。在退休时，你的税前累积总量将是 1 000 美元 × 1.08^{30} = 10 062.65 美元。如果你选择在那时取出这一数量，你将不得不为全部数量支付 20% 的税收。因此，你的税收将是 0.2 × 10 062.65 美元 = 2 012.53 美元，同时交税后剩余 8 050.12 美元。

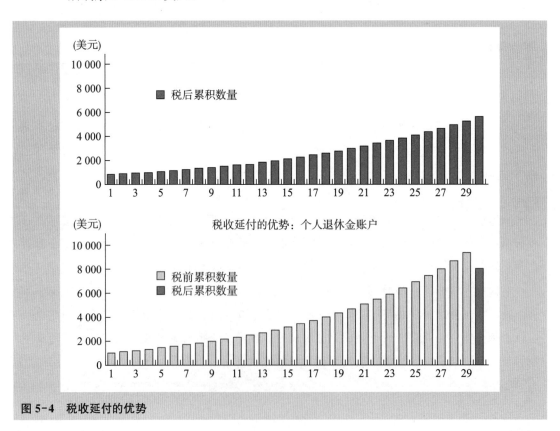

图 5-4　税收延付的优势

如果你没有加入这项自愿退休金计划，而是将资金投资于一项普通储蓄计划，那么你不得不以额外税收的形式立即支付 1 000 美元的 20％即 200 美元，其余 800 美元进入普通储蓄计划，同时 800 美元的利息收益将每年被征税。因此，税后利率为 $(1-0.2) \times 8\%$ 即 6.4％。退休时来自这一普通储蓄计划的累积数量为 800 美元 × $1.064^{30} = 5\ 144.45$ 美元。因为你一直在为初始缴存款项和利息缴纳税收，所以 5 144.45 美元的累积数量不再面临更多的税收。

税收延付型储蓄计划明显提供更大的税后收益，因为 8 050.12 美元大于 5 144.45 美元。因此，即使你在退休前后一直处于同一 20％税收等级，你在普通储蓄计划下未来花费的数量几乎是在税收延付型储蓄计划下的两倍。

当你的税率保持不变的时候，税收延付的利益可以概括为下述规则：延付使你在缴税后还能赚取税前的收益率。也就是说，如果你支付了初始税收，同时按照 8％的税前利率投资 800 美元，你将得到：800 美元 × $1.08^{30} = 8\ 050.12$ 美元。

快速测查 5 - 7

假设投资者的税率是 30％而不是 20％，与我们拥有 20％税率的例子相比较而言，税收延付的优势将是多大？

5.4　你是否应当投资于一个专业学位？

教育和培训可以被看做人力资本投资。虽然存在追求额外教育的众多理由，但是其中的一个目的是增强人们的赚钱能力，也就是说，增加人力资本。

我们考察额外教育的成本与收益。经济成本包括学费等显性成本以及在校期间所放弃的收益等隐性成本。经济收益由增加的收入流的价值构成，这种收入流的增加归因于教育年限的增加。就像其他投资决策一样，如果预期增加收益的现值超过了预期增加成本的现值，那么这项投资是值得的。

例如考察乔·格拉德，他刚从大学毕业，同时正在决定是否继续攻读硕士学位。乔计算出如果立即接受一项工作，他可以在剩余的工作年限里每年赚取按照实际价值计算的 30 000 美元。然而，如果他继续进行两年多的研究生学习，他可以将收入增加到每年 35 000 美元。学费的成本是按照实际价值计算的每年 15 000 美元。如果实际利率为每年 3％，这项投资值得吗？

忽略不确定性，为了在剩余的职业生涯里每年增加 5 000 美元，乔必须在接下来的两年里每年放弃 45 000 美元（学费加上放弃的收益）。

假设乔现在 20 岁，同时预期在 65 岁退休。与这项投资相关的现金流是接下来的两年里每年 45 000 美元的现金流出增加，以及随后 43 年里每年 5 000 美元的现金流入增加。现金流出的现值是 86 106 美元，现金流入的现值是 113 026 美元。因此，人力资本投资的净现值是 26 920 美元，它是值得的。[1]

假设乔是 30 岁而不是 20 岁。如果所有其他假设保持相同，投资于硕士学位是否仍然拥有正净现值？

5.5 你应当购买还是租赁？

你现在正以每年 1 万美元租赁一幢房屋，同时拥有以 20 万美元购买这幢房屋的选择权。财产税可以在缴纳所得税的时候进行扣除，现在你的税率是 30%。维护费用和财产税估计如下：

维护费用	1 200 美元
财产税	2 400 美元
总计	3 600 美元

这些成本当前包含在租金里。

我们假设你的目标是按照最低的成本现值为自己提供栖身场所，你应该购买这幢房屋还是继续租赁它？

成本的现值等于以税后利率进行折现的税后现金流出的折现价值。因为在缴纳联邦所得税的时候，财产税可以从收入中抵扣，所以每年财产税的税后现金流是 $0.7 \times 2\ 400$ 美元即 1 680 美元。由于最终出售这幢房屋的日期没有特别指定，为简单起见，我们假定为无限。

如果你购买该房屋，那么你不得不立即支付 20 万美元，同时预期的税后现金流将包括维护费用和财产税净额，第 t 年的现金流出为：

$$第\ t\ 年的现金流出 = 1\ 200\ 美元 + 1\ 680\ 美元 = 2\ 880\ 美元$$

令 i 为税前折现率，购买房屋的现值成本为：

$$购买房屋的现值成本 = 200\ 000\ 美元 + \frac{2\ 880\ 美元}{0.7i}$$

此处我们假定得到良好维护的房屋可以持续存在直至永远，同时可以应用年金计算公式。与之相类似，租赁房屋的现值成本可以写成：

---

[1] 我们首先使用年金现值因子计算现金流出的现值：$PV_{PMT}(PMT, i, n) = PMT \times \frac{1-(1+i)^{-n}}{i}$，在本例中是 $PV_{PMT}(45\ 000\ 美元, 3\%, 2) = 86\ 106$ 美元。接下来，我们使用年金现值因子和现值因子计算现金流入的现值：$PV_{PMT}(5\ 000\ 美元, 3\%, 43) = 119\ 910$ 美元以及 $PV_{FV}(119\ 910\ 美元, 3\%, 2) = 113\ 026$ 美元。

$$\text{租赁房屋的现值成本} = \frac{10\ 000\ \text{美元}}{0.7i}$$

如果租赁房屋的现值成本大于购买房屋的现值成本，那么购买而不是租赁房屋是更好的。

因为我们假定从实际价值角度而言维护费用和财产税是固定的，所以 i 应当是实际利率。我们假设没有通货膨胀，从而税前实际利率和税前名义利率都是每年 3%。于是，税后实际利率是每年 2.1%。[①] 在每一种选择下计算现值成本，我们得出：

$$\text{购买房屋的现值成本} = 200\ 000\ \text{美元} + \frac{2\ 880\ \text{美元}}{0.021} = 337\ 143\ \text{美元}$$

同时

$$\text{租赁房屋的现值成本} = \frac{10\ 000\ \text{美元}}{0.021} = 476\ 190\ \text{美元}$$

因此，购买房屋将使你的境况变得更好。

购买或是租赁的决策事实上是一项投资决策。实际上，为了获得与税后租赁成本的节省相等的未来现金收益，你现在花费了 20 万美元。从现值的角度来看，你节省了 139 047 美元（＝476 190 美元－337 143 美元）。这就是投资的净现值。

当然，租赁房屋的现值成本和购买房屋的现值成本之间的关系取决于索取的租金。按照何种租金水平，你在租赁房屋与购买房屋之间是无差异的呢？

这一盈亏平衡的租金水平（也就是说，按照该年度的租赁成本，你在租赁房屋与购买房屋之间是无差异的）可以通过令租赁房屋的现值成本等于购买房屋的现值成本并求解 X 得到：

$$\frac{X}{0.021} = 200\ 000\ \text{美元} + \frac{2\ 880\ \text{美元}}{0.021}$$

$$X = 0.021 \times 200\ 000\ \text{美元} + 2\ 880\ \text{美元}$$

$$= 4\ 200\ \text{美元} + 2\ 880\ \text{美元}$$

$$= 7\ 080\ \text{美元}$$

因此，如果租金低于每年 7 080 美元，你将宁愿选择继续租赁房屋而不是购买它。

快速测查 5－9

假设税前实际利率为 4% 而不是 3%，盈亏平衡的租金水平是多少？

---

① 在不存在通货膨胀的条件下，税后实际利率＝(1－税率)×税前实际利率。在本例中为 (1－0.3)×3%＝0.7×3%＝2.1%。

小　结

● 在进行终生储蓄/消费决策的过程中：（1）从实际价值（不变美元）的角度进行分析简化了计算过程，而且避免了不得不预测通货膨胀；（2）从计算你的终生资源的现值出发，你的终生消费支出的现值不能超过这一数量。

● 社会保障或者其他任何强制性储蓄计划都将减少自愿储蓄。它可能对你的终生资源总量的现值产生或正或负的影响。

● 税收延付型个人退休金账户是有好处的，因为它使你能够在资金从该账户取出之前赚取税前收益率。如果你退休前后处于同一税收等级，它同样是有利的，甚至在你退休后的税收等级变低的条件下更加有利。

● 获取专业学位或者其他培训可以作为人力资本投资进行评价。就其本身而言，如果收益的现值（例如收入的增加）超过成本的现值（学费以及放弃的薪水），那么投资应当得到实施。

● 在决定购买还是租赁一幢公寓或者耐用消费品的过程中，应选择拥有更低现值成本的。

关键术语

人力资本　　永久性收入　　跨期预算约束　　可行计划　　最优化模型

问题与疑难

1. 弗雷德的公司拥有一项固定收益退休金计划。假设该计划支付的收益与每个服务年限最终薪水的 1% 相等。弗雷德现在 40 岁，而且已经为该公司工作了 15 年。他去年的薪水是 5 万美元，同时预期按照实际价值计算到退休前一直保持这一水平。预期的通货膨胀率是 4%。

a. 假设正常的退休年限是 65 岁，利率为 8%，同时弗雷德的预期寿命为 80 岁。他的累积退休金收益的现值是多少？

b. 假设弗雷德拥有 75% 的目标置换率，他的退休金收益对储蓄计划会产生什么影响？

2. 分析针对下述问题的专家反应。

问题：你建议人们多早开始为退休进行储蓄？我 14 岁的孩子开始储蓄是否太早？

专家：再早也不过分。

问题：对于一位大学生而言，针对储蓄计划你将建议什么？

专家：我建议每月留出特定数量，然后确保做到这一点。

3. 分析下述报纸专栏：

较晚开始家庭生活的我们中的许多人会共同经历噩梦般的图景：就像正在放弃工资支票同时承担昂贵的退休成本那样，我们不得不支付巨额的大学账单。事实上，假若父母已经进行了恰当的准备，这种情况可能并不如此悲惨。另外一个好的方面是，年长的父母可能在大学成本上涨之前享受了他们最好的收入年代，这使他们可以相对于年轻父母留出更多。同时，年长的父母能在更多年份里使投资实现复利。在理想的情形中，年长的父母可以避免为了满足大学成本而借入资金，从而首选针对投资赚取利息而不是用它支付学生贷款。

［节选自杰夫·布朗在《费城调查报》

(*Philadelphia Inquirer*，May 11，1998）上的个人金融专栏。]

4. 假设你现在 40 岁，同时希望在 65 岁退休。你预期有生之年可以在你的储蓄上享有平均 6% 的年利率（退休前以及退休后）。为了从 66 岁开始每年提供 8 000 美元的退休收入从而可以对其他来源（社会保障、退休金计划等）进行补充，你希望储蓄足够的金钱。假设你决定这种额外收入仅需要提供 15 年（到 80 岁为止）。假定你的第一笔储蓄计划缴款一年后实施。

a. 为了达到目标，从现在到退休期间你每年必须储蓄多少？

b. 如果从现在到退休这一时期内，通货膨胀率被证实为每年 6%，从当前货币购买力的角度而言，你的第一笔 8 000 美元取款的价值是多少？

5. 你正在为退休进行储蓄，同时你偶然看到下述表格。该表格显示了如果迄今没有任何储蓄，那么为了在退休时拥有等于你薪水 70% 的年金，当前薪水中为退休进行储蓄的比例。假定从实际价值角度而言，在退休之前你的薪水保持不变，同时退休后你将生存 25 年。例如，如果你距退休还有 35 年，同时在投资上每年赚取 3.5%，那么你应当储蓄 17.3% 的当前收入。

在表 A 中填入所缺数字。

表 A 为实现 70% 的置换率所需要的储蓄率

实际利率	退休所剩年限		
	15 年	25 年	35 年
每年 3.5%	?	?	17.30%
每年 4.5%	?	?	?

6. 继续上一问题，现在填充表 B。假设不是瞄准退休前收入的 70% 置换率，相反，你的目标是在退休前后保持相同的消费支出水平。

表 B 为了保持相同的消费支出水平进行储蓄

实际利率	退休所剩年限		
	15 年	25 年	35 年
每年 3.5%	?	?	19.82%
每年 4.5%	?	?	?

7. 威利现在 35 岁，计划在 50 岁退休，并且存活至 100 岁。作为水管工，他的劳动收入为每年 15 万美元，同时他希望在有生之年保持不变的实际消费水平。假设实际薪水是稳定的，完全没有税收，同时每年的实际利率为 2%。

a. 威利的人力资本的价值是多少？

b. 他的永久性收入水平是多少？

8. 你正在为退休进行储蓄，同时偶然看到以下表格。该表格显示了在退休前你为退休进行的年度储蓄的增加额中，退休期间你可以从其每一美元中得到的年收益增加额。假设退休后你将生存 20 年。举个例子，如果你还有 30 年才退休，同时赚取 3% 的年利率，那么对于年储蓄额中增加的每一美元而言，你将得到 3.20 美元的年退休收益增加额。填充表中所缺数值。

利率（%）	退休所剩年限对应的退休收益增加额（美元）		
	20 年	25 年	30 年
0.0	1.00	1.25	1.50
0.5	1.10	1.40	1.70
1.0	1.22	1.57	?
1.5	1.35	1.75	2.19
2.0	1.49	1.96	2.48
3.0	1.81	?	3.20
3.5	?	2.74	3.63
4.0	2.19	3.06	4.13
4.5	2.41	3.43	4.69
5.0	2.65	3.83	?

9. 分析下述报纸专栏：

人们开始回收社会保障福利的最佳年份是什么？按照大多数人都接受的看法，退休开始于 65 岁。因此全部收益在 65 岁之前不会开始回收是正确的，但是，62 岁的人也可以退休，而且能够回收 80% 的社会保障福利。

以约翰和玛丽的虚构案例为例，他们拥有相同的生日，并且均计划从 65 岁开始每月

5

从社会保障福利里取走 1 000 美元。在 62 岁生日的时候，约翰决定先行一步，同时开始每月索取 800 美元的收益（1 000 美元的 80%）。玛丽决定在 65 岁之前继续等待，那时她可以索取全部的 1 000 美元。3 年后，玛丽到了 65 岁，同时开始每月从社会保障机构那里得到 1 000 美元。约翰每月继续得到 800 美元。但是他已经得到 28 800 美元，在此时玛丽分文未得。

5 年过去了，在此期间，玛丽每月取走 1 000 美元，而约翰每月取走 800 美元。在 70 岁时，相对于玛丽的 6 万美元而言，约翰已经得到 76 800 美元。当他们到达 77 岁时，玛丽开始领先。于是，看起来如果某人不能活过 76 岁，他最好在 62 岁时开始回收社会保障福利。而对于那些可以活到 76 岁以上的人而言，等到 65 岁开始回收社会保障福利是值得的。

（改编自© 1998，*Atlanta Business Chronicle*，Gary Summer，June 29，1998。）

10. 具有挑战性的问题。乔治·思里夫特里斯今年 45 岁，每年赚取 5 万美元，同时预期他的未来收入增长和通货膨胀保持同步，但不会超过通货膨胀。迄今为止，他还没有为退休进行任何储蓄。他的公司不提供任何退休金计划。乔治支付等于其薪水 7.5% 的社会保障税，并且他假定当 65 岁退休时，将在有生之年每年获得经过通货膨胀调整的 12 000 美元社会保障福利。他的预期寿命为 85 岁。

乔治买了一本关于退休金计划的书籍，这本书建议储蓄足够的金额从而当私人储蓄与社会保障相结合时可以置换 80% 的退休前收入。乔治购买了一台金融计算器，同时进行了下述运算：

首先，他计算为了置换 80% 的薪水在退休期间的每一年需要得到的数量：0.8×50 000 美元＝40 000 美元。

因为他预期每年得到 12 000 美元的社会保障福利，所以他计算出不得不从自己的退休金里每年提供另外的 28 000 美元。

使用长期无违约风险债券的 8% 利率，乔治计算出在 65 岁时需要拥有的金额为 274 908 美元（按照每年 8% 的利率，20 年里 28 000 美元的现值）。然后他计算出为了达到这一未来累积金额而不得不在接下来的 20 年里每年储蓄的数量是 6 007 美元（按照 8% 的年利率，产生 274 908 美元终值的每年支付）。乔治对保证舒适的退休生活必需储蓄 12% 的薪水（也就是说，6 007 美元/50 000 美元）相当自信。

a. 如果预期的长期实际利率为每年 3%，那么预期的长期通货膨胀率大约是多少？

b. 在计算过程中他是否正确地考虑了通货膨胀？如果没有，你怎样纠正他？

c. 如果乔治希望在生命剩余的 40 年里（从 45 岁到 85 岁）保持相同的消费水平，那么他应当在接下来的 20 年里（直到 65 岁）每年储蓄多少？忽略所得税。

11. 你现在 30 岁，同时正在考虑为获取 MBA 学位进行全日制学习。学费以及其他一些直接成本在两年里每年是 15 000 美元。此外，你不得不放弃一项每年薪水为 3 万美元的工作。假设学费在每年年末支付，同时薪水也在每年年末得到。作为得到 MBA 学位的结果，你的薪水应当增加到多少（从实际价值的角度）才能证明这项投资是正确的？假设实际利率为每年 3%，同时忽略税收。同样假定薪水增加是一项不变的实际数量，开始于你获得学位（在毕业后的当年年末），而且持续到 65 岁退休。

12. 假设你当前正在租赁一幢公寓，同时拥有以 20 万美元购买它的选择权。财产税为每年 2 000 美元，而且可以在缴纳所得税的时候进行扣除。这项财产每年的维护费用是 1 500 美元，并且是不可以实行税收抵扣的。你预期财产税和维护费用按照通货膨胀率增长，你的所得税税率为 40%，你可以赚取每年 2% 的税后实际利率，而且你计划永远拥有该公寓。盈亏平衡的年租金是多少？如果租金超过该数量，你将购买这幢公寓。

13. 你已经决定获得一辆 3 万美元的新车。

你正在考虑是在 3 年里租赁它，还是在购买它的同时用一笔 3 年期分期偿还贷款为购买融资。租赁不需要任何首付并且持续 3 年。租赁的支付是立即开始的，每月 400 美元。分期偿还贷款要求一个月后开始偿还且 APR 为 8%。

a. 如果你预期 3 年后这辆汽车的转售价值为 2 万美元，那么你应当购买它还是租赁它？

b. 3 年后这辆汽车的盈亏平衡转售价格是多少？按照这一价格水平，你在购买和租赁之间是无差异的。

14. 使用本章提出的金融概念建立一张能展示资产、负债和净财富的个人资产负债表。

a. 你是按照成本还是按照当前市场价值评估你的资产？为什么？

b. 你是否把人力资本包含进资产？为什么？

c. 你是否把延付税收包含进负债？为什么？

15. 具有挑战性的问题。假设你在 35 岁时以 20 万美元购买了一幢房屋。你进行了 20% 的首付，同时从按揭贷款发放者那里借入剩余的 80%。按揭贷款的利率是 30 年间每年 8% 的固定利率，而且要求等额按年支付。在 65 岁时，你计划借入一笔"反按揭"贷款，这种贷款允许你在有生之年借入不变的年度金额，同时用去世时房屋的出售所得进行偿还。你的预期寿命是 85 岁。初始的按揭贷款和反按揭贷款的利率都将是每年 8%。

a. 假设你预期通货膨胀率为 3%，同时你可以用每年 1 万美元租赁一幢同样的房屋。购买房屋是值得的吗？

b. 说明购买房屋将怎样影响你的资产、负债以及接下来 50 年的现金流。

c. 在充分利用你的资金的过程中，J. B. 奎因写道：

> 在长期，房屋的价值将随通货膨胀率的波动而波动。在你拥有特定房屋的期间，这幢房屋的价值可能上升、下降或者不变，你无法对其进行预测。然而，存在拥有房屋的非利润理由：
>
> ● 按揭还款强制储蓄，而租赁支付没有强制储蓄。
>
> ● 你获得了税收延付，而且可以使资本所得获得税盾。
>
> ● 你不受房东约束。
>
> ● 你获得了拥有一小片土地的深层次满足感，这种深层次满足感是外人只有受到邀请才能进入这片土地。
>
> ● 你将不会损失租金。
>
> ● 为了满足需要，你可以翻新房屋。
>
> ● 房屋是贷款的抵押物。

请评价奎因的分析。

第6章 投资项目分析

在前面的章节里，我们讨论了怎样将折现现金流分析应用于人们在日常生活中面临的某些主要金融决策。在本章中，我们将同样的技术应用于企业的投资决策分析，例如是否上市新产品，或者是否投资于研发实验室、厂房、机器、仓库、产品展示厅、营销活动和员工培训等。这类决策的分析过程被称为资本预算。

本章讨论企业怎样应对资本预算过程。虽然细节在不同企业之间有所不同，但是任何资本预算过程都包括三项基本要素：

- 提出针对投资项目的建议；
- 对这些建议进行评价；
- 决定接受何种建议以及拒绝何种建议。

在决定实施何种投资项目的过程中，管理层应当运用什么标准？在第 1 章里，我们说明为了最大化股东福利，企业管理层的目标应当是仅实施那些增加或至少不减少股东权益的市场价值的项目。为此，管理层需要一个理论，即管理层所做出的决策怎样影响该企业证券的市场价值。第 4 章提供了这个理论：管理层应当计算源自一个项目的未来预期现金流的折现现值，并且仅实施那些拥有正净现值的项目。

6.1 项目分析的性质

资本预算过程中的基本分析单位是单个的投资项目。投资项目开始于通过生产新产品或完善现有产品的生产方式增加股东财富的构思。投资项目被作为决策以及随时间推移的可能事件序列进行分析，这一序列开始于初始的构想，包括搜集和评价与实施项目的成本和收益相关的信息，以及设计一项在长期内实施该项目的最优策略。

为了说明投资项目分析涉及的阶段次序，假设你是一位电影行业的管理人员，你的工作是提出针对新电影的建议，并且分析这些新电影对公司股东的潜在价值。一般而言，为受众市场生产一部电影涉及产生任何现金流入之前数年内的大部分现金必要开支，现金流入来自付费观看该电影的顾客。严格说来，只有现金流入的现值超过必要开支的现值，这部电影才会增加股东的财富。

预测近似的现金必要开支和来自该电影的现金流入是一项复杂的任务。现金流动取决于处于你控制之下的一系列决策和行动，以及并不完全在你控制之下的一系列事件。在项目存续期内的每个阶段里，从设计电影主题的构想到将最终产品分销至电影院和音像店，影响现金流的不可预测事件都会出现。在每个阶段，你将不得不决定是否继续该项目，是否终止该项目，是否推迟该项目以及是否加速该项目。同时你不得不决定是否降低支出水平（例如，通过取消某些制作成本高昂的片段）或者增加支出水平（例如，通过进行一次电视广告活动）。

不仅预测一个项目的现金流是困难的，评价现金流对股东权益市场价值的可能影响同样是复杂的。为了简化本章中对项目分析复杂性质的阐述，我们将分阶段进行阐释。在本章里，我们就像未来现金流已被确知那样对项目进行分析，同时运用类似于第 4 章所讨论的折现现金流评价流程。然后，在第 17 章里我们考察将不确定性以及管理性期权的价值纳入考虑范围的方法。

6.2　投资构思源自何处？

需要资本支出的大部分投资项目被划分成三类：新产品、成本削减和现有资产的更新改造。这里是一些例证：

- 该企业是否应当上马一条需要进行厂房、设备和存货投资的新产品生产线？
- 该企业是否应当投资于能降低人工成本的自动化设备？
- 为了扩大生产能力或者降低运营成本，该企业是否应当更换厂房？

投资项目构思的一个常见来源是企业的现有客户。客户调查，包括正式的和非正式的客户调查，可以提供新的需求，这些新需求可以通过生产新产品和服务，或者完善原有产品和服务得到满足。例如，生产计算机设备的企业可能从对其客户的调查中发现，提供计算机维修服务或许是一项盈利业务。

许多企业设立研发部门对潜在的新产品进行鉴定，这些产品在技术上是可行的，同时似乎可以满足所观测到的客户需求。例如，在医药行业中，研发活动是几乎全部新产品构思的来源。

投资项目构思的另外一个来源是竞争。例如，如果为个人计算机生产财务规划软件包的 XYZ 软件公司了解到一位竞争对手——ABC 软件公司——正在进行竞争性产品的新型升级工作，那么 XYZ 软件公司可能希望升级自己的产品。XYZ 软件公司也可能希望收购 ABC 软件公司。一家公司被另外一家公司收购是资本预算项目。

完善产品或削减成本的投资项目构思经常来自公司的生产部门。例如，与生产过程存在紧密联系的工程师、生产经理以及其他雇员可能通过重新组织流水线，或者用需要资本支出的自动化机器替换劳动密集型的运营方式，来发现削减成本的方法。

　　在一些企业里通常存在针对投资项目的定期建议流，这些企业的激励体系鼓励管理者和其他雇员思考盈利性增长机会以及运营方式改善的可能性。本章剩余部分讨论评价投资项目的技术和决定哪个投资项目可能增加股东价值的技术。

你认为在电影行业中新投资项目的构思来源于何处？

6.3　净现值规则

　　第 4 章发展了一项明显与最大化股东价值的目标最相关的投资标准——净现值规则。一个投资项目的**净现值**（net present value）是该企业现有股东财富预期增加的数量。作为企业管理者的一项投资标准，净现值规则被表述为：如果所提议项目的净现值为正，则进行投资。

　　为了说明怎样计算一个项目的净现金流，我们提供下述例证。通用牛仔裤公司（Generic Jeans Company），一家休闲装制造商，正在考虑是否生产被称为原生态牛仔裤的新牛仔裤系列产品。这需要用于新专用设备的 10 万美元初始必要开支。同时这家企业的营销部门预测，给定消费者对牛仔裤的偏好特征，该产品拥有为期 3 年的经济寿命。对原生态牛仔裤项目的现金流预测值显示在图 6-1 中。

年数（t）	现金流（CF_t）（美元）
0	−100 000
1	50 000
2	40 000
3	30 000

年数	0	1	2	3
现金流（美元）	−10万	5万	4万	3万

图 6-1　原生态牛仔裤项目的现金流预测

　　特定年份的现金流预测值前面的负号意味着现金流出。在原生态牛仔裤的例子中，仅存在一项负现金流，而且这项负现金流发生在项目开始时（第 0 期）。随后的现金流都是正的：第 1 年年末是 5 万美元；第 2 年年末是 4 万美元；第 3 年年末是 3 万美元。

　　为了计算该项目的净现值，我们需要指定用于对现金流进行折现的资本化比率，这项比率（k）被称为该项目的**资本成本**（cost of capital）。

$$NPV(k) = \sum_{t=0}^{n} \frac{CF_t}{(1+k)^t}$$

表 6-1 显示了原生态牛仔裤项目的净现值的计算过程。每一年的现金流按照每年 8% 的比率折现，同时得到的现值显示在第（3）列中。因此，在第 1 年年末所得到的 5 万美元的现值为 46 296.30 美元，以此类推。第（4）列显示了所有现金流现值的累积总和。

该项目的净现值是表 6-1 中第（4）列的最后一个数值，这个净现值是 4 404.82 美元。这意味着通过实施原生态牛仔裤项目，管理层有望将通用牛仔裤公司股东的财富增加 4 404.82 美元。

表 6-1   原生态牛仔裤项目净现值的计算过程

年数 （1）	现金流 （千美元） （2）	年利率 8% 条件下的 现金流现值（千美元） （3）	累积现值 （千美元） （4）
0	−100	−100.000 00	−100.000 00
1	50	46.296 30	−53.703 70
2	40	34.293 55	−19.410 15
3	30	23.814 97	4.404 82

$$NPV(k=8\%) = \sum_{t=0}^{3} \frac{CF_t}{(1+8\%)^t}$$

快速测查 6-2

假设原生态牛仔裤项目预期拥有仅为 1 万美元而不是 3 万美元的第 3 年现金流。如果所有其他现金流都相同，而且折现率仍然是 8%，那么该项目的净现值是多少？

6.4 估计一个项目的现金流

一旦拥有现金流的预测值，计算投资项目的净现值就是资本预算过程中容易的部分。有些困难的是估计投资项目的预期现金流。项目现金流的预测以针对与项目相关的收入增加和成本增加的估计值为基础。让我们说明怎样从对一个项目的销售规模、销售价格以及固定成本和可变成本的估计中推导出现金流的预测值。

假设你是 Compusell 公司个人电脑部门的一位经理，Compusell 公司是一家生产不同类型电脑的大型公司。你提出了一个新型个人电脑的构想，这种新型个人电脑被称为 PC1000。你可能能够开发一个 PC1000 的雏形，甚至能够以相对较少的资金对雏形进行试销，因此，你并不想在该项目的早期阶段进行成熟完善的折现现金流分析。

如果你的投资项目构想到达必须耗费大笔资金的时点，那么你必须准备一张资本划拨请求清单，这张资本划拨请求清单详细列举了所需要的资本数量以及来自实施项目的预计公司收益。表6-2显示了PC1000的销售收入、运营成本和利润等方面的信息，它也显示了所需的总资本开支的估计值。

表6-2 PC1000项目的预测现金流

销售量	
5 000美元价格条件下的4 000台	每年2 000万美元
固定成本	
租赁支付	每年150万美元
财产税	每年20万美元
管理费	每年60万美元
广告费	每年50万美元
折旧	每年40万美元
其他	每年30万美元
总固定成本	每年350万美元
可变成本	
直接人工成本	每台2 000美元
材料费	每台1 000美元
销售费用	每台500美元
其他	每台250美元
每台的可变成本	每台3 750美元
4 000台的总可变成本	每年1 500万美元
年度总运营成本	每年1 850万美元
年度运营利润	每年150万美元
企业所得税（按照40%的税率）	每年60万美元
税后运营利润	每年90万美元
PC1000项目的初始资本必要开支的预测值	
设备购买	280万美元
营运资本	220万美元
总资本开支	500万美元

你的估计假定在销售价格是每台5 000美元的条件下销售量为每年4 000台，一种新的生产设施将按照每年150万美元被租赁，同时生产设备不得不按照大约280万美元的成本进行购买。这种设备将使用直线折旧法在7年内进行折旧。此外，你估计营运资本（主要是为存货提供融资）为220万美元，于是将全部所需必要总资本开支提升至500万美元。

现在考察该项目的预期未来现金流。首先，该项目在多长时间里能产生现金流？在分析中使用的计划区间是设备的寿命 7 年，因为到时很可能不得不进行一项关于是否更新这项投资的新决策。

在第 1 年到第 7 年里来自经营活动的净现金流入可以用两种等同的方法计算：

（1）现金流＝收入－现金支出－税收

（2）现金流＝收入－总支出－税收＋非现金支出

　　　　　　＝净收入＋非现金支出

这两种方法（如果运用得当）将总是精确地得到来自经营活动净现金流的相同估计值。

在 PC1000 的例子中，仅有的非现金支出是折旧，同时相关的数字是：

单位：百万美元

收入	现金支出	折旧	总支出	税收	净收入	现金流
20	18.1	0.4	18.5	0.6	0.9	1.3

使用方法（1），我们得到：

（1）现金流＝2 000 万美元－1 810 万美元－60 万美元＝130 万美元

使用方法（2），我们得到：

（2）现金流＝90 万美元＋40 万美元＝130 万美元

为了完成对项目现金流的估计，我们需要估计计划时间跨度的最后年度（第 7 年）的现金流。在本例中，所做出的自然假设是设备在第 7 年年末没有残值，但是由于该设备仍然完好无损，因此价值 220 万美元。这并不意味着这个投资项目将在第 7 年年末被清算。这仅意味着如果 Compusell 公司清算该投资项目，它将有可能收回不得不最初投资的全部 220 万美元营运资本。

概括总结一下该投资项目的现金流，其中有 500 万美元的初始必要开支，从第 1 年年末到第 7 年年末各年 130 万美元的现金流入，以及项目寿命结束的第 7 年年末一笔额外的 220 万美元的现金流入。因此，该项投资的现金流表示如下：

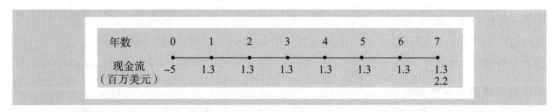

注意，来自该项目的现金流模式看上去像一张 7 年期附息债券，这张 7 年期附息债券拥有 130 万美元的年度息票支付、220 万美元的面值以及 500 万美元的价格。使用金融计算器上标准的货币的时间价值按键，这种相似性使得投资项目的净现值和内部收益率的计算过程变得极其简单。

下一步是指出使用何种比率（k）对这些现金流进行折现，同时计算该投资项目的净现值（NPV）。假设 k 为 15%，然后使用金融计算器计算净现值，我们得到：

$$NPV(k=15\%) = \sum_{t=0}^{7} \frac{CF_t}{(1+15\%)^t}$$
$$= -500\ 万美元 + PV_{PMT}(130\ 万美元，15\%，7)$$
$$\quad + PV_{FV}(220\ 万美元，15\%，7)$$
$$= -500\ 万美元 + 540.9\ 万美元 + 82.7\ 万美元$$
$$= 123.6\ 万美元$$

快速测查 6-3

如果可变成本为每台 4 000 美元，而不是每台 3 750 美元，PC1000 项目的净现值将是多少？

6.5 资本成本

资本成本是在计算投资项目净现值的过程中使用的经过风险调整的折现率。处理未来现金流的不确定性的标准方法是使用更大的折现率。我们在第 16 章发展了一项决定所用风险溢价的方法，但是在计算投资项目的资本成本时，存在三个需要牢记的关键点：

● 特定投资项目的风险可能依该企业现有资产的风险而有所不同。
● 资本成本应当仅反映该项目的市场相关风险（第 13 章中所定义的 β 系数）。
● 与计算投资项目资本成本相关的风险是投资项目现金流的风险，而不是企业为项目融资发行的融资工具（股票、债券等）的风险。

我们逐一解释这三个关键点。

第一个需谨记的关键点是，与特定项目相关的折现率可能不同于与企业现有资产相关的折现率。考察现有资产的平均资本成本为每年 16% 的一家企业。在评价投资项目的过程中，这是否意味着该企业应当使用 16% 的折现率？如果该投资项目正好是企业当前持有资产的微缩模型，那么答案为是。然而，一般而言，使用企业的平均资本成本评价新项目是不正确的。

为了理解因何如此，采用一个极端的例证。假定正在考虑的项目只不过是购买无风险的美国政府证券。在购买的过程中，企业有机会以低于市场价格的价格购买这些证券。也就是说，假定每年支付 100 美元的 25 年期美国国债在市场上以 1 000 美元出售，但是该企业有机会以每份 950 美元的价格购买价值为 100 万美元的这种债券。如果这些现金流按照企业的资本成本（每年 16%）进行折现，那么每份债券的现值将是 634.17 美元，因此该项目的净现值看起来似乎是－315 830 美元！①

常识告诉我们，如果该企业能够用 950 美元购买可以立即按照 1 000 美元出售的某些东西，那么该企业应该进行购买。问题并不在于净现值方法本身，而在于净现值方法的不恰当运用。这个投资项目的风险类型不同于整体企业的风险类型。该投资项目的正确折现率是 10％而不是 16％，而且当使用正确的折现率计算净现值的时候，我们得到 $NPV = 50\ 000$ 美元。

将这个关键点推向极致，考察一个更实际的例证。这个例证是一家完全依赖股权融资的企业，它有三个部门：（1）电子器件部，拥有 30％的公司资产市场价值，以及 22％的资本成本；（2）化学制品部，拥有 40％的公司资产市场价值，以及 17％的资本成本；（3）天然气运输部，拥有 30％的公司资产市场价值，以及 14％的资本成本。该企业的资本成本是每一个部门资本成本的加权平均值，即 $0.3 \times 22\% + 0.4 \times 17\% + 0.3 \times 14\% = 17.6\%$。

如果该企业采纳将 17.6％作为所有项目的资本成本使用的资本预算规则，那么可能接受电子器件部中拥有显著负净现值的投资项目，同时放弃天然气运输部中拥有正净现值的盈利性投资项目。17.6％接近于化学制品部投资项目的正确折现率的事实仅仅是幸运而已。在本例中，这家企业应当采纳使用不同资本成本的政策，至少在部门层次上应如此。

有时候使用与该企业当前运营的资本成本完全无关的资本成本可能是必要的。例如，想象一家完全依赖股权融资的钢铁企业，这家企业正在考虑收购一家拥有 60％原油储备以及 40％精炼油的综合性石油公司。假设原油投资的市场资本化比率为 18.6％，而精炼油投资的市场资本化比率是 17.6％，因此，该石油公司股票的市场资本化比率为 $0.6 \times 18.6\% + 0.4 \times 17.6\% = 18.2\%$。

进一步假设，这家石油公司股票的市场价格在每股当前价格为 100 美元的意义上是"公平"的，同时该股票的预期收益率为 18.2％。假定钢铁项目的市场资本化比率为 15.3％。对该石油公司预期现金流的分析表明，使用钢铁公司的 15.3％的资本成本计算出来的现值为 119 美元。

一位投资银行家进一步宣称，所有股票都能够以每股 110 美元的投标出价获得。因此，看起来实施这项收购将提供每股 9 美元（＝－110 美元＋119 美元）的正净现值，实际上，正确的净现值为每股－10 美元（＝－110 美元＋100 美元）！如果实施该项目，我们将有望观察到为了反映这项拥有负净现值的决策，石油公司股票价值上升，同时钢铁公司股票价值下降。

回到 PC1000 项目，现在应当很明显，在计算投资项目净现值的过程中使用的相关折现率必须反映个人计算机行业的风险，而不是 Compusell 公司现有业务组合

---

① 每份债券的现值 $= PV_{PMT}(100\ 美元，16\%，25) + PV_{FV}(1\ 000\ 美元，16\%，25) = 634.17$ 美元。在一份债券的基础上，净现值＝现值－950 美元＝－315.83 美元。

的风险。

第二个需谨记的关键点是，与计算一个项目资本成本相关的风险是该项目现金流的风险，而不是用来为项目提供资金的融资工具的风险。

举个例子，假设 Compusell 公司正计划通过发行债券为实施 PC1000 项目所需要的 500 万美元融资。假定 Compusell 公司拥有高信用评级，因为它几乎没有任何未清偿债务，因此可以按照每年 6% 的利率发行价值 500 万美元的债券。

在计算 PC1000 项目的净现值时，使用 6% 的年利率作为资本成本是错误的。正如我们将在第 16 章中看到的那样，项目融资的方式对其净现值有影响，但是该影响不能通过用该项目融资的债务的利率折现该项目预期未来现金流准确地计算出来。

关于该项目的资本成本，第三个需谨记的关键点是，项目资本成本应当仅反映该项目的系统风险或是与市场相关的风险，而不是项目的非系统风险。我们将在第 13 章中最后详细讨论这个关键点。

快速测查 6 - 4

假设 Compusell 公司现有业务组合的平均资本成本是每年 12%，为什么这可能不是在计算 PC1000 项目的过程中使用的正确折现率？

6.6 运用试算平衡表进行敏感性分析

资本预算中的**敏感性分析**（sensitivity analysis）由测试构成，这种测试是在即使一些隐含变量被证实不同于假设的条件下，测试投资项目是否仍然是值得的。进行敏感性分析的一个方便且普遍的方法是使用诸如 Excel 等用计算机操作的试算平衡表程序，如表 6 - 3 所示。

表 6 - 3 以试算平衡表的格式列出了 PC1000 项目净现金流的估计值。这种试算平衡表的格式类似于在第 3 章中所考察的试算平衡表格式。第 2 行至第 5 行说明了试算平衡表中预测值背后的假设，计算结果以变量的形式写入单元格 B2 至 B5。当这些输入值改变时，整个表格将被重新计算。B3 单元格中的输入值是第一年的销售规模，它被设定为 4 000 台。

第 8 行至第 15 行是接下来的 7 年里该项目利润表的预测值。第 16 行包含每年营运活动的现金流的预测值，该预测值通过将第 15 行的内容（净利润）和第 12 行的内容（折旧）加在一起计算得出。第 17 行至第 20 行显示了投资活动——涉及营运资本以及厂房和设备投资——的现金流的计算过程。第 17 行包含每年所需营运资本的预测值，同时第 18 行计算了该数量从一年到另一年的变化（也就是说，该年内投资于营运资本的额外数量）。注意第 18 行中仅有的非零显示值是 B18 单元格里

表 6-3

PC1000 项目的试算平衡表分析

单位：美元

	A	B	C	D	E	F	G	H	I
1	假设：								
2	资本成本	15%							
3	第一年的销售规模	4 000 台							
4	销售增长率	0							
5	销售价格	5 000 美元							
6	现金流预测：								
7	年数	0	1	2	3	4	5	6	7
8	销售收入		20 000 000	20 000 000	20 000 000	20 000 000	20 000 000	20 000 000	20 000 000
9	支出								
10	现金固定成本		3 100 000	3 100 000	3 100 000	3 100 000	3 100 000	3 100 000	3 100 000
11	可变成本		15 000 000	15 000 000	15 000 000	15 000 000	15 000 000	15 000 000	15 000 000
12	折旧		400 000	400 000	400 000	400 000	400 000	400 000	400 000
13	运营利润		1 500 000	1 500 000	1 500 000	1 500 000	1 500 000	1 500 000	1 500 000
14	税收		600 000	600 000	600 000	600 000	600 000	600 000	600 000
15	净利润		900 000	900 000	900 000	900 000	900 000	900 000	900 000
16	营运活动的现金流		1 300 000	1 300 000	1 300 000	1 300 000	1 300 000	1 300 000	1 300 000
17	营运资本	2 200 000	2 200 000	2 200 000	2 200 000	2 200 000	2 200 000	2 200 000	—
18	营运资本的变化	2 200 000	—	—	—	—	—	—	(2 200 000)
19	厂房和设备投资	2 800 000	—	—	—	—	—	—	—
20	投资活动的现金流	(5 000 000.00)	—	—	—	—	—	—	2 200 000
21	净现金流	(5 000 000.00)	1 300 000	1 300 000	1 300 000	1 300 000	1 300 000	1 300 000	3 500 000
22	净现值	1 235 607							

的 220 万美元现金流入，以及第 7 年里的 220 万美元现金流出。第 19 行包含每年的厂房和设备投资的预测值。第 20 行是每年投资活动的现金流，表中数值为第 18 行与第 19 行的总和的负数。最后，第 21 行显示了每年的净现金流，净现金流是营运活动的现金流（第 16 行）与投资活动的现金流（第 20 行）的总和。净现值在单元格 B22 里表示。

表 6-4 和图 6-2 说明了该项目的净现值对销售规模的敏感程度。这种敏感程度通过改变表 6-3 中 B3 单元格的输入值，同时跟踪营运活动的现金流和项目净现值的相应变化得到。

表 6-4　　　　　　　　　　　PC1000 项目的净现值对销售规模的敏感程度

销售规模（每年台数）	营运活动的现金流（美元）	项目净现值（美元）
2 000	−200 000	−5 005 022
3 000	550 000	−1 884 708
3 604*	1 003 009	0
4 000	1 300 000	1 235 607
5 000	2 050 000	4 355 922
6 000	2 800 000	7 476 237

注：① * 表示净现值的盈亏平衡点。
　　② 假设在所有销售规模上营运资本均被固定在 220 万美元，同时在第 7 年以现金流入的形式被收回。

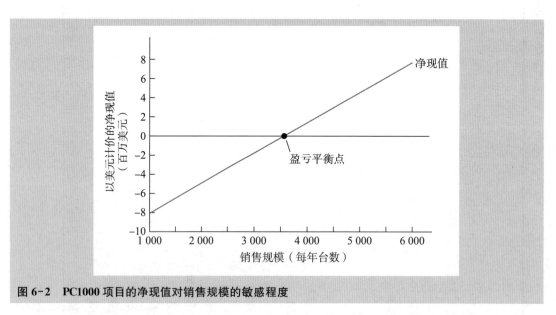

图 6-2　PC1000 项目的净现值对销售规模的敏感程度

6.6.1　盈亏平衡点

一个要询问的特别有趣的问题是在何种销售规模下该项目的净现值为零。这是该项目的**盈亏平衡点**（break-even point），它意味着在接受和拒绝该项目之间无差异的那一点。

从图6-2中我们可以看到，盈亏平衡点大约为每年3 600台。少量的代数运算过程就说明了盈亏平衡点的精确值为3 604台。因此，只要销售规模在设备的7年寿命期里每年超过3 604台，这个项目就会显示正净现值。

盈亏平衡销售规模的代数解法如下：为了使净现值为0，营运活动的现金流必须是1 003 009美元。为了得到这项现金流的盈亏平衡值，我们进行如下运算：

$$PV_{PMT}(PMT, 15\%, 7) + PV_{FV}(220\ 万美元, 15\%, 7) - 500\ 万美元 = 0$$

或者：

$$PV_{PMT}(PMT, 15\%, 7) = 500\ 万美元 - PV_{FV}(220\ 万美元, 15\%, 7)$$
$$= 4\ 172\ 939\ 美元$$

$$PMT_{PV}(4\ 172\ 939\ 美元, 15\%, 7) = 1\ 003\ 009\ 美元$$

现在我们必须得出与这一营运活动的现金流金额相对应的每年销售规模的数量（Q）。少许的代数运算过程就表明Q的盈亏平衡值为每年3 604台。

现金流 = 净利润 + 折旧

　　　　= 0.6 × (1 250美元 × Q − 3 500 000美元) + 400 000美元

　　　　= 1 003 009美元

$$Q = \frac{4\ 505\ 015\ 美元}{1\ 250\ 美元} = 3\ 604\ 台/年$$

快速测查6-5

如果资本成本是每年25%，而不是每年15%，PC1000项目的盈亏平衡销售规模是多少？

6.6.2 净现值对销售收入增长率的敏感程度

如果我们将假设的销售增长率从0变为每年5%将会发生什么？答案可以在表6-5中找到。营运活动的现金流（第16行）每年将以超过5%的速度增长，因为许多生产成本是固定的。营运资本（第17行）作为销售收入的固定比例部分，每年按照5%的速度增长。营运资本的变化（第18行）是每年的一项现金流出，而且在第7年作为一项现金流入被回收。净结果是该项目的净现值由1 235 607美元增加到2 703 489美元。

6.7 分析成本削减项目

我们对PC1000项目的分析是一个关于是否上市新产品的决策的例证。资本预算的另一个主要类型是成本削减。

6

表6-5　拥有5%销售增长率的PC1000项目

单位：美元

	A	B	C	D	E	F	G	H	I
1	假设：								
2	资本成本	15%							
3	第一年的销售规模	4 000 台							
4	销售增长率	5%							
5	销售价格	5 000 美元							
6	现金流预测：								
7	年数	0	1	2	3	4	5	6	7
8	销售收入		20 000 000	21 000 000	22 050 000	23 152 500	24 310 125	25 525 631	26 801 913
9	支出								
10	现金固定成本		3 100 000	3 100 000	3 100 000	3 100 000	3 100 000	3 100 000	3 100 000
11	可变成本		15 000 000	15 750 000	16 537 500	17 364 375	18 232 594	19 144 223	20 101 435
12	折旧		400 000	400 000	400 000	400 000	400 000	400 000	400 000
13	运营利润		1 500 000	1 750 000	2 012 500	2 288 125	2 577 531	2 881 408	3 200 478
14	税收		600 000	700 000	805 000	915 250	1 031 013	1 152 563	1 280 191
15	净利润		900 000	1 050 000	1 207 500	1 372 875	1 546 519	1 728 845	1 920 287
16	营运活动的现金流		1 300 000	1 450 000	1 607 500	1 772 875	1 946 519	2 128 845	2 320 287
17	营运资本	2 200 000	2 310 000	2 425 500	2 546 775	2 674 114	2 807 819	2 948 210	—
18	营运资本的变化	2 200 000	110 000	115 500	121 275	127 339	133 706	140 391	(2 948 210)
19	厂房和设备投资	2 800 000	—	—	—	—	—	—	—
20	投资活动的现金流	(5 000 000)	(110 000)	(115 500)	(121 275)	(127 339)	(133 706)	(140 391)	2 948 210
21	净现金流	(5 000 000)	1 190 000	1 334 500	1 486 225	1 645 536	1 812 813	1 988 454	5 268 497
22	净现值	2 703 489							

例如，假设一家企业正在考虑一项自动化其生产过程从而削减劳动力成本的投资建议。这项投资要求现在在设备上投资 200 万美元，从而此后每年企业能够削减 70 万美元劳动力成本。如果该设备拥有 5 年的预期寿命，同时该企业按照 $33\frac{1}{3}\%$ 的税率支付所得税，这项投资是否值得？

为了回答这个问题，我们必须计算由这项投资产生的现金流。表 6 - 6 显示了与该项目相关的现金流入和现金流出。第（1）列显示了无投资条件下这家企业的收入、劳动力成本和净现金流等；第（2）列显示了在存在投资的条件下这家企业的收入、劳动力成本和净现金流等；第（3）列是第（1）列与第（2）列之间的差额，也就是投资造成的差异。

表 6 - 6	在不同条件下的投资的现金流		单位：美元
	无投资 （1）	存在投资 （2）	投资造成的差异 （3）
收入	5 000 000	5 000 000	0
劳动力成本	1 000 000	300 000	−700 000
其他现金支出	2 000 000	2 000 000	0
折旧	1 000 000	1 400 000	400 000
税前利润	1 000 000	1 300 000	300 000
所得税（按照 $33\frac{1}{3}\%$ 的税率）	333 333	433 333	100 000
税后利润	666 667	866 667	200 000
净现金流（税后利润＋折旧）	1 666 667	2 266 667	600 000

这里存在最初购买设备的 200 万美元现金流出。在随后 5 年的每一年里存在 60 万美元的净现金流，这是由 20 万美元的税后利润加上 40 万美元的折旧计算出来的。折旧虽然从会计角度而言是一项费用，但并不是一项现金流出。该项目的现金流示意图为：

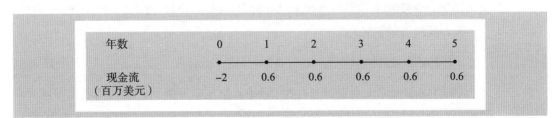

年数	0	1	2	3	4	5
现金流 （百万美元）	−2	0.6	0.6	0.6	0.6	0.6

现在我们考察该项目对企业价值的影响。相对于不实施该项目，如果实施该项目，这家企业将价值多少？

该企业必须现在放弃 200 万美元，但是它将在接下来的 5 年里每年年末得到一项 60 万美元的净现金流。为了计算该项目的净现值，我们需要知道该项目的资本成本 k。我们假设 k 为每年 10%。

按照每年 10% 的比率在 5 年内对每年的 60 万美元进行折现，我们得到税后现金流的现值为 2 274 472 美元：

$$NPV = PV_{PMT}(60\,万美元，10\%，5) - 200\,万美元$$
$$= 2\,274\,472\,美元 - 2\,000\,000\,美元 = 274\,472\,美元$$

因此，通过实施该项目，削减劳动力成本的价值比获取设备的 200 万美元成本多出 274 472 美元。如果该项目得以实施，则该企业当前股东的财富可望按照这一数量增加。

6

快速测查 6-6

假设在该设备中的投资将劳动力成本每年削减 65 万美元，而不是 70 万美元，该投资是否仍然是值得的？

6.8 拥有不同存续期的项目

假设在前述削减劳动力成本设备的例子中存在两类拥有不同经济寿命的设备。寿命较长的项目需要两倍的初始必要开支，但是同时也存续两倍的时间。在这种情形下产生的一个问题是，在存续期不同的条件下，怎样使两种投资可以相互比较。

一种方法是假设存续期较短的项目将在第 5 年年末被相同类型的项目代替，该项目在接下来的 5 年中存续。于是这两种选择将拥有相同的 10 年预期寿命，同时它们的净现值可以被计算出来，而且可以相互比较。

另一种更容易的方法是采用被称为**年度化资本成本**（annualized capital cost）的概念。年度化资本成本被定义为一项按年进行的支付，该支付拥有与初始必要开支相等的现值。拥有最低年度化资本成本的选择就是优先选择。

在我们的例子中，我们将 200 万美元初始必要开支转换成一项等同的 5 年期年金，该年金按照每年 10% 的折现率进行折现，得到 PMT 为 527 595 美元。

或者我们求解 PMT：

$$PMT_{PV}(200\,万美元，10\%，5) = 527\,595\,美元$$

存续期较长的项目将持续 10 年，但是花费 400 万美元。它的年度化资本成本是多少？

我们求解 PMT：

$$PMT_{PV}(400\,万美元，10\%，10) = 650\,982\,美元$$

于是，仅存续 5 年且花费 200 万美元的机器是一项优先选择，因为它拥有更低的年度化资本成本。

快速测查 6-7

　　为了使花费 400 万美元的机器比花费 200 万美元的机器更受欢迎，这台机器的经济寿命应该是多少？

6.9　对相互排斥的项目进行排序

　　有时候两个或更多的投资项目是相互排斥的，这意味着企业将最多只能采纳其中的一个。一个例证是要求相同唯一资源的排他性使用的投资项目，例如一片特定的土地。在所有这些例子中，一家企业应当选择拥有最高净现值的投资项目。但是有些企业按照投资项目的内部收益率对投资项目进行排序，而且这一排序体系可能与最大化股东价值的目标并不一致。

　　举个例子，假设你拥有一片土地，而且拥有开发这片土地的两项选择。你可以在它上面建造一栋办公楼，这需要 2 000 万美元的初始必要开支，或者你可以利用它建一个停车场，这需要 1 万美元的初始必要开支。如果建造一栋办公楼，那么估计可以在 1 年后按照 2 400 万美元将其售出，因此你的内部收益率为 20%（2 400万美元减去 2 000 万美元的差除以 2 000 万美元）。如果将其用作停车场，估计会永远拥有每年 1 万美元的现金流入，因此停车场的内部收益率将是 100%。你应该选择哪一个投资项目？

　　停车场拥有更高的内部收益率，但是你并不一定希望选择停车场，因为按照任何低于每年 20% 的资本成本，办公楼的净现值更大。例如，按照 15% 的资本成本，办公楼的净现值为 869 565 美元，与此同时，停车场的净现值为 56 667 美元。因此，在资本成本为 15% 的条件下，如果办公楼项目被实施，该公司股东的境况将会变得更好。

　　图 6-3 显示了对两种投资项目的净现值的简要描述，净现值被刻画为资本成本的函数。横轴代表用于计算项目净现值的折现率（项目的资本成本），同时纵轴表示净现值。图 6-3 清晰地表明了每年 20% 的折现率是这两种相互排斥项目的关键"转换点"。按照任何高于 20% 的年折现率，停车场拥有更高的净现值；按照任何低于 20% 的年折现率，办公楼拥有更高的净现值。

　　为了更好地理解为什么内部收益率不是对相互排斥项目进行排序的良好标准，注意项目的内部收益率不依赖于项目的规模。在我们的例子中，停车场拥有极高的内部收益率。但是相较于办公楼而言，停车场的规模小。如果停车场的规模更大，它可能比办公楼提供更高的净现值。

　　因此，假设停车场项目需要 20 万美元的初始必要开支来建造一幢多层设施，于是年度净现金流将永远是每年 20 万美元。现在停车场项目的净现值将是以前的20 倍。

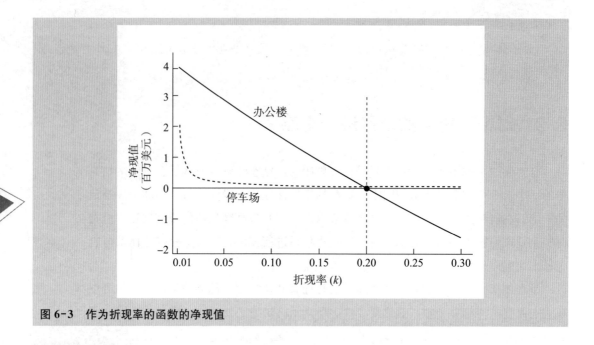

图6-3　作为折现率的函数的净现值

快速测查6-8

依照何种规模，停车场项目的净现值将等于办公楼项目的净现值？

6.10　通货膨胀与资本预算

现在我们考察在评价投资项目的过程中怎样考虑通货膨胀。考虑一项需要200万美元初始必要开支的投资。在不存在通货膨胀的条件下，这项投资有望在5年内产生60万美元的税后年度现金流入，同时资本成本为每年10%。在这些假设条件下，我们发现该项目拥有274 472美元的净现值。

现在我们假设存在每年6%的通货膨胀率。预期的现金流显示在表6-7中。

表6-7　　　　　　　　　　在通货膨胀率为6%条件下的投资

年数	实际现金流（美元）	名义现金流（美元）（6%的通货膨胀率）
1	600 000	636 000
2	600 000	674 160
3	600 000	714 610
4	600 000	757 486
5	600 000	802 935

为了从"该年美元"的角度反映你的预期，名义现金流的预测值按照每年6%的比率膨胀。实际现金流的预测值则以"现今美元"的形式表示。

正如我们在实际现金流的预测值与名义现金流的预测值之间进行区分那样，我们同样也在实际资本成本与名义资本成本之间进行区分。实际比率是在零通货膨胀率条件下普遍存在的比率。名义比率是我们实际观察到的比率。

即使一家企业没有明确地从实际角度设定资本成本，从名义角度设定资本成本也暗指一项特定的实际比率。举个例子，如果名义资本成本为每年14%，同时预期的通货膨胀率为每年6%，那么隐含的实际资本成本大约为每年8%。

规则 这里存在计算净现值的两种正确方法：

（1）使用名义资本成本对名义现金流进行折现。

（2）使用实际资本成本对实际现金流进行折现。

我们在数字例证中说明进行通货膨胀调整的正确方法。我们已经运用第二种方法计算了净现值和内部收益率，这种方法使用实际现金流的预测值以及每年10%的实际资本成本：

净现值＝274 472 美元

因为净现值是正的，所以这个投资项目是值得的。

现在我们采用名义的方法。在进行这种运算之前，我们必须对计算名义比率的方法进行少许改进。在许多场合，将名义比率估计为16%——10%的实际比率加上6%的预期通货膨胀率——将是十分恰当的。但是为了说明使用名义方法进行资本预算与使用实际方法的完全等同性，我们希望这个例子是严谨的，因此必须说明名义比率与实际比率之间的精确关系。

名义比率与实际比率之间的精确关系是：

名义比率＝(1＋实际比率)×(1＋预期通货膨胀率)－1

因此，在我们的例子中名义比率将是每年16.6%而不是每年16%：

名义比率＝1.1×1.06－1＝0.166＝16.6%

使用这项16.6%的比率计算表6-7中的名义现金流的预测值，我们将得到274 472美元的净现值，这与我们使用实际方法所得到的结果完全相同。这是有逻辑性的，因为来自实施项目的股东当前财富增加不会受到被选择用来计算净现值的计量单位的影响（无论我们使用已经膨胀的美元，还是使用具有不变购买力的美元）。

$$NPV(k=16.6\%)=\sum_{t=1}^{5}\frac{600\ 000\ 美元\times(1+6\%)^t}{(1+16.6\%)^t}-2\ 000\ 000\ 美元$$
$$=274\ 472\ 美元$$

注意，永远不要将使用实际现金流预测值计算得出的内部收益率与名义资本成本进行比较。

快速测查 6-9

假设存在每年 8% 的预期通货膨胀率，而不是每年 6% 的预期通货膨胀率，对同样的项目进行分析。

小 结

● 资本预算过程中的分析单位是投资项目。从金融的视角而言，投资项目最适合被看做包括一系列随时间推移的或有现金流，这种现金流的数量和发生时间部分处于管理层的控制之下。

●资本预算流程的目标是保证只有增加股东价值（或者至少不降低股东价值）的项目才会被实施。

● 大部分需要资本支出的投资项目分为三种类型：新产品、成本削减和现有资产的更新改造。投资项目的构思可以来自客户和竞争对手，或企业内部的研发部门和生产部门。

● 投资项目经常使用折现现金流流程进行评价，其中使用经过风险调整的折现率对与项目有关的增加现金流进行估计并计算净现值，经过风险调整的折现率应当反映项目风险。

● 如果投资项目正好是企业当前持有资产的微缩模型，那么在计算项目净现值的过程中，管理层应当使用这家企业的资本成本。然而，有时候使用与企业当前运营的资本成本完全无关的折现率可能是必要的。正确的资本成本是可以应用于与新项目处于相同行业的企业的折现率。

● 为了在项目存续期内考虑通货膨胀的影响，检查现金流的预测值是否已经得到恰当调整总是重要的：（1）使用名义资本成本对名义现金流进行折现；（2）使用实际资本成本对实际现金流进行折现。

关键术语

净现值 资本成本 敏感性分析 盈亏平衡点 年度化资本成本

问题与疑难

净现值规则

1. 你的企业正在考虑两个投资项目，这两个投资项目拥有下述预期的未来净税后现金流模式：

年数	投资项目 A （百万美元）	投资项目 B （百万美元）
1	1	5
2	2	4
3	3	3
4	4	2
5	5	1

两个投资项目的适宜资本成本都是 10%。

如果两个投资项目都需要 1 000 万美元的初始必要开支，哪一个是更好的投资项目？

2. 考察前面的问题。给定两种现金流系列的模式，则项目的排序取决于资本成本。解释原因。

3. 你毕业后已经在一家重要的消费品企业内部得到了一个生产管理职位。合同期为 4 年，同时薪酬组合如下：

● 5 000 美元的安置费；

● 55 000 美元的年薪；

● 如果实现年度目标，则有 10 000 美元奖金；

● 如果你的团队达到设定的市场份额，则有第 4 年年末的 15 000 美元额外奖金。

你对自己的能力感到自信，同时假定有 65% 的机会得到年度奖金，而且有 75% 的机会得到额外奖金，有效年利率为 8.5%，你的薪酬组合的现值是多少？

4. 芬格时尚公司预期今年的实际净现金流为 10 万美元，实际折现率为每年 15%。

a. 如果这些现金流被预期永远持续，它们的现值是多少？

b. 如果实际净现金流被预期永远按照每年 5% 的速度增长，它们的现值是多少？

c. 如果预期增长率为每年 -5%，实际净现金流的现值是多少？

估计一个项目的现金流

5. 一家企业正考虑在某设备上投资 1 000 万美元。该设备被预期拥有 4 年的使用期，同时有望每年减少 400 万美元的企业劳动力成本。假设这家企业为会计利润支付 40% 的税率，而且使用直线折旧法，第 1 年至第 4 年来自投资活动的税后现金流是多少？如果这项投资的折现率为每年 15%，那么这项投资是值得的吗？这项投资的内部收益率和净现值是多少？

6. 胡氏软件设计公司正在考虑购买一台计算机，这台计算机拥有为期 4 年的经济寿命，同时预期没有任何残值。它将花费 80 000 美元，而且使用直线折旧法进行折旧。该计算机将在第 1 年为公司节省 35 000 美元，同时假设从那以后，这种节省将拥有 -5% 的增长率。它同时将营运资本需求减少了 7 000 美元。公司税率为 35%，同时恰当的折现率为 14%。这种购买活动将给企业增加多少价值？

7. 皮革制品公司希望将其业务扩展至钱包。该公司正在考虑每年生产 50 000 个钱包。第 1 年价格是每个钱包 15 美元，而且每年增长 3%。可变成本被预期为每个钱包 10 美元，同时每年增长

5%。机器将花费 40 万美元并且拥有为期 5 年的经济寿命。该机器将使用直线折旧法完全折旧。折现率为 15%，同时公司税率为 34%。这项投资的净现值是多少？

8. 斯坦莱斯·丹尼什·哈姆公司正在考虑购买一台拥有 5 年经济寿命的新机器。该机器的成本为 1 242 000 克朗，并且将在 5 年内使用直线折旧法完全折旧。在第 5 年年末，这台机器将拥有 138 000 克朗的市场价值。据估计，新机器将因为减少的劳动力成本而每年为公司节省 345 000 克朗。而且该机器将由于来自原材料存货的更高收益而导致 172 500 克朗运营成本的减少。净运营成本将在第 5 年年末收回。如果公司税率为 34%，同时折现率是 12%，该项目的净现值是多少？

资本成本

9. 资本预算是决定公司应当致力于实施何种新投资项目的规范化分析方法。就自身而言，恰当的资本成本必须考虑项目现金流的风险而不是诸如股票、债券等企业为项目融资而发行的融资工具的风险。

从企业资产负债表的角度讨论这种说法。

运用试算平衡表进行敏感性分析

10. 微税软件公司正考虑在生产新纳税准备程序软件包的设备中进行 40 万美元的投资。该设备拥有 4 年的预期寿命。销售量被预期为每台 20 美元条件下的每年 60 000 台。除去设备折旧的固定成本为每年 20 万美元，同时可变成本为每台 12 美元。该设备使用直线折旧法在 4 年内进行折旧，而且没有残值。营运资本需求被假定为年销售额的 1/12。该项目的市场资本化比率为每年 15%，同时该公司按照 34% 的税率支付所得税。该项目的净现值是多少？盈亏平衡的销售规模是多少？

11. 佩佩滑雪用具工厂正在认真考虑用一台新机器来替换它的滑雪靴泡沫橡胶注入设备。旧机器已经完全折旧，但是拥有 2 000 美元的当前市场价值。新机器将花费 25 000 美元，同时拥有 10 年寿命，而且自此以后没有任何价值。新机器将在假定没有任何残值的条件下以直线折旧法为

基础进行折旧。新机器将每年的收入增加 1 万美元，同时将每年的非折旧支出增加 3 000 美元。

a. 通过用新机器替换旧机器所实现的额外税后现金流是多少？（假定存在一项针对全部收入的 50％税率，也就是说，旧机器出售的资本所得税税率也是 50％。画出时间线。）

b. 该项目的内部收益率是多少？

c. 按照 12％的资本成本，该项目现金流的净现值是多少？

d. 按照 12％的资本成本，该项目是值得的吗？

12. 桑德运动服装公司正在计划拓展它的运动衫业务。这将需要 800 万美元的初始投资。这项投资将在 4 年内按照直线折旧法进行折旧，而且将没有任何残值。该企业处于 35％的税率等级。运动衫的售价在第 1 年是 30 美元，并且以后从名义价值的角度每年增加 4％。单位生产成本在第 1 年将是 5 美元，并且以后从名义价值的角度每年增加 3％。劳动力成本在第 1 年将是每小时 10 美元，并在随后年度从名义价值的角度每年增加 3.5％。收入和成本均在年末支付。名义折现率为 12％。使用下述补充数据计算该项目的净现值。

	第 1 年	第 2 年	第 3 年	第 4 年
销售量（件）	50 000	100 000	125 000	100 000
劳动时间（小时）	20 800	20 800	20 800	20 800

13. PCs Forever 公司是一家生产个人计算机的企业。它已经运作 2 年而且满负荷经营。该公司正在考虑一项扩大生产能力的投资。该项目需要 100 万美元的初始必要开支：80 万美元被用于购买拥有 4 年预期寿命的新设备，同时 20 万美元被用于购买额外的营运资本。该公司个人计算机的销售价格为每台 1 800 美元。同时，作为这项扩张的结果，年销售量可望增加 1 000 台。每年的固定成本（除去新机器的折旧）将增加 10 万美元，同时可变成本为每台 1 400 美元。新机器将在 4 年内按照直线折旧法进行折旧并拥有零残值。

该项目的必要收益率为每年 12％，同时这家公司按照 40％的税率支付所得税。

a. 该项目的会计性盈亏平衡点是什么？

b. 该项目的净现值是多少？

c. 按照何种销售规模，该项目的净现值等于 0 美元？

14. 祈愿健康医疗设备供应公司正在考虑一项厂房中的 50 万美元投资，该厂房被用于生产一次性尿布。它拥有 4 年的预期寿命。按照每片 2 美元的价格，销售量可望为每年 60 万片。除了厂房折旧之外的固定成本为每年 20 万美元，并且可变成本为每片 1.2 美元。该厂房将使用直线折旧法在 4 年里进行折旧，而且没有残值。该项目的折现率为每年 15％，同时该公司按照 34％的税率支付所得税。

找出：

a. 将得到零会计利润的销售水平。

b. 针对 50 万美元得到 15％的税后会计收益率的销售水平。

c. 在预期销售量为每年 60 万片条件下的内部收益率、净现值和回收期（常规回收期和经过折现的回收期）。

d. 将得到零净现值的销售水平。

分析成本削减项目

15. 决定下述哪一种现金流是应当被纳入净现值计算过程的增加现金流。

a. 一家企业为新产品上市更换财产、厂房和设备时的旧机器出售。

b. 一项新产品概念的研发成本，这一新产品概念在去年形成而且现在正投入生产。

c. 由给定项目对该年净收入的贡献提供部分资金的一项红利支付。

d. 为一个投资项目购买的新设备。

e. 为一个投资项目购买的新设备的每年折旧支出。

f. 第 0 年 1 000 万美元的净营运资本支出，第 1 年 1 200 万美元的净营运资本支出以及第 2 年 500 万美元的净营运资本支出。

g. 从该企业拥有的之前废弃的仓库中放弃的潜在租金收入,该仓库现在作为新产品上市过程的一部分使用。

16. 某房地产公司已经用 100 万美元购买了一幢大楼。该大楼的经济寿命为 30 年,同时它将使用直线折旧法在 30 年内完全折旧。折现率为 14%,而且公司税率为 35%。假定不存在通货膨胀。公司要求的最小租赁支付是多少?假设租赁支付马上到期。

17. 你在一家企业的财务部门工作,同时正在评价一份项目建议。你已经完善了下述财务预测值,同时正在计算:

a. 该项目的增长现金流。

b. 给定折现率为 15% 时该项目的净现值。

公司税率为 34%,同时财务预测值以千美元为单位。

单位:千美元

	第 0 年	第 1 年	第 2 年	第 3 年	第 4 年	第 5 年
销售收入		10 000	10 000	10 000	10 000	10 000
运营成本		3 000	3 000	3 000	3 000	3 000
投资	17 500					
折旧		3 500	3 500	3 500	3 500	3 500
净营运资本	300	350	400	300	200	0

拥有不同存续期的项目

18. 假设你正在考虑更换保龄球道的球瓶放置器。制造商为你提供了花费 1.2 万美元的常规型球瓶放置器或者花费 1.5 万美元的重负荷型球瓶放置器。常规型球瓶放置器拥有 10 年经济寿命。假设这两种型号拥有相同的运作特征和维护成本,为了使重负荷型球瓶放置器能被选择,它的经济寿命应当是多少?假定资本成本为 10%。

19. 假设问题 6 中的胡氏软件设计公司面临一项在两种计算机系统之间进行的选择。第一种计算机系统花费 8 万美元,同时拥有 4 年的经济寿命,每年的维护成本将是 1 万美元。另一项选择花费 13.5 万美元,并且拥有 6 年的经济寿命,

年维护成本是 1.3 万美元。两项选择都使用直线折旧法完全折旧。任意一种计算机系统都没有残值。在年度基础上产生的成本节省被假定是相同的,而且公司可望产生充足的利润以实现折旧税盾。折现率为 11%,同时公司税率为 35%。哪一种计算机系统应当被选择?

20. 某电力公司正在两台设备之间进行选择。第一种选择将花费 50 万美元并且存续 5 年。它使用直线折旧法折旧,而且没有任何残值。该设备拥有 5 万美元的年维护成本。第二种选择将花费 60 万美元并且存续 8 年。它将使用直线折旧法折旧,同时没有任何残值。这台设备拥有 5.5 万美元的年维护成本。折现率为 11%,并且公司税率为 35%。哪一种机器应当被选择,同时何种假设构成这项选择的基础?

21. 参考前述问题。某电力公司正面临相同的选择,但是现在这家公司预期一项新技术将在第 9 年被引入该行业。这迫使公司在第 9 年年末替换今天做出的选择,因为新技术在成本方面是如此有效。所有其他必要信息和问题 20 中所阐明的信息都相同。应当做出何种选择?

22. 厨房用品供应公司必须更换生产厂房里的一项设备,该设备没有残值。这家公司可以在两种型号之间进行选择。第一种机器将存续 5 年并花费 30 万美元。该机器将每年带来 5 万美元的成本节省,年维护成本为 2 万美元。它使用直线折旧法进行折旧,同时没有任何残值。第二种机器将存续 7 年并花费 60 万美元,它将每年带来 7 万美元的成本节省。该机器也将使用直线折旧法进行折旧,但是在第 7 年年末拥有 6 万美元的残值,年维护成本为 1.5 万美元。每种情形下的收入被预期是相同的。公司税率为 35%,同时资本成本为 10%。该公司将购买哪一种机器?

对相互排斥的项目进行排序

23. 假设存在下述三个相互排斥的项目,每个需要 1 万美元初始必要开支。它们拥有下述税后现金流:

年数	项目 1 （美元）	项目 2 （美元）	项目 3 （美元）
1	0	2 000	4 000
2	2 500	2 000	4 000
3	10 000	8 000	4 000

如果资本成本为 8%，哪个项目应当被实施？如果资本成本为 10%，将会怎样？

24. 具有挑战性的问题。你的企业正在考虑拥有下述预期未来税后净现金流模式的两个投资项目：

年数	项目 1（美元）	项目 2（美元）
1	0	2 000
2	2 500	200

假设两个项目都需要 2 000 美元的初始必要开支，同时拥有相同的资本成本。如果它们是相互独立的项目，决定根据资本成本变化实施该项目的完整决策规则。如果它们是互斥项目，重新决定这种决策规则。提示：在等于 0、5%、10% 和 15% 的不同资本成本条件下，计算两个项目的目标内部收益率和净现值。

通货膨胀与资本预算

25. 芬纳蒂酒吧正在考虑购买一台新机器，这台机器能够使该酒吧增加随时可以取用的啤酒。新机器将花费 65 000 美元，同时以 10 年为基础进行折现。它被预期 10 年后没有残值。这项改进选择有望在第 1 年将销售额增加 3 万美元，同时此后按照 3% 的通货膨胀率增加。生产成本在第 1 年被预期为 15 000 美元，而且同样按照 3% 的通货膨胀率增加。实际折现率为 12%，并且名义无风险利率为 6%。公司税率为 34%。芬纳蒂酒吧是否应当购买这台机器？

26. 你是 Wigit 公司的一位金融分析师，同时你正在考虑两个相互排斥的项目（见下表）。遗憾的是，项目 1 的数字以名义价值表示，而项目 2 的数字则以实际价值表示。两个项目的名义折现率均为 17%，而且通货膨胀率被预测为 3%。

a. 决定选择哪个项目。

b. 你正被以实际价值表示的现金流所困扰。你担心在从实际价值角度决定全部现金流以及决定折旧税盾的过程中可能存在一个问题。你担心的是什么？

年数	项目 1（美元）	项目 2（美元）
0	−100 000	−90 000
1	30 000	25 000
2	60 000	55 000
3	75 000	80 000

27. 具有挑战性的问题。你在 Wigit 公司的下一项工作任务同样涉及决定一个项目的净现值，该项目可望存续 4 年。这里存在一笔 40 万美元的初始必要开支，这笔开支将依照直线折旧法在 4 年内进行折现。在第 4 年年末，假设你可以卖出部分设备，该设备为价值 35 000 美元（名义数字）的部分初始投资。第 1 年的收入可望是以实际价值表示的 225 000 美元。该项目在第 1 年涉及的成本如下所示：（1）部件成本在第 1 年是以实际价值表示的 25 000 美元；（2）劳动力成本在第 1 年是以实际价值表示的 60 000 美元；（3）其余成本将是在第 1 年以实际价值表示的 30 000 美元。收入和成本的增长率如下所示：（1）收入拥有 5% 的实际增长率；（2）部件成本拥有 0 的实际增长率；（3）劳动力成本拥有 2% 的实际增长率；（4）在第 2 年到第 3 年其他成本将拥有 1% 的实际增长率，在最后 2 年拥有 −1% 的实际增长率。从第 0 年到第 4 年的营运资本变化如下所示：（1）−20 000 美元；（2）−30 000 美元；（3）−10 000 美元；（4）20 000 美元；（5）40 000 美元。实际折现率为 9.5%，同时通货膨胀率为 3%，税率为 35%。

28. Patriots Foundry 公司正在考虑从事一项新业务：生产保罗·里维尔的纪念雕像。这需要以 4 万美元购买一台新机器。新机器将拥有 2 年寿命（从实际角度而言，同时基于税收目的），而且 2 年后没有任何价值。Patriots Foundry 公司将在直线折旧法的基础上对这台机器进行折旧。这家企业认为，按照每个 10 美元的价格，它每年将销售 3 000 个雕像。可变成本将是每个雕像 1 美元，同时固定支出（不包括折旧）是每年 2 000 美元。Patriots Foundry 公司的资本成本为每年 10%。假定所有前述数字均不存在通货膨胀。税率为 40%。

a. 预期现金流是什么？

b. 该项目的预期净现值是多少？该项目值得实施吗？

c. 净现值的盈亏平衡数量是多少？

相反，现在假设在接下来的 2 年里每年存在 6% 的通货膨胀率，同时收入和折旧支出按照该比率增长。假定资本成本保持在 10% 的水平上。

d. 预期名义现金流是什么？

e. 该项目的预期净现值是多少？该项目值得投资吗？

f. 当通货膨胀率上升的时候，为什么投资项目的净现值会下降？

29. 萨尔先生正在考虑一项企业投资，该企业投资提供浪漫的希腊诸岛及意大利乡村的带导游的旅游服务。4 年后，萨尔先生打算退休。初始投资将是一套计算机和电话系统中的 5 万美元。这项投资以直线折旧法进行折旧，并且预期没有任何残值。公司税率为 35%。每项旅游的价格为每位客户 5 000 美元，同时该价格从实际价值角度而言保持不变。萨尔先生将给自己支付每小时 50 美元，同时预期有实际 5% 的薪水增长。在旅游期间，每位客户的成本是 3 500 美元，同时该成本可望实际增长 3%。假设所有收入和成本均发生在年末。通货膨胀率为 3.5%。无风险名义利率是 6%，同时成本和收入的实际折现率是 9%。使用下述补充数据计算该项目的净现值：

	第 1 年	第 2 年	第 3 年	第 4 年
客户数量（位）	100	115	130	140
工作时间（小时）	2 080	2 080	2 080	2 080

30. Germanos Tree 农场的所有者已经与其故乡的政府签订了提供雪松幼苗的合同，从而为政府对部分土地重新造林并努力恢复雪松的昔日荣光提供帮助。该项目可望永远延续。在第 1 年年末，预期存在下述名义增长现金流：

收入	125 000 美元
劳动力成本	65 000 美元
其他成本	45 000 美元

该公司已经与一家空运货物运输公司签订了运送幼苗合同。该合同为每年以名义价值表示的 35 000 美元固定支付。第一笔支付于第 1 年年末到期。收入可望从实际价值角度而言以 4% 增长，劳动力成本被预期按照每年 3% 增长，其他成本可望按照每年 0.5% 下降。收入和成本的实际折现率为 8%，同时预期通货膨胀率为 3.5%。此处不存在税收，而且全部现金流均发生在年末。这项合同的净现值是多少？

第 3 部分

价值评估模型

第7章 市场估值原理

众多金融决策均归结为计算资产价值多少的问题。例如，在决定是投资于诸如股票或债券的证券，还是商业机会时，你不得不决定相对于其他投资机会而言正被索要的价格是高还是低。除了投资决策以外，同样存在其他需要决定资产价值的众多情形。举个例子，假设基于财产税的考虑，你们镇上的税收评估师将你的房屋评估为 50 万美元。这项价值是过高还是过低？或者假设你和兄弟姐妹继承了一些财产，同时你决定在你们中平等分享这些财产。你怎样决定这些财产的价值？

资产估值是估计一项资产价值多少的过程，而且资产估值是金融学三个分析基础的第二个（其他两个是货币的时间价值和风险管理）。资产估值处于大部分金融决策过程的核心。对于企业而言，价值最大化（最大化股东价值）被假定为管理层的主要目标。对于居民户而言，许多金融决策同样通过最大化价值做出。本章解释资产估值的原理，与此同时，接下来的两章则完善用来应用这些原理的数学技巧。

构成所有价值评估流程基础的关键性理念是，为了估计一项资产的价值是多少，你必须使用关于一项或多项具有可比性的资产的信息，这些资产的价格已经为你所知。按照一价定律，所有等同资产的价格必然是相等的。第 8 章说明一价定律怎样被用于从债券以及其他固定收益证券的观测市场价格中推导出拥有已知现金流的资产价值。第 9 章使用折现现金流方法考察股票的估值过程。

7.1 资产价值与资产价格的关系

在本章中，我们将一项资产的**基本价值**（fundamental value）定义为消息灵通的投资者在自由且存在竞争的市场里必须为该资产支付的价格。

在一项资产的市场价格和基本价值之间可能存在暂时差异。证券分析师通过研究不同企业的前景，同时推荐买卖股票谋生。他因为相对于基本价值，股票价格看起来较低而推荐购买某种股票，同时因为相对于基本价值，股票价格看起来较高而推荐出售某种股票。

然而，在做出大部分金融决策的过程中，将假定对在竞争性市场上买卖的资产

而言，价格是价值的精确反映作为出发点是一个很好的做法。就像我们将要看到的
那样，通常这项假定是精准且恰当的，因为存在众多消息灵通的专业人士，这些人
寻找被错误定价的资产，同时通过消除资产市场价格和基本价值之间的不一致赚取
利润。

7.2　价值最大化与金融决策

在众多例证中，个人金融决策甚至可以在不考虑个人消费及其风险偏好的条件
下通过最大化价值做出选择。为了给出一个简单例证，考察选择 A（你今天得到
100 美元）和选择 B（你今天得到 95 美元）之间的抉择。

假设你不得不猜测一位陌生人将怎样选择，你对他的偏好以及未来预期一无所
知。如果这两项选择在其他任何方面都是等同的，在财富越多越好的前提条件下，
你必定选 A。

极少有金融决策是如此简单而直接的。假设现在的选择是在极有风险的股票和
完全安全的债券之间进行。这位陌生人厌恶承担风险，而且对未来的股票价格持悲
观态度。但是股票的当前价格是 100 美元，同时债券的价格是 95 美元。

因为陌生人厌恶承担风险并对未来股票价格持悲观态度，所以你可能预期他将
选择债券。但是即使这位陌生人最终选择投资于债券，他也应当选择股票。

为什么？

答案是这位陌生人可以按照 100 美元的价格出售股票，同时用 95 美元购买债
券。只要经纪费用和买卖证券的其他交易成本小于 5 美元的价差，这位陌生人就能
通过购买股票赚取利润。这一简单例证给出了两个重要的关键点：

（1）完全可以在不考虑这位陌生人的风险偏好和未来预期的条件下以价值最大
化为基础理性地做出金融决策。

（2）金融资产市场提供了评价不同选择所需要的信息。

就像居民户进行基于价值最大化标准的金融决策那样，公司也这样做。上市公
司的管理者面临怎样进行资本预算、融资和风险管理决策的问题。因为上市公司的
管理者受雇于股东，所以他们的任务就是做出从股东的最大利益角度出发的决策。
但是一家大型公司的管理者甚至不知道其公司的许多股东的身份。[①]

因此，公司的管理者正在寻找一项导致相同决策的规则，该决策与每位单个股
东自己做决策时将会做出的决策相同。经济理论和常识均提出了下述公司金融决策
的规则：选择最大化当前股东价值的投资。事实上，每一位股东都将赞成这一规
则，从而这项规则可以在没有任何股东偏好信息的条件下实施。

---

① 因为许多公司的股票每天换手，所以即使首席执行官试图知道股东的身份，对他们而言，知道所有股东的身
份也是根本不可能的。

　　决策者怎样估计他们可以得到的资产和投资机会的价值？在某些场合，投资者可以在报纸上或电脑屏幕上查找这些资产的市场价格。但是一些资产不在任何市场上进行交易，因此我们无法获悉这些资产的价格。为了在这种情形里比较不同的选择，我们需要计算如果进行交易，那么这些资产的市场价值将会是多少。

　　在这些场合，资产估值的本质是使用我们所知道的当前市场价格的一项或多项类似资产的信息估计一项资产的价值。用来完成这种估计的方法取决于可得信息集合的丰富性。如果我们知道某项资产的价格，该资产从根本上等同于我们希望估计的资产，那么我们可以应用一价定律。

快速测查 7-1

　　你赢得了一项比赛，而奖品是在歌剧门票与棒球比赛门票之间进行选择。歌剧门票的价格是 100 美元，而棒球比赛门票的价格是 25 美元。假设你倾向于选择棒球比赛而不是歌剧，你应当选择哪张门票？

7.3　一价定律与套利

　　一价定律（Law of One Price）说明在竞争性市场上，如果两项资产是等同的，那么它们倾向于拥有相同的价格。一价定律由一项被称为**套利**（arbitrage）的过程强行驱动，套利是为了从等同资产的价格差异中赚取真实利润而购买并立即出售这些资产的行为。

　　我们使用黄金说明套利怎样运作。几千年来，黄金已经被广泛地作为价值储存和清算支付的手段使用。黄金是一项定义明确的商品，其质量能精确决定。当我们谈论黄金的价格时，我们指的是具有标准质量的一盎司黄金的价格。

　　考察下述问题：如果纽约的黄金价格为每盎司 800 美元，那么洛杉矶的黄金价格是多少？

　　答案应该是每盎司 800 美元左右。为了理解因何如此，我们考察如果洛杉矶的黄金价格极其不同于每盎司 800 美元，那么经济角度的后果是什么。

　　举个例子，假设洛杉矶的黄金价格仅为 750 美元。考察在洛杉矶购买黄金，并且在纽约出售黄金将花费多少。这里存在运输、保险和中介费用等成本，我们将这些成本的总和称为**交易成本**（transaction cost）。如果全部交易成本小于每盎司 50 美元，那么在洛杉矶购买黄金，并且在纽约以每盎司 800 美元的价格将其出售将为你带来回报。

　　比如说，交易成本为每盎司 2 美元，同时用飞机运输黄金需要一天时间，那么你的利润是每盎司 48 美元，你将在黄金便宜的地方购买，同时在黄金紧俏的地方出售。为了消除纽约的黄金价格在黄金从洛杉矶到纽约的运输途中可能下跌的风险，你试图锁定 800 美元的出售价格，此时你按照 750 美元购买黄金。更进一步地，如果你能将对所购黄金的支付推迟至收到来自销售黄金的支付后进行，那么在这项交易中你无须使用任何自己的资金。如果你可以同时实现这两个目标，那么你已经参与了一项"纯粹"的无风险套利交易。

如果纽约和洛杉矶之间的这种黄金价格差异不断加剧，那么你不可能是第一位或唯一一位发现这种价格差异的人。更为可能的是，逐日从事买卖黄金业务的黄金交易商将首先发现这种价格差异。发现价格差异的第一位交易商将试图在洛杉矶依照当地价格购买尽可能多数量的黄金。

除了黄金交易商以外，还存在被称为**套利者** （arbitrageur） 的另一组市场参与者。为了发现足够大的价格差异，套利者在不同区域观测黄金价格。套利者为谋生而参与套利（不仅在黄金市场，套利者还是众多资产市场中的活跃型参与者）。

无论是谁或何种团体正在进行买卖活动，在洛杉矶购买大量黄金，并且将其在纽约出售的行为都将驱使黄金价格在洛杉矶上升，同时在纽约下降。仅当洛杉矶和纽约的黄金价格差异在每盎司 2 美元的范围之内时，套利才会停止。如果洛杉矶的黄金价格高于纽约的黄金价格（比如说，纽约的黄金价格再次为每盎司 800 美元，但洛杉矶的黄金价格是每盎司 850 美元），那么套利力量将从相反的方向发挥作用。黄金交易商和套利者将在纽约购买黄金并将其运到洛杉矶，直至价格差异下降到每盎司 2 美元。

因此，套利力量存在于洛杉矶与纽约黄金市场之间价格差异相对狭窄的带状区域。交易成本越低，这一带状区域越狭窄。

快速测查 7 - 2

如果白银的价格在芝加哥为每盎司 20 美元，同时将白银运输到纽约的交易成本总和为每盎司 1 美元，则关于纽约的白银价格，我们能说些什么？

7.4 套利与金融资产价格

现在我们考察一价定律怎样在交易成本比黄金交易成本更低的金融资产市场中运作，例如股票市场。通用汽车公司的股票同时在纽约证券交易所和伦敦证券交易所交易。如果通用汽车公司的股票在纽约证券交易所按照每股 54 美元出售，与此同时，在伦敦证券交易所按照每股 56 美元出售，将会发生什么？

如果交易成本是微不足道的，那么投资者将在纽约购买股票同时在伦敦出售他们的股票。这种活动倾向于压低伦敦的股票价格，同时推高纽约的股票价格。

套利者甚至可以在不投资自己资金的条件下获得真实利润，这通过以 540 万美元的总金额在纽约证券交易所购买 10 万股通用汽车公司的股票，然后立即（通过计算机键盘上的某些敲击）在伦敦证券交易所出售这些股票获取 560 万美元总金额实现。因为套利者仅为在伦敦购买的股票支付了 540 万美元，却从在纽约出售的股票中获得了 560 万美元，所以套利者获得了 20 万美元的利润。

注意，即使这项交易集合在任何时候都不需要套利者的必要现金开支[①]，作为交易的结果，套利者也立即增加了 20 万美元的财富。实际上，只要通用汽车公司股票的价格在两家证券交易所里存在差异，套利者就可以继续通过实施这种交易增加财富，同时继续无代价地获利。

除了一个重要的事实之外，这一过程就像神鹅下金蛋一样。这一事实是，这种套利机会不能持续很长时间。套利者所赚取的大量利润将吸引对价格差异的关注。其他套利者将会为同样的套利利润展开竞争，结果是这两家证券交易所的股票价格将趋于一致。

就像这个简单例证所描述的那样，一价定律是关于某项资产的价格与另一项资产的价格之间相对关系的说明。一价定律告诉我们，如果我们希望知道通用汽车公司股票的当前价格，那么只需知道它在纽约证券交易所的价格就足够了。如果该价格为 54 美元，那么我们可以合乎逻辑地确定通用汽车公司股票在伦敦证券交易所的价格是相同的 54 美元。

一价定律是金融学中最基本的估值原理。实际上，如果观测到的价格看上去违反了这一定律，从而类似资产按照不同价格出售，那么我们的第一感觉并不是存在一价定律的例外。相反地，我们将怀疑：（1）某些东西正在干扰竞争性市场的正常运作；（2）两项资产之间存在某些（或许是无法探测的）经济角度的差别。

为了理解这一点，考察下述例证。通常 1 美元的钞票价值 4 枚 25 美分的硬币。我们知道这个事实，是因为我们可以拿出 1 美元并在银行、零售商店，或者和我们在街上碰到的某个人无成本地交换 4 枚 25 美分的硬币。

然而，我们可以描述一种情形，其中 1 美元钞票的价值少于 4 枚 25 美分硬币。假设你现在急需洗衣服，洗衣机需要 2 枚 25 美分硬币，同时烘干机需要 1 枚 25 美分硬币。你没有零钱，但是你确实拥有 1 美元钞票。如果你极其着急，而且投币式自助洗衣店里仅有的其他人只有 3 枚 25 美分硬币，那么你可能同意用你的 1 美元钞票交换这 3 枚 25 美分硬币。

什么时候 1 美元钞票的价值多于 4 枚 25 美分硬币？你可能正位于一个公共汽车站，同时极度干渴，你发现了一台只接受美元钞票且没有找零的饮料自动售货机。在这种情形里，你可能愿意为交换 1 美元钞票而向某人支付多于 4 枚的 25 美分硬币。

这些情形没有违反一价定律。因为在每个例证中，1 美元的钞票并不在所有方

---

① 然而，这确实要求他们的信用状况足够良好，从而使得他们能够在不预先支付的条件下购买纽约证券交易所的股票。

面真正等同于面值为 25 美分的 4 枚硬币。在投币式自助洗衣店里，1 美元钞票是没有用的，因为它无法启动洗衣机或烘干机。在公共汽车站，25 美分硬币是没有用的，因为它无法操作自动售货机。而且在两种情形里，你都没有无成本的途径找到按照正常比率交换 1 美元钞票和 4 枚 25 美分硬币的交易方。

与上述说明构成同义反复的是，没有两项不同的资产在所有方面均是相同的。例如，即使是同一家公司的股票，不同张股票在序列号码上也存在差异。然而，我们预期这些股票将拥有相同的价格，因为它们在所有影响投资者价值的方面都是相同的（例如预期收益率、风险、投票权、市场交易能力等）。

快速测查 7-3

在何种情形里，两枚 25 美分的硬币可能拥有不同的价值？

7.5 利率与一价定律

金融市场中的竞争保证了不仅同一资产的价格是相同的，而且同一资产的利率也是相同的。举个例子，假设美国财政部当前为 1 年期国库券支付的利率是每年 4%。你预期世界银行等重要机构为以美元为单位的 1 年期债务性证券支付的利率是多少（假设这些债务性证券是完全没有违约风险的）？

你的答案应当是大约每年 4%。

为了理解因何如此，假设世界银行提供显著低于每年 4% 的利率。消息灵通的投资者将不会购买世界银行发行的债券；相反，他们将投资于 1 年期国库券。因此，如果世界银行希望售出债券，那么它必须提供一项至少和美国财政部所提供的利率同样高的利率。

世界银行是否将会提供显著高于每年 4% 的利率？假设世界银行希望最小化它的借贷成本，那么它提供的利率将不超过吸引投资者必需的利率。因此，任意用美元计价且到期期限为 1 年的无违约风险借贷行为的利率，都倾向于和 1 年期美国国库券的每年 4% 利率相同。

如果存在有能力按照相同条款（例如到期期限、违约风险）以不同利率水平进行借贷的行动主体，那么他们可以实施利率套利：以较低利率借入资金，同时以较高利率贷出资金。这些行动主体扩张利率套利的努力将引发利率的均等化。

快速测查 7-4

假设你在一个每年赚取 3% 利率的银行账户中拥有 1 万美元，同时你拥有 5 000 美元的信用卡未偿余额，你正为其支付每年 17% 的利率。你面临的套利机会是什么？

7.6　汇率与三角套利

一价定律同样适用于外汇市场以及其他金融市场。套利保证了对在竞争性市场上自由兑换的任意三种货币而言，为了决定第三种汇率，知道任意两种货币之间的汇率就足够了。因此，就像我们所说明的那样，如果你知道美元的日元价格是 1 美元等于 100 日元，同时英镑的日元价格是 1 英镑等于 200 日元，那么通过一价定律可以推导出英镑的美元价格是 1 英镑等于 2 美元。

为了理解套利怎样在外汇市场中运作，从考察以不同货币表示的黄金价格出发是有帮助的。假设当前黄金的美元价格是每盎司 1 000 美元，同时黄金的日元价格为每盎司 10 万日元，你预期美元和日元之间的汇率将是多少？

一价定律暗示，你使用何种货币为黄金进行支付应当是无关紧要的。因此，10 万日元的价格应当等于 1 000 美元，这暗指日元的美元价格必须是 1 日元等于 0.01 美元，或者 1 日元等于 1 美分。

假设违反一价定律，同时日元的美元价格是 0.009 美元，而不是 0.01 美元。假定你当前以存入银行的现金形式拥有 1 万美元。依照这项假设，因为你可以按照每盎司 10 万日元或者每盎司 1 000 美元的价格买卖黄金，所以你将 1 万美元换成 1 万美元/0.009 美元 = 1 111 111.11 日元。你使用这笔日元购买 11.111 1 盎司（=1 111 111.11 日元/每盎司 10 万日元）黄金，同时出售这些黄金换取美元，从而得到 11 111.11 美元（= 11.111 1 盎司 × 每盎司 1 000 美元）。现在你将拥有 11 111.11 美元减去买卖黄金和日元的交易成本之间的差额。只要这些交易成本低于 1 111.11 美元，参与套利将为你带来回报。

> 注意，为了实施这项无风险套利交易，你不需要任何特殊知识，不需要做出针对未来价格的任何预测，而且不需要承担任何风险。

这种类型的交易被称为**三角套利**（triangular arbitrage），因为它涉及三项资产：黄金、美元和日元。

快速测查 7-5

假设汇率为 1 日元兑换 0.011 美元。如果黄金的美元价格为每盎司 1 000 美元，同时日元价格为每盎司 10 万日元，那么你怎样用你的 1 万美元赚取套利利润？

现在我们考察三种不同货币——日元、美元和英镑——的价格之间的关系。假设日元的美元价格为 1 日元兑换 0.01 美元（或者等同地，1 美元兑换 100 日元），并且以英镑表示的日元价格为 1 日元兑换半便士（0.005 英镑）（或者等同地，1 英镑兑换 200 日元）。从这两种汇率中，我们可以决定 1 英镑的美元价格为 2 美元。

虽然可能不明显，但是这里存在两种用美元购买英镑的途径：一种途径是间接地通过日元市场购买英镑——首先用美元购买日元，然后用日元购买英镑。依照假设，因为1英镑值200日元，同时200日元值2美元，所以在这种间接途径中，每英镑将花费2美元。另一种用美元购买英镑的途径是简单地直接购买。

因为存在一价定律，用美元直接购买英镑必须和用美元间接购买英镑花费相同。如果违反一价定律，那么将存在一个不会持续很长时间的套利机会。

为了在本例中考察套利力量怎样运作以维护一价定律，我们观察如果英镑的价格是2.10美元，而不是2美元将会发生什么。假设你走进纽约的一家银行，并且观测到下述三种汇率——1日元兑换0.01美元、1英镑兑换200日元和1英镑兑换2.10美元。假设那里存在一个美元/日元兑换窗口、一个日元/英镑兑换窗口以及一个美元/英镑兑换窗口。

在不离开这家银行的情况下，立即赚取10美元利润的方法如下：

（1）在美元/日元兑换窗口，将200美元兑换成2万日元；

（2）在日元/英镑兑换窗口，将2万日元兑换成100英镑；

（3）在美元/英镑兑换窗口，将100英镑兑换成210美元。

祝贺你，你刚刚将200美元兑换成210美元！

但是为什么要将套利规模仅限制在200美元？如果你用2 000美元进行套利，你的利润将会是100美元；如果你用2 000万美元进行套利，你的利润将会是100万美元；如果你可以发现一个类似这样的套利机会，那么这将是炼金术的等同物，即将贱金属变成黄金！

在真实世界里，你或我将不能发现这样的套利机会。不仅我们不能通过这种交易赚取利润，而且我们还可能损失金钱，因为银行针对兑换外汇收取费用。[1] 因此，作为零散的客户，我们所面对的交易成本将会消除任何套利利润。

虽然像我们这样的零散客户不能发现或探求外汇中的套利机会，但是银行或从事外汇兑换的其他交易商却可能这样做。某些银行和其他金融机构雇用职业套利者，他们使用计算机从其交易席位实施外汇买卖。不是从一个银行窗口走向下一个银行窗口，这些职业套利者可以在电脑屏幕上的视窗中执行套利交易，这些视窗通过电子化联机与坐落在全世界几乎任何地方的银行相互连接。

如果职业套利者面对我们例子中的三种汇率——1日元兑换0.01美元、1英镑兑换200日元和1英镑兑换2.10美元，他们可能通过在日元市场上将200亿美元换成100亿英镑，同时在英镑市场上出售100亿英镑换取210亿美元寻求赚取随即产生的10亿美元利润。实施这种大规模交易的尝试将立即引起注意，而且随后的交易将消除这种价格差异。因此，给定以美元表示的日元价格（1日元兑换0.01美元）以及以英镑表示的日元价格（1日元兑换0.005英镑），套利保证了英镑的美元

[1] 这里存在两类费用：直接费用以及银行买卖不同货币所依照的价格之间的差异。

价格将遵从一价定律，而且等于 1 英镑兑换 2.00 美元。

在这里，起作用的一般原理是：

> 对于在竞争性市场上自由兑换的任意三种货币而言，为了知晓第三种汇率，了解任意两者之间的汇率就足够了。

在我们的例子中，美元/日元的汇率是 1 日元兑换 0.01 美元，同时英镑/日元的汇率是 1 日元兑换 0.005 英镑。美元/英镑的汇率是两者的比率：

1 日元兑换 0.01 美元/1 日元兑换 0.005 英镑＝1 英镑兑换 2 美元

对于任何需要跟踪多种汇率的人而言，一价定律是一项巨大的便利。例如，假设作为工作的一部分，你通常需要知道四种不同货币之间的汇率：美元、日元、英镑和欧元。这里总共存在六种可能的汇率：美元/日元、美元/英镑、美元/欧元、日元/英镑、日元/欧元以及英镑/欧元。

然而，为了知晓所有这六种汇率，你仅需要知道三种以美元计价的汇率。依据两种以美元计价的汇率的比率，可以容易地算出其他三种汇率中的每一种。高技术职业套利者以极低成本迅速实施交易，他们的活动保证了直接汇率和所计算出来的间接比率或交叉比率极为相符。

快速测查 7-6

你观测到比索的美元价格和以色列新谢克尔的美元价格分别是 1 比索兑换 0.20 美元和 1 以色列新谢克尔兑换 0.30 美元。比索和以色列新谢克尔之间的汇率必然是多少？

7.7 运用参照物进行价值评估

正如前面所阐述的那样，没有两项不同的资产在所有方面都是完全相同的。价值评估的过程要求我们找到一项与希望对其估值的资产类似的资产，同时判断何种差异影响投资者的资产价值。

例如，考察使用类似房屋的可观测价格对一幢房屋的价值进行评估。假设你拥有一幢房屋，同时每年向当地的镇政府缴纳房地产税，这种房地产税按房屋的估计市场价值的一定比例计算得出。你刚接到来自镇房地产评估师的通知，这项通知告知你本年房屋的估计市场价值为 50 万美元。

假设你的邻居刚以 30 万美元的价格出售了与你的房屋相同的一幢房屋。以与你的房屋完全相同的一幢房屋刚按照比你的房屋估值低 20 万美元的价格出售为依据，你可以合理地申诉镇房地产评估师对你房屋价值的 50 万美元估值过高。

在你的房屋的估值过程中你应用了一价定律。你暗示如果你打算出售该房屋，那么你的预期是它的价格为 30 万美元，因为一幢类似的房屋刚按照这一金额出售。

当然，隔壁的房屋不完全等同于你的房屋，因为它没有坐落在你的场地上，而是坐落于紧挨着的场地上。而且或许你无法证明如果你真正出售该房屋将仅得到30万美元，而不是镇房地产评估师所说的价值50万美元。然而，如果镇房地产评估师不能指出你房屋的某些与经济相关的特征（如更多的占地面积或更多的楼层空间），这种特征使该房屋的价值超过你邻居的房屋20万美元，那么你将拥有申诉估值的强有力的逻辑证据（而且可能是强有力的法律证据）。

关键点是，甚至在不能依赖套利力量强制施行一价定律时，我们仍然可以依赖套利的逻辑对资产进行评估。

快速测查 7-7

假设镇房地产评估师说他是通过使用当前建筑材料成本计算重建你的房屋需要花费多少得出房屋价值50万美元的估值，你的反应是什么？

7.8 价值评估模型

当直接应用一价定律时，价值评估是相当简单的。然而，因为你几乎从不知道与正在被评估的资产完全等同的资产的价格，所以你必须采用某些其他方法，这些方法从其他类似但并不完全相同的资产的已知价格中估计价值。用于从其他类似资产的价格和利率信息中推导出资产价值的数量方法被称为**价值评估模型**（valuation model）。

最好用的模型类型取决于模型的特定目的。如果你希望估计一项你不能控制的资产的价值，那么你可能使用一项不同于你可以通过行动影响资产价值时所使用的模型。因此，如果你是一位单独的个人，正在将一家企业的股票作为私人投资进行评估，那么你可能会使用与另一家企业企图并购重组该企业时所使用的模型存在差异的模型。

7.8.1 对房地产进行价值评估

举个例子，考察前面讨论的镇房地产评估师所面临的估值问题。他不得不每年估计一次该镇上的所有房屋的价值。因为房屋所有者必须基于他的估值缴纳税收，所以他必然选择一种被认为公平且精确的价值评估模型。房地产价值评估中所使用的价值评估模型在复杂程度和数学精巧水平上明显存在差异。因为该镇的纳税人不得不支付每年的评估成本，所以他们希望选取可以低成本实施的模型。

考察这位评估师可能使用的一项简单模型。他可以搜集该镇去年（从上次对房屋重新估值开始）出售的房屋的所有可利用的价格数据，计算出它们的平均值，同时使用这个平均值作为所有房屋的评估价值。构建和施行这项模型确实不昂贵，但是几乎可以确定，该模型将被某些价值低于平均值的房屋的所有者认为是不公平的。

另一项简单模型将是采用每幢房屋的原始购买价格，同时依照一项因素对原始购买价格进行调整，这项因素能够反映从购买日期到当前日期该镇房屋价格的一般变化。因此，假设该镇的房屋价格在过去 50 年里已经按照每年 4％的平均比率上涨，于是 50 年前以 3 万美元购买的房屋将拥有 30 000 美元×1.04^{50} 即 213 200 美元的当前估值。

但是，某些房屋所有者一定会就该方法忽视了房屋本身在此期间发生的变化提出异议。一些房屋已经经历了大修，同时另一些房屋已经颓败。更进一步地，该镇不同地点的相对受欢迎程度也已经发生变化。

评估师在众多价值评估模型的选择中面临难题，并且可能最终采用多于一种的价值评估模型。

快速测查 7 - 8

你能否为评估师提供一种改变其价值评估模型的方法，从而将该房屋坐落处的特定邻居纳入考虑范围？

7.8.2　对股票进行价值评估

一项相对简单的在估计一家企业股票价值的过程中得到广泛运用的模型是用该股票最近的每股收益（EPS）乘以类似企业的**市盈率**（price/earnings ratio）。一家企业的市盈率是其股票价格与每股收益的比率。

因此，假设你希望估计 XYZ 公司股票的价值，同时 XYZ 公司的每股收益为 2 美元。进一步假设，同样业务领域中的类似企业拥有平均值为 10 的市盈率。运用该模型，我们可以估计 XYZ 公司股票的价值为 20 美元：

$$XYZ 公司股票的估计价值＝XYZ 公司的每股收益×行业平均市盈率$$
$$＝2 美元×10＝20 美元$$

在应用市盈率模型的过程中，为了保证正在衡量的东西是真正类似的，必须采取极其谨慎的态度。例如，由两家拥有相同资产但负债/权益比率不同的企业所发行的股票并不是真正类似的。更进一步地，被划分在相同行业的企业可能在未来拥有极其不同的盈利性增长机会，因此其市盈率存在差异。

快速测查 7 - 9

一家企业的每股收益是 5 美元，同时行业平均市盈率为 10。该企业股票价值的估计值将是多少？

在第 8 章和第 9 章中，我们将探究价值评估模型的特定类型，它们在金融学中基于不同目的被用来对不同类型的资产进行价值评估。但是首先我们离开正题就**账面价值**（book value）说几句：账面价值是出现在会计报表中的价值测度标准。

7.9 价值的会计标准

当一项资产的价值被公告在资产负债表或其他财务报表中时，其价值经常不同于它们的当前市场价值，这是因为会计人员经常采用初始成本衡量资产，然后随着时间的推移，对资产进行折旧或"冲销该项资产"。当资产的价值出现在资产负债表中时被称为该资产的账面价值。

一个例证将有助于阐明这一概念。你在 20×0 年 1 月 1 日以 10 万美元购买了一幢房屋，同时将其出租赚取利润。你用 2 万美元自己的资金（股权型融资）以及来自银行的 8 万美元按揭贷款（债务型融资）为购买融资。你开办了一家小型房地产公司来运作这项租赁业务。表 7-1 显示了该公司的初始资产负债表。

你为这项财产支付的 10 万美元在土地价值和建筑价值之间进行分配。起初，所有资产和负债均按照市场价格记录。然而，账面价值和市场价值可能相互背离。即使建筑的市场价值上升，会计人员也会对建筑的价值进行折旧（也就是说，削减价值），土地的账面价值则保持固定。

举个例子，假设在 1 月 2 日，某人针对这项财产提出 15 万美元的真实报价。在公司的资产负债表上，这项财产仍然是 10 万美元（减去 1 天的折旧）。这是该财产的账面价值。然而，如果出售这项财产，你将因其得到 15 万美元。这是该财产的市场价值。

表 7-1	ABC 房地产公司的初始资产负债表	单位：美元
	20×0 年 1 月 1 日	
资产		
土地		25 000
建筑		75 000
负债		
按揭贷款		80 000
所有者权益（净财富）		20 000

表 7-2 显示了 ABC 房地产公司 1 月 2 日按市场价值计算的资产负债表。假设该项财产的市场价值是 15 万美元，同时按揭贷款的价值从前一日开始保持不变。

表 7－2	ABC 房地产公司按市场价值计算的资产负债表	单位：美元
	20×0 年 1 月 2 日	
资产		
土地和建筑	150 000	
负债		
按揭贷款	80 000	
所有者权益（净财富）	70 000	

如果某人在 1 月 2 日询问你有多富有，你将使用何种企业价值的衡量标准计算你的净财富？[①] 如果你使用所有者权益的账面价值，答案是 2 万美元，这是你在 1 月 1 日投资于该企业的金额。但是如果你使用市场价值，那么你的净财富为 7 万美元。

关键点是财务报表的使用者必须注意，如果资产价值没有被特别重新估值，从而反映该资产的当前市场价值，那么不要将在财务报表中出现的资产价值解释为市场价值。

快速测查 7－10

假设 1 月 3 日 ABC 房地产公司财产的市场价值下跌至 8 万美元，你的净财富的市场价值是多少？账面价值是多少？

7.10　信息怎样反映在股票价格之中？

在本章的开端，我们说明了资产的市场价格是其基本价值的一项良好衡量标准。在这部分中，我们将更充分地完善这一阐述背后的论证过程。

有时候，作为对传递公司未来发展前景的消息的公告的反应，一家公司的股票价格会发生"跳跃"。举个例子，假设 QRS 医药公司宣布其科学研究人员刚发现了一种治疗普通感冒的药物，股票价格将可能因该消息而迅猛上升；相反，如果传闻一位法官刚裁定 QRS 医药公司受到一项指控，该指控涉及数百万美元偿付，对购买该公司某种产品的客户进行赔偿，QRS 医药公司的股票价格将可能下跌。

在这种情形里，人们说股票市场正在对包含在这些公告中的信息做出反应。这种说法隐含着这样一种观点：至少某些买卖 QRS 医药公司股票的投资者（或者推荐该股票的证券分析师）正在关注决定股票价值的基本因素。当那些基本因素发生变化时，股票价格也会变化。实际上，当一条重要的新闻被正式公开的时候，如果股票价格不变动，那么许多股票市场的观测者将认为该条新闻已经被反映在股票价格之中。这正是隐藏在**有效市场假说**（efficient markets hypothesis，EMH）后面

---

① 回想第 1 章中所说的，净财富（或所有者权益）是资产与负债之间的差额。

的观念。

7.11　有效市场假说

有效市场假说是这样一种观点：一项资产的当前价格完全反映了所有公开可得信息，这些信息与影响该资产价值的未来经济性基本因素相关。[①]

有效市场假说背后的推理过程可以通过考察下述稍微简化的描述得到解释，这种描述说明一位典型的分析师或投资者在一家特定公司股票的决策中所采取的行动。

第一，分析师搜集有关该公司的信息或"事实"以及可能影响该公司的相关事项。第二，她运用可以决定未来某一日期（第 1 期）股票价格的最优估计值（今天是第 0 期）的某种方法对这些信息进行分析。这一最优估计值是第 1 期的预期股票价格，标记为 $\overline{P}(1)$。

从对当前股票价格 $P(0)$ 的考察中，她可以估计出该股票的预期收益率 $\overline{r}$，收益率为：

$$\overline{r} = \frac{\overline{P}(1)}{P(0)} - 1$$

然而，这位分析师的工作并没有结束。因为她意识到她的信息是不完备的（例如，受到错误或者可能发生的不可预测事件的影响），所以她必须同时对可能的未来价格范围有所考虑。

尤其是她不仅必须估计该范围与最优估计值之间的发散程度，而且要估计对最优估计值的特定规模偏离的可能性有多大。然后，分析过程给出了收益率偏离预期收益率的估计值以及这种偏离的可能程度。明显地，她的信息越准确，估计值周围的发散程度就越小，同时投资风险越低。

第三，依照预期收益率和发散程度的估计值，她做出一项针对股票买卖数量的投资决策或建议。数量取决于与其他可得投资相比而言，这只股票的风险和收益之间的权衡取舍有多恰当，同样取决于她（自己或者作为其他人的代理人）不得不投资的资金数量。预期收益率越高，同时她拥有（控制）的资金越多，她希望买卖的股票也就越多。发散程度越大（也就是说，她所拥有的信息越不准确），她在该股票中持有的头寸就越小。

为了理解怎样决定股票的当前市场价格，我们观察所有分析师的总体估计值，同时假定市场一般处于均衡状态，也就是说，一般而言，价格将是使全部（所希冀

---

① 股票价格也经常反映私人信息。参阅 L. K. Meulbroek，"An Empirical Analysis of Illegal Insider Trading," *Journal of Finance*，December 1992，以及 L. K. Meulbroek and C. Hart，"The Effect of Illegal Insider Trading on Take-over Premia," *European Finance Review*，1997（1）。

的）需求等于全部供给的价格。基于下述两项理由，分析师们的估计值可能有所不同：

（1）他们可能拥有接触不同数量信息的途径（虽然假定公开信息对所有人而言都是可资利用的）。

（2）他们可以针对信息对未来股票价格的影响有差别地分析这些信息。

尽管如此，每一位分析师都会得出按照给定市场价格 $P(0)$ 买卖股票的数量决策。这些决策的总和给予我们在价格水平 $P(0)$ 上针对该公司股票的全部需求数量。

假设价格是所需求股票多于所供给股票情况下的价格（也就是说它太低了），于是该价格可望上升，反之亦然。如果在给定价格水平上存在比所需要的股票更多的可得股票，价格将会下降。因此，股票的市场价格将反映所有分析师观点的加权平均值。

关键的问题是，这种加权平均机制的本质是什么？因为市场中的"选票"使用美元竞投，所以有最大影响力的分析师将是可以控制更大数量的资金的那些人，而且在他们中间针对该股票拥有最强有力观点的人将是最重要的。

专栏 7.1

因新闻而产生的瞬时交易

一项针对有效市场假说的常见批评瞄准这种观念：新信息可以立即被反映在股票的市场价格中。毕竟，人们需要花费一定的时间解读新闻信息，对这些新闻信息进行处理，决定怎样行动，然后执行作为反应的任何交易。但是解读新闻信息后使用计算机程序自动执行交易的新进展已经削弱了这项针对有效市场假说的批评的深刻性。

现在投资者已经可以使用扫描新闻和公司公告以获取特定词条的计算机程序，这些词条可能影响投资者购买、持有或出售股票的决策。举个例子，若干拥有"热浪"词条的报道可以为购买制造冷却设备的公司的股票提供建议。令人赞叹的是，近来的进展已经使计算机程序能够在超越这一解读水平的层次上良好运行。

现在已经存在对新闻的多年价值进行评价的计算机程序，这些新闻由特定公司发布或是关于特定公司，这些计算机程序可以测定特定类型的新闻怎样影响股票的价值。从这种分析过程出发，一旦收到一条新的公告，这种计算机程序可以立即决定是否交易（买或卖）处于考虑之中的股票。该技术的一项直接结果是对所谓机器可读新闻的需求剧增。所谓机器可读新闻是指包含以字符串形式表示的单词和数字的新闻报道，它们容易被相关计算机程序读取。

在这种新框架里，信息以循环形式在机器之间即时流动将潜在地成为事实，该循环开始于由机器创设的新闻，结束于由机器实施的交易。

这种情况将会怎样影响有效市场假说？我们不得不想起有效市场假说假定在一家企业的相关信息被发现时，该信息将被纳入股票价格之中。当投资者必须解读新闻，同时在实施交易前分析新闻的内容时，这一假说似乎是不现实的。但是在一条信息可以流动并被解读进而引发交易，而且所有这些在不足 1 秒内实现的世界里，有效市场假说不再使我们觉得不现实。实际上，这种技术的出现仅充当支持有效市场假说重要性的角色。

资料来源：改编自 "Automatic News Makes Headlines and Money," *Financial Times*，April 15，2007。

注意，拥有最强有力观点的分析师极其自信，因为他们相信自己拥有更好的信息（导致最优估计值周围更小的发散程度）。更进一步地，由于一贯高估估计值准确程度的分析师最终将会失去他的客户，因此可以预期，在控制大额资金的分析师中，那些认为自己拥有更好信息的人一般而言或许将失去他的客户。

从所有这些阐述中我们得出结论，股票的市场价格将反映分析师观点的加权平均值，一些分析师的观点被赋予更大的权重，这些分析师控制超过平均数量的资金，同时/或者拥有好于平均数量的信息。于是，市场价格所提供的"公平"或"内在"价值的估计值将比从一位普通分析师那里获得的估计值更加准确。

现在假设你是一位分析师，同时发现了一只股票，该股票的市场价格足够低，以至于你认为这是一项"划算的交易"（如果你从未发现这种情形，那么从事分析师行业是毫无意义的）。从前面的讨论中可以看出，这里存在两种可能性：

（1）你确实拥有一项划算的交易——你的估计值比市场价格更为准确（也就是说，就可能影响股票价格的未来事件的信息而言，你拥有比平均信息更好的信息，或者/同时你在分析信息方面做得比平均水平更好）。

（2）其他人比你拥有更好的信息，或者更好地对可得信息进行处理，同时你的"划算的交易"并不是真正划算的交易。

针对究竟是哪一种可能性的评估取决于相对自己而言，其他分析师有多么优秀。下面是预期分析师素质高的重要理由：

● 给予能够持续战胜平均水平的任何人的巨额回报，将大量聪明且勤奋的人吸引至该行业；

● 该（分析师）行业的相对容易进入暗示，竞争将迫使分析师仅仅为了生存就需要寻找更好的信息，并且完善处理这些信息的更好的分析技术；

● 股票市场已经出现了足够长的时间，从而可以使这些竞争性力量发挥作用。

正是因为职业分析师相互展开竞争，所以市场价格成为越来越好的"公平价值"估计值，同时发现获利机会变得愈加困难。

快速测查 7-11

DEF 公司宣布在接下来的几年中它将花费数十亿美元来开发一种新产品，该公司的股票价格在公告发布后剧烈下跌。按照有效市场假说，价格暴跌的原因是什么？如果你是 DEF 公司的总裁，你将从该公司股票价格的下跌中得出什么结论？

专栏7.2

法律中的有效市场假说

有效市场假说不仅开始影响金融市场和经济理论，还开始影响对市场事件的法律解读。就像本章中所讨论的那样，有效市场假说从根本上坚持认为，一只股票的市场价格完全而正确地容纳了与其价值有关的所有公开信息。从这一视角出发，股票价格上升或下跌仅仅是因为新信息变得可以利用。有效市场假说坚持认为新信息被迅捷地反映在股票的市场价格之中。

有效市场假说在法律世界中发挥特殊作用，因为它已经被美国高等法院接受。在 1988 年贝塞克公司诉莱文森（Basic Inc. v. Levinson）的案件中，该法院接受以"市场欺诈"概念为法律标准，市场欺诈以有效市场假说为前提。这项标准涉及企业的欺诈性信息披露。该法院裁定了这种说法：购买企业股票的欺诈性交易者，无论其购买行为是直接基于欺诈性报告，还是间接基于欺诈性报告，都是欺诈性交易者。在这一裁定之后，援引"市场欺诈"标准的民事案件迅猛增加。近来有效市场假说似乎也已经在刑事公诉领域找到一席之地。

考察杰米·欧利斯（Jamie Olis）先生的案件。杰米·欧利斯是一位税务会计师，他被牵涉进了 Dynegy 能源公司的丑闻。鉴于他在 Dynegy 公司的名为阿尔法项目的一系列欺诈性财务活动中所扮演的角色，欧利斯在 2004 年受到被处以 24 年有期徒刑的严厉判决。考虑到对 Dynegy 能源公司股东所造成的损失，该损失是得知阿尔法项目是一个骗局的消息时所计算得出的损失，负责该案件的法官判处欧利斯有期徒刑。虽然在上诉的条件下这项判决有望减轻，但显而易见的是，有效市场假说对至少一位商人意味着一段严峻的时期。

欧利斯上诉的焦点在于股票下跌专门源于阿尔法项目是骗局这一消息的程度。同时为起诉方和辩护方工作的经济学家可望估计出归因于丑闻消息的损失。有效市场假说是这一案件的建构基础。

然而，数年来，最初发展于 20 世纪五六十年代的有效市场假说已经受到学术界的攻击。近来，少数学者辩称即使世界上最先进的金融市场在实践中也不能像有效市场假说要求它们的那样有效率。毫无疑问，这些学者声称这种市场并不是充分有效的，从而能够保证利用股票价格的下跌确定法律案件中的财务损失规模。

在美国，法律标准仍然保持不变。在民事案件和刑事案件中，有效市场假说可以发挥重要的作用。于是我们可以看到，有效市场假说的影响令人满意地扩展到世界上的大学殿堂之外。

资料来源：改编自"Dismal Science, Dismal Sentence," *The Economist*，September 7，2006。

小　结

在金融学中，一项资产的价值的衡量标准是如果在竞争性市场中出售它将获得的价格。准确评估资产价值的能力位于金融学科的中心地位，因为许多个人或公司的金融决策可以通过最大化价值的选择做出。

一价定律说明在竞争性市场上，如果两项资产是等同的，那么它们倾向于拥有相同的价格。一价定律由一项被称为套利的过程强行驱动，套利是为了从等同资产的价格差异中赚取真实利润而购买并立即出售这些资产的行为。

在实践中，即使套利无法实施从而强制执行一价定律，未知资产的价值仍然可以从已知价格的类似资产中推导得出。

用于从其他类似资产的价格和利率信息中推导出资产价值的数量方法被称为价值评估模型。所能采用的最佳价值评估模型随可得信息和估计价值的计划用途发生变化。

一家企业财务报表中所公告的资产或负债的账面价值经常不同于它的当前市场价值。

在做出大部分金融决策的过程中，从以下假定出发是一个好主意：对于在竞争性市场中买卖的资产而言，价格是基本价值的相当精确的反映。这一假定通常是精确而恰当的，因为众多消息灵通的专业人士在寻找被错误定价的资产，他们通过消除市场价格与资产基本价值之间的差异赚取利润。

资产的当前价格完全反映所有公开可得信息（以及部分私人信息）的主张以有效市场假说闻名，这些信息是关于影响资产价值的未来经济性基本因素的信息。

所交易资产的价格反映了关于其价值的基础性经济决定因素的信息。为了买卖"划算资产"，分析师不断寻找其价格与基本价值不同的资产。在决定买卖"划算资产"的最优策略的过程中，分析师不得不评价信息的准确性。一项资产的市场价格反映了所有分析师观点的加权平均值，控制大量资金以及拥有比普通信息更好的信息的分析师被赋予更大的权重。

关键术语

基本价值	一价定律	套利	交易成本
套利者	三角套利	价值评估模型	市盈率
账面价值	有效市场假说	购买力平价	实际利率平价

问题与疑难

资产价值与资产价格的关系

1. 讨论在过去几年里，新经济造成的通信和互联网行业证券价格的上升与下降，是否和资产的市场价格可以暂时不同于基本价值的观点相一致。

价值最大化与金融决策

2. 讨论金融决策过程中的价值最大化原理是否独立于对未来资产价格的预期。

一价定律与套利

3. IBX公司的股票在纽约证券交易所按照35美元进行交易，同时在东京证券交易所按照33美元进行交易。假定股票的买卖成本是可以忽略的。

a. 你怎样赚取套利利润？

b. 随着时间的推移，你预期纽约和东京的该股票价格将会发生什么变化？

c. 现在假设买卖 IBX 公司股票的成本为每笔交易额的 1%。这将怎样影响你的答案？

4. 假设你居住在需纳税的州，这里对含酒精饮料收取 16% 的销售税率。一个免税的邻近州不对含酒精饮料征税。一箱啤酒的价格在免税州为 25 美元，同时在纳税州为 29 美元。

a. 这是对一价定律的违反吗？

b. 邻近免税州边界的纳税州的啤酒商店会生意兴隆吗？

5. 假设白松露的价格在巴黎为每千克 400 欧元，同时 1 欧元的价格是 1.453 瑞士法郎。在将白松露从巴黎运送到日内瓦的过程中，存在 1% 的运输以及诸如保险费用等交易成本。你预期在日内瓦观测到的白松露价格处于何种范围之内？

6. 评论下述说法：将一价定律应用于债券市场暗示，所有债券投资者都拥有关于利率期限结构的等同信息。

7. 讨论下述说法的有效性：因为一项完全无风险的套利交易不需要任何资金投资，所以利率期限没有任何意义，这是因为排除了为持有一项资产而借入资金的可能性。

利率与一价定律

8. 具有挑战性的问题。在 2002 年 4 月 29 日的那个星期里，一些新发行的以美元计价的国际债券上市了。穆迪公司和标准普尔公司将这些国际债券评为 Aaa/AAA 的不同类别。它们与国库券的价差范围为 39~44 个基点（1 个基点是百分之一的百分之一）。这意味着新公司债券正在支付比具有类似特征的国库券的收益率高 4‰ 的有效收益率。你预期当前市场价差与债券评级类别之间的关系将是什么？价差应当领先于评级变化、滞后于评级变化还是与评级变化保持同步？一项衡量标准是连续的，也就是说，价差可以拥有连续的价值范围，同时其他衡量标准是离散的，这意味着存在少量不同的评级类别，这种情况有意义吗？

汇率与三角套利

9. 你观测到欧元的美元价格为 1 欧元兑 1.20 美元，同时日元的美元价格为 1 日元兑 0.01 美元。如果不存在套利机会，欧元和日元之间的汇率必然是多少？

10. 假设黄金的价格是每盎司 755 美元。

a. 如果黄金的英镑价格为每盎司 500 英镑，你预期 1 美元的英镑价格应当是多少？

b. 如果实际上仅需要花费 0.6 英镑购买 1 美元，怎样赚取套利利润？

11. 在阿根廷，众多形式的货币处于流通之中。除了国家货币单位比索和美元之外，还存在各式各样由区域性政府和当地政府发行的交易活动接受的小型债务性工具或者借款凭证。假设你去了布宜诺斯艾利斯的收费海滩并且发现了一个公告，公告列出了下述成人门票价格：

货币	价格
货币 1	3
货币 2	5
货币 3	2
美元和货币 4 也都接受！	

假设你知道在黑市上 1 美元可以买到 4 单位货币 3 或 6 单位货币 1。同时 1 单位货币 2 可以交换 5 单位货币 4。搜遍口袋你只找到美元和货币 4。假设不存在套利机会。为了获得进入该海滩的许可，你预期应当支付多少？

12. 在下表中填入缺失的汇率：

	美元	英镑	欧元	日元
美元	1	1.75	1.25	0.01
英镑	0.571 4			
欧元	0.80			
日元	100			

13. 假设你购买了一幢房屋，一段时间后在阁楼中的一只盒子里发现了一套古老而又名贵的芭比娃娃收藏。你将怎样着手得出该收藏品的

当前市场价值？什么特征决定这项收藏品的市场价值？

14. 假设你拥有一幢 4 年前以 475 000 美元购买的房屋。评估师刚通知你，该房屋的应税价值将增至 525 000 美元。

a. 为了帮助你就这项新估值进行申诉，你可能怎样搜集信息？

b. 假设除了少一间卧室之外，隔壁的房屋与该房屋类似，它刚以 49 万美元出售。你可能怎样利用这项信息为你的情形辩护？关于额外的一间卧室，你必须做出的推断是什么？

价值评估模型

15. 美国电话电报公司的市盈率当前为 6，与此同时，标准普尔 500 指数的市盈率为 10。怎样解释这项差别？

16. 假设你是一家私营玩具公司的财务总监。首席执行官要求你提出该公司每股价格的估计值。该公司的每股收益在刚结束的上一年度为 2.00 美元。你知道你应该考察类似的上市公司，但是它们看上去处于两个阵营：拥有 8 倍市盈率的那些公司和拥有 14 倍市盈率的那些公司。你对这种差别感到困惑，直至你注意到一般相对于更高市盈率的公司而言，更低市盈率的公司拥有更高的财务杠杆比率。8 倍市盈率的那组公司拥有 2∶1 的负债/权益比率，14 倍市盈率的那组公司拥有 1∶1 的负债/权益比率。如果该公司拥有 1.5∶1 的负债/权益比率，关于公司的每股资产价值，你可能告诉首席执行官什么？

价值的会计标准

17. 下表显示了 Brugge Bears 足球队的当前资产负债表：

单位：欧元

资产		负债和所有者权益	
体育馆与设备	2 500 万	债券	3 500 万
转播权	2 000 万	所有者权益	1 000 万

假设欧洲付费电视市场的崩溃使该俱乐部转播权的市场价值下跌至 1 000 万欧元。Flemish 房地产和设备公司给出的体育馆与设备的估价为

3 000 万欧元，同时已发行债券的市场价格为 2 500 万欧元。该公司的市场价值与账面价值的当前比率为多少？

18. 假设你已经经营自己的公司 15 年。最近一个财政年度的销售额为 1 200 万美元，净收入为 100 万美元，公司账面价值为 1 050 万美元，一家类似的公司刚刚按照下述统计结果出售：

销售额乘数	0.8 倍
净收入乘数	12 倍
账面价值乘数	0.9 倍

a. 你的公司价值的恰当范围是多少？

b. 如果你知道你的公司拥有一个更有盈利能力的未来投资机会，关于你的公司的可能价值，这个投资机会能说明什么？

信息怎样反映在股票价格之中？

19. 假设美联储正在举行一个会议处理是否采取行动提高利率的问题。利率水平和期限结构决定了用于评估诸如股票和债券等证券价值的基本折现率。如果市场参与者相信美联储将提高利率，这将怎样反映到证券价格之中？

有效市场假说

20. 在 Fuddy 公司的首席执行官意外死亡的消息被宣布以后，该公司的股票价格迅速下降。怎样解释这一市场反应？

21. 假设我们正在研究公司管理层基于内部消息进行交易所赚取的收益率。内部消息也就是公司内部人知晓但不能公开获得的消息。如果这类交易产生了超过平均水平的收益率，关于市场有效性，这种情形能告诉我们些什么？

22. 你的分析导致你相信 Outel 公司的股票价格应当为每股 25 美元，它的当前价格是 30 美元。

a. 如果你认为自己没有获得该公司的特殊信息的途径，你将做些什么？

b. 如果你是一位分析师，拥有比平均信息更好的信息，你将做些什么？

23. 具有挑战性的问题。假设基于内部信息进行交易的管理者确实赚取了超过平均水平的收

益率。关于激励管理者披露信息的动机以及与交易时机相对而言的信息披露时机，这个事实将告诉我们些什么？

综合性问题

24. 假设你的一位婶婶已经去世，同时向你和你的兄弟姐妹（一位哥哥、一位姐姐）遗赠了各式各样的资产。这些资产的初始成本如下所示：

项目	成本	购买时间
珠宝	500 美元	75 年前由祖母购买
房屋	120 万美元	10 年前
股票和债券	100 万美元	3 年前
老爷车（使用过的）	20 万美元	2 个月前
家具	1.5 万美元	于过去 40 年期间的不同时间购买

因为你正在学习一门有关金融的课程，所以你的哥哥和姐姐让你负责在你们三人中公平划分这些资产。在开始之前，你哥哥走向你并且说道："我确实希望那辆车归我，所以你在划分资产时给我那辆车，同时从我的份额中扣除 20 万美元。"

听到这个说法，你姐姐说："这听起来是公平的，由于我确实喜欢珠宝，你可以把它分配给我，并且从我的份额中扣除 500 美元。"

你一直喜欢你婶婶的房屋和家具，所以你希望拥有房屋和家具。

a. 对于你哥哥和姐姐的要求，你的反应是什么？对你的反应做出解释。

b. 你怎样着手决定每项资产的适宜价值？

附　录

购买力平价与实际利率平价

一价定律是以**购买力平价**（purchasing power parity，PPP）闻名的汇率决定理论的基础。该理论的本质是对汇率进行调整，从而在全世界范围内获得"代表性"商品和服务篮子的相同"实际"价格。换句话说，该理论说的是，即使某些商品可能在不同国家花费不同金额，一般的生活成本也应当大致相同。

为了说明购买力平价背后的论证过程，假设仅存在两个不同的国家——日本和美国，它们拥有它们自己的货币——日元和美元。因此，这里仅存在一项需要确定的汇率——日元的美元价格。此处存在两个国家均生产并消费的单个商品——小麦。

假设小麦的价格在美国为每蒲式耳 1 美元，同时在日本为每蒲式耳 100 日元。均衡汇率为 1 日元兑换 0.01 美元。

考察在汇率为 1 日元兑换 0.009 美元的情况下将会发生什么。此时将存在一个套利机会。一位套利者可以在日本购买小麦，并且把它出售给美国的消费者。从日本进口的 1 蒲式耳小麦将花费 0.9 美元（1 日元兑换 0.009 美元×每蒲式耳 100 日元），同时在美国市场上按照 1.00 美元的价格出售。为了实施这项活动，套利者需要将更多的美元换成日元，该数量多于按照 1 日元兑换 0.01 美元的均衡汇率所能兑换的数量。日本将获得贸易剩余（也就是说，它将是美国的小麦出口者），同时存在对日元的超额需求。这种对日元的超额需求将使日元兑美元的价格上升。

在比均衡汇率高的汇率条件下，情形是相反的。"价值被低估"的美元使得对日本的消费者而言，美国小麦比日本小麦更便宜。日本从美国进口小麦，而不是将小麦出口给美国。这里存在超额日元供给，它将促使日元兑美元价格向均衡水平下降。

在现实中，我们说明购买力平价的简单例证不得不基于某些理由进行修正。我们假定相同的商品在两个国家中被消费，而且这些相同商品能够以低成本进行运输。在现实中，虽然某些商品是相同的，但是每个国家所生产和消费的众多商品是有差别的。更进一步地，许多商品极其贵重以至于不能跨国界运输。在许多场合，政府通过关税和配额对进出口的流动进行限制。

基于所有这些理由，如果从根本上坚持购买力平价，那么也仅能在大概的意义上坚持购买力平价，而且仅能在长期内保持购买力平价。

正如我们运用购买力平价理论解释汇率之间的关系一样，此处存在解释以不同货币计价的利率之间关系的类似理论，我们称之为**实际利率平价**（real interest-rate parity）理论。该理论说明，无风险贷款的预期实际利率在全世界范围内均相同。给定实际利率的数值，以任意货币计价的一笔贷款的名义利率由该货币的预期通货膨胀率决定。

快速测查 7-12

假设瑞士法郎的预期通货膨胀率为每年10%。按照实际利率平价，瑞士法郎的名义利率应当是多少？

专栏 7.3

预测（或无法预测）货币市场

标准的经济模型和实证检验无法系统洞悉货币市场波动的规律和原因。然而，近来的研究成果表明，这类市场中的信息不能被瞬时吸收。当有效市场假说被应用于货币市场时，这项发现对有效市场假说的根本性公理提出了质疑。

研究货币市场的经济学家倾向于和市场参与者——实施外汇交易的真正交易者保持距离。这一距离没有被证明是富有成效的。1983年，一项经常被引用的研究成果出版，该成果坚持认为，仅依靠宏观经济模型无法解释货币市场的波动。学者们感到困惑：一般而言，仅通过抛掷一枚质地均匀的硬币成功预测货币价值的变动方向和用公认的经济模型预测货币价值的变动方向是一样的。

近来至少有两位经济学家认为到了提出新方法的时候。当加州大学伯克利分校的经济学家理查德·莱昂斯（Richard Lyons）近来花费时间和真正的交易者待在一起的时候，他获取了经济学家应该怎样将货币市场模型化的某种洞察力。他认定交易者自身应当是模型的核心所在。莱昂斯和乔治城大学的经济学家马丁·埃文斯（Martin Evans）一起提出了一个新颖的观点。

考察这两位学者所说的货币经纪人扮演市场中介角色的说法，货币经纪人接受来自所有类型货币交易者的指令。每项指令基于发出该指令的交易者的信念——由足够自信力挺的信念，这种自信得到真实资金的支持。于是，莱昂斯和埃文斯的洞察就是，这类货币经纪人被赋予获得大量信念集合的途径，这些信念集合由市场参与者持有。与此同时，每位单个交易者仅拥有知晓自己信念的途径。

注意在任意给定时期，以美元为例，货币经纪人可能拥有多于出售美元指令的购买美元指令，这种情形被称为一项正"指令流"。同时，莱昂斯和埃文斯发现这种指令流具有某种预测能力。通过分析来自大型货币经纪人——花旗银行——的数据，经济学家指出，当前指令流可以解释16%的4周后的美元波动。

这个结果可能令我们感到惊讶：毕竟有效市场假说指出信息被瞬时纳入市场。指令流信息需要完整的4周时间才能在汇率中得到反映的情形会是怎样的呢？在实践中，似乎存在过多的信息以至于无法立即处理：让所有交易者都知道美元的总需求和总供给情况需要花费时间。货币市场像往常一样混沌，但是有效市场假说的显著性已然受到挑战。

　　资料来源：改编自 "Marking the Dealer's Cards," *The Economist*，November 24，2005。

　　在第 5 章我们对实际利率和名义利率进行了区分。贷款的实际利率与名义利率之间的相关关系如下：

$$1＋名义利率＝(1＋实际利率)×(1＋通货膨胀率)$$

按照实际利率平价理论，该关系与预期通货膨胀率相关。

　　为了说明实际利率平价理论的含义，我们假定世界范围的无风险实际利率当前为每年 3％，我们假设预期通货膨胀率在日本为每年 1％，同时在美国是每年 4％。由实际利率平价暗示的日元名义利率和美元名义利率分别是：

$$日元名义利率＝1.03×1.01－1＝4.03％/年$$
$$美元名义利率＝1.03×1.04－1＝7.12％/年$$

购买力平价与实际利率平价

　　25. 具有挑战性的问题。假设一辆别克君威轿车在底特律价值 27 000 美元，同时在安大略省温莎市，同样的一辆车价值 32 000 美元。忽略任何交易成本和税收方面的差异，美元兑换加拿大元的何种汇率与保持无套利机会一致？假设君威的美国价格有望在下一年增长 2％（所有利率均被看做连续复利的 *APR*），与此同时，在加拿大的价格将有望增长 4％。一年内实现的美元兑换加拿大元的何种汇率与保持无套利机会一致？在该年内，汇率的何种变化与保持无套利机会一致？这种汇率变化怎样与君威的两个价格膨胀率（美国和加拿大的价格膨胀率）相关？

已知现金流的价值评估：债券

第8章

第7章说明了价值评估过程的本质是通过使用类似资产价格的相关信息并且进行差异调整对资产的市场价值进行估计。价值评估模型是用来从其他资产的价格和市场利率的相关信息（模型的输入值）中推导出资产价值（模型的输出值）的数学方法。

在本章中，我们考察固定收益证券和其他合同的价值评估过程，这些合同承诺已知的未来现金支付流。例证是债券等固定收益证券以及按揭贷款和养老年金等合同。这些证券和合同对居民户而言是重要的，因为它们代表收入的主要来源以及房屋和其他耐用消费品的融资来源。作为一项主要的融资来源，它们对企业和政府也是重要的。

至少基于两个原因，使用某种方法对这些合同进行价值评估是重要的：第一，在开始设定合同条款的过程中，合同方需要拥有一个得到一致同意的价值评估流程。第二，固定收益证券经常在它们到期之前被出售。因为决定其价值的市场因素——利率随时间的推移而发生变化，所以买方和卖方都不得不在每次交易的时候重新对它们进行价值评估。

8.1节提供了一项基本的价值评估模型，该模型使用拥有单一折现率的折现现金流计算公式估计承诺的未来现金流的价值。8.2节说明怎样修正这一模型，从而将收益率曲线通常并不水平（也就是说，利率随到期期限变化）的事实纳入考虑范围。8.3节至8.5节解释真实世界中债券的主要特征，同时讨论这些特征怎样影响债券的价格和收益率。8.6节探究随时间推移的利率变化怎样影响债券的市场价格。

8.1 使用现值因子对已知现金流进行价值评估

第4章说明了在拥有单一无风险利率的世界里，计算任何未来现金流的现值相对都并不复杂。它涉及运用一个折现现金流计算公式，该计算公式使用无风险利率作为折现率。

举个例子，假设你购买了一只承诺在接下来的 3 年中每年支付 100 美元的固定收益证券。如果你知道恰当的折现率为每年 6%，这项 3 年期年金价值多少？就像在第 4 章中所说明的那样，答案是 267.30 美元，可以使用金融计算器、现值因子查询表或者运用年金现值的代数公式很容易地得出结果。

回忆在利率为 i 的条件下，n 期内每期定期缴款数额为 PMT 的普通年金的计算公式为：

$$PV_{PMT}(PMT, i, n) = PMT \times \frac{1-(1+i)^{-n}}{i}$$

在金融计算器上，我们可以输入 n、i 和 PMT 的数值并计算 PV_{PMT}：

n	i	PV	FV	PMT	结果
3	6%	？	0 美元	100 美元	PV=267.30 美元

现在假设你购买该证券一个小时之后，无风险利率由每年 6% 上升到每年 7%，同时你希望出售该证券，你将因出售证券获得多少美元？

市场利率的水平已经变化，但是来自该证券的承诺未来现金流没有发生变化。为了使投资者在该债券上每年赚取 7% 的利率，该债券的价格不得不下降。下降多少？答案是，价格必须下降到与按照每年 7% 对承诺未来现金流进行折现所得到的现值相等的那一点。

n	i	PV	FV	PMT	结果
3	7%	？	0 美元	100 美元	PV=262.43 美元

在 262.43 美元的价格水平上，一只承诺在接下来的 3 年里每年支付 100 美元的固定收益证券向其购买者提供每年 7% 的收益率。因此当市场利率上升时，任何现有固定收益证券的价格都将下降，这是因为只有这些证券提供有竞争力的收益率，投资者才愿意购买它们。

因此，利率上升 1% 将导致该证券的市场价值下降 4.87 美元。同样地，利率的下跌将导致市场价值的上升。

这说明了对已知现金流进行价值评估的基本原理：

> 市场利率的变化将导致所有现存承诺未来固定支付的合同的市场价值反向变动。

由于利率的变化是不可预测的，随之而来的就是，直至到期时固定收益证券的价格都是不确定的。

快速测查 8-1

如果市场利率从每年 6% 降至每年 5%，承诺每年支付 100 美元的 3 年期固定收益证券的价值将会发生何种变化？

在实践中，对已知现金流进行价值评估并不像我们刚刚描述的那样简单，这是因为在实践中，你通常并不知道在现值公式中使用何种折现率。就像第 2 章所展示的那样，针对所有到期期限，市场利率并不是相同的。图 8-1 为美国国债的收益率曲线。

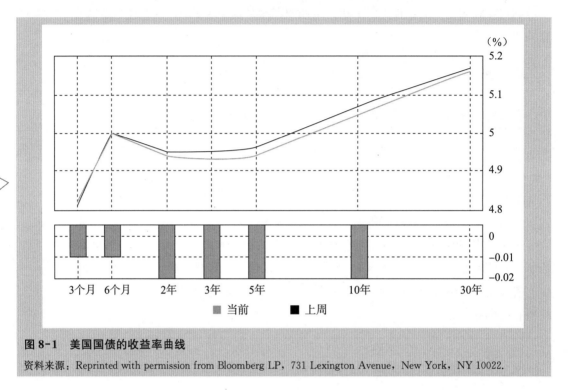

图 8-1 美国国债的收益率曲线

资料来源：Reprinted with permission from Bloomberg LP, 731 Lexington Avenue, New York, NY 10022.

认为对应于 3 年到期期限的利率可以作为正确的折现率用在我们的例子中评估 3 年期年金是有诱惑力的。然而，这是不正确的。使用包含在收益率曲线里的信息对其他已知现金支付流进行价值评估的正确流程更加复杂，该流程是下面几节的主题。

8.2 基本构成要素：纯粹折现债券

在对承诺已知现金流的合同进行价值评估的过程中，出发点是一系列**纯粹折现债券**（pure discount bonds）（也被称为零息债券）的市场价格。纯粹折现债券是承诺在被称为到期日的未来某一日期支付一笔现金的债券。

纯粹折现债券是对所有承诺已知现金流的合同进行价值评估的基本构成要素。这是因为无论特定未来现金流的模式多么复杂，我们通常可以将任何合同分解成它的子现金流，分别对每项现金流进行价值评估，然后将这些价值加总。

纯粹折现债券承诺的现金支付被称为它的**面值**（face value）或平价。投资者在纯粹折现债券上赚取的利息是为该债券支付的价格与在到期日得到的面值之间的差额。因此，对于 1 年到期、面值为 1 000 美元、购买价格为 950 美元的纯粹折现债券而言，赚取的利息是 1 000 美元面值与 950 美元购买价格之间的 50 美元差额。

纯粹折现债券的收益率（利率）是购买该债券并将其持有至到期的投资者的年收益率。对于我们例子中的债券等 1 年期纯粹折现债券而言，我们有：

$$1 年期纯粹折现债券的收益率 = \frac{面值 - 价格}{价格}$$

$$= \frac{1\,000 美元 - 950 美元}{950 美元} = 0.052\,6 或 5.26\%$$

然而，如果该债券拥有不同于 1 年的到期期限，那么我们将使用现值公式得出它的年收益率。因此，假设我们观测到一只面值为 1 000 美元且价格为 880 美元的 2 年期纯粹折现债券，我们将该债券的收益率作为使其面值等于价格的折现率进行计算。在金融计算器上，我们可以输入 n、PV、FV 的数值并计算 i：

$$PV_{FV}(FV,\ i,\ n) = \frac{FV}{(1+i)^n}$$

n	i	PV	FV	PMT	结果
2	?	−880 美元	1 000 美元	0 美元	$i = 6.60\%$

回想 8.1 节中承诺在接下来的 3 年里每年支付 100 美元的证券的价值评估过程。假设我们观测到表 8-1 中的纯粹折现债券的价格集合。依照标准的实际操作过程，债券价格被按照其面值的一部分报出。

表 8-1	纯粹折现债券的价格与收益率	
到期期限	按照 1 美元面值报出的价格	收益率（每年）
1 年	0.95	5.26%
2 年	0.88	6.60%
3 年	0.80	7.72%

这里有两个我们可以用来得出证券正确价值的相互替代的流程：第一个流程使用表 8-1 第 2 列中的价格，而第二个流程使用表 8-1 最后一列中的收益率。流程 1 将三项承诺现金流的每一项乘以相应的每美元价格，然后将它们加总：

第 1 年现金流的现值 = 100 美元 × 0.95 = 95.00 美元

第 2 年现金流的现值 = 100 美元 × 0.88 = 88.00 美元

第 3 年现金流的现值 = 100 美元 × 0.80 = 80.00 美元

总现值 = 263 美元

该证券的估计值为 263 美元。

流程 2 通过按照对应于其到期期限的收益率对每年的已承诺现金流进行折现得

出相同的结果：

第 1 年现金流的现值＝100 美元/1.052 6＝95.00 美元

第 2 年现金流的现值＝100 美元/1.066 0^2＝88.00 美元

第 3 年现金流的现值＝100 美元/1.077 2^3＝80.00 美元

总现值＝263 美元

然而注意，使用相同的每年 7.72% 的 3 年期收益率对每年的承诺现金流进行折现将是错误的，该收益率列示于表 8-1 中最后一行。如果我们这样做，那么将得到约 259 美元的价值，该数字低了近 4 美元：

$$PV_{PMT}（100 \text{ 美元}，7.72\%，3）＝259.02 \text{ 美元}$$

n	i	PV	FV	PMT	结果
3	7.72%	?	0 美元	100 美元	PV＝259 美元

是否存在一项单一折现率，我们可以用它对所有三项支付进行折现，就像在 8.1 节中为了得到该证券的 263 美元价值所做的那样？答案是存在单一折现率，为每年 6.88%。为了对其进行验证，在年金现值公式中或金融计算器上用 6.88% 替换 i：

$$PV_{PMT}（100 \text{ 美元}，6.88\%，3）＝263.01 \text{ 美元}$$

n	i	PV	FV	PMT	结果
3	6.88%	?	0 美元	100 美元	PV＝263 美元

问题是适宜对 3 年期年金进行价值评估的 6.88% 年折现率不是列示于表 8-1 中任何地方的一项比率。我们从该债券的价值必须是 263 美元的常识中推导出这项折现率。换句话说，我们求解现值方程得出 i：

$$PV_{PMT}（100 \text{ 美元}，i，3）＝\sum_{t=1}^{3} \frac{100 \text{ 美元}}{(1+i)^t}＝263 \text{ 美元}$$

$$i＝6.88\%$$

n	i	PV	FV	PMT	结果
3	?	−263 美元	0 美元	100 美元	i＝6.88%

但是证券的价值（263 美元）是我们首先试图估计的数值。因此，我们没有在表 8-1 提供给我们的债券价格信息条件下使用单一折现率得出 3 年期年金价值的直接途径。

我们可以将来自本节的主要结论概括如下：当收益率曲线非水平时（也就是说，当对所有到期期限而言，所观测到的收益率不同时），对承诺已知现金支付流的合同或证券进行价值评估的正确流程是，按照对应于纯粹折现债券到期期限的比率对每项支付进行折现，然后将这些单项支付价值的结果进行加总。

假设观测到的 2 年期纯粹折现债券的收益率下跌至每年 6％，但是表 8 - 1 中公告的其他比率保持不变。你对每年支付 100 美元的 3 年期年金价值的估计值是多少？为了使年金得出相同价值，应用于现值公式的单一折现率是多少？

8.3 附息债券、 当期收益率和到期收益率

附息债券（coupon bond）要求发行者在债券存续期间对债券持有者进行利息的定期支付——被称为息票支付，然后在债券到期（也就是说，最后一笔支付到期）时支付债券的面值。利息的定期支付被称为息票价值，因为大部分债券拥有附于其上的息票，投资者可以将该息票撕掉并交给发行者换取支付。

债券的**票面利率**（coupon rate）是为了计算息票支付而运用于面值的利率。因此，一张面值为 1 000 美元，同时按照 10％的票面利率进行年度息票支付的债券要求其发行者每年支付 100 美元（＝0.10×1 000 美元）。如果该债券的到期期限为 6 年，那么在第 6 年年末，发行者支付最后一笔 100 美元的息票价值以及 1 000 美元的面值。[①]

来自该附息债券的现金流显示在图 8 - 2 中。我们看到承诺现金流拥有每年 100 美元的年金构成部分（一个固定的每期金额），以及到期时的 1 000 美元“期末一次性”或“到期全还性”支付。

100 美元的年息票支付在债券发行时被固定下来，而且在债券到期日之前保持不变。在债券发行当日，它通常拥有 1 000 美元的价格（与面值相等）。

附息债券的价格和收益率之间的关系比纯粹折现债券的相应关系更加复杂。就像我们即将看到的那样，当附息债券的价格不同于其面值的时候，收益率这一术语的意思本身就是含糊不清的。

市场价格等于其面值的附息债券被称为**平价债券**（par bonds）。当附息债券的市场价格等于其面值的时候，它的收益率与票面利率相同。例如，考察一张 1 年到期且按照 1 000 美元面值的 10％支付每年息票价值的债券，该债券一年后向其持有者支付 1 100 美元——100 美元的息票支付以及 1 000 美元的面值。因此，如果票面利率为 10％的附息债券的当前价格是 1 000 美元，那么它的收益率为 10％。

[①] 在美国，债券的息票支付经常按照半年进行。因此，一张票面利率为每年 10％的债券实际上每 6 个月支付 50 美元的息票价值。为了使本章中的计算保持简单化，我们忽略这个事实。

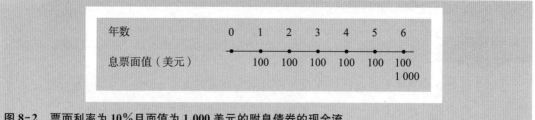

图 8-2 票面利率为 10% 且面值为 1 000 美元的附息债券的现金流

债券定价原理 1：平价债券

如果债券的价格等于其面值，那么它的收益率等于债券的票面利率。

附息债券的价格和面值经常是不相同的。例如，如果经济中的利率水平在债券发行后发生变化，这种情形就会出现。举个例子，假设票面利率为 10% 的附息债券刚开始时作为一种拥有 20 年到期期限的债券在 19 年前发行。在那时，按照 10% 的票面利率，收益率曲线是水平的。现在这只债券距到期还有 1 年时间，同时 1 年期债券的利率为每年 5%。

虽然票面利率为 10% 的附息债券按照面值（1 000 美元）发行，但是它的市场价格现在是 1 047.62 美元。因为债券的价格现在高于面值，所以该债券被称为**溢价债券**（premium bond）。

它的收益率是多少？

这里我们可以计算两种不同的收益率。第一种被称为**当期收益率**（current yield），用每年的息票价值除以该债券的价格：

$$当期收益率 = \frac{息票价值}{价格} = \frac{100\ 美元}{1\ 047.62\ 美元} = 9.55\%$$

因为当期收益率忽视了在到期日你将只能得到 1 000 美元的事实——比你为该债券所支付的少 47.62 美元，所以当期收益率夸大了溢价债券的真实收益率。

为了将债券价格可能不同于其面值的事实纳入考虑范围，我们计算被称为**到期收益率**（yield to maturity）的另一种收益率。到期收益率被定义为使债券的承诺现金支付流的现值等于债券价格的折现率。

到期收益率考虑了你从购买债券中得到的全部现金支付，包括到期时的 1 000 美元。在我们的例子中，因为该债券将于 1 年后到期，所以计算到期收益率是很容易的：

$$到期收益率 = \frac{息票价值 + 面值 - 价格}{价格}$$

$$到期收益率 = \frac{100\ 美元 + 1\ 000\ 美元 - 1\ 047.62\ 美元}{1\ 047.62\ 美元} = 5\%$$

因此我们看到，如果使用 9.55% 的当期收益率作为假如购买该债券你所赚取收益率的指南，那么你将被严重误导。

当附息债券的到期期限超过 1 年时，其到期收益率的计算过程将比刚才展示的计算过程更加复杂。举个例子，假设你正在考虑购买一只票面利率为 10％ 的 2 年期附息债券，它的面值为 1 000 美元，同时当前价格为 1 100 美元。该债券的收益率是多少？

它的当期收益率为 9.09％：

$$当期收益率 = \frac{息票价值}{价格} = \frac{100\ 美元}{1\ 100\ 美元} = 9.09\%$$

但是就像在 1 年期溢价债券的例子中那样，当期收益率忽视了到期时的事实。当到期期限超过 1 年时，到期收益率是使得该债券的承诺现金支付流的现值等于债券价格的折现率：

$$PV_{债券}(PMT, FV, YTM, n) = PV_{PMT}(PMT, YTM, n) + PV_{FV}(FV, YTM, n)$$

$$= \sum_{t=1}^{n} \frac{PMT}{(1+YTM)^n} + \frac{FV}{(1+YTM)^n} \tag{8.1}$$

这里，n 为到期前每年支付的时期数量，YTM 为年到期收益率，PMT 为每年的息票支付，同时 FV 为到期时得到的债券面值。

多期附息债券的到期收益率可以通过在大部分金融计算器上输入该债券的到期期限 n、债券价格 PV（有负号）、面值 FV、息票价值 PMT，很容易地计算出 i：

n	i	PV	FV	PMT	结果
2	?	−1 100 美元	1 000 美元	100 美元	$i = 4.65\% = YTM$

年到期收益率满足方程式 1 100 美元 $= PV_{PMT}(100\ 美元, YTM, 2) + PV_{FV}(1\ 000\ 美元, YTM, 2)$，这暗示 $YTM = 4.65\%$。

因此这只 2 年期溢价债券的到期收益率明显小于它的当期收益率。

这些例证说明了一个关于债券价格与收益率之间关系的一般原理。

债券定价原理 2：溢价债券

　　如果一只附息债券拥有高于面值的价格，那么它的到期收益率小于当期收益率，同时也小于票面利率。

对于溢价债券而言：

　　到期收益率＜当期收益率＜票面利率

现在我们考察一只 2 年内到期且票面利率为 4％ 的债券。假设它的价格是 950 美元。因为债券价格小于面值，所以我们称之为普通折现债券。（注意普通折现债券不是纯粹折现债券，因为它确实支付息票价值。）

该债券的收益率是多少？就像在前面的溢价债券例证中那样，我们可以计算两种不同的收益率——当期收益率和到期收益率。

$$当期收益率 = \frac{息票价值}{价格} = \frac{40\ 美元}{950\ 美元} = 4.21\%$$

在普通折现债券的例子里，当期收益率低估了真实的收益率，因为它忽视了到期时你的所得将超过你为该债券支付的金额这一事实。当普通折现债券到期的时候，你得到 1 000 美元的面值，而不是为其支付的 950 美元。

到期收益率考虑了你从购买债券中得到的全部现金支付，包括到期时的 1 000 美元。使用金融计算器计算到期收益率，我们得到：

n	i	PV	FV	PMT	结果
2	？	−950 美元	1 000 美元	40 美元	$i = 6.76\% = YTM$

年到期收益率满足方程式 950 美元 $= PV_{PMT}$（40 美元，YTM，2）$+ PV_{FV}$（1 000 美元，YTM，2），这暗示 $YTM = 6.76\%$。

因此，这种普通折现债券的到期收益率大于它的当期收益率。

债券定价原理 3：普通折现债券

如果附息债券拥有低于面值的价格，那么它的到期收益率大于当期收益率，同样也大于票面利率。

对于普通折现债券而言：

到期收益率＞当期收益率＞票面利率

了解"拥有高收益率"的美国长期国债基金

在过去，某些仅投资于美国长期国债的投资公司曾经宣传，它们的收益率看起来比拥有相同到期期限的其他已知投资的利率更高。这些公司正在宣传的收益率是当期收益率，而且它们正在投资的债券是拥有相对较高票面利率的溢价债券。因此，按照债券定价原理 2，你将赚取的实际收益率预期将显著低于所宣传的当期收益率。

假设你拥有在 1 年内进行投资的 10 000 美元。你正在决定是将你的资金投入提供 5% 利率且由政府担保的 1 年期银行定期存单，还是投资于美国长期国债基金，该基金持有票面利率为 8% 的 1 年期债券。该基金所持有的债券正在以超过面值的溢价出售：对于 1 年后到期时你将得到的 10 000 美元面值，你必须现在支付 10 285.71 美元。这项基金的当期收益率为 800 美元/10 285.71 美元，即 7.78%，而且这也是该基金正在宣传的收益率。如果该基金因其服务收取 1% 的年费，那么你实际赚取的收益率是多少？

如果投资于基金根本不存在任何费用，那么你当年的收益率将是 5%，正好和银行定期存单的收益率相同。这是因为在基金中投资你的 10 000 美元将得到与按照 10 285.71 美元的价格购买一只拥有 10 000 美元面值且票面利率为 8％的附息债券相同的收益率：

$$收益率 = \frac{息票价值 + 面值 - 价格}{价格}$$

$$= \frac{800\ 美元 + 10\ 000\ 美元 - 10\ 285.71\ 美元}{10\ 285.71\ 美元} = 5\%$$

因为你不得不向该基金支付一项等于 10 000 美元的 1％的费用，所以你的收益率将是 4％，而不是你可以在银行定期存单上赚取的 5％。

> **快速测查 8-3**
>
> 拥有每年 6％票面利率以及 900 美元价格的 3 年期债券的当期收益率和到期收益率分别是多少？

8.4　解读债券行情表

债券价格被公布在各种不同的地方。对于需要精确至秒的价格数据的投资者和分析师而言，最好的来源是以电子形式向计算机终端提供信息的在线信息服务。而对于那些不需要如此更新数据的人们而言，日常的金融报刊提供了债券行情表。

表 8-2 是 2006 年 5 月 22 日从《华尔街日报》（*Wall Street Journal*）中摘录的一部分美国本息分离国债的价格行情表。美国本息分离国债是一种由某些企业从美国财政部附息债券中创设的纯粹折现债券，这些企业购买附息债券后将每一笔息票支付和应当清偿的本金作为不同的证券重新出售（这种活动被称为剥离附息债券）。

表 8-2　　　　　　　　　一部分美国本息分离国债的价格行情表

到期日	类型	买方竞价	卖方竞价	变化	卖方基准收益率（％）
2008 年 8 月	bp	89：25	89：26	1	4.87
2012 年 8 月	np	73：19	73：22	3	4.96
2016 年 8 月	ci	59：04	59：08	4	5.18

注：美国本息分离国债截至东部时间下午 3 点止，同时以 100 万美元或更多金额的交易为基础，变化以 1 美元的 1/32 为单位，收益率以卖方报价计算。

资料来源：Bear, Stearns & Co. via Street Software Technology Inc.

为了解释这些价格，我们必须理解一些约定俗成的惯例：

（1）第 2 列中的类型告知了剥离物的原始来源：ci 是息票的利息，bp 是长期国债的本金，np 是中期国债的本金。长期国债拥有超过 10 年的原始到期期限，中期国债拥有 10 年或更短的原始到期期限。

（2）卖方竞价是国债的交易商愿意出售的价格，而买方竞价是它们愿意购买的价格。因此，卖方竞价总是超过买方竞价。实际上，差额是经纪人的佣金。最后一列的卖方基准收益率是使用卖方竞价计算得到的到期收益率。它假定按照每半年进行复利。

（3）竞价单位是 1 美元面值的 1/100。

（4）"："号后面的数字意味着 1 美分的 1/32 而不是 1/100。因此 97：11 意味着 0.973 437 5 美元，而不是 0.971 1 美元。

表 8-2 表明 2008 年 8 月到期的美国本息分离国债的卖方竞价是 $89\frac{26}{32}$（89.812 5）美分。同时对于 2012 年 8 月到期的美国本息分离国债而言，卖方竞价则是 $73\frac{22}{32}$（73.687 5）美分。

表 8-3* 是 2006 年 5 月 22 日的美国国债价格行情表的一部分。它与前述列表的不同之处在于它展示了国库券、中期国债和长期国债的信息。例如，在中期国债和长期国债部分，每只债券的息票利率在第 2 列中给出。这里收益率以卖方竞价为基础。

表 8-3　　美国国库券、中期国债和长期国债的价格行情表

美国国债（2006 年 5 月 22 日）

国库券

	到期日	折现率/收益率	折现率/收益率的变化
3 个月期	2006 年 8 月 17 日	4.68/4.80	0.02/−0.016
6 个月期	2006 年 11 月 16 日	4.80/4.98	0.02/−0.011

中期国债和长期国债

	息票利率	到期日	当前价格/收益率	价格/收益率的变化
2 年期	4.875	2008 年 4 月 30 日	99-28/4.94	0-01+/−0.021
3 年期	4.875	2009 年 5 月 15 日	99-26+/4.94	0-01¾/−0.020
5 年期	4.875	2011 年 4 月 30 日	99-22¾/4.94	0-03+/−0.023
10 年期	5.125	2016 年 5 月 15 日	100-20+/5.04	0-04+/−0.018
30 年期	4.500	2036 年 2 月 15 日	90-12½/5.13	0-01¾/−0.004

资料来源：Reprinted with permission from Bloomberg LP, 731 Lexington Avenue, New York, NY 10022.

8.5　为什么到期期限相同的债券的收益率可能有所不同？

我们经常观测到具有相同到期期限的两种美国国债拥有不同的到期收益率。这违反了一价定律吗？答案是否定的。实际上，对于拥有不同票面利率的债券而言，

---

* 英文原书表 8-3 中没有提及单位，按上下文推理，此处息票利率、折现率和收益率单位应是%，价格相关单位应是美分。——译者注

一价定律暗指如果收益率曲线不是水平的，那么到期期限相同的债券将拥有不同的到期收益率。

8.5.1 票面利率的影响

例如，考察两只不同的 2 年期附息债券：一只拥有 5% 的票面利率，而另一只拥有 10% 的票面利率。假设 1 年期纯粹折现债券和 2 年期纯粹折现债券的当前价格和收益率如下所示：

到期期限（年）	按照 1 美元面值报价的价格（美元）	收益率（%/年）
1	0.961 538	4
2	0.889 996	6

按照一价定律，来自每种附息债券的第 1 年现金流必须是按照 1 美元面值报价的 0.961 538 美元。同时第 2 年现金流必须是按照 1 美元面值报价的 0.889 996 美元。因此，两种不同附息债券的市场价格应该是：

对于票面利率为 5% 的附息债券而言，有：

0.961 538×50 美元＋0.889 996×1 050 美元＝982.57 美元

对于票面利率为 10% 的附息债券而言，有：

0.961 538×100 美元＋0.889 996×1 100 美元＝1 075.15 美元

现在我们计算对应于这些市场价格的每种附息债券的到期收益率。使用金融计算器，我们得到：

对于票面利率为 5% 的附息债券而言：

到期收益率满足方程 982.57 美元＝PV_{PMT}（50 美元，YTM，2）＋PV_{FV}（1 000 美元，YTM，2），这暗示到期收益率＝5.95%。

n	i	PV	FV	PMT	结果
2	?	−982.57 美元	1 000 美元	50 美元	$i=5.95\%=YTM$

对于票面利率为 10% 的附息债券而言：

到期收益率满足方程 1 075.15 美元＝PV_{PMT}（100 美元，YTM，2）＋PV_{FV}（1 000 美元，YTM，2），这暗示到期收益率＝5.91%。

n	i	PV	FV	PMT	结果
2	?	−1 075.15 美元	1 000 美元	100 美元	$i=5.91\%=YTM$

因此，我们看到为了遵从一价定律，这两种债券必须拥有不同的到期收益率。一般原理如下：

当收益率曲线不是水平的时，具有不同票面利率但到期期限相同的债券拥有不同的到期收益率。

使用与前述例子中纯粹折现债券价格相同的价格，拥有每年 4％票面利率的 2 年期附息债券的价格和到期收益率分别是多少？

8.5.2 违约风险与税收的影响

我们经常会遇到拥有相同票面利率和到期期限却按照不同价格出售的债券的例证。由于看上去相同的债券在其他方面存在差异，所以这些价格差异得以产生。

提供相同的已承诺未来支付流的债券可能在很多方面存在差异，但是最重要的两项差异是违约风险和税收。为了进行说明，考察一只承诺一年后支付 1 000 美元的债券。假设 1 年期美国国库券的利率为每年 6％。如果该债券完全没有违约风险，那么它的价格将是1 000 美元/1.06＝943.40 美元。但是如果该债券招致某种违约风险（也就是说，所承诺的可能无法得到偿付），那么无论违约风险多么微小，它的价格将小于 943.40 美元，同时它的收益率将比每年 6％更高。

债券的纳税能力可能随发行者或是债券类型的不同而发生变化，而且这一事实必然将影响债券的价格。举个例子，在美国，州政府和地方政府发行的债券所赚取的利息是免征联邦所得税的。保持其他方面相同，这一特征使得相对于其他类似债券而言，这些债券对缴纳税收的投资者更有吸引力，而且将导致这些债券的价格变得更高（同时收益率更低）。

8.5.3 对债券收益率的其他影响

这里有许多区分看上去相同的固定收益债券的其他特征，并且因此而导致这些债券的价格存在差异。检验你对下述两种债券特征的影响的直觉。在每个场合里，考察包含该特征是提升还是降低另外一种不具备该特征的相同债券（也就是说，提供相同的承诺现金流的债券）的价格。

（1）可赎回性。这项特征给予债券发行者在最终到期日之前赎回该债券的权利。具备该特征的债券被称为**可赎回债券**（callable bond）。

（2）可转换性。该特征给予一家企业所发行债券的持有者将债券转换成预先确定数量的普通股票的权利。具备这项特征的债券被称为**可转换债券**（convertible bond）。

你的直觉将告诉你，任何使债券对发行者更有吸引力的特征都将降低债券价格，同时任何使债券对债券持有者更有吸引力的特征都将提高债券价格。因此，可赎回性将导致债券拥有更低的价格（以及更高的到期收益率）；可转换性将导致债券拥有更高的价格，以及更低的到期收益率。

8.6 随时间推移的债券价格行为

在这一节中，我们解释作为时间流逝和利率变化的结果，债券价格怎样随时间的推移发生变化。

8.6.1 时间流逝的影响

如果收益率曲线是水平的，同时利率不发生变化，那么任何无违约风险的折现债券的价格都将随着时间的流逝而上升。这是因为债券最终会到期，而且债券价格必须等于债券到期时的面值。因此，我们应该预期，随着折现债券和溢价债券接近到期期限，它们的价格将向面值移动。以 20 年期纯粹折现债券为例的暗含价格运动模式被描述在图 8-3 和表 8-4 中。

我们在假定该债券面值为 1 000 美元，同时收益率保持为每年 6% 的条件下说明计算过程。该债券刚开始时拥有 20 年的到期期限，同时它的价格由 PV_{FV}(1 000 美元，6%，20)=311.80 美元给出。

n	i＝YTM	PV	FV	PMT	结果
20	6%	？	1 000 美元	0 美元	PV＝311.80 美元

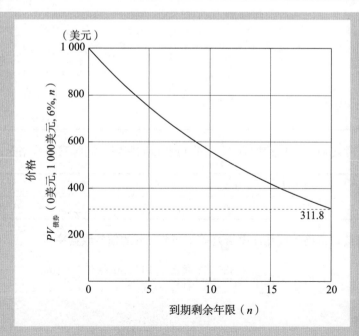

图 8-3 随时间推移的纯粹折现债券的价格变动

说明：在无利率变化以及水平利率期限结构的条件下，随着时间的推移，零息债券的价格可望按照等于其到期收益率的比率上升。在图 8-3 中，我们假设面值为 1 000 美元，同时收益率为每年 6%。

表 8 - 4 零息债券的价格

到期剩余年限	零息债券的价格（美元）
n	$PV_{债券}$（0 美元，1 000 美元，6%，n）
0	1 000.00
1	943.40
2	890.00
3	839.62
4	792.09
5	747.26
6	704.96
7	665.06
8	627.41
9	591.90
10	558.39
11	526.79
12	496.97
13	468.84
14	442.30
15	417.27
16	393.65
17	371.36
18	350.34
19	330.51
20	311.80

一年之后，该债券拥有 19 年的剩余到期期限，同时它的价格是：

n	$i=YTM$	PV	FV	PMT	结果
19	6%	?	1 000 美元	0 美元	$PV=330.51$ 美元

因此，价格的变化比率恰好等于每年 6%的债券收益率：

$$价格的变化比率=\frac{330.51 \text{ 美元}-311.80 \text{ 美元}}{311.80 \text{ 美元}}=6\%$$

快速测查 8 - 5

假定收益率停留在每年 6%的水平上，两年后该纯粹折现债券的价格将是多少？证明第 2 年价格的变化比率为 6%。

8.6.2 利率风险

一般而言，我们将购买美国国库券看做一项保守的投资举措，因为这里不涉及违约风险。然而，在长期债券里，利率不断变化的经济环境可能为投资者带来巨大的收益或损失。

图 8-4A 描述了长期债券的价格怎样随时间发生变化。它显示了如果利率水平从 2% 到 12% 变化，30 年期纯粹折现债券、票面利率为 8% 的 30 年期附息债券和票面利率为 8% 的 10 年期附息债券的相应价格。例如，按照 8% 的到期收益率，票面利率为 8% 的 30 年期附息债券将被按照公平价值 1 000 美元定价；与此同时，按照 6% 的到期收益率，同样的票面利率为 8% 的 30 年期附息债券将以 1 275.30 美元的溢价出售；按照 10% 的到期收益率，该债券将变为普通折现债券，并且按照 811.46 美元的价格出售。30 年期纯粹折现债券将成为以远低于 1 000 美元面值出售的大幅折现债券。如果按照 6% 的到期收益率定价，它将以 174.11 美元出售；如果按照 8% 的到期收益率定价，它将以 99.38 美元出售；同时如果按照 10% 的到期收益率定价，它将以 57.31 美元出售。

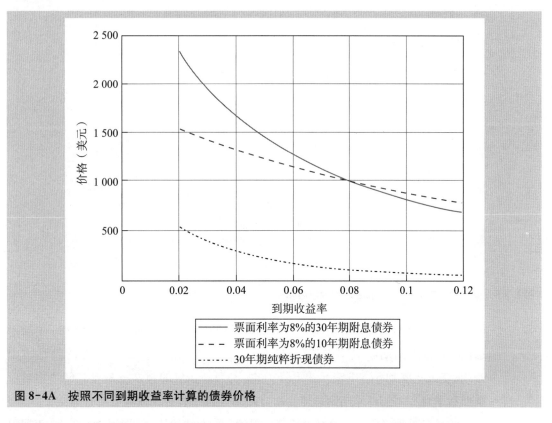

图 8-4A　按照不同到期收益率计算的债券价格

图 8-4B 考察债券价格对到期收益率变化的敏感程度。我们沿纵轴测度使用所示到期收益率计算出来的价格与按照参考折现率（在本例中为 8%）计算出来的价

格之间的比率。例如，按照 8% 的到期收益率，面值为 1 000 美元且票面利率为 8% 的 30 年期附息债券的价格将是 1 000 美元。与此同时，按照每年 10% 的到期收益率，该债券的价格将是 811.46 美元。因此，8% 利率水平上的价格和 10% 利率水平上的价格之间的比率为 0.811 5。所以我们可以这样认为，如果利率水平将由 8% 上升到 10%，即一项 25% 的利率增长，那么平价债券的价格将下降 18.85%。这些变化百分比的比率给出了一项弹性概念：$\eta = \dfrac{价格变化的百分比}{到期收益率变化的百分比}$，这一概念测度债券价格对到期收益率变化的敏感程度。在本例中，对于按照票面价值定价的票面利率为 8% 的 30 年期附息债券而言，25% 的利率增长，即从 8% 的利率到 10% 的利率，将使该债券的价格降低 18.85%。债券价格变化的百分比与到期收益率变化的百分比之间的比率将大约为 −0.75，债券缺乏弹性。

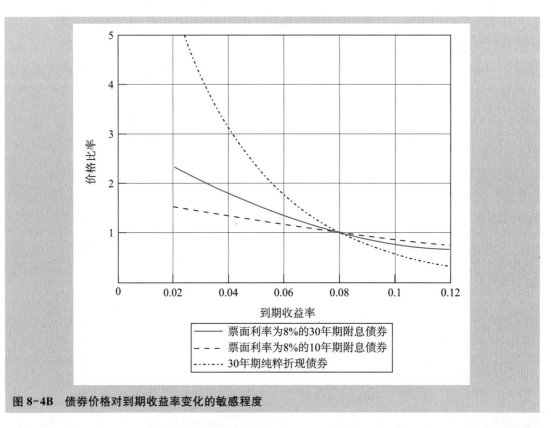

图 8-4B 债券价格对到期收益率变化的敏感程度

另外，30 年期纯粹折现债券的价格敏感程度大于票面利率为 8% 的 30 年期附息债券。如果到期收益率增长了 25%，从 8% 到 10%，那么该债券的价格将由 99.38 美元下降到 57.31 美元，下降了 42.33%。相应的弹性将是 −1.69，相对于票面利率为 8% 的 30 年期附息债券而言，30 年期纯粹折现债券更富有弹性。

注意在图 8-4B 中，对应于纯粹折现债券的曲线比票面利率为 8% 的 30 年期附息债券的曲线更加陡峭。更高的陡峭程度反映了更大的利率敏感程度。

保持票面利率不变，我们也可以通过比较票面利率为 8% 的 10 年期和 30 年期附息债券探究债券的到期期限怎样影响价格的敏感程度。伴随着从 8% 到 10% 的移动，两种债券的价格将分别从 1 000 美元的平价价格下降到 877.11 美元和 811.46 美元。保持票面利率不变，期限更长的债券价格变化更大。这在图 8-4B 中被解读为更长期限债券的更陡峭的价格比率曲线。实际上，相对于 30 年期债券的 -0.75 的弹性系数而言，10 年期债券的弹性系数仅为 -0.49。

快速测查 8-6

假设你购买了一只面值为 1 000 美元且票面利率为每年 6% 的 30 年期纯粹折现债券。一天后，市场利率升至 7%，而且债券到期收益率也是如此。你的债券价格的变化比率为多少？债券价格对到期收益率变化的弹性是多少？

小 结

市场利率的变化将导致所有现存承诺未来固定支付的合同的市场价值反向变动。

在未来每个可能日期得到的 1 美元的市场价格是评估所有其他已知现金流的基本构成要素。这些市场价格从被交易债券的市场观测价格中推导得出，同时应用于其他已知现金流对它们进行价值评估。

一个等同的价值评估过程可以通过在一个折现现金流公式中应用每个未来时期的不同折现率得到实施。

给定到期期限的固定收益债券的价格差异由票面利率、违约风险、税收处理方式、可赎回性、可转换性以及其他特征的不同引起。

随着时间的推移，债券的价格向其面值靠拢。然而，作为市场利率变化的结果，债券价格可能在到期前以更大的幅度波动。

关键术语

纯粹折现债券	面值	附息债券	票面利率
平价债券	溢价债券	当期收益率	到期收益率
可赎回债券	可转换债券		

问题与疑难

使用现值因子对已知现金流进行价值评估

1. 假设你购买了 3 个月内到期的国库券。该国库券是在到期时支付 10 万美元面值的纯粹折现工具。如果该国库券按照 3 个月内收益率为 1%，或者季度复利条件下的 4%APR 进行定价，那么它的当前销售价格是多少？将该债券的收益率转换成有效年利率。

2. 假设你决定在购买后的一个月出售上述问题中的债券。在出售时，假设该债券按照在剩余的 2 个月里产生 1% 的 3/4 的收益率进行定价。以有效年利率报价，你一个月的投资收益率是多少？

3. 假设你观测到无违约风险的零息债券（纯

粹折现债券）的价格如下：

到期期限	按照 1 美元面值报价的价格	到期收益率
1 年	0.97 美元	3.093%
2 年	0.90 美元	

a. 假设息票支付从一年后开始，每年进行一次，支付 6% 票面利率的 2 年期附息债券的价格应该是多少？

b. 得出该表中缺失的数值。

c. a 部分中的 2 年期附息债券的到期收益率应该是多少？

d. 为什么这个问题的 b 部分答案和 c 部分答案是不同的？

基本构成要素：纯粹折现债券

4. 假设你可以按照 99 128.817 美元的价格购买一只面值为 10 万美元的国库券，该债券于 3 个月内到期。计算该债券以连续复利条件下的 APR 报价的收益率。连续复利条件下现值和终值的关系为：$FV = PV \times e^{rt}$。这里 r 为 APR，t 是年度数量，同时 e 是自然对数的底 2.718 28。

5. 考察拥有 10 年剩余到期期限且按照每 100 美元面值报价的 61.391 33 美元出售的纯粹折现债券。如果该债券的收益率在接下来的 3 年内保持不变，拥有 9 年、8 年和 7 年剩余到期期限的这种债券将按照什么价格出售？为了使拥有 6 年剩余到期期限的证券的价格与 2 年前，也就是当其拥有 8 年剩余到期期限时的价格相同，收益率不得不上升多少？

6. 评论下述说法：排除负利率，零息的中期国债与长期国债的向上倾斜的期限结构暗示对于这些纯粹折现债券而言，价格和剩余到期期限之间呈反向关系。

7. 假设面值为 1 000 美元的 50 年期零息债券按照产生 10% 的收益率进行定价。如果收益率立即下降至 5%，那么该债券的新价格将是多少？与价格变化的相对方式比较而言，收益率怎样变化？

附息债券、当期收益率和到期收益率

8. 按照产生 7% 到期收益率进行定价且票面利率为 5% 的 5 年期附息债券的当期收益率是多少？假设按年复利。

9. 以债券价格与公平价格或面值的相关关系为基础，说明当期收益率、票面利率和到期收益率之间的关系。

10. 附息债券的价格可以被分成两个组成部分。附息债券的价格是息票支付的现值以及面值偿付的现值之和。在随时间推移保持不变的水平期限结构条件下，这两个组成部分将怎样变化？

11. 假设你希望知道每年付息且票面利率为 7% 的 10 年期附息国债的价格。

a. 你已经被告知到期收益率为 8%，该国债的价格是多少（按照每 100 美元面值报价的形式）？

b. 如果息票按照半年进行支付，同时到期收益率为每年 8%，该国债的价格是多少？

c. 现在你被告知到期收益率为 7%，该国债的价格是多少？你能否在不计算该答案的条件下猜测答案？如果息票按照半年进行支付，情况将会怎样？

12. 假设一年前美国国债的收益率曲线按照每年 4% 的利率是水平的（按年复利），同时你购买了 30 年期长期国债。现在收益率曲线按照每年 5% 的利率是水平的（按年复利），你在初始投资上所赚取的收益率是多少？

a. 如果该债券是拥有 4% 票面利率的附息债券，收益率是多少？

b. 如果该债券是零息债券，收益率是多少？

13. 具有挑战性的问题。在每半年复利一次的条件下重复上述问题。现在收益率将在每半年复利一次的条件下用 APR 的形式给出。按照按年复利的每年 4% 利率，初始的期限结构是水平的。在每半年复利一次的条件下，什么样的年利率产生同样的有效年利率？针对当前利率做出类似调整。

14. 假设除了随时间推移的承诺现金流模式之外，下表列示的所有债券在其他方面均相同。价格按照对 1 美元面值进行报价的形式表示，使用下表中的信息以及一价定律推导缺失的数值。假设息票支付按年进行。

票面利率	到期期限	价格	到期收益率
6%	2 年		5.5%
0	2 年		
7%	2 年		
0	1 年	0.95 美元	

解读债券行情表

15. 如果你购买中期国债，基于下述 5 年期中期国债的行情表计算到期收益率（每半年复利一次）：

票面利率	买方竞价	卖方竞价
6%	99：15	99：17

16. 你希望创设一只 2 年期组合型零息债券。假设你了解下述信息：1 年期零息债券正在按照每 1 美元面值 0.93 美元进行交易，同时票面利率为 7% 的 2 年期附息债券（利息年付）正在以 985.30 美元出售（面值为 1 000 美元）。

a. 来自 2 年期附息债券的两项现金流是什么？

b. 假设你可以购买这种 2 年期附息债券，而且可以将两项现金流进行拆分，然后出售它们。

ⅰ. 你将从第一项支付的出售中得到多少？

ⅱ. 为了实现盈亏平衡，你需要从 2 年期国债的剥离部分的出售中得到多少？

为什么到期期限相同的债券的收益率可能有所不同？

17. 假设你拥有下述来自市场的零息债券的信息：

到期期限	按照 100 美元面值报价的价格	收益率（每半年复利一次的 APR）
1 年	95.181 44 美元	5.0%
2 年	95.623 77 美元	4.5%

每半年复利一次且票面利率为 5% 的 2 年期附息债券的价格将是多少？它的到期收益率将是多少？

18. 参考上述问题，每半年复利一次且票面利率为 4.5% 的 2 年期附息债券的价格将是多少？它的到期收益率将是多少？为什么这种债券是折现债券？

19. 加入下述特征将会对不拥有该特征的类似证券的价格产生何种影响？

a. 10 年期债券在 5 年后被公司赎回（与 10 年期不可赎回债券进行比较）。

b. 债券可以在任何时候转换成 10 股普通股（与不可转换债券进行比较）。

c. 10 年期债券可以在 3 年后按照面值回售给公司（与 10 年期不可回售债券进行比较）。

d. 为期 25 年的债券拥有税收豁免的息票支付。

20. 具有挑战性的问题。假设无违约风险的美元债券的收益率曲线在每年 6% 的利率上是水平的。由 Dafolto 公司发行的票面利率为 10% 的 2 年期附息债券（按年支付利息且面值为 1 000 美元）被评为 B 级，而且它正以 918 美元的市场价格进行交易。除了违约风险以外，Dafolto 公司的债券没有在金融上有意义的其他特征。一位投资者愿意为一项防止 Dafolto 公司在债券上违约的担保支付多少？

21. 具有挑战性的问题。假设无违约风险的美元债券的收益率曲线在每年 5% 的利率上是水平的。一只 10 年后可赎回的 20 年期无违约风险附息债券（按年支付息票且面值为 1 000 美元）正在按照面值进行交易，同时票面利率为 5.5%。

a. 这种赎回条款的内在价值是多少？

b. Safeco 公司的债券等同于上述票面利率为 5.5% 的可赎回附息债券，而且可以在到期之前的任何时候转换成 10 股 Safeco 公司的普通股。如果它的到期收益率当前为每年 3.5%，转换特征的内在价值是多少？

随时间推移的债券价格行为

22. 保持所有其他条件相同，如果利率沿着整体收益率曲线上升，你应当预期：

ⅰ. 债券价格将上升。

ⅱ. 债券价格将下降。

iii. 长期债券的价格将比短期债券的价格下降得多。

iv. 长期债券的价格将比短期债券的价格上升得多。

a. ii 和 iv 是正确的。

b. 我们无法确定价格将发生变化。

c. 只有 i 是正确的。

d. 只有 ii 是正确的。

e. i 和 iii 是正确的。

解释你的答案!

23. 考察两只 10 年期债券。一只拥有 5% 的票面利率，另一只拥有 10% 的票面利率。两者均每半年支付一次利息。假设期限结构保持水平，按照 5%、10% 和 15%（每半年复利一次的 APR）等不同收益率对这些债券进行定价。画图说明价格怎样随到期收益率发生变化。

24. 现在考察两只票面利率为 10% 的附息债券。一只拥有 5 年的到期期限，同时另一只拥有 10 年的到期期限，两者均每半年支付一次利息。假设期限结构保持水平，按照 5%、10% 和 15%（每半年复利一次的 APR）等不同收益率对这些债券进行定价。画图说明价格怎样随到期收益率发生变化。如果两只债券的到期收益率当前均为 10%，哪种债券的价格对到期收益率的给定变化更为敏感?

25. 具有挑战性的问题。一只附息债券的价格有两个组成部分：息票利息流的现值以及面值偿付的现值。考察一只每半年复利一次且票面利率为 8% 的 5 年期附息债券，如果期限结构在 10% 的利率上是水平的，而且在接下来的 5 年内保持如此，随着时间的推移，该债券的价格变化趋势以及两个组成部分的分解趋势是什么? 在此时以及直至债券到期前的随后年份进行针对该债券的这种运算。画图说明作为剩余到期期限的函数的债券价格及其构成部分。

第9章 普通股的价值评估

第 8 章说明了一价定律怎样被用于从债券的观测价格中推导出已知现金流的价值。在本章中，我们使用折现现金流方法考察未知现金流的价值。该方法被应用于普通股的价值评估。

9.1 解读股票行情表

表 9-1 显示了在纽约证券交易所中进行交易的 IBM 公司股票的行情表，它位于彭博社网站上。该股票的行情报价通过在网站上的"输入代号"框中输入股票代号"IBM"获得。

表 9-1   IBM 公司股票的行情表

IBM：美国
6 月 2 日   13：16   纽约通货：美国行业计算机

价格	变化	变化百分比	买价	卖价	开盘价	交易量
79.360	−1.330	−1.648	—	—	80.500	4 499 600

最高价	最低价	52 周最高价 （2005 年 11 月 29 日）	52 周最低价 （2005 年 6 月 28 日）	年收益率
80.560	79.150	89.94	73.45	3.682%

资料来源：Reprinted with permission from Bloomberg LP，731 Lexington Avenue，New York，NY 10022.

这种报价提供了当前的实时价格以及从上一交易日收盘开始的股票价格变化情况。此外，交易当日的开盘价和交易量也被给出。上一年的最高价和最低价同样与当日最高价和最低价一起被提供。**红利收益率**（dividend yield）被定义为年度红利除以股票价格，以百分比表示。**市盈率**（price/earnings ratio）是股票价格与年度每股收益的比率。真实的及预测的红利和每股收益的信息被用于过去及未来的红利收益率和市盈率的运算过程。

9.2 折现红利模型

决定股票价值的折现现金流方法可对预期现金流——支付给股东的红利或者来自公司经营活动的净现金流——进行折现。**折现红利模型**（discounted-dividend model，DDM）被定义为任何将股票价值作为预期未来红利现值进行计算的模型。

所有折现红利模型都从普通股投资者预期收益由红利和价格差异构成的现象出发。例如，假定存在为期一年的持有期。假设 ABC 公司股票拥有 5 美元的每股预期红利 D_1，同时该年末的预期不含红利价格 P_1 为 110 美元。[①]

经过风险调整的折现率（risk-adjusted discount rate）或**市场资本化比率**（market capitalization rate）是使投资者愿意投资该股票所要求的预期收益率。这一收益率怎样决定将在第 13 章中得到解释。在本章里，我们将其看成是给定的，同时用 k 进行标记。在当前的例子中，假定它为每年 15%。

投资者的预期收益率 $E(r_1)$ 是 D_1 加上预期价格的升值 P_1-P_0 的总和除以价格 P_0 得到的值。设该预期收益率等于 15% 的必要收益率，我们得到：

$$E(r_1)=\frac{D_1+P_1-P_0}{P_0}=k$$

$$0.15=\frac{5\ 美元+110\ 美元-P_0}{P_0} \tag{9.1}$$

式（9.1）体现了折现红利模型的最主要特征：任意时期里的预期收益率均等于市场资本化比率 k。从这个方程式中，我们可以推导出以预期年末价格形式表示的当前价格方程式：

$$P_0=\frac{D_1+P_1}{1+k} \tag{9.2}$$

换句话说，当前价格是预期年末红利的现值加上按照所需收益率进行折现的预期不含红利价格。在 ABC 公司的例子中，我们得到：

$$P_0=\frac{5\ 美元+110\ 美元}{1.15}=100\ 美元$$

此时的模型取决于年末价格 P_1 的估计值。但是投资者怎样预测年末价格？运用推导 P_0 所采用的相同逻辑推理过程，在第 2 年期初 ABC 公司的预期价格是：

$$P_1=\frac{D_2+P_2}{1+k} \tag{9.3}$$

通过置换，我们可以用 D_1、D_2 和 P_2 的形式表示 P_0：

[①] 不含红利价格是无权获得近期公告红利的股票价格。

$$P_0 = \frac{D_1 + P_1}{1+k} = \frac{D_1 + \dfrac{D_2 + P_2}{1+k}}{1+k} \tag{9.4}$$

$$= \frac{D_1}{1+k} + \frac{D_2 + P_2}{(1+k)^2}$$

通过重复这种置换链，我们得到折现红利模型的一般公式为：

$$P_0 = \frac{D_1}{1+k} + \frac{D_2}{(1+k)^2} + \cdots = \sum_{t=1}^{\infty} \frac{D_t}{(1+k)^t} \tag{9.5}$$

换句话说，一只股票的价格是按照市场资本化比率进行折现的所有每股预期未来红利的现值。

注意，虽然看上去折现红利模型的排他性焦点在于红利，但是它与投资者在对股票进行价值评估时同时观察红利和预期未来价格的观点并不冲突。相反，我们刚才已经看到，折现红利模型源自该假设。

不变增长率折现红利模型

因为在由式（9.5）表示的一般形式中，折现红利模型需要无限数量的未来红利预测值，所以一般形式可能不可行。但是，通过做出某些针对未来红利的简化假设，折现红利模型可以被转换成一项可行的工具。

一项简化假设是红利将以不变比率 g 增长。假设稳定增长（Steadygrowth）公司的红利可望按照每年 10% 的不变比率增长。

预期未来红利流为：

第 1 期红利 D_1	第 2 期红利 D_2	第 3 期红利 D_3	等等
5 美元	5.5 美元	6.05 美元	等等

将红利增长的预测值 $D_t = D_1(1+g)^{t-1}$ 代入式（9.5）并化简。我们得到以不变比率 g 增长的永续红利流的现值为：

$$P_0 = \frac{D_1}{k-g} \tag{9.6}$$

使用稳定增长公司的数据，这一公式暗指股票价格为：

$$P_0 = \frac{5\,\text{美元}}{0.15 - 0.10} = \frac{5\,\text{美元}}{0.05} = 100\,\text{美元}$$

让我们来探究不变增长率折现红利模型的某些含义。注意，如果预期增长率为 0，那么该价值评估公式简化为等额永续年金现值的计算公式：$P_0 = D_1/k$。

保持 D_1 和 k 不变，g 的数值越高，股票价格也越高。但是随着 g 在数值上趋近于 k，该模型开始"爆裂"，也就是说，股票价格趋于无限。因此，该模型只有在预期红利增长率小于市场资本化比率 k 的条件下才有效。在 9.3 节中，我们将考察为了应对那些拥有大于 k 的红利增长率的企业，分析师如何对折现红利模型进行调整。

注意，不变增长率折现红利模型的另一项含义是股票价格可望按照和红利相同的比率增长。例如，考察表 9-2，表 9-2 显示了稳定增长公司未来 3 年的预期红利和价格等信息。

为了考察因何如此，我们写出下一年价格的计算公式：

$$P_1 = \frac{D_2}{k-g}$$

表 9-2   稳定增长公司未来 3 年的预期红利和价格等信息

年度	年初价格 （美元）	预期红利 （美元）	预期红利 收益率（%）	预期价格 增长率（%）
1	100	5.00	5	10
2	110	5.50	5	10
3	121	6.05	5	10

由于 $D_2 = D_1(1+g)$，通过置换我们得到：

$$P_1 = \frac{D_1(1+g)}{k-g} = P_0(1+g)$$

同时价格的预期变化率为：

$$\frac{P_1 - P_0}{P_0} = \frac{P_0(1+g) - P_0}{P_0} = g$$

因此，折现红利模型暗指在不变红利增长率的情形下，任意年份的价格升值比率均等于不变增长率 g。因此，在稳定增长公司的例子中，每年 15% 的预期收益率由每年 5% 的预期红利收益率以及每年 10% 的预期价格增长率构成。

在不变增长率折现红利模型中，收益流、红利和股票价格都按照相同的不变增长率 g 增长。

快速测查 9-1

XYZ 公司可望 1 年后支付每股 2 美元的红利，并且从那以后红利可望按照每年 6% 增长。如果它的价格现在是每股 20 美元，那么市场资本化比率必然是多少？

9.3 收益和投资机会

折现现金流方法的另外一种途径是关注未来收益和投资机会。关注未来收益和投资机会而不是红利，有助于将分析师的注意力集中于价值的行业核心决定因素。一家企业的红利政策并不是这种核心决定因素。为了理解这个说法，考察一位正计划并购该企业的投资者。实施并购的投资者并不关心未来红利的模式，因为他们可以选择任何他们希望的模式。

假设不发行新股，任何时期的收益与红利的关系是[1]：

$$红利_t＝收益_t－净投资_t$$

因此，我们得到一项股票价值的计算公式：

$$P_0 = \sum_{t=1}^{\infty} \frac{D_t}{(1+k)^t} = \sum_{t=1}^{\infty} \frac{E_t}{(1+k)^t} - \sum_{t=1}^{\infty} \frac{I_t}{(1+k)^t}$$

这里 E_t 是第 t 年的收益，同时 I_t 是第 t 年的净投资。

从该方程中认识到的一个关键点是，一家企业的价值不等于其预期未来收益的现值。该企业的价值等于预期未来收益的现值减去再投资于企业的收益的现值。注意，将企业价值作为预期未来收益的现值进行计算可能夸大或是低估正确的市场价值，因为净投资可能是正的或负的。

在一个衰退的行业中，我们或许有望发现总投资规模可能并不与现有资本完全更新所需的投资规模同样大：净投资为负值，而且生产能力随时间的推移而下降。在一个稳定或停滞的行业中，总投资规模一般正好与更新所需投资规模相当：净投资为 0，同时生产能力随时间的推移基本保持不变。在一个扩张的行业中，总投资规模将可能超过更新所需投资规模：净投资是正的，而且生产能力随时间的推移而提高。

基于收益和投资机会估计企业价值的一种有用方法是将企业的价值分解成两部分：（1）作为永续年金投入未来的当前收益水平的现值；（2）任何未来投资机会的净现值（也就是说，所产生的新收益减去产生新收益所必需的新投资）。我们可以将其表示为：

$$P_0 = \frac{E_1}{k} + 未来投资的净现值$$

例如，考察一家被称为无增长（Nogrowth）公司的企业，它的每股收益为 15 美元。该企业每年投资的金额仅够更新正在消耗的生产能力，从而它的每年净投资为 0。因此，该企业将所有收益都作为红利派发，同时不存在增长。

假设市场资本化比率为每年 15%，无增长公司的股票价格将是 100 美元：

$$P_0 = \frac{15 \text{ 美元}}{0.15} = 100 \text{ 美元}$$

现在考察增长股票（Growthstock）公司。增长股票公司起初拥有与无增长公

[1]　发行新股使分析过程复杂化，而且不改变基本结果。

司相同的收益，但是该公司每年将 60% 的收入再投资于每年产生 20% 收益率的新投资机会（也就是说，每年都比 15% 的市场资本化比率高出 5%）。结果是，增长股票公司的每股红利刚开始时低于无增长公司的每股红利。不像无增长公司那样以红利的形式每股派发 15 美元，增长股票公司从下期开始每股将只派发 15 美元的 40%，即每股 6 美元。剩余的每股 9 美元将被再投资于公司，以赚取每年 20% 的收益率。

虽然增长股票公司的每股红利初始价格低于无增长公司的每股红利，但是增长股票公司的红利将随时间的推移而增加。增长股票公司的股票价格高于无增长公司的股票价格。为了理解因何如此，我们计算红利增长率是多少，然后应用折现红利模型。

每股红利增长率和每股收益增长率的计算公式为[①]：

$$g = 收益留存比率 \times 新投资的收益率 = r \times r_i$$

在这个例子中，市盈率将是一项与不变增长率直接相关的固定常数同样是正确的。举个例子，在更高增长率的条件下，股票价格将是定期收益的一项更大的固定乘数。这可以通过简化远期市盈率的定义得到：

$$\frac{P_t}{E_{t+1}} = \frac{\dfrac{(1-r)E_{t+1}}{k-g}}{E_{t+1}} = \frac{1-r}{k-g}$$

红利收益率同样也将是一项负相关于不变增长率的固定常数。按照远期红利收益率的定义进行计算：

$$\frac{D_{t+1}}{P_t} = \frac{D_t(1+g)}{\dfrac{D_t(1+g)}{k-g}} = k-g$$

对于增长股票公司而言，我们得到：$r = 60\%$，同时 $r_i = 20\%$，于是 $g = r \times r_i = 0.6 \times 0.2 = 0.12$ 或 12%。每年使用不变增长率公式估计增长股票公司的股票价格，我们有：

$$P_0 = \frac{6 \ 美元}{0.15 - 0.12} = \frac{6 \ 美元}{0.03} = 200 \ 美元$$

增长股票公司未来投资的净现值是其股票价格与无增长公司股票价格之间的 100 美元差额：

---

① 证明：按照定义，收益的预期增长率等于收益的变化除以当前收益：

$$g = \frac{\Delta E}{E}$$

通过将分子和分母都乘以净投资（I），我们得到：

$$g = \frac{I}{E} \times \frac{\Delta E}{I}$$

现在注意右边第一项为收益留存比率，而第二项为新投资的收益率。

未来投资的净现值＝200 美元－100 美元＝100 美元

　　认识到增长股票公司比无增长公司拥有更高股票价格的原因并不是增长本身，而是其再投资收益产生了超过市场资本化比率的收益率这一事实是重要的。为了强调这一点，我们考察如果未来投资的收益率仅为每年 15％，而不是每年 20％将会发生什么。为了将这一情形与增长股票公司的情形进行区分，我们将拥有更低收益率的公司称为正常利润（Normalprofit）公司。

　　正常利润公司未来投资的收益率为每年 15％，并且从下一年开始，它每年将再投资其收益的 60％。因此，该公司的每股收益增长率和每股红利增长率是每年 9％：

$$g = r \times r_i$$
$$= 0.6 \times 0.15 = 0.09 \text{ 即 } 9\%$$

　　应用不变增长率折现红利模型的计算公式，我们得出正常利润公司的股票价格为：

$$P_0 = \frac{6 \text{ 美元}}{0.15 - 0.09} = \frac{6 \text{ 美元}}{0.06} = 100 \text{ 美元}$$

　　正常利润公司拥有和无增长公司相同的当前股票价格，即使正常利润公司的每股红利可望以每年 9％增长。这是因为正常利润公司的更高增长率正好抵消了其较低的初始红利的影响。表 9-3 以及图 9-1 对无增长公司和正常利润公司接下来数年内的预期收益以及红利进行了比较。

　　无增长公司与正常利润公司拥有相同的当前股票价格，该股票价格等于下一年每股红利的永续年金的现值：

$$P_0 = E_1/k = 15 \text{ 美元}/0.15 = 100 \text{ 美元}$$

　　因此，即使正常利润公司的每股收益、每股红利和股票价格可望每年以 9％增长，这种增长也不在该企业的当前股票价格中加入任何超过应当值的价值。这种应当值是如果它的全部收益都作为红利派发时的股票价格。理由是，正常利润公司再投资收益的收益率等于市场资本化比率。

表 9-3　　　　　　　　　　　无增长公司与正常利润公司的比较

			无增长公司			
年数	股票价格（美元）	收益（美元）	市盈率*	红利（美元）	增长率（％）	红利收益率（％）**
0	100.00					
1	100.00	15.00	6.67	15.00	0	15
2	100.00	15.00	6.67	15.00	0	15
3	100.00	15.00	6.67	15.00	0	15
4	100.00	15.00	6.67	15.00	0	15
5	100.00	15.00	6.67	15.00	0	15

续表

	正常利润公司					
年数	股票价格 （美元）	收益 （美元）	市盈率[+]	红利 （美元）	增长率 （%）	红利收益率 （%）[++]
0	100.00					
1	109.00	15.00	6.67	6.00	9	6
2	118.81	16.35	6.67	6.54	9	6
3	129.50	17.82	6.67	7.13	9	6
4	141.16	19.43	6.67	7.77	9	6
5	153.86	21.17	6.67	8.47	9	6

[*] 当前股票价格除以下期收益条件下的远期市盈率。一般公式为：$(1-r)/(k-g)$。这里在 $g=r=0$ 的条件下，我们有 $1/k=1/0.15=6.67$。

[**] 远期红利收益率是下期红利与当前价格之间的比率。一般公式为：$k-g$。这里在 $g=0$ 的条件下，我们有 $k=0.15$。

[+] 当前股票价格除以下期收益条件下的远期市盈率。一般公式为：$(1-r)/(k-g)$。这里我们有 $(1-0.60)/(0.15-0.09)=0.4/0.06=6.67$。

[++] 远期红利收益率是下期红利与当前价格之间的比率。一般公式为：$k-g$。这里我们有 $0.15-0.09=0.06$。

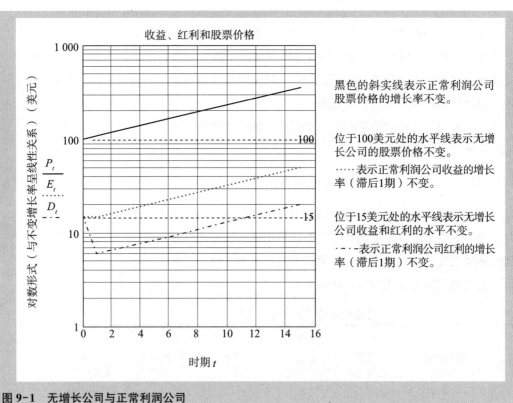

图 9-1 无增长公司与正常利润公司

总结一下本节的关键点：增长本身不增加价值。增加价值的是投资机会，该投资机会是投资于可以获得超过所需收益率 k 的收益率的项目。当一家企业的未来投资机会产生与 k 相等的收益率时，可以使用公式 $P_0=E_1/k$ 估计该企业股票的价值。

　　一位分析师使用不变增长率折现红利模型对 QRS 公司的股票进行价值评估。她假定存在每股 10 美元的预期收益、75% 的收益留存比率、每年 18% 的未来投资收益率以及每年 15% 的市场资本化比率。她的 QRS 公司股票价格估计值是多少？未来投资的隐含净现值是多少？

9.4　对市盈率方法的重新考察

　　在第 7 章中，我们简要讨论了对一家企业股票进行价值评估的市盈率方法。我们认为，快速估计一家企业股票价值的广泛应用的方法是选取该企业的目标收益，并且用这一目标收益乘以从其他类似企业推导出来的一项恰当的市盈率。我们现在可以通过使用在前面部分讨论的折现现金流方法进一步了解这种方法。

　　如同我们已经看到的那样，一家企业股票价格的运算公式可以被写成：

$$P_0 = \frac{E_1}{k} + \text{未来投资的净现值}$$

　　因此，一直拥有高水平市盈率的企业被解释为拥有相对较低的市场资本化比率，或者拥有相对较高的价值增加性投资现值。价值增加性投资，也就是说，在未来投资中赚取的收益率超过市场资本化比率的机会。

　　由于其未来投资的收益率可望超过市场资本化比率而拥有相对较高市盈率的股票被称为**成长型股票**（growth stock）。

　　某些股票市场的观测者认为，成长型股票拥有高市盈率的原因是它们的每股收益可望增长。但是，那是一种误导性说法。就像我们在 9.3 节看到的那样，正常利润公司拥有每年 9% 的预期增长率，但是它却按照和无增长公司相同的市盈率进行定价，而无增长公司根本没有被预期增长。不是增长本身而是未来投资机会的存在创造了高市盈率，这种投资机会可望产生大于市场所需的风险调整比率 k 的收益率。

　　例如，假设你正试图对电子生物医药公司的普通股进行价值评估，该企业是医药行业中的一家运用生物医药技术发明新药的虚拟企业。医药行业的平均市盈率为 15。电子生物医药公司的预期每股收益为 2 美元。如果你运用行业平均市盈率，那么电子生物医药公司股票价格为每股 30 美元。然而，假定在股票市场上，电子生物医药公司进行交易的实际价格为每股 100 美元。你怎样解释这种差别？

　　70 美元的价差（100 美元减去 30 美元）可能反映了投资者的信念，这一信念是电子生物医药公司将拥有比医药行业平均而言更好的未来投资机会。

　　市盈率倾向于随时间的推移发生变化。随着新信息进入市场，投资者的收益预期将发生变化。预期收益增长率或市场资本化比率的相对较小变化会导致市盈率的较大变动。对于单个股票以及股票市场整体而言，这都是正确的。

9.5 红利政策是否影响股东财富？

红利政策（dividend policy）指的是在保持投资和借贷决策不变的条件下，向投资者派发现金的企业政策。在不存在税收和交易成本的"无摩擦"金融环境里，无论企业采用何种红利政策，股东财富都将是相同的。在真实世界里，存在众多导致红利政策对股东财富产生影响的摩擦。这些摩擦包括税收、管制、外源融资成本以及红利所反映的信息或"信号"内容。

9.5.1 现金红利与股票回购

这里存在公司将现金分发给其股东的两种方法：支付**现金红利**（cash dividend）或者在股票市场上回购公司股票。当一家公司支付现金红利时，所有股东都得到与其所拥有股份成比例的现金金额。我们假设在现金以现金红利的形式被分发时，保持所有其他情况相同，股票价格在支付完成后立即下降与红利相等的数量。

在**股票回购**（share repurchase）中，公司在股票市场上支付现金购买自己的股票，因而减少了流通股的数量。[①] 因此，只有那些选择出售部分股票的股东将得到现金。我们假设，在通过股票回购的形式发放现金时，保持所有其他情况相同，股票价格保持不变。

例如，现金充足（Cashrich）公司拥有市场价值为 1 200 万美元的总资产：200 万美元的现金以及 1 000 万美元的其他资产。其负债的市场价值为 200 万美元，同时所有者权益的市场价值是 1 000 万美元。这里有 50 万股现金充足公司的流通股，每股拥有 20 美元的市场价格。

表 9-4 描述了现金充足公司通过现金红利和股票回购的方式将现金派发给股东的不同影响。如果现金充足公司派发每股 2 美元的现金红利，那么资产将下降 100 万美元，同时所有者权益下降 100 万美元至 900 万美元。

因为仍然有 50 万股流通股，所以每股市场价格下降 2 美元。相反，如果现金充足公司回购价值 100 万美元的股票，那么它将收回 5 万股流通股，剩余价格为每股 20 美元的 45 万股流通股。

在用于构建表 9-4 的假设条件下，股东财富不受现金充足公司用于派发 100 万美元的方法选择的影响。在每股 2 美元现金红利的情形中，所有股东都得到与其所拥有股票数量成比例的现金，同时他们的股票市场价值每股下跌 2 美元，不含红利。在股票回购的情形中，只有那些选择出售股票的股东得到现金，其他股东股票的市场价值没有任何变化。

---

① 公司将已经回购的股票作为库存股保存，同时可以决定在未来某一日期重新出售这些股票以筹集现金。

表 9 - 4　　　　　　　　现金充足公司现金红利与股票回购的对比　　　　　单位：美元

a. 原始资产负债表

资产		负债及股东权益	
现金	200 万	负债	200 万
其他资产	1 000 万	股东权益	1 000 万
总计	1 200 万	总计	1 200 万

说明：流通股数量＝50 万股。
每股价格＝20 美元。

b. 支付现金红利后的资产负债表

资产		负债及股东权益	
现金	100 万	负债	200 万
其他资产	1 000 万	股东权益	900 万
总计	1 100 万	总计	1 100 万

说明：流通股数量＝50 万股。
每股价格＝18 美元。

c. 股票回购后的资产负债表

资产		负债及股东权益	
现金	100 万	负债	200 万
其他资产	1 000 万	股东权益	900 万
总计	1 100 万	总计	1 100 万

说明：流通股数量＝45 万股；
每股价格＝20 美元。

快速测查 9 - 3

　　对现金充足公司以现金红利的形式支付 150 万美元以及回购 150 万美元股票的效应进行比较。

9.5.2　股票红利

　　有时候公司宣布进行股票拆分同时发放股票红利。这些活动不向投资者派发现金，它们增加了流通股的数量。

　　例如，假设现金充足公司的管理层宣布了一项股票拆分行动，每一股原始股票现在将被当做两股新股票。现金充足公司流通股的总数量将从 50 万股增加至 100 万股。在股东财富不受这种管理层行为影响的假设条件下，每股市场价格将立即由 20 美元下跌至 10 美元。

　　在股票红利的情形中，公司向每位股东派发额外的股票。股票红利的支付可以被看做是向现有股东发放现金红利，然后要求他们立即用这些现金购买该公司的额外股票。该公司没有向股东派发任何现金，并且这里不存在任何税收影响。

　　我们回到现金充足公司的例子，阐明支付现金红利和支付股票红利的不同影响。假设现金充足公司在通常情况下将派发每股 2 美元的现金红利，但是管理层认为公司拥有卓越的投资机会，决定保留本该以现金红利形式派发的 100 万美元现金。因此，管理层决定不发放现金红利，而是派发 10% 的股票红利。这意味着股东将因其持有的每 10 股原始股票而得到 1 股新股票，同时该公司留存了本该以现金红利形式派发的 100 万美元。

　　表 9-5 描述并比较了现金红利和股票红利在股东财富不受其影响条件下的效应。首先对 a 部分和 c 部分进行比较。表 9-5 中的 c 部分显示了支付股票红利后以市场价值计算的资产负债表。资产、负债和股东权益的总和与 a 部分中的数量相同，a 部分显示了支付股票红利前以市场价值计算的资产负债表。两者之间的唯一差别是，在 c 部分中，股票数量增加到 55 万股，同时每股价格下降至 18.18 美元。

快速测查 9-4

9

现金充足公司支付 20% 股票红利的影响是什么？

表 9-5	现金充足公司现金红利与股票红利的对比		单位：美元
	a. 原始资产负债表		
资产		负债及股东权益	
现金	200 万	负债	200 万
其他资产	1 000 万	股东权益	1 000 万
总计	1 200 万	总计	1 200 万

说明：流通股数量＝50 万股。
每股价格＝20 美元。

	b. 支付现金红利后的资产负债表		
资产		负债及股东权益	
现金	100 万	负债	200 万
其他资产	1 000 万	股东权益	900 万
总计	1 100 万	总计	1 100 万

说明：流通股数量＝50 万股。
每股价格＝18 美元。

	c. 支付股票红利后的资产负债表		
资产		负债及股东权益	
现金	200 万	负债	200 万
其他资产	1 000 万	股东权益	1 000 万
总计	1 200 万	总计	1 200 万

说明：流通股数量＝55 万股。
每股价格＝18.18 美元。

9.5.3 无摩擦的金融环境中的红利政策

我们曾经假定通过现金红利或者股票回购的方式向股东支付现金对股东财富没有任何影响。这是一项有效的假设吗？或者，是否可能存在运用红利政策增加股东财富的途径？

1961 年，莫迪利亚尼和米勒（M&M）提出了一个论点，证明在无摩擦的金融环境里，不存在税收以及发行新股或回购现有股票的成本，一家企业的红利政策可能对其股东财富没有任何影响。① 莫迪利亚尼和米勒的论点的本质是，股东可以通过从自身利益出发无成本地再投资红利或出售股票而战胜任何公司红利政策的影响。

我们以现金充足公司为例说明莫迪利亚尼和米勒的论点。首先，假设现金充足公司的管理层决定不以现金的形式向股东派发 200 万美元，而是将这笔资金投资于一个使企业的总市值保持不变的项目中。假设拥有 100 股现金充足公司股票的投资者宁愿选择每股 2 美元的现金红利。股东可以简单地按照每股 20 美元的当前市场价格出售 10 股股票。他最终拥有价值 1 800 美元的股票和 200 美元的现金——与该公司支付每股 2 美元现金红利的情形完全相同的结果。

但是相反的情形也是可能的。假设现金充足公司派发了每股 2 美元的现金红利，拥有 100 股现金充足公司股票的投资者不需要现金。支付红利后，她拥有 200 美元现金以及以股票形式体现的 1 800 美元。她可以按照每股 18 美元的新价格很容易地用所得到的 200 美元现金购买更多的股票而重新构建初始头寸。

企业不得不筹措现金为拥有正净现值的项目提供融资的情形会是怎样？在这种情形里，我们确实可能认为企业的管理者可以通过削减现金红利，并将其重新投入企业的方式增加股东财富。但是，莫迪利亚尼和米勒认为，在一个无摩擦的金融环境中，股票价格将反映项目的净现值。因此，该企业通过削减现金红利（内源融资）或者发行新股（外部权益融资）为新项目提供融资对该企业现有股东的财富将没有任何影响。

为了理解莫迪利亚尼和米勒的论点，我们考察一个特定的例证。考察现金匮乏（Cashpoor）公司，该公司当前拥有由 50 万美元现金和价值 100 万美元的厂房及设备构成的资产，以及市场价值为 100 万美元的负债。假设现金匮乏公司拥有一个投资机会，这个投资机会需要在额外厂房及设备上立即支出 50 万美元的初始必要开支，同时项目净现值为 150 万美元。这里有 100 万股现金匮乏公司的流通股。每股市场价格为 2 美元，而且该价格反映了关于现金匮乏公司拥有净现值为 150 万美元的投资机会的信息。表 9-6 显示了进行投资之前现金匮乏公司以市场价值计算的

① Franco Modigliani and Merton Miller, "Dividend Policy, Growth and the Valuation of Shares," *Journal of Business* (October 1961), pp. 411-433.

资产负债表。

表 9 - 6   现金匮乏公司以市场价值计算的资产负债表   单位：美元

资产		负债及股东权益	
现金	50 万	负债	100 万
厂房及设备	100 万		
新投资项目的净现值	150 万	股东权益	200 万
总计	300 万	总计	300 万

说明：流通股数量＝100 万股。
每股价格＝2 美元。

现金匮乏公司可以用 50 万美元现金从内部为新投资项目提供融资，或者可以将 50 万美元作为现金红利发放给投资者，同时通过发行新股为新投资项目融资。在一个无摩擦的金融环境里，同样的信息可以无成本地供所有投资者利用，而且发行新股的成本是微不足道的。因此，在这个理想世界中，现有股东的财富将不受红利政策决策影响。

如果现金匮乏公司用 50 万美元现金为新项目融资，那么资产负债表将通过企业现金科目减少 50 万美元，以及厂房及设备科目增加 50 万美元反映这一做法。这里有 100 万股流通股，每股拥有 2 美元的价格。

如果现金匮乏公司将这笔 50 万美元现金作为现金红利支付给股东（每股 0.5 美元），同时发行新股为厂房及设备的购买提供融资，将会发生什么？按照莫迪利亚尼和米勒的论点，每股价格将下降所付现金红利的数量（也就是说，从每股 2 美元下降到 1.5 美元）。原有股东的财富仍然是 200 万美元——以现金红利形式得到的 50 万美元以及以股票市场价值形式体现的 150 万美元。现金匮乏公司将不得不发行 333 333 股新股（50 万美元/每股 1.5 美元＝333 333 股），以筹措新厂房及设备所需的 50 万美元。

快速测查 9 - 5

在莫迪利亚尼和米勒的假设下，如果 25 万美元的现金红利被支付给现金匮乏公司的当前股东，同时新投资所需的剩余 25 万美元通过发行新股筹集，将会发生什么？

9.5.4   真实世界中的红利政策

我们已经看到，在一个假设的无摩擦的金融环境中，从股东财富的角度来看，红利政策是无关紧要的。然而，在真实世界里存在大量可以导致红利政策对股东财富产生影响的摩擦。在本节中，我们考察最重要的摩擦：税收、管制、外源融资成本以及红利的信息性内容。

在美国及其他许多国家里，税收当局要求股东就现金红利缴纳个人所得税。因此，如果一家公司通过支付现金红利派发现金，那么这种做法将迫使全体股东缴纳税收；相反，如果该企业通过回购股票派发现金，那么这种行为没有为全体股东创造税收负担。因此，从股东税收的角度而言，公司通过回购股票派发现金总是更好。

然而，在美国存在法律阻止公司使用股票回购作为现金红利的替代选择，现金红利是向股东支付现金的常规机制。税收当局采纳了这种现金派发应当纳税的观点。实际上，同样存在阻止公司将企业运营不需要的现金留存在企业里的法律。税收当局将这种留存看做是逃避缴纳针对红利的个人税收的手段。

无论是以现金红利形式，还是以股票回购形式，另一项支持不对股东进行现金支付的因素是外源融资成本。在向外部投资者出售新股票的过程中，提供中介服务的投资银行家必须得到回报，同时企业的现有股东承担这些成本。

专栏 9.1

红利政策和投资决策

基于众多因素，向股东支付现金红利的美国公司的比例有所起伏：第一，随着在公开市场上挂牌上市的小型公司数量的增加，在其他情况相同的条件下，支付现金红利的公司的比例将会下降。小型公司一般拥有少量收益，或者没有收益，同时拥有强有力的增长前景，于是它们有动力将现金进行再投资，而不是将其派发给股东。第二，如果红利被按照比资本所得更高的税率征税，那么股东宁愿选择增长，而不是红利。于是在其他情况相同的条件下，支付现金红利的公司的比例将会下降。第三，作为管理层的报酬，股票期权的运用鼓励管理层通过再投资而不是派发红利改善股票价格。第四，如果红利支付型股票被认为是风险较低的，那么在牛市中投资者宁愿选择红利支付型股票。

传统上，公司派发红利的增加显示管理层对未来业绩持乐观态度。毕竟，一家公司必须有额外现金负担现金红利的支付。但是，透明度的增加以及公司治理的改善已经降低了红利作为信号显示机制的作用。虽然红利流行趋势时升时降的原因可能不是完全明显的，但是进入市场的小型公司的数量变化、税收政策、市场趋势和公司治理都在红利政策以及投资者的决策中发挥作用。

资料来源：改编自 "Why Cash Has Become King Once Again," *Financial Times*，February 13，2005。

另一类成本产生于公司管理层（内部人）可资利用的信息与可供该公司发行新股的潜在购买者（外部人）利用的信息之间的差异。外部人可能怀疑发行新股的理由，而且担心内部人知道某些关于该企业的负面消息，因此，为了吸引外部人购买新股，不得不给予他们一项划算的价格。于是，对企业的现有股东而言，内部权益融资可能比向外部人发行新股更能增加财富。

影响企业红利政策的另一项潜在重要的真实世界因素是红利的信息性内容。外部投资者可能将一家公司的红利增长解读为有利的信号，而且红利增加可能带来股票价格的上升。相反，红利下降可能被解读为不利的信号并导致股票价格下降。由于这种信息性内容的影响，公司管理层对变动红利支付极为谨慎，而且无论何时发生这种改变，公司管理层通常都会向投资公众做出解释。

快速测查 9 - 6

为什么针对税收的考察以及发行新股的成本支持不发放现金红利？

小 结

评估资产价值的折现现金流方法包括按照经过风险调整的折现率对预期未来现金流进行折现。

所有折现红利模型都从普通股投资者预期收益由红利和价格差异构成的现象出发。

在不变增长率折现红利模型中，红利增长率同样也是价格升值的预期增长率。

增长本身不增加价值。增加价值的是投资机会，该投资机会产生超过市场资本化比率的收益率。

在无摩擦的金融环境里，不存在税收和交易成本，无论企业采用何种红利政策，股东的财富都相同。

在真实世界里，存在某些可以导致红利政策对股东财富产生影响的摩擦。这包括税收、管制、外源融资成本以及红利的信息性内容。

计算公式的总结

一只股票的价格是按照市场资本化比率进行折现的所有每股预期未来红利的现值：

$$P_0 = \frac{D_1}{1+k} + \frac{D_2}{(1+k)^2} + \cdots$$

$$= \sum_{t=1}^{\infty} \frac{D_t}{(1+k)^t}$$

以收益和净投资表示的股票价格为：

$$P_0 = \sum_{t=1}^{\infty} \frac{D_t}{(1+k)^t}$$

$$= \sum_{t=1}^{\infty} \frac{E_t}{(1+k)^t} - \sum_{t=1}^{\infty} \frac{I_t}{(1+k)^t}$$

这里 E_t 是第 t 年的收益，同时 I_t 是第 t 年的净投资。

按照不变增长率 g 增长的永续红利流的现值为：

$$P_0 = \frac{D_1}{k-g}$$

每股红利增长率和每股收益增长率的计算公式为：

$$g = 收益留存比率 \times 新投资的收益率$$
$$= r \times r_i$$

我们可以将股票价格表示为：

$$P_0 = E_1/k + 未来投资的净现值$$

关键术语

红利收益率	市盈率	折现红利模型	经过风险调整的折现率
市场资本化比率	成长型股票	红利政策	现金红利
股票回购			

问题与疑难

解读股票行情表

1. 考察下述 2002 年 5 月 6 日纽约证券交易所的股票行情表：

股票	红利(美元)	市盈率	交易量(以100股为单位)	最高价(美元)	最低价(美元)	收盘价(美元)	净变化(美元)
波音公司	0.68	16	20 969	45.19	43.33	43.38	-1.25

计算红利收益率，同时估计最近 4 个季度内的每股收益总和。上一个交易日波音公司的收盘价是多少？

折现红利模型

2. 在折现红利模型中，如果市场资本化比率为 7.5%，一家预期支付 3.75 美元期末红利、同时拥有 27.50 美元不含红利价格的企业的每股价值是多少？假设关于该公司的一则不利的新闻报道将预期的期末不含红利价格降低了 10%。当前股票价格的下降将超过 10%，还是低于 10%？

3. 在不变增长率折现红利模型中，假设我们令超前 1 期的预期红利保持不变。如果每股价格的增长率以及市场资本化比率按照相同比例增长，例如，两个变量的 25%，那么股票的每股价格将发生什么变化？

4. 不变增长率折现红利模型的计算公式由 $P_0 = \dfrac{D_1}{k-g}$ 给出，这可以被重新写成：$k = g + \dfrac{D_1}{P_0}$。你将怎样解释这个方程？

5. Rusty Clipper Fishing 公司可望今年支付每股 5 美元的现金红利。你估计该公司股票的市场资本化比率应当是每年 10%。如果它的当前价格为每股 25 美元，关于其预期红利增长率，你能推断些什么？

6. DDM 公司刚支付了每股 2 美元的现金红利 D_0。该公司过去一直按照每年 5% 增加现金红利，同时你预期该公司将继续这样做。你估计该股票

的市场资本化比率应当是每年 13%。

a. 你对该股票内在价值的估计值是多少（使用折现红利模型推导得出）？

b. 假设实际的股票价格为 20 美元。为了"证实"这一观测到的价格，你不得不将下述模型参数调整多少？

（ⅰ）红利增长率；（ⅱ）市场资本化比率。

7. Amazing.com 公司当前不支付任何现金红利，而且未来 5 年也不可能支付现金红利，该公司的销售额已经并且正在以每年 25% 增长。

a. 你能否应用不变增长率折现红利模型估计该公司的内在价值？做出解释。

b. 它可望 5 年后支付第一笔每股 1 美元的现金红利。如果市场资本化比率为 20%，同时红利可望按照每年 10% 增长，你估计该公司的内在价值是多少？

c. 如果其股票当前市场价格为每股 100 美元，你推断预期未来红利增长率是多少？

8. 从上述问题计算即将到来的 10 年中每年每股价格和每股红利流以及当前的红利收益率。使用两种相互替代的标度（正常标度和对数标度）画出价格以及红利流。对数标度具备下述特征：拥有不变增长率的变量呈线性分布。

9. 假设一家公司拥有 10% 的不变市场资本化比率，以及 2% 的当前红利增长率。进一步假设当前红利水平为每股 5 美元。该公司的当前每股价格是多少？现在假设存在增长率的一次性向上移动。如果红利增长率可望 5 年后增长到 2.5%，而且一直保持该水平，该公司当前的每股价格是多少？

10. 具有挑战性的问题。2Stage 公司刚支付了每股 1 美元的红利。红利可望在接下来的 3 年里以每年 25% 增长，其后永远保持每年 5% 的水平。你认为恰当的市场资本化比率是每年 20%。

a. 你对该股票内在价值的估计值是多少？

b. 如果每股市场价格等于该内在价值，那么预期红利收益率是多少？

c. 你预期 1 年后该股票的价格是多少？暗含的资本所得是否与你的红利收益率估计值和市场资本化比率保持一致？

收益和投资机会

11. 马斯特里赫特驳船建造（Maastricht Barge Builders，MBB）公司预期下期收益为每股 5 欧元，它将保留 50% 的收益，拥有 8% 的市场资本化比率，同时预期在新投资上赚取 12% 的收益率。你对 MBB 公司当前股票价格的估计值是多少？MBB 公司未来投资净现值的估计值是多少？

12. 评论下述说法的有效性：

因为企业的增长率由其新投资的收益率和收益留存比率决定，所以企业可以通过留存更高比例的收益增加它的增长率，并因此提高每股价格。

13. 下表是三家相互竞争的企业的相关统计结果：

	Winkin	Blinkin	Nod
市场资本化比率（k）	15%	16%	18%
新投资的收益率	12%	14%	20%
收益留存比率	40%	50%	60%
预期红利（D_1）	3.00 美元	1.00 美元	2.50 美元

在不变增长率折现红利模型中，每家企业的每股当前价格将是多少？在这三家企业中，有一家可以被最恰当地描述为成长型企业。它是哪家企业，同时它的增长率是多少？

14. 稳定增长公司的每股收益（E_1）为 5 美元。它拥有支付等于 20% 收入的现金红利的历史。该公司股票的市场资本化比率是每年 15%，同时未来投资的预期净资产收益率为每年 17%。运用不变增长率折现红利模型。

a. 预期红利增长率是多少？

b. 该股票现值的模型估计值是多少？

c. 如果模型是正确的，1 年后该股票的预期价格是多少？

d. 假设当前的每股价格为 50 美元。为了"证实"这一观测到的价格，你不得不将下述模型参数调整为多少：（ⅰ）该公司未来投资的预期净资产收益率；（ⅱ）市场资本化比率；（ⅲ）红利派发比率？

15. 作为美国全国广播公司财经频道的一位股票分析师，你正在和姐姐辩论，她在微软全国有线广播电视公司担任相同职位。你们两位都使用基于增长的折现红利模型对成长中的某卫星广播网公司进行价值评估。该公司在过去数年中一直支付每股 50 美分的象征性红利。你们都认同网络的新扩张计划将允许公司通过内源融资途径增长，同时预期净资产收益率或收益留存比率将升至 15%。问题是 10% 的低红利派发比率无法变化很大以提供额外的留存收益来为扩张融资。你预期该公司将从 2 年后开始将其红利派发比率削减至 5%，从而提供额外增长的机会。使用 15% 的折现率，你对该公司当前股票价格的正确估计值是多少？你姐姐认为该公司将不能如此快地引入线上项目，或者无法将红利派发比率削减如此大的幅度。她认为红利派发比率将从 4 年后开始仅降至 8%。使用相同的 15% 折现率，她对该公司当前股票价格的正确估计值是多少？你和你姐姐的预测值中有多少归因于该公司的未来成长机会？

16. Slogro 公司的股票正在按照每股 10 美元的价格出售。下一年度的每股收益可望为每股 2 美元。该公司有一项红利政策，每年以红利的形式派发 60% 收益，剩余的收益被留存并且投资于每年赚取 20% 收益率的项目。这种情形可望永远持续。

a. 假设该公司股票的当前市场价格反映了使用不变增长率折现红利模型计算出来的内在价值。该公司的投资者要求的收益率是多少？

b. 该公司股票的价值比全部收益都被作为红利支付，而且没有再投资任何项目时本该得到的价值多多少？

c. 如果该公司计划将它的红利派发比率削减至 25%，它的股票价值将会发生什么变化？如果该公司完全取消了红利，情况将会怎样？

d. 假设该公司希望保持当前 60% 的红利派发比率，但是它同样希望每年投资等于当年总收益的金额。所有资金都被投资于每年赚取 20% 收益率的项目。该公司可以这样做的一个途径是每年发行等于当年收益 1/2 的新股。你认为这项政策对当前股票价格的影响是什么？

17. 数字型增长（Digital Growth）公司当前不支付任何现金红利，并且被预期 5 年内也不支付现金红利。它最近的每股收益为 10 美元，所有的每股收益都被再投资于本公司。在接下来的 5 年里，该公司的 r_i 为每年 20%，同时在这一期间，该公司可望继续再投资全部收益。从第 6 年开始，针对新投资的该公司的 r_i 将被预期降至 15%，同时该公司可望开始以现金红利的形式派发 40% 的收益，此后该公司将永远持续这样做。该公司的市场资本化比率为每年 15%。

a. 你对该公司每股内在价值的估计值是多少？

b. 假设它的当前股票价格等于其内在价值，你预期在下一年里价格将会发生什么变化？再下一年呢？

c. 如果你预期该公司从第 6 年开始仅派发 20% 的收益，这将对该公司内在价值的估计值产生什么影响？

18. Bearded Ladies 股票投资指南提供了挑选股票的下述方法：

通过用市盈率除以收益增长率计算该公司的市盈率对收益增长率的比率（PEG）。仅挑选那些 PEG 位于最低四分位数区间的股票。

如果股票被按照不变增长率折现红利模型公平地进行定价，作为下述三项变量的函数的 PEG 应当是多少：该股票的市场资本化比率（k）、未来投资的预期收益能力（r_i）和收益留存比率（r）？假定用于计算 PEG 的市盈率是当前股票价格与预期每股收益之间的比率 $\frac{P_0}{E_1}$。计算仅在 r_i 上存在差异的三家企业的 PEG，假定红利派发比率

均为 50%，同时每家企业都拥有 10% 的市场资本化比率。企业 1 拥有 10% 的 r_i，企业 2 拥有 12.5% 的 r_i，企业 3 拥有 15% 的 r_i。你认为这个投资排序方案怎么样？

19. 运用不变增长率折现红利模型考察一家拥有不变收益留存比率（r）和不变新投资的收益率（r_i）的企业。令 E_0 表示当前每股收益，同时 k 表示市场资本化比率。简要解释随时间推移的该企业每股新投资净值增长的决定因素。

对市盈率方法的重新考察

20. 假设一家正常企业拥有与新投资的 7.5% 收益率相等的市场资本化比率。如果该企业的红利派发比率为 30%，那么这家企业的增长率是多少？同时均衡的预期市盈率应当显示的数值是多少？

红利政策是否影响股东财富？

21. 假设一家企业拥有一个超乎寻常的业绩表现，并且该企业宣布将使用大部分净现金流入在市场上回购其股票。当进行公告时，你预期股票价格是上升还是下降？做出解释。

22. 考察 Ostende Oar 公司当前的资产负债表，该公司拥有每股价格为 20 欧元的 200 万股流通股。

在支付了 25% 的股票红利后，推导新的资产负债表，同时计算新的股票价格。

资产		负债及所有者权益	
现金	1 000 万欧元	负债	2 000 万欧元
其他资产	5 000 万欧元	所有者权益	4 000 万欧元
总计	6 000 万欧元	总计	6 000 万欧元

23. Divido 公司是一家拥有 1 亿美元总市值的全股权融资企业。该企业持有 1 000 万美元的现金等价物以及 9 000 万美元的其他资产。这里有 100 万股 Divido 公司的普通流通股，每股拥有 100 美元的市场价格。每股 10 美元的现金红利支付对 Divido 公司的股票价格和股东财富的影响将是什么？该公司的股票回购数量为 10 万股。

24. 继续上一问题。分析支付 10% 的股票红

利对 Divido 公司的股票价格和股东财富的影响。该公司实施了一项 2 换 1 的股票拆分举措。同时，该公司在一项扩张活动中投入了 1 000 万美元，这项扩张活动拥有与该企业市场资本化比率相等的预期投资收益率。

综合性问题

25. 使用彭博社网站上的信息研究家得宝公司，该公司的股票是包含在道琼斯工业平均指数 30 种股票中的一种。使用本章讨论的某种股票价值评估模型和你通过搜索互联网发现的信息计算该股票的内在价值。一个良好的出发点为在彭博社网站搜索方框里输入符号 HD，你可以选择利用收益信息。将你的内在价值估计值与该股票的实际价格进行比较。你是否愿意基于你的研究做出一项投资决策？为什么？

9

第 4 部分

风险管理与资产组合理论

第 10 章 风险管理的原理

作为一门学科，金融学有三个分析基础：货币的时间价值、资产估值和风险管理。第 4 部分集中考察第三个基础：风险管理。

我们已经在更早的章节里讨论了风险管理的某些方面。第 2 章说明了风险的重新分配是金融体系的一项基本功能，而且还描述了一些为便利风险的重新分配以及获取分散化的利益而发展起来的机构性机制。

第 4 部分提供了对这些主题的更详尽的讨论。在第 4 部分的三章里，第 10 章提供了风险管理基本原理的全景式概览。10.1 节阐明风险和风险规避的含义。10.2 节考察风险对每一类主要经济组织——居民户、企业和政府的金融决策造成影响的途径。10.3 节探究风险管理过程的步骤：确认并评估风险、选择风险管理技术和实施并修正风险管理决策。10.4 节分析可供转移风险的方法：对冲、投保和分散化。10.5 节探究在人们之间转移风险的工具怎样使有效的风险承担状态以及风险项目的有效资源配置成为可能。10.6 节考察有效管理风险的制度性安排的范围，以及制约有效风险管理的因素。10.7 节讨论资产组合理论，该理论是在风险管理的成本和收益之间进行最优权衡取舍的量化分析。10.8 节解释收益率的概率分布。10.9 节讨论作为风险度量标准的标准差。

第 4 部分的其他章节详尽阐述这里引入的主题。第 11 章集中关注对冲、投保和分散化；第 12 章将风险管理概念应用于私人投资。

10.1 什么是风险？

我们从区分不确定性和风险开始。不确定性存在于某人无法确知在未来将发生什么的任何时候。风险是一种"事关紧要"的不确定性，因为它影响人们的福利。因此，不确定性是风险的必要非充分条件。每一个存在风险的场合都存在不确定性，但是在不存在风险的条件下也可能存在不确定性。

为了进行说明，假设你计划举办一场聚会，同时你邀请了 12 位朋友。你的最佳猜测是 12 位被邀请者中有 10 位会出席。但是，此处存在不确定性——所有 12

位朋友可能都出席，或者只有 8 位朋友出席。然而，只有在这种不确定性影响你的聚会计划时才存在风险。拥有对客人数量的准确预测是否改变你的计划？如果不改变，那么这里仅存在不确定性而不存在风险。

举个例子，在招待客人的过程中，你不得不决定准备多少食物。如果你确切地知道有 10 位客人将会出席，那么你可以准备正好够 10 个人享用的食物——不多也不少。如果实际上有 12 位客人出席，那么将没有充足的食物，同时你也对这种结果感到不快，因为一些客人将挨饿而且不满意。如果实际上只有 8 位客人出席，那么将存在过多的食物，而且你同样对这种结果感到不快，因为你将在过剩的食物上浪费你的某些稀缺资源。于是，这种不确定性事关紧要，因此在这种情形中存在风险。

另外，如果你已经告诉客人聚会是一个自带食物的晚餐聚会，同时假设每位客人将携带足够一人享用的食物，那么在计划聚会的过程中，多于或少于 10 位的客人出席对你而言可能无关紧要。在这种情形里，存在不确定性但是不存在风险。[①]

在许多存在风险的情形中，可能的结果以简单且直接的方式被划分为损失或者收益。例如，假设你投资于股票市场。如果你的股票资产组合的价值下降，那么这是一项损失；如果股票资产组合的价值上升，那么这是一项收益。人们通常将损失的"不利"可能性，而不是收益的"有利"潜力看做风险。

但是，这里存在一些没有明显的不利或有利之处的情形。实际上，你的聚会计划就是一个例证。参加聚会人员数量的不确定性产生了风险，这一风险是该数量将多于还是少于出席客人的预期数量。因此，在某些场合中，无论预期值的偏离方向是什么，对预期值的偏离都可能是人们不希望发生的，或是存在成本的。

风险规避（risk aversion）是在有风险的情形中个人偏好的一项特征。它是一项衡量标准，衡量降低风险暴露程度的支付意愿。在对降低风险的成本与收益之间的权衡取舍进行评估的过程中，拥有风险规避偏好的人们宁愿以相同成本选择风险较低的。例如，如果你通常愿意接受一项较低的预期投资收益率，原因是它提供了更能被预测的收益率，那么你是风险规避的。在对预期收益率相同的不同投资进行选择的时候，风险规避的个体将选择风险最低的。

10.1.1 风险管理

我们假设你的聚会不可能是一个自带食物的晚餐聚会，因此不确定性确实至关重要。更进一步地，你更愿意选择对那些出席聚会的客人而言恰好足够的食物。这里有一些你可以选择的替代做法，每种做法都有特定的成本。

举个例子，你可以订购足够 12 人享用的食物，并享有向餐馆返还任何剩余食

---

① 一项不易察觉的关键点是：如果由于客人数量的不确定性而存在风险，你选择举办一个自带食物的晚餐聚会，那么举办一个自带食物的晚餐聚会是你采取的管理该风险的行动。

物并获得退款的选择权利；反之，你也可以订购仅够 8 人享用的食物，并且如果需要，享有在最后一分钟订购更多食物的选择权利。几乎可以肯定，你不得不为这些权利支付额外的金钱。

因此这里存在一项成本与收益之间的权衡取舍，收益是消除拥有错误数量食物的风险而带来的收益，成本则是降低风险的成本。确切阐述降低风险的成本与收益之间的权衡取舍，同时决定所采取的行动（包括根本不采取任何行动的决策）的过程被称为**风险管理**（risk management）。

当人们担心的不利结果随后并没有出现的时候，他们有时会对采取高代价措施降低风险感到遗憾。如果你恰好在价格上涨 3 倍之前将一只存在风险的证券售出，那么你肯定感到遗憾。然而，记住所有针对不确定性做出的决策都必须在不确定性被解决之前进行是重要的。关键是，你的决策是基于做出决策时所能利用的全部信息所能做出的最好决策。每个人都拥有"事后诸葛亮"式的眼光，然而，没有人拥有完美的先见之明。

在实践中，对决策者的能力和运气进行区分是困难的。按照定义，风险管理决策是在不确定的条件下做出的，因此很多结果都是可能的。在这一事实的背后却只有一种结果将会出现。当决策以进行决策时无法利用的信息为基础时，针对该决策的任何指责或祝贺看上去都是不恰当的。风险管理决策的恰当程度应当根据做出决策时可以利用的信息进行判断。

例如，如果你携带雨伞上班，因为你认为可能下雨，然而并没有下雨，那么你不应该为做出错误决策自责。相反，假设所有的天气预报都报道极有可能下雨，但是你没有携带雨伞。如果没有下雨，你也不应该为你的聪明庆贺，你只是幸运而已。

> **快速测查 10 - 1**
>
> 为了消除未来 3 个月里房屋价格下降的风险，乔同意在 3 个月后按照 10 万美元的价格出售他的房屋。3 个月后，到所有权转移并交割的时候，该房屋的价格已经上涨，而且事实证明乔本该因该房屋得到 15 万美元。乔应该为这一消除价格风险的决策责备自己吗？

10.1.2　风险暴露

如果你由于所从事的职业、业务性质或者消费模式而面临一项特定类型的风险，那么你拥有特定的**风险暴露**（risk exposure）。举个例子，如果你是一位办公室的临时人员，那么被解雇的风险暴露程度相对而言较高。如果你是一位重点大学的终身教授，那么被解雇的风险暴露程度相对而言较低。如果你是一位农民，那么你暴露于农作物歉收以及销售价格下降的风险。如果你的业务显著涉及商品的进出口，那么你暴露于汇率波动的风险。如果你拥有一幢房屋，那么你暴露于火灾、盗窃、暴风雪、地震以及市场价格下降的风险。

因此，不能在孤立或抽象的状态下评价一项资产或交易的风险性。在某种情况下，一项特定资产的购买或出售行为可能增加你的风险暴露程度；在另一种情况下，同一项特定资产的购买或出售行为则可能降低风险。因此，如果我购买了1年期人寿保险合约，那么对我的家庭而言，这份合约降低了风险，因为赔付金额抵销了一旦我死亡家庭成员的收入损失。如果与我无关的人购买了针对我的寿命的保险合约，那么这份合约没有降低风险，他们在赌我将于年内死亡。或者如果一位准备收获小麦的农民签订了一份在未来以固定价格出售小麦的合约，那么该合约将降低风险。但是对于那些没有小麦可供出售的人们而言，签订同样的合约则是在投机小麦价格会下降，因为只有在合约到期日的市场价格低于合约约定的固定价格时，他们才能获得利润。

投机者（speculator）被定义为了增加财富而持有增加特定风险暴露程度的头寸的投资者。与之形成对比，风险**对冲者**（hedger）持有降低风险暴露程度的头寸。同一个人可能在某些风险暴露下是投机者，而在另一些风险暴露下是风险对冲者。

10.2　风险与经济决策

某些金融决策几乎完全与风险管理相关，例如为抵御各种不同的风险暴露购买多少保险，但是诸如储蓄、投资和融资决策等众多一般的资源配置决策，同样显著地受到风险的影响，因而是部分的风险管理决策。

例如，某些家庭储蓄由增持证券的愿望激发，这种愿望源自持有可以在未来偿付不可预期支出的资产。经济学家将这种储蓄称为**预防性储蓄**（precautionary saving）。在第5章，我们说明了家庭怎样运用货币的时间价值概念在生命周期内进行最优储蓄决策。然而，在那项分析中我们忽略了风险和预防性储蓄。在真实的世界里，居民户不应当也不可能忽视它们。

在随后的部分里，我们将讨论风险对居民户、企业和政府的一些主要金融决策的影响。但是，首先让我们回想为什么要从居民户开始（也就是说，人们）。金融体系的终极功能是帮助实施居民户的最优消费以及最优资源配置。从根本上说，企业和政府等经济组织的存在是为这种终极功能的实现提供便利的。因此，如果不能首先理解人们的金融和经济行为，包括他们对风险的反应，那么我们就无法恰当理解那些组织的最佳功能实现方式。

10.2.1　居民户面对的风险

虽然众多潜在的风险分类体系都是可能的，但是我们将居民户的风险暴露划分为五种主要类型：

● 疾病、残疾和死亡风险。这是由需要治疗和看护，以及无法工作导致的收入损失，始料未及的疾病或者意外伤害可能强加给人们大量成本。

● 失业风险。这是失去工作的风险。

● 耐用消费品的资产风险。这是一种由房屋、汽车或其他耐用消费品资产的所有权引起损失的风险。损失由火灾或盗窃等引发，或者由技术变化以及消费者口味变化引起的资产废弃引发。

● 负债风险。这是由于他人遭受了应当由你负责的损失，从而对你拥有金融性索赔权利的风险。例如，由于鲁莽驾驶，你引发了一场交通事故，并且被要求向他人赔偿人身和财产损失。

● 金融资产风险。这是由持有以一种或多种货币为计价单位的不同金融资产而引发的风险。例如，股权和固定收益证券。金融资产风险的潜在来源是企业、政府或其他发行这些证券的经济组织所面临的不确定性。

居民户所面临的风险将从根本上影响他们的全部经济决策。例如，考察一项投资于研究生教育的个人决策。在第 5 章里，我们使用货币的时间价值技术对这项决策进行了分析，同时忽略了风险。然而，投资于更多教育的一项重要因素是提升人力资本的灵活适应性。拥有宽泛教育背景的人通常可以更好地应对失业风险。

快速测查 10-2

考察你或你认识的人刚刚购买或取消的一份保险合约。列出导致购买或取消决策的步骤。

10.2.2　企业所面临的风险

企业是基本功能为生产商品或服务的经济组织。实际上，企业的每一项活动都会牵涉到风险暴露。承担风险是企业的一个基本且无法分割的部分。

企业的业务风险由其利益关联方——股东、债权人、客户、供货商、雇员和政府——承担。金融体系可以被用来将企业所面对的风险转移给其他各方，保险公司等特定金融企业提供归集和转移风险的服务。然而，企业所面临的全部风险最终都由个人来承担。

例如，考察与生产烘焙品相关的风险。面包房是实施这种活动的企业。就像其他行业中的企业一样，面包房面临数种风险类型：

● 生产风险。这是指机器（如烤箱、运货车）将会损坏，原材料（如面粉、鸡蛋）没有按时送达，工人不尽力工作，或者一项新技术将使该企业原有设备过时等风险。

● 产品的价格风险。这种风险是由无法预测的消费者偏好变化（例如，芹菜在餐馆里变成面包的时尚替代品）导致对面包房所生产的烘焙品的需求意外发生变化，并且由此烘焙品的市场价格可能下降的风险，或者竞争可能变得更加激烈，进而这家面包房被迫降价的风险。

● 投入的价格风险。这是面包房的某些投入的价格意外变动的风险。面粉可能更加昂贵，或者工资率上升。如果该面包房按照某项浮动利率借入资金为其运营融资，那么它将暴露于利率可能上升的风险之下。

面包房的所有者并不是唯一承担行业风险的人。面包房的管理者（如果他们与所有者不同）和雇员同样承担某些风险。如果该企业的盈利能力不高，或者生产技术发生变化，他们中的部分人将被迫接受收入削减，甚至完全失去工作。

在管理风险过程中运用的专门技能是面包房实施有效管理的部分秘诀。该企业的管理团队可以通过采用某些技术管理这些风险：它可以留存额外的面粉存货，从而保护自己免受运输延迟的影响；它可以留存机器的备用部件；它还可以定制预测自己产品需求趋势的服务。它同样可以购买保险，规避诸如雇员意外伤害和设备被窃等风险。它甚至可以通过直接与客户和供货商就固定的价格进行谈判，或者在商品市场、外汇市场和利率市场交易远期合约、期货和期权降低某些价格风险。在这些降低成本措施的成本与收益之间进行权衡取舍是管理面包房的基本部分。

企业自身的规模和组织形式同样受到风险的影响。面包房以不同的形式和规模出现。一个极端的情形是由单个人或家庭拥有并经营的小型生产和零售运营体。另一个极端的情形则是大型企业，这些大型企业拥有数以千计的劳动力甚至更多数量的股东。按照大型企业进行组织的一个（并且通常不是唯一的）目的是更好地管理企业的生产过程、产品需求或者价格风险。

快速测查 10-3

考察一家快餐店。这种企业暴露于何种风险之下？谁承担这些风险？

10.2.3 风险管理中政府的角色

通过预防或是重新分配风险，所有层次的政府均在风险管理中发挥重要的作用。人们经常依赖政府为自然灾害以及包括战争和环境污染在内的不同人为灾害提供保护和财政救济。支持政府在经济发展中发挥积极作用的观点是，政府可能轻而易举地在其管辖范围内的纳税人之中分散基础设施投资的风险。政府管理者经常利用市场和金融体系的其他途径实施其风险管理政策，其方式与企业管理者及其他非政府经济组织所采用的方式极为相同。

然而，与其他组织的情形相同，所有风险最终由人们承担。无论政府提供自然灾害保险还是银行违约保险，都不是免费的。要么是政府向被保险方索取足以偿付这种保险服务成本的价格，要么是纳税人为这种索取权付费。

如果政府强令所有汽车拥有者购买交通事故保险，谁承担交通事故的风险？

10.3 风险管理过程

风险管理过程（risk-management process）是分析并处理风险的系统化尝试。该过程可以被分解为五个步骤：

- 风险识别；
- 风险评估；
- 风险管理技术的选择；
- 实施；
- 审查。

10.3.1 风险识别

风险识别包括弄清楚对于不同分析单位，如居民户、企业或某些其他主体而言，最重要的风险暴露是什么。居民户或者企业有时候不了解其风险暴露是什么。例如，一个从来没有因为生病或受伤而缺勤的人可能极少考虑伤残的风险。购买伤残险可能是有意义的，然而他从来没有考虑购买。

另外，可能存在这样一些风险：某人针对该风险购买了覆盖相应承保范围的保险，但是并不存在风险暴露。例如，许多没有亲属的单身汉购买了含有遗属抚恤金的退休储蓄工具。一旦这些单身汉在退休前死亡，他们的指定受益人将得到该账户中的累积金额。但是如果没有亲属，他们不需要这种保护（参阅专栏 10.1）。

专栏 10.1

谁需要人寿保险？

（1）你是一位没有亲属的单身汉。忘掉人寿保险，转而购买承保伤残的险种并增加投资。

（2）你是一位有亲属的单身汉。如果你死亡，那些亲属的情况怎样？如果你处于离婚状态，但是配偶可以供养孩子，那么你不需要人寿保险。

（3）你是一对拥有双份收入但没有孩子的夫妇中的一人。如果每位配偶都是自立的，那么你不需要人寿保险。

（4）你是一对拥有一份收入而且没有孩子的夫妇中的一人。有工作的配偶或许需要人寿保险，如果你希望保持另一位配偶的生活水平。

（5）你是一位已婚人士，拥有年龄尚小的孩子。你需要大量人寿保险。孩子必须被抚养并得到教育，而且这并不便宜，但是你或许仅需要承保至他们自立的人寿保险。

资料来源：来自 Jane Bryant Quinn，"*Making the Most of Your Money*，" 1991，版权归 Berrybrook 出版公司所有。

有效的风险识别要求采取将主体看成整体的视角，而且要考察影响该主体的全部不确定性。例如，考察居民户对股票市场的风险暴露。如果你是一位股票经纪人，那么你的未来收入主要依赖于股票市场表现的良好程度。因此，你的人力资本暴露于股票市场的表现，而且可能你也不应当同时将你的其他非人力资本财富投资于股票。另外，你的一位同龄朋友是政府公务员，赚取和你相同的薪水，她可能被建议将很大比例的资产组合投资于股票，因为她的人力资本没有如此暴露于股票市场的风险之下。

在进行风险识别时应当将主体看成整体的基本原理同样适用于企业。例如，考察汇率不确定性对一家企业的影响，这家企业按照以外国货币固定的价格在国外出售产品并购买投入品。企业管理者仅考虑汇率不确定性对该企业的收入或是成本的影响意义并不大。对该企业的所有利益关联方而言，关键是汇率不确定性对收益减去成本的净影响。即使成本和收益的每一项都受到汇率波动的巨大影响，该企业对汇率不确定性的净暴露也可能是零。

或者考察收入受价格和产量不确定性支配的农民。假设农作物歉收总是导致价格上升，从而收入保持不变（等于价格×产量）。虽然刚开始可能出现农民暴露于价格风险和产量风险（农作物歉收）之下的情形，但是在农场总体收益分析的层次上可能并不存在风险。采取行动降低这些农民对农作物价格波动性的风险暴露程度，可能存在增加该农民总体收入的不确定性的"反常"影响。

为了有助于识别风险暴露，拥有列出该主体的全部风险暴露及其相互关系的详尽清单是一个好主意。在企业的例子中，这可能需要大量关于企业竞争的行业经济状况、企业生产技术和供货来源的详尽信息。

10.3.2　风险评估

风险评估是对与某些风险相关的成本的量化处理，这些成本在风险管理的第一项步骤中已经得到识别。例如，考察一位刚从大学毕业并开始工作的单身女士。在学校的时候，她由父母的健康保险合约承保，但是现在她不处于任何健康保险的承保范围之内。因此，她认为疾病是主要的风险暴露，对她的风险暴露程度进行评估需要信息。与其年龄和健康状况相同的人染病的可能性有多大？治疗成本是多少？

明显地，她需要信息，但搜集信息可能是成本高昂的。保险公司的主要功能之一就是提供这类信息。它们雇用在数学和统计方面经过特殊训练的**精算师**（actuaries）来搜集并分析数据，并且估计疾病、事故以及其他诸如此类风险的可能性。

在金融资产风险领域，居民户和企业经常需要针对风险评估，以及不同种类资产（例如股票和债券）的风险和收益之间的权衡取舍的专家建议。它们一般求助于专业投资咨询人士、共同基金或其他金融中介，以及帮助它们做出那些评估的服务企业。

10.3.3　风险管理技术的选择

这里有四种可供利用的降低风险的基本技术：

- 风险规避；
- 损失防护与控制；
- 风险保留；
- 风险转移。

我们对每种技术进行简要的解释。

- 风险规避：不暴露于特定风险的有意识决策。人们可能决定规避从事特定职业的风险，同时企业可能规避特定业务，因为它们被认为风险过大。但是风险规避并不总是可行的。例如，作为人类，所有人必然暴露于疾病风险，他们无法规避疾病。

- 损失防护与控制：为降低损失可能性和严重程度所采取的行动。这种行动可以在损失出现前、损失出现时以及损失出现后采取。例如，你可以通过合理膳食、保证睡眠充足、杜绝吸烟以及和感冒的人士保持距离来降低针对疾病的风险暴露。如果你已经感冒，那么你可以卧床休息，同时降低使感冒转化成肺炎的可能性。

- 风险保留：承受风险并用自己的资源弥补损失。风险保留有时由于没有做出其他决定而发生。例如，在人们没有意识到存在风险或者选择忽略风险的时候，风险保留发生。但是人们也可能做出一项承受特定风险的审慎决策。例如，某些人可能决定以自己的累积财富承担治疗疾病的成本，同时不购买健康保险。居民户的预防性储蓄为风险保留提供了便利。

- 风险转移：将风险转移给他人。向其他人出售风险资产以及购买保险是这种风险管理技术的例证。不采取任何降低风险的行动，同时依赖他人弥补你的损失是另外一个例证。

这里有三种实现风险转移的基本方法：对冲、投保和分散化。这些方法将在本章 10.4 节得到解释，而且将在第 11 章中详尽阐述。

10.3.4　实　施

在做出怎样对已识别风险进行驾驭的决策之后，人们必须实施所选择的技术。在风险管理过程的这个步骤中，隐含的基本原理是最小化实施成本。因此，如果你决定购买某种特定类型的保险合约，你应当多方搜寻成本最低的提供者。如果你已经决定投资于股票市场，那么你应当在通过共同基金进行股票投资的成本和通过经纪人购买股票的成本之间进行比较。

10.3.5　审　查

风险管理是一项定期审查与修正决策的动态反馈机制。随着时间的推移和环境的变化，新的风险暴露可能出现，有关风险可能性和严重程度的信息可能更容易得到，管理风险的技术也可能不那么昂贵。因此，如果你是一位单身汉，你可能决定不购买人寿保险。但是如果你已经结婚，而且有了小孩，你将会反转该决策，或者你可能决定改变投资于股票的资产组合的比例。

快速测查 10-5

对你生活中的一项主要风险进行识别，同时描述为了管理这项风险你所采取的步骤。

10.4　风险转移的三个方面

在 10.3.3 节列示的四种风险管理技术中，向其他人转移部分或全部风险是金融体系发挥最大作用之处。转移风险的最基本方法就是简单地出售那些是风险来源的资产。例如，一幢房屋的所有者至少遭受三项风险暴露：火灾、暴风雪破坏和房屋的市场价格将会下降的风险。通过出售该房屋，所有者摆脱了所有这三项风险暴露。

然而，假设某人不能或者没有选择出售是风险来源的资产，采用其他方式管理某些所有权风险也是可能的。例如，他可以购买预防火灾和暴风雪破坏的险种，因此而仅承担房屋的市场价格将会下降的风险。

我们对转移风险的三种方法，即风险转移的三个方面——**对冲**（hedging）、**投保**（insuring）和**分散化**（diversifying）——进行区分。我们在随后的部分中对每一种方法进行解释说明。

10.4.1　对　冲

当为降低风险暴露程度而采取的行动同时导致放弃获利可能性时，这被认为是在对冲风险。例如，为了消除收获时的低价风险，在收获前按照固定价格出售未来玉米的农民同时放弃了从收获时的高价格中获利的可能性。这些农民正在对冲玉米价格中的风险暴露。如果你一次性订阅了 3 年的杂志，而不是每年订阅一次，那么你正在对冲该杂志价格上升的风险。你消除了订阅价格上涨的风险，但是也放弃了来自订阅价格下降的潜在获利。

10.4.2　投　保

投保指的是为了避免损失而支付保险费（为保险支付的价格）。通过购买保险，你将如果不购买保险会遭受更大损失的不确定性替换为一项确定的损失（你为保险合约支付的保险费）。例如，你拥有一辆轿车，几乎可以确定，你会购买一些抵御损坏、盗窃以及对自身和他人造成伤害的险种。保险费现在可能是 1 000 美元，预防你的汽车在下一年遭受由这种或有性造成的潜在损失。1 000 美元的真实损失替代了潜在损失，这种潜在损失可能会高达成千上万美元。

投保与对冲之间存在一项根本差别。当你对冲风险的时候，你通过放弃获利的潜力消除了损失的风险。当你为风险投保的时候，你支付保险费来消除损失的风险，与此同时保留了获利潜力。

举个例子，假设你居住在美国，并且拥有一家进出口企业。你知道一个月后你将获得 10 万欧元。1 欧元的美元价格现在是 1.30 美元，但是你不知道一个月后欧元的美元价格将是多少。因此，你暴露于汇率风险之下。

你可以通过对冲或投保对汇率风险进行管理。对冲涉及现在签订一项本月末按照固定价格，也就是 1 欧元兑 1.30 美元出售你的 10 万欧元的合约。这项保护你避免欧元兑美元价格下降的合约不花费任何成本，但是通过对冲，你也放弃了来自下个月欧元兑美元价格上升的潜在获利。

此外，你可以通过现在为一项卖出期权支付费用来为欧元兑美元价格的下降提供保险，这项期权给予你一个月后按照 1 欧元兑 1.30 美元出售 10 万欧元的权利（但不是义务）。[①] 如果欧元兑美元的价格降至低于 1 欧元兑 1.30 美元，那么你将受到保护，因为你可以在一个月后执行你的期权，并且按照 1 欧元兑 1.30 美元出售你的欧元。但是，如果欧元兑美元的价格上升，那么你将获得以 10 万欧元的美元增加价值形式表现的收益。

快速测查 10 - 6

假设你是一位在德国学习的美国公民，你知道一个月后你将从美国获得 1 万美元的奖学金。你怎样对冲汇率风险？你怎样为这种汇率风险提供保险？

10.4.3　分散化

分散化指的是持有类似数量的多种风险资产，而不是将全部投资集中于一项风险资产。因此，分散化限定了任意单项资产的风险暴露程度。

---

①　卖出期权是一种证券，这种证券给予其持有者在某些特定的到期日当日或之前按照特定价格出售某些资产的权利，这些价格被称为执行价格或行权价格。卖出期权的定价将在第 15 章中讨论。

例如，考察商业风险的分散化。假设你正考虑在生物技术行业中投资 10 万美元，因为你相信转基因药物的发明将在未来数年中提供巨大的获利潜力。你可以将全部 10 万美元投资于正在开发单种新药物的单个企业。在这个例子中，你的生物技术投资将是集中型的，而不是分散化的。

分散化可以由单个投资者直接在市场上实施，也可以通过企业或金融中介实施。因此，你可以通过下述方式在该生物技术行业中分散化你的投资：

- 投资于数家企业，每家企业都正在开发一种新药物。
- 投资于一家正在开发多种新药物的企业。
- 投资于一只共同基金，该基金持有许多正在开发新药物的企业的股份。

为了说明分散化怎样降低你的风险暴露程度，比较两种情形：一种是将全部 10 万美元投资于单种新药物的情形，另一种是将 5 万美元分别投资于两种新药物的情形。假设对于每一种新药物而言，成功意味着使你的投资价值增至原来的 4 倍，但是失败意味着丧失全部投资。因此，如果你将 10 万美元投资于单种新药物，那么你或者最终得到 40 万美元，或者一无所获。

如果你通过将 5 万美元分别投资于两种新药物来实施分散化，那么仍然存在或者最终得到 40 万美元（如果两种新药物都成功）或者一无所获的可能性（如果两种新药物都失败）。然而，这里还存在一种中间的可能性：一种新药物成功而另外一种新药物失败。在这种情形下，你最终将得到 20 万美元（4 乘以在成功的新药物中的 5 万美元投资）。

如果你投资的新药物总是一起成功或者一起失败，那么分散化不会降低你的风险暴露程度。也就是说，在投资于两种新药物的情形里，如果不存在一种新药物成功而另一种新药物失败的可能性，那么将全部 10 万美元投资于单种新药物，或是将投资在两种新药物中进行分割没有任何区别。每种方式都只有两种可能的结果——要么你最终得到 40 万美元（源自全部新药物成功），要么你损失全部投资（源自全部新药物失败）。在这种情形里，每种新药物的商业风险被认为是完全相关的。为了使分散化能够降低你的风险暴露程度，风险必须从根本上完全不相关。[①]

分散化可以通过降低由居民户承担的任何特定风险投机活动的风险暴露程度来提升居民户的福利。然而，分散化本身并不从总体上降低不确定性。因此，如果每年发明1 000 种新药物，那么取得商业性成功的药物数量的不确定性并不取决于这种不确定性在药物企业股票投资者中分散的广泛程度。然而，不确定性对居民户财富的不利影响将通过分散化得以降低。

在对实施分散化的投资者与不实施分散化的投资者的事后业绩进行比较时，更令人惊叹的胜利者最可能来自非分散化的投资者之中。但是非分散化的投资者也是产生更令人惊叹的失败者的群体。通过对资产组合进行分散化，你降低了以任何一

---

① 相关系数的准确统计性定义将在第 11 章中给出。

种极端情形告终的可能性。

为了强调这个关键点，我们回到上述投资于新药物的例子。对于每一种成功的新药物而言，你的投资价值将增至原来的 4 倍。但是对于每一种失败的新药物而言，你将损失全部投资。因此，如果你将全部 10 万美元投资于单种新药物，你或者最终得到 40 万美元，或者一无所获。

考察两位投资者，每一位都在单种新药物上投资 10 万美元。投资者 1 投资于新药物 A，同时投资者 2 投资于新药物 B。现在加入第三位投资者。投资者 3 将其资金的一半投资于新药物 A，而将另一半投资于新药物 B。

假设新药物 A 取得成功，而新药物 B 流于失败，那么投资者 1 赚取 40 万美元，她可能发现自己由于将资金增至 4 倍而被贴上了投资"天才"的标签。同时，投资者 2 由于损失了全部资金而相应地被贴上了"笨蛋"的标签。但是假设新药物 B 取得成功，而新药物 A 流于失败，那么投资者 1 和投资者 2 被贴上的标签恰恰相反。实施分散化的投资者——投资者 3——在任何一种情形下都将仅赚取 20 万美元，并且因此是"中等"或"普通"的业绩获得者。

当然，一个人总是希望成为大赢家并被称为天才。但是，如果这仅能通过事前决策达到，这种事前决策导致你要么成为大赢家，要么成为失败者，那么选择使你处于中等地位的决策是更加可取的。

这个关键点看上去是如此鲜明，但是人们经常忽视它。好运气经常被解释为技巧。因此，特定股票市场投资者取得引人注目的成功的新闻报道并非罕见，那些投资者根本没有分散化他们的资产组合，而是将其集中于单只股票。虽然这种投资者确实可能是投资天才，但更可能的是，他们仅是幸运而已。

关于失败者的故事同样是很普遍的，这些失败者由于没有选择拥有巨大收益的股票而被描述成有罪的或是愚蠢的。一项更加有效的批评可能是他们是非分散化的。

快速测查 10－7

农民可能会怎样通过分散化降低农作物歉收的风险暴露程度？

10.5 风险转移与经济效率

风险转移的机构性机制通过两种基本途径提高经济效率：它们将现存的风险重新配置给愿意承担这些风险的人们，同时导致生产和消费资源的重新配置，这种重新配置与新的风险承担分布一致。通过允许人们降低进行特定商业投机活动的风险暴露程度，风险转移的机构性机制可能鼓励对社会有益的企业家行为。现在，我们更加详尽地探究每一种途径。

10.5.1 有效的现存风险耐受状态

我们首先研究在人们中间重新配置风险的工具怎样使每个人的境况变好。考察一种假设的情形：两位投资者处于极其不同的经济环境。第一位投资者是一个退休的寡妇，她拥有 10 万美元用于养老或应变的储蓄金，这是她唯一的收入来源。第二位投资者是一个大学生，她拥有 10 万美元，而且预期大学毕业后拥有良好的收入流。

一般而言，这位寡妇被认为是一位更加保守的投资者，而大学生被认为是一位更加激进的投资者。也就是说，我们预期这位寡妇主要关注投资收入流的安全性，与此同时，我们可能预期为了交换更高的预期收益率，大学生愿意承担更高的风险。

假设这位寡妇当前以股票资产组合的形式持有她的全部财富，股票资产组合是她刚故去的丈夫留给她的。同时假设大学生以银行定期存单的形式持有她的全部财富，银行定期存单是她的父母数年前开始为她储蓄的。如果她们可以在某种程度上互换资产，从而这位寡妇最终持有银行定期存单而大学生持有股票资产组合，那么两个人的境况都将会变好。

金融体系的最重要功能之一是为这种风险转移提供便利。这种风险转移发生的一种途径是，对该寡妇而言只是简单地出售股票，而对大学生而言则是购买股票。一般而言，一些金融中介将参与这种进程。例如，这位寡妇可能将其股票存放在一家经纪人公司的账户中，她向经纪人发出一项出售股票，同时用销售所得投资银行定期存单的指令。另外，那位大学生在银行中将她的银行定期存单兑换成现金，并通过她的经纪人购买该股票。

在这一系列交易中，除了双方必须支付实施交易的成本（也就是说，经纪费用和银行费用）以外，任何一方的财富都不立即发生变化。在交易发生之前，大学生和寡妇每人拥有 10 万美元的资产，而且在交易发生后的瞬间，她们每人仍然拥有 10 万美元（减去经纪费用和银行费用）。该交易的唯一目的和结果是使每一方都能够持有特定的资产组合，这种资产组合能向她们提供就所处环境而言更具有吸引力的风险和预期收益率的组合。

10.5.2 风险与资源配置

现在我们考察重新配置风险的能力怎样为实施有价值的项目提供便利，如果不存在重新配置风险的能力，这些项目可能不会被实施，因为它们的风险过大。归集和分享风险的能力可能导致创新活动的增加以及新产品的开发。

例如，考察发明新药物的例子。以新药物的开发、测试和生产等新形式表现的研发努力需要巨额投资，这笔巨额投资涉及一个相当长的时期。这种投资的收益是高度不确定的。即使单个投资者拥有为一种新药物融资的必要财富，风险规避也可能阻止他独自这样做。

为了更加详尽而精确地说明这一问题，假设一位科学家发明了一种新药物，该药物被设计用来治疗感冒，她需要 100 万美元来开发、测试并生产这种新药物。在这一阶段，新药物拥有较小的商业成功可能性。即使这位科学家的银行账户中有 100 万美元，她也可能不愿意将其全部用于新药物冒险。相反，她可能设立一家企业来开发新药物，而且引入其他投资者来分享其发明的风险和潜在收益。

除了风险归集和风险分享之外，风险承担的专门化也可以为实施风险投资提供便利。潜在的投资者可能愿意接受一些与某家企业相关的风险暴露，但是不愿意接受与其他企业相关的风险暴露。

例如，假设一家房地产开发商正计划在市中心建造一家新的大型购物中心。一家银团和其他贷款机构同意为该项目融资，但是仅在投保火灾险的条件下提供融资。也就是说，贷款者接受大型购物中心可能不会取得商业成功的风险，但是他们不接受针对其投资的火灾风险暴露。接受火灾风险的专门保险公司的存在，使得这家大型购物中心的融资成为可能。

快速测查 10 - 8

举出一个如果与一个投资项目或一家新企业有关的风险不能通过金融体系转移或分享，则它们不可行的例证。

10.6　风险管理机构

想象一个虚拟世界，其中存在如此众多的一系列机构性机制（例如证券市场和保险合约），以致人们可以从中精确地挑选出他们愿意承担的风险以及希望规避的风险。在这个虚拟世界里，我们将完全可以（按照一项价格）规避与失去工作或者房屋市场价值下降相关的风险。这个世界代表一种理论上的有限情形，说明金融体系可以按照有效风险配置的方式为社会提供什么（参阅专栏 10.2）。

专栏 10.2

瞄准完全的风险市场

假设我们可以在经济体系中引入我们希望通过它转移风险的任何机构，而不是局限在那些历史性发展起来的机构中……不难看出，一项理想的制度安排由什么构成。我们希冀发现一个我们可以免费为任何与经济有关的事件投保的市场。也就是说，一个人应该能够针对以任何方式影响其福利的事件的发生，按照固定赔率投注他希望的任意数量。这种赔率，或者以不同但是更得体的方式表达，即保险费，应当像其他价格那样被决定，即由需求和供给相等决定。

在这种体系里，生产性活动和风险承担可能被分离，每项均由最有资格的人实施。

资料来源：改编自 Kenneth Arrow，*Aspects of the Theory of Risk Bearing*（Helsinki：Yejö Johannsonin Säätio，1965）。

数个世纪以来，各式各样的经济组织和契约性安排已经通过扩展分散化的范围，同时允许存在更加专门化的风险管理逐步发展起来，从而为风险承担的更加有效配置提供便利。保险公司和期货市场是这种机构的例证，这种机构的基本经济功能是进一步扩张分散化的范围和专门化风险管理的极限。

风险配置也是证券设计过程中的一项重要考虑因素。为了差异化企业承担的风险，企业发行的债务性和权益性证券被有意设计。通过选择投资于一家企业的债务性证券或者权益性证券，抑或是它们的某种组合，人们可以由此选择他们愿意承担的风险类型。

在过去的几十年里，由于风险承担市场中供给方和需求方的变化，便利风险管理的创新的引入速度大幅加快。电信行业、信息处理领域和金融理论的新发现已经显著降低了实现更大程度的全球性分散化以及专门化风险承担的成本。与此同时，日益增加的汇率、利率和商品价格的波动性已经增加了对管理风险方式的需求。因此，开始于20世纪70年代和80年代的期货、期权和互换合约的迅猛且广泛的发展，在很大程度上可以被解释为对这些成本和需求的市场反应。

但是配置风险的完全竞争市场的理论化理想永远不能完全实现，因为在真实世界里存在永远无法完全克服的限制性因素。限制风险有效配置的两类关键因素是交易成本和激励问题。

交易成本包括建立并运营诸如保险公司或证券交易所等机构的成本，以及签订并执行合约的成本。如果创设这些机构的货币收益不超过成本，那么这些机构将不会成立。

有效分担风险机构发展道路之上的基本激励问题是**道德风险**（moral hazard）**和逆向选择**（adverse selection）。当拥有抵御某种风险的保险导致被保险方采取更大的冒险行动，或者较少关心阻止引起风险的事件发生的时候，道德风险就会产生。道德风险可能导致保险公司从自身利益出发，不愿意提供某些特定类型的保险。

举个例子，一位仓库所有者购买了火灾险，这种保险的存在降低了他花费金钱预防火灾的动力，疏于采取同样的避险行动使得仓库火灾成为更可能发生的事件。在一个极端情形里，如果赔付金额超过了仓库的市场价值，那么为了获得保险偿付，这位仓库所有者实际上可能试图纵火。由于这种潜在的道德风险，保险公司可能限制自己提供的保险数量，或者在特定条件下直接拒绝出售火灾险。

另一类激励问题是逆向选择——为抵御风险而购买保险的人数可能多于处于风

险之下的一般人群数量。例如，考察**终身年金**（life annuity）。终身年金是只要购买者生存就每月获得固定金额的合约。出售这种年金的企业不能假定购买该年金的人群和一般人群拥有同样长的寿命。

例如，假设一家企业向在 65 岁退休的人出售终身年金。存在同等数量的三类人：类型 A 生存 10 年，类型 B 生存 15 年，类型 C 生存 20 年。平均而言，65 岁的人可以生存 15 年。然而，如果该企业索取反映 15 年预期寿命的价格，那么它会发现购买该年金的人不成比例地为类型 B 和类型 C，类型 A 的人将认为你的年金对他们而言不是一项好交易，并且不购买这项年金。

如果该企业知道每位潜在客户的类型——类型 A、类型 B 或者类型 C，同时能够索取反映每个类型的真实预期寿命的价格，那么这里将不存在逆向选择问题。但是这家企业无法获得每位潜在客户的足够信息。如果保险方无法索取准确反映每个人的真实预期寿命信息的价格，那么所出售的大量年金将被那些预期生存更长时间的健康人士购得。在我们的例子中，年金购买者的平均预期寿命可能是 17.5 年，这比一般人群的预期寿命长 2.5 年。

因此，如果出售终身年金的企业使用一般人群的预期寿命对年金进行定价，而没有为了校正逆向选择问题而提升价格，那么它们都将损失金钱。结果这个市场中的企业针对年金索取了对拥有平均预期寿命的人而言相对没有吸引力的价格，同时这个市场的规模将小于不存在逆向选择问题时本该拥有的市场规模。

为了检验真实世界中对有效风险配置的限制，同时说明怎样评价这种限制，我们考察汽车等耐用消费品的所有权风险。人们通过购买保险降低了汽车所有权的某些风险。防备盗窃和事故损失的保险合约通常是可供利用的。作为直接的合约安排，防备过时风险的保险合约则极少可资利用。

相反，应对过时风险的制度性安排包括租借或者租赁。租借合约至多存续一年。租赁合约是存续期超过一年的租用合约。提供租借与租赁服务的企业使人们能够在不暴露于过时风险的条件下使用汽车。

提供汽车租借与租赁服务存在成本，因此不是在任何地方都可以获得这种服务。公司不得不建造专门配备的车库，而且必须提供汽车。人们在旅游度假区更容易获得这类服务，在那里，短期租借服务的需求相对较高。

在汽车租借与租赁企业里存在逆向选择问题。那些经常驾驶但是不想保养汽车的人倾向于租用而不是购买汽车。汽车租借与租赁企业拥有较少途径来预先探知一位客户是何种类型的驾驶者，因此，当企业设定租借和租赁的费率时，它们必须预先假定其客户比一般汽车所有者驾驶的频率更高。

在汽车租借与租赁企业里同样存在道德风险问题。那些租用而不是购买汽车的人拥有较少动力维持良好的车况，因此，相对于自己的汽车而言，他们更有可能滥用租用的汽车。

为了解决逆向选择和道德风险问题，汽车租借与租赁企业经常针对超过特定限制的额外里程以及所租用汽车的过分磨损征收额外费用。但是，由于不存在低成本的途径来筛选出成本更高的客户，所以汽车租借与租赁企业将不得不对所有客户索取更高的价格。对于那些小心看护汽车的人们而言，一般来说，购买而不是租用汽车将是值得的。

10.7 资产组合理论：最优风险管理的量化分析

资产组合理论（portfolio theory）被定义为最优风险管理的量化分析。无论分析单位是居民户、企业还是其他经济组织，资产组合理论包括为了找到最优做法，对降低风险的成本和收益进行评估和权衡取舍。

对于居民户而言，消费和风险偏好被看做是给定的。偏好确实随时间的推移而变化，但是资产组合理论并没有说明这种变化的原因和机制。相反，资产组合理论解决了怎样在不同金融抉择中进行选择从而最大化居民户的给定偏好的问题。一般而言，最优选择涉及对实现更高收益率和承担更大风险之间的权衡取舍。

然而，并不是每一项降低风险暴露程度的决策都涉及引发更低预期收益率或更高风险的成本。这里存在一些风险转移合约的双方都可以无成本地降低风险，而不是以签订合约为代价降低风险的情形。举个例子，一栋房屋的购买者和出售者现在能够以合约形式为房屋约定一项交易价格，即使从现在开始 3 个月内不会发生所有权的转移。这种合约是远期合约的一个例证。通过同意签订这种远期合约，在接下来的 3 个月内，双方均消除了与房屋市场价格波动相关的不确定性。

因此，当不同的交易方从相反的风险视角感知相同事件时，在每一方都不承担显著成本的条件下，以合约形式约定的风险转移可以使双方的境况都变好。

快速测查 10 - 9

描述一个交易双方从相反的风险视角感知的不确定性事件。他们怎样实现风险的共同降低？

每一方都不承担成本的风险管理决策是例外而不是常态。一般而言，风险降低的成本和收益之间通常存在权衡取舍。在居民户怎样在股权、固定收益证券和房地产等不同种类资产中配置财富的决策过程中，这一权衡取舍可能是最明显的。

为了做出这类风险管理决策，资产组合理论的早期模型得以发展。[①] 这些模型使用**概率分布**（probability distribution）对风险和预期收益率之间的权衡取舍进行量化处理。一项资产组合的预期收益率由分布的**均值**（mean）识别，而风险则由

---

① 这些模型和开创它们的人的名字马科维茨（Markowitz）联系在一起。马科维茨的独创文章《资产组合选择》（Portfolio Selection）1952 年发表于《金融杂志》（*Journal of Finance*）。

分布的**标准差**（standard deviation）识别。

这些概念在下面将得到充分的完善。

10.8 收益率的概率分布

考察金科（Genco）公司股票的例子。假设你以每股 100 美元的价格购买了金科公司的股票并打算持有一年。就像第 2 章所说明的那样，总收益率可以被分解成红利收入部分与价格变化部分之和：

$$r = \frac{现金红利}{开盘价} + \frac{收盘价-开盘价}{开盘价}$$

= 红利收入部分 + 价格变化部分

在金科公司的例子中，假设你预期红利部分的收益率为 3%，同时价格变化部分的收益率为 7%，从而预期收益率为 10%：

$$r = 3\% + 7\% = 10\%$$

一项经常使用的诸如金科公司股票等资产的风险衡量标准是**波动性**（volatility）。[①] 波动性与来自持有股票的可能收益率的范围及其出现的可能性相关。一只股票的波动性越大，则收益率的可能结果的范围越大，同时这些收益率位于该范围端点的可能性也越大。

例如，如果被要求给出金科公司股票下一年收益率的一项最优"点估计"，你的答案将是 10%。然而，如果实际收益率结果不同于 10%，你不必感到惊讶。实际收益率可能低至 -50% 或高达 +80%。可能结果的范围越大，波动性也就越大。

为了导出对波动性的进一步理解，我们考虑金科公司股票收益率的全部概率分布。所有可能的收益率被赋予从 0（不存在发生的可能性）到 1（肯定发生）的概率。

完美确定性是概率分布的"退化"情形。假设可以绝对肯定收益率在下一年里为 10%。在那种情形里，仅存在一种可能的收益率，而且它发生的概率是 1。

现在假设金科公司股票可能存在数种取决于经济状况的不同收益率。如果经济在即将到来的年度里表现强劲，那么金科公司的销售额和利润将倾向于高企，同时金科公司股票的收益率将是 30%。如果经济疲软，那么该收益率则是 -10%，出现损失。如果经济状况只是正常的，那么实现的收益率将为 10%。在这个虚拟例证中，每种状况的估计概率显示在表 10-1 中，同时在图 10-1 中得到说明。

表 10-1 中的概率分布暗指，如果你投资于金科公司的股票，那么 10% 将是你最有可能得到的收益率。这一可能性是其他两种可能收益率 30% 和 -10% 中任何一种的可能性的 3 倍。

---

① 就像将在第 11 章中看到的那样，预防风险的保险成本直接取决于波动性。使用波动性作为风险衡量标准类似于使用预防风险的保险成本作为风险衡量标准。

表 10 - 1	金科公司股票收益率的概率分布	
经济状况	金科公司的收益率	概率
强劲	30%	0.20
正常	10%	0.60
疲软	−10%	0.20

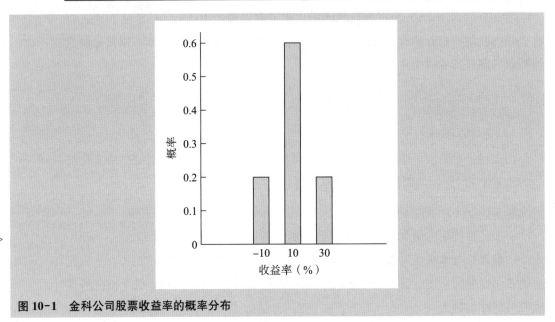

图 10-1 金科公司股票收益率的概率分布

　　预期收益率（expected rate of return）（均值）被定义为每项可能收益率乘以其各自发生概率的所有可能结果之和：

$$E(r) = P_1 r_1 + P_2 r_2 + \cdots + P_n r_n$$

$$E(r) = \sum_{i=1}^{n} P_i r_i \qquad (10.1)$$

应用这个计算公式，我们得到金科公司股票的预期收益率为：

$$E(r) = 0.2 \times 30\% + 0.6 \times 10\% + 0.2 \times (-10\%) = 10\%$$

　　相对于完美确定性的特定情形，你明显更加不能肯定这种情形里的预期收益率。现在考察另一只股票——里斯科（Risco）公司的股票，它比金科公司股票拥有更宽泛的可能收益率范围。表 10 - 2 和图 10 - 2 对里斯科公司股票的概率分布与金科公司股票的概率分布进行了对比。

表 10 - 2	里斯科公司股票和金科公司股票收益率的概率分布		
经济状况	里斯科公司股票的收益率	金科公司股票的收益率	概率
强劲	50%	30%	0.20
正常	10%	10%	0.60
疲软	−30%	−10%	0.20

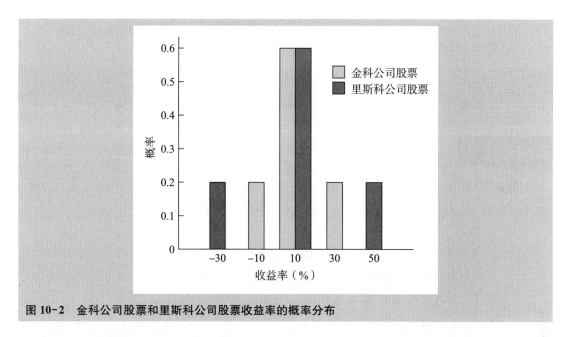

图 10-2 金科公司股票和里斯科公司股票收益率的概率分布

注意，事件发生的概率对两种股票而言是相同的，但是里斯科公司股票拥有更宽泛的可能收益率范围。如果经济强劲，相对于金科公司股票 30% 的收益率，里斯科公司股票将出现 50% 的收益率。但是如果经济疲软，相对于金科公司股票 −10% 的收益率，里斯科公司股票将出现 −30% 的收益率。因此，里斯科公司股票更具有波动性。

10.9 作为风险度量标准的标准差

股票收益率的波动性被证明取决于可能结果的范围以及极值出现的概率。在金融学中，被广泛用于量化和衡量股票收益率的概率分布波动程度的统计变量是标准差，标准差按照下述公式计算：

$$\sigma = \sqrt{\sum_{i=1}^{n} P_i \left[r_i - E(r) \right]^2} \tag{10.2}$$

标准差越大，股票收益率的波动性也就越大。确定支付 10% 收益率的无风险投资的标准差将为 0：

$$\sigma = \sqrt{1.0 \times (10\% - 10\%)^2} = \sqrt{1.0 \times 0.0} = 0$$

金科公司股票收益率的标准差是：

$$\sigma = \sqrt{\left[0.2 \times (30\% - 10\%)^2 + 0.6 \times (10\% - 10\%)^2 + 0.2 \times (-10\% - 10\%)^2 \right]}$$
$$= 12.65\%$$

里斯科公司股票收益率的标准差是：

$$\sigma = \sqrt{[0.2 \times (50\% - 10\%)^2 + 0.6 \times (10\% - 10\%)^2 + 0.2 \times (-30\% - 10\%)^2]}$$
$$= 25.30\%$$

里斯科公司股票收益率的标准差是金科公司股票收益率标准差的 2 倍，因为里斯科公司股票的实际收益率对预期收益率的可能偏离是金科公司股票该项数值的 2 倍。

快速测查 10 - 10

假设 XYZ 公司股票的收益率拥有三项可能数值，即 -50%、50% 和 100%，每项数值拥有相同的可能性。XYZ 公司股票的预期收益率和标准差是多少？

在真实世界里，股票收益率的范围并不像前述例子中那样被限定为少数可以计算的数值。相反，收益率实际上可以是任何数字。因此，我们认为股票收益率的分布是一种**连续概率分布**（continuous probability distribution）。应用最广泛的这类概率分布是具有类似钟形曲线的**正态分布**（normal distribution），这种钟形曲线显示在图 10 - 3 中。

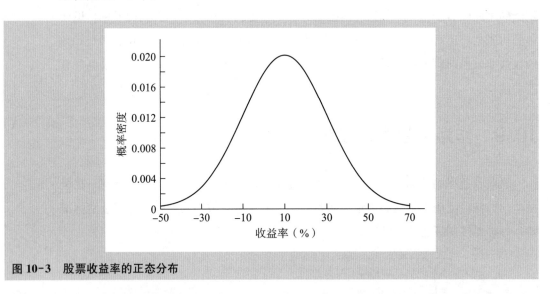

图 10-3　股票收益率的正态分布

对于正态分布和类似的其他对称分布而言，标准差是波动性的天然衡量标准（它的符号 σ 被读作希格玛 "sigma"）。波动性和希格玛经常可以互换使用。

正态分布包含收益率的无限范围，从负无穷到正无穷。为了解释标准差的不同数值，经常使用**置信区间**（confidence interval）。置信区间是一个特定的数值范围（区间），下期股票收益率的实际值将以特定概率落入这一数值范围之内。因此，在正态分布的条件下，落入一个置信区间内部的股票收益率拥有大约为 0.68 的概率，该置信区间包含所有位于均值两边 1 个标准差的范围之内的收益率。相应的两个标准差的置信区间拥有大约为 0.95 的概率，同时，3 个标准差的置信区间涉及大约为 0.99 的概率。

例如，考察一只拥有 10%预期收益率和 20%标准差的股票。如果它服从正态分布，那么存在 0.95 的可能性实际收益率结果落入预期收益率加两个标准差（10%＋2×20%＝50%）和预期收益率减两个标准差（10%－2×20%＝－30%）之间的区间。低端由－30%限定同时高端由 50%限定的收益率范围是这个股票收益率的概率为 0.95 的置信区间。

快速测查 10－11

什么是这个股票收益率的概率为 0.99 的置信区间的限定范围？

小　结

风险被定义为对人们有意义的不确定性。风险管理是确切阐述降低风险的成本与收益之间的权衡取舍并决定所采取行动的过程。资产组合理论是为了找出最优做法，针对那些权衡取舍进行的量化分析。

所有的风险最终都由人们承担，他们担当消费者、企业、其他经济组织的利益关联方或是纳税人的职责。

不能孤立或抽象地评价一项资产或交易的风险，这依赖于特定的偏好框架。在某种情形里，一项特定资产的买卖将增加风险暴露的程度。在另一种情形里，同样的交易可能会降低风险。

投机者被定义为了增加财富而持有增加特定风险暴露程度的头寸的投资者。与之形成对比，风险对冲者持有降低风险暴露程度的头寸。同一个人可能在某些风险暴露下是投机者，而在另一些风险暴露下是风险对冲者。

储蓄、投资和融资决策等众多资源配置决策显著地受到风险的影响，因此是部分的风险管理决策。

我们区分了居民户的五类主要风险暴露：疾病、残疾和死亡风险；失业风险；耐用消费品的资产风险；负债风险；金融资产风险。

企业面临数种风险，如生产风险、产品的价格风险和投入的价格风险等。

风险管理过程有五个步骤：

● 风险识别；

● 风险评估；

● 风险管理技术的选择；

● 实施；

● 审查。

存在四种风险管理技术：

● 风险规避；

● 损失防护与控制；

● 风险保留；

● 风险转移。

实现风险转移的三种基本方法是对冲、投保和分散化。

分散化通过在许多人中分散风险提升福利，从而现有的不确定性意义不大。

从社会的角度而言，风险管理机构通过两个重要途径提高经济效率：第一，它们将风险从那些最不愿意或最不能承担风险的人那里转移给最愿意承担风险的人。第二，它们导致与新的风险承担分布一致的生产和消费资源的重新配置。通过允许人们降低承担特定企业风险的风险暴露程度，风险管理机构鼓励对社会有益的企业家行为。

数个世纪以来，各式各样的经济组织和契约性安排已经通过扩展分散化的范围，同时允许存在更加专门化的风险管理逐步发展起来，从而为风险承担的更加有效配置提供便利。

在限制风险有效配置的因素中，存在交易成本以及道德风险和逆向选择问题。

关键术语

风险规避	风险管理	风险暴露	投机者
对冲者	预防性储蓄	风险管理过程	精算师
对冲	投保	分散化	道德风险
逆向选择	终身年金	资产组合理论	概率分布
均值	标准差	波动性	预期收益率
连续概率分布	正态分布	置信区间	

问题与疑难

什么是风险？

1. 假设你了解下述投资机会：你可以在你家的屋角周围以 2.5 万美元开一家咖啡店。如果该企业发展势头强劲，那么在未来 5 年里，你可以每年净得 1.5 万美元的税后现金流。

a. 如果你确知该企业将成功，这是一项有风险的投资吗？

b. 现在假设这是一项有风险的投资，并且在未来两年内存在 50% 的可能性成功，同时存在 50% 的可能性破产。你决定着手进行投资。如果该企业随后破产，你是否基于当时的信息做出一项错误的决策？为什么？

2. 假设你的新企业投资将仅持续一年。你计划以 11 万美元购买 20 英亩土地，该土地毗邻可能会发展成大型零售业购物中心的地点。你将在一年内出售该土地，同时基于土地区划听证会的结果，这片土地的价值在下一年分别为 10 万美元、12.5 万美元或是 14.5 万美元存在同等的可能性。银行愿意按照 10% 的利率向你发放无风险贷款来为这项财产融资，全部贷款余额在一年后你出售该财产时偿还。该银行愿意向你提供这笔贷款的最重要原因是什么？

风险与经济决策

3. 假设你是一位养老基金管理者，同时你现在知道需要在 3 个月里进行一笔 10 万美元的支付。

a. 对你而言的一项无风险投资是什么？

b. 如果你不得不在 20 年里进行这笔支付，对你而言的一项无风险投资是什么？

c. 从这一问题的 a 部分及 b 部分的答案中，你能得出什么结论？

4. 假设你是一位日本银行家，是发放以美元计价的贷款还是发放以日元计价的贷款更有风险？如果你是一位英国银行家，情况将会怎样？

5. 你是一家墨西哥公司的首席执行官，这家公司一年前在比索兑美元的价格为 1 美元兑 10 比索时从一家美国银行得到了一笔以美元计价的贷款。你按照 8% 的利率借入 10 万美元，并且承诺在该年末一次性偿还全部贷款及利息。当前汇率是 1 美元兑 9.5 比索。你为该笔贷款支付的以比索计价的有效利率是多少？

风险管理过程

6. 在下述每种情形里，哪一种风险管理技术将会被选择？

● 在你家里安装烟感探头。

● 投资于储蓄性国库券，而不是股票。

● 决定不为你的汽车购买碰撞险。

● 为自己购买一份寿险保单。

7. 你正在考虑一项选择：是将 1 000 美元投资于 8% 年利率的传统 1 年期国库券，还是 3% 年利率加 1 年期附加指数化通货膨胀率的国库券。

a. 哪一项是更安全的投资？

b. 哪一项投资提供了更高的预期收益率？

c. 指数化债券的真实收益率是多少？

8. 假设你是美国职业棒球大联盟特定球队的狂热追随者，该球队正要参加总决赛。你知道如果你的球队这次再输，你将需要一项严肃的心理援助，并且预期可能不得不为咨询服务花费数以千计的美元。是否存在为这一风险提供保险的途径？就总决赛进行打赌是否将被归类为投机？

风险转移的三个方面

9. 如果你为聚会的 6 位参加者预订了餐馆，你正在参与风险转移的哪个方面？为什么一些餐馆拒绝预订？

10. 假设你对为购买新房进行融资感兴趣。你拥有无数融资选择权，你可以签订下述任意一项合约：7 年期 8% 的固定利率、15 年期 8.5% 的固定利率和 30 年期 9% 的固定利率。此外，你还可以使用开始于 5% 并随优惠利率的变化而增加或减少的 30 年期可变利率进行融资，或者使用开始于 6%、每年 2% 封顶、上限为 12% 且无下限的 30 年期可变利率进行融资。

a. 假设你认为利率处于上升阶段。如果你需要在最长的时期内完全消除利率上升的风险，你应当挑选哪一种选择权？

b. 你是否将这种选择权看做对冲或者投保？为什么？

c. 在第一年期间，从报价利率的角度而言，你的风险管理决策"花费"了多少？

11. 参考上述问题（问题 10）中的信息，回答下述问题：

a. 假设你认为利率将下降，你将选择哪一种选择权？

b. 在该交易中，你面临的风险是什么？

c. 你可能怎样对这种风险进行保险？该保险将花费你多少（以报价利率表示）？

12. 假设你正考虑投资于房地产，你可能怎样实现一项分散化的房地产投资？

13. 假设你正计划投资于体现在十几岁的女儿身上的人力资本。以学校和专业的选择为背景，讨论分散化风险管理策略。

风险转移与经济效率

14. 具有挑战性的问题。假设你受雇管理一个百科全书销售团队。讨论销售人员薪酬方案中涉及的效率问题。是否应该基于工作时间向他们支付固定的工资？为什么不能这样？如果以佣金为基础向他们支付报酬将是风险更大的，让他们承担这项风险是否有效率？

风险管理机构

15. 从汽车险到房屋所有者的保险以及健康险的许多保险合约都包含豁免条款。豁免是在保险合约约束下，对每份索赔中的固定数量不予赔付或者在给定时期内不予赔付的情况。豁免在保险市场上发挥何种提升效率的作用？

16. 最近，当入住法国斯特拉斯堡的一家宾馆时，我询问停车的选择。服务生回答说，在宾馆后面有一个免费停车场，但是它不安全。由于我知道斯特拉斯堡因少年犯罪而拥有坏名声，包括在街道上焚烧汽车，我对服务生的回答并不感到惊讶。我坚持立即把车停在宾馆的停车场里，在停留在宾馆的 3 天里，大部分时间我都把车留在那里。关于我开的新车的所有权，你能得出什么推论？这是否为道德风险或逆向选择的一个例证？

资产组合理论：最优风险管理的量化分析

17. 假设你将在 3 个月内从你的出版代理商那里得到 3 000 土耳其里拉的支票。你有机会进入远期货币市场并签订一项合约，在 3 个月内按照 1 美元兑 1.4 土耳其里拉的价格购买美元。

a. 如果你对冲汇率风险，3 个月内你的美元所得是多少？

b. 如果 3 个月内的 1 美元价格是 1.35 土耳其里拉，通过对冲而不是保留风险，你将获得或损失多少美元？

18. 给定上述问题的信息，假设不是运用远期合约，而是运用期权合约提供保险。假设一项零成本期权合约使你能够在 3 个月内按照 1 美元兑 1.42 土耳其里拉的价格购买美元。

a. 在 3 个月内怎样确定你的美元所得？

b. 如果 3 个月内美元兑土耳其里拉的价格是 1 美元兑 1.35 土耳其里拉，通过保险而不是对冲，你将得到或损失多少美元？

收益率的概率分布

19. 假设我们拥有下述关于塔尔塔沃尔运输公司股票的价格和现金红利信息：

年份	1 月 1 日的价格（美元）	12 月 31 日的价格（美元）	现金红利（美元）
20×0		65.00	
20×1	65.00	72.00	5.00
20×2	72.00	77.00	5.00
20×3	77.00	80.00	5.00
20×4	80.00	79.00	7.50
20×5	79.00	85.00	7.50

计算对塔尔塔沃尔运输公司股票的投资的总体收益率。使用每一年作为观测值，预期年总体收益率是多少？

作为风险度量标准的标准差

20. 从下述收益率分布中得出预期收益率以及用标准差衡量的预期收益率的变动程度。

概率（%）	收益率（%）
15	50
25	40
25	25
25	10
10	−30

21. 假设下列数值表示微软公司股票及莲花公司股票的历史收益率：

年数	历史收益率（%）	
	微软公司股票	莲花公司股票
1	10	9
2	15	12
3	−12	−7
4	20	18
5	7	5

a. 微软公司股票收益率的均值是多少？莲花公司股票呢？

b. 微软公司股票收益率的标准差是多少？莲花公司股票呢？

22. 继续上述问题（问题 21），假设微软公司股票和莲花公司股票拥有服从正态分布的收益率，其均值和标准差为上面计算出来的数值。对于每只股票而言，决定在均值的一个预期标准差和两个预期标准差之内的收益率范围。

23. 假设你投资于一只证券，该证券拥有预期收益率为 12% 且标准差为 3% 的正态分布收益率。如果你实现了 18% 的收益率，你认为自己有多幸运？

24. 具有挑战性的问题。参考前述问题的数据（问题 21 和问题 22）。假设在过去 5 年里，你已经实施了下述资产组合战略：在每一年的年初，你将你的资金，比如说 1 000 美元，等同地在对微软公司股票和莲花公司股票的投资之间进行划分。该年年末你获得收益，同时重新开始将投资在两种证券间进行划分的进程。你每年总投资的收益率本该是多少？这项资产组合的收益率的均值和标准差是多少？该均值和标准差如何与前述问题已经计算得出的均值和标准差相关？

附　录

租赁，消除过时风险的成本-收益分析

在第 5 章，现值概念被用于评估是购买还是租赁一项资产花费更少，我们已经分析了租赁。这种分析得出结论：如果税后租赁支付的现值小于与购买相联系的税后现金流出的现值，那么你应当租赁该项资产。这种分析仅考虑了利率和税收的作用，而忽略了该资产未来价格的不确定性。但是，价格的不确定性是租赁分析过程中的一项重要考虑因素。

例如，假设你习惯于每 3 年购买一辆新车。你现在的汽车几乎已经使用了 3 年，同时你正在考虑是购买一辆新车，还是租赁一辆新车。新款汽车的购买价格为 2 万美元。你可以购买它，或者以每月 402.84 美元的价格在 36 个月里从经销商那里租赁这辆汽车。如果你购买新款汽车，经销商可以安排你按照每年 8%的利率（APR）借入等于购买价格的全部 2 万美元，从而你为该贷款支付与每月 402.84 美元租赁支付相等的月付[①]，这笔贷款在 5 年内分期偿还，于是 36 个月末的贷款余额为 8 907.06 美元。无论是对购买还是租赁，手续费、税收和保险费用都是相同的。

在这些条件下，租赁该车与贷款购买该车的区别是什么？表 10A - 1 对现金流进行了概括。

表 10A - 1	租赁或贷款购买汽车的比较	
不同的选择	月付	最终现金流
租赁 3 年	402.84 美元	0 美元
贷款购买并在 3 年后出售	402.84 美元	转售价格减去 8 907.06 美元
差额	0 美元	转售价格减去 8 907.06 美元

在这两种安排下，你都以 402.84 美元月付换取了 36 个月的该车使用权。区别在于，如果你现在购买汽车，你将在 3 年后以特定价格出售它，同时偿还 8 907.06 美元的贷款余额。你的净现金流将在未来 3 年旧车市场上该车的价格和 8 907.06 美元之间有所区别。

但是，如果你租赁该车，那么在第 3 年年末你既不能拥有它，也不能拥有由它产生的现金。实际上，租赁就像你已经预先按照 8 907.06 美元——贷款余额——出售该车。因此，在这种租赁安排下，经销商实际上预先同意 3 年后按照等于所剩贷款余额的价格回购该车。[②]

如果你绝对肯定该车 3 年后的残值将是 11 000 美元，那么现在购买而不是租赁该车明显是更值得的。这是因为你可以在 3 年后将它转售，清偿 8 907.06 美元的贷款余额，并获得 2 092.94 美元。

但是你无法确切地知道转售的价值。即使你特别小心地看护这辆汽车，3 年后的转售价值也将由许多现在只能估计的因素决定（例如，消费者的偏好、汽油的成本、经济活动的水平等）。

租赁，消除过时风险的成本-收益分析

25. 大部分汽车租赁公司都提供在租赁期末按照合约开始时约定的价格购买汽车的选择权。于是，租赁拥有一项可以在租赁期末执行的嵌入式买入期权。按照风险转移的三个方面的分类，解释拥有买入期权的租赁怎样不同于不拥有买入期权的租赁？

---

① APR 代表以年百分比表示的利率，并且已经在第 4 章中做过解释。当支付按月进行时，8%的 APR 等同于 0.67%的月利率。

② 真实世界里的租赁包括一些特定条款，这些条款被设计用来阻止很快磨损汽车的客户，而且不鼓励滥用汽车。因此，超过特定里程限制的客户必须支付额外费用，同时为任何汽车毁坏进行支付。许多租赁也给你在租赁期末按照预先约定的价格购买该车的权利，但这不是义务。这种权利拥有价值，而且类似于买入期权。期权的估值将在第 15 章中阐述。

第11章 对冲、投保和分散化

在前述章节里，我们谈到有三种将风险转移给他人的方法：对冲、投保和分散化。本章的目的是给出针对这三种方法以及它们怎样在实践中运用的更加详尽且具体的理解。

据说在降低对损失的暴露程度时，对风险进行对冲必然放弃获利的可能性。因此，为了消除收获时的低价风险，按照固定价格销售未来农作物的农民放弃了从收获时的更高价格中获利的可能性。

金融市场提供了各种各样的机制来对冲不确定的商品价格、股票价格、利率和汇率的风险。在本章中，我们探究旨在对冲市场风险的衍生金融工具的应用以及针对负债匹配资产的活动。

投保意味着为避免损失而支付保险费（向保险公司支付的价格）。通过购买保险，你用一项确定的损失（你为该保险合约支付的保险费）替代了如果你不投保将遭受更大损失的可能性。

除了保险合约以外，这里存在通常不被称为保险的其他类型的合约和证券，它们执行提供损失补偿的相同经济功能。一个普遍的例证是信用担保，信用担保向债权人提供保险，该保险源自借款者无法进行已承诺的支付。期权合约是为损失提供保险的另一种手段。本章探究这些为风险提供保险的不同契约性机制。

最后，分散化是对损失的归集和分享。对你的风险进行分散化意味着在一些股票上对你的投资进行分割，而不是将投资仅集中于单只股票。一个分散化资产组合的波动性通常低于其各自组成部分的波动性。在本章中，我们将探究分散化降低波动性和保险成本的运作方式。

11.1 使用远期合约和期货合约对冲风险

任何时候，只要双方同意在未来按照预先安排的价格交换某些东西，他们就是正在签订一项**远期合约**（forward contract）。人们经常在不知道怎么称呼这些远期合约的条件下签订远期合约。

例如，你可能正在计划一次一年后从波士顿到东京的旅行。你现在预订航班，同时航班预订服务人员告诉你可以现在锁定 1 000 美元的价格，或者可以在航班当日支付可能的任何价格。在任何一种情形下，支付直到航班当日才会发生。如果你决定锁定1 000美元的价格，那么你已经和航空公司签订了一项远期合约。

在签订远期合约的过程中，你消除了飞行费用上升到 1 000 美元以上的风险。如果票价在一年后上升到 1 500 美元，你将欣喜于将价格锁定在1 000美元的**远期价格**（forward price）上。另外，如果该价格在航班当日结果是 500 美元，那么你将不得不支付你同意的 1 000 美元远期价格。在这种情形下，你将为决策感到懊悔。

远期合约的主要特征以及用于描述远期合约的术语如下所示：

● 双方同意在未来按照现在约定的价格——**远期价格**（forward price）——交换某些东西。[①]

● 交易物的立即交割价格被称为**即期价格**（spot price）。

● 此时每一方都不向对方支付金钱。

● 合约的**面值**（face value）为合约中约定的交易物的数量乘以远期价格。

● 同意购买约定交易物的一方被称为处于**多头**（long position）地位，而同意出售交易物的一方被称为处于**空头**（short position）地位。

期货合约（futures contract）本质上是在一些有组织的交易所中进行交易的标准化合约。交易所将自身置于买方与卖方之间，从而每一方和交易所签订独立的合约。标准化意味着期货合约的条款（例如交易物的质量和数量）对所有合约而言均是相同的。

远期合约经常可以降低买卖双方面临的风险。我们用一个详尽的例证说明远期合约怎样降低买卖双方面临的风险。

假设一位农民已经在她的土地上种植了小麦。现在是收获的前一个月，同时这位农民的农作物规模被合理确定。因为该农民的大部分财富和她的小麦相关，所以她可能希望通过现在按照为未来交割物品设定的固定价格出售小麦来消除与未来价格不确定性相关的风险。

我们同样假定有一位面包师，他知道一个月后他需要小麦来生产面包。面包师的大部分财富和他的烘焙业务相关。和农民一样，面包师同样面临小麦未来价格的不确定性，但是他降低价格风险的途径是现在购买未来交割的小麦。于是，面包师是农民的天然交易对手，农民愿意通过现在出售未来交割的小麦来降低她的风险。

因此，农民和面包师就面包师在交割时向农民支付特定的远期价格达成一致。

远期合约规定，无论即期价格在交割日结果是多少，农民都将按照远期价格向面包师交付特定数量的小麦。

我们将一些真实的数量和价格加入我们的例证以观察远期合约怎样运作。假设

[①]　更精确地，远期价格是使远期合约价值在签订时等于零的交易价格。

这位农民的小麦作物规模是 10 万蒲式耳，同时一个月后交割的远期价格是每蒲式耳 2 美元。在那时，农民将向面包师交付 10 万蒲式耳的小麦，同时作为报酬得到 20 万美元。在诸如此类的合约条件下，双方都消除了和交割日的小麦即期价格不确定性相关的风险。他们都在对冲风险暴露。

我们考察为什么拥有一项在交易所交易的标准化小麦期货合约，而不是远期合约是方便的。我们例子中的远期合约要求农民在合约规定的交割日向面包师交付小麦。然而，农民可能很难找到这样一位面包师，这位面包师希望按照对农民而言最方便的时间和最方便的地点购买小麦。与之相似，面包师也可能很难找到这样一位农民，这位农民希望按照对面包师而言最方便的时间和最方便的地点出售小麦。

举个例子，假设农民和面包师远隔千里。比如，农民可能居住在堪萨斯城，而面包师则居住在纽约。面包师通常从纽约的本地供货商那里购买小麦，而农民则通常将小麦出售给堪萨斯城的本地分销商。通过使用小麦期货合约，在不改变原有供货商和分销商关系的条件下，农民和面包师可以获得远期合约的风险降低收益（同时，节省了运输小麦所支付的成本）。

期货交易所作为一个对买卖双方进行匹配的中介运作。实际上，小麦期货合约的购买者永远不知道出售者的身份，因为按照规则，期货合约处于购买者和期货交易所之间。与之相似，小麦期货合约的出售者也永远不知道购买者的身份。只有一小部分在交易所交易的小麦期货合约导致小麦的实际交割，大部分小麦期货合约以现金结算。

我们在农民和面包师的例证中说明这项机制怎样运作。期货合约并不是签订一项远期合约，它要求堪萨斯城的农民按照每蒲式耳 2 美元的交货价格向纽约的面包师交付小麦，此处存在两项相互分离的交易。农民和面包师分别按照每蒲式耳 2 美元的期货价格与期货交易所签订一项小麦期货合约。农民处于空头地位，面包师处于多头地位，同时交易所对他们进行匹配。一个月后，农民按照即期价格向堪萨斯城的原有分销商出售小麦，同时面包师按照即期价格从纽约的原有供货商那里购买小麦。他们通过向期货交易所支付（或从它那里得到）一定金额对期货合约进行结算，这一金额是每蒲式耳 2 美元的期货价格与即期价格之间的差额与合约中约定的数量（10 万蒲式耳）的乘积。期货交易所将这项支付从一方转移至另一方。[①]

在表 11-1 的帮助下，我们进一步说明这种机制整体怎样一步一步地运作。首先考察农民，她的境况显示在表 11-1 的上半部分。为了对冲针对价格风险的暴露，她在一项期货价格为每蒲式耳 2 美元且数量为 10 万蒲式耳的 1 月期小麦期货合约中处于空头地位。

表 11-1 说明了按照交割日的三种不同即期价格会发生什么，这三种即期价格

---

① 不用等到合约到期，期货合约的现金价值通常按日进行结算。这降低了期货交易所承担的任何一方针对期货合约违约的风险。

分别是每蒲式耳 1.50 美元、2.00 美元和 2.50 美元。如果一个月后的小麦即期价格结果是每蒲式耳 1.50 美元［第（1）列］，那么这位农民来自向堪萨斯城的分销商出售小麦的所得为 15 万美元。同时她从期货合约中获得 5 万美元。于是她的总所得为 20 万美元。

如果即期价格是每蒲式耳 2.00 美元［第（2）列］，那么这位农民来自向堪萨斯城的分销商出售小麦的所得为 20 万美元，同时在期货合约中不存在任何收益或损失。如果即期价格是每蒲式耳 2.50 美元，该农民从向堪萨斯城的分销商出售小麦中得到 25 万美元，但是在期货合约中损失 5 万美元，从而她的总所得依然为 20 万美元。

因此，无论即期价格是多少，这位农民的总所得最终都是 20 万美元，总所得来自向堪萨斯城的分销商出售小麦以及小麦期货合约空头地位的组合。

表 11-1 的下半部分显示了面包师的境况。一个月后，这位面包师按照即期价格从纽约的供货商那里购买小麦。如果当时的即期价格为每蒲式耳 1.50 美元［第（1）列］，那么该面包师不仅为小麦向供货商支付 15 万美元，而且在小麦期货合约上损失 5 万美元。因此，他的必要开支总额为 20 万美元。如果当时的即期价格是每蒲式耳 2.00 美元［第（2）列］，那么面包师支付给供货商 20 万美元，同时在期货市场上不存在任何收益或损失。如果当时的即期价格是每蒲式耳 2.50 美元［第（3）列］，那么面包师为小麦向供货商支付 25 万美元，但是在期货合约上获利 5 万美元，于是构成他的 20 万美元必要开支总额。

表 11-1　运用期货合约对冲价格风险

农民的交易	交割日的小麦即期价格		
	每蒲式耳 1.50 美元 (1)	每蒲式耳 2.00 美元 (2)	每蒲式耳 2.50 美元 (3)
向分销商出售小麦的所得	15 万美元	20 万美元	25 万美元
来自期货合约的现金流动	支付给农民的 5 万美元	0 美元	由农民支付的 5 万美元
总所得	20 万美元	20 万美元	20 万美元

面包师的交易	交割日的小麦即期价格		
	每蒲式耳 1.50 美元 (1)	每蒲式耳 2.00 美元 (2)	每蒲式耳 2.50 美元 (3)
购自供货商的小麦的成本	15 万美元	20 万美元	25 万美元
来自期货合约的现金流动	由面包师支付的 5 万美元	0 美元	支付给面包师的 5 万美元
必要开支总额	20 万美元	20 万美元	20 万美元

说明：期货价格为每蒲式耳 2 美元，同时数量为 10 万蒲式耳。

为了更好地理解表 11-1，考察如果不存在期货合约会发生什么。如果小麦的即期价格是每蒲式耳 1.50 美元，那么农民得到 15 万美元，同时面包师支付 15 万美元。如果小麦的即期价格是每蒲式耳 2.50 美元，那么农民得到 25 万美元，同时面包师支付 25 万美元。但是在存在期货合约的条件下，无论即期价格是多少，农民得到 20 万美元的总额，同时面包师支付 20 万美元的总额。因为双方都确切地知道他们将得到多少以及将付出多少，所以期货合约已经消除了由价格不确定性引起的风险。

图 11-1 显示了包含在表 11-1 上半部分中的相同信息。它显示了农民的总现金流，这种现金流来自出售小麦以及与交割日的任意即期价格相关联的期货合约。

图 11-1 说明了无论在交割日小麦的即期价格是多少，这位农民最终都将得到 20 万美元。

总结如下：这位农民可以通过在期货合约中处于空头地位消除她在拥有小麦中面临的价格风险，在期货合约中处于空头地位实际上是按照期货价格出售未来交割的小麦。面包师同样可以通过在期货合约中处于多头地位消除他面临的价格风险，在期货合约中处于多头地位实际上是按照固定价格购买未来交割的小麦。期货合约使农民和面包师都能够对冲他们针对价格的风险暴露，与此同时，继续保持与分销商和供货商的正常往来。

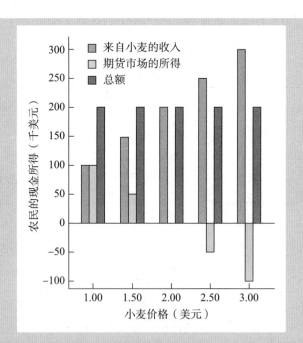

图 11-1　农民来自使用期货合约对冲风险的总现金流

说明：农民的小麦作物为 10 万蒲式耳，同时她在期货合约中已经同意的小麦期货价格为每蒲式耳 2 美元。无论在交割日小麦的即期价格是多少，期货合约的收益或损失将她的总所得保持在 20 万美元。

说明如果交割日的即期价格为下述数值，对农民和面包师而言会发生什么：

a. 每蒲式耳 1.00 美元。

b. 每蒲式耳 3.00 美元。

农民和面包师的例证说明了三个关于风险以及风险转移的关键点：

● 一项交易是风险降低还是风险增加取决于该交易实施的特定背景。

有时候期货市场中的交易是极有风险的。但是，对财富与种植小麦的业务相关的农民而言，在小麦期货合约中处于空头地位是降低风险的。对财富与烘焙面包的业务相关的面包师而言，在小麦期货合约中处于多头地位是降低风险的。

当然，对于那些不从事种植小麦业务，或者不生产需要小麦作为投入的产品的某些人而言，在小麦期货合约中持有头寸可能是有风险的。[①] 因此，在抽象背景下，不应当把买卖小麦期货合约的交易说成是有风险的，它可能依赖于不同背景而成为降低风险或是增加风险的。

● 回顾一下，似乎交易一方可能以另一方为代价获得收益，然而风险降低的交易双方都可以从风险降低的交易中获取利益。

当签订期货合约时，无论是农民还是面包师，都不知道小麦价格结果将大于还是小于每蒲式耳 2.00 美元。通过签订期货合约，他们都实现了风险的降低，而且因此双方的境况都变得更好。在为期一个月的时间里，如果小麦的即期价格不同于每蒲式耳 2.00 美元，那么一方将在期货合约上获利，而另一方则遭受损失。但是这并不改变当他们签订期货合约的时候，通过签订该合约境况都变得更好的事实。

● 甚至在总产出或总风险没有变化的条件下，重新分配风险承担方式也可以提升所涉及个体的福利。

最后这一关键点与第二个关键点相互关联。从社会的角度而言，经济中所生产的小麦总数量可能不直接受到农民和面包师之间是否存在期货合约的影响。因此，看起来似乎并不存在得自存在期货合约的社会福利收益。然而，就像我们已经看到的那样，通过使农民和面包师均能够降低他们的价格风险暴露，期货合约增加了他们的福利。

使用期货合约对冲商品价格风险有很长的历史。在中世纪，为了满足农民和商人的需要，已知的最早的期货市场得以出现。现在，在全世界范围内，许多组织化的期货市场不仅因商品（例如，玉米、含油种子、牲畜、肉类、金属和石油产品），而且因各种各样的金融工具（例如，货币、债券和股票市场指数）而出现。在交易

[①] 就像第 10 章所说明的那样，这种参与方被称为投机者。

所交易的期货合约允许企业对冲商品价格风险、汇率风险、股票市场风险和利率风险，而且这种风险列表正在不断扩展以包含其他风险来源。

11.2 运用互换合约对冲汇率风险

互换合约（swap contract）是为风险对冲提供便利的另一类合约。互换合约由两个交易方构成，他们在一个特定时期内交换（或者"互换"）位于特定区间的现金流。互换的支付以约定的本金（暂定款项）数量为基础。这里不存在立即进行的资金支付，因此，互换合约本身并不向任何一方提供新的资金。

原则上，一项互换合约可以要求交换任何东西。然而，在当前的实践中，大部分互换合约涉及商品、货币或证券的交换。

我们观察一项货币互换怎样运作，以及怎样被用来对冲风险。假设你在美国拥有一家计算机软件企业，同时一家德国公司希望获得在德国生产并销售贵公司产品的权利。德国公司同意在接下来的 10 年内为该项权利每年向你支付 10 万欧元。

如果你希望对冲预期收入现金流价值的波动风险（由于美元兑欧元汇率的波动），那么你可以现在签订一项互换合约，按照现在约定的远期汇率使用未来的欧元现金流交换一系列未来的美元现金流。

因此，互换合约等同于一系列远期合约，互换合约中的暂定款项数量对应于暗含远期合约的面值。

为了使用数字进行说明，假设美元兑欧元的汇率当前为 1 欧元兑 1.30 美元，同时这一汇率也适用于所有涵盖未来 10 年的远期合约。互换合约中的暂定款项为每年 10 万欧元。通过签订互换合约，你锁定了每年 13 万美元的美元收入（每年 10 万欧元×1.3 美元/欧元）。每年你将在结算日得到（或支付）一笔现金，金额等于 10 万欧元与远期汇率和实际即期价格之间差额的乘积。

因此，假设一年后在清算当日即期汇率为 1 欧元兑 1.20 美元。互换合约的另一方，被称为**对手方**（counterparty）（例如我们例子中的德国公司），有义务向你支付 10 万欧元乘以 1.30 美元/欧元的远期汇率和 1.20 美元/欧元的即期汇率之间差额的数量（也就是说，1 万美元）。

在不存在互换合约的条件下，你的来自软件许可证协议的现金收入将是 12 万美元（10 万欧元乘以 1.2 美元/欧元的即期汇率）。但是，在存在互换合约的条件下，你的总收入将是 13 万美元：你从德国公司那里得到 10 万欧元，你可以将这笔 10 万欧元售出，从而得到 12 万美元，同时你从互换合约的对手方那里得到了额外的 1 万美元。

现在假设第二年在清算当日即期汇率为 1 欧元兑 1.40 美元。你将有义务向互换合约的对手方支付 10 万欧元乘以 1.40 美元/欧元的即期汇率和 1.30 美元/欧元的远期汇率之间差额的数量（也就是说，1 万美元）。在不存在互换合约的条件下，来自软件许可证协议的现金收入将是 14 万美元（10 万欧元乘以 1.4 美元/欧元的即期汇率）。但是，在存在互换合约的条件下，你的总收入将是 13 万美元。因此，在第二年你可能希望没有互换合约。但是，为了消除潜在损失而放弃潜在获利的可能性正是对冲的本质。

快速测查 11 - 2

假设在第三年，清算当日的即期汇率为 1 欧元兑 1.30 美元。多少资金在互换合约的对手方之间被转移？

国际互换市场开始于 20 世纪 80 年代早期，而且已经取得了迅猛发展。除了货币和利率互换市场以外，其他许多物品可以并且正在通过互换市场进行交换，例如，不同股票指数的收益率，甚至包括交换桶装石油的大量小麦。

11.3 通过针对负债配比资产对冲缺口风险

就像我们在第 2 章中所看到的那样，出售经过保险的储蓄计划和其他保险合约的保险公司以及其他金融中介需要保证客户正在购买的产品没有违约风险。为客户明确合约违约风险的一个途径是保险公司在金融市场上通过投资于与其负债特征相匹配的资产对冲它们的负债。

例如，假设一家保险公司向客户出售一项有担保的投资合约，该合约承诺 5 年后为现在的一次性保费 783.53 美元支付 1 000 美元（这暗指客户正在赚取每年 5% 的利率）。这家保险公司可以通过购买政府发行的面值为 1 000 美元的无风险零息债券对冲这项针对客户的负债。

这家保险公司正在针对负债配比资产。为了在这项交易中获利，保险公司必须能够按照低于 783.53 美元的价格购买 5 年期政府债券（换句话说，5 年期政府债券的利率必须大于每年 5%）。如果该保险公司不通过购买债券对冲负债，而是将保费收入投资于股票资产组合，那么这里存在一项缺口风险——5 年后的股票价格结果可能低于向客户承诺的 1 000 美元。

许多金融中介执行涉及针对负债配比资产的对冲策略。在每一种情形里，目标都是降低缺口风险，对冲工具的性质随客户负债的类型发生变化。

因此，如果一家投资银行拥有具有浮动利率的短期存款这项客户负债，那么恰当的对冲工具是浮动利率债券或者"滚动"短期债券。这家银行可能对冲存款负债的另一项途径是投资于长期固定利率债券，同时签订一项互换合约，使在债券上获得的固定利率与浮动利率互换。

11.4 最小化对冲成本

就像刚才特别指出的那样，这里经常存在多于一种决策制定者可以利用的对冲风险机制。当存在多于一种对冲风险途径时，一位理性的管理者将选择花费最少的那种途径。

例如，假设你居住在波士顿，同时因一项延长的访问正计划在一年后移居东京。你已经在那里找到了一套很棒的公寓，而且同意按照 1 030 万日元的价格购买它，该数额是你在搬入公寓时将向房屋拥有者支付的金额。你刚以 10 万美元的价格出售了位于波士顿的公寓，并计划用这笔资金为东京的公寓进行支付。你已经按照 3% 的利率将该笔资金投资于 1 年期美国国库券，于是你预期一年后将拥有 103 000 美元。

美元与日元的汇率当前是 1 日元兑 0.01 美元（或者 1 美元兑 100 日元）。如果该汇率在一年内保持不变，那么你将恰好拥有需要在一年后为东京公寓支付的 1 030 万日元。但是，你发现在过去的一年里，美元兑日元的汇率经常大幅波动。这项汇率有时低至 1 日元兑 0.008 美元，有时高达 1 日元兑 0.011 美元。因此，你担心一年后你的 103 000 美元可能无法购买足够的日元来支付东京的公寓费用。

如果汇率在一年后是 1 日元兑 0.008 美元，那么你将因 103 000 美元得到 1 287.5 万日元（＝103 000 美元÷0.008 美元/日元），足够购买该公寓以及一些漂亮的家具。然而，如果汇率一年后是 1 日元兑 0.012 美元，那么你将仅得到 858.3 万日元（＝103 000 美元÷0.012 美元/日元），而且就一年前同意的购买价格而言，你将短缺 171.7 万日元。

假设这里存在两种你可以消除日元兑美元价格上涨风险暴露的途径。一种途径是让东京的公寓拥有者按照以美元表示的固定价格将公寓出售给你；另一种途径则是和银行签订一份远期合约。

让我们对这两种对冲汇率风险的方法的成本进行比较。假设在我们的例子中，银行的远期价格为 1 日元兑 0.01 美元。通过和银行签订一项远期合约，在一年后按照 1 日元兑 0.01 美元的汇率兑换 103 000 美元，你可以完全消除风险。无论下一年美元兑日元的汇率发生什么变化，你将拥有一年后购买东京公寓所需要的 1 030 万日元。

现在考察另外一种替代方法，与公寓拥有者就以美元表示的固定价格进行谈判。如果东京公寓的拥有者愿意按照低于 103 000 美元的价格向你出售该公寓，那么这是比和银行签订远期合约更划算的交易。

另外，如果东京公寓的拥有者索要高于 103 000 美元的价格，那么设定一项以日元表示的价格（1 030 万日元），同时和银行签订远期合约，按照 1 日元兑 0.01 美元的远期汇率用日元兑换美元，你的境况将变得更好。同时，你不得不考虑与每一种对冲风险的方法相关的交易成本（经纪费用、所涉及的时间和努力的程度）。

在这个例证中应认识到的关键点是，实施对冲选用的机制应当是使实现期望风险降低的成本最小化的机制。

11.5　投保与对冲

投保和对冲之间存在一项根本性区别。当对冲时，你通过放弃获利的潜在可能性消除损失的风险。当投保时，你为消除损失的风险，同时保留获利的潜在可能性支付了一笔保险费。

我们用一个例证来阐明投保与对冲之间的区别。你正计划一年后从波士顿到东京的旅行。你现在预订航班，同时航空公司的预订服务人员告诉你，现在可以锁定1 000 美元的价格，或是在航班当日支付结果为任何数额的价格。如果你决定锁定1 000 美元的价格，那么你已经对冲了损失的风险。这样做不花费你任何额外的费用，但是你已经放弃了一年后为航班支付少于 1 000 美元的可能性。

此外，航空公司可能向你提供为某项权利现在支付 20 美元的可能性，这项权利是一年后按照 1 000 美元的价格购买机票。通过购买这项权利，你已经确保将为飞往东京支付不超过 1 000 美元的资金。如果机票价格一年后大于 1 000 美元，你将执行这一权利；否则你可以任其到期终止。通过支付 20 美元，你为该机票超过1 000 美元的风险购买了保险。因此，你已经确保你的总成本将不会超过 1 020 美元（1 000 美元的机票加上 20 美元的保险）。

早些时候，我们讨论了一位拥有在下个月出售的小麦的农民。这位农民的小麦规模为 10 万蒲式耳，同时一个月后的远期交割价格为每蒲式耳 2 美元。如果该农民以远期合约中的空头地位为 10 万蒲式耳小麦进行对冲，那么无论小麦价格在交割日结果是多少，她都将于一个月后得到 20 万美元。

然而，作为在远期市场上处于空头地位的替代，她可以购买保证每蒲式耳 2 美元最低价格的保险。[①]比如说，保险花费了 2 万美元。如果小麦价格高于每蒲式耳2 美元，那么农民就不需要使用这项保险，保险合约将到期终止。然而，如果小麦价格低于每蒲式耳 2 美元，那么这位农民将因为保险获得款项，并且最终得到 20万美元减去保险的成本的差额即 18 万美元。

图 11-2 说明了在三种相互替代的做法下一个月后农民收入的差别：（1）不采取任何措施降低她的价格风险暴露；（2）使用远期合约对冲风险；（3）投保。

横轴测度一个月后的小麦价格，同时纵轴衡量农民的收入。在投保（第三种替代选择）的情形里，收入是减去为保险支付的保险费的差额。

注意，通过投保，农民保留了小麦价格上升的大量经济利益，与此同时，消除

① 就像我们在本章最后部分将看到的那样，这可以通过购买卖出期权实现。

了价格下降风险。这种经济利益产生的代价是为保险支付保险费。

注意，图 11-2 中所描绘的三种不同替代选择中没有任何一种在所有情形里超过其他的选择。当然，如果确知未来价格，那么购买保险永远是不值得的。

因此，如果这位农民确实知道价格将高于每蒲式耳 2 美元，她将选择根本不降低她的风险暴露（第一种替代选择）。如果她知道价格将低于每蒲式耳 2 美元，她将按照每蒲式耳 2 美元出售远期合约（第二种替代选择）。但是，这位农民的风险管理问题的本质在于她无法预先知道小麦的价格是多少。

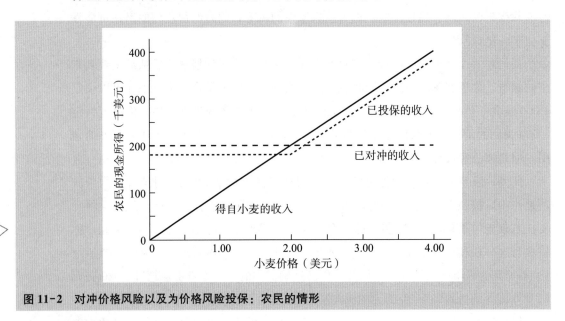

图 11-2 对冲价格风险以及为价格风险投保：农民的情形

快速测查 11-3

从面包师的角度考察上述问题。谁关心小麦价格的上升而不是下降？面包师怎样为他的风险暴露提供保险？

11.6 保险合约的基本特征

在对保险合约进行讨论，以及理解怎样运用它们管理风险的过程中，了解一些基本的术语和特征是重要的。保险合约的四项最重要的特征是：**除外责任**（exclusions）、**最高限额**（caps）、**免赔额**（deductibles）和**自付金额**（copayments）。

11.6.1 除外责任和最高限额

除外责任是那些可能看上去符合保险合约承保范围的条件，但却被特别排除的损失。例如，如果被保险人死亡，那么寿险合约支付保险赔付，但是这种合约一般会排除被保险人自杀的死亡赔付。健康保险合约可能排除对被保险人购买合约之前所患特定疾病的承保范围。因此，一项健康保险合约或许会声明，它排除了预先存在的不适状况的承保范围。

最高限额是针对保险合约承保的特定损失赔偿所设定的限额。因此，如果一项保险合约的最高限额被限定为 100 万美元，那么这意味着保险公司将为一种疾病的治疗支付不超过该数量的金额。

11.6.2 免赔额

免赔额是在得到来自保险方的任何赔付之前，被保险方必须使用自身资源支付的金额。因此，如果你的汽车保险合约拥有针对由交通事故引起的损失的 1 000 美元免赔额，那么你必须支付第一笔 1 000 美元的修理成本，同时保险方将仅支付超过 1 000 美元部分的金额。

免赔额创设了被保险方控制其损失的激励。不得不从自己口袋里支付第一笔 500 美元修理成本的汽车保险合约拥有者倾向于比拥有无免赔额合约的驾驶者更谨慎地驾驶。然而，一旦损失超过了免赔额，控制损失的激励将会消失。

11.6.3 自付金额

自付金额的特征意味着被保险方必须承担一部分损失。例如，一项保险合约可能规定自付金额为损失的 20%，同时保险公司支付另外的 80%。

自付金额类似于免赔额，这在于保险方最终需要支付部分损失。两者的区别是计算被保险方支付部分的方式，以及由它们创造的被保险方控制损失的激励机制。

我们采用一项承保范围为挂号的健康保险合约作为例证。在存在自付金额特征的条件下，病人必须为每次挂号支付部分费用。如果这项合约拥有 1 000 美元的免赔额，而不是自付金额，那么病人将支付所有挂号的全部费用，直至 1 000 美元的免赔额完全用尽，同时不再为额外挂号进行任何支付。因此，一旦 1 000 美元的免赔额被用尽，扣除性特征将不再创造病人放弃额外挂号的任何激励；而自付金额的特征则创造这种激励。保险合约可以既包括免赔额，也包括自付金额。

11.7 金融性担保

金融性担保（financial guarantees）是防护**信用风险**（credit risk）的保险，信用风险是你已经与之签订合约的另一方将违约的风险。贷款担保是一项合约，它要求担保者在借款者无法偿还贷款的时候，实施针对一笔贷款的承诺支付。贷款担保在经济中是常见的，同时在为交易提供便利的过程中扮演着至关重要的角色。

例如，考察信用卡，它在当今世界里已经变成消费者的主要支付手段。银行以及其他信用卡的发行者向商家保证将支持所有使用其信用卡进行消费的顾客购买行为。因此，信用卡的发行者为商户提供了防护信用风险的保险。

银行和保险公司会提供针对一系列广泛的金融工具的担保，这些金融工具包括信用卡、利率和货币互换等，政府偶尔也提供这种担保。母公司照例为子公司的负债提供担保。政府为房屋按揭贷款、农业及学生贷款、小型企业贷款、大型企业贷款以及其他政府的贷款提供担保。政府有时候还担当最后贷款人的角色，为银行和退休基金等私人部门的组织做出的承诺提供担保。但是在政府组织的资信受到质疑的情形中，私人部门的组织被要求为政府的负债提供担保。

11.8　利率的最高限价与最低限价

利率风险取决于人的视角——你是一位借款者还是一位贷款者。例如，假设你在银行的货币市场账户中拥有 5 000 美元储蓄存款。为了反映当前的市场状况，你在银行的货币市场账户中所赚取的利率以日为基础进行调整。从你作为一位储蓄者的角度（一位贷款者）来看，利率风险是利率将下降的风险。对你而言，一项针对利率的保险合约应当采取**利率的最低限价**（interest-rate floor）的形式，这意味着对最低利率的担保。

但是，假定你是一位借款者。例如，假设你刚购买了一幢房屋，同时从一家银行得到了一笔 10 万美元的利率可调整抵押贷款。假定你支付的抵押贷款利率与 1 年期美国国库券利率绑定，那么从你的角度而言，利率风险则是利率将上升的风险。对你而言，利率保险合约将采取**利率的最高限价**（interest-rate cap）形式，这意味着对最高利率的担保。

在 20 世纪八九十年代，美国发放的大部分利率可调整抵押贷款都包含利率的最高限价。通常这种限价采用最大数额的形式，最大数额是任意为期一年的期间里抵押利率可以上升的数额。因此，在抵押贷款的存续期间，也可能存在一项从整体角度而言的利率的最高限价。

11.9　作为保险的期权

期权（option）是保险合约的另外一种普遍存在的类型，它是在未来以固定价格购买或出售某些物品的权利。就像我们之前在航空公司机票的例证中所看到的那样，购买一项降低风险的期权是针对损失的保险。期权合约和远期合约有所区别，远期合约是在未来按照固定价格买卖某物的义务。

所有给予合约一方按照预先约定的执行价格买卖某物权利的合约都是一项期权。这里存在和所买卖物品同样多的不同期权合约类型：商品期权、股票期权、利率期权、汇率期权等。某些类型的期权合约拥有标准化的条款，而且在诸如美国的芝加哥期权交易所以及日本的大阪期权与期货交易所等组织严密的交易所中进行交易。

这里有一系列与期权合约相关的特定术语：

● 按照固定价格购买特定物品的期权被称为**买入期权**（call option）；按照固定价格出售特定物品的期权被称为**卖出期权**（put option）。

● 期权合约中约定的固定价格被称为期权的**执行价格**（strike price）或**行权价格**（exercise price）。

● 在其后期权不再被执行的日期被称为期权的**截止日**（expiration date）或**到期日**（maturity date）。

如果一项期权只能在到期日当日被执行，那么它被称为欧式期权。如果一项期权可以在到期日之前的任何时间，包括到期日当日被执行，那么它被称为美式期权。

11.9.1 股票的卖出期权

股票的卖出期权保护来自股票价格下降的损失。例如，考察为 XYZ 公司工作的一位管理者露西的例子。假设她在过去已经得到作为薪酬的 XYZ 公司股票，而且现在拥有 1 000 股该公司股票，XYZ 公司股票的当前价格为每股 100 美元。我们考察她怎样通过购买 XYZ 公司股票的卖出期权来为与 XYZ 公司股票相关的风险提供保险。

XYZ 公司股票的卖出期权给予她按照固定价格出售 XYZ 公司股票的权利，因此，保证了她在期权的到期日至少得到行权价格。例如，她可以按照每股 100 美元的行权价格购买 XYZ 公司股票的卖出期权，这项卖出期权将于 1 年后到期。比如说，行权价格为 100 美元的 1 年期 XYZ 公司每股股票的欧式卖出期权当前价格为 10 美元，于是为了在该年里为她的 1 000 股 XYZ 公司股票（当前价值为 10 万美元）提供保险，她必须支付的保险费为 1 万美元。

在许多方面，购买针对股票资产组合的卖出期权类似于购买针对诸如汽车和房屋等资产的定期保险。例如，假设除了 XYZ 公司的股票之外，露西还拥有一套单元公寓，这套单元公寓的市场价值为 10 万美元。虽然露西无法购买针对该单元公寓的卖出期权以避免其市场价值下降，但是她可以购买防护特定损失的保险。假设她以 500 美元购买了最高限额为 10 万美元的 1 年期火灾保险合约。

表 11-2 概括了卖出期权与定期保险合约之间的类似性。定期保险合约在 1 年内为露西提供了针对来自火灾的公寓价值损失的保护。卖出期权在一年内为露西提供了针对来自市场价值下降的 XYZ 公司股票价值损失的保护。

表 11-2	定期保险合约与卖出期权的类似性	
	定期保险合约	卖出期权
被保险的资产	单元公寓	1 000 股 XYZ 公司股票
资产当前价值	10 万美元	10 万美元
合约期限	1 年	1 年
保险费	500 美元	1 万美元

专栏 11.1

信用违约互换

当考虑与投资相关的风险时，考察人们能够从一项拙劣的投资中收回多少是重要的。在信用违约互换市场中，投资者可以购买针对一系列大量投资类型的保险。特别地，如果借款者无法偿还尚欠贷款者的债务，那么投资者可能会得到收益。然而，更大的问题是与违约企业中剩余多少价值相关的风险。回收风险被最简单地解释为类似于一个人在某事件发生后，比如说一辆汽车被撞后，剩余的价值部分——已毁坏汽车的价值——在损坏前原始价值中所占的比重。

信用违约互换市场中的许多交易均假定特定的回收比率与即将破产的企业存在关联。也就是说，对于所欠每一美元而言，贷款者可能预期一般会从破产企业中得到 40 美分。虽然这项收益率是市场平均值，但是它不能应用于破产时其债券以较低价格在市场上进行交易的个别企业，因为这些债券将会按照较低的市场价格被回购。

设想个别企业可能拥有自身独有的回收风险，就像毁坏的汽车可能按照不同价格出售一样（例如，汽车起初可能价值不同的金额，却蒙受同样金额的损失）。这一事实导致回收锁定的发展。回收锁定保证了针对某种投资的指定回收数量。总体说来，无论债券在市场中交易的价格是多少，投资者都可以在知道如果企业破产将回购预定金额债券的条件下购买债券。实际上，回收比率成为信用违约互换市场的构成部分。

国际掉期与衍生工具协会（International Swaps and Derivatives Association）已经发布了针对风险锁定的标准化商业合约的事实表明，在短期内，投资者思考回收风险的方式会发生剧烈变化。

资料来源：改编自 "Why Retrieving Value is Not Always the Same after a Crash," *Financial Times*，June 8，2006。

露西可以通过拥有一笔免赔额降低火灾保险的成本。例如，如果露西的火灾保险合约拥有 5 000 美元的免赔额，那么她不得不支付任何损失的第一笔 5 000 美元，同时保险公司仅赔付她超过 5 000 美元的损失。与之类似，露西可以通过选择拥有更低行权价格的卖出期权来降低 XYZ 公司股票的保险成本。如果当前股票价格为 100 美元，同时露西购买了行权价格为 95 美元的卖出期权，那么她必须承担任何源自股票价格下降的损失中每股 5 美元的第一笔损失。通过选择拥有更低行权价格的卖出期权，露西增加了免赔额，同时降低了保险成本。

快速测查 11-4

假设露西需要一项针对其 1 000 股 XYZ 公司股票的市场价值保险，该保险拥有每股 10 美元的免赔额以及 20% 的自付金额。她怎样运用 XYZ 公司股票的卖出期权实现这一目标？

11.9.2　债券的卖出期权

就像我们在第 8 章中看到的那样，甚至在债券不存在违约风险的时候，作为利率变动的结果，债券价格也可能大幅波动。当债券遭受违约风险时，由于无风险利率水平的变化，或者由于债券持有者来自违约的可能损失，债券价格将发生变化。因此，债券的卖出期权提供了防护来自任意一种风险来源的损失的保险。

考察由 Risky Realty 公司发行的 20 年期零息虚拟债券。该债券由虚拟的公司资产提供抵押，这些资产由美国东北部不同城市的公寓楼构成。该公司没有其他债务。债券的面值为 1 000 万美元，同时该公司所持有的房地产价值当前为 1 500 万美元。

该债券的市场价值既反映了无风险利率的当前水平，比如说 6％，又反映了为该债券提供抵押的房地产的市场价值。假设该债券的到期收益率为每年 15％，于是该债券的当前市场价格为 611 003 美元。[1]

假设你购买了针对该债券的行权价格为 60 万美元的 1 年期卖出期权。由于无风险利率的水平在该年内上升（比如说从 6％到 8％），或者由于为该债券提供抵押的公寓楼的价值下降（比如说从 1 500 万美元到 800 万美元），债券价格下降，那么卖出期权将保证你得到 60 万美元的最低价格。

11.10　分散化原理

分散化意味着将一项投资在众多的风险资产之间进行分割，而不是将其集中于单个的风险资产。它的含义可以通过类似的谚语得到解释："不要把全部鸡蛋放在同一个篮子里。"**分散化原理**（diversification principle）说明了通过在风险资产间进行分散化，人们有时可以在预期收益率不降低的条件下实现整体风险暴露程度的降低。

11.10.1　无关风险条件下的分散化

为了阐明资产组合的分散化怎样降低整体风险暴露程度，让我们考虑一个例证，在这个例证中风险互不相关。[2] 你正考虑在生物技术行业中投资 10 万美元，因为你相信新转基因药物的发明将在接下来的数年里具备巨大的盈利潜力。对于你所投资的每种药物而言，成功意味着将使你的投资价值增至原来的 4 倍，而失败则意味着全部投资资金的丧失。因此，如果你将 10 万美元投资于单种药物，那么最终你或者将获得 40 万美元，或者将一无所获。

---

[1]　1 000 万美元/1.15^{20}＝611 003 美元。
[2]　相关性的精确统计性含义和衡量标准将在本章的附录中讨论。

　　假设对每一种药物而言，存在 0.5 的成功可能性以及 0.5 的失败可能性。表 11-3 显示了单种药物收益率的概率分布。

表 11-3　　　　　　　　　　　单种药物收益率的概率分布

结果	概率（P_i）	收益（X_i）	收益率（r_i）
药物没有成功	0.5	0 美元	-100%
药物成功	0.5	40 万美元	300%

说明：开发一种药物的成本是 10 万美元。收益率是收益减去成本的差额除以成本。

　　如果你通过在两种药物的每一种里投资 5 万美元实施分散化，那么仍然存在最终得到 40 万美元（如果两种药物都成功）或者一无所获（如果两种药物均失败）的可能性。

　　然而，这里也存在一种药物成功，而另一种药物失败的中间可能。在那种情形里，你将最终得到 20 万美元（4 乘以来自成功药物的 5 万美元投资以及来自失败药物的 0 美元）。

　　因此，这里存在四种可能的结果以及三种可能的收益：

（1）两种药物都成功，你得到 40 万美元。

（2）药物 1 成功而药物 2 失败，你得到 20 万美元。

（3）药物 2 成功而药物 1 失败，你得到 20 万美元。

（4）两种药物都失败，你一无所获。

　　于是，通过分散化以及持有一个两种药物的组合，你将损失全部投资的可能性降至仅为不存在分散化时的 1/2。另外，最终获得 40 万美元的可能性已经从 0.5 降至 0.25。其他两种可能结果导致你得到 20 万美元。这一事件发生的可能性为 0.5（由 $2\times0.5\times0.5$ 计算得出）。表 11-4 总结了如果在两种药物中分散你的投资，那么你将面对的收益率的概率分布。

表 11-4　　　　　　　　　　　运用两种药物的分散化

结果	概率（P_i）	收益（X_i）	收益率（r_i）
没有药物成功	0.25	0	-100%
一种药物成功	0.50	20 万美元	100%
两种药物都成功	0.25	40 万美元	300%

　　现在我们从预期收益和标准差的角度考察这种收益的概率分布。预期收益的计算公式为：

$$E(X) = \sum_{i=1}^{n} P_i X_i$$

　　将预期收益的计算公式应用于单种药物的情形，我们得到：

　　　　$E(X) = 0.5 \times 0$ 美元 $+ 0.5 \times 400\ 000$ 美元 $= 200\ 000$ 美元

标准差的计算公式为：

$$\sigma = \sqrt{0.5 \times (0\ 美元 - 200\ 000\ 美元)^2 + 0.5 \times (400\ 000\ 美元 - 200\ 000\ 美元)^2}$$
$$= 200\ 000\ 美元$$

对于两种互不相关药物组合的情形而言，我们得到：

$$E(X) = 0.25 \times 0\ 美元 + 0.5 \times 200\ 000\ 美元 + 0.25 \times 400\ 000\ 美元$$
$$= 200\ 000\ 美元$$

$$\sigma = \sqrt{\begin{array}{l} 0.25 \times (0\ 美元 - 200\ 000\ 美元)^2 + 0.5 \times (200\ 000\ 美元 - 200\ 000\ 美元)^2 \\ + 0.25 \times (400\ 000\ 美元 - 200\ 000\ 美元)^2 \end{array}}$$

$$= \frac{200\ 000\ 美元}{\sqrt{2}}$$

$$= 141\ 421\ 美元$$

因此，当我们在两种互不相关的药物之间实施分散化的时候，预期收益保持在 20 万美元，但是标准差以一项 $1/\sqrt{2}$ 的因子从 20 万美元降至 141 421 美元。收益率的标准差从 200% 降至 141.4%。

现在考察随着组合中的药物数量进一步增加（在每一种药物的成功和其他药物的成功互不相关的假设下）[1]，预期收益和标准差将会发生什么变化。预期收益保持相同，但是标准差按照药物数量的平方根成比例地下降：

$$\sigma_{资产组合} = 200\ 000\ 美元 / \sqrt{N}$$

快速测查 11-5

为了使标准差是 100 美元，在该资产组合里不得不存在多少种互不相关的药物？

11.10.2　不可分散风险

在前述部分的分散化例证中，我们假设风险互不相关。但是在实践中，许多重要的风险确实相互关联。[2] 这是因为它们受到常见的潜在经济因素的影响。

例如，购买股票的投资者的收益率都与经济健康状况相关。经济不景气将倾向于对几乎所有企业产生不利影响，从而导致几乎全部股票的股东收益率不如人意。结果是，人们通过购买许多不同股票降低股票市场风险暴露的能力受到限制。

假设你投资于一个随机选择的股票组合，这些股票在纽约证券交易所、美国证券交易所或纳斯达克市场上进行交易。一个投资组合的超额标准差被定义为该投资

---

[1]　在单一药物的情形下，资产组合收益率的概率分布是二项分布。随着该组合中的药物数量逐步增加，这种概率分布近似于正态分布。

[2]　相关性的精确统计性含义将在本章的附录中讨论。

组合收益率的标准差与产生于同等权重指数的标准差之间的差额。

　　图 11-3 说明了增加所选股票数量的影响。在纵轴上我们标出样本期间的超额标准差（即超额风险），这些样本期间为 1963—1973 年（实线）、1974—1985 年（下面的虚线）以及 1986—1997 年（上面的虚线）。该图形说明了 1974—1985 年，相对于投资由所有可得国内证券构成的同等权重指数而言，投资于单只随机选择的证券可能产生 35 个百分点的超额标准差。到随机选择的组合包括 20 只股票的时候，这项超额风险已经降至大约 5 个百分点的极恰当水平。然而，1986—1997 年，超额收益率的水平已经向上移动，同时相对于投资同等权重指数而言，投资于随机选择的单只证券可能产生 60 个百分点的超额标准差。更进一步地，为了将超额风险降低至 5 个百分点的水平，需要 50 种随机选择股票以实施更大范围的分散化。

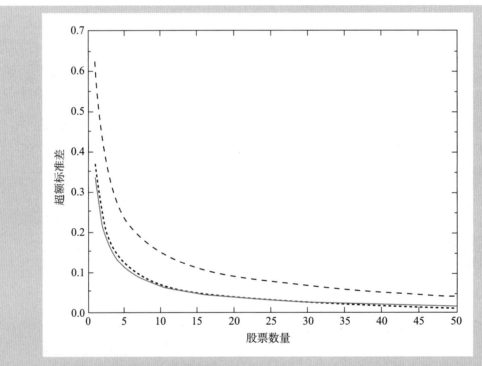

图 11-3　按照时间和股票数量计算的超额标准差

资料来源：Figure 6, page 26, in "Have Individual Stocks Become More Volatile? An Empirical Exploration of Idiosyncratic Risk," John Y. Campbell, Martin Lettau, Burton G. Malkiel, and Yexiao Xu, *Journal of Finance*, Vol. 56, No. 1, February 2001. Used by permission (Blackwell Publishing).

　　可以通过增加更多股票消除的投资组合波动性部分被称为**可分散风险**（diversifiable risk），同时无论加入多少种股票均保持不变的波动性部分被称为**不可分散风险**（nondiversifiable risk）。

　　什么可以解释不可分散风险？

　　股票价格因众多因素波动。某些因素对很多股票都是常见的，而另一些与单家企业或最多一小批企业相关。股票价格对随机事件做出反应，这些随机事件影响该企业的当前利润和预期未来利润。如果影响众多企业的事件出现，例如总体经济状况意外反转，那么许多股票将会受影响。来源于这类事件的损失风险有时被称为市场风险。

另外，仅影响一家企业前景的随机事件，例如诉讼、罢工或新产品失败等，将引起股票之间互不相关的随机损失，因此可以被完全分散。源自这类事件的损失风险被称为与特定企业相关的风险。

这些有关可分散风险和不可分散风险的概念可以被应用于国际范围的分散化。通过对位于不同国家的企业的股票进行组合来降低股票组合的风险是可能的，但是存在针对这种风险降低的限制。这里仍然存在对几乎所有企业产生影响的共同因素，无论这些企业位于世界何地。因此，虽然国际范围的分散化可以提升全世界人们降低风险的愿景，但即使对于最优分散化的全球性股票组合而言，显著数量的风险依然存在。

快速测查 11-6

假设你投资于一家为个人计算机生产软件的企业，某些影响投资收益率的与特定企业相关的风险是什么？

11

11.11 分散化与保险成本

为风险的分散化组合提供损失保险的成本几乎总是小于分别为每项风险提供保险的成本。为了理解因何如此，我们回到 11.10.1 节的生物技术行业的例证。你正在药物股票中投资 10 万美元，每种药物的成败与其他药物的成败相互独立。

我们假设你已经决定在两种药物股票的每一种里投资 5 万美元，并且因此面临表 11-4 中的概率分布。对于每一种独立的药物股票而言，存在 0.5 的可能性你会损失在该药物上的 100% 投资。但是对于投资组合而言，存在 0.25 的可能性你会损失 100% 的 10 万美元投资。

如果你为每一项 5 万美元股票投资的损失提供保险，这将比为 10 万美元两种股票投资组合的风险提供保险花费得更多。为了考察这种情形，假设保险成本等于保险公司将向你支付的预期金额。针对投资组合的保险合约的成本将是损失的概率乘以损失的规模：

0.25×100 000 美元＝25 000 美元

分别为两项独立投资的每一项提供保险的成本将是两种股票都遭受损失的概率（0.25）乘以 10 万美元加上仅有一种股票遭受损失的概率（0.5）乘以 5 万美元之和：

$$0.25 \times 100\ 000\ 美元 + 0.5 \times 50\ 000\ 美元 = 50\ 000\ 美元$$

于是，分别为每种股票提供保险的成本是为两种股票的投资组合提供保险成本的 2 倍。为了避免财富损失，你不需要对每一种股票分别投保。如果两种药物只有一种失败，那么得自成功药物的利润在抵销得自失败药物的损失后还有富余，从而你的总财富将是 20 万美元。你只需要为两种药物都失败的风险提供保险（参阅专栏 11.2）。这个例证提出了下述一般论点：

规模给定的投资组合的风险越分散化，为该组合的总价值损失提供保险就花费得越少。

快速测查 11-7

如果一个股票组合由每一种投资 25 000 美元的四种药物股票构成，每种股票成功的可能性都是 0.5，而且它们相互独立，那么应当花费多少为该投资组合提供保险？

专栏 11.2

综合性风险管理的优势

保险行业及其公司客户推进风险管理的方式正在发生巨大的变化。这种新趋势被称为综合性风险管理，同时它的目标是降低管理一家企业所面对的全部风险总量的成本。

在过去，公司倾向于对风险管理进行分隔：货币、利率和信用风险由国库券管理，安全问题由人力资源驾驭，环境责任与资产保护由生产工艺管控，财产/伤亡的风险暴露则由风险管理控制。现在，一些企业正在将这些不同的风险暴露综合在一起，同时以超过应当接受的水平为损失总和购买保险。

例如，一家钢铁制造企业从一家保险公司那里购买了工人薪酬与非工伤组合型保险合约，同时估计这项合约大约比它之前分别为两种保险合约支付的金额便宜 1/3。作为另外一个例证，美国国际集团（AIG）已经向霍尼韦尔公司（Honeywell）出售了包括保护汇率风险和承保财产及负债在内的多风险保险合约。霍尼韦尔公司获得了一项免赔额，这项免赔额略微超过它的预期总体组合损失。

小　结

● 对冲风险暴露的市场机制是远期合约、期货合约、互换以及针对负债配比资产。

● 远期合约是一项按照约定价格在特定未来交割日交割指定资产的义务。期货合约是在交易所进行交易的标准化合约。

● 互换合约由两个交易方构成，他们在一个特定时期内交换（或者"互换"）位于特定区间的现金流。一项互换合约可以要求交换任何东西。

然而，在当前的实践中，许多互换合约涉及商品、货币或者证券的交换。

● 保险公司等金融中介经常通过针对负债配比资产对冲其对客户的负债。这样做是为了降低缺口风险。

● 当存在多于一种对冲给定风险暴露的方式时，所选取的机制应当是使实现期望风险降低的成本最小化的机制。

● 投保和对冲之间存在一项根本性区别。当对冲时，你通过放弃获利的潜在可能性消除损失的风险。当投保时，你为消除损失的风险，同时保留获利的潜在可能性支付了一笔保险费。

● 股票的卖出期权为来自股票价格下降的损失提供保险。

● 金融性担保充当为信用风险提供保险的角色。利率的最高限价以及最低限价分别为借款者和贷款者提供了针对利率风险的保险。债券的卖出期权为债券持有者提供了针对利率风险和违约风险的保险。

● 规模给定的投资组合的风险越分散化，为该组合的总价值损失提供保险就花费得越少。

关键术语

远期合约	远期价格	即期价格	面值
多头	空头	期货合约	互换合约
对手方	除外责任	最高限额	免赔额
自付金额	金融性担保	信用风险	利率的最低限价
利率的最高限价	期权	买入期权	卖出期权
执行价格	行权价格	截止日	到期日
分散化原理	可分散风险	不可分散风险	相关性

问题与疑难

使用远期合约和期货合约对冲风险

1. 假设你拥有一片橘林，收获期在两个月之后，但是你关注价格风险。你希望保证无论到时的即期价格是多少，两个月后你都将获得每磅 1 美元的价格。你计划出售 25 万磅。

a. 如果交割日的即期价格分别为每磅 0.75 美元、每磅 1.00 美元、每磅 1.25 美元，说明远期市场中空头交易的经济学原理。

b. 如果你没有签订对冲合约，而且每种情况是同等可能的，对你而言将会发生什么？

c. 在对冲就绪后，你的所得变化了多少？

2. 假设在 6 个月的时间里，1 升燃料油的成本将是 0.90 美元或 1.10 美元。当前价格为每升 1.00 美元。

a. 手头拥有大量存货的燃料油转售者所面临的风险是什么？拥有极少存货的燃料油大规模使用者所面临的风险是什么？

b. 双方怎样利用燃料油期货市场降低他们的风险，同时将价格锁定在每升 1.00 美元上？假设每份合约的数量是 5 万升，同时他们每人需要对冲 10 万升。

c. 你可以说每一方的境况都会变得更好吗？为什么？

3. 假设你是密歇根州一个大型市的财务管理人员，正在进行牛肉期货投资。你购买了 40 万磅牛肉的期货合约，它的行权价格为每磅 0.6 美元，同时有效期限为一个月。

a. 如果交割日的牛肉价格分别为每磅 0.40 美

元、0.60 美元、0.80 美元，说明期货交易的经济学原理。

b. 这是一项降低风险的交易吗？

c. 如果这位财务管理人员投资于原油期货，你对 b 问题的回答是否不同？如果投资于利率期货呢？

4. 你的表兄弟是一位养猪的农民，同时他投资于冷冻猪腩的期货和期权合约。他告诉你，他认为冷冻猪腩的价格正在上涨，你决定以每磅 0.5 美元的行权价格购买冷冻猪腩的买入期权。也就是说，如果冷冻猪腩的价格上升，你可以执行该期权，购买冷冻猪腩，并且按照更高的即期价格将其售出。假设 4 万磅冷冻猪腩的期权价格是 1 000 美元，同时你针对 20 万磅冷冻猪腩以 5 000 美元购买了五份期权合约。

a. 对你而言，这是一项降低风险的交易，还是一项投机性交易？

b. 以美元和百分比的形式表示的不利风险是什么？

c. 如果每磅冷冻猪腩的价格升至 0.55 美元，在为期权进行支付后，你的净所得是多少？

5. 假设你预期第四个孩子将于 6 个月内出生，并且你需要一辆更大的汽车。你看上了一辆使用了 3 年的二手汽车，它当前大约价值 1 万美元。你正关注 6 个月内这辆特定汽车的定价和可得性。但是，从现在开始 6 个月内你没有足够的金钱来购买那辆汽车。

a. 你怎样在报纸上刊登广告，征集拥有能消除风险的对手方的远期合约？

b. 谁愿意在你的远期合约中处于空头地位（谁是最可能的对手方）？

6. 假设 Yankee 储蓄银行针对 6 个月期银行定期存单向其储蓄者支付比 6 个月期国库券利率高 25 个基点（0.25％）的利率。因为它的资产是固定利率的长期抵押贷款，所以 Yankee 储蓄银行宁愿选择按照 10 年期固定利率借入资金。如果它自己借款，那么将不得不支付每年 12％ 的利率。另外，假设 Global Products 公司拥有海外固定利率信贷的良好通道。它可以在 10 年内按照 11％ 的固定利率借入资金，然而，它宁愿选择按照浮动利率借入资金。如果这样做，它不得不支付超过 6 个月期国库券利率 50 个基点的利率。说明两家公司怎样通过利率互换改善它们的境况。

运用互换合约对冲汇率风险

7. 假设你是 Photo Processing 公司的财务主管。公司销售额的大约 50％ 在美国（总部），与此同时，40％ 在日本，而 10％ 在世界其余地方。你正在关注未来 5 年内日本的销售额的美元价值。日本的销售额在未来 5 年内可望为每年 27 亿日元。当前美元兑日元的汇率为 1 美元兑 90 日元，同时如果在整个 5 年期间该汇率都保持如此，你将为此感到高兴。

a. 你怎样使用互换合约来消除美元兑日元的贬值风险？

b. 互换合约的年名义金额是多少？

c. 谁可能处于这项互换合约的对手方（谁是符合逻辑的对手方）？

8. 假设你是一位居住在美国的咨询师，并且已经被一家法国公司雇用来从事一项需要 18 个月完成的市场研究。公司正计划每月向你支付 2 万欧元。当前汇率为 1 欧元兑 0.92 美元。你担心欧元兑美元表现坚挺，因此你将每月得到较少的美元。这家法国公司不希望每月必须拿出美元向你支付，而且不愿意接受 1 欧元兑 0.92 美元的固定汇率。

a. 你怎样使用互换合约和一家金融中介消除风险？

b. 假设在第 6 个月，欧元的即期价格为 1 欧元兑 0.90 美元。在不存在互换合约的条件下，你的以美元表示的现金收入是多少？在存在互换合约的条件下，它们是多少？

c. 假设在第 10 个月，欧元的即期价格为 1 欧元兑 0.95 美元。在不存在互换合约的条件下，你的以美元表示的现金收入是多少？在存在互换合约的条件下，它们是多少？

9. 假设你是 SofeCola 公司风险管理部门的一

位新员工，SofeCola 公司是一家跨国公司。近来你被安排负责管理 SofeCola 公司面临的欧元兑美元的汇率风险。考察 SofeCola 公司在法国和美国的运营状况。

a. 假设在法国的 SofeCola 公司的月收入平均为 2 000 万欧元，同时每月的生产及分销成本平均为 1 500 万欧元。如果因此而得到的利润每月返还给在美国的生产部门，那么该生产部门面临的风险是什么？它可能怎样对冲这项风险？

b. SofeCola 公司的全球退休福利部门位于美国，而且有责任每月付给退休的法国雇员 500 万美元。该部门面临的风险是什么，同时它怎样对冲这种风险？

c. 就像前面给出的那样，给定生产部门和退休福利部门的交易，你认为 SofeCola 公司整体在法国面临的汇率风险是什么？SofeCola 公司是否需要签订远期合约？

通过针对负债配比资产对冲缺口风险

10. 在 Montgomery 信托银行中，大部分负债是客户储蓄，这些客户储蓄赚取与 3 个月期国库券利率绑定的可变利率。另外，它的大部分资产是固定利率贷款和固定利率抵押贷款。Montgomery 信托银行不希望停止出售固定利率贷款和固定利率抵押贷款，但是它担心利率上涨，这将削减它的利润。在不出售这些贷款的条件下，Montgomery 信托银行怎样开发一项对冲合约来规避利率风险？假设 Montgomery 信托银行的风险暴露是平均固定利率 9% 水平上的 1 亿美元，与此同时，支付国库券的利率加上 75 个基点。

11. 联邦存款保险公司创办于 1933 年，部分为了保护小额投资者，部分为了维护金融体系。通过为成千上万个人的储蓄提供保险，政府已经增加了公众对银行体系的信任程度，同时降低了银行和储蓄机构的投机挤兑风险。由联邦存款保险公司承保的银行与储蓄和贷款协会的会员会向联邦存款保险公司支付一笔保险费。你在联邦存款保险公司工作，同时你的职责是评价联邦存款保险公司承保的机构。考察储蓄和贷款协会的一

个会员 Mismatch 公司的资产和负债。Mismatch 公司拥有支票、货币市场储蓄和短期储蓄等形式的 1 亿美元负债，它为这些负债支付当前市场利率。Mismatch 公司的资产采取按照固定利率发放的长期客户抵押贷款以及其他商业贷款的形式。

a. 你推断 Mismatch 公司面临的风险是什么？

b. 为了降低或消除它的风险，你推荐 Mismatch 公司可以采取的步骤是什么？你的雇主要求你进一步考虑银行：它们得到保险的负债主要采取具有流动性的支票和储蓄账户的形式，而资产倾向于是企业的更透明且更具有流动性的贷款。银行业务所涉及的一项风险是借款者的违约风险。作为金融中介的银行可以通过向不同借款者发放贷款分散这种风险。然而，银行无法完全消除违约风险，而且在不存在储蓄保险的条件下，这种风险将由银行的客户——储蓄者——承担。

c. 为了偿付它的负债，银行持有的无风险流动性资产是什么？如果银行实际上已经持有这些资产，我们是否还需要储蓄保险？

d. 银行怎样获取资金来发放贷款？在这种情形下，谁承担违约风险？是否需要政府保险来消除违约风险？

投保与对冲

12. 指出下述做法是否为通过投保及对冲避免损失的方法：

● 为用于度假的房屋锁定 979.00 美元的费用。

● 购买针对你确实拥有的股票的卖出期权。

● 同意在一年内按照 20 万美元的固定价格购买一幢房屋。

● 在存在 3 年内购买该汽车的选择权的条件下租赁一辆汽车。

● 签订一项互换合约，用浮动利率支付交换固定利率支付，因为你拥有浮动利率资产。

● 作为一位小麦种植者，签订一项远期合约，在两个月内按照现在设定的固定价格出售小麦。

● 为灾难性健康保险支付保险费。

● 为一项针对你正担心收回的贷款的信用担

保进行支付。

金融性担保

13. 假设你是一位本地的干洗店经营者。历史上，你曾接受现金和支票作为所提供服务的支付。然而，近年来，你发现在"空头支票"上损失了大量金钱。在不转向"只收现金"政策的条件下，你怎样获得防护信用风险的保险？你怎样为这种保险进行支付？

14. 假设洪水在国家的中西部泛滥，而且许多农民损失了全部农作物。假设政府制订了一项洪水救济计划，这项计划对不拥有私人保险的农民进行赔偿。这是一项保险计划吗？谁为这种计划进行支付？

利率的最高限价与最低限价

15. 假设你刚签订了一项新房屋的买卖协议，同时有 6 个星期来获取抵押贷款。利率正在下降，从而现在固定利率贷款更有吸引力。你可以在 30 年内锁定 7% 的固定利率（APR）。另外，利率正在下降，于是你考虑一笔 30 年期可变利率贷款，该贷款的利率当前为 4.5%，同时绑定于 6 个月期国库券利率。最后一项抵押贷款选择权是一笔可变利率贷款，该利率开始于 5%，同时不能降至 3% 以下，但是可以每年最多上升 2% 直至 11% 的最大值。

a. 如果希望对冲针对利率的全部风险暴露，你将选择哪一项财务规划？

b. 一笔 10 万美元的 30 年期固定利率抵押贷款的月供是多少？

c. 如果你接受一笔固定利率的抵押贷款，假使利率上升到 10%，月供将发生什么变化？

16. 参考上述问题（问题 15）的信息。

a. 如果你希望获得利率可能下降的好处，但是并不假定利率剧烈上升，你将选择哪一项财务规划？

b. 本例中的最高限价是多少？

c. 本例中的最低限价是多少？

d. 利率的最高限价怎样类似于购买保险？你怎样为这种保险进行支付？

作为保险的期权

17. 假设你拥有一片橘林，收获期在两个月之后，但是你现在关注价格风险。你希望保证无论到时的即期价格是多少，两个月后你都将获得每磅 1 美元的价格。你计划出售 25 万磅。现在假设你没有在期货市场中处于空头地位，而是购买了保证每磅 1 美元最低价格的保险（针对 25 万磅的卖出期权形式）。假定这项期权花费你 2.5 万美元。

a. 如果交割日的即期价格分别为每磅 0.75 美元、1.00 美元、1.25 美元，说明这一交易的经济学原理。

b. 你获利的可能性在对冲交易和保险交易之间存在怎样的差异？

18. 假设你拥有一家从事进出口业务的小型公司，你已经订购了一些正在中国缝制的玩具服装。这家中国公司需要完成这项工作的预付资金，因为考虑到信用风险，它对你的公司感到不安。你应该怎样着手购买使这家中国公司对它将获得所欠资金感到满意的保险？你能否无成本地获得这一保险？你可能怎样对该保险进行支付？

19. 假设你对明年夏天去非洲的肯尼亚进行狩猎旅行感兴趣，但是担心狩猎旅行的价格。在过去 5 年内，该价格范围为 2 500～3 500 美元，当前价格是 3 000 美元。假设你希望获得可能的更低价格。

a. 你怎样消除价格上涨的风险，而且仍然保有得自较低价格的可能获利？

b. 你可能怎样为这项选择权进行支付？

20. 假设你拥有当前正在以 65 美元交易的股票。你已经以 60 美元购买了它。你希望在出售该股票之前再等一段时间，因为你认为存在价格进一步上升的较大可能性。

a. 你怎样构建一项保证你能以 65 美元出售股票的交易，即使交易价格下跌至低于该价格，比如说 60 美元或 55 美元？

b. 如果这项期权花费你 5 美元，同时股票价格在你出售股票时达到 75 美元，你的美元利润是多少？你是否执行该期权？为什么？购买该项期权是不是资金浪费？

c. 如果股票价格降至 57 美元，你的美元利润或损失是多少？

21. 具有挑战性的问题。在 11.10.1 节里的药物例证说明了从一家药物公司向两家药物公司分散投资可以将最终一无所获的可能性从 0.5 降至 0.25。假设存在四家医疗设备公司，它们在开发产品以及获取美国食品和药品管理局对其产品的许可等方面展开竞争。市场预测指出，大量利润将由获得美国食品和药品管理局许可，并且将其产品投入市场的任意公司享有。这家公司的投资者可能以 2 万美元获取 10 万美元。假设每家公司成功的可能性都是 0.5。也就是说，一家公司要么获得美国食品和药品管理局的许可，要么无法获得美国食品和药品管理局的许可。同时，美国食品和药品管理局针对一家公司的决定独立于针对其他公司的决定。

a. 如果你将 25% 的资金投资于每一家公司，那么所有的可能结果及其概率为多少？

b. 每一种结果的净收益是多少？

c. 这一策略的预期净收益率是多少？

d. 最终一无所获的可能性是多少？这一结果怎样与 11.10.1 节的结果进行比较？

e. 赚取超过 2 万美元初始投资的收益的可能性是多少？

f. 将 25% 的资金投资于四家公司的每一家的策略是降低何种风险的尝试？

g. 对于每家公司而言，这个例证中的特定风险是什么？

22. 具有挑战性的问题。假设你是瑞典人，同时正在考虑在美国进行研究生学习。在 4 月，你已经被一家知名学校的两年期硕士学位项目录取。每学期你的学费将是 5 000 美元，同时生活费用达每月 1 000 美元（因此，你估计每年需要 2.2 万美元的总金额）。这家大学已经保证你将可以找到校内工作以支付生活费用。因此，你仅担心学费支付。现在是 7 月。你向瑞典政府申请奖学金，并且刚从它那里得到为期两年的每年 10 万瑞典克朗的奖学金。美元兑瑞典克朗的当前汇率为 1 美元兑 10 瑞典克朗。你显然对赢取这项奖学金感到欣喜若狂。你被告知将在 9 月得到第一年的资金。

a. 你面临的风险是什么？一到银行进行查询，你就发现在 9 月购买美元合约的远期价格为 1 美元兑 10 瑞典克朗。你怎样对冲第一年的汇率风险？

b. 如果在 9 月，美元兑瑞典克朗的市场汇率结果是 1 美元兑 9.5 瑞典克朗，那么你将在远期合约上获利还是受损？这是否意味着因为你的境况变坏，所以你本不该首先签订远期合约？

现在仍然是 7 月。瑞典政府奖学金办公室的代表向你提供了怎样支付奖学金的一系列选择：你可以在即将到来的这个 9 月得到 10 万瑞典克朗，同时在下一个 9 月得到相同数量。或者你可以通过在下一年度里每学期得到 5 000 美元（在 9 月和 2 月）规避汇率风险，同时你拥有在下一个 7 月决定在随后年份希望怎样得到支付的选择权。

此外，你知道下述信息：9 月远期合约的美元价格为 1 美元兑 10 瑞典克朗，同时美元的无风险利率为每年 5%。

c. 你将选择哪一种支付？为什么？

23. 使用来自上述问题（问题 22）的信息：

a. 如果没有选择对冲，你选择为自己规避这种美元价格上涨的风险进行投保，你可能怎样进行投保？在这种情形里，对冲和保险之间的区别是什么？

b. 假设瑞典政府并没有向你承诺第二年的 10 万瑞典克朗大学学费，而是将第二年的奖学金与你第二年的成绩和进步挂钩。通过这样做，瑞典政府希望达到什么目标？

c. 现在是一年后的 7 月，大学学费没有变化。第一年你努力学习并且你的资助计划被同意延续一年。就像去年做的那样，你不得不决定希望怎样得到下一学年的奖学金。在这一年里，9 月合约的远期美元价格为 1 美元兑 10.2 瑞典克朗，同时无风险利率已经上升至每年 7%，你将选择在 9 月得到 10 万瑞典克朗还是每学期得到 5 000 美元？

附 录

相关性与回归性

当两种风险资产混合时，在决定因其而产生的资产组合（即投资组合）标准差的过程中，两种资产收益率的**相关性**（correlation）发挥着重要作用。从直观的角度来看，相关性意味着资产收益率倾向于"一起移动"的程度。

可以通过涉及两种股票的一个例证最恰当地说明两种不同的风险资产收益率之间相关性的显著程度，以及这种相关性在通过分散化降低风险方面的含义。我们的第一种股票是金科公司的股票，它拥有显示在表 11A－1 第（3）列中的收益率。金科公司股票的收益率是顺周期的，也就是说，当经济强劲时该股票表现良好，同时当经济疲软时表现不佳。第二种股票是尼格科尔（Negacorr）公司的股票，它是反周期的：当经济强劲时该股票表现不佳，而当经济疲软时表现良好。表 11A－1 的第（4）列显示了尼格科尔公司股票的收益率。

表 11A－1　　　　　　　　　　　　金科公司股票和尼格科尔公司股票的收益率

经济状况 （1）	概率 （2）	金科公司股票的收益率 （3）	尼格科尔公司股票的收益率 （4）
强劲	1/3	0.385	0.225
正常	1/3	0.140	0.020
疲软	1/3	0.105	0.265

表 11A－2 显示了两种股票的预期收益率和标准差的计算过程。因为经济的每一种状况都是同等可能的，同时因为概率分布是对称的，所以计算过程相当简单。金科公司股票的预期收益率等于经济正常状况下的收益率：每年 0.14。与之相似，尼格科尔公司股票的预期收益率也等于经济正常状况下的收益率：每年 0.02。两种股票的标准差（协方差的平方根）是相同的：0.20。

表 11A－2　　　　　　　　　　　　　　预期收益率和标准差的计算过程

经济状况	金科公司股票			尼格科尔公司股票		
	预期收益率 （r）	预期收益率 的偏离程度	方差	预期收益率 （r）	预期收益率 的偏离程度	方差
强劲	0.385	0.245	0.060 0	-0.225	-0.245	0.060 0
正常	0.140	0.000	0.000 0	0.020	0.000	0.000 0
疲软	-0.105	-0.245	0.060 0	0.265	0.245	0.060 0
预期收益率 $[E(r)]$	(1/3)×(0.385+0.14 -0.105)=0.14			(1/3)×(-0.225+0.02 +0.265)=0.02		
方差（σ^2）	(1/3)×(0.060 0+0 +0.060 0)=0.04			(1/3)×(0.060 0+0 +0.060 0)=0.04		
标准差（σ）	0.20			0.20		

现在考察由 50% 的金科公司股票和 50% 的尼格科尔公司股票构成的权重相同的资产组合。它的预期收益率和标准差是多少？

表 11A-3 向我们做了说明。它假定存在一项总量为 10 万美元的投资，在两种股票的每一种里投资 5 万美元。

表 11A-3　　　　　　　　　　　　完全负相关股票投资组合的收益率

经济状况 (1)	金科公司股票 的收益率 (2)	尼格科尔公司 股票的收益率 (3)	来自 5 万美元金科 公司股票投资 的美元收益 (4)	来自 5 万美元尼格科尔 公司股票投资的 美元收益 (5)	来自 10 万 美元投资组合的 美元收益 (6)=(4)+(5)
强劲	0.385	-0.225	1.385×5 万美元 =69 250 美元	0.775×5 万美元 =38 750 美元	69 250 美元+38 750 美元 =108 000 美元
正常	0.140	0.020	1.14×5 万美元 =57 000 美元	1.02×5 万美元 =51 000 美元	57 000 美元+51 000 美元 =108 000 美元
疲软	-0.105	0.265	0.895×5 万美元 =44 750 美元	1.265×5 万美元 =63 250 美元	44 750 美元+63 250 美元 =108 000 美元
预期收益率 [E(r)]	0.140	0.020			
标准差 (σ)	0.200	0.200			

首先考察与经济强劲对应的那一行。投资于金科公司股票的 5 万美元将增至 69 250 美元（=5 万美元×1.385），同时投资于尼格科尔公司股票的 5 万美元将下降至 38 750 美元。该投资组合将拥有 108 000 美元（=69 250 美元+38 750 美元）的总价值。因此，经济强劲状况下的收益率为 0.08。

现在考察如果经济状况疲软将会发生什么。投资于金科公司股票的 5 万美元将下降至 44 750 美元（=50 000 美元×0.895），同时投资于尼格科尔公司股票的 5 万美元将增至 63 250 美元。你将再一次拥有总价值为 108 000 美元的投资组合。因此，经济疲软状况下的收益率同样是 0.08。

表 11A-3 说明了相同的 0.08 收益率同样出现在正常经济状况中。无论经济状况怎样，该投资组合的收益率都是 0.08。因此，该投资组合收益率的波动性为 0。所有的风险均被消除。

在这一例证中，所有风险都可以被消除的原因是两种证券是完全负相关的，这意味着它们按照相反的方向变动。用来衡量两种收益率之间相关程度的统计指标是相关系数。然而，为了理解相关系数，我们首先定义协方差。

表 11A-4 说明了怎样计算金科公司和尼格科尔公司股票收益率之间的协方差。针对经济的每一种状况，我们计算每种股票的实际收益率对其预期收益率的偏离程度，然后将其相乘得到偏离程度的乘积。在我们的例子中，偏离程度的乘积是负的，因为收益率与经济状况呈反方向变动。如果它们倾向于同方向变动，乘积将会是正的。

表 11A-4　　　　　　　　　　　　协方差与相关系数

经济状况	金科公司股票		尼格科尔公司股票		偏离程度的乘积
	预期收益率	预期收益率的偏离程度	收益率	预期收益率的偏离程度	
强劲	0.385	0.245	-0.225	-0.245	-0.060 0
正常	0.140	0.000	0.020	0.000	0.000 0
疲软	-0.105	-0.245	0.265	0.245	-0.060 0

说明：$\sigma_{1,2}$=协方差=(1/3)×(-0.060 0+0-0.060 0)=-0.04。

　　　$\rho_{1,2}$=相关系数=-0.04/0.04=-1。

协方差是在所有经济状况下的偏离程度乘积的平均值（以概率为权重的加总）。因此，它给出了收益率的平均趋势是按照同方向（正的）变动还是按照反方向（负的）变动的衡量标准，即术语"协方差"。

两种风险资产的收益率之间的协方差计算公式为：

$$\sigma_{1,2} = \sum_{i=1}^{n} P_i \left[r_{1i} - E(r_1) \right] \left[r_{2i} - E(r_2) \right]$$

为了对协方差这一衡量标准进行标准化从而更容易地进行解释，我们用它除以每一种股票的标准差乘积，由此得到的比率被称为相关系数。相关系数用希腊字母 ρ 进行标记。它的计算公式为：

$$\rho_{1,2} = \sigma_{1,2} / \sigma_1 \sigma_2$$

相关系数的范围可以从 +1（完全正相关）到 −1（完全负相关）。如果 $\rho = 0$，两种股票被认为是不相关的。相关性测度收益率之间的线性关系的程度。如果成对的收益率组合正好都沿着一条直线分布，相关系数将是 +1 或 −1，是 +1 还是 −1 取决于该直线是向上倾斜还是向下倾斜。在我们的例子中：

$$\rho_{1,2} = 协方差 / 标准差的乘积$$
$$= -0.04 / 0.04$$
$$= -1$$

快速测查 11 - 8

你被给予下述关于波西科尔（Posicorr）公司股票收益率的假设：

经济状况 (1)	概率 (2)	波西科尔公司的收益率 (3)
强劲	1/3	0.46
正常	1/3	0.16
疲软	1/3	−0.14

计算波西科尔公司和金科公司股票收益率之间的相关系数。

表 11A - 5 的依据是表 2 - 5B 的数据。它采用开始于 1947 年的战后样本，同时重新说明了以超额收益率形式呈现的五类主要资产的年收益率。超额收益率是该类资产收益率超过美国国库券收益率的数额，或是从其他类型资产的收益率中减去国库券水平的年收益率得到的数额。统计结果的总结在表中底部给出。例如，如果该样本用于推导以美元表示的普通股的全球性资产组合的预期年超额收益率的点估计，那么使用计算得出的平均值得到的估计值将是 7.87%。这一点估计将位于给定标准差为 16.92% 的一个相当大的置信区间的中点。

表 11A - 5	1947—2003 年（当年）的超额收益率				
	全球性资产组合（%）		美国市场（%）		
年份	以美元表示的 普通股	以美元表示 的债券	小市值 公司股票	大市值 公司股票	长期国债
1947	−1.55	−8.72	−2.57	4.42	−1.65
1948	2.08	4.18	−7.29	4.31	2.09
1949	16.24	1.08	20.10	17.13	4.92
1950	23.23	1.25	45.60	31.47	−2.17
1951	27.21	−0.94	5.02	21.99	−3.43
1952	12.57	3.18	3.19	17.27	0.29

续表

年份	全球性资产组合（%）		美国市场（%）		
	以美元表示的普通股	以美元表示的债券	小市值公司股票	大市值公司股票	长期国债
1953	3.59	1.86	−7.41	−3.52	2.05
1954	47.34	6.94	62.76	51.69	4.02
1955	21.38	−1.33	22.51	29.88	−2.90
1956	6.20	−6.73	2.73	4.03	−7.54
1957	−9.99	−0.10	−17.56	−14.27	6.33
1958	35.36	−1.87	63.92	42.36	−5.13
1959	22.14	−2.38	18.44	10.13	−6.37
1960	5.13	7.91	−7.67	−2.39	11.20
1961	17.70	−0.18	26.80	25.47	−1.97
1962	−9.92	6.90	−14.00	−11.51	4.09
1963	11.20	−0.39	14.97	19.48	−3.64
1964	7.53	−0.33	15.74	13.15	0.99
1965	6.52	−1.12	35.14	8.53	−4.24
1966	−11.18	0.66	−11.64	−14.96	−1.01
1967	19.60	−7.47	99.17	19.96	−11.56
1968	14.63	−3.19	44.98	5.71	−6.49
1969	−12.80	−8.92	−37.87	−14.92	−13.11
1970	−9.32	3.41	−23.79	−2.28	6.31
1971	14.90	10.70	13.58	9.85	13.15
1972	21.34	4.01	−3.67	15.25	1.66
1973	−21.42	−2.76	−45.14	−21.81	−5.66
1974	−32.09	−3.01	−35.25	−34.48	−2.55
1975	26.02	1.68	53.00	31.44	2.68
1976	11.60	6.07	43.56	16.82	5.91
1977	1.28	11.02	22.29	−12.41	−4.25
1978	13.83	6.26	17.24	−0.81	−11.47
1979	7.33	−10.25	30.16	8.08	−1.67
1980	18.91	−8.68	28.56	20.96	1.65
1981	−19.04	−18.55	−16.37	−19.84	−11.25
1982	0.60	11.50	17.19	11.43	−4.14
1983	15.01	−7.15	25.27	13.52	−9.38
1984	−6.61	−2.42	−20.17	−3.50	5.33
1985	32.69	26.53	21.39	24.32	25.00
1986	32.52	24.60	−2.18	12.34	17.90
1987	10.81	13.37	−19.32	−0.04	−8.03
1988	15.53	−1.17	12.29	10.54	2.08
1989	10.73	−1.80	0.83	23.12	11.27
1990	−25.34	4.30	−34.89	−10.88	−0.55
1991	13.42	13.10	43.25	25.15	12.88
1992	−9.66	1.31	17.70	4.31	4.39
1993	17.61	17.32	16.18	6.97	12.58

续表

年份	全球性资产组合（%）		美国市场（%）		
	以美元表示的普通股	以美元表示的债券	小市值公司股票	大市值公司股票	长期国债
1994	2.79	−5.56	−9.24	−2.59	−11.06
1995	14.98	21.03	28.16	32.13	26.09
1996	7.06	−1.48	11.47	17.93	−5.95
1997	10.89	1.79	18.78	28.09	10.00
1998	15.77	12.54	−12.02	23.80	8.74
1999	22.54	−10.16	35.59	16.48	−13.30
2000	−18.89	2.51	−11.62	−14.89	14.48
2001	−19.54	−4.08	25.13	−15.61	0.49
2002	−18.68	20.98	−13.27	−23.76	15.13
2003	36.75	10.42	73.56	27.68	1.37
超额收益率的统计结果					
平均值	7.87	2.42	11.99	8.50	1.31
标准差	16.92	8.97	28.78	17.77	8.96
最小值	−32.09	−18.55	−45.14	−34.48	−13.30
最大值	47.34	26.53	99.17	51.69	26.08

资料来源：1947—1995 年的全球性资产组合收益率数据来自芝加哥大学证券价格研究中心。

1996 年之后的全球性资产组合收益率数据为恰当的指数型资产组合的收益率。

大市值公司股票以标准普尔 500 指数为依据。

小市值公司股票以法马和弗伦奇的第一个四分位数研究为依据。

长期国债以雷曼兄弟公司长期国债指数为依据。

图 11A-1 说明了全球性普通股即以美元表示的普通股全球性资产组合和美国大市值公司股票两类资产的超额收益率序列随时间推移的联动状况。这些年超额收益率的时间序列模式的惊人类似性是收益

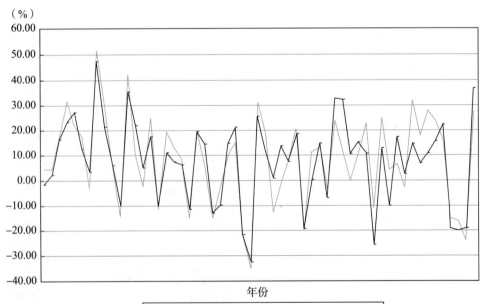

图 11A-1　1947—2003 年的年超额收益率

率高度相关的指示器。图11A-2描绘了相同数据，其中每一点表示同样两类资产的一对年超额收益率。这些散点又一次说明了两类资产超额收益率之间的强正向关系。使用样本数据计算出来的相关系数为0.883 7，这显示在表11A-6中。注意这是对五类资产的任意一对而言的最高相关系数。最低相关系数−0.050 9位于美国小市值公司股票的超额收益率与美国长期国债的超额收益率之间。

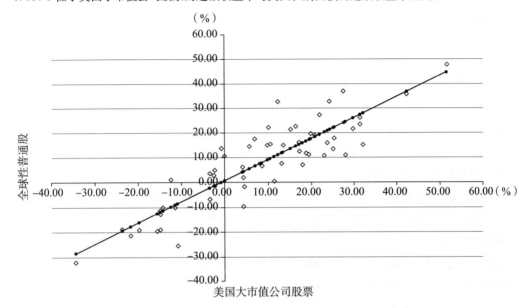

图 11A-2　1947—2003 年证券超额收益率 $Y=0.711+0.842X$

表 11A-6		相关性统计			
相关性（超额收益率）	全球性普通股	全球性债券	美国小市值公司股票	美国大市值公司股票	美国长期国债
全球性普通股	1.000 0				
全球性债券	0.242 6	1.000 0			
美国小市值公司股票	0.701 2	0.009 3	1.000 0		
美国大市值公司股票	0.883 7	0.154 0	0.716 7	1.000 0	
美国长期国债	0.097 4	0.721 6	−0.050 9	0.161 9	1.000 0

总结性结果

回归统计结果	
R	0.883 7
R^2	0.780 8
调整后的 R^2	0.776 9
标准差	7.994 5
观测值	57.000 0

方差分析

	自由度	离均差平方和	均方差	F 值	F 值的显著性
回归系数	1.000 0	12 524.462 1	12 524.462 1	195.965 3	0.000 0
残差	55.000 0	3 515.139 0	63.911 6		
总计	56.000 0	16 039.601 1			
	系数	标准差	t 统计值	p 值	
截距	0.710 9	1.175 9	0.604 6	0.547 9	
斜率	0.841 7	0.060 1	13.998 8	0.000 0	

回归分析工具使我们能够估计最适合的线性关系。如果考察全球性普通股和美国大市值公司股票这

两类资产，那么我们可能希望在知道美国大市值公司股票超额收益率的条件下，改进对全球性普通股超额收益率的估计值。给定成对资产超额收益率组合的高度相关性，以所了解的美国大市值公司股票正得到超过还是低于该组合平均值的收益率为基础，我们将简单地运用超额收益率怎样一起变动的知识以系统的模式增加或降低全球性普通股超额收益率的估计值。

最优拟合线[1]$Y=\alpha+\beta X$ 的截距（α）和斜率（β）的估计值为：

$$\beta=\frac{COV_{xy}}{\sigma_x^2}$$

$$\alpha=E(y)-\beta\times E(x)$$

在本例中，我们将美国大市值公司股票超额收益率作为自变量 x，同时将全球性普通股超额收益率作为因变量 y。该直线的斜率（β）以超额收益率之间的协方差对自变量方差的比率计算，自变量的方差在这里是美国大市值公司股票超额收益率的方差。截距（α）简单地为 y 变量的均值或预期值减去 β 乘以变量 x 的均值或预期值乘积的差值。

表 11A-6 显示了使用 Excel 软件得到的回归分析结果。在该表的底部，回归的截距 0.710 9 和斜率 0.841 7 被给出。这些系数被用于描绘图 11A-2 中的估计回归线。

相关性与回归性

24. 考察投资于两只加拿大股票或一项同等权重的资产组合的机会，收益率的概率分布如下表所示：

经济状况	概率	Maple 公司股票的收益率（%）	Walrus 公司股票的收益率（%）	50/50 资产组合的收益率（%）
强劲	1/3	25	20	22.5
正常	1/3	15	12.5	13.75
疲软	1/3	0	1.25	0.625

计算两只股票和这个资产组合的预期收益率及其标准差。计算两只股票收益率之间的协方差。

25. 使用前述问题（问题 24）中的信息计算 Maple 公司股票和 Walrus 公司股票的收益率的相关系数。这是否可以解释 Maple 公司股票、Walrus 公司股票和这个资产组合的标准差之间的关系？

---

[1]　最优拟合线是使 y 变量的真实值与 y 变量的估计值的方差总和最小化的那条直线。每一项观测值都有真实值和拟合值。这些数值之间的差额，或者直线与数据点之间的垂直距离，是估计值的误差或者估计值对实际值的偏离程度。因此，回归技术拟合出了这条产生最小方差总和的直线。

第12章 资产组合机会和选择

本章讨论人们怎样投资他们的财富。一个人的财富涉及他或她的全部资产（股票、债券、非法人股、别墅或公寓、退休福利、保险合约等）以及他或她的全部负债（学生贷款、汽车贷款、房屋抵押贷款等）。

不存在对所有人而言都是最好的单个资产组合。然而，这里存在一些如分散化原理的适用于所有风险厌恶者的一般原理。在第11章中，我们讨论了作为一种管理风险方法的分散化。本章对这一讨论进行扩展，同时分析风险与预期收益率之间的数量化权衡取舍。

12.1节以个人生命周期财务规划为背景考察资产组合选择的作用，同时说明为什么不存在对所有人而言都是最好的单个资产组合。本部分还将考察投资者的时间跨度和风险耐受程度怎样影响资产组合的选择。12.2节分析有风险的单个资产与无风险资产之间的选择。12.3节考察运用多种风险资产的有效分散化。

12.1 个人资产组合选择的过程

资产组合选择（portfolio selection）是对人们应当怎样投资财富的研究。它是一个为了找出资产和负债的最优组合而在风险与预期收益率之间进行权衡取舍的过程。资产组合选择的狭义定义仅包括在股票、债券和其他证券中投资多少的选择。一项宽泛的定义还包括购买还是租赁房屋、购买何种类型和数量的保险，以及怎样管理负债等。更加宽泛的定义还包括在人力资本方面投资多少（例如，继续接受职业教育）。所有这些选择的共同构成要素是风险和预期收益率之间的权衡取舍。

本章致力于探究你需要知道的知识和技术，这些知识和技术用于有效评价风险-收益的权衡取舍以及管理你的财富。一项主要议题是，虽然存在某些几乎适用于每个人的资产组合选择一般原理，但是并不存在对每个人而言都是最好的单个资产组合。我们从解释为何如此开始探究。

12.1.1 生命周期

在资产组合的选择过程中，最佳策略取决于个体的自身环境（年龄、家庭状况、职业、收入、财富等）。对于某些人而言，持有特定资产可能会增加他们的总体风险暴露，但是对于其他人而言，同样的资产可能是降低风险的。一项在生命周期的早期阶段降低风险的资产，在晚些时候可能不是降低风险的。

对于一对开始家庭生活的年轻夫妇而言，购买一幢房屋同时接受一笔抵押贷款可能是最优的。而对于一对即将退休的老年夫妇而言，出售他们的房屋同时将所得投入某些资产可能是最优的。只要他们生存，这些资产就能提供稳定的收入流。

考察人寿保险的购买行为。即使两个人在所有其他方面完全相同（年龄、收入、职业和财富等），作为一位拥有需供养子女的母亲，米里娅姆（Miriam）的保险合约将不同于对森杰夫（Sanjiv）而言恰当的保险合约，森杰夫是一位单身汉，没有需要供养的子女。米里娅姆关心万一她死亡该怎样保护家庭，因此需要一旦她死亡就向她的孩子提供现金赔付的保险合约；相反，森杰夫不关心如果他死亡可获得的应付赔偿，因此，对他而言，购买人寿保险将不是降低风险的。在生命的晚些时候，米里娅姆也可能发现她的孩子可以自立，而且不再需要由人寿保险负担的保护。

现在考察米里娅姆和森杰夫达到退休年龄以后的情形。米里娅姆有孩子，而且乐于向他们遗赠任何她死后剩余的资产。如果她生存了特别长的时间，而且用尽了她自己的财富，那么她自信她的孩子将为她提供金融资助。

森杰夫是一位单身汉，不存在他希望向其遗留遗产的人。他愿意在生存期间消费全部财富，但是他担心如果增加消费支出，碰巧他又生存了特别长的时间，那么他将用尽财富。对于森杰夫而言，购买一份只要他生存就保证收入的保险合约是降低风险的。但是对于米里娅姆而言，这份保险合约将不是降低风险的。这种保险合约被称为**终身年金**（life annuity）。

就像这些例子所阐明的那样，即使相同年龄的人，拥有相同的收入和财富，也可能在购买房屋或购买保险的过程中拥有不同视角。同样的情形也发生在投资股票、债券和其他证券的过程中。这里不存在对所有人而言都是最好的单个资产组合。

为了理解这一论点，考察两位拥有相同年龄和家庭状况的不同个人。张先生现在30岁，他在华尔街从事证券分析师工作，他的当前及未来收入对证券市场的表现极为敏感。奥比（Obi）也是30岁，她在公立教育体系中教授英语，她的当前及未来收入对证券市场的表现不是很敏感。对于张先生而言，将其投资组合的显著部分投资于股票将比奥比从事同样的活动而言更加有风险。

对一位拥有稳定工作的年轻人最优的投资组合怎样不同于对一位退休者最优的投资组合？这位退休者的唯一收入来源是一项投资组合。

12.1.2　时间跨度

在构思一项资产组合规划的过程中，你将从决定目标和时间跨度出发。规划时间跨度是一个人进行规划的总体时间长度。

最长的规划时间跨度一般对应于退休时的目标，并且将是一个人寿命的余额。[①]因此，对于一个 25 岁的人而言，他预期生存到 85 岁，那么规划时间跨度将是 60 年。随着一个人逐步变老，规划时间跨度通常变得越来越短（参阅专栏 12.1）。

这里还存在对应于特定财务目标的更短规划时间跨度，例如，支付孩子的教育费用。举个例子，如果你有一个 3 岁的孩子，同时计划在她 18 岁时支付她的大学教育费用，那么针对这一目标的规划时间跨度为 15 年。

决策时间跨度是修正投资组合决策间隔的时间长度。在特定限制的范围之内，决策时间跨度的长度由不同个体控制。

一些人依照固定的间隔校正他们的资产组合，例如每月一次（当他们支付账单的时候），或者每年一次（当他们呈交所得税表格的时候）。将大部分财富投资于银行账户的普通人可能极其频繁且以不固定的间隔校正他们的资产组合，这由结婚或离婚、有了孩子或者得到遗产等突发性事件决定。一个人拥有的资产价格突然上升或下降可能也会引发对资产组合的校正。

在股票和债券中拥有大量投资的人可能每天甚至更频繁地校正资产组合。最短的可能时间跨度是交易即时跨度，它被定义为投资者可以校正资产组合的最小时间间隔。

交易即时跨度不处于个人的控制之下。交易即时跨度是 1 周、1 天、1 小时还是 1 分钟由经济中的市场结构（例如，证券交易所什么时候开市或者是否存在有组织的场外交易市场）决定。

在当今的全球化金融环境里，多种证券的交易可以在全世界的某些地方即时实施。对于这些证券而言，至少交易即时跨度是很短的。

你今天做出的资产组合选择受到你认为明天可能发生什么的影响。在做出当前决策的过程中考虑未来决策的规划被称为**策略**（strategy）。

投资者可以通过买卖证券对资产组合进行校正的频率是制定投资策略的一项重要考虑因素。如果你知道可以频繁地调整资产组合的构成，那么你可能按照不同于

---

① 某些人不仅为他们自己的一生做出规划，而且为后代进行规划。对于他们而言，规划时间跨度可能很长，或许是无限的。

你不能调整投资组合时的方式进行投资。

专栏 12.1

计算预期寿命

你的预期寿命是你预期生存的年数。它可以使用由精算师搜集并整理的死亡率（也就是说，生命终止）数据计算得出，精算师是专长于与计算保费相关的数学技巧的专业人士。

为了估计在给定年龄死亡的可能性，精算师使用死亡率表格。例如，针对美国居民的下述死亡率表格。对于每一个年龄为 60～95 岁的人而言，这张表格公布了以每千人死亡人数表示的死亡率以及预期寿命（死亡前剩余年数的预期值）。这里是针对男人和女人给出的不同统计结果。表中的第 2 列说明，一位 60 岁的老年男性在达到 61 岁之前死亡的概率为 0.009 9（＝9.9/1 000），在达到 62 岁之前死亡的概率为 0.010 9。第 3 列显示了处于每一个年龄段的男性的预期寿命，它通过使用第 2 列中的死亡率计算得出。因此，一位 60 岁的男性拥有额外 20.6 年的预期寿命，一位 61 岁的男性拥有额外 19.8 年的预期寿命，等等。一位 95 岁的男性有 0.269 2 的概率在达到 96 岁之前死亡，同时拥有额外 2.8 年的预期寿命。第 4 列和第 5 列显示了针对女性的统计结果。

60～95 岁人群的死亡率表格

年龄	男 性		女 性	
	每千人死亡人数	预期寿命（年）	每千人死亡人数	预期寿命（年）
60	9.9	20.6	8.0	24.1
61	10.9	19.8	8.7	23.3
65	16.9	16.8	11.9	20.1
70	25.8	13.3	17.8	16.4
75	41.9	10.2	27.9	13.0
80	70.1	7.5	43.9	9.9
85	116.6	5.4	74.5	7.3
90	187.7	3.8	121.9	5.3
95	269.2	2.8	193.7	3.8

资料来源：2001 年的一般标准死亡率表格。

举个例子，某人可能采用一项在股票中投资"多余"财富的策略，多余的财富意味着超过保证特定临界生活水平所需数量的财富。如果股票市场随时间的推移上升，一个人将增加他投资于股票的资产组合比例。然而，如果股票市场下跌，这个人可能减少投资于股票的资产组合比例。如果股票市场下跌至这个人的临界生活水平受到威胁的那一点，那么他将完全抛弃股票。如果股票仅能够不那么频繁地进行交易，那么执行这一特定策略的投资者更可能拥有较高的临界生活水平。

快速测查 12 - 2

你是否拥有固定长度的决策时间跨度？它有多长？

12.1.3　风险耐受程度

一个人的风险耐受程度是资产组合选择的一项重要决定因素。[①] 我们预期风险耐受程度将受诸如年龄、家庭状况、工作情况、财富等特征以及其他属性的影响，这些属性影响人们面临投资组合市场价值的负向移动时维持生活水平的能力。一个人对风险的态度也在决定其风险耐受程度的过程中起作用。即使在拥有相同个人品质、家庭和职业特征的人当中，一些人也可能拥有比其他人更强的承担风险意愿。

当我们在最优资产组合选择的分析中提到一个人的风险耐受程度时，我们不在承担风险的能力和对风险的态度之间进行区分。因此，一个人拥有相对较高的风险耐受程度是因为他年轻或者富有，或是因为他能够很好地控制紧张情绪，抑或是因为他受到教导认为冒险是在道义上正确的途径，所有这些在随后的分析中有意义的是，为了获得更高的预期收益率，他比一般人更愿意承担额外的风险。

快速测查 12 - 3

你是否认为风险耐受程度随着人们财富的增加而增加？为什么？

12.1.4　专业资产管理者的角色

大部分人既没有知识也没有时间来实施资产组合的最优化。因此，他们雇用投资咨询师来为他们实施资产组合的最优化，或者他们购买来自金融中介的现成产品。这种现成产品包括各种各样的投资账户和共同基金，它们由银行、证券公司、投资公司和保险公司提供。

在金融中介决定向居民户提供什么资产选择的时候，它们承担的职责类似于餐馆决定它的菜单。这里有众多可以利用的原料（基本的股票、债券及由企业和政府发行的其他证券）以及将它们进行组合的无限可能方法，但是只有有限数量的产品将被提供给客户。本章其余部分所发展的资产组合理论提供了寻找所能提供产品的

---

① 之前我们使用术语"风险厌恶"（或"风险规避"）而不是"风险耐受程度"。一个术语是另外一个术语的镜像。一个人越是能耐受风险，他的风险厌恶或风险规避程度就越小。

最小数量的指南，这一数量仍然能够满足全部客户的需求。

12.2 预期收益率和风险之间的权衡取舍

接下来的两个部分提供了职业资产管理者用来考察风险与预期收益率之间的数量性权衡取舍的分析框架。目的是找到针对投资者愿意承受的任何风险程度，向其提供最高预期收益率的投资组合。在整个分析过程中，我们会提及风险资产而不是将其特别指定为债券、股票、期权、保险合约等。就像在本章前面部分中所解释的那样，这是因为一项特定资产的风险关键依赖于投资者所处的特定环境。

资产组合的最优化经常包含两个步骤：（1）找出风险资产的最优组合；（2）将这些风险资产组合与一项无风险资产进行混合。为了简单起见，我们从第二步开始：将单个风险资产组合与一项无风险资产进行混合（我们将在下一部分讨论无风险资产的确定）。单个风险资产组合由众多按照最优方式挑选出来的风险资产构成。之后我们将研究怎样找出这个风险资产组合的最优构成部分。

12.2.1 什么是无风险资产？

在第 4 章里，我们讨论了利率，同时说明了存在不同的无风险资产。不同的无风险资产与不同的计价单位（美元、日元等）和不同的到期期限相对应。因此，10 年期、提供每年 6% 的无违约风险到期收益率、以美元进行计价的零息债券，仅从美元的角度而且只有在持有至到期时才是无风险的。如果同样的债券在到期前被出售，那么它的美元收益率是不确定的，这是因为出售将得到的价格是不确定的。同时，即使将该债券持有至到期，它的以日元为计价单位的或者以消费者购买力表示的收益率也是不确定的，因为未来汇率和消费者面对的价格是不确定的。

在资产组合选择理论中，无风险资产被定义为从为分析而选择的计价单位和投资者决策时间跨度的长度等角度而言，提供完全可以预测的资产收益率的证券。当无法确认特定的投资者时，无风险资产指的是在交易即时跨度（可能的最短决策时间跨度）内提供可以预测的收益率的证券。

因此，如果美元被当做计价单位，同时交易即时跨度为一天，那么无风险利率是将于第二天到期的美国国库券的利率。

快速测查 12-4

如果计价单位是瑞士法郎，同时决策时间跨度为一周，那么无风险资产是什么？

12.2.2 将无风险资产与单个风险资产进行组合

假设你拥有 10 万美元进行投资。你在拥有 0.06 年利率的无风险资产与拥有 0.14 年预期收益率和 0.20 标准差的风险资产之间进行选择。[①]你应当在风险资产中投资 10 万美元中的多少?

我们在表 12-1 和图 12-1 的帮助下考察你可以选择的全部风险-收益组合。我们从你将全部资金投资于无风险资产的情形开始。这一情形对应于图 12-1 中标记为 F 的点以及表 12-1 的第 1 行。表 12-1 中的第 (2) 列给出了资产组合中投资于风险资产的比例 (0),第 (3) 列给出了资产组合中投资于无风险资产的比例 (100%)。表 12-1 中的第 (4) 列和第 (5) 列给出了对应于资产组合 F 的预期收益率和标准差:每年 0.06 的预期收益率 $E(r)$ 和 0.00 的标准差 σ。

你将全部资金投资于风险资产的情形对应于图 12-1 中标记为 S 的点以及表 12-1 中的最后一行。它的预期收益率为 0.14,同时标准差为 0.20。

在图 12-1 中,资产组合的预期收益率 $E(r)$ 用纵轴衡量,同时标准差 σ 用横轴衡量。资产组合的比例没有明确地显示在图 12-1 中,然而,我们可以通过表 12-1 知晓资产组合的比例是多少。

图 12-1 以图形的形式说明了风险和收益之间的权衡取舍。在图 12-1 中,连接点 F、G、H、J 和 S 的直线代表你可以得到的相互替代的选择集合,这可以通过选择不同的风险资产和无风险资产的组合(资产组合)得到。这条直线上的每一点对应于这些风险资产和无风险资产的组合,比例由表 12-1 中的第 (2) 列和第 (3) 列给出。

位于图 12-1 中纵轴之上的点 F 拥有每年 0.06 的 $E(r)$ 和 0.00 的 σ,你的全部资金都投资于无风险资产。你没有面临任何风险,同时预期收益率为 0.06。随着将资金从无风险资产中转出并转入风险资产,你沿着权衡取舍线(上述直线)向右移动,而且将面临更高的预期收益率和更大的风险。如果将全部资金都投入风险资产,那么你将位于点 S 处,该点拥有 0.14 的预期收益率和 0.20 的标准差。

资产组合 H(对应于表 12-1 中的第 3 行)是一半投资于无风险资产,另一半投资于风险资产的组合。在 5 万美元投资于风险资产,同时另外 5 万美元投资于无风险资产的条件下,你将拥有一项位于将全部资金投资于风险资产的预期收益率 (0.14) 和无风险利率 (0.06) 之间中点处的预期收益率。0.10 的预期收益率显示在表 12-1 中的第 (4) 列里,而 0.10 的标准差显示在第 (5) 列中。

---

① 预期收益率及其标准差的定义和计算公式已在 10.8 节和 10.9 节给出。注意,此处我们将收益率写成了小数形式而不是百分比形式。

表 12-1　作为投资于风险资产的比例的函数的资产组合的预期收益率和标准差

资产组合 （1）	投资于风险 资产的比例 （2）	投资于无风险 资产的比例 （3）	预期收益率 （4）	标准差 （5）
F	0	100%	0.06	0.00
G	25%	75%	0.08	0.05
H	50%	50%	0.10	0.10
J	75%	25%	0.12	0.15
S	100%	0	0.14	0.20

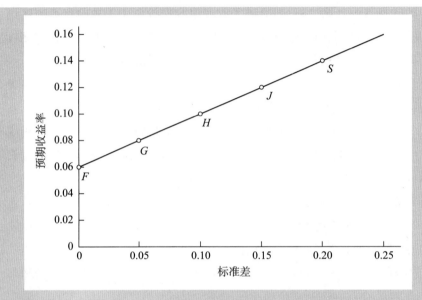

图 12-1　风险-收益的权衡取舍线

说明：在点 F 处，资产组合是 100% 投资于提供每年 0.06 预期收益率的无风险资产。在点 S 处，资产组合则是 100% 投资于拥有每年 0.14 预期收益率和 0.20 标准差的风险资产。在点 H 处，它是一半投资于风险资产，而另一半投资于无风险资产的资产组合。

快速测查 12-5

　　定位对应于图 12-1 中资产组合 J 的点。从表 12-1 中查阅该资产组合的构成、预期收益率和标准差。如果你选择资产组合 J，你的 10 万美元将有多少投资于风险资产？

　　现在，我们说明怎样找出图 12-1 中权衡取舍线上任意点的资产组合构成，而不仅是列示于表 12-1 中的点的资产组合构成。例如，假设我们希望确定一项预期收益率为 0.09 的资产组合。我们可以从图 12-1 中辨别出与这一资产组合相对应的点位于权衡取舍线上的点 G 与点 H 之间，但是这个资产组合的构成是什么？同时它的标准差是多少？在回答这一问题的过程中，我们将同时推导出连接图 12-1 中所有点的权衡取舍线的计算公式。

步骤 1：将资产组合的预期收益率与投资于风险资产的比例相关联。

令 w 表示配置于风险资产的 10 万美元投资的比例，剩余的 $1-w$ 是投资于无风险资产的比例。任意资产组合的预期收益率均由下述公式给出：

$$E(r)=wE(r_s)+(1-w)r_f$$
$$\quad\ =r_f+w[E(r_s)-r_f] \tag{12.1}$$

这里 $E(r_s)$ 表示风险资产的预期收益率，同时 r_f 为无风险利率。用 0.06 替换 r_f 并用 0.14 替换 $E(r_s)$，我们得到：

$$E(r)=0.06+w(0.14-0.06)$$
$$\quad\ =0.06+0.08w$$

式（12.1）被解释如下：任何资产组合的基准收益率均为无风险利率（在我们的例子中为 0.06）。此外，资产组合可望获得一项风险溢价，该溢价依赖于：(1) 风险资产的风险溢价 $E(r_s)-r_f$（在我们的例子中是 0.08）；(2) 投资于风险资产的比例，以 w 进行标记。

为了找出对应于预期收益率 0.09 的资产组合构成，我们代入式（12.1）并求解 w：

$$0.09=0.06+0.08w$$
$$w=\frac{0.09-0.06}{0.08}=0.375$$

因此，资产组合的混合比例为 37.5% 的风险资产和 62.5% 的无风险资产。

步骤 2：将资产组合的标准差与投资于风险资产的比例相关联。

当我们将一项风险资产与一项无风险资产组合成一个资产组合的时候，该资产组合的标准差是风险资产的标准差乘以该资产在资产组合中的权重。通过将风险资产的标准差标记为 σ_s，我们拥有该资产组合标准差的一项表达式：

$$\sigma=\sigma_s w=0.2w \tag{12.2}$$

为了得到对应于预期收益率 0.09 的标准差，我们在式（12.2）中用 0.375 替换 w 并求解 σ：

$$\sigma=\sigma_s w=0.2\times0.375=0.075$$

因此，该资产组合的标准差为 0.075。

最后，我们可以消去 w 以推导出沿权衡取舍线将预期收益率和标准差直接关联的计算公式。

步骤 3：将资产组合的预期收益率与其标准差相关联。

为了推导出图 12-1 中权衡取舍线的精确方程，我们将式（12.2）重新整理得到 $w=\sigma/\sigma_s$。通过在式（12.1）中替换 w，我们有：

$$E(r)=r_f+\frac{E(r_s)-r_f}{\sigma_s}\sigma=0.06+0.40\sigma \qquad (12.3)$$

换句话说，以其标准差的函数表示的资产组合预期收益率是一条截距为 $r_f=$ 0.06，斜率为 $\frac{E(r_s)-r_f}{\sigma_s}=\frac{0.08}{0.2}=0.40$ 的直线。

权衡取舍线的斜率测度市场为投资者愿意承担的每一单位额外风险提供的额外预期收益率。

12.2.3 实现目标预期收益率：1

找出与每年 0.11 的预期收益率相对应的资产组合。它的标准差是多少？

解：

为了找出与每年 0.11 的预期收益率相对应的资产组合的构成，我们将其代入式（12.1）并求解 w：

$$0.11=0.06+0.08w$$

$$w=\frac{0.11-0.06}{0.08}=0.625$$

于是，资产组合的混合比例为 62.5% 的风险资产和 37.5% 的无风险资产。

为了得到与每年 0.11 的预期收益率相对应的标准差，我们在式（12.2）中用 0.625 替换 w 并求解 σ：

$$\sigma=0.2w=0.2\times0.625=0.125$$

因此，这个资产组合的标准差为 0.125。

快速测查 12-6

如果无风险利率变为每年 0.03，同时风险资产的预期收益率变为每年 0.10，图 12-1 中的权衡取舍线的截距和斜率将会发生什么变化？

12.2.4 资产组合的效率

有效资产组合（efficient portfolio）被定义为在特定风险水平下向投资者提供最高可能预期收益率的资产组合。

资产组合的效率的重要性，以及怎样实现资产组合的效率通过在前述例证中加入第二种风险资产进行说明。风险资产 2 拥有每年 0.08 的预期收益率和 0.15 的标准差，同时由图 12-2 中的点 R 表示。

要求有每年 0.08 的预期收益率的投资者可以通过将他的全部资金投资于风险资产 2 实现这一目标，因此将会位于点 R 处。但点 R 是无效率的，因为投资者可以在点 G 处得到同样每年 0.08 的预期收益率，同时拥有更低的标准差。

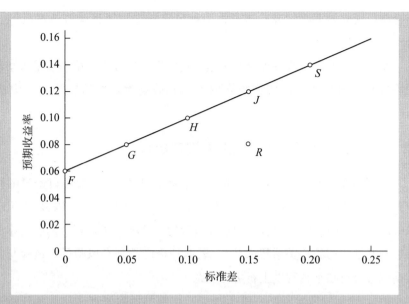

图 12-2　资产组合的效率

说明：在点 R 处，资产组合是 100％投资于提供每年 0.08 预期收益率和 0.15 标准差的风险资产 2。投资者可以在连接点 G 和 J 的线上任一点处拥有更高的预期收益率和更低的标准差。

从表 12-1 中我们知道，在点 G 处的标准差仅为 0.05，同时这可以通过在资产组合中持有 25％的风险资产 1 和 75％的无风险资产实现。实际上我们可以看到，在连接点 G 和 S 的直线上的任意点处，风险厌恶的投资者的境况都比点 R 处更好。所有这些点都是可行的，而且可以通过将风险资产 1 与无风险资产相互混合得到。例如，资产组合 J 拥有与风险资产 2 相同的标准差（$\sigma = 0.15$），但是它的预期收益率为每年 0.12 而不是 0.08。从表 12-1 中我们知道，资产组合 J 的构成是 75％的风险资产 1 和 25％的无风险资产。

我们可以运用式（12.1）和式（12.2）得到其他点 G 与 J 之间的有效资产组合的构成，从而这些有效资产组合拥有比风险资产 2 更高的预期收益率和更低的标准差。例如，考察一项由 62.5％的风险资产 1 和 37.5％的无风险资产构成的资产组合。它的预期收益率为每年 0.11，同时标准差为 0.125。

快速测查 12-7

投资者怎样使用风险资产 1 和无风险资产实现每年 0.105 的预期收益率？这个资产组合的标准差是多少？将其与风险资产 2 的标准差进行比较。

12.3　运用多种风险资产的有效分散化

虽然仅持有风险资产 2 自身是无效率的，但是持有由两种风险资产混合的资产组合是否就有效率呢？或是持有将两种风险资产与无风险资产进行混合的资产组合呢？

我们将依照两个步骤探究有效组合这些资产的方法。第一步是考察仅通过混合风险资产1和2获得的资产组合的风险和收益率，然后在第二步中加入无风险资产。

12.3.1 由两种风险资产构成的资产组合

将两种风险资产组合成一个资产组合类似于在12.2节中讨论过的将一种风险资产与无风险资产进行组合［回顾表12-1、图12-1以及式（12.1）和式（12.2）］。当两种资产中有一种是无风险的，这项无风险资产的收益率的标准差以及它与其他资产的相关系数都是0。若两种资产都是有风险的，风险与收益之间的权衡取舍分析在某种程度上将更为复杂。

由 w 比例的风险资产1和（$1-w$）比例的风险资产2构成的任意资产组合的收益率的均值计算公式为：

$$E(r)=wE(r_1)+(1-w)E(r_2) \tag{12.4}$$

同时方差的计算公式为：

$$\sigma^2=w^2\sigma_1^2+(1-w)^2\sigma_2^2+2w(1-w)\rho_{1,2}\sigma_1\sigma_2 \tag{12.5}$$

这两个方程应当与式（12.1）和式（12.2）进行对比。在用风险资产2的预期收益率 $E(r_2)$ 替换无风险资产利率 r_f 的条件下，式（12.4）在本质上与式（12.1）是相同的。式（12.5）是式（12.2）的更为一般的形式。如果资产2是无风险的，那么$\sigma_2=0$，同时式（12.5）简化为式（12.2）。

表12-2概括了我们关于风险资产1和风险资产2的收益率分布的判定。我们将做出关于成对资产的收益率相关系数的其他假设。

表 12-2   风险资产的收益率分布

	风险资产1	风险资产2
均值［$E(r)$］	0.14	0.08
标准差（σ）	0.20	0.15

表12-3和图12-3显示了预期收益率与标准差的组合，该组合是依照不同相关系数假设，通过对风险资产1和风险资产2进行组合获得的。表12-3最上面一行和最下面一行对应于图12-3中曲线的端点，同时也对应于由仅投资于拥有14%的预期收益率以及与之配对的20%标准差的风险资产1（表12-3中最下面一行数据，或者图12-3中右上方的端点 S）构成的资产组合，或是由仅投资于拥有8%的预期收益率以及与之配对的15%标准差的风险资产2（表12-3中最上面一行数据，或者图12-3中左下方的端点 R）构成的资产组合。

式（12.4）和式（12.5）被用于得出表 12-3 中的预期收益率和标准差。使用资产组合权重数值（这些数值由表 12-3 的第 2 列和第 3 列给出），以及表 12-2 中两种风险资产的预期收益率数据，我们运用式（12.4）计算资产组合的预期收益率。结果在表 12-3 中的第 4 列里给出。对于一个给定的资产组合权重集合而言，资产组合的预期收益率与相关系数假设无关。任意风险资产组合的预期收益率均是该组合中资产的预期收益率的简单加权平均，这里权重为投资于该资产的比例。例如，这两种风险资产的50：50 混合将产生一个预期收益率为 11％（＝50％×14％＋50％×8％）的资产组合。这一结果与资产收益率组合之间的相关系数无关。

这个资产组合的标准差，也就是方差的平方根，运用式（12.5）计算得出。当风险资产拥有完全正相关的系数（$\rho_{1,2}=1.00$）时，该资产组合的风险-收益的关系是线性的，并且总是存在更高波动性与更高收益率之间的权衡取舍。在低于完全正相关系数的情形里，风险-收益的权衡取舍变为非线性的，而且事实上，在特定范围内投资者将不会面临着波动性降低而预期收益率增加的权衡取舍。当相关系数为零（$\rho_{1,2}=0.00$）时，这可以在表 12-3 中得到说明。

表 12-3　　　　　　　两种风险资产组合的风险-收益权衡取舍

相关系数 $(\rho_{1,2})$	投资于风险资产 1 的比例 (w) (%)	投资于风险资产 2 的比例 $(1-w)$ (%)	预期收益率 $E(r)$ (%)	标准差 (σ) (%)
			风险资产 2	风险资产 2
1.00	0.00	100.00	8.00	* 15.00
	25.00	75.00	9.50	16.25
	50.00	50.00	11.00	17.50
	75.00	25.00	12.50	18.75
0.50	23.08	76.92	9.38	* 14.41
	25.00	75.00	9.50	14.42
	50.00	50.00	11.00	15.21
	75.00	25.00	12.50	17.18
0.00	25.00	75.00	9.50	12.31
	36.00	64.00	10.16	* 12.00
	50.00	50.00	11.00	12.50
	75.00	25.00	12.50	15.46
−0.50	25.00	75.00	9.50	9.76
	40.54	59.46	10.43	* 8.54
	50.00	50.00	11.00	9.01
	75.00	25.00	12.50	13.52
−1.00	25.00	75.00	9.50	6.25
	42.86	57.14	10.57	* 0.00

续表

相关系数 ($\rho_{1,2}$)	投资于风险资产1 的比例（w） （%）	投资于风险资产2 的比例（$1-w$） （%）	预期收益率 $E(r)$ （%）	标准差 (σ) （%）
	50.00	50.00	11.00	2.50
	75.00	25.00	12.50	11.25
	100.00	0.00	14.00	20.00

* 给定相关系数条件下拥有最小标准差的资产组合。使资产组合的方差和标准差最小化的风险资产1比例的计算公式由 $w_{\min}=\dfrac{\sigma_2^2-\rho_{1,2}\sigma_1\sigma_2}{\sigma_1^2+\sigma_2^2-2\rho_{1,2}\sigma_1\sigma_2}$ 给出。

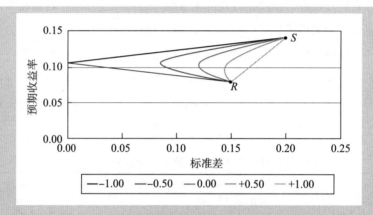

图 12-3　风险-收益的权衡取舍线：仅包含风险资产

说明：由两种资产构成的资产组合由表 12-3 中给出的风险资产构建，它们拥有大小分别为＋1.00，＋0.50，0.00，－0.50，－1.00 的相关系数。

专栏 12.2

低定价艺术品在长期内打败了专家

按照一项研究成果，与那些购买数百万美元杰出作品的投资者相比，在拍卖会上抢购低定价艺术品的投资者持续获得更好的收益。

在 1950—2002 年间被购买，同时在促销活动中被转卖的 4 000 件画作和雕塑中，定价最低的 3 件产生了大约 13％的年收益率。这项年收益率超过了最贵 3 件的 10.5％和中间层次的 11.2％。它也击败了标准普尔 500 指数，这个指数记录了每年 11.1％的增长率。

发表这一研究成果的纽约大学教授迈克尔·摩西（Michael Moses）和梅建平认为，他们的发现驳斥了通常的艺术品市场之谜。经纪人和拍卖商在长时间里建议客户"购买他们能买得起的最好的艺术品"，将昂贵的伦勃朗、莫奈和毕加索的作品宣传成低风险且高收益的投资。

然而，"我们的研究成果表明市场是很民主的，"摩西教授说道，"实际上，20 世纪 80 年代泡沫的破裂打击了低定价艺术品，低定价艺术品的年收益率在过去 10 年中滑落至 6% 以下。"

但是可以看到，杰出作品的收益率大约仅为该溢价的一半，而且从 1997 年以来，股票市场已经产生了负的年收益率。

标准普尔 500 指数确实拥有低标准差，表明风险较低。但是，最廉价的 3 件拍卖艺术品的价格似乎比更昂贵的艺术品波动更小。

任何一个艺术品指数和标准普尔 500 指数都不存在很强的相关性。"艺术品是财富的杰出的长期储藏形式"，而且"在资产组合分散化的过程中是有用的"。作者在前述研究中得出结论。

资料来源：改编自 "Low-Priced Art Beats the Masters in the Long Run," *Financial Times*，November 3，2003。

从一个全部资金被投资于风险资产 2 的资产组合出发，随着资金开始向风险资产 1 流动，该资产组合的预期收益率上升，与此同时，标准差下降。在全部资金被投资于风险资产 2 的条件下，预期收益率为 8%，同时标准差是 15%。但是在 25% 的资金被投资于风险资产 1 同时 75% 的资金被投资于风险资产 2 的条件下，预期收益率将上升至 9.5%，同时标准差下降至 12.31%。这种分散化的有利效应持续至达到拥有最小标准差 12% 的资产组合为止。这要求拥有 36% 的风险资产 1 和 64% 的风险资产 2，而且拥有相应的 10.16% 的预期收益率。这一点是风险资产 1 和风险资产 2 的**最小方差资产组合**（minimum-variance portfolio）。在图 12-3 中，该点由中间的资产组合权衡取舍线上最左边的点表示。将投资于风险资产 1 的比例增至超过 36% 将产生一项权衡取舍，因为资产组合的预期收益率持续上升，标准差以递增的比率增加。

快速测查 12-8

如果相关系数为 0.10，那么由 60% 的风险资产 1 和 40% 的风险资产 2 构成的资产组合的收益率的均值和标准差分别是多少？

12.3.2　风险资产的最优组合

现在考察通过将无风险资产与风险资产 1 和风险资产 2 进行组合可以获得的风险-收益组合。图 12-4 提供了所有可能的风险-收益组合的图形化描述，同时也说明了怎样定位与无风险资产进行混合的风险资产的最优组合。

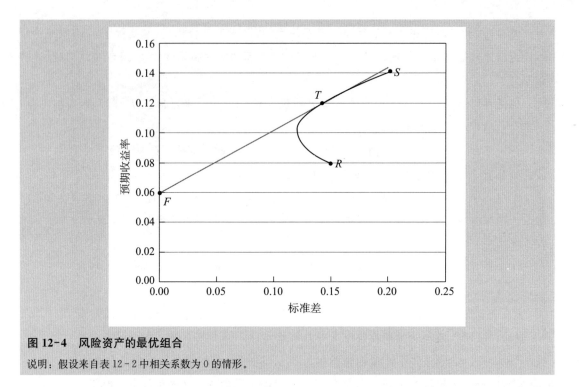

图 12-4 风险资产的最优组合

说明：假设来自表 12-2 中相关系数为 0 的情形。

首先考察连接点 F 和点 S 的直线。对你而言，这条直线类似于我们在图 12-1 中看到的风险-收益权衡取舍线。它代表可以通过将无风险资产与风险资产 1 相混合而获得的风险-收益组合。

连接点 F 和另一点的直线代表一条风险-收益的权衡取舍线，这一点是由点 R 和点 S 连接而成的曲线上的任意一点。这条线涉及风险资产 1、风险资产 2 和无风险资产的特定混合。我们可以达到的最高权衡取舍线是连接点 F 和点 T 的那条线。点 T 是从点 F 向连接点 R 和点 S 的曲线画出的切线上的切点。我们将这项与图 12-4 中点 T 对应的特定风险资产的组合称为**风险资产的最优组合**（optimal combination of risky assets）。它就是接下来与无风险资产相混合得到最有效资产组合的风险资产组合。得出点 T 处资产组合比例的计算公式是：

$$w_1 = \frac{[E(r_1) - r_f]\sigma_2^2 - [E(r_2) - r_f]\rho_{1,2}\sigma_1\sigma_2}{[E(r_1) - r_f]\sigma_2^2 + [E(r_2) - r_f]\sigma_1^2 - [E(r_1) - r_f + E(r_2) - r_f]\rho_{1,2}\sigma_1\sigma_2}$$

$$(12.6)$$

$$w_2 = 1 - w_1$$

将数据代入式（12.6），我们得到风险资产的最优组合（相切组合）由 69.23% 的风险资产 1 和 30.77% 的风险资产 2 构成。它的预期收益率 $E(r_T)$ 和标准差 σ_T 分别为：

$$E(r_T) = 0.122$$

$$\sigma_T = 0.146$$

于是新的有效权衡取舍线由下述计算公式给出：

$$E(r) = r_f + w[E(r_T) - r_f]$$
$$= r_f + \frac{[E(r_T) - r_f]}{\sigma_T}\sigma$$
$$= 0.06 + \frac{0.122 - 0.06}{0.146}\sigma$$
$$= 0.06 + 0.42\sigma$$

这里的斜率，即收益对风险的比率为 0.42。

将这项计算结果与原有连接点 F 和点 S 的权衡取舍线进行比较：

$$E(r) = 0.06 + 0.40\sigma$$

这里斜率为 0.40。现在投资者的境况明显变好，因为针对任何愿意耐受的风险水平，他可以获得更高的预期收益率。

12.3.3 挑选更偏好的资产组合

为了完成分析过程，我们现在考察投资者更偏好的资产组合，这个资产组合是沿着有效权衡取舍线的资产组合。回顾 12.1 节内容我们想起，一个人更喜欢的资产组合取决于他在生命周期所处的阶段、规划时间跨度和风险耐受程度，因此，投资者可能选择位于点 F 和点 T 之间一半处的那一点。图 12-5 将该点显示为点 E。对应于点 E 的资产组合由投资于切点资产组合的 50% 和投资于无风险资产的 50% 构成。通过对式（12.1）和式（12.2）进行变形，我们得到这样一个事实，即切点资产组合现在是与无风险资产组合的单个风险资产。我们得到资产组合 E 的预期收益率和标准差分别为：

$$E(r_E) = r_f + 0.5 \times [E(r_T) - r_f]$$
$$= 0.06 + 0.5 \times (0.122 - 0.06) = 0.091$$
$$\sigma_E = 0.5 \times \sigma_T$$
$$= 0.5 \times 0.146 = 0.073$$

注意，切点资产组合本身由 69.2% 的风险资产 1 和 30.8% 的风险资产 2 构成。资产组合 E 的构成如下所示：

无风险资产的权重	50%
风险资产 1 的权重	$0.5 \times 69.2\% = 34.6\%$
风险资产 2 的权重	$0.5 \times 30.8\% = 15.4\%$
总　　计	100.0%

因此，如果你在资产组合 E 中投资 10 万美元，你将在无风险资产中投资 5 万美元，在风险资产 1 中投资 34 600 美元，在风险资产 2 中投资 15 400 美元。

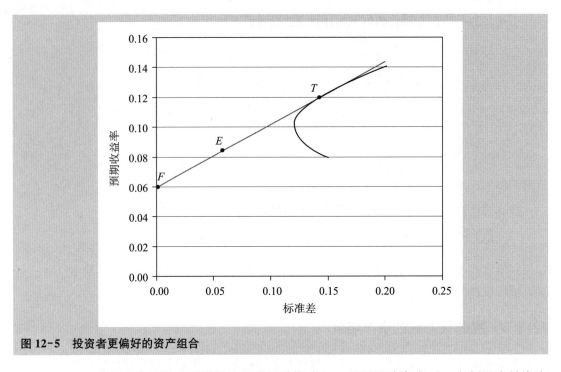

图 12-5 投资者更偏好的资产组合

我们现在总结当原材料为两种风险资产和一种无风险资产时，在创设有效资产组合方面我们已经学到了什么。这里存在由两种风险资产构成的单个资产组合，该资产组合最适合与无风险资产进行组合。我们将这一对应于图 12-4 中切点 T 的特定风险资产组合称为风险资产的最优组合。投资者更偏好的资产组合总是这一切点资产组合与无风险资产的某种组合。

12.3.4　实现目标预期收益率：2

假设你拥有 10 万美元进行投资，同时希望得到每年 0.10 的预期收益率。将原有风险-收益权衡取舍线（连接点 F 和点 S）条件下你可以耐受的标准差与新的风险-收益权衡取舍线（连接点 F 和点 T）条件下的标准差进行比较。你正在比较的两种资产组合中每一种的构成是什么？

解：

首先，我们写出将资产组合的收益率与投资于风险资产的比例相关联的计算公式，同时对其求解，得出投资于风险资产的比例。对于使用两种风险资产构成的最优组合的新权衡取舍线而言，计算公式为：

$$E(r)=E(r_T)w+r_f(1-w)$$
$$=0.122w+0.06(1-w)$$

令这个资产组合的预期收益率等于 0.10，同时求解 w，我们得到：

$$E(r)=0.06+0.062w=0.10$$

$$w = \frac{0.10 - 0.06}{0.062} = 0.65$$

因此，10 万美元的 65% 必须投资于风险资产的最优组合，同时 35% 必须投资于无风险资产。

这一资产组合的标准差由下式给出：

$$\sigma = w\sigma_T$$
$$= 0.65 \times 0.146 = 0.095$$

因为风险资产的最优组合本身由 69.2% 的风险资产 1 和 30.8% 的风险资产 2 构成，所以最终期望的拥有每年 0.10 预期收益率的资产组合的构成如下所示：

无风险资产的权重	35%
风险资产 1 的权重	$0.65 \times 69.2\% = 45\%$
风险资产 2 的权重	$0.65 \times 30.8\% = 20\%$
总　　计	100%

对于拥有单个风险资产的原有权衡取舍线而言，将预期收益率和 w 相关联的计算公式为：

$$E(r) = E(r_s)w + r_f(1-w)$$
$$= 0.14w + 0.06(1-w)$$

令这个资产组合的预期收益率等于 0.10 并求解 w，我们得到：

$$E(r) = 0.06 + 0.08w = 0.10$$
$$w = \frac{0.10 - 0.06}{0.08} = 0.50$$

因此，10 万美元的 50% 必须投资于风险资产 1，同时另外 50% 必须投资于无风险资产。

这一资产组合的标准差由下式给出：

$$\sigma = w\sigma_s$$
$$= 0.5 \times 0.2 = 0.10$$

快速测查 12-9

假设一位投资者选择了一个位于图 12-5 中点 F 和点 T 之间 3/4 处的资产组合。换句话说，这个资产组合将 75% 投资于切点资产组合，同时将 25% 投资于无风险资产。这个资产组合的预期收益率和标准差是多少？如果这位投资者拥有 10 万美元，他将在三种资产的每一种里投资多少？

注意在寻找风险资产的最优组合的过程中最重要的是，我们不需要知道任何关于投资者财富和偏好的信息。风险资产的最优组合的构成仅依赖于风险资产1与风险资产2的预期收益率和标准差以及它们之间的相关性。这暗指所有认同收益率概率分布的投资者都希望持有相同的切点资产组合与无风险资产的组合。

这是一项可以在其他情形中继续存在的一般结果，这种情形是除了风险资产1和风险资产2以外还存在众多风险资产：

> 总是存在一个特定的风险资产的最优组合，所有分享相同收益率预测结果的风险厌恶型投资者都将其与无风险资产进行组合进而得到最喜欢的资产组合。

12.3.5　多种风险资产的组合

当存在多种风险资产的时候，我们使用类似于前述部分所使用的两步骤资产组合构建方法。在第一个步骤中，我们考察仅由风险资产构建的资产组合。在第二个步骤中，我们寻找与无风险资产进行组合的风险资产的切点组合。因为计算过程涉及大量数字处理，所以通过计算机可以更好地完成这一过程。

有效资产组合边界（efficient portfolio frontier）被定义为风险资产组合的集合，该集合针对任何给定标准差，提供可能的最高预期收益率。

个人的基础资产位于有效资产组合边界之内的原因是，通常存在两种或更多基础证券的某些组合，就任意相同的标准差而言，这些组合比基础证券拥有更高的预期收益率。

于是，风险资产的最优组合被发现是从代表无风险资产的点（位于纵轴之上）出发的一条直线与风险资产有效资产组合边界的切点。连接无风险资产与代表风险资产的最优组合的切点的直线是可以达到的最优风险-收益权衡取舍线。

为投资公众提供共同基金的企业等金融中介怎样决定提供给其客户的资产选择菜单？我们刚刚说明了风险资产的最优组合的构成仅依赖于基础风险资产的预期收益率和标准差以及这些资产之间的相关性。这种构成不依赖于投资者偏好。因此，为了创设这个资产组合，不需要知道关于投资者偏好的任何信息。

如果客户将预测预期收益率、标准差以及相关性的任务委托给专业的金融中介，同时他们将以最优比例组合基础资产的工作进行委托，那么投资者需要做出的唯一选择就是投资于风险资产的最优组合的比例。

因此，静态均值-方差模型导出了一个共同基金金融中介的基础理论。自20世纪60年代以来，关于最优资产组合选择的学术研究已经超越了该模型而进入动态化版本，动态化版本将生命周期消费-储蓄决策的跨期最大化与储蓄在不同投资中的配置相结合。在这些模型中，不同资产的需求并不仅仅依赖于此处刚提出的最优分散化，它们还来自对冲各种不同风险的愿望，这些风险没有被包括在原始模型之中。在选择资产组合的过程中，被确认产生对冲需求的一些风险是道德风险，以及利率、预期收益率和风险的权衡取舍，人力资本回报和消费品相对价格的随机变动。这些模型提供了比静态均值-方差模型更为丰富的关于证券和金融中介作用的理论。[①]

对投资的管理进行数量化分析的基本均值-方差方法仍然是在资产管理实践中运用的主要方法。然而，情况正在发生变化。更加完善的资产组合选择模型为投资公司超越仅提供风险资产与无风险资产的组合，而提供更加宽泛的一"族"共同基金给出了设计指南。那些额外的基金代表更加适合不同客户需求的最优对冲型资产组合。投资公司可以按照一定比例，将它旗下的各种不同基金组合进行组装，从它的基金中创设出综合型产品，该比例反映了处于不同生命周期阶段的客户的适宜组合。

专栏 12.3

捐赠的业绩表现

随着基金会的投资在价值上的涨跌，以及随着基金会将捐赠基金花费于经费拨款或项目成本，以及吸引来自不同捐赠者的新资金，捐赠款物的价值可能发生波动。基金会的捐赠款物通常被投资于一个由股票与其他投资构成的组合，例如，对冲基金和私募股权基金。

2005 财政年度，美国的 247 家主要基金会的捐赠款物在获得 9.6％的平均收益率之后，价值总计大约为 3 490 亿美元。这种相对强劲的表现反映了 2005 年股票和其他投资的强劲表现。最佳业绩提升纪录由纽约斯隆-凯特林癌症研究中心的 19 亿美元捐赠款物保持。相对于 2005 年得到的 15.7％而言，2004 年它公布了 6％的收益率。

2005 年的最大一笔捐赠是比尔及梅琳达·盖茨基金会的 291 亿美元基金，随后是哈佛大学的 258 亿美元以及耶鲁大学的 152 亿美元。克里夫兰基金会以 17 亿美元的资产位居社区基金会名单之首。

资料来源：改编自 "How Endowments of 247 Major Nonprofit Organizations Performed," *Chronicle of Higher Education*，June 2, 2006。

小　结

● 不存在对所有人而言都是最好的单个资产组合。

● 生命周期中的阶段是决定一个人的最优资产和负债组合构成的重要因素。

● 时间跨度在资产组合选择中是重要的。我们在三种时间跨度之间进行区分：规划时间跨度、决策时间跨度和交易即时跨度。

● 在做出资产组合选择决策的过程中，人们

[①]　参阅 R. C. Merton，*Continuous-Time Finance*，Blackwell，1992，chapters 4 - 6，14，15，and 21。

通常仅能通过将自身暴露于更大的风险之下而获得更高的预期收益率。

● 人们有时可以在不降低预期收益率的条件下，通过更彻底地在给定资产类型之内或不同资产之间进行分散化而降低风险。

● 通过分散化降低投资者资产组合风险的能力取决于构成该资产组合的资产之间的相关程度。实际上，绝大多数资产是正相关的，因为它们都受到相同经济因素的影响。相应地，在不降低预期收益率的条件下，通过在风险资产之间进行分散化降低风险的能力是有限的。

● 虽然原则上人们拥有可以从中选择的数以千计的资产，但是实际上，他们从由金融中介提供的一小部分最终产品的菜单中进行决策。例如，银行账户、股票和债券共同基金以及房地产等。在设计并生产向其客户提供的资产菜单的过程中，这些金融中介利用了金融技术的最新进展。

关键术语

资产组合选择	终身年金	策略	有效资产组合
最小方差资产组合	风险资产的最优组合	有效资产组合边界	

问题与疑难

个人资产组合选择的过程

1. 分析针对下述问题的专家的答案：

a. 问题：我在股票上大约拥有 1/3 的投资，在货币市场中拥有剩余投资。对于另外的 1/3 投资而言，你所推荐的在某种程度上"更安全"的资产是什么？我希望保留 1/3 的投资以备不时之需。

专家的答案：这样的话，你可以尝试 1 年期或 2 年期国债。你将在无风险条件下得到稍微多一些的收益。

b. 问题：如果计划现在开始投资，你将在哪里投资？

专家的答案：答案取决于你的年龄和短期目标。如果你很年轻，比如说 40 岁以下，并且不需要投资于房屋、大学学费或诸如此类的资金，那么你应将资金投入股票基金。即使股票市场低迷，你也有时间弥补损失。而且迄今为止，在 10 年或更长的时间里，没有任何东西曾经战胜股票。但是，如果你在为期不远的将来因购买房屋或应对退休而需要资金，那么你需要更加安全地买卖股票。

2. 假设你 58 岁的父亲为 Ruffy Stuffed 玩具公司工作，而且在过去 15 年里定期向他的公司匹配型储蓄计划*缴纳款项。Ruffy Stuffed 玩具公司针对你父亲投入储蓄计划的每一美元向该储蓄计划投入 0.50 美元，最多达到其薪水的 6%。储蓄计划的参与者可以将他们的缴款配置在四种不同的投资选择中：固定收益的债券基金，投资于大公司、小公司和固定收益债券基金的"混合型"期权，不包括其他玩具公司的收入增长型共同基金，以及 Ruffy Stuffed 玩具公司的股票基金。在感恩节的假期里，你父亲知道了你的专业是金融学，同时他决定收回部分投资于你教育的大学学费的早期回报。他向你展示了储蓄计划的最新季报，同时，你看到这项储蓄计划当前价值的 98%处于第四种投资选择，即 Ruffy Stuffed 玩具公司的股票基金之中。

a. 假设你父亲是一位典型的风险厌恶者，他

---

* 公司匹配型储蓄计划指的是在该项储蓄计划中公司将针对雇员缴纳的款项配比部分款项。——译者注

正在考虑五年后退休。当你问他为何按这种方式进行配置的时候，他回答道，除了由早已低价甩卖的部门中存在的问题而引发的数次下跌之外，这家公司的股票一直表现得很好。此外，他还说许多工作中的朋友也已经做了相同的事情。关于储蓄计划配置的调整，你将给你父亲什么建议？为什么？

b. 如果你考虑到除了将 98% 配置于 Ruffy Stuffed 玩具公司的股票基金以外，你父亲还在为该公司工作的事实，这一事实将使他的处境风险更大、更小还是没有差别？为什么？

预期收益率和风险之间的权衡取舍

3. 假设我们从过去数百年来俄亥俄州与密歇根州之间的橄榄球赛的结果中定义了一个数据集。每一场比赛代表一项观测值，同时比赛的胜者被赋值 1，而负者被赋值 0。假定没有平局，你怎样解释由数据序列计算得出的期望值？两种序列之间的相关性是多少？

4. 使用下表中的预期收益率和经济状况等信息判定股票 A 与股票 B 的价格变动之间的相关性。在进行运算之前，仅通过观察这些数字形成该相关性是接近 1 还是 −1 的预期。

经济状况	概率	股票 A 预期收益率	股票 B 预期收益率
显著衰退	0.05	−0.02	−0.20
少许衰退	0.15	−0.01	−0.10
2% 的增长	0.60	0.15	0.15
3% 的增长	0.20	0.15	0.30

5. 给定下述关于五种不同资产组合的风险和预期收益率的信息，画出风险和预期收益率之间的关系。哪一种资产组合不代表有效资产组合？

资产组合	预期收益率	风险
I	0.050	0.00
II	0.075	0.12
III	0.075	0.05
IV	0.075	0.04
V	0.050	0.05

6. 如果一项无风险资产和一项风险资产的风险-收益权衡取舍线显示出负斜率，关于风险资产与无风险资产，这条权衡取舍线暗示了什么？

7. 考察拥有由下表给出的预期收益率和标准差的两项资产。

	Blau 公司	Zwartz 公司
预期收益率	0.15	0.12
标准差	0.10	0.08

如果这些资产的收益率拥有 0.5 的相关系数，一个在两种证券之间等分的资产组合的风险和预期收益率是多少？这两种证券的何种组合可以产生拥有最低风险的资产组合？该风险水平是多少？

8. 当两种资产不相关的时候，重复上述问题。

9. 具有挑战性的问题。假设我们拥有收益率不相关（$\rho=0$）的两种风险资产。假定第一种资产拥有两倍于第二种资产的预期收益率和风险水平，或者换句话说，因为承担两倍的风险，所以第一种资产提供两倍的预期收益率 $[E(r_1)=2E(r_2)$，同时 $\sigma_1=2\sigma_2]$。特别地，假定 $E(r_2)=0.06$，同时 $\sigma_2=0.02$。假设你希望承担与第二种资产所提供的相同的风险水平。你能否构建一个由这两种资产构成的资产组合，该组合拥有与第二种资产相同的风险，但是拥有更高的预期收益率？这个资产组合的构成是什么？这个资产组合提供的超过第二种资产的预期收益率的溢价是多少？

10. 考察拥有由下表给出的预期收益率和标准差的两种不相关资产。

	Blanc 公司	Rouge 公司
预期收益率	0.075	0.125
标准差	0.050	0.075

在由两种资产的投资构成的资产组合中，哪一种是无效的？

运用多种风险资产的有效分散化

11. 当无风险利率为 0.04 时，假定风险资产的最优组合产生了一个拥有预期收益率等于 0.13 且标准差等于 0.10 的资产组合。沿着有效的权衡取舍线，收益对风险的比率是多少？假设你希望仅承担相当于风险资产的最优组合所提供风险 3/4 的风险，你必须将你的投资在无风险资产与风险资产的最优组合之间怎样分割？你能实现的预期收益率是多少？

12. 参考上一问题，假设你的母亲愿意承担巨大的风险。实际上，她希望承担两倍于风险资产的最优组合所提供的风险。她怎样从无风险资产和风险资产的最优组合中构建一个资产组合，且这个资产组合拥有她希望的风险水平？当她对其风险感到满意的时候，她的资产组合的预期收益率是多少？

13. 参考表 12-1。

a. 实施运算过程来验证该表中的每一个资产组合（F、G、H、J、S）的预期收益率是正确的。

b. 对该表中第（5）列的标准差做同样的事情。

14. 参考上述问题，假设你拥有 100 万美元进行投资。将这笔资金在表 12-1 中所示的五个资产组合的每一个中进行配置，同时计算每一个资产组合的预期收益率。最能耐受风险的人最愿意选择哪一个资产组合？

使用下述信息回答问题 15～19。假设你拥有购买美国电话电报公司和微软公司股票的机会。

	美国电话电报公司股票	微软公司股票
预期收益率	0.10	0.21
标准差	0.15	0.25

15. 如果这两种股票之间的相关系数分别为 0，0.5，1，−1，拥有最小风险（标准差）的美国电话电报公司和微软公司股票的资产组合分别是什么？随着相关系数由−1 分别移动到 0，0.5，1，关于美国电话电报公司和微软公司股票之间资产配置的变化，你注意到什么？为什么可能是这样？每种拥有最小风险的资产组合的标准差是

多少？

16. 假设存在一只货币市场基金，它现在支付 0.045 的无风险利率，对于四项给定相关系数数值的每一项而言，资产组合中这两种证券的最优组合是什么？每一个最优组合的标准差是多少？每一个最优组合的预期收益率是多少？

17. 当两种股票的相关系数为 0.5 的时候，推导出最优组合的风险-收益权衡取舍线。如果你承担额外一单位的风险，那么你能预测到的预期收益率增加值是多少？

18. 当两种股票价格波动的相关系数为 0.5 时，使用美国电话电报公司和微软公司股票的最优组合以及问题 17 的结果，考虑以下问题：

a. 在获得 0.045 当前利率的货币市场基金中投资 100% 的资产组合的预期收益率和标准差是多少？该点位于风险-收益权衡取舍线的何处？

b. 在货币市场基金中投资 90%，同时在两种股票的组合中投资 10% 的资产组合的预期收益率和标准差是多少？

c. 在货币市场基金中投资 25%，同时在两种股票的组合中投资 75% 的资产组合的预期收益率和标准差是多少？

d. 在货币市场基金中投资 0，同时在两种股票的组合中投资 100% 的资产组合的预期收益率和标准差是多少？

19. 当美国电话电报公司和微软公司股票价格波动的相关系数为 0.5 时，再次使用两种股票的最优组合，拿出 1 万美元同时针对下述情形决定这笔资金在无风险资产、美国电话电报公司股票和微软公司股票之间的配置。

a. 在货币市场基金中投资 75%，同时在两种股票的组合中投资 25% 的资产组合，这一组合的预期收益率是多少？

b. 在货币市场基金中投资 25%，同时在两种股票的组合中投资 75% 的资产组合，这一组合的预期收益率是多少？

c. 在货币市场基金中不投资，在两种股票的组合中投资 100% 的资产组合，这一组合的预期

收益率是多少？

20. 一家共同基金公司提供安全的货币市场基金，它的当前利率为 0.05。同一家公司也提供拥有进取性增长目标的证券投资基金。它在历史上曾经出现 0.20 的预期收益率和 0.25 的标准差。

a. 推导风险-收益权衡取舍线的方程。

b. 对于投资者承担的每一额外单位的风险而言，他能得到的预期收益率的增加值是多少？

c. 如果一位投资者预期收益率为 0.15，那么应当在货币市场基金中进行何种配置？在这种投资下他承担的风险是什么？

21. 如果两种风险资产（A 和 B）拥有－1.0 的相关系数，那么从由它们构成的资产组合中得到无风险资产组合是可能的。如果 w 为投资于 A 的比例，应当怎样设定 w 从而可以获得一个无风险资产组合？

22. 通过在风险-收益的权衡取舍线上进一步向右移动，超过该线与风险资产的风险-收益曲线的切点暗示了什么策略？何种类型的投资者将最可能实施这种策略？为什么？

23. 假设与支付 0.05 利率的无风险资产进行组合的最有效的风险资产组合是一个拥有 0.12 的预期收益率和 0.10 的标准差的资产组合。一项杠杆化的投资是针对每一笔自己的 100 美元资金，你以无风险利率借入 50 美元，同时将全部的 150 美元投入风险资产的最优组合。这种杠杆投资的预期收益率和标准差是多少？此处风险的市场价格，也就是所承担的每一单位风险的预期收益率的增加部分，将显示什么数值？

24. 假设风险资产和风险资产组合的混合比例没有变化，但是无风险利率上升。从预期收益率和风险特征的角度，解释收益对风险的比率以及风险资产的最优组合将发生什么变化。

25. 具有挑战性的问题。假设我们考察一项涉及类似资产的简单资产组合投资策略，所有这些类似资产均拥有相同的预期收益率和风险。进一步假设资产的所有配对都是互不相关的，令 n 为资产组合中这些类似资产的数量，同时遵从在所有资产中进行等比例投资的简单规则。于是，如果拥有 5 项资产，我们将在每项资产中投入 1/5 的资金。如果拥有 10 项资产，则在每项资产中投入 1/10 的资金，以此类推。推导整体资产组合的风险的表达式，它是资产组合中资产数量 n 的函数。从多种资产组合风险的下述一般运算公式出发：

$$\sigma_p^2 = \sum \sum w_i w_j \sigma_{ij}$$
$$= \sum \sum w_i w_j \rho_{ij} \sigma_i \sigma_j$$

运算公式的总结

任意资产组合的预期收益率 $E(r)$ 由下述公式给出：

$$E(r) = wE(r_s) + (1-w)r_f$$
$$= r_f + w[E(r_s) - r_f]$$

这里 w 是投资于风险资产的比例，$E(r_s)$ 是风险资产的预期收益率，同时 r_f 为无风险利率。这个资产组合的标准差由下式给出：

$$\sigma = \sigma_s w$$

这里，σ_s 是风险资产的标准差。

风险和预期收益率之间的权衡取舍线的计算公式为：

$$E(r) = r_f + w[E(r_s) - r_f]$$
$$= r_f + \frac{[E(r_s) - r_f]}{\sigma_s} \sigma$$

由两种风险资产构成的资产组合的标准差的计算公式为：

$$\sigma = \sqrt{w^2 \sigma_1^2 + (1-w)^2 \sigma_2^2 + 2w(1-w)\rho_{1,2}\sigma_1\sigma_2}$$

附 录

时间分散化的谬误

有这样一个广泛存在而又错误的观念：股票在长期比在短期风险更小。基于这个观念，通常可以得出计划持有的时间越长，你应当将越多的资金投资于股票的推论。

两种说法使怀疑者相信这种所谓的时间分散化是有效的：

- 投资者的持有期限越长，股票年收益率的标准差越小。
- 投资者的持有期限越长，股票获得的收益率低于相应的债券无风险利率的可能性越低。

虽然这两种说法是正确的，但是它们并不支持一些提法的有效性。这些提法包括股票在长期比在短期中风险更小，或者因为你拥有更长的计划持有期限，所以应当持有更多股票。让我们解释何如此。

首先，股票投资的年收益率的标准差随着持有期限长度的增加而下降的事实，仅是从年收益率角度表达投资业绩的仿制品。在这种情形里不存在真正的分散化。你关心的是在持有期限末将拥有的财富数量，同时标准差没有下降。例如，比较在 1 年内和 25 年内将全部资金投入股票与投入债券的结果。即使 25 年期的年收益率的标准差大约是 1 年期的 1/5，25 年期的期末财富的标准差也是 1 年期结果的 5 倍。

其次，持有期限越长，亏损的可能性越低是正确的。亏损被定义为资产组合的收益率在相同时期内低于无风险利率。然而，亏损的风险依赖于亏损的严重程度以及发生的可能性。如果我们考察将亏损的严重程度以及发生的可能性纳入考虑范围的衡量标准，那么随着持有期限的延长并不存在风险的减小。例如，考察作为风险衡量标准的为一个股票投资组合提供规避亏损的保险的价格，它实际上随持有期限的延长而上升。[1]

---

[1] 这种保险等同于针对该股票投资组合期末价值的卖出期权。在第 15 章中我们将说明，随着持有期限的延长，这一卖出期权的价格必然上升。

第 5 部分

资产定价

第13章 资本市场均衡

资本资产定价模型（capital asset pricing model，CAPM）是研究风险资产市场中的均衡价格的理论。它构建在第 12 章所发展的资产组合选择理论之上，同时在为保持供求相等而调整资产价格的假设条件下，推导出必然存在于风险资产预期收益率中的数量关系。

基于两项理由，资本资产定价模型是重要的。首先，它为以指数化闻名的被动投资的广泛实践提供了理论支持。指数化意味着持有一个分散化的资产组合，在该组合中按照与市场综合指数相同的相对持股比例持有股票，例如标准普尔 500 指数或摩根士丹利国际股票指数。现在，数以亿计的由退休基金、共同基金以及其他机构在全世界范围内投资的美元通过指数化进行管理，而且指数化提供了衡量主动投资策略业绩的简单可行的参照基准。

其次，资本资产定价模型提供了估计预期收益率的方法，这种预期收益率在各种金融应用情形中得到使用。例如，第 9 章说明了需要经过风险调整的预期收益率作为股票折现现金流价值评估模型中的输入值。第 16 章将展示在做出资本预算决策的过程中，公司管理者怎样运用这些资本资产定价模型。资本资产定价模型还被用于确立特定企业投资资本的"公平"收益率，这些企业包括受到管制的企业以及在成本加成的基础上开展业务的企业。

13.1 资本资产定价模型概述

资本资产定价模型是一个以第 12 章所提供的资产组合选择理论为基础的一般均衡理论。该模型在 20 世纪 60 年代初得到发展。[①] 它由下述问题衍生而来：如果人们拥有相同的预期收益率和风险的预测值集合，同时所有人都按照有效分散化原

---

① 威廉·夏普（William F. Sharpe）因其在 1964 年面世的资本资产定价模型中的研究工作而获得 1990 年诺贝尔经济学奖。在大约相同时期独立发展该模型的其他经济学家有约翰·林特纳（John Lintner）和简·莫辛（Jan Mossin）。

理最优化选择他们的资产组合，那么在均衡时证券的风险溢价是多少？

资本资产定价模型背后的基础性理念是，在均衡状态下市场将因为人们承担风险而给予其回报。因为人们通常显现出风险厌恶的行为方式，所以为了引导人们乐于持有经济中存在的全部风险资产，全部风险资产的风险溢价总和必然是正的。

但是，市场并不因为人们持有无效资产组合，也就是说，将自身暴露于本来可以通过最优分散化行为消除的风险之下，而给予其回报。因此，任何单个证券的风险溢价均与该证券的"独立"风险并不相关，而是与它对有效分散化资产组合风险的贡献相关。

第12章说明了每一个有效资产组合都可以通过仅对两种特定资产进行混合建构：无风险资产和风险资产的有效组合（例如切点组合）。为了推导资本资产定价模型，我们需要下述两项假设：

● 假设1：投资者就预期收益率、标准差和风险资产的相关性达成一致，并因此以相同的相对比例最优化地持有他们的资产。

● 假设2：投资者通常按照最优化的方式行事。在均衡状态下，对证券价格进行调整，从而当投资者持有最优资产组合时，每一只证券的总需求均等于它的总供给。

从这两项假设出发，因为每一位投资者针对风险资产的相对持有份额是相同的，所以资产市场出清的唯一途径是那些最优相对比例正是由市场进行评价的比例。以所观测到的资产市场价值为比例持有全部资产的资产组合被称为**市场资产组合**（market portfolio）。市场资产组合的构成反映了当前市场价格条件下的现有资产供给状况。

让我们阐明市场资产组合的含义。在市场资产组合中，配置于证券i的比例等于在市场中流通的第i种证券的市场价值与全部流通资产的市场价值之间的比率。因此，为了简化起见，假定仅存在三种资产：通用汽车公司的股票、丰田公司的股票和无风险资产。按照当前的市场价格，每一项资产的市场总价值分别是通用汽车公司的660亿美元、丰田公司的220亿美元和无风险资产120亿美元。全部资产的市场总价值为1 000亿美元。因此，市场资产组合的构成为66%的通用汽车公司股票、22%的丰田公司股票和12%的无风险资产。

资本资产定价模型是指在均衡状态下，任何投资者的风险资产相对持有份额都将与市场资产组合中的份额相同。投资者依据风险厌恶程度，持有无风险资产和风险资产的不同组合，但是风险资产的相对份额对所有投资者而言都是相同的。因此，在我们的简单例证中，所有投资者都将按照3：1的比例（也就是说，66/22）持有通用汽车公司和丰田公司的股票。另一种表述方法是任何投资者的资产组合风险部分的构成都将是75%的通用汽车公司股票以及25%的丰田公司股票。

考察两位投资者的情形，每位投资者都拥有10万美元进行投资。投资者1拥有等同于所有投资者平均值的风险厌恶程度，因此，按照与市场资产组合相同的比例持有每一项资产——通用汽车公司股票 6.6 万美元、丰田公司股票 2.2 万美元和无风险资产 1.2 万美元。相对于一般投资者而言，投资者 2 是更加风险厌恶的，并因此选择在无风险资产中投资 2.4 万美元（2 倍于投资者 1 的数量），而在风险资产中投资 7.6 万美元。投资者 2 在通用汽车公司股票中的投资将是 0.75×7.6 万美元即 5.7 万美元，同时在丰田公司股票中的投资则为 0.25×7.6 万美元即 1.9 万美元。因此，两位投资者都将持有 3 倍于丰田公司股票的通用汽车公司股票。

快速测查 13-1

投资者 3 拥有 10 万美元的资产组合，该组合不在无风险资产中投入任何资金，投资于通用汽车公司股票和丰田公司股票的资金分别是多少？

资本资产定价模型的这项基本理念也可以在图 13-1 的帮助下得到说明。图 13-1 描绘了每一位投资者面临的风险-收益权衡取舍线。因为切点组合或者风险资产的最优组合拥有和市场资产组合相同的风险资产相对份额，所以市场资产组合位于风险-收益权衡取舍线上的某一点处。在资本资产定价模型中，权衡取舍线被称为**资本市场线**（capital market line，CML）。在图 13-1 中，点 M 代表市场资产组合，点 F 则是无风险资产，而资本市场线是连接这两点的直线。

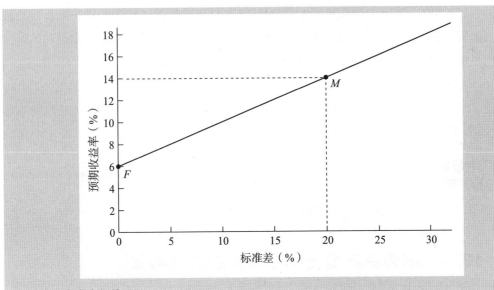

图 13-1 资本市场线

说明：资本市场线由下列计算公式给出：

$$E(r) = r_f + \frac{E(r_M) - r_f}{\sigma_M}\sigma = 0.06 + 0.40\sigma$$

资本资产定价模型说明，在均衡状态下资本市场线代表所有投资者可以获得的最佳风险-收益组合。虽然每位投资者都力争达到超过资本市场线的点，但是竞争力量将推动资产价格变化，从而使每位投资者可望达到位于资本市场线上的点。

资本市场线的计算公式为：

$$E(r) = r_f + \frac{E(r_M) - r_f}{\sigma_M} \sigma \tag{13.1}$$

因此，资本市场线的斜率是市场资产组合的风险溢价除以它的标准差：

$$资本市场线的斜率 = \frac{E(r_M) - r_f}{\sigma_M}$$

资本资产定价模型暗指大部分投资者与其主动寻找证券并试图"战胜"市场，不如仅被动地将无风险资产与指数型基金进行组合，该指数型基金持有与市场资产组合比例相同的风险资产。超常勤奋且能干的投资者确实往往因其努力获得回报，但是随着时间的推移，他们之间的竞争降低了诱使他们从事该项工作所需的最低回报。于是，其他人可以通过被动投资从他们的工作中获益。

资本资产定价模型的另外一层含义是，任何单只证券的风险溢价仅与它在市场资产组合中所占的份额成比例。该风险溢价不依赖于证券的"独立"风险，因此，依照资本资产定价模型，在均衡状态下，投资者仅能因承担市场风险而获得更高回报。这种风险是为了获得所希望的预期收益率，投资者必须承担的不可降低的或必要的风险。

这里的逻辑是，因为所有的有效风险-收益组合都通过将市场资产组合与无风险资产进行组合简单获得，所以为了获取有效资产组合，投资者需要承担的风险仅是市场风险。因此，市场不会因承担任何非市场风险而回报投资者。

市场不会因其选择了无效资产组合而回报投资者。

资本资产定价模型的这一含义，有时通过宣称只有与证券相关的市场风险才是"重要的"而得到强调。

快速测查 13-2

依照资本资产定价模型，投资者构建资产组合的一种简单方法是什么？

13.2 市场资产组合风险溢价的决定因素

依照资本资产定价模型，市场资产组合风险溢价的规模由投资者的整体风险厌恶程度和市场收益率的波动性决定。为了诱导投资者接受市场资产组合的风险，必须给予他们超过无风险利率的预期收益率。公众的平均风险厌恶程度越大，所需要的风险溢价越高。

被动型投资与主动型投资

被动型投资保证了与股票市场指数收益率相当的收益率，但是以从市场无效率中获益的可能性为代价。一只特定股票的市场资本化相对程度自身决定了被动型投资持有该股票的比例。相反，主动型投资试图击败指数。然而，主动型投资并不必然比被动型投资拥有更高的收益率。事实上，在 2005 年，只有刚刚超过半数的主动型基金击败了标准普尔 500 指数。

研究成果已经显示，被动型投资在 21 世纪早期构成了美国股票市场的大部分交易。但是 2005 年投资于被动型基金的数量比投资于主动型基金的数量少 1/5。这项矛盾表明，甚至主动型基金也可能采用被动型投资方法，宁愿选择获得正常的收益率而不是去冒试图击败市场的风险。随着被动型投资逐渐流行，价格可能较少反映与证券定价相关的信息，从而为主动型投资创造从市场无效率中获利的更多机会。

资料来源：改编自 "Passive Aggression," *The Economist*，January 26, 2006。

在资本资产定价模型中，市场资产组合的均衡风险溢价等于该市场资产组合的方差与财富持有者风险厌恶程度的平均值（A）的乘积：

$$E(r_M)-r_f=A\sigma_M^2 \tag{13.2}$$

其中，A 应当被看做经济中关于风险厌恶程度的一项指数。

假设市场资产组合的标准差为 0.20，同时风险厌恶程度的平均值是 2，于是市场资产组合的风险溢价为 0.08：

$$E(r_M)-r_f=2\times0.2^2=2\times0.04=0.08$$

因此，按照资本资产定价模型，市场风险溢价可能因为市场方差变化、风险厌恶程度变化或者两者同时变化而随时间发生变化。

注意，资本资产定价模型解释了无风险利率和市场资产组合预期收益率之间的差别，而不是它们的绝对水平。市场资产组合均衡预期收益率的绝对水平由诸如股本的预期生产能力和居民户的跨期消费偏好等因素决定。

给定市场预期收益率的特定水平，资本资产定价模型可以被用于决定无风险利率。在我们的数字性例证中，如果市场资产组合的预期收益率为每年 0.14，那么资本资产定价模型暗指无风险利率必然是每年 0.06。

将这些数值代入式（13.1），资本市场线由下述计算公式给出：

$$E(r)=r_f+\frac{E(r_M)-r_f}{\sigma_M}\sigma$$
$$=0.06+0.40\sigma$$

这里的利率，即市场的收益对风险的比率为 0.40。

如果风险厌恶程度的平均值由 2 上升到 3，那么资本市场线的斜率将是多少？

13.3 单只证券的贝塔系数和风险溢价

按照定义，资产的均衡价格和均衡预期收益率正是有见地的投资者愿意在其最优资产组合中持有该资产的原因。在投资者必须因承担风险而以预期收益率的形式获得补偿的理念下，我们通过均衡预期收益率的大小定义证券的风险。因此，如果证券 A 的预期收益率在均衡状态下超过了证券 B 的预期收益率，那么证券 A 的风险大于证券 B 的风险。通过观察图 13-1 中的资本市场线，在最优（有效）资产组合中，收益率的标准差越大，均衡预期收益率 $E(r)$ 也越大，因此风险也越大。于是，一个有效资产组合的风险由 σ 衡量。然而，收益率的标准差通常不能衡量资本资产定价模型中证券的风险。证券风险的一般衡量标准是**贝塔系数**（beta，希腊字母 β）。从技术角度而言，贝塔系数描述了证券收益率对市场资产组合收益率标准差的边际贡献。证券 j 的贝塔系数的计算公式为：

$$\beta_j = \frac{\sigma_{jM}}{\sigma_M^2}$$

这里 σ_{jM} 表示证券 j 的收益率与市场资产组合收益率之间的协方差。[①]

按照资本资产定价模型，在均衡状态下，任何资产的风险溢价均等于其贝塔系数与市场资产组合的风险溢价的乘积。表述这一关系的方程为：

$$E(r_j) - r_f = \beta_j [E(r_M) - r_f] \tag{13.3}$$

这被称为**证券市场线**（security market line，SML）关系式，同时它被描绘在图 13-2 中。注意，在图 13-2 中，我们将证券的贝塔系数标注在横轴上，同时将风险溢价标注在纵轴上。证券市场线的斜率是市场资产组合的风险溢价。在我们的例子中，由于市场资产组合的风险溢价是每年 0.08 或 8%，因此证券市场线的关系式为：

$$E(r_j) - r_f = 0.08\beta_j$$

贝塔系数同样提供了单只证券的实现收益率对市场资产组合的实现收益率的敏感程度的比例性标准。因此，如果市场资产组合的实现收益率比所预期的收益率大

---

① 贝塔系数对应于从线性回归模型中得出的斜率回归系数的估计因子，线性回归模型在第 11 章的附录中做过概述。在这项线性回归模型中，自变量（X）是来自市场资产组合的收益率，而单只证券的收益率则是因变量（Y）。

（小）$N\%$，那么证券 j 的实现收益率将倾向于比所预期的收益率大（小）$\beta_j \times N\%$。于是，拥有高贝塔系数（大于 1）的证券被称为"进取型"的，因为它们的收益率倾向于强化整体市场资产组合的收益率，在强势市场中上升得更多，在低迷市场中下降得更多。与之类似，拥有低贝塔系数（小于 1）的证券被称为"防守型"的。按照定义，市场资产组合拥有的贝塔系数为 1，而贝塔系数为 1 的证券被认为拥有"平均"的风险。

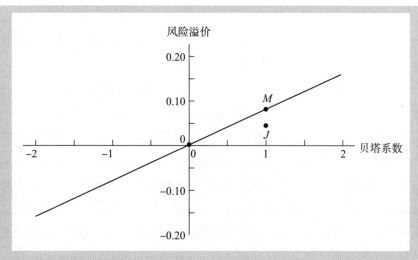

图 13-2　证券市场线

说明：如果所有证券均按照资本资产定价模型被正确定价，那么它们都能被标注在证券市场线上（并不仅仅是有效资产组合）。

13

　　如果任何证券拥有不在证券市场线上的预期收益率和贝塔系数的组合，那么它将是对资本资产定价模型的违反。更进一步地，设想一只证券拥有由图 13-2 中点 J 表示的组合情形。因为该组合低于证券市场线，所以它的预期收益率太低，以至于无法维持均衡（等同地，我们可以说这个组合的市场价格过高）。

　　这一情形的存在违反了资本资产定价模型，因为它暗示市场不是处于均衡状态，或者投资者无法就收益率的分布达成一致，抑或是投资者没有像追求均值-方差最优化的人那样行事。在资本资产定价模型的假设下，投资者可以通过在证券 J 中少投资一些，而在其他证券中多投资一些的方式改进他们的资产组合。因此，这里存在对证券 J 的超额供给和对其他证券的超额需求。

　　任何位于资本市场线上的资产组合（也就是说，通过将市场资产组合和无风险资产进行混合形成的任何资产组合）均拥有一项与投资于市场资产组合的比例相等的贝塔系数。例如，一个 75% 投资于市场资产组合，而 25% 投资于无风险资产的资产组合的贝塔系数为 0.75。

假设你正在审查一只贝塔系数为 0.5 的证券。按照资本资产定价模型，它的预期收益率是多少？该证券应当位于资本市场线和证券市场线的何处？

资本资产定价模型可以被用于将单只证券收益率的全部风险（σ_j^2）分解成可分散风险和不可分散风险。证券的风险溢价不依赖于证券的总体风险，而依赖于其与市场相关的风险。因为在均衡状态下，每位投资者都以在市场资产组合中所占市场化权重为比例持有风险资产，这正是由投资者承担的单只证券的不可分散风险，与此同时，这种证券的可分散风险已经被消除。

对于任何有风险的证券而言，它的不可分散风险由 $\beta_j^2 \times \sigma_M^2$ 给出，而可分散风险作为残值可以通过将不可分散风险从总体风险中减去得出：$\sigma_j^2 - \beta_j^2 \times \sigma_M^2$。例如，拥有贝塔系数为 1 的证券将拥有一项不可分散风险，该不可分散风险等同于市场资产组合的不可分散风险。因为在均衡状态下，在资本资产定价模型中风险溢价仅依赖于不可分散风险，这种证券将提供一项与市场资产组合相同的预期风险溢价。当该证券作为市场资产组合的一部分被持有时，其可分散风险已经被消除，并且因此无须关注。另外，如果投资者是不明智的，同时仅持有证券自身，那么他将面临可分散风险和不可分散风险，与此同时，仅能因后者获得回报。

13.4 在资产组合选择的过程中运用资本资产定价模型

资本资产定价模型暗指风险资产的市场资产组合是一个有效资产组合。这意味着投资者与其遵从试图击败市场的主动型资产组合策略，不如简单地遵从将市场资产组合与无风险资产进行组合的被动型资产组合策略。

无论资本资产定价模型是否适用于真实世界的资产价格，它都提供了简单的被动型资产组合策略的基本原理：

● 按照在市场资产组合中的比例分散化你的风险资产持有份额；
● 通过将该资产组合与无风险资产进行混合实现所希望的风险-收益组合。

这种简单的被动型资产组合策略可以充当一项经过风险调整的基准，该基准被用于衡量主动型资产组合策略的业绩。

我们对其进行说明。假设你拥有 100 万美元进行投资。你正在决定怎样在两类风险资产——股票和债券——与无风险资产中配置这笔 100 万美元。你知道这三种资产类型在总体经济中的相对净供给分别为股票 60%、债券 40% 和无风险资产 0。因此，这就是市场资产组合的构成。

如果你拥有平均的风险厌恶程度，那么你将在股票中投资 60 万美元，在债券中投资 40 万美元，同时不进行任何无风险资产投资。如果相对于平均水平而言，你是更加风险厌恶的，那么你会将 100 万美元的一部分投资于无风险资产，同时将剩余部分投资于股票和债券。无论投资于股票和债券的数量是多少，你都将按照在股票中投入 60%，同时在债券中投入 40% 的比例进行配置。

在以风险调整为基础对资产组合管理者的业绩进行评价的过程中，资本资产定价模型提出了一项基于资本市场线的简单基准。这一基准包括将处于管理之下的资产组合所赚取的收益率与通过简单地将市场资产组合和无风险资产进行混合得到的、保证与处于管理之下的资产组合拥有相同波动性的资产组合的收益率进行比较。

这种方法需要计算处于管理之下的资产组合在过去有关时期的波动性，例如，过去 10 年。然后计算混合市场资产组合与无风险资产得到的一个资产组合的平均收益率，使该资产组合产生与处于管理之下的资产组合相同的波动性。进而，将处于管理之下的资产组合的收益率与这一简单基准性资产组合的平均收益率进行比较。①

在实践中，衡量资产组合管理者业绩使用的市场资产组合实际上是经过良好分散化的股票组合，而不是真正的全部风险资产的市场组合。已经证实，简单基准策略已成为一项很难被打败的策略。针对处于管理之下的股权性共同基金业绩的研究发现，简单基准策略在业绩上超过了大约 2/3 的共同基金。结果，更多的居民户和退休基金已经并且一直在采用充当业绩基准的被动型投资策略。这类策略已经显示出**指数化**（indexing）趋势，这是因为作为市场资产组合替代物使用的资产组合，经常拥有与诸如标准普尔 500 指数等著名股票市场指数相同的权重。

无论资本资产定价模型是否为有效的理论，基于至少两项理由，指数化是具有吸引力的投资策略。首先，实践证明指数化在历史上比大部分主动型资产组合策略业绩更好。其次，实施指数化比实施主动型资产组合策略花费更少，因为它不用承担寻找被错误定价证券的研究成本，而且交易成本一般也更少。

就像我们曾经看到的那样，资本市场线提供了一项衡量投资者全部资产组合业绩的方便而又激动人心的基准。然而，居民户和退休基金经常使用一些不同资产组合管理者的服务，每位资产组合管理者只管理整体资产组合的一部分。为了衡量这类资产组合管理者的业绩，资本资产定价模型提出了另一项不同的基准——证券市场线。

资本资产定价模型坚持认为每只证券都拥有一项风险溢价，这项风险溢价等于其贝塔系数与市场资产组合风险溢价的乘积。一只证券或一个资产组合的平均收益率与其证券市场线上相关收益率之间的差额被称为**阿尔法值**（alpha，希腊字母 α）。

如果一位资产组合管理者可以持续不断地得到正的阿尔法值，那么他的业绩将

---

① 关于另一项经过风险调整的收益率衡量标准的细节，参阅 Franco and Leah Modigliani, "Risk-Adjusted Performance: How to Measure It and Why," *Journal of Portfolio Management* (Winter 1997), pp. 45–54。

被判定为优秀的，即使作为一项独立的投资，他所管理的资产组合在业绩上依然无法超过资本市场线。

为了理解这一谜团，我们考察在将市场资产组合与无风险资产进行组合的过程中，一位投资者怎样使用拥有正阿尔法值的基金创造在业绩上超过资本市场线的总体资产组合。我们用一个例证进行说明。

假设无风险利率为每年 6%，市场资产组合的风险溢价为每年 8%，同时市场资产组合的标准差为每年 20%。假设阿尔法基金是一只处于管理之下的共同基金，它拥有 0.5 的贝塔系数、每年 1% 的阿尔法值和 15% 的标准差。

图 13-3 和图 13-4 说明了阿尔法基金与证券市场线和资本市场线之间的关系。两图中的阿尔法点都代表阿尔法基金。在图 13-3 中，阿尔法点处于证券市场线上方。阿尔法基金的 α 值由阿尔法点与证券市场线之间的垂直距离衡量。

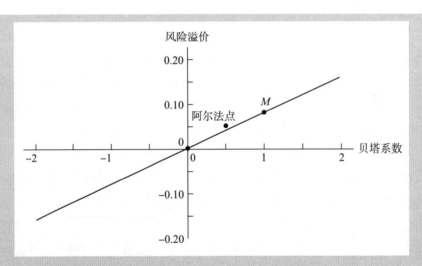

图 13-3　阿尔法基金与证券市场线

说明：证券市场线拥有每年 8% 的斜率。阿尔法基金是一只处于管理之下的基金，它拥有每年 0.5 的贝塔系数和 1% 的阿尔法值。

在图 13-4 中，阿尔法点位于资本市场线的下方，并且因此是无效率的。任何投资者永远都不会将阿尔法基金作为总体资产组合持有，因为投资者可以通过将市场资产组合与无风险资产进行混合获得更低的风险，或者更高的预期收益率。然而，通过按照特定最优比例将阿尔法基金与市场资产组合进行混合，投资者可以达到位于资本市场线上方的点。

图 13-4 中的点 Q 对应于阿尔法基金与市场资产组合的最优组合。通过将该组合与无风险资产进行混合，投资者可以获得连接点 F 与点 Q 的直线上的任意风险-收益组合，这条直线是位于资本市场线上方的虚线。因此，如果你可以找到一位拥有正阿尔法值的资产组合管理者，那么你可以打败市场（指数化投资策略）。

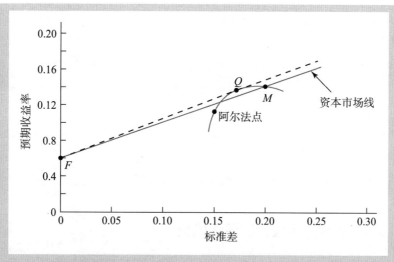

图 13-4　阿尔法基金与资本市场线

说明：无风险利率为每年 6%，市场资产组合的风险溢价为每年 8%，同时市场资产组合的标准差为每年 20%，资本市场线的斜率为 0.4。阿尔法基金是一只处于管理之下的共同基金，它拥有每年 11% 的预期收益率和 15% 的标准差。

快速测查 13-5

如果从实证角度而言，资本资产定价模型是正确的，那么所有资产组合的阿尔法值应当是多少？

13.5　评估价值与管制收益率

除了在资产组合选择过程中的运用之外，从资本资产定价模型中推导出来的风险溢价也在折现现金流价值评估模型和企业的资本预算决策中得到应用。这些风险溢价还被用于设定某些企业的已投资资本的"公平"收益率，这些企业包括受到管制的企业，或者在成本加成的基础上开展业务的企业。我们在本节提供每项应用的简要例证。

专栏 13.2

外汇交易基金的短暂性狂热

1993 年，外汇交易基金首先在美国被引入，并且从此变成其他投资的时尚替代物。像共同基金那样，外汇交易基金为投资者提供了持有证券的基金中的份额。然而，外汇交易基金也像股票那样在交易所连续不断地被交易。它们还向投资者提供与指数投资相关的低交易成本，而且提高了税收效率。连续性交易允许短期投机存在，同时保护外汇交易基金免受延迟交易和市场择时延迟的影响。

从对冲基金的投资者到小规模投资者，外汇交易基金在不同类型投资者中的流行导致 20 世纪 90 年代末期到 21 世纪早期新型外汇交易基金在美国、欧洲和日本产生。然而，因为需求不足以弥补成本，尤其是指数提供者索取的高额费用，许多新型外汇交易基金被迫停业。

外汇交易基金在一些新兴市场上同样表现良好。自从墨西哥允许在退休金体系中持有外汇交易基金以来，巴克利指数份额基金现在已经拥有全部股票市场交易额的 15%。虽然可能不存在每类指数相关型外汇交易基金的更多空间，但是进入市场的这些新型外汇交易基金也可能给予投资者更多的选择。

资料来源：改编自 "Entirely Too Frenetic?" *The Economist*，July 29，2004。

13.5.1 折现现金流价值评估模型

就像我们在第 9 章中所看到的那样，某些广泛使用的评估公司股票的方法将股票价格看做按照市场资本化比率进行折现的所有预期未来红利的现值：

$$P_0 = \frac{D_1}{1+k} + \frac{D_2}{(1+k)^2} + \cdots = \sum_{t=1}^{\infty} \frac{D_t}{(1+k)^t}$$

这里 D_t 是第 t 期的每股预期红利，同时 k 是经过风险调整的折现率，经过风险调整的折现率是投资者投资该股票要求的预期收益率。在应用这个计算公式的过程中，分析师经常采用资本资产定价模型来计算 k。

例如，稳定增长公司的每股红利可望按照每年 10% 的不变增长率增长。未来红利的预期资金流是：

D_1	D_2	D_3	⋯
5 美元	5.50 美元	6.05 美元	⋯

就像我们在第 9 章中所说明的那样，以不变增长率 g 增长的永续红利流的现值为：

$$P_0 = \frac{D_1}{k-g}$$

使用稳定增长公司股票的数据，这暗指股票价格是：

$$P_0 = \frac{5\text{ 美元}}{k-0.10}$$

得出 k 的一种方法是估计稳定增长公司股票的贝塔系数，同时从证券市场线的关系式中推导出稳定增长公司股票的风险溢价：

$$k_{\text{稳定增长}} = r_f + \beta_{\text{稳定增长}} [E(r_M) - r_f]$$

因此，假设无风险利率为 0.03，$\beta_{\text{稳定增长}} = 1.5$，同时市场资产组合的风险溢价为 0.08，那么 $k = 0.15$。将这项数值代入不变增长率的折现红利模型中，稳定增长公司股票的估计值为：

$$P_0 = \frac{5\ 美元}{k-0.10} = \frac{5\ 美元}{0.15-0.10} = 100\ 美元$$

快速测查 13-6

如果稳定增长公司股票的贝塔系数为 2，而不是 1.5，那么其股票的估计值将是多少？

13.5.2　资本成本

就像我们将在第 16 章中看到的那样，为了做出投资（资本预算）决策，公司的财务管理人员需要知道他们公司的资本成本。专业人员经常使用以资本资产定价模型为基础的方法，该方法类似于我们刚才说明的稳定增长公司估计其权益资本成本的方法。

例如，假设你是 ABC 公司的财务管理人员，同时你希望算出公司的权益资本成本。你计算了 ABC 公司的贝塔系数并得出它是 1.1。当前的无风险利率为每年 0.06，同时假定市场的风险溢价为每年 0.08。于是按照证券市场线，ABC 公司股票的均衡预期收益率为：

$$E(r_{ABC}) = r_f + \beta_{ABC}[E(r_M)-r_f]$$
$$= 0.06 + 1.1 \times 0.08 = 0.148$$

因此，每年 14.8% 就是 ABC 公司的权益资本成本。

13.5.3　管制与成本加成定价

管制者可能使用资本资产定价模型来为公用设施企业以及面临价格管制的其他企业设立已投资资本的"公平"收益率。例如，对电力企业实施管制的委员会可能不得不设定一项允许企业因提供电力向客户索取的价格。该委员会将通过计算生产电力的成本设定这项价格，成本包括对资本成本的补贴。

与之类似，在双方基于生产成本谈判价格的情形中，通常也需要决定资本成本的公平补贴。一个例证是为政府开发或生产军事设备的非竞争性（私密）合同。

在计算资本成本的过程中，管制委员会必须因资本提供者投资电力设施所承担的成本而对其进行补偿。由于投资者可以分散化他们的资产组合，管制者需要对其进行补偿的唯一风险是由贝塔系数衡量的市场风险。

13.6　资本资产定价模型的修正与替代选择

早在 20 世纪 70 年代，研究者就使用美国普通股的历史数据验证证券市场线的实证有效性。他们发现，似乎证券市场线不能很好地与数据契合，从而完全解释资产预期收益率的结构。随后和当前正在进行的研究使用来自世界上各种资产市场的数据，构建并验证了各种各样的经过完善的资本资产定价模型和其他替代模型。资本资产定价模型的原始简单版本需要修正的共识已经出现。[①]

对资本资产定价模型明显偏离的潜在解释被划分为三种类型：第一种类型是资本资产定价模型实际上的确可以坚持，但是在验证过程中使用的"市场"资产组合却是真实市场资产组合的不完善或不充分的代表形式。第二种类型关注无法在资本资产定价模型中得到考虑的市场不完全性，例如，借贷的成本与限制、卖空的限制与成本、针对不同资产的差别税收征稽政策，以及诸如人力资本等某些重要资产的不可交易性。这些因素可能由于技术、制度结构和管制的变化而随时间的推移发生变化。第三种类型是在保持资本资产定价模型基本方法论的同时，在对假设进行模型化的过程中加入更大的现实性。这意味着保留资本资产定价模型的基本假设，这项假设是投资者（或其代理人）遵从最优资产组合选择的基本原理，进而在存在额外复杂因素的条件下推导出这种最优行为的均衡含义。一项这样的模型是多因素条件下的跨期资本资产定价模型，在这项动态模型里，证券的均衡风险溢价来自数种风险量度，这些风险不仅由其收益率敏感程度或市场资产组合的贝塔系数反映，而且由它们对诸如利率变化、资产的预期收益率变化和消费品价格变化等其他系统性风险的敏感程度反映。在这个世界上，除了在资产组合中的地位之外，证券还具有一系列更加丰富的对冲作用。

另一种研究路线是发展可替代的理论。最显著的理论是套利定价理论。按照套利定价理论，即使投资者不是均值-方差最优化的执行者，一项类似于证券市场线的关系式也可以存在。如果存在足够的不同证券来"分散并且消除"除市场风险之外的所有风险，那么套利定价模型表明，预期收益率与贝塔系数之间的关系式将作为不存在任何套利机会的结果存在。虽然在这些模型中，资产风险的特定结构不同于资本资产定价模型，但是资本资产定价模型的基本洞察力——风险溢价与广泛的系统性风险因素相关，这些系统性风险因素对大部分公众而言是有意义的——仍然被坚持下来。

小 结

资本资产定价模型有三项主要含义：

● 在均衡状态下，每个人的风险资产相对持

有份额与市场资产组合中的相对持有份额相同。

● 市场资产组合的风险溢价大小由投资者的

---

① 参阅 F. Black, M. Jensen, and M. Scholes, "The Capital Asset Pricing Model: Some Empirical Tests," in M. Jensen, ed., *Studies in the Theory of Capital Markets*, New York: Praeger, 1972; E. Fama and J. MacBeth, "Risk, Return and Equilibrium: Some Empirical Tests," *Journal of Political Economy*, 8, 1973; E. Fama and K. French, "Multifactor Explanations of Asset Pricing Anomalies," *Journal of Finance*, 51, 1996.

风险厌恶程度和收益率的波动性决定。

● 任意资产的风险溢价等于其贝塔系数与市场资产组合风险溢价的乘积。

无论资本资产定价模型是否严格正确，它都提供了关于被动型投资策略的极其简单的基本原理：

● 按照市场资产组合的比例分散你的风险资产持有份额；

● 将这一组合与无风险资产进行混合，从而获得所希望的风险-收益组合。

在资产组合管理领域，资本资产定价模型主要按照两种方式使用：

● 在资产配置及证券选择的过程中，设立一个符合逻辑且方便的出发点；

● 设立一项在风险调整的基础上评估资产组合管理能力的基准。

在公司金融领域，资本资产定价模型被用于决定企业的价值评估模型和资本预算决策中经过风险调整的适宜折现率。资本资产定价模型也被用于为受管制企业在成本加成定价的过程中设立一项已投资资本的"公平"收益率。

现在，少数从事金融研究的学者认为，以最简单形式表现的资本资产定价模型是能完全解释或预测风险资产的风险溢价的精确模型，但是该模型的修正版本仍然是金融理论和实践的核心。

套利定价模型在不存在套利获利机会的条件下给出了预期收益率与贝塔系数之间关系的基本原理。资本资产定价模型要求投资者是均值-方差资产组合最优化的执行者。套利定价模型与资本资产定价模型并不是不相容的，相反，它们相互补充。

关键术语

资本资产定价模型　　市场资产组合　　资本市场线　　贝塔系数
证券市场线　　　　　指数化　　　　　阿尔法值

问题与疑难

资本资产定价模型概述

1. 假设仅存在三种风险资产：IAM 公司的股票、IBM 公司的股票和 ICM 公司的股票。按照当前价格，这些公司股票的市场总价值分别为 IAM 公司股票 1.5 亿美元、IBM 公司股票 3 亿美元以及 ICM 公司股票 15 亿美元。此外，市场上还存在 5 000 万美元的无风险资产。总体市场资产组合中所持有的无风险资产的比例将是多少？

2. Flatland 的资本市场展示了四种证券的交易：股票 X、股票 Y、股票 Z 以及无风险政府债券。按照当前以美元表示的价格进行评估，这些资产的市场总价值分别为 240 亿美元、360 亿美元、240 亿美元和 160 亿美元。

a. 决定每项资产在市场资产组合中所占的相对比例。

b. 如果投资者以市场价值为比例持有风险资产，并将 10 万美元的总资产组合分出 3 万美元投资于无风险资产，那么投资于证券 X、Y 和 Z 的数额分别是多少？

3. 在无风险利率为 0.06、证券市场溢价为 0.05 和资本市场线斜率为 0.75 的条件下，关于市场资产组合的风险，我们可以得出什么推论？

4. 如果美国国库券的利率当前为 0.04，并且市场资产组合的预期收益率同期为 0.12，决定市场的风险溢价。如果市场收益率的标准差为 0.20，资本市场线的方程是什么？

5. 无风险利率为每年 0.06，同时市场资产组合的预期收益率为每年 0.15。

a. 按照资本资产定价模型，投资者获得每年 0.10 的预期收益率的有效方法是什么？

b. 如果市场资产组合预期收益率的标准差为 0.20，那么预期收益率为 0.10 的资产组合的标准差是多少？

c. 画出资本市场线并在图中标出上述资产组合。

d. 画出证券市场线并在图中标出上述资产组合。

6. 给定来自上述问题（问题 5）的信息，估计一只证券的价值。该证券拥有下一年度的 5 美元每股预期红利，以及持续至永远的 0.04 的年红利增长率和 0.8 的贝塔系数。如果该证券的市场价格低于你的估计值（也就是说，如果它是低定价的），关于它的预期收益率正确的是什么？

7. 如果资本资产定价模型是有效的，下述哪种情形是可能的？解释原因。独立考察每一种情形。

a.

资产组合	预期收益率	贝塔系数
A	0.20	1.4
B	0.25	1.2

b.

资产组合	预期收益率	标准差
A	0.30	35%
B	0.40	25%

c.

资产组合	预期收益率	标准差
无风险资产	0.10	0
市场资产组合	0.18	24%
A	0.16	12%

d.

资产组合	预期收益率	标准差
无风险资产	0.10	0
市场资产组合	0.18	24%
A	0.20	22%

市场资产组合风险溢价的决定因素

8. 假设无风险利率为 0.10 且贝塔系数为 1 的证券拥有 0.15 的均衡预期收益率。证券市场的风险溢价是多少？

9. 假设证券市场的风险溢价为 4% 且贝塔系数为 1.25 的证券拥有 0.10 的均衡预期收益率。如果政府希望发行 1 年到期，同时每单位债券的面值为 10 万美元的无风险零息债券。就每单位债券而言，政府预期得到多少？

10. 考察在无风险利率为 0.08 的经济中显示出 0.20 的预期收益率的一个资产组合，市场资产组合的预期收益率为 0.13，同时市场资产组合预期收益率的标准差为 0.25。假设这个资产组合是有效的，决定：

a. 该资产组合的贝塔系数。

b. 该资产组合收益率的标准差。

c. 该资产组合与市场收益率的相关性。

单只证券的贝塔系数和风险溢价

11. 假设市场资产组合的已实现收益率比其预期收益率高 1 个百分点，那么与预期收益率相比，贝塔系数为 2 的证券将拥有怎样的已实现收益率？

12. 证券 i 的贝塔系数可以被写成：$\beta_i = \frac{\sigma_{im}}{\sigma_m^2}$，这里 σ_{im} 为证券 i 的收益率与市场资产组合收益率的协方差。反过来，协方差是相关系数与标准差的乘积，即 $\sigma_{im} = \rho_{im}\sigma_i\sigma_m$。贝塔系数为 1 的证券拥有的风险特征是什么？贝塔系数为 0 的证券呢？

13. 如果市场资产组合的收益率为 0.12，同时无风险利率为 0.07，使用资本资产定价模型判定下述证券是否被错误地定价：

股票	预期收益率	贝塔系数
M	0.115	0.8
M&M	0.135	1.2

14. 铃木摩托车公司正在考虑发行股票为生产新运动型多用途车辆赛普库的投资进行融资。铃木摩托车公司内部的金融分析师预测这项投资

将恰好拥有与市场资产组合相同的风险。在这里，市场资产组合的预期收益率为 0.15，而当前的无风险利率为 0.05。分析师进一步认为赛普库项目的预期收益率将是每年 0.20。推导引致铃木摩托车公司发行股票的最大的贝塔系数。

15. 圣彼得堡联合会，一家由专门研究俄罗斯金融市场的金融分析师组成的机构，预测西伯利亚钻井公司股票一年后每股将价值 1 000 卢布。假设俄罗斯政府债券的无风险利率为 0.10，同时市场资产组合的预期收益率为 0.18。依照下述条件，决定你将为一股西伯利亚钻井公司股票支付多少：

a. 西伯利亚钻井公司股票的贝塔系数为 3。

b. 西伯利亚钻井公司股票的贝塔系数为 0.5。

在资产组合选择的过程中运用资本资产定价模型

16. 假设一家新型古龙水制造商罗德曼香水公司的股票被预测其收益率的标准差为 0.30，而且与市场资产组合的相关系数为 0.9。如果市场收益率的标准差为 0.20，决定市场资产组合与罗德曼香水公司股票的相对持有份额，从而形成贝塔系数为 1.8 的资产组合。

17. 澳大利亚唐氏内衣公司股票的当前市场价格为 50 澳大利亚元，同时该年度的预期收益率为 0.14。澳大利亚市场的风险溢价为 0.08，同时无风险利率为 0.06。如果该公司的未来预期分红派发比率保持不变，与此同时，其收益率与市场资产组合的协方差下降了 50%，那么股票的当前价格将发生什么变化？

18. 假设你认为从现在开始一年后，IBM 公司的股票的每股价格等于通用汽车公司股票的每股价格加上埃克森美孚公司股票的每股价格的总和，你进一步认为，IBM 公司股票的每股价格 1 年后将是 100 美元，与此同时，通用汽车公司股票的每股价格现在为 30 美元。如果 91 天期美国国库券的年收益率（即你使用的无风险利率）是 0.05，市场的预期收益率为 0.15，市场资产组合的方差为 1，IBM 公司股票的贝塔系数为 2，

那么现在你愿意为一股埃克森美孚公司的股票支付多少？

19. 具有挑战性的问题。在最近 5 年中，Pizzaro 共同基金赚取了 0.15 的年均收益率，同时拥有 0.30 的年标准差。平均无风险利率为每年 0.05。市场指数的平均收益率同期为 0.10，同时标准差为 0.20。在经过风险调整的基础上，Pizzaro 共同基金表现如何？通过构建一个由 Pizzaro 共同基金和无风险资产构成的，并且拥有与市场资产组合相同的风险水平的资产组合对风险进行调整，使其等于市场资产组合的风险。

20. 经济中仅存在两种资产：股票与房地产。它们的相对供给为 50% 的股票和 50% 的房地产，因此，市场资产组合将是一半的股票和一半的房地产。标准差对股票而言为 0.20，对房地产而言为 0.20，同时两者之间的相关系数为 0。市场资产组合的预期收益率为 0.14。无风险利率为每年 0.08。

a. 按照资本资产定价模型，市场资产组合、股票和房地产的均衡风险溢价必然是多少？

b. 画出资本市场线，它的斜率是多少？画出证券市场线，它的计算公式是什么？

21. 具有挑战性的问题。考察一个仅拥有下述三种风险资产的市场：

	每月预期收益率（%）	风险（%）σ_i	与市场资产组合的协方差 σ_{im}
资产 1	2.03	2	1.12
资产 2	1.79	1	0.90
资产 3	1.49	1	0.62
市场资产组合		0.92	

考察一个在资产 1 中投入 4%，在资产 2 中投入 76%，同时在资产 3 中投入 20% 的资产组合。这个资产组合的收益率是多少？三种风险资产的贝塔系数是多少？假设无风险利率为 0.8%（每月 1% 的 8/10）。这三种证券是否被正确定价？以其组成部分的贝塔系数的加权平均值进行计算，这个资产组合的贝塔系数是多少？

评估价值与管制收益率

22. 假设一家公司每股 1.50 美元的当前红利可望按照 0.05 的比率增至无限期的未来。在资本市场中，市场风险溢价为 0.08，同时无风险利率为 0.02。如果该公司股票稳定的贝塔系数为 0.8，那么当前股票价格的估计值是多少？

23. 考察上述问题（问题 22）的结果。这家公司股票收益率与市场资产组合协方差的 25% 增长将对该公司的证券市场资本化比率产生什么影响？当前股票价格的变化是多少？

24. Clotted Blood 公司，一家提供治疗血友病的家用医疗设备的企业，正在考虑购买一辆新的运输货车，这辆运输货车可以增加其服务区域的范围。针对 21 250 美元的初始必要开支，该运输货车被估计会产生下述税后现金流：

时期	税后现金流
1	5 000 美元
2	6 000 美元
3	7 000 美元
4	6 000 美元
5	5 000 美元

在资本市场中，市场风险溢价为 0.10，同时无风险利率为 0.04。如果该公司的稳定贝塔系数为 1.25，使用估计的市场资本化比率所得到的投资净现值是多少？

25. 考察上述问题（问题 24）的结果。市场资产组合收益率的 0.5% 增长将怎样影响这项投资的净现值？

13

第14章 远期市场与期货市场

我们在第 11 章中引入了远期合约和期货合约，同时说明了它们怎样被用于对冲风险。在本章中，我们解释怎样决定远期合约和期货合约的价格，以及怎样从它们的价格中提取信息。

我们从小麦等商品出发，说明远期价格和期货价格怎样引导从一个收获季节到下一个收获季节期间应当储存多少小麦的决策。接下来，我们审查黄金的远期价格与期货价格之间的关系，同时说明怎样从中推断出从一期到另一期持有黄金的隐含成本。然后我们转向**金融期货**（financial futures）的价格，也就是说，在未来进行交割的股票、债券和外汇的价格。

14.1 远期合约与期货合约的区别

就像我们在第 11 章中所看到的那样，交易双方之间任何要求在未来特定日期按照商定的未来支付价格交割物品的合约都被称为**远期合约**（forward contract）。我们可以将远期合约的主要特征概括如下：

- 双方同意在未来按照现在指定的交割价格交换某些物品。
- 远期价格被定义为使该合约的当前市场价值为零的交割价格。
- 现在任何一方不向另一方支付金钱。
- 合约的面值是合约指定的物品数量与远期价格的乘积。
- 同意购买指定物品的交易方被认为处于多头地位，同时同意出售该物品的交易方被认为处于空头地位。

下述原则是记住谁向谁支付的简单方法：

> 如果合约到期日的即期价格高于远期价格，处于多头地位的交易方就可以赚钱。但是，如果合约到期日的即期价格低于远期价格，那么处于空头地位的交易方可以赚钱。

期货合约执行许多和远期合约相同的功能，但是它们在很多方面是不同的。我们在第 11 章简要地讨论了这些差别。在这里，我们将从更多细节方面考察它们的差异。

远期合约在交易双方（通常是公司）之间进行谈判，因此可能拥有取决于这些交易方的需求的独特指定事项。如果交易一方希望在交割日之前终止合约，那么这种“专用性”就是一项不利之处，因为专用性使合约不具有流动性。

作为对比，期货合约是在交易所中交易的标准化合约。交易所指定了精确的商品、合约规模以及实施交割的时间和地点。因此，期货合约的交易方可以轻易地在交割日之前“出清”，也就是说终止他们的头寸。实际上，绝大多数期货合约都在合约最终交割日之前被终止。

我们对其进行说明，在芝加哥期货交易所（Chicago Board of Trade）中交易的小麦期货合约指定了 5 000 蒲式耳的特定等级小麦。表 14 - 1 显示了一项芝加哥期货交易所小麦期货合约的列表，以及在《金融时报》网站上公布的来自芝加哥期货交易所的价格。

表 14 - 1 小麦期货合约及其价格

芝加哥期货交易所 2006 年 6 月 23 日					
	清算价格（美分）	变化量（美分）	最高价格（美分）	最低价格（美分）	交易规模	未平仓数量
7 月	363.25	−2.25	369.00	362.00	9 220	39.7
9 月	381.50	−0.75	387.50	380.00	21 400	216.8
12 月	400.25	−1.50	405.00	398.00	10 600	106.1
3 月	417.00	−1.50	420.00	416.00	1 010	28.8
7 月	432.50	−1.25	436.00	432.00	3 080	54.2
总计					47 400	470.5

说明：最小变化单位为 5 000 蒲式耳。每蒲式耳 60 磅，以美分计价。
资料来源：《金融时报》。

表 14 - 1 中的期货合约在第 1 列给出的交割月份方面互不相同。第 2 列和第 3 列分别显示了清算价格和相对于前一日清算价格的变化量，清算价格通常是当日最后几笔交易的平均价格。第 4 列和第 5 列是当日的最高价格与最低价格。最后两列显示了当日合约的交易规模和当日合约的剩余数量，即未平仓数量。最后两列合起来给出了当日合约的总规模。

虽然交易所谨慎地对多头与空头的未平仓合约进行精确匹配，但是在这些期货合约中处于多头或空头地位的交易方与芝加哥期货交易所签订合约，而不是相互签订合约。指令通过在交易所中拥有席位的经纪商执行。

为了保证期货合约的交易方不违约，交易所要求在每个账户中交纳足够的保证金以弥补任何损失。所有账户都以当日清算价格为基础逐日在每一个交易日末进行调整。

我们用表 14-1 中的价格说明期货合约怎样运作。你在 2006 年 6 月 22 日发出一项指令，在 7 月的小麦期货合约中处于多头地位。经纪商要求你在自己的账户中存入资金，比如说 1 500 美元，作为抵押物。①

6 月 23 日，期货价格收盘于比上一交易日的清算价格每蒲式耳低 2¼ 美分的价格。因此，在那天你损失了 2¼ 美分×5 000 蒲式耳即 112.50 美元，同时经纪商从你的账户中取出这一数量，即使你可能没有进行任何交易。该笔金钱被转移至交易所，交易所将它转移至处于空头地位的某一个交易方。

如果你账户中的抵押物价值下降至低于预先设定的水平，那么你将从经纪商那里收到**追加保证金**（margin call）的通知，要求你增加资金。如果你不立即做出反应，经纪商将按照那时的市场价格对你的头寸进行清盘，同时返还任何剩余的抵押物。

这种逐日进行的盈亏实现过程将合约违约的可能性降至最小。逐日按市价对期货合约进行调整的另一项结果是，无论期货合约的面值有多大，它们的市场价值在每天开始通常都是零。

因为期货市场存在通过要求交纳保证金来规避合约违约风险的谨慎流程，所以那些核查其信用等级可能成本高昂的个人和企业将运用期货市场。相反，远期合约倾向于在合约方信用等级高且容易核实的时候使用。因此，当合约方是两家银行，或者一家银行及一家公司客户的时候，远期合约在外汇市场中是常见的。

在本章后面将要讨论的应用于远期价格的定价关系适用于对期货价格的微小修正。这种定价关系可能由于期货合约的逐日按市价调整特征而有所差别。但是在实践中，对于大部分资产而言，远期价格和期货价格从根本上很难区分。②

快速测查 14-1

14

如果你在小麦期货中处于多头地位，同时期货价格不是每蒲式耳下降 2¼ 美分，而是上升了 2¼ 美分，那么你的期货交易账户将发生什么变化？

14.2 期货市场的经济功能

商品期货市场的最明显功能是为在市场参与者间重新配置针对商品价格的风险暴露提供便利。然而，商品期货价格也扮演着为生产商、分销商和消费者提供信息的重要角色。以小麦为例，这些生产商、分销商和消费者必须决定现在销售（或消费）多少小麦，以及为未来储存多少小麦。通过提供手段对冲与储存商品相关的价格风险，期货市场使从承受商品价格变动的金融风险暴露的决策中分离出是否物理

---

① 抵押物可以采取附息国债的形式，并且你可以获取利息收入。

② Bradford Cornell and Marc R. Reinganum, "Forward and Futures Prices: Evidence from the Foreign Exchange Markets," *Journal of Finance* 36 (December 1981).

储存商品的决策成为可能。

例如，假设现在距下一个收获季节还有一个月，同时一家小麦分销商拥有上次收获的 1 吨小麦储备。小麦的即期价格是每蒲式耳 2 美元，同时，一个月后（新作物收获之后）交割的期货价格为 F。这家分销商可以通过两种方式对冲针对价格变动的金融风险暴露：（1）按照每蒲式耳 2 美元的价格在即期市场上出售小麦，而且立即交割；（2）按照价格 F 卖空一份期货合约，同时在一个月后交割。在任何一种情形里，该分销商都拥有针对价格的完全确定性，该价格是它将接受的小麦价格。

假设一家分销商物理储存其小麦的成本，即"持有成本"，是每月每蒲式耳 10 美分，这些成本包括利息、仓储成本和小麦变质的成本。只有在 F 大于 2.10 美元的条件下，这家分销商才会选择第二种方式并将那吨小麦持有至下一个月（也就是说，超过下次收获的时间）。例如，如果期货价格是每蒲式耳 2.12 美元，那么该分销商将选择持有小麦储备直至下一个月。

现在假设有另一家分销商，其持有成本为每月每蒲式耳 15 美分。在 2.12 美元处，这家"高储存成本"的分销商将选择第一种方式，在即期市场上立即出售它的小麦，而不是持有这些小麦并利用在期货市场中的空头地位实施对冲。因此，只有在持有成本确实小于小麦的期货价格与即期价格之间差额的条件下，一家分销商才会选择将小麦保有至下一个月。

令 S 为小麦的即期价格，同时 C_j 是分销商 j 的小麦持有成本，我们可以从上述例子中归纳出，分销商 j 只有在 $C_j < F - S$ 的条件下才会选择将小麦持有至下一个月。因此，期货价格与即期价格之间的差额，即**价差**（spread），从总体角度控制着应当储存多少小麦，以及谁应当储存小麦。

通过创设一项体系，在该体系中拥有最低成本的分销商将进行物理储存，期货市场和远期市场提高了经济效率。

假设下次的小麦收获可望是一次特别大的丰收，因此社会希望消费现在可以得到的全部小麦储备。远期市场使在不用物理储存小麦的条件下对冲价格风险成为可能。通过以低于当前即期价格的远期价格进行交易，远期价格将无须储存的信息传递给所有的小麦生产商和分销商，从而从现在直至收获后任何人储存小麦都是不值得的，即使储存小麦是无成本的。[1]

快速测查 14-2

假设你是一家玉米分销商，你观测到即期价格为每蒲式耳 3 美元，同时一个月后交割的期货价格是 3.10 美元。如果持有该玉米的成本为每月每蒲式耳 0.15 美元，那么你将做什么？

---

[1] 更进一步地，这一价格体系将引导套利者寻找任何持有小麦并计划物理储存小麦的人，同时试图向这些人借入小麦，然后在即期市场上出售小麦，同时通过做多远期合约对冲"空头"的风险暴露。因此，在寻求套利利润的过程中，套利者增加了为当前消费而交割的小麦数量。

14.3 投机者的角色

小麦的生产商、分销商和消费者可能处于预测小麦价格的最佳位置（或许因为他们搜集相关信息的成本较低），但是，其他人并没有被禁止进入市场。任何使用期货合约降低风险的人都被称为风险**对冲者**（hedger）。但是大量期货合约交易由**投机者**（speculator）执行，他们基于对未来即期价格的预测选择在市场上处于多头还是空头地位。

因为投机者并不试图降低他们的风险暴露程度，所以他们参与期货市场的动机是从期货交易中获得利润。一般而言，投机者搜集信息来帮助自己预测价格，然后基于那些预测值买卖期货合约。

同一个交易方可能既是风险对冲者，又是投机者。实际上可以说，如果农民、面包师和分销商选择不在期货市场上对冲价格风险，那么他们正在针对小麦价格进行投机。期货市场中主动型预测者之间的竞争将激励那些在预测小麦价格中拥有比较优势的人专门预测价格。

例如，假设你是一位小麦投机者。你搜集了诸如总种植面积、降雨量、主要烘焙品生产商的生产计划等决定小麦价格的所有供求因素的信息，同时得出了小麦下个月即期价格的预测值。比如说，这项预测值为每蒲式耳 2 美元。如果一个月后交割的小麦的当前期货价格低于 2 美元，那么你将购买这项期货合约（处于多头地位），因为你预期可以从中获得利润。

为了说明这一情形，假设将于一个月后交割的小麦的当前期货价格为每蒲式耳 1.50 美元。通过在期货合约中处于多头地位，你锁定了一个月后交割的小麦的每蒲式耳 1.50 美元的购买价格。因为你预期即期价格在那时将是 2 美元，所以你的预期收益为每蒲式耳 0.5 美元。

相反，假设一个月后交割的小麦的当前期货价格高于每蒲式耳 2 美元（你的预测值），比如说，预测值为每蒲式耳 2.50 美元。那么为了赚取预期利润，你将出售期货合约（处于空头地位）。通过在期货合约中处于空头地位，你锁定了一个月后交割的小麦的每蒲式耳 2.50 美元的销售价格。你预期在那时能够按照 2 美元的即期价格购买小麦，因此，你可望得到每蒲式耳 0.50 美元的收益。

作为一位投机者，你持有任何能给予预期利润的头寸。当然，由于不能确知即期价格在一个月后将是什么，你可能在期货合约上损失金钱。但是在追求你认为的预期利润的过程中，你承担了这种风险。

有时候期货市场中的投机活动被批评者认为没有任何社会价值。实际上，它经常被描绘成赌博的经济等价物。然而，这里至少有两项由投机者的活动担当的经济功能，它们将投机与体育比赛和赌场里的赌博区别开来。

首先，持续成功的商品投机者通过正确预测未来即期价格进行投机，因此，他们的活动使期货价格成为即期价格变动方向的更恰当的预测器。其次，当其他对冲者被发现不容易处于风险对冲交易的相反方面时，投机者处于风险对冲交易的相反方面。因此，投机者的活动使期货市场比不存在这种情形时更具有流动性。实际上，如果仅有风险对冲者买卖期货合约，那么可能没有足够的交易来维持组织化期货交易所的运行。因此，投机者的存在可能是某些期货市场得以存在的必要条件。

专栏 14.1

能源交易者与玉米市场

随着玉米乙醇的需求在 2006 年上升，玉米期货市场里充斥着能源交易者，而且他们将芝加哥期货交易所中玉米期货的未平仓合约数量提升了超过 60%。在 2006 年 9 月至 2007 年 1 月的这段时间里，1 蒲式耳玉米的即期价格跃升了 70%，达到 10 年间的历史高位。墨西哥总统通过在 2007 年 1 月设定墨西哥玉米饼的最高限价对价格的飙升做出反应。美国快速增长的乙醇行业明显推动了这种价格趋势。

玉米期货市场中的农业利益集团、食品加工者和传统的参与者可能最为关注从现在到下一茬谷物或下两茬谷物之间的时期，但是能源交易者在展示对在这一时期生产的谷物的兴趣时，还展示了对在更长时期生产的谷物的兴趣。在预期未来数年内用于制造乙醇的美国玉米所占比例将迅猛增长的条件下，能源交易者正在利用期货市场对冲头寸。

资料来源：改编自 "Corn Futures Trading Volumes Reach Record," *Financial Times*，June 20，2006。

14.4 商品的即期价格与期货价格之间的关系

就像我们在 14.2 节中所看到的那样，分销商可以通过两种方式完全对冲针对小麦价格变化的存货风险暴露：（1）按照每蒲式耳 2 美元的价格在即期市场上出售小麦并立即交割；（2）按照价格 F 卖空一份期货合约，储存小麦，并且在一个月后进行交割。

通过购买小麦并且遵从第二种方式，如果期货价格过分高于即期价格，那么套利者可以锁定真正的套利利润。这项考虑因素为期货价格与即期价格之间的价差设定了上限。

期货价格超过即期价格的部分不能多于持有成本：

$$F - S \leqslant C \tag{14.1}$$

因为持有成本可能随着时间的推移而发生变化，同时在市场参与者之间有所不同，所以价差的上限不是一成不变的。

14.5　从商品的期货价格中提取信息

据说有时候期货价格可以提供关于投资者对未来即期价格的预期信息。理由是，期货价格反映了投资者希望在合约交割日的即期价格将会是多少，因此，预期的未来即期价格能够被发现。

从小麦的期货价格中可以提取什么信息？

我们必须区分两种情形：一是不存在储存小麦；二是存在储存小麦。

（1）如果不存在储存小麦，即被称为缺货的一种情形，那么式（14.1）将成为严格的不等式，同时即期价格与期货价格不再通过套利定价关系式精确地相互联系。在这种情形里，期货价格将提供针对预期未来即期价格的有关信息，这些信息无法从当前即期价格中提取。[①]

（2）如果存在储存小麦，那么不存在对预期未来即期价格的进一步推断，这种推断能够超越从当前即期价格中提取的信息。理由是，通过套利力量，式（14.1）必然成为等式。于是，通过了解即期价格和持有成本，期货价格完全可以被确定，无论预期未来即期价格的评估值是多少。因此，如果我们观测到商品或证券等被储存，那么期货价格不再提供关于预期未来即期价格的额外信息。然而，当期货价格与当前即期价格结合在一起的时候，它可以被用于得出持有成本的估计值。[②]

> **快速测查 14-3**
>
> 相对于可以从当前即期价格中提取的信息，什么时候期货价格不提供关于预期未来即期价格的额外信息？

14.6　黄金的远期-即期价格平价

正如小麦被储存时，套利力量设立了期货价格与即期价格之间的价差那样，套利力量也在黄金的例证中设定价差。期货价格与即期价格之间的因果关系式被称为**远期-即期价格平价关系式**（forward-spot price-parity relation）。

假设你正考虑在下一年投资于 1 盎司黄金。这里有实施这项投资的两种途径：第一种途径是按照当前即期价格 S 购买黄金，将其储存起来，同时在该年末按照

[①]　但是即使在确实提供信息的情形里，期货价格也没必要是未来即期价格的无偏预测值。

[②]　如果出现储存，同时期货价格和即期价格暗示了负的持有成本，那么几乎可以确定，这里存在持有物理储存的商品或证券等的收益，这些收益在分析中没有被考虑。这些隐含的收益的数量被称为便利收益（持有物理储存的商品或证券等的收益）。

S_1 的价格出售它。令 s 为以即期价格的比例形式表示的当年黄金的储存成本，因此收益率为：

$$r_{黄金}=\frac{S_1-S}{S}-s \tag{14.2}$$

例如，如果黄金的即期价格为 300 美元，同时储存成本为每年 2%，那么收益率为：

$$r_{黄金}=\frac{S_1-300\text{ 美元}}{300\text{ 美元}}-0.02$$

在该年投资黄金的另一种途径是拿出同样的 300 美元，但是不投资于黄金，而是将其投资于人工合成的黄金。通过将 300 美元（也就是说，即期价格）投资于无风险资产，与此同时做多一项交割日为 1 年后且远期价格为 F 的远期合约，你创设了人工合成的黄金。人工合成的黄金的投资收益率将是：

$$\hat{r}_{黄金}=\frac{S_1-F}{S}+r \tag{14.3}$$

举个例子，无风险利率为 8%，人工合成的黄金的收益率将是：

$$\hat{r}_{黄金}=\frac{S_1-F}{300\text{ 美元}}+0.08$$

按照一价定律，这两种等同的投资必须提供相同的收益率，于是通过令式（14.2）与式（14.3）相等，我们得到：

$$\frac{S_1-F}{S}+r=\frac{S_1-S}{S}-s$$

重新整理方程中的各项，我们得到黄金的远期-即期价格平价关系式：

$$F=(1+r+s)S \tag{14.4}$$

在我们的例子中，1 年后交割的黄金的远期价格应当是每盎司 330 美元：

$$F=(1+r+s)S=1.10\times300\text{ 美元}=330\text{ 美元}$$

在违反式（14.4）的情形里，如果远期价格超过了每盎司 330 美元，那么投资者按照即期价格购买黄金，同时立即按照远期价格出售未来交割的黄金是值得的。相反，如果远期价格低于每盎司 330 美元，那么投资者将在即期市场上卖空黄金（也就是说，借入黄金并立即出售它），将卖空所得投资于无风险资产，并且做多远期合约。

在实践中，坚持远期-即期价格平价关系式的交易方为黄金交易商，这是因为他们一般拥有最低的储存成本和交易成本。

表 14-2 显示了远期价格为每盎司 340 美元，而不是 330 美元时可以利用的套

利机会。交易商将借入资金，用这笔资金以每盎司 300 美元购买黄金，并且立即以每盎司 340 美元出售远期黄金。一年后，清偿完贷款和储存成本，无论即期价格在那时结果是多少，都将剩余 10 美元。

表 14-2	黄金的远期价格过高时的套利机会	
套利的头寸	即时现金流	一年后的现金流
出售远期合约	0 美元	340 美元－S_1
借入 300 美元	300 美元	－324 美元
购买 1 盎司黄金	－300 美元	S_1
支付储存成本		－6 美元
净现金流	0 美元	340 美元－330 美元＝10 美元

现在考察黄金的远期价格仅为每盎司 320 美元时的情形。表 14-3 显示了如果远期价格为每盎司 320 美元而不是 330 美元，黄金交易商可以利用的套利机会。这家交易商将在即期市场上以每盎司 330 美元卖空黄金，将资金投资于无风险资产，同时立即以每盎司 320 美元购买远期黄金。一年后，清偿完贷款并筹集到储存成本，无论即期价格在那时结果是多少，都将剩余 10 美元。[①]

表 14-3	黄金的远期价格过低时的套利机会	
套利的头寸	即时现金流	一年后的现金流
卖空 1 盎司黄金	300 美元	－S_1
购买远期合约	0 美元	S_1－320 美元
将 300 美元投资于 1 年期纯粹折现证券	－300 美元	324 美元
储存成本		6 美元
净现金流	0 美元	330 美元－320 美元＝10 美元

远期-即期价格平价关系式不带有任何因果性含义。它没有表明远期价格由即期价格和持有成本决定。相反，远期价格和即期价格在市场中被联合决定。如果我们知道两项价格中的一项价格，那么依照一价定律，我们同样知道另一项价格必然是多少。

快速测查 14-4

假设 $r=0.06$，$S=400$ 美元，同时 $s=0.02$。黄金的远期价格必然是多少？说明如果不是这样的话，将存在套利机会。

---

① 黄金交易商在即期市场上卖空黄金时，实际上从以存货形式储存黄金的客户那里借入黄金。原则上，任何已经储存的商品都可能以类似的方式被卖空。

隐含性持有成本

黄金的远期-即期价格平价关系式的一项结果是，关于预期的未来即期价格，无法从远期价格中提取比从即期价格中得到的更多额外信息。对于小麦来说，当不存在储存小麦时，远期价格中包含不在当前即期价格中体现的预期未来即期价格的信息。因为黄金被储存，所以不能从远期价格中提取任何这种有关预期未来即期价格的信息。

可以从观测到的黄金即期价格和远期价格中推导出来的唯一信息是隐含性持有成本，这种隐含性持有成本被定义为期货价格与即期价格之间的价差：

隐含性持有成本$=F-S$

它代表一位投资者边际的隐含性持有成本，这位投资者位于在不经处理的黄金投资和人工合成的黄金投资之间无差异的点上。

从式（14.4）的远期-即期价格平价关系式中我们得知，隐含性持有成本与即期价格的一个比例是无风险利率和储存成本的总和：

$$F=(1+r+s)S$$

$$\frac{F-S}{S}=r+s$$

因此，通过从隐含性持有成本中减去预测到的无风险利率，可以推导出储存黄金的隐含性储存成本：

$$s=\frac{F-S}{S}-r$$

例如，假设我们观测到黄金的即期价格为每盎司300美元，1年期远期价格为330美元，同时无风险利率为8%。隐含性持有成本和隐含性储存成本分别是多少？

隐含性持有成本$=F-S=330$美元-300美元$=30$美元

隐含性储存成本$=(F-S)/S-r=0.10-0.08=0.02=2\%$

快速测查 14-5

假设黄金的即期价格为每盎司300美元，同时1年期远期价格为324美元。持有黄金的隐含成本是多少？如果无风险利率为每年7%，黄金的隐含性储存成本是多少？

14.7 金融期货

现在我们关注金融期货，也就是说，未来交割的股票、债券和外汇的价格。不同于小麦或黄金等商品，金融证券没有内在价值。它们不能被消费，不能被用作物质生产的投入品，或是因其本身的内在价值而被持有。相反，金融证券代表未来收入流的索取权。

证券能够以极低的成本被生产和储存，这可以由证券的即期价格与未来价格之间的关系反映。实际上，大致而言，在推导即期价格与远期价格之间平价关系的过程中，我们完全可以忽略那些成本。

考察一只被称为 S&P 的虚拟股票，它是一只投资于广泛分散化的股票组合的共同基金中的股票。它将全部所得红利进行再投资，同时不支付任何红利。S&P 股票的远期合约是一项在某一指定的交割日按照特定的交割价格交割证券的承诺。我们用 F 表示这项远期价格。做多远期合约的交易方同意在交割日向卖空远期合约的交易方支付 F 美元。我们用 S_1 表示交割日的股票价格。

远期合约并不是真正地交割证券，而是通常以现金清算。这意味着不发生证券交割，在合约到期日仅偿付 F 和 S_1 之间的差额。例如，假设远期价格为每股 108 美元。于是，如果交割日的股票价格是 109 美元，那么多头方从空头方那里得到 1 美元。然而，如果即期价格是 107 美元，那么多头方必须向空头方支付 1 美元。

现在我们考察 S&P 股票的远期价格与即期价格之间的关系。假设 S&P 股票的即期价格为每股 100 美元，无风险利率为每年 8%，交割日为 1 年后的此时。远期价格必然为多少？

注意，我们可以通过购买面值为 F 的纯粹折现债券，并且立即做多 S&P 股票的远期合约复制 S&P 股票。在远期合约的交割日，我们按照其面值 F 将债券变现，同时用这笔资金按照远期价格购买 S&P 股票。

因此，远期合约加上纯粹折现债券组成了合成的 S&P 股票，这种合成股票正好拥有与 S&P 股票自身相同的支付概率分布。由一价定律得知，这两种等同证券必然拥有相同的价格。

表 14-4 显示了与使用纯粹折现债券和远期合约复制股票相关的交易和支付。注意，1 年后，S&P 股票与其复制型资产组合拥有相同的支付，也就是 S_1。

表 14-4 使用纯粹折现债券和股票远期合约对无红利支付股票的复制

头寸	即时现金流	1 年后的现金流
购买股票	−100 美元	S_1
复制型资产组合（合成股票）		
做多股票远期合约	0	$S_1 - F$
购买面值为 F 的纯粹折现债券	$-F/1.08$	F
复制型资产组合总计	$-F/1.08$	S_1

令人工合成的股票的成本等于真实证券的成本，我们得到：

$$S = \frac{F}{1+r} \qquad (14.5)$$

这表明，即期价格等于远期价格按照无风险利率进行折现的现值。

重新整理式（14.5），我们得出以当前即期价格 S 和无风险利率 r 表示的远期价格 F 的计算公式：

$$F = S(1+r) = 100 \text{ 美元} \times 1.08 = 108 \text{ 美元}$$

更为一般地，当远期合约的到期期限与纯粹折现债券的到期期限都等于 T 年时，我们将得到下述远期-即期价格平价关系式：

$$F = S(1+r)^T \tag{14.6}$$

这表明，远期价格等于即期价格在 T 年内按照无风险利率进行复利得到的未来价值。

这一关系式由套利力量维持。我们通过想象它被违反进行说明。首先，假设在给定即期价格和无风险利率的条件下，远期价格过高。例如，假定 $r = 0.08$，$S = 100$ 美元，同时远期价格 F 为 109 美元，而不是 108 美元。因此，远期价格比平价关系式暗指的价格高出 1 美元。

如果存在 S&P 股票和 S&P 股票远期合约的竞争性市场，那么这里有一项套利机会。为了利用这项套利机会，套利者将在即期市场上购买股票，而且立即以远期价格将其出售。因此，套利者将购买 S&P 股票，通过从经纪人那里借入 100% 资金来为这项购买提供融资，与此同时，通过做空 S&P 股票远期合约进行对冲。结果将是该年初 0 美元的净现金流和该年末每股 1 美元的正净现金流。如果涉及的股票数额为 100 万美元，那么套利利润将是 100 万美元。

表 14-5 概括了实施这一套利过程所涉及的交易。套利者将试图在巨大的规模上实施这些交易。他们在即期市场和远期市场中的买卖活动将导致远期价格下降，同时/或者即期价格上升，直至式（14.6）中的相等关系得到恢复。

表 14-5	套利	
套利的头寸	即期现金流	1 年后的现金流
出售远期合约	0 美元	109 美元－S_1
借入 100 美元	100 美元	－108 美元
购买股票	－100 美元	S_1
净现金流	0 美元	1 美元

就像我们曾经通过黄金看到的那样，远期-即期价格平价关系式并不暗指任何因果性含义。它不表明远期价格由即期价格和无风险利率决定。相反，全部三项变量 F、S 和 r 在市场上被联合决定。如果我们知道其中任意两项变量，我们将获悉第三项变量必然是多少。

14.8 隐含性无风险利率

正如可以使用无风险资产和远期合约复制股票一样，我们也可以通过购买股票并立即做空远期合约复制纯粹折现债券。我们假定 F 为 108 美元，S 为 100 美元，同时 T 为 1 年。我们通过以 100 美元购买股票，并且立即按照 108 美元的远期价格做空一年后交割的远期股票，复制面值为 108 美元的 1 年期纯粹折现债券。

初始必要开支为 100 美元，同时无论一年后的即期股票价格（S_1）结果是多少，一年后的支付均为 108 美元。因此，如果你能够以 100 美元的总成本购买面值为 108 美元的合成型 1 年期纯粹折现债券，隐含性无风险利率就是 8%。表 14 - 6 概括了所涉及的交易。

更为一般地，通过购买股票并且做空远期合约而得到的隐含性无风险利率为：

$$\hat{r} = \frac{F - S}{S} \tag{14.7}$$

表 14 - 6 使用股票和远期合约复制纯粹折现债券

头寸	即期现金流	1 年后的现金流
购买面值为 108 美元的国库券	−108 美元/(1+r)	108 美元
复制型资产组合（合成型国库券）		
购买股票	−100 美元	S_1
做空远期合约	0 美元	108 美元−S_1
复制型资产组合总计	−100 美元	108 美元

快速测查 14 - 6

假设 S&P 股票的即期价格为 100 美元，同时 1 年期远期价格为 107 美元。隐含性无风险利率是多少？说明如果实际的无风险利率为每年 8%，那么存在一项套利机会。

14

14.9 远期价格不是未来即期价格的预测值

在一只股票不支付红利，同时向投资者提供正风险溢价的情形里，说明远期价格不是未来即期价格的预测值是不复杂的。为了对这种说法进行考察，假设 S&P 股票的风险溢价是每年 7%，同时无风险利率为每年 8%。因此，S&P 股票的预期收益率是每年 15%。

如果当前即期价格为每股 100 美元，那么 1 年后的预期即期价格为 115 美元。这是因为为了在无红利条件下使 S&P 股票赚取 15% 的预期收益率，期末价格必须比期初价格高 15%：

$$S\&P \text{ 股票的预期收益率} = \frac{\text{期末价格} - \text{期初价格}}{\text{期初价格}}$$

$$\bar{r}_{SP} - \frac{\bar{S}_1 - S}{S} = 0.15$$

$$\overline{S}_1 = 1.15S = 1.15 \times 100 \text{ 美元} = 115 \text{ 美元}$$

然而，远期-即期价格平价关系式告诉我们，一年后交割的 S&P 股票远期价格必然是 108 美元。购买合成股票（纯粹折现债券加上远期多头）的投资者可望与购买股票本身的投资者赚取同样的每年 7% 的风险溢价。

快速测查 14-7

假设 S&P 股票的风险溢价为每年 6% 而不是 7%，无风险利率仍然是每年 8%，这怎样影响预期的未来即期价格？怎样影响远期价格？

专栏 14.2

在交易所中显露预期

在 2006 年世界杯期间，各参赛球队的股份在网上交易所进行交易，显示了交易者对世界杯结果的预期。这些股份以各种不同的虚拟货币和真实货币进行计价。一支球队挺进下一轮的认同概率越高，该球队股份的价格也就越高。在一些情形中，可以按照预先设定的价格或者由球队成绩决定的价格赎回股份；在另一些情形中，偿付依赖于处于风险之下的交易者的投入的多少。

一些交易所通过提供临时性的奖金或红利扭曲价格，同时，另一些交易所要求交易者参与主动交易和套利过程获取利润。然而，大部分市场仍然表明自身是有效率的，能够迅速地将信息结合进股票价格之中。一些研究者认为，相对于其他工具而言，存在交易的市场更好地表明了参与者的预期和对信息的反应。与民意测验不同，这些交易所迫使人们用投资资金来为其预测提供支持。

资料来源：改编自 "Trading World Cup Volatility," *The Economist*，June 6, 2006。

14.10　存在现金支付的远期-即期价格平价关系式

依照在远期合约期限内股票不支付任何红利的假设，我们推导出了远期-即期价格平价关系式。现在考察现金红利的存在怎样导致我们对式（14.6）中的远期-即期价格平价关系式进行修正。

假设股票被预期在该年末支付每股为 D 的现金红利。确定地复制来自股票的支付是不可能的，因为红利无法被确知。但是从预期红利的角度决定远期价格与即期价格之间的关系是可能的。现在复制型资产组合涉及购买面值为 $F + D$ 的纯粹折现债券以及做多远期合约，就像表 14-7 中所显示的那样。

令股票价格等于复制型资产组合的成本，我们得到：

$$S = \frac{D+F}{1+r}$$

$$F = S(1+r) - D \qquad\qquad (14.8)$$

$$F = S + rS - D$$

当且仅当 D 小于 rS 时，远期价格将大于即期价格。或者等同地，如果股票的红利收益率（D/S）小于无风险利率，那么远期价格将大于即期价格。因为 D 无法完全确知，所以为了维持远期-即期价格平价关系式，不能依赖套利的全部力量。在这种情况下，我们认为存在一项准套利情形。

快速测查 14-8

对黄金的远期-即期价格平价关系式和股票的远期-即期价格平价关系式进行对比。持有股票的成本是多少？

表 14-7　　　　　　使用纯粹折现债券和远期合约复制支付红利的股票

头寸	即期现金流	1 年后的现金流
购买股票	$-S$	$D+S_1$
复制型资产组合（合成股票）		
做多远期合约	0 美元	$S_1 - F$
购买面值为 $D+F$ 的纯粹折现债券	$\dfrac{-(D+F)}{1+r}$	$D+F$
复制型资产组合总计	$\dfrac{-(D+F)}{1+r}$	$D+S_1$

14.11　隐含性红利

我们在 14.8 节看到，对于不支付红利的股票而言，可以从即期价格与远期价格中推断出隐含性无风险利率。对于确实支付红利的股票，我们可以推断出**隐含性红利**（implied dividend）。通过重新整理式（14.8），我们得到：

$$\overline{D} = S(1+r) - F$$

因此，如果我们知道 $S=100$ 美元，$r=0.08$，同时 $F=103$ 美元，那么预期红利的隐含值为 5 美元：

$$\overline{D} = 100 \text{ 美元} \times 1.08 - 103 \text{ 美元} = 5 \text{ 美元}$$

14.12　外汇的平价关系

现在我们考察外汇的远期价格与即期价格之间的关系。我们选取美元和日元这两种货币，同时用日元的美元价格表示远期价格和即期价格。

远期-即期价格平价关系式涉及两种无风险利率：

$$\frac{F}{1+r_\$} = \frac{S}{1+r_¥}$$ (14.9)

这里 F 是日元的远期价格，S 是即期价格，$r_¥$ 是日元的利率，$r_\$$ 是美元的利率。远期合约和利率的到期期限为 1 年。

例如，假设我们知道四项变量中的三项：$S =$ 每日元兑 0.01 美元，$r_\$ =$ 每年 0.08，同时 $r_¥ =$ 每年 0.05。由一价定律得知，第四项变量 F 必然等于每日元兑 0.010 285 7 美元：

$$F = 0.01 \text{ 美元} \times \frac{1.08}{1.05} = 0.010\ 285\ 7 \text{ 美元}$$

这是因为可以使用美元债券和日元远期合约来复制日元债券。这可以通过按照远期价格 F 签订 1 日元的远期合约，同时立即购买面值为 F 的美元债券实现。这一合成型日元债券现在的美元成本为 $F/(1+r_\$)$。日元债券和复制型资产组合都在 1 年后拥有真实的 1 日元支付，这项支付将恰好价值 S_1 美元。表 14-8 总结了这些信息。

因为日元债券与合成型日元债券是等同的证券，所以按照一价定律，日元债券的当前美元价格必然等于合成型日元债券的当前美元成本。因此，我们拥有美元兑日元的远期-即期价格平价关系式：

$$\frac{F}{1+r_\$} = \frac{S}{1+r_¥}$$ (14.10)

式（14.10）右边的表达式是一份日元债券（在到期时确定支付 1 日元）的当前美元价格，同时式（14.10）左边的表达式是用美元债券和日元远期合约复制日元债券的支付的当前美元成本。

与股票和债券的远期-即期价格平价关系式相同，外汇平价关系式也不带有任何因果性含义。它仅暗指给定四项变量中的三项，第四项变量由一价定律决定。

表 14-8　　　　　　　　使用美元债券和日元远期合约复制日元债券

头寸	即期现金流	1 年后的现金流
购买日元债券	$-S/(1+r_¥)$	S_1
复制型资产组合（合成型日元债券）		
以 1 日元做多远期合约	0 美元	$S_1 - F$
购买面值为 F 的美元债券	$-F/(1+r_\$)$	F
复制型资产组合总计	$-F/(1+r_\$)$	S_1

假设 $r_\$=0.06$，$r_¥=0.03$，同时 $S=0.01$ 美元。1 日元的远期价格必然是多少？说明如果不是这样，那么将存在一项套利机会。

14.13 汇率决定中预期的作用

汇率决定的一项流行理论是**预期假设**（expectations hypothesis），预期假设坚持认为货币的远期价格等于其预期的未来即期价格。

应用前述部分的例证，如果 S_1 表示一年后英镑的即期美元价格，同时 $E(S_1)$ 为预期的未来即期价格，那么预期假设可以被表述为：

$$F=E(S_1) \tag{14.11}$$

为了对其进行说明，表 14-9 显示了 2006 年 6 月 23 日伦敦交易收盘时《金融时报》上的英镑即期价格和远期价格的行情表。如果预期假设是正确的，那么从远期价格随合约期限延长而增加的事实中，我们可以推断出英镑的美元价格可望在未来上涨。例如，从英镑的 1 年远期价格与即期价格的比率 1.833 2/1.819 3＝1.007 64 中，我们可以推断英镑的美元价格在该年内可望增加 0.764%。

表 14-9　　　　挑选出来的汇率（收盘于 2006 年 6 月 23 日）

英镑类型	以美元表示的价格（美元/英镑）
即期	1.819 3
1 个月远期	1.820 4
3 个月远期	1.823 2
1 年远期	1.833 2

说明：这些汇率是在伦敦应用于银行间 100 万美元及以上交易的汇率。该汇率为收盘汇率。
资料来源：《金融时报》。

如果式（14.11）是有效的，那么外汇平价关系式（14.10）告诉我们同样的信息也反映在其他三项变量中：

$$F=S(1+r_\$)/(1+r_£)=E(S_1) \tag{14.12}$$

如果英镑的预期未来价格上升，这将导致远期价格［位于式（14.11）的左边］和式（14.12）左边的表达式上涨。换句话说，如果预期假设是正确的，那么有两种使用市场信息来推导未来即期价格估计值的等同有效方法：（1）观察远期价格；（2）观察式（14.12）左边的表达式。

货币市场的实证研究似乎不能为预期假设提供很大的支持。进一步地，预期假设拥有一项不好的特征，即如果预期假设被应用于一种货币，那么它不能被应用于另一种货币，而且这可以从数学角度理解。[①] 也就是说，如果式（14.11）被应用于英镑的美元价格，那么它不能被应用于美元的英镑价格。于是，如果就美元兑英镑而言，可以从实证角度支持式（14.11），那么就英镑兑美元而言，从实证角度来说，式（14.11）则是错误的。虽然预期假设缺乏针对不同货币的坚实理论，而且缺乏实证支持，但是作为决定汇率预期的模型，它不断被引用。

小　结

期货市场使从承受商品价格变动的金融风险暴露的决策中分离出是否物理储存商品的决策成为可能。

期货市场的投机者改进了期货价格的信息内容，同时他们使期货市场比不存在投机者时的情形更具有流动性。

小麦的期货价格超过即期价格的数量不能多于持有成本的数量：

$$F-S \leqslant C$$

黄金的远期-即期价格平价关系式为远期价格等于即期价格乘以 1 加上持有成本的乘积：

$$F=(1+r+s)S$$

这里 F 为远期价格，S 为即期价格，r 为无风险利率，s 为储存成本。这项关系式由套利力量维持。

从观测到的即期价格和远期价格以及无风险利率中可以推断出隐含性持有成本和隐含性储存成本。

股票的远期-即期价格平价关系式为远期价格等于即期价格乘以 1 加上无风险利率的乘积减去预期现金红利：

$$F=S(1+r)-D$$

因此，该关系式可以被用于从观测到的即期价格和远期价格以及无风险利率中推断出隐含性红利。

美元兑日元的远期-即期价格平价关系式涉及两种无风险利率：

$$\frac{F}{1+r_\$}=\frac{S}{1+r_¥}$$

这里 F 为日元的远期价格，S 为即期价格，$r_¥$ 为日元的利率，$r_\$$ 为美元的利率。

关键术语

金融期货	远期合约	追加保证金	价差
对冲者	投机者	远期-即期价格平价关系式	隐含性红利
预期假设			

问题与疑难

远期合约与期货合约的区别

1. 解释为什么投资者可能选择在远期合约中持有不具有流动性的头寸，而不是使用在交易所交易的期货合约？

---

① 为了考察这项特征，注意 $1/S$ 是 1 年后美元的英镑即期价格，同时 $1/F$ 是以英镑表示的美元远期价格。如果式（14.11）被应用于美元兑美元的场合，那么 $1/F=E(1/S_1)$。它与 $F=E(S_1)$ 同时应用必然有 $E(1/S_1)=1/E(S_1)$。但是依照被称为詹森不等式的数学定理，这是错误的，因为 $E(1/S_1)>1/E(S_1)$。

2. 详细解释"一位投机者在澳大利亚元期货中处于空头地位"意味着什么。

期货市场的经济功能

3. 假设你是市政电力公司的管理者，该公司在批发市场上购买电力，同时将其分销给居民户，并且通过向这些居民户转移电力价格加上运营成本收取费用。在不存在固定价格供给合约的条件下，如果电力短缺即将出现，为了对冲本年夏天居民针对更高制冷费用账单的风险暴露，你应当在期货市场上持有何种头寸？

商品的即期价格与期货价格之间的关系

4. 假设你是一家菜籽油种子的分销商，并且观测到菜籽油的即期价格为每蒲式耳 7.45 美元，与此同时，从现在起一个月后交割的期货价格为 7.60 美元。假设每蒲式耳菜籽油的持有成本是 0.10 美元。为了对冲价格的不确定性，你将做些什么？

5. 作为一位观测 6 个月后交割的生猪期货价格的投机者，你发现 100 磅生猪的价格为 14 美元，与此同时，你认为 6 个月后的即期价格为 15 美元。解释你应当持有什么头寸，以及你预期获得的利润是多少。来自该头寸的预期现金流是多少？

从商品的期货价格中提取信息

6. 你是一家某金属物质的经销商，同时正在考虑一项远期合约交易。你观测到每盎司该金属物质的当前即期价格为 180 美元，一年后交割的 1 盎司该金属物质的远期价格为 205.20 美元，同时该金属物质的年持有成本为当前即期价格的 4%。

a. 你能否推断出由一价定律暗示的无风险零息债券的年收益率？

b. 你能否描述一项当无风险债券的年收益率仅为 5% 时将为你创设套利利润的交易策略？

黄金的远期-即期价格平价

7. 如果你观测到 3 个月后远期交割的 1 盎司黄金的价格为 435.00 美元，91 天期国库券的利率为 1%，同时作为即期价格百分比的季度持有成本为 0.2%，推断出 1 盎司黄金的即期价格。

8. 如果每盎司黄金的当前即期价格为 425.00 美元，273 天后交割的 1 盎司黄金的远期价格为 460.00 美元，91 天期零息国库券的利率为 2%，同时利率期限结构是水平的，计算 1 盎司黄金的隐含性持有成本和隐含性储存成本。

金融期货

9. 在第 182 天交割的股票的远期价格为 410.00 美元，与此同时，91 天期国库券的当前收益率为 2%。如果利率期限结构是水平的，由一价定律暗示的股票远期价格是多少？

10. 在交易越南远期合约的第一天里，你发现某工业公司的股票价格当前为 5.4 万越南盾，与此同时，1 年期远期价格为 6 万越南盾。如果 1 年期无风险证券的收益率为 15%，在该市场中是否可能存在套利利润？如果不存在，解释不存在的原因。如果存在，设计一项恰当的交易策略。

11. 假设一年到期的无风险零息债券的当前即期价格为以 100 美元面值计的 94.34 美元。如果无红利支付的股票当前按照每股 37.50 美元的价格出售，关于一年后交割的远期价格，这暗示了什么？运用远期-即期价格平价关系式。

12. 参考来自上述问题（问题 11）的信息。假设一年后交割的股票的真实远期价格为 40 美元。存在何种套利机会？描述来自该策略的现金流。

13. 你观测到纽约的一家旅游巴士公司及高档服装的供货商克莱默（Kramer）公司股票的 1 年期远期价格为 45.00 美元，与此同时，每股即期价格为 41.00 美元。假设 1 年期零息政府债券的无风险收益率为 5%。

a. 由一价定律暗示的远期价格是什么？

b. 你能否设计一项产生套利利润的交易策略？每股将赚取多少套利利润？

14. 莫斯科的一家金融咨询机构的股票价格当前为 1 万卢布，与此同时，182 天后交割的股票远期价格为 1.1 万卢布。如果到期期限为 182 天的无风险零息债券的收益率为 15%，推断出由该机构在接下来的 6 个月里支付的预期红利。

隐含性无风险利率

15. 如果某公司的无红利支付股票的即期价格为 4 750 日元，与此同时，273 天后交割的股票远期价格为 5 000 日元，推断出 273 天无息票日本政府债券的收益率。

远期价格不是未来即期价格的预测值

16. 假设一只有风险的无红利支付股票当前被定价为每股 45 美元。如果该股票的风险溢价为 5%，同时无风险利率为 5%，那么一年后该股票的即期价格是多少？关于一年后交割的该股票的远期价格，远期-即期价格平价关系式暗示了什么？

存在现金支付的远期-即期价格平价关系式

17. 参考问题 11 及问题 12。如果该股票被预期在即将到来的年末支付 1 美元的红利，那么你的答案将怎样变化？

18. 假设按照每年 7% 的利率（每半年复利一次），国债的收益率曲线是水平的。

a. 假设息票每半年支付一次，息票利率为 8% 的 30 年期国债的即期价格是多少？

b. 从现在开始 6 个月后交割的债券的远期价格是多少？

19. 继续上述问题（问题 18）。说明如果远期价格比问题 18b 部分所得到的答案低 1 美元，那么存在一项套利机会。详述产生套利利润的流程并计算利润的大小。

隐含性红利

20. 一只股票拥有 100 美元的即期价格，无风险利率为每年 7%（每年复利一次），股票的预期红利是将于一年后得到的 3 美元。

a. 1 年期期货的价格应当是多少？

b. 如果期货价格比 a 部分的答案高 1 美元，关于预期红利，这一期货价格暗示些什么？

外汇的平价关系

21. 日元兑加拿大元汇率的即期价格当前为 1 加拿大大元兑 113 日元，而 1 年期远期汇率为 1 加拿大大元兑 110 日元。如果 1 年期日本政府零息债券的收益率为 2.21%，那么 1 年期加拿大政府零息债券的收益率是多少？

22. 假设南非兰特的当前即期价格为 0.099 5 美元，同时 1 年期远期价格为 0.099 7 美元。如果以美元计算的无风险年利率为 5%，那么以南非兰特计算的隐含性无风险年利率是多少？

23. 具有挑战性的问题。假设你正计划去英格兰旅行。旅行在一年后进行，同时你已经按照每天 50 英镑的价格预订了伦敦的旅馆房间。你无须为房间提前进行支付。当前汇率为 1 英镑兑 1.50 美元。

a. 说明某些可能的可以完全对冲这种情形里的汇率风险的方法。

b. 假设 $r_£ = 0.12$，同时 $r_$ = 0.08$。因为 $S = 1.50$ 美元，所以英镑的远期价格必然是多少？

c. 说明如果 F 比 b 部分中的价格高 1 美元，那么将存在一项套利机会。

汇率决定中预期的作用

24. 具有挑战性的问题。2005 年 3 月 1 日，假设美元的 1 年期远期价格为 49.5 斯洛伐克克朗，与此同时，当前汇率为 46.95 斯洛伐克克朗。以美元表示的无风险年利率为 2.75%。如果坚持预期假设，那么美元兑斯洛伐克克朗的即期汇率 1 年后可望是多少？

附　录

互换合约的定价

就像我们在第 11 章中看到的那样，互换合约由在指定时期内的特定区间里交换（互换）一系列现金流的两个交易方构成。互换的支付以双方同意的本金数量（名义本金）为基础。互换合约中不存在资金的立即支付，因此，互换合约本身不向任何一方提供新的资金。

互换合约的定价是本章中已涉及的远期合约定价的扩展，这是因为互换合约通常可以被分解成一系列远期合约。

例如，考察一项日元与美元的货币互换合约。假设这项合约是一项名义本金为 1 亿日元，同时延展至两年的合约。在接下来两年的每一年年末，两位交易对手中的一位向另一位支付预先设定汇率与当时真实即期汇率之间的差额和 1 亿日元的乘积。

美元和日元间的 1 年期远期汇率以及 2 年期远期汇率在远期市场上是能够观测到的。例如，假设 1 年期日元的远期价格为 0.01 美元，同时 2 年期日元的远期价格为 0.010 4 美元。假设两位交易对手并没有签订互换合约，而是签订了一系列的两份远期合约，其中每份都交割 1 亿日元。我们可以计算为了交换 1 亿日元，每年应当支付的美元数量。在第一年该数量为 100 万美元，而在第二年则为 104 万美元。

但是货币互换合约要求适用于两个年份的单一互换汇率。怎样决定互换汇率？

假设无风险利率为每年 8%，而且对 1 年到期期限和 2 年到期期限是相同的。令 F 为以每日元的美元价格表示的互换汇率。互换合约可以被看成是一项约定，这项约定是一位交易方本年和下一年支付 1 亿日元×F 美元/日元，同时作为回报，在每年里得到预先设定的日元数量。

就像我们刚看到的那样，如果按照与不同远期价格一致的方式设定所支付的数量，也就是 1 日元兑 0.01 美元的 1 年期远期价格，以及 1 日元兑 0.010 4 美元的 2 年期远期价格，那么支付数量在第一年将是 100 万美元，在第二年则是 104 万美元。由一价定律得知，按照无风险利率折现的这些支付的现值必须与真实互换合约下支付的现值相同，这一真实互换合约要求单一的互换汇率 F。因此 F 可以通过求解下述方程得到：

$$100\ \text{万美元}/1.08 + 104\ \text{万美元}/1.08^2 = 1\ \text{亿美元} \times F(1/1.08 + 1/1.08^2)$$

$$F = \frac{100\ \text{万美元}/1.08 + 104\ \text{万美元}/1.08^2}{1\ \text{亿美元} \times (1/1.08 + 1/1.08^2)}$$

$$= 0.010\ 192\ 307\ \text{美元/日元}$$

互换合约的定价

25. 在远期市场上，欧元的 1 年期远期价格和 2 年期远期价格分别为 0.901 美元和 0.903 美元。当美元的无风险利率为 5% 时，对名义本金为 100 万欧元的 2 年期互换合约进行定价。双方一致同意的互换汇率是多少？

第15章 期权市场与或有索取权市场

给予合约方按照预先设定的行权价格买卖某种物品的权利的任何合约都是一项期权。这里存在与所买卖物品种类同样多的不同类型期权。股票期权、利率期权、外汇期权和商品期权在全世界的组织化交易所内外进行交易。本章说明怎样使用这些期权管理风险，以及怎样对它们进行定价。

期权是被称为**或有索取权**（contingent claim）的这一更广泛资产类型的一个例证。或有索取权是支付依某些不确定事件的结果而定（也就是说，取决于某些不确定事件的结果）的任何资产。例如，公司债券是或有索取权，因为如果发行债券的公司破产，那么债券持有者将得到少于发行者承诺的全部本金和利息的数量。本章说明对期权进行价值评估的相同方法可以被应用于公司债券和其他或有索取权的价值评估。

对期权进行定价的最流行的模型是在20世纪70年代早期被发现的布莱克-斯科尔斯模型。芝加哥期权交易所（Chicago Board Options Exchange，CBOE）是第一家公开的期权交易所，它于1973年4月开始运作。到1975年，芝加哥期权交易所的交易者应用布莱克-斯科尔斯计算公式对他们在期权中持有的头寸进行定价和对冲。这种从理论到实践的大规模迅速转移在金融理论的历史中是空前的。

从那时开始，期权定价技术已经被用于其他或有索取权的定价，同时它在支持全球范围内的新金融产品和市场的产生方面发挥基础性作用。对学习金融学的学生而言，期权定价原理的知识极其重要。

我们通过阐明期权怎样运作，以及怎样创设来自潜在风险资产的各种支付模式开始本章的学习。然后应用一价定律推导出买入期权、卖出期权、股票和债券的价格之间的平价关系，同时解释双头期权定价模型和布莱克-斯科尔斯模型。接着，我们说明公司的债务性证券和权益性证券怎样用与期权类似的术语进行描述，并且相应地对它们进行定价。我们通过讨论或有索取权定价技术已经得到应用的范围结束本章。

15.1 期权怎样运作?

期权是给予其所有者按照预设价格买卖某些资产的权利的合约。它不同于远期合约,远期合约要求多头持有者购买而空头持有者出售。

这里有一些与期权相关的特殊术语:

● 按照固定价格购买指定物品的期权被称为**买入期权**(call option);按照固定价格出售指定物品的期权被称为**卖出期权**(put option)。

● 期权合约中指定的固定价格被称为该项期权的**执行价格**(strike price)或**行权价格**(exercise price)。

● 在其后期权不再被执行的日期被称为**截止日**(expiration date)或到期日。

● **美式期权**(American-type option)可以在截止日前的任何时间,包括截止日当日执行。**欧式期权**(European-type option)只能在截止日当日执行。

在交易所交易的期权(exchange-traded option)拥有由期权交易所设定的标准化条款。期权交易所将期权的买者与卖者进行匹配,而且在任何一方违约的条件下保证支付。不在交易所交易的期权被称为**柜台交易型期权**(over-the-counter option)。

除了期权的类型(买入期权或卖出期权)以及标的资产的名称之外,期权还可以由行权价格和截止日认定。对于在交易所交易的期权而言,行权价格和截止日由交易所的规则决定。因此,在芝加哥期权交易所中,一项单一的买入期权合约给予其拥有者购买 100 股标的股票的权利,同时它是一项美式期权。芝加哥期权交易所的原始到期期限从 3 个月到 3 年不等,而且所有期权都在到期当月的第三个星期五终止。[①] 表 15 - 1 显示了在芝加哥期权交易所中交易的家得宝公司股票期权价格的行情表。

表 15 - 1　　　　　　　　　家得宝公司股票期权价格的行情表

买入期权				卖出期权			
行权价格(美元)	截止日	最后一笔售价(美元)	未平仓数量	行权价格(美元)	截止日	最后一笔售价(美元)	未平仓数量
32.50	7 月	4.30	313	32.50	7 月	0.15	722
35.00		2.40	4 635	35.00		0.25	4 278
37.50		0.45	8 953	37.50		1.45	7 136
40.00		0.05	6 727	40.00		3.40	842
32.50	8 月	4.60	310	32.50	8 月	0.25	1 861

---

① 芝加哥期权交易所拥有 1 年及更长到期期限的期权被称为 LEAPS,LEAPS 代表"长期股权性预期证券"。

买入期权				卖出期权			
行权价格（美元）	截止日	最后一笔售价（美元）	未平仓数量	行权价格（美元）	截止日	最后一笔售价（美元）	未平仓数量
35.00		2.65	8 476	35.00		0.65	8 462
37.50		1.40	16 612	37.50		1.65	17 212
40.00		0.30	16 364	40.00		3.60	30 992

资料来源：芝加哥期权交易所。2006 年 6 月 26 日星期一的家得宝公司股票的收盘价为每股 36.64 美元。

表 15-1 列出了家得宝公司股票在 2006 年 6 月 26 日星期一的收盘价，为每股 36.64 美元。在该表中，第一个数据行列出了 32.5 美元的行权价格以及 7 月的到期月份。6 月 26 日，这一 7 月到期的家得宝公司股票买入期权还剩下不到一个月到期。以"最后一笔售价"标记的这一列中的输入值给出了 7 月到期的股票买入期权的交易价格是 4.3 美元，该数值意味着每份合约的这项价格为 430 美元。以"未平仓数量"标记的一列是芝加哥期权交易所 6 月 26 日依然存在的这类合约的总数量。最后两列给出了 7 月到期且行权价格为 32.5 美元的卖出期权的收盘价和未平仓数量。

如果一项期权立即到期，此时的假定价值被称为**内在价值**（intrinsic value）[或**有形价值**（tangible value）]。如果 7 月到期的行权价格为 32.5 美元的家得宝公司股票买入期权立即执行，它价值多少？由于家得宝公司股票的价格为每股 36.64 美元，同时期权的行权价格为 32.5 美元，因此如果立即执行，该项买入期权的内在价值将为每股 4.14 美元。因此，4.3 美元的期权价格比其内在价值高 0.16 美元。一项期权的价格与其内在价值之间的差额被称为期权的**时间价值**（time value）。

美式期权到期前的剩余时间越长，它的时间价值越大。例如，在表 15-1 中观察行权价格为 35.0 美元的家得宝公司股票买入期权在 7 月截止和在 8 月截止的价格。两者拥有同样的内在价值 1.64 美元，但是买入期权的价格分别为 2.40 美元和 2.65 美元。行权价格为 35.0 美元的家得宝公司股票卖出期权也拥有同样的模式。

当期权的内在价值为 0 美元的时候，它被称为**虚值期权**（out-of-the-money option）。例如，行权价格为 32.5 美元的家得宝公司股票卖出期权就是虚值期权。另外，行权价格为 32.5 美元的家得宝公司股票买入期权是**实值期权**（in-the-money option）。无论何时，只要一项买入期权是实值期权，那么相应的卖出期权就是虚值期权，反之亦然。行权价格等于标的资产价格的期权被称为**平值期权**（at-the-money option）。

买入期权的价格与其行权价格之间存在相反的关系。对于卖出期权而言，这一关系被翻转。为了对其进行说明，观察表 15-1 中将于 7 月截止的期权。随着行权价格从 32.5 美元上升到 40 美元，买入期权的价格从 4.3 美元降至 0.05 美元，同时卖出期权的价格从 0.15 美元上升到 3.4 美元。

使用表 15-1，计算 8 月到期且行权价格为 37.5 美元的家得宝公司股票买入期权的内在价值和时间价值。针对卖出期权进行同样的运算。

15.1.1 指数型期权

除了针对诸如家得宝公司股票等单只证券的期权之外，还存在**指数型期权**（index options）。例如，芝加哥期权交易所提供符号为 SPX 的针对标准普尔 500 指数的买入期权和卖出期权交易。SPX 期权实际上是一只虚拟指数基金的买入期权与卖出期权，该基金投资于由组成标准普尔 500 指数的股票构成的投资组合，500 家公司中的每一家占据的比例为其流通股的价值占总价值的比例。

表 15-2 显示了 2006 年 6 月 26 日星期一 SPX 期权的价格以及交易活动的列表。SPX 期权是欧式期权，因此只能在截止日执行。[①] 除了未平仓数量的那一列之外，该表还显示了当日的交易规模。

SPX 期权合约特别规定如果买入期权被执行，那么该期权的所有者将得到一笔现金金额，其数量等于 100 美元乘以指数价值与行权价格之间差额的乘积。例如，假设表 15-2 中列示的 7 月到期且行权价格为 1 260 美元的买入期权在 2006 年 7 月 24 日到期，指数的价值为 1 275 美元。一旦到期，持有者将得到 1 500 美元：

$$100\times(1\ 275\ 美元-1\ 260\ 美元)=1\ 500\ 美元$$

表 15-2 **标准普尔 500 指数型期权价格行情表**

买入期权					卖出期权				
行权价格（美元）	截止日	最后一笔售价（美元）	交易规模	未平仓数量	行权价格（美元）	截止日	最后一笔售价（美元）	交易规模	未平仓数量
1 245	6 月	7.00	429	205	1 245	6 月	8.10	127	558
1 260		1.90	765	369	1 260		16.00	56	7
1 275		0.60	2 068	840	1 275		29.90	0	16
1 245	7 月	19.00	530	3 745	1 245	7 月	17.00	153	14 001
1 260		10.80	1 535	20 206	1 260		24.00	117	19 838
1 275		5.40	1 322	76 551	1 275		33.60	52	63 534
1 245	8 月	29.00	3	33	1 245	8 月	24.10	50	59
1 260		20.00	30	1 613	1 260		30.00	1	2 025
1 275		13.00	411	22 403	1 275		37.00	1	5 178

资料来源：芝加哥期权交易所。2006 年 6 月 26 日星期一下午 1 时 45 分，标的指数价格为 1 244.56 美元。

[①] 关于合约规范的相关信息可以在芝加哥期权交易所的网站中得到。

指数型期权的**现金清算**（cash settlement）过程不同于在芝加哥期权交易所单个股票期权情形中发生的清算过程。例如，假设家得宝公司股票的价格为 35 美元，其买入期权的所有者可以以 32.5 美元的行权价格执行期权。他支付了 3 250 美元，并且得到了价值 3 500 美元的 100 股家得宝公司股票。如果家得宝公司股票买入期权像指数型期权那样以现金进行清算，那么出售者将向买入期权的持有者支付 250 美元（＝3 500 美元－3 250 美元），而不是移交家得宝公司的股票并得到 3 250 美元的现金。

快速测查 15－2

假设你按照表 15－2 中列示的价格在 2006 年 6 月 26 日购买了 7 月到期且行权价格为 1 260 美元的 SPX 买入期权。如果在 2006 年 7 月 24 日到期时，该指数的价值结果是 1 300 美元，那么你的收益率是多少？

15.2 使用期权进行投资

期权使得投资者调整针对标的资产的风险暴露成为可能。可能的调整类型可以用刻画期权价值（在纵轴上衡量）与标的资产价格（在横轴上衡量）之间关系的**支付框架图**（payoff diagram）进行描述。图 15－1 显示了当前价值为 100 美元的股票买入期权在到期日的支付，行权价格为 100 美元。

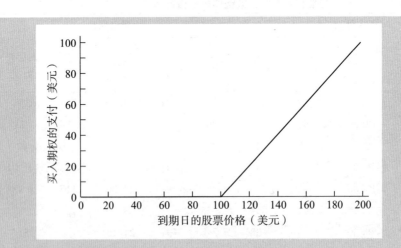

图 15-1　买入期权的支付框架图
说明：对买入期权而言，行权价格为 100 美元。

在到期日，来自买入期权的支付为 $\max(S_T-100, 0)$，这里 S_T 为期权到期日的股票价格。在图 15－1 中，买入期权的价值在 100 美元的右边随股票价格同步增加，但是在 100 美元的左边，该期权是没有价值的。

现在考察来自卖出期权的支付，该支付为 $\max(100-S_T, 0)$。卖出期权的支付框架图显示在图 15-2 中。如果到期日的股票价格低于执行价格，那么卖出期权的价值随着价格的降低而同步增加（直至最大值 100 美元）；如果股票价格超过行权价格，那么卖出期权将会到期无价值。

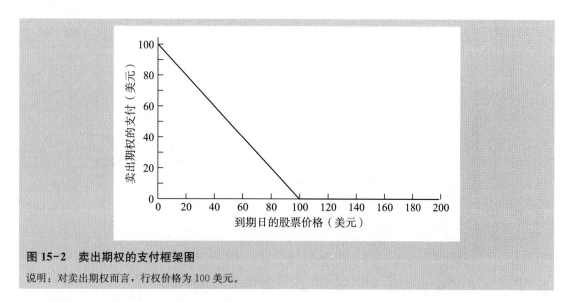

图 15-2 卖出期权的支付框架图
说明：对卖出期权而言，行权价格为 100 美元。

除了使用期权调整刚才描述的风险暴露，买卖期权还是不拥有标的资产者持有头寸的另一种替代方法。我们考察这种方法怎样运作。因为买入期权的价格仅是标的资产价格的分数，所以在买入期权中投资与股票中相同的数量提供了一项杠杆。例如，假定你看涨股票，而且拥有 10 万美元进行投资，假设无风险利率为每年 5%，同时股票不提供任何红利，比较一年持有期内三种不同投资策略的资产组合收益率：

(1) 将全部 10 万美元投资于股票。

(2) 将全部 10 万美元投资于买入期权。

(3) 在买入期权中投资 1 万美元并将剩余资金投资于无风险资产。

假设股票价格为 100 美元，同时买入期权的价格为 10 美元。这意味着在策略 1 下你购买 1 000 股股票，而在策略 2 下你购买针对 1 万股股票的买入期权。现在考察支付，它被刻画在图 15-3 中。

图 15-3 沿着横轴标出股票价格，同时沿着纵轴标出资产组合的收益率。对于策略 1 而言，即图 15-3 中的点状虚线，支付图形是一条拥有 100 美元盈亏平衡价格的直线。按照这一指数化价值，你的收益率为零。如果价格结果高于 100 美元，那么对于每 1 个百分点的股票价格增长，收益率将增加 1%。如果价格低于 100 美元，那么对于每 1 个百分点的股票价格下降，收益率将降低 1%。

在策略 2 下，即图 15-3 中的线状虚线，盈亏平衡价格为 110 美元。在该结点的右边，它的斜率为 10 乘以策略 1 的斜率。这是因为买入期权提供了和股票同样的增长潜力，同时在策略 2 下你拥有 10 倍于策略 1 下股票数量的期权。然而，如果股票价格低于 100 美元，那么线状虚线说明你在策略 2 下损失了全部投资，并且收益率为 −100%。

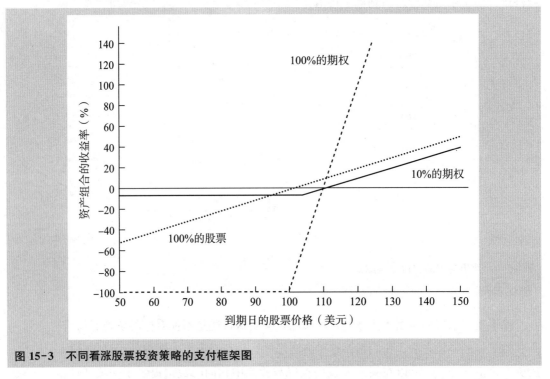

图 15-3 不同看涨股票投资策略的支付框架图

策略 3 的支付图形是图 15-3 中弯折的实线。在 100 美元行权价格的右边，这条实线拥有和 100% 投资于股票的策略（点状虚线）相同的斜率，但是在该股票价格左边，策略 3 位于 −5.5% 的收益率水平。[①] 因此，策略 3 提供了期权怎样被用于提供有保证最小收益率产品的例证。[②]

所有这三种处于考虑之中的投资策略都是看涨的，因为只有在认为股票价格可能上升的条件下，你才会选择它们。但是，为了决定这三种投资策略中的哪一种对你而言是最好的，你必须更精确地界定你对股票价格的预期和你的风险耐受程度。

例如，假设你拥有表 15-3 中所示三种可能经济状况的假想预测值。你认为经济繁荣同时股票价格在该年内上升 50% 的概率为 0.2，经济正常同时股票价格在该

---

① 在策略 3 下，资产组合的收益率的计算公式为：

$$资产组合的收益率 = \frac{期末价值 - 期初价值}{期初价值}$$

$$= \frac{9\,万美元 \times 1.05 + 1\,000 \times \max(S_T - 100,\ 0) - 10\,万美元}{10\,万美元}$$

$$= -0.055 + 0.01\max(S_T - 100,\ 0)$$

② 在早期的实际应用中，1976 年 2 月，默顿和斯科尔斯开办了美国的第一家期权型投资策略共同基金公司——货币市场与期权投资公司，投资策略是将 90% 的资产投资于货币市场工具，同时将 10% 的资产投资于股票买入期权的分散化组合。

年内上升 10% 的概率为 0.6，经济衰退同时股票价格在该年内下降 30% 的概率为 0.2。

表 15-3　　　　　　　看涨投资策略收益率的概率分布

经济状况	概率	无风险利率	策略1 100%的股票	策略2 100%的买入期权	策略3 10%的买入期权
			资产组合的收益率		
繁荣	0.2	5%	50%	400%	44.5%
正常	0.6	5%	10%	0	4.5%
衰退	0.2	5%	−30%	−100%	−5.5%

专栏 15.1

衍生工具与风险

企业通常使用以衍生工具闻名的那一类金融工具对冲风险，即使某些交易者只是对衍生工具抱有纯粹的投机兴趣。这些金融资产的最“奇异”形式因为损害了市场的稳定性而受到攻击。但是什么使得这种复杂的衍生工具如此危险？为了回答这一问题，我们必须从基础知识开始。

一般而言，衍生工具是其价值以某些其他资产，也就是标的资产的价值为基础的任何金融资产。一些经常被使用的衍生工具是本章中所讨论的期权、期货和互换合约。在实践中，新形式衍生工具的可能性是无穷尽的：考虑针对不同股票或商品的期货合约、期权合约和支付互换合约进行组合的所有途径。

所谓的奇异型衍生工具可能是超常复杂的。某些这样的衍生工具要求由数学家和计算机专家组成的团队确定在标的资产集合中的价格发生变动后，该衍生工具是赢取还是损失价值。批评者担心这些衍生工具鼓励上市公司的财务主管用其股票持有者的财产进行赌博，这种资产风险太大因而不宜持有，争论还在持续。这种抱怨是具有讽刺意味的：在实践中，当被正确利用的时候，正是这些复杂的衍生工具的力量使企业可以对冲日益增长的特定类型风险。

这些资产的一个特定子集由信用型衍生工具构成。信用型衍生工具是当给定企业违约时向其持有者承诺一定支付的任何合约。在这种情形下，信用型衍生工具可以充当保险合约的角色。例如，假定一位特定的投资者持有由企业 Z 发行的债券，那么如果企业发现自己无法清偿负债，持有针对企业 Z 的信用型衍生工具可以保护交易者。这类衍生工具在过去数年内迅猛增加，而且在美国基本不受管制。

这种情况已经引起政策制定者的关注。政策制定者担心，如果基于某些理由存在一连串的违约，那么这种衍生工具可能动摇市场。另一些人注意到，聪明的投资者正在使用复杂的衍生工具逃避税收：衍生工具有时可以将资本所得作为短期损失隐藏起来，或者将其伪装成面临更低税率的其他形式收入。像许多金融工具一样，最复杂的衍生工具的使用可以是欺骗性的。但是这种情形明显很少，而且衍生工具的大部分非公司交易者只是针对这些金融工具进行投机。实际上，企业暂时使用衍生工具对冲真正的经济风险，同时衍生工具可能是极适合该目的的有用工具。

资料来源：改编自"Financial WMD?" *The Economist*，January 22，2004。

表 15 - 3 显示了每个假设场景中每一项投资策略的收益率。观察对应于经济状况繁荣的那一行。在策略 1 下（100％的股票），收益率将是 50％。在策略 2 下（100％的买入期权），期权在截止日将价值 50 万美元，同时收益率将是 400％。在策略 3 下（10％的买入期权），期权将价值 5 万美元，同时债券价值 9.45 万美元，于是收益率将是：

$$\frac{5\text{万美元}+9.45\text{万美元}-10\text{万美元}}{10\text{万美元}}=0.445\text{ 或 }44.5\%$$

我们将所有三种假设场景中的三项投资策略的概率分布进行比较。注意，没有任何一种投资策略从业绩上能在所有三种假设场景中都超过其他投资策略。策略 2（100％的买入期权）在繁荣状态下表现最好，但是在其他假设场景中却是最糟糕的。策略 3 在衰退状态下表现最好，同样在其他假设场景中也是最糟糕的。策略 1 在正常状态下表现最好，在其他假设场景中的表现却是第二好的。

因此，没有任何一项投资策略能够完全胜过其他投资策略。根据投资者的风险耐受程度，他可能选择任何一项投资策略。实际上，一位极度厌恶风险的投资者可能从理性角度宁愿选择将全部 10 万美元投资于无风险资产，从而确定 5％收益率的投资策略。

快速测查 15 - 3

策略 4 是将 9.6 万美元投资于无风险资产，同时将 4 000 美元投资于期权。有保证的最小收益率是多少？在执行价格的右边，支付线的斜率是多少？

15.3 卖出期权与买入期权的平价关系

在前面几节，我们看到将部分资金投资于无风险资产，同时将另一部分资金投资于买入期权的投资策略可以提供一个资产组合，这个资产组合拥有得到保证的最低价值和向上倾斜的斜率，该斜率等同于投资标的股票的斜率。这里存在产生相同支付模式的另一种途径：购买股票和买入期权。

专栏 15.2

裸卖空

对投资者而言，卖空是一项合法且得到广泛应用的工具。但是当卖空者不准备履行承诺的时候，卖空的做法则被证明是具有破坏性的。就像我们已经看到的那样，卖空从根本上说是打赌股票价格会下降。卖空者借入股票并按照当前价格出售该股票，目的是以后按照更低的价格将其购回，因此赚得利润。然而，投资者有时候在不首先借入处于考虑中的股票，或者在不确定这些股票事实上能否被借到的条件下实施卖空。这种活动已经被戏称为"裸卖空"，它可能引发金融市场中的问题。

想象一位在没有首先获得所需股票的条件下实施卖空的投资者。当合约要求这位投资者交付已出售股票的时候，假设她无法找到这些股票的来源。也就是说，她没有借入该股票的地方：这位投资者无法履行承诺。这种被普遍称为"无法履行承诺"的情形可能是诉讼或市场不稳定的源泉。

在美国，管制者已经对裸卖空产生兴趣。犹他州的法规现在包括一项试图使裸卖空极其不具有吸引力的法律。在国家的层面，美国证券交易委员会也加入了竞争。2005 年 1 月，它创设了一套管制措施要求投资者在实施卖空之前有股票的来源。然而，这并没有结束。2006 年夏天，美国联邦司法部举行听证会调查卖空活动，同时更多的立法将在未来出现。

裸卖空的批评者抱怨这一活动对股票正在被出售的企业不公平。某些人认为过度的卖空驱使这些企业的股票价格下降；另一些人则因为某些理由反对卖空。一项批评认为，当一位交易者持有裸卖空的头寸，同时无法履行承诺的时候，市场效率会受到妨碍。诉讼充斥于法律体系，同时投资者可能因为担心成为"无法履行承诺"的损失方而丧失对市场的信心。

但是投资者确实欢迎某些裸卖空。例如，当给定股票的需求超过股票的供给时，为了保证流动性，交易环境中的中介有时持有裸卖空的头寸。一般而言，卖空被看做股票交易者的非常合理的工具。然而，当这些交易者在没有首先确认可以履行承诺的条件下实施卖空的时候，将会导致对平稳运行市场的阻碍以及来自诉讼的攻击。

资料来源：改编自 "Betting on Losers," *The Economist*, June 22, 2006。

表 15-4a 和图 15-4a 描述了两项来自保护性卖出期权投资策略的相互分离组成部分的支付，并且说明了它们怎样在股票中增加保险性头寸。这项资产组合的最小价值为执行价格 100 美元。表 15-4b 和图 15-4b 描述了两项来自纯粹折现债券加上买入期权投资策略的相互分离组成部分的支付，并且说明了它们怎样在股票中增加保险性头寸。因此，由股票加上欧式卖出期权（执行价格为 E）构成的资产组合，等同于无违约风险的纯粹折现债券（面值为 E）加上欧式买入期权（执行价格为 E）。① 由一

① 对于可以在到期日之前被执行的美式期权来说，这一等价关系必须被调整。

价定律得知，它们必然拥有相同的价格。

表 15 – 4a   **保护性卖出期权投资策略的支付结构**

头寸	到期日的头寸价值	
	如果 $S_T < 100$ 美元	如果 $S_T > 100$ 美元
股票	S_T	S_T
卖出期权	100 美元 $- S_T$	0 美元
股票加上卖出期权	100 美元	S_T

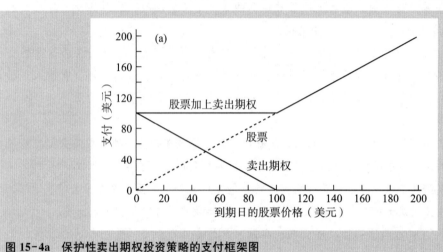

图 15-4a   保护性卖出期权投资策略的支付框架图

表 15 – 4b   **纯粹折现债券加上买入期权投资策略的支付结构**

头寸	到期日的头寸价值	
	如果 $S_T < 100$ 美元	如果 $S_T > 100$ 美元
面值为 100 美元的纯粹折现债券	100 美元	100 美元
买入期权	0 美元	$S_T - 100$ 美元
纯粹折现债券加上买入期权	100 美元	S_T

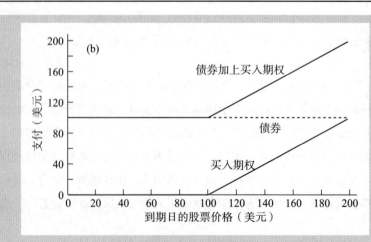

图 15-4b   纯粹折现债券加上买入期权投资策略的支付框架图

式（15.1）表述了这种价格关系：

$$S+P=\frac{E}{(1+r)^T}+C \qquad (15.1)$$

这里 S 为股票价格，E 代表执行价格，P 为卖出期权的价格，r 为无风险利率，T 为期权的到期期限，同时 C 是买入期权的价格。[①]

式（15.1）以**卖出期权-买入期权平价关系式**（put-call parity relation）得名。除了从其他三项变量的数值中决定第四种证券的价格的应用之外，式（15.1）也可以被用作利用其他三种证券合成第四种证券的"秘诀"。例如，通过重新整理式（15.1），我们得出买入期权等同于持有股票、借入执行价格的现值（也就是说，卖空面值为 E 的无违约风险纯粹折现债券），同时购买一项卖出期权：

$$C=S-\frac{E}{(1+r)^T}+P \qquad (15.2)$$

式（15.2）给予我们针对买入期权本质的部分洞察力。实际上，它表明一项买入期权的特征可以被分解成三个组成部分：

（1）购买股票。

（2）借入部分资金进行这一活动（杠杆）。

（3）购买保险抵御价格下降的风险（卖出期权）。

式（15.2）也可以被看成是将卖出期权转换成买入期权的计算公式，反之亦然。例如，假设式（15.2）右边的值为：

$$S=100 \text{ 美元}，E=100 \text{ 美元}，T=1 \text{ 年}，r=0.08，P=10 \text{ 美元}$$

那么买入期权的价格 C 必然为 17.41 美元，计算如下：

$$C=100 \text{ 美元}-100 \text{ 美元}/1.08+10 \text{ 美元}=17.41 \text{ 美元}$$

为了考察因何如此，假设 C 为 18 美元，同时不存在套利限制。于是买入期权的价格过高，套利者出售买入期权，同时通过运用复制策略购买这项买入期权的等价物是值得的。换句话说，贵卖贱买。购买股票的初始必要开支为 100 美元减去所借的 92.59 美元，因此在股票中持有杠杆化头寸的初始必要开支的净值是 7.41 美元。抵御价格下降风险的保险（卖出期权）花费 10 美元，于是合成型买入期权的总成本为 17.41 美元。套利者将按照 18 美元的价格出售买入期权，同时将买入期权的价格与合成型买入期权的成本 17.41 美元之间的差额 0.59 美元作为利润。表

15

[①]　直至所讨论的此处，我们都假定在期权存续期间股票不支付红利。一般而言，支付红利的可能性使卖出期权-买入期权平价关系式复杂化。然而，其中可以直接调整平价关系的一种情形是，如果确实知道每年支付的红利收益率 d，同时该比率是不变的，那么卖出期权-买入期权平价关系式是：

$$S(1-d)^T+P=\frac{E}{(1+r)^T}+C$$

15-5 显示了所涉及的交易。

通过重新整理式（15.2）中的各项，我们可以获得关于卖出期权、买入期权、股票和债券之间关系本质的一些额外了解，如下所示：

$$C - P = S - \frac{E}{(1+r)^T} \qquad (15.3)$$

在这一形式中，卖出期权-买入期权平价关系式暗指：

● 如果股票价格等于期权执行价格的现值，那么买入期权的价格等于卖出期权的价格。

● 如果股票价格超过期权执行价格的现值，那么买入期权的价格超过卖出期权的价格。

● 如果股票价格低于期权执行价格的现值，那么卖出期权的价格超过买入期权的价格。

表 15-5　　　　　卖出期权与买入期权的套利

头寸	即期现金流	到期日的现金流	
		如果 $S_T < 100$ 美元	如果 $S_T > 100$ 美元
出售买入期权	18.00 美元	0 美元	$-(S_T - 100$ 美元$)$
买入复制型资产组合（合成型买入期权）			
购买股票	-100.00 美元	S_T	S_T
借入 100 美元的现值	92.59 美元	-100 美元	-100 美元
购买卖出期权	-10.00 美元	100 美元 $-S_T$	0 美元
净现金流	0.59 美元	0 美元	0 美元

快速测查 15-4

说明怎样通过使用卖出期权、买入期权和面值为 E 的纯粹折现债券合成股票。

15.4　波动性与期权价格

股票价格的波动性越高，针对该股票的卖出期权和买入期权的价格也就越高。为了说明因何如此，考察这样一种情形，其中股票价格一年后只能是两项数值之一——要么是 120 美元，要么是 80 美元，同时每项数值的概率为 0.5。

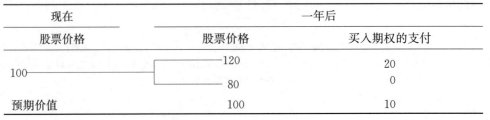

	低波动性的假设场景	单位：美元
现在	一年后	
股票价格	股票价格	买入期权的支付
100	120	20
	80	0
预期价值	100	10

因此，年末股票价格的预期价值为 0.5×120 美元＋0.5×80 美元＝100 美元。

现在考察一项执行价格为 100 美元且在一年后截止的股票买入期权。在截止日，如果股票价格为 120 美元，这项股票买入期权将价值 20 美元。如果股票价格为 80 美元，这项股票买入期权将没有任何价值。因此，这项买入期权支付的预期价值为 0.5×20 美元＋0.5×0 美元＝10 美元。

假设在年末股票价格的预期价值没有变化的条件下，股票变得更加具有波动性。例如，假定年末股票价格的两项可能数值现在是 200 美元和 0 美元，每项数值拥有 0.5 的概率。

年末股票价格的预期价值依然为 100 美元（＝0.5×200 美元＋0.5×0 美元），但是波动性更大。买入期权支付的预期价值现在为 50 美元（＝0.5×100 美元＋0.5×0 美元），高出 40 美元。明显地，买入期权的价格将会上升。于是，我们看到波动性的增加（保持当前股票价格不变）导致股票买入期权支付的预期价值增加，并且因此提升了股票买入期权的当前价格。同样的结论在卖出期权的条件下也是正确的。

高波动性的假设场景		单位：美元
现在	一年后	
股票价格	股票价格	买入期权的支付
100 ── 200		100
0		0
预期价值	100	50

同样的推理过程可以应用于标的股票价格呈现连续概率分布的更一般情形。截止日的支付不能为负。在最糟糕的情形下，期权是没有价值的，而且可以不执行该期权。因此，期权支付的概率分布被截断在零处。在保持股票预期支付固定的条件下，这一过程使期权预期支付成为标的股票价格波动性的增函数。

总而言之，在保持股票当前价格和预期收益率不变的条件下，股票波动性的增加导致该股票的卖出期权和买入期权的预期收益率上升，因此，卖出期权和买入期权的价格将随着股票波动性的增加而上升。进一步地，卖出期权-买入期权平价关系式暗指股票波动性的增加导致买入期权和相应的卖出期权（也就是说，与买入期权拥有相同到期期限和行权价格的卖出期权）的价格恰好同步上升。

快速测查 15－5

假设在给定股票价格波动性的水平上，$S＝100$ 美元，$E＝100$ 美元，$T＝1$ 年，$r＝0.08$，$C＝17.41$ 美元，同时 $P＝10$ 美元。现在波动性增加，同时买入期权的价格上升到 20 美元。如果 S、E、T 和 r 保持不变，卖出期权的新价格必然是多少？

15.5 二项式期权定价

就像我们在 15.2 节所看到的那样，卖出期权-买入期权平价关系式允许我们从标的资产价格、无风险利率和相应的卖出期权价格的角度表述买入期权。但是，我们希望能够在不知道卖出期权价格的条件下，拥有计算买入期权价格的途径。为了进行这种运算，我们不得不做出针对未来股票价格概率分布的某些假设。

在本部分，我们假定股票价格在期权截止日只能是两项可能值中的一项。即使这一假设是不现实的，双状态模型也构成广为人知的二项式模型这一更现实的期权定价模型的基础，后者在实践中得到了广泛应用。从双状态模型中引申得出的直觉理解也可应用于布莱克-斯科尔斯模型之中。

这种方法类似于我们用来推导卖出期权-买入期权平价关系式的方法。我们仅用股票和无风险借贷建构一项合成型买入期权。然后依照一价定律，买入期权的价格必然等于我们构造的合成型买入期权的成本。

考察一项行权价格为 100 美元的 1 年期期权。我们假设标的股票的价格现在是 100 美元，同时在该年内可能上涨或下跌 20%。因此，在一年后的期权截止日，股票价格可能是 120 美元或 80 美元，无风险利率为每年 5%。

股票和期权的支付可以通过下述树状结构图进行描述：

单位：美元

现在	一年后	
股票价格	股票价格	买入期权的支付
100	120	20
	80	0

现在将买入期权的支付结果与由股票构成的资产组合的支付结果进行比较，这个资产组合部分由无风险借贷提供融资。因为贷款的抵押物是股票本身，所以投资者可以按照无风险利率借入的最大金额是一年后股票的最低价格的现值。最低价格为 80 美元，于是现在借入的金额为 80 美元/1.05＝76.19 美元。这一资产组合的支付结果依赖于如下所示的一年后股票价格：

单位：美元

头寸	即期现金流	到期日的现金流	
		如果 S_1＝120 美元	如果 S_1＝80 美元
购买 1 股股票	−100.00	120	80
借入 76.19 美元	+76.19	−80	−80
总资产组合	−23.81	40	0

现在	一年后	
资产组合的成本	股票价格	资产组合的支付
23.81	120	40
	80	0

接下来我们需要得出，为了复制来自买入期权的支付，需要的股票比例是多少。这个股票比例被称为该期权的**对冲比率**（hedge ratio）。更为一般地，双状态模型中的期权对冲比率是该期权的两种可能支付之间的差值除以标的股票的两种可能最终价格之间的差值。在我们的例子中，对冲比率为：

$$\text{对冲比率} = \frac{\text{期权价值的变动范围}}{\text{股票价值的变动范围}}$$

$$= \frac{20 \text{ 美元} - 0 \text{ 美元}}{120 \text{ 美元} - 80 \text{ 美元}} = 0.5$$

因此，如果我们计划购买 1/2 股股票，同时仅借入 38.095 美元，那么将拥有一项合成型买入期权。借入数量是可以确定用截止日的利息偿付的最大金额。因为在我们的例子中，1/2 股股票的最差结果是 40 美元的价值，所以借入数量是按照 5% 的无风险利率进行折现的 40 美元的现值，该现值为 38.095 美元。

表 15-6 概括了来自买入期权本身以及通过这项复制型资产组合创设的合成型买入期权的支付。

表 15-6	通过复制创设合成型买入期权		单位：美元
头寸	即期现金流	到期日的现金流	
		如果 $S_1 = 120$ 美元	如果 $S_1 = 80$ 美元
买入期权		20	0
合成型买入期权			
购买 1/2 股股票	−50.000	60	40
借入 38.095 美元	38.095	−40	−40
总资产组合	−11.905	20	0

由一价定律得知，买入期权与其复制型资产组合（合成型买入期权）必须拥有相同的价格，于是这项买入期权的价格必然是：

$$C = 0.5S - 38.095 \text{ 美元}$$

$$= 50 \text{ 美元} - 38.095 \text{ 美元}$$

$$= 11.905 \text{ 美元}$$

快速测查 15-6

假设标的股票比上述例子中的标的股票更具有波动性，它可能在该年内上升或下降 30%，使用双状态模型推导这项期权的价格。

15.6 动态复制与二项式模型

股票在一年后仅拥有两种可能价格的假设明显是不现实的。因此，为了更现实，我们将为期一年的时期划分成两个为期 6 个月的时期，同时假设股票价格在每个子时期内可能上涨或下跌 10 美元。于是，在该年内价格可能变化的最大数量是上升或下降 20 美元。该年末将存在三种可能的股票价格（120 美元、100 美元和 80 美元），同时买入期权的相应支付为 20 美元、0 美元和 0 美元。

现在，该方法由寻找一项能够复制买入期权支付结构的**自我融资性投资策略**（self-financing investment strategy）构成。这项策略是一项动态投资策略，要求按照 6 个月后实现的股票价格调整股票数量和借贷数量。在初始必要现金开支之后，投资者没有加入或者提取额外资金。

在每个时点上，复制型投资策略都归结为我们已经在前面部分的双状态模型中考察的投资策略。图 15－5 用**决策树**（decision tree）的形式显示了涉及的状况。

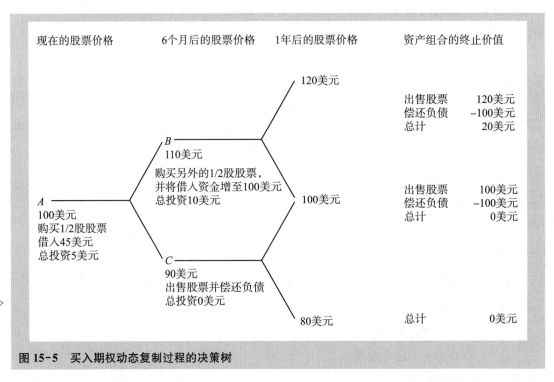

图 15-5 买入期权动态复制过程的决策树

股票价格从 100 美元处出发（点 A）。起初，你用 50 美元购买了 1/2 股股票，同时借入 45 美元。因此，初始必要现金开支净额为 5 美元。在第一个为期 6 个月的子时期期末，股票价格是 110 美元（点 B），或者是 90 美元（点 C）。如果发现自己位于点 B，那么你将多借入 55 美元购买另外的 1/2 股股票。但是如果你位于点 C，那么你将出售原来的 1/2 股股票，同时用出售所得偿还 45 美元的负债。这项策略在该年末产生了正好与期权相同的支付。

在初始必要现金开支之后，该策略是完全自我融资的。也就是说，在期权截止日之前，投资者没有投入或撤出任何额外的资金。结论是，因为复制买入期权支付的动态自我融资性投资策略的初始成本为 5 美元，所以由一价定律得知，5 美元必然是这项买入期权的价格。

我们刚刚推导的期权定价模型完善了双状态模型，它被称为**二项式期权定价模型**（binomial option pricing model）。[①] 通过将为期一年的时期划分成越来越细的时间间隔，二项式模型获得了更大的现实性和准确性。二项式期权定价模型在实践中得到了广泛应用。所使用的时间间隔数量取决于任一特定应用中所要求的准确程度。

15.7 布莱克-斯科尔斯模型

业内人士经常用来对股票期权进行定价的一项更加现实的模型是**布莱克-斯科尔斯模型**（Black-Scholes model）。[②] 它的推导过程遵从与我们刚才展现的类似的推理过程，但是假设复制型资产组合随着时间的推移得到连续调整。

欧式股票买入期权的原始布莱克-斯科尔斯计算公式有五项变量，其中四项是直接观测值：股票价格 S、行权价格 E、无风险利率 r（与该期权拥有相同到期期限的一项安全资产的连续复利年利率）和该期权的到期期限 T。

计算公式为：

$$C = N(d_1)S - N(d_2)Ee^{-rT}$$
$$d_1 = \frac{\ln(S/E) + (r + \sigma^2/2)T}{\sigma\sqrt{T}} \qquad (15.4)$$
$$d_2 = d_1 - \sigma\sqrt{T}$$

这里[③]：

$C=$ 买入期权价格；

$S=$ 股票价格；

$E=$ 行权价格；

$r=$ 无风险利率（与该期权到期期限相同的一项安全资产的连续复利年利率）；

$T=$ 以年度表示的期权到期期限；

$\sigma=$ 股票连续复利年收益率的标准差；

$\ln=$ 自然对数；

$e=$ 自然对数函数的底（大约为 2.718 28）；

$N(d)=$ 从标准正态分布中抽取的随机变量小于 d 的概率。

---

① 关于二项式模型的进展，参阅 Cox, Ross, and Rubinstein, "Option Pricing: A Simplified Approach," *Journal of Financial Economics*, 7 (1979), 229–263。

② Fischer Black, and Myron Scholes, "The Pricing of Options and Other Corporate Liabilities," *Journal of Political Economy*, 81 (May/June 1973)。

③ 连续复利的收益率等于 1 加收益率之和的自然对数。

通过在卖出期权-买入期权平价关系式 $P=C-S+Ee^{-rT}$ 中替换 C，我们可以从这个计算公式中得出卖出期权的价值。结果卖出期权价值的计算公式为：

$$P=[N(d_1)-1]S+[1-N(d_2)]Ee^{-rT}$$

在推导布莱克-斯科尔斯计算公式的过程中，布莱克和斯科尔斯假设在期权存续期间不支付任何红利。为了将一项不变的连续红利收益率 d 纳入考虑范围，默顿对布莱克-斯科尔斯模型进行了一般化处理。[1] 经过红利调整的期权定价运算公式为：

$$C=N(d_1)Se^{-dT}-N(d_2)Ee^{-rT}$$
$$d_1=\frac{\ln(S/E)+(r-d+\sigma^2/2)T}{\sigma\sqrt{T}} \tag{15.5}$$
$$d_2=d_1-\sigma\sqrt{T}$$

注意，股票收益率并没有明确地显示在这个期权定价运算公式中。股票收益率的影响由股票价格传导：任何有关未来股票价格的预期变动以及所要求股票预期收益率的变动都将导致股票价格发生变化，并且将因此改变买入期权的价格。但是按照任意给定的股票价格，期权价格可以在不知道股票收益率的条件下推导得出。给定当前观测到的股票价格，无法就股票预期收益率达成一致的分析人士将在正确的股票价格上达成一致。

在真实世界里，波动性（σ）和红利收益率（d）都无法确知，而且实证表明两者都随时间推移随机变化。结合这些随机变化的模型已经得到发展，同时在实践中得到应用。使用电子化的试算平衡表很容易计算式（15.5）中经过红利调整的期权定价模型。

为了方便起见，我们将信息按照表格的形式进行处理，这种表格形式类似于我们在第4章中计算现值时所使用的表格。例如，假设我们希望计算执行价格为100美元的6个月期买入期权的价格，它的标的股票价格为100美元，红利收益率为每年3%，同时波动性是0.20，无风险利率为每年8%。期权定价程序的输入值和输出值显示在表15-7中。

表 15-7 　　　　　　　　　　　　期权价格运算表

S	E	r	T	d	σ	结果
100美元	100美元	0.08	0.5	0.03	0.2	$C=6.79$美元　$P=4.35$美元

表15-8总结了式（15.5）中所反映的六项输入变量对买入期权价格和卖出期权价格的影响。

该表格可以被解释如下：

● 股票价格的上升导致买入期权价格的上升以及卖出期权价格的下降。

[1] Robert C. Merton, "Theory of Rational Option Pricing," *Bell Journal of Management Science*, 4 (Spring 1973).

- 行权价格的上升导致买入期权价格的下降以及卖出期权价格的上升。
- 波动性的上升导致买入期权价格和卖出期权价格同时上升。
- 距离截止日的时间增加导致买入期权价格的上升和卖出期权价格的上升。[①]
- 利率的上升导致买入期权价格的上升以及卖出期权价格的下降。
- 红利收益率的上升导致买入期权价格的下降以及卖出期权价格的上升。

表 15 - 8 期权价格的决定因素

下述项目的上升	买入期权	卖出期权
股票价格 S	上升	下降
行权价格 E	下降	上升
波动性 σ	上升	上升
距离截止日的时间 T	上升	上升
利率 r	上升	下降
红利收益率 d	下降	上升

对于其中标的资产的价格等于执行价格的现值（也就是说，$S = Ee^{-rT}$）的特殊情形而言，存在一项可以用来计算期权价格的方便估计公式：

$$\frac{C}{S} \approx 0.4\sigma\sqrt{T}$$

这个估计公式对卖出期权价格而言也是有效的。因此，如果股票价格为 100 美元，执行价格为 108.33 美元，到期期限为 1 年，无风险利率为 8%，红利收益率为 0，同时波动性为 0.20，那么买入期权和卖出期权的估计价格为股票价格的 8% 即 8 美元。[②]

如果我们使用精确的计算公式 ［式 (15.5)］ 来计算这些期权价格，我们就会发现估计的结果并不坏：

S	E	r	T	d	σ	结果	
100 美元	108.33 美元	0.08	1	0	0.2	$C=7.97$ 美元	$P=7.97$ 美元

快速测查 15 - 7

假设标的股票的波动性是 0.3，而不是上述例子中的 0.2，买入期权的估计价格是多少？

15.8 隐含波动性

隐含波动性（implied volatility）被定义为使观测到的期权价格与使用期权定价计算公式计算出来的价格相等的 σ 值。因此，在前面的例子中，假设我们观测到表格左边的价值（包括 7.97 美元的买入期权价格）。

---

① 这仅适用于美式期权。
② 注意，利率不显示在估计公式中。

S	E	r	T	d	C	σ
100 美元	108.33 美元	0.08	1	0	7.97 美元	?

如果将这些结果代入式（15.5）并且求解 σ，那么就会得到由这项期权价格隐含的波动性。在这个例子中，隐含波动性为 0.2。

芝加哥期权交易所已经建构了一项针对标准普尔 100 股票价格指数的隐含波动性指数，该指数被用来作为创设针对隐含波动性自身的新型期货和期权合约的基础。[①] 与此同时，使用来自到期期限大约为 30 天的 8 项标准普尔 100 指数型期权的价格信息，2005 年 7 月，为了最小化统计误差，已经设计出了一项隐含波动性指数。

图 15-6 显示了从 2005 年 7 月到 2006 年 6 月这段时间内隐含波动性指数的信息。很明显，股票价格指数的隐含波动性指数向上波动，拥有几乎为 100％ 的波动范围，从 2005 年 7 月的起始低点到 2006 年 6 月早期的顶峰数值。图 15-6 下部的图表跟踪了同一时期所交易的期权合约的相应规模。

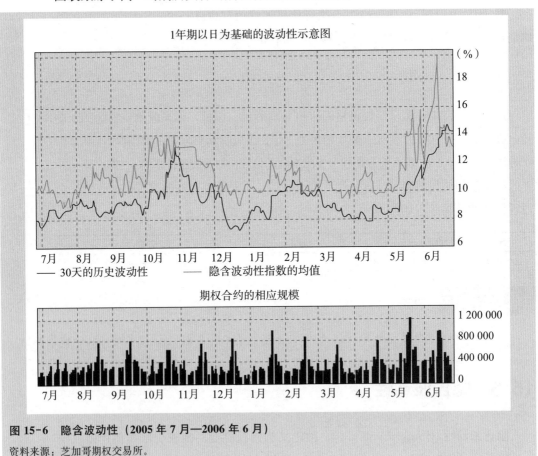

图 15-6　隐含波动性（2005 年 7 月—2006 年 6 月）
资料来源：芝加哥期权交易所。

---

① 关于该指数构建过程的详细描述，参阅 R. E. Whaley, "Derivatives on Market Volatility: Hedging Tools Long Overdue," *Journal of Derivatives* (Fall 1993), pp. 80-82。有关隐含波动性指数和其他波动性工具的信息可以在芝加哥期权交易所网站中得到。

关于期权的丑闻

一项期权——按照给定价格买卖金融资产的权利，可能随着标的资产价格的变化极为迅速地赢取或损失价值。例如，当股票拥有低于期权执行价格的价格时，购买针对该股票的期权不存在任何内在价值。然而，如果所考察的股票价格迅速上涨，从而超过了期权的执行价格，那么期权立即开始获得价值。

明显地，期权可以赚取丰厚收益。这是为什么尤其近年来股票期权已经变成管理层薪金额外补偿的最普遍形式的一项理由。然而，这种工具同样很容易监控：在 2006 年，大量美国企业因为给予其管理层股票期权的不当行为而受到指控。

被卷入接踵而来的丑闻的企业被指控"回溯"期权，这些期权作为薪酬被奖励给该企业的管理人员。指控坚持认为，在企业股票价格迅猛增长的任何时候，管理者都被记录恰好在股票价格意外上涨之前发行期权，同时企业将行权价格设定在股票的当前实际价格之下。被回溯的期权从实际发行时起就保持着良好的价值。

在数位经济学家，其中主要是艾奥瓦大学的埃里克·利（Erik Lie），在针对期权的研究中发现了一项趋势之后，这种丑闻首次被曝光。明显地，大多数期权拥有恰好位于标的股票价格显著上涨之前的正式发行日期。回溯似乎是最可能的解释。在这些研究成果被公布以后，当局表示了关注。至少 20 家企业立即被发现存在不法行为，其中包括联合健康集团和麦咖啡公司等。

回想一下，一项期权的价值发生变动所需要的时间仅仅与标的资产的价值发生变动所需要的时间同样长，例如，我们知道股票价格可能在极短时间内剧烈上升或下降。正是这一事实使期权如此有盈利能力，而且明显使期权的运用如此具有诱惑力。

资料来源：改编自 "Nuclear Options," *The Economist*, June 1, 2006。

15.9　公司负债与权益的或有索取权分析

或有索取权分析是在期权定价的过程中使用的复制方法在其他证券的价值评估方面的应用。在本节，我们将展示在给定有关公司总价值相关信息的条件下，怎样运用这种复制方法对一家公司的负债和权益进行价值评估。

我们的虚拟企业戴布特科（Debtco）公司是一家房地产公司。它已经发行了两类证券：普通股（100 万股）和总面值为 8 000 万美元的零息债券（每份拥有 1 000 美元面值的 8 万份债券）。戴布特科公司的债券将于一年后到期。如果我们知道戴布特科公司的市场总价值为 1 亿美元，它的股票和债券的市场价值分别是多少？

令：

V 为戴布特科公司的当前市场价值（1 亿美元）；

E 为戴布特科公司权益的当前市场价值；

D 为戴布特科公司负债的当前市场价值。

我们知道，这家公司负债和权益的总市场价值为 1 亿美元：

$$V = D + E = 1 \text{ 亿美元}$$

我们希望分别得到每一项数值：E 和 D。

当债券一年后到期时，考察戴布特科公司证券持有者的可能支付。支付框架图显示在图 15-7 和图 15-8 中。如果这家公司的资产价值超过负债的面值（也就是说，如果 $V_1 > 8\,000$ 万美元），那么股票持有者得到两者之间的差额（$V_1 - 8\,000$ 万美元）。然而，如果资产价值达不到 8 000 万美元，那么该公司将拒付负债，同时股票持有者将得不到任何东西，债券持有者将得到该公司的全部资产。[①]

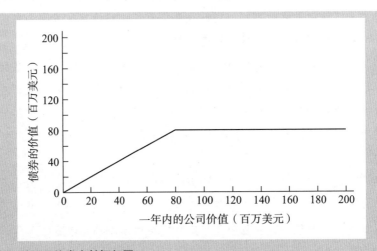

图 15-7　戴布特科公司债券支付框架图

说明：就小于 8 000 万美元的公司价值而言，债券持有者得到全部资产价值。同时，就大于 8 000 万美元的公司价值而言，债券持有者得到 8 000 万美元。

图 15-7 显示了就小于 8 000 万美元的公司价值而言，债券持有者得到全部资产价值。同时，就大于 8 000 万美元的公司价值而言，债券持有者得到 8 000 万美元。图 15-8 显示了就小于 8 000 万美元的公司价值而言，股票持有者一无所获。同时，就大于 8 000 万美元的公司价值而言，股票持有者得到公司价值减去 8 000 万美元的差额。

注意，戴布特科公司权益的支付框架图等同于标的资产为公司自身的买入期权的支付框架图，同时期权的行权价格是负债的面值。因此，我们可以在变化符号的条件下运用计算公式（15.5）。结果这家公司权益价值的计算公式为：

---

① 这适用于破产是无成本的，同时企业负债的顺序原则被严格遵守时的情形。在真实世界的破产过程中存在成本，并存在通过谈判解决破产的途径。

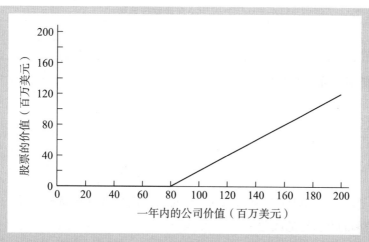

图 15-8 戴布特科公司股票支付框架图

说明：就小于 8 000 万美元的公司价值而言，股票持有者一无所获。同时，就大于 8 000 万美元的公司价值而言，股票持有者得到公司价值减去 8 000 万美元的差额。

$$E = N(d_1)V - N(d_2)Be^{-rT}$$
$$d_1 = \frac{\ln(V/B) + (r + \sigma^2/2)T}{\sigma\sqrt{T}} \quad\quad (15.6)$$
$$d_2 = d_1 - \sigma\sqrt{T}$$

这里：

　　V = 公司价值；

　　E = 公司中权益的价值；

　　B = 纯粹折现债券的面值；

　　r = 无风险利率；

　　T = 以年度表示的债务到期期限；

　　σ = 公司资产连续复利年收益率的标准差；

　　$\ln$ = 自然对数；

　　e = 自然对数函数的底（大约为 2.718 28）；

　　$N(d)$ = 从标准正态分布中抽取的随机变量小于 d 的概率。

　　由定义得知，负债的价值 D 等于 $V - E$。因此，负债的有保证的连续复利利率 R 为：

$$R = \frac{\ln(B/D)}{T}$$

　　在运算式（15.6）的过程中，我们可以使用一项等同于按照式（15.5）对期权进行定价的过程中使用的计算程序，只是我们不得不改变对输入值和输出值的解释。令无风险利率为每年 8%，同时这家公司资产价值的波动性为 0.3。于是表 15-7 变为表 15-7a。

表 15 - 7a		公司权益运算表			
V	B	r	T	σ	结果
1 亿美元	8 000 万美元	0.08	1	0.3	$E=2\,824$ 万美元

负债的价值等于 $V-E$：

$$D = 1\text{ 亿美元} - 2\,824\text{ 万美元} = 7\,176\text{ 万美元}$$

因此，债券的有保证的连续复利利率 R 等于：

$$R = \ln(80/71.76) = 0.108\,7\text{ 即 }10.87\%$$

于是，当无风险利率为每年 8％时，我们得到戴布特科公司的债券必须提供 10.87％的有保证的收益率。

现在考察一种公司资产的价值等于使用无风险利率评估的负债面值的现值的特殊情形。也就是说，

$$PV = 8\,000e^{-0.08}\text{ 万美元}$$

在这种情形里，这家公司权益的估计值为：

$$\frac{E}{V} \approx 0.4\sigma\sqrt{T}$$

令 $V=1$ 亿美元，$B=10\,833$ 万美元，$\sigma=0.3$，$T=1$，同时应用上述估计值，我们得到：

$$E = 1\,200\text{ 万美元}$$

如果我们应用精确的计算公式，那么将得到：

V	B	r	T	σ	结果
1 亿美元	10 833 万美元	0.08	1	0.3	$E=1\,192$ 万美元

快速测查 15 - 8

在刚才考察的特殊情形中，戴布特科公司负债的到期收益率是多少？

15.10 信用担保

抵御信用风险的担保在金融体系里无处不在，而且在公司金融和公共财政领域扮演着重要的角色。母公司例行公事地为其分支机构担保负债。商业银行和保险公司从一连串广泛的金融工具中收取了费用，作为回报，它们向其提供担保，这些金融工具包括从传统的信用证到利率互换和货币互换。

几乎可以肯定，金融担保的最大提供者是政府和政府机构。即使在美国，那里

的流行哲学之一是私人部门中的有限政府参与，联邦政府和本地政府也提供一系列广泛的金融担保，其中在经济上和政治上都最重要的金融担保是存款保险。然而，担保也广泛运用于其他地方。在企业部门，政府为小型企业的负债提供担保，而且有时也为大型企业的负债提供担保。退休金收益担保公司提供针对公司退休金计划收益的有限保险。居民抵押贷款、农业贷款和学生贷款是政府已经担保的非公司负债的例证。美国政府也以对外援助的形式提供针对其他国家负债的担保。

但是，担保本身甚至比这项明确的担保清单所提供的担保更加广泛。在发放贷款的任何时候，都涉及针对这笔贷款的隐含性担保。为了理解这个说法，考察从功能和价值角度均成立的基础恒等式：

$$风险贷款 + 贷款担保 = 无风险贷款$$
$$风险贷款 = 无风险贷款 - 贷款担保$$

因此，在贷款者向除美国政府以外的其他主体发放以美元计价的贷款的任何时候，这些贷款者同时隐含地出售贷款担保。因此，信贷活动包括在功能上截然不同的两项活动：纯粹的无违约风险信贷活动和贷款者对违约风险的承担。

为了更清晰地理解这一点，考察依照两个步骤实施的信贷活动或许是有帮助的：(1) 担保的购买；(2) 贷款的发放。假设担保者与贷款者是两个不同的主体。第一步，借款者用 10 美元从担保者那里购买担保。第二步，借款者将这笔担保交给贷款者，同时按照每年 10% 的无违约风险利率借入 100 美元。作为一年后偿还 110 美元承诺的回报，借款者最终得到了 90 美元（= 100 美元 - 10 美元）的净额。

当然，贷款者和担保者经常是同一个主体，例如一家商业银行，而且为了交换一年后偿还 110 美元的承诺，借款者仅从这家银行获得了 90 美元的净额。于是，这笔贷款的承诺利率被表述为 22.22%，即（110 美元 - 90 美元）/90 美元。这项承诺利率反映了无风险利率以及担保的费率。为了理解这两项活动是相互分离的活动，注意风险负债的持有者可以用 10 美元购买一项第三方担保。于是，这位持有者进行了 100 美元（= 90 美元 + 10 美元）的投资，并且得到 110 美元的确定支付。

因此，购买真实世界里的一笔贷款在功能上等同于购买一笔纯粹的无违约风险贷款，同时发行针对这笔贷款的担保。实际上，与此同时，债权人也偿付了这笔无违约风险贷款，同时得到针对贷款担保的"折扣"。相对于无违约风险贷款部分的价值而言，担保价值的大小变动显著。一只高投资等级的债券（被定级为 AAA）几乎就是拥有极小担保部分的完全无违约风险贷款；一只低投资等级的债券或"垃圾"债券通常拥有较大的担保部分。

包括贷款在内的其他金融合约也涉及担保。例如，在互换合约中，针对互换合约双方业绩表现的担保经常由第三方金融中介提供。如果没有购买这项担保，那么事实上，当前每一方都在提供针对其对手方业绩表现的担保。随着非金融性企业越来越多地使用这类合约，它们的管理层需要更好地理解怎样有效管理与这些合约相

15

关的显性担保和隐性担保。

期权理论可以被用于分析这种担保的有效管理。担保与卖出期权相似。如果金融合约的发行者无法支付所承诺的数额，那么担保者必须支付所承诺的数额。担保者的损失等于被担保合约的承诺支付数额与出售资产所得到的价格之间的差额，这些资产是作为负债抵押物从合约发行者那里得到的。[①] 这种差额被称为缺口。通常假设只有在该缺口为非负的条件下，发行者才会违约。

例如，考察来自出售简单担保的利润。如果有抵押资产的价值 V 超过承诺支付数额 E，那么担保者保留这项溢价，而且不支付任何东西。但是，如果有抵押资产的价值 V 小于承诺支付数额 E，那么担保者必须支付它们的差额 $E-V$。担保者的最大利润等于溢价加上利息，这些利息在对偿付损失或终止担保之前的溢价进行投资的过程中赚取。缺口以及来自发行者违约行为的损失减少了最大利润。最大的损失风险暴露就是所承诺的支付款项。因此，担保者的利润函数由 $P-\max[0, E-V]$ 给出，这里 P 是溢价加上从对该溢价进行投资的过程中赚取的利息。

一个虚拟的例证

我们回到前面部分引入的戴布特科公司的例子。假设银行、保险公司或政府承诺为戴布特科公司的债务违约提供担保。这种担保的公平市场价值是什么？计算担保价值的一种途径是，算出无风险债券的现值与无担保条件下戴布特科公司债券价值之间的差额，这种无风险债券承诺提供与戴布特科公司债券相同的现金流。

因为无风险利率是连续复利的每年 8%，而且这项负债承诺一年后到期时支付 8 000 万美元，所以作为无风险债务，它的价值是：

$$PV = 8\ 000e^{-0.08} 万美元 = 7\ 384.9 万美元$$

由于无担保条件下这项负债的价值是 7 175.9 万美元，因此担保的价值必然是两者之间的差额：

$$担保的价值 = 有担保条件下的价值 - 无担保条件下的价值$$
$$= 7\ 384.9 万美元 - 7\ 175.9 万美元$$
$$= 209 万美元$$

但是，这里还存在计算担保价值的另一种途径。信用担保等同于签订一项针对戴布特科公司资产的卖出期权，这项卖出期权的行权价格等于债务的面值。因此，可以使用经过调整的卖出期权定价公式来计算担保的价值：

$$G = [N(d_1)-1]V + [1-N(d_2)]Be^{-rT}$$

---

① 我们用抵押物这一术语表示担保者对其拥有追索权的债务发行人的全部资产，即使这些资产没有被正式承诺为担保者拥有追索权的资产或者正式与其他资产进行区分。

$$d_1 = \frac{\ln(V/B) + (r + \sigma^2/2)T}{\sigma\sqrt{T}}$$

$$d_2 = d_1 - \sigma\sqrt{T}$$

V	B	r	T	σ	结果
1 亿美元	8 000 万美元	0.08	1	0.3	$G = 209$ 万美元

15.11 期权定价方法的其他应用

许多金融合约包含嵌入式期权。[①] 来自家庭金融的例证是预先付款的权利,如果利率下跌,这项权利给予房屋所有者重新谈判支付给贷款者的利率的权利;还有汽车租赁,它给予客户在租赁期末按照预先商定的价格购买汽车的权利,但不是义务。

许多针对期权定价的应用并不涉及金融工具,这种应用的谱系被称为实物期权。实物期权应用的最发达领域是企业的投资决策。然而,实物期权分析也被应用于房地产投资和开发的决策。这里使用的期权定价的基本要素与前述例证相同。未来是不确定的(如果不是这样,那么就不存在创设期权的需要,因为我们现在知道以后将做什么),而且在不确定的环境里,当某些不确定性得到解决之后,拥有决定做什么的自由度确实是有价值的。期权定价理论提供了对这种价值进行评估的手段。

在项目投资评估范围之内,主要的期权类型是启动或扩张项目的期权,放弃或收缩项目的期权,等待开发、减缓开发或者加速开发的期权。这里还存在针对增长的期权,它包括形成作为扩张期权结果的过剩生产能力以及进行研发活动,研发活动创造生产新产品甚至开发新业务的机会。但是,如果这些活动在经济上不是切实可行的,那么就没有义务这样做。

实物期权技术应用的一个例证存在于电力生产过程。电力企业可以被建造成使用诸如石油或天然气等单一燃料的企业,也可以被建造成使用两种燃料中的任一种进行生产的企业。这项选择的价值是有能力在每一个时点上使用可资利用的最低成本燃料,而成本则体现在比相应专业化设备更高的建造成本,以及与使用相应专业化设备相比更低效的能源转换上。

另一个例证来自娱乐行业并且涉及拍摄系列电影的决策。选择是要么同时拍摄原始电影及其续集,要么等待并且在已经得知原始电影成功或失败后拍摄续集。一个人不需要成为电影专家就能猜测到,如果遵从第一种路径,拍摄续集的额外成本

---

① 关于广泛的参考资料,参阅 R. C. Merton, "Applications of Option-Pricing Theory: Twenty-Five Years Later," *American Economic Review* (June 1998), pp. 323-349, 本节内容摘录自该文献。

将更小。虽然是这样，但人们通常选择后者，更高预算的电影尤其如此。经济方面的理由是，第二种路径提供了不拍摄电影续集的选择权（例如，如果原始电影不成功）。如果制片人（几乎确定地）知道将拍摄续集，那么为更多信息而等待的选择权价值不大，同时独立拍摄续集的成本可能超过收益。于是，我们再一次看到不确定性的大小对决策而言是至关重要的，同时，期权定价模型提供了量化处理成本-收益权衡取舍的手段。

关于获取职业教育程度的个人决策也可以作为期权价值评估问题进行计算，其中最优的行权条件反映了何时结束培训并且开始工作。在古典的劳动-闲暇之间的权衡取舍中，在短期内，工作提供了增加或减少工作时数的自由的劳动者相对于可利用工作时数被固定的那些人而言，总薪酬拥有一项更有价值的期权。提供最小补偿的工资、福利以及退休金计划的底线均拥有与期权相似的体系。

健康防护保险包含不同程度的灵活性，一项主要的灵活性是消费者是否预先同意仅使用预先指定的医生和医院集合（健康保健组织计划），或者保留挑选计划之外的医生和医院的权利。在做出决策的过程中，消费者求解针对灵活性价值的期权定价问题。几乎同样的价值评估体系出现于有线电视服务的每次观看付费和固定费用支付之间的选择过程中。

期权价值可能是由政府授予的近海钻探权和污染权的总价值的显著部分。期权定价分析量化了政府的经济决策。是否在人口稀少的地区修路依赖于如果乡间公路没有被充分利用，政府是否拥有放弃乡间公路的政策选择权。

各种不同的法律和税收问题涉及已经使用期权模型解决的政策和行为。其中包括对当事人诉讼选择权的价值评估，对包含有限责任条款的破产法律的价值评估，放弃财产或者通过支付欠款收回该项财产的选择权，针对房地产以及其他财产的税收滞纳的价值评估，对税收规避的价值评估，以及仅当投资损失和投资收益的实现触发了应税事件时，针对资本所得税的纳税时机选择权进行的价值评估。

期权理论被证明是一项内容丰富的战略决策分析框架。早期的战略性应用是在能源和动力生产行业中，这些行业需要长期地规划时间跨度，而且拥有与相当巨大的不确定性成比例的主要固定成本部分。因为能源和动力生产在每个经济中都是基础性的，所以衍生工具的这种运用在发达国家和发展中国家中都提供了主流的应用。最终，期权模型可能变成贯彻战略目标的标准化工具。

小　结

● 期权可以被用于改善投资者的投资风险暴露程度。通过将无风险资产与股票指数买入期权进行组合，投资者可以获得有保证的最低收益率以及在看涨条件下参与股票市场的机会。

● 由股票和欧式卖出期权构成的一个资产组合等同于面值与期权行权价格相等的无风险债券加上欧式买入期权。因此，通过一价定律，我们得到卖出期权-买入期权平价关系式：

$$S+P=\frac{E}{(1+r)^T}+C$$

这里 S 为股票价格，E 代表执行价格，P 为卖出期权的价格，r 为无风险利率，T 为期权的到期期限，同时 C 是买入期权的价格。

● 通过一项动态复制策略可以创设来自标的股票和无风险资产的合成型期权，这种动态复制策略在初始投资之后是自我融资的。依照一价定律，期权价格由下述运算公式给出：

$$C=N(d_1)Se^{-dT}-N(d_2)Ee^{-rT}$$

$$d_1=\frac{\ln(S/E)+(r-d+\sigma^2/2)T}{\sigma\sqrt{T}}$$

$$d_2=d_1-\sigma\sqrt{T}$$

其中，C＝买入期权价格；

S＝股票价格；

E＝行权价格；

r＝无风险利率（与该期权到期期限相同的一项安全资产的连续复利年利率）；

T＝以年度表示的期权到期期限；

σ＝股票连续复利年收益率的标准差；

$\ln$＝自然对数；

e＝自然对数函数的底（大约为 2.718 28）；

$N(d)$＝从标准正态分布中抽取的随机变量小于 d 的概率。

● 用于对期权进行定价的相同方法可以被用来对其他众多或有索取权进行价值评估，这些或有索取权包括公司股票和公司债券、贷款担保以及针对投资的实物期权，这些投资内置于研发活动以及能适应新情况的制造技术。

关键术语

或有索取权	买入期权	卖出期权	执行价格
行权价格	截止日	美式期权	欧式期权
在交易所交易的期权	柜台交易型期权	内在价值	有形价值
时间价值	虚值期权	实值期权	平值期权
指数型期权	现金清算	支付框架图	卖出期权-买入期权平价关系式
对冲比率	自我融资性投资策略	决策树	二项式期权定价模型
布莱克-斯科尔斯模型	隐含波动性		

问题与疑难

期权怎样运作？

1. 在买入期权中的多头或空头里，哪一种拥有无限的看跌风险？卖出期权中的多头或空头呢？解释你的答案。

2. 描述针对任意资产的卖出期权和买入期权的关键定义性特征。

3. 描绘下述情形发生时欧式卖出期权的支付，这项欧式卖出期权拥有 50 美元的执行价格（E），按照 5 美元的期权费出售，标的为价值为 S 的股票。

a. 你处于多头地位（也就是说，你购买这项卖出期权）。

b. 你处于空头地位（也就是说，你出售这项卖出期权）。

4. 描绘由欧式买入期权和欧式卖出期权构成的资产组合的支付。每种期权拥有相同的截止日，而且拥有 25 美元的行权价格。两种期权都基于价值为 S 的股票。如果股票的价格在截止日为 40 美元，那么这个资产组合的支付是什么？如果股票的价格是 20 美元呢？

使用期权进行投资

5. 如果为了在行权价格为 47 美元的卖出期权中获得多头地位，一位投资者支付了 4.75 美元的期权费，那么标的资产的盈亏平衡点对应于何种价格？画出多头的示意图。

6. 1 年期无风险利率是 4%，同时股票指数位于 100 处。行权价格为 104 的 1 年期基于股票指数的欧式买入期权的价格是该指数当前价格的 8%。假设股票指数中的股票的预期收益率为 0。你在下一年拥有 100 万美元进行投资。你计划在 1 年期国库券里投入充足的资金以保证至少收回原来的 100 万美元，同时你用剩余的资金购买基于股票指数的买入期权。如果你认为存在 0.5 的可能性一年后股票指数上涨 12%，存在 0.25 的可能性一年后股票指数上涨 40%，同时存在 0.25 的可能性一年后股票指数下降 12%，那么你的资产组合收益率的概率分布是什么？

卖出期权与买入期权的平价关系

7. 给定下述变量：$S=55$ 美元，$E=75$ 美元，$T=1$ 年，$r=5\%$，同时 $P=20$ 美元；如果买入期权正在以 10 美元出售（$C=10$ 美元），存在何种套利机会？描述套利策略以及将实现的利润。

8. 使用卖出期权-买入期权平价关系式：

a. 说明怎样使用股票、卖出期权和买入期权复制面值为 100 美元的 1 年期纯粹折现债券。

b. 假设 $E=100$ 美元，$S=100$ 美元，$P=10$ 美元，$C=15$ 美元。1 年期利率必然是多少？

c. 说明如果 1 年期无风险利率低于 b 部分的答案，那么将存在一项套利机会。

9. 威曼多公司股票的 90 天期欧式买入期权当前正在按照 20 欧元交易，与此同时，该股票自身的当前价格为 24 欧元。法国政府发行的 90 天期零息证券的每 100 欧元面值正在按照 98.55 欧元出售。如果买入期权和卖出期权拥有同样的 20 欧元行权价格，推断该股票的 90 天期欧式卖出期权的价格。

10. 戈顿·盖克已经构建了一个资产组合，这个资产组合包括 10 份 90 天期美国国库券以及 200 份 90 天期欧式买入期权，每份美国国库券拥有 1 000 美元的面值和 990.10 美元的当前价格，每份期权基于派拉蒙公司的 1 股股票，同时拥有 50 美元的行权价格。盖克主动提出用这个资产组合和你交换 300 股派拉蒙公司的股票，派拉蒙公司的股票当前被估值为每股 215 美元。假设行权价格为 50 美元的派拉蒙公司的股票的 90 天期欧式卖出期权当前被估值为 25 美元。

a. 推导针对盖克的资产组合的买入期权的价值。

b. 决定你是否应当接受盖克的出价。

11. 一家热门的金枪鱼分销商卡克科南公司的股票当前以每股 50 美元的价格发行上市，与此同时，行权价格为 20 美元的该股票的 1 年期欧式卖出期权以 40 美元出售。同时，拥有相同终止期限与行权价格的卖出期权以 8.457 美元出售。

a. 推导今天出售的 1 年期零息美国政府债券的收益率。

b. 如果该收益率实际为 9%，利用套利潜力构造一项有利润的交易。

波动性与期权价格

12. 哪一项拥有更多的价值：（1）由针对 10 种不同股票的买入期权构成的资产组合；（2）针对由同样 10 种股票构成的资产组合的单一期权？假设第二项的行权价格等于第一项中买入期权的行权价格的总和，并且所有期权的截止日是相同的。解释你的答案。

二项式期权定价

13. 得拉蒙德·格里芬·麦克纳布出版社的股票价值当前正在按照 100 美元的价格交易，而且可望在 90 天以后上涨至 150 美元，或者降至 50 美元，上涨还是下跌依赖于对埃兹拉·庞德的新自传的批评性评论。假设在即将到来的 90 天里无风险利率为 1%，如果基于得拉蒙德·格里芬·麦克纳布出版社的股票的欧式买入期权拥有 85 美元的行权价格，你能否对该项期权进行价值评估？

15

14. 具有挑战性的问题。令 s 为一项固定的百分比变动,在给定时期里股票价格按照它上升或下降。使用一期双状态模型推导卖出期权价格的计算公式。参考前述问题(问题13),使用模型对得拉蒙德·格里芬·麦克纳布出版社股票的卖出期权进行定价,该卖出期权拥有与买入期权相同的到期期限和行权价格。

动态复制与二项式模型

15. 使用二项式期权定价模型得出一项买入期权的当前价值,这项买入期权的标的股票的当前价格为50美元,期权行权价格为40美元。假设这项期权在两期的期末终止,无风险利率为每期5%,同时股票价格将每期上升或下降10%,则对冲比率是多少?

16. 具有挑战性的问题。在上述问题(问题15)的特殊情形中,相对于到期剩余时间内可能的有限价格变动而言,这种期权的实值程度是如此之高,以致我们确信这项期权将在到期当日被执行。在这种情形里,买入期权的当前价值拥有一个以三项变量表示的简单表达式:标的股票的当前价格(S)、行权价格(E)和无风险利率(r)。请计算出这个表达式,对它进行解释,同时用它推导在上述问题中得出的买入期权价格。

布莱克-斯科尔斯模型

17. 使用布莱克-斯科尔斯模型得出一项买入期权的期权费,这项期权基于当前价格为40美元的股票,同时行权价格为35美元。假设无风险利率为每年10%,同时这项期权将于6个月后终止。该股票的风险由数值0.25衡量。将期权费分解为内在价值和时间价值。

18. 使用布莱克-斯科尔斯计算公式得出一项3个月期欧式买入期权的价格,这项期权基于当前价格为50美元的无红利支付股票。假设行权价格为51美元,连续复利的无风险利率为每年8%。

a. 这一买入期权的初始复制型资产组合的组成部分是什么?

b. 使用卖出期权-买入期权平价关系式得出相应卖出期权价格的布莱克-斯科尔斯运算公式。

19. 作为叶氏事务所——一家新加坡投资咨询公司的金融分析师,客户向你询问她是否应当购买基于拉特恩公司股票的欧式买入期权,这项期权当前按照30美元的价格出售,拥有50美元的行权价格。拉特恩公司股票当前显示了55美元的价格,同时该股票收益率的估计方差为0.04。如果这项期权在25天后终止,同时在该时期内无风险利率为每年5%,你将建议客户做什么?

隐含波动性

20. 使用布莱克-斯科尔斯模型推导不支付任何红利的标的股票收益率的波动性。假设存在下述变量:$S=90$ 美元,$E=100$ 美元,$r=10\%$,$T=1/2$。如果期权费为3.05美元,那么 σ 是什么?期权费为5.52美元呢?

公司负债与权益的或有索取权分析

21. 具有挑战性的问题。5年前,你按照面值购买了苏黎世保险公司新发行的固定利率债券,该债券拥有5%的年息票率以及6年的到期期限。该债券被精心组织成具有卖出期权的特征,允许你在到期的1年之前按照98美元的行权价格执行该期权,也就是说,你拥有按照行权价格将该债券重新出售给苏黎世保险公司的选择权。拥有相同风险的1年期短期债券的收益率当前为8%,同时如果你执行该期权,你可以拿走出售所得并将其投资于短期债券。解释你是否应当执行这项期权(也就是说,按照98美元的价格重新将债券出售给苏黎世保险公司,同时按照8%的利率将这笔资金投资一年),或是将该债券保留至到期。给定你的决策,怎样计算你在为期6年的投资上赚取的有效收益率?怎样计算苏黎世保险公司在6年内为其借入资金融资的年有效成本?可使用苏黎世保险公司的借贷和期权交易的现金流量示意图。

22. 假设诺特伯依克药剂公司有一张以当前市场价值计算的资产负债表,总额为2.5亿美元。假定这家高度杠杆化的公司使其全部负债由直接发行总面值为2.4亿美元的零息债券提供融资。这些债券将于一年后到期。如果无风险利率为

8%，同时这家公司资产收益率的标准差为 10%，使用布莱克-斯科尔斯模型计算该公司权益的总市场价值。

23. 参考上述问题（问题 22），假设该公司惊悉政府刚刚终止了一项主要的供货合约。这立即降低了该公司资产的市场价值，与此同时，增加了该公司资产收益率的标准差。你预期这一事件将怎样影响这家公司权益的价值？

24. 假设沃利的世界是一家资产总市值为 10 万美元的小型房地产开发商。这些资产由提供 5 万美元面值且于 90 天到期的商业票据（短期零息债券）提供融资。一项针对该公司的房地产组合的评估估计，如果房地产规划变化在 90 天内得到批准，那么该资产将价值 17 万美元。如果房地产规划变化没有被通过，那么该资产将价值 4.5 万美元。实际上，该公司股票持有者拥有一项基于该公司资产的 90 天期欧式买入期权，这项期权的执行价格等于负债的面值。假设 90 天期无风险利率为 2.5%。使用二项式期权定价模型对该公司的权益进行价值评估。

信用担保

25. 给定来自上述问题（问题 24）的信息，为该公司商业票据的持有者提供担保的支付的市场价格是多少？

第6部分

公司金融

第16章 企业的资本结构

本章论及关于企业资本结构的决策，也就是说，企业负债、权益和其他金融工具的组合。核心问题是，在假设企业的目标是最大化现有股东财富的条件下，怎样决定该企业的最优资本结构。资本结构决策过程中的基本分析单位是从整体角度考察的企业。

分析企业资本结构决策的出发点是无摩擦的金融环境。无摩擦的金融环境被定义为不存在税收或交易成本，同时合约可以被无成本地签订和执行的环境。在这种环境里，企业的价值不受其财务组合的影响，因此，仅改变企业资本结构的政策不能增加现有股东的财富，例如，为回购股票借入资金和为偿还负债发行新股。

然而，在真实世界里，存在众多使得资本结构极其重要的不同摩擦性。因为合约法规、税收和管制措施随着地点的不同以及时间的推移而有所不同，所以我们发现，不存在应用于所有企业的单一最优财务组合。而且找出一家企业的最优资本结构涉及权衡取舍，这些权衡取舍依赖于该企业所处的特定法律环境和税收环境。

本章从针对企业可以利用的主要融资手段类型的概述出发。然后，本章给出在无摩擦的经济环境中，企业的总价值为什么仅由企业资产的获利能力决定，而且不受资本结构影响的理由。接下来，本章考察存在于真实金融世界里的最重要摩擦，以及这些摩擦怎样影响企业的资本结构。最后，我们说明在评价投资决策的过程中怎样考虑企业的资本结构，例如，是否扩张企业的规模。

16.1 内源融资与外源融资

在分析资本结构决策的过程中，在资金的内部来源和外部来源之间进行区分是重要的。**内源融资**（internal financing）来源于企业的运作过程。它包括留存收益、累计工资或应付款项等来源。例如，如果一家企业赚取了利润，并且将利润再投资于新厂房和设备，这就是内源融资。在企业管理者必须从外部贷款者或投资者那里筹集资金的任何时候，外源融资出现。如果一家企业发行债券或股票为购买新厂房及设备融资，这就是**外源融资**（external financing）。

对于内源融资和外源融资而言，发生在企业内部的决策流程通常是不同的。对于一家信誉卓著且不实施任何需要巨额资金的重要扩张活动的企业而言，财务决策经常是按照常规而且几乎是自动进行的。财务决策包括决定红利政策（例如，定期将 1/3 的利润作为现金红利派发给股票持有者）以及维持银行信贷额度。做出这些内源融资决策所需要的管理方面的时间和努力，以及针对计划支出的审查程度通常都低于外源融资。

如果一家企业从外部来源筹集资金，就像它需要为一项重要扩张活动提供融资时可能做的那样，那么这种流程更为复杂，而且更加耗费时间。一般而言，资金的外部提供者可能希望审查资金使用的详尽计划，同时希望被说服投资项目将产生充足的未来现金流以证实支出是合理的。他们将详细审查计划，同时可能比企业自身的管理者更怀疑成功的前景。因此，相对于内源融资而言，外源融资使得企业规划更直接地遵从市场规则。

快速测查 16-1

外源融资需要怎样将市场规则强加于一家企业？

16.2 权益性融资

权益性融资的定义特征是，权益是全部负债得到清偿后残留的**剩余索取权**（residual claim）。就像在第 2 章中所说明的那样，这里有三类主要的权益索取权：普通股、股票期权和优先股。普通股也被称为股票，所以当提到企业的股票持有者时，我们指的是企业普通股的持有者。普通股给予其持有者针对企业资产的剩余索取权。换句话说，在其他所有对企业拥有索取权的当事人已经得到支付之后，所剩余的任何东西均归属普通股的持有者。每一股股票拥有按比例分配的剩余资产份额。

企业管理者对其股东拥有根本性的忠诚。实际上，在许多法律管辖范围之内，管理层和董事会被认为应当为无法履行股东委托的职责承担法律责任。

通常存在不止一类普通股。普通股的类型可以从投票权和持有者将其出售给其他各方的能力等角度进行区分。例如，某些企业发行有投票权的 A 类普通股和没有投票权的 B 类普通股。限制性股票经常发行给企业的建设者，并且强制持有者在一定年份里不得出售该股票。股票期权给予持有者在未来按照固定的行权价格购买普通股的权利。因此，假设一家企业拥有价值 1 亿美元的资产，它仅拥有两类流通中的索取权：1 000 万股普通股和 1 000 万份一年后终止且每份行权价格为 10 美元的股票期权。因为股票期权持有者可以通过每份支付 10 美元将期权转换成普通股，所以他们与普通股持有者共享这家企业的所有权。一家企业的管理者以及其他雇员经常以股票期权的形式获得部分薪酬。在美国，这一点在企业的启动阶段尤为正确。

优先股与普通股的不同之处在于优先股持有一项特殊红利，这项红利必须在该企业向其普通股持有者支付任何红利之前得到偿付。正是在这个意义上它们优先于普通股。然而，优先股仅得到预先承诺的红利，而无法与普通股的持有者分享企业资产的残值。无法支付优先股不会触发违约事件。

快速测查 16 - 2

优先股在哪些方面类似于负债？在哪些方面类似于权益？

16.3　债务性融资

从企业角度而言，企业的债务是一种契约型义务，为了交换提供给它的资源，进行已承诺的未来支付。在最宽泛的意义上，债务性融资包括贷款和债券等债务性证券，以及针对企业未来支付的其他类型的承诺，例如应付款项、租赁和退休金。对于许多企业而言，长期租赁和因退休金而承担的负债可能比以贷款和债券等形式体现的债务数量更大。

专栏 16.1

杠杆融资

过去，高度杠杆化的交易经常在银行贷款者的高度审慎性限制条款和约定事项的条件下产生。如今，它们是如此寻常以至于甚至没有人对此感到惊讶。贷款者不仅希望得到与风险成比例的贷款利率，而且希望获得监控企业和控制风险的能力。保护性约定事项通常以两种形式出现：在一种形式里，通过红利或者并购，企业无法随意主动弱化其资产负债表；在另一种形式里，企业被谨慎地监控，而且当看上去可能破产的时候，贷款者可以在任何时候拉下开关，隔离风险。

伴随着增加的杠杆收购流，约定事项如今似乎更为罕见，而不是更加常见。这可能由于贷款和负债结构的改变，而不是由于风险规避态度的变化：随着银行贷款可以像债券那样在二级市场上交易，风险持续不断地被洗牌、买断和重新分配，从而贷款者可以分担更少的风险负担。有抵押的负债合约以及其他结构性金融产品的存在能够将来自贷款者的风险分散给市场中的购买方。因此，相对于债台高筑的时候，贷款者此时对将注意力分配给精心设计的约定事项和谨慎的监控企业行为更加不感兴趣。

资料来源：改编自 "Going Naked," *The Economist*，April 20，2006。

16

企业债务性证券的主要特征已经在第 8 章中得到解释。在接下来的三小节里，我们将描述没有在前面讨论过的企业负债的三种重要形式：有抵押的债务、长期租赁和因退休金而承担的负债。

16.3.1 有抵押的债务

当一家企业借入资金的时候，它承诺在未来进行一系列支付。在某些情形中，该企业将特定资产作为承诺的保障进行抵押。作为保障进行抵押的资产被称为**抵押品**（collateral），同时这种债务被称为有抵押的债务。

企业的抵押信贷活动类似于个人采用房屋按揭贷款购买房屋，房屋充当贷款的抵押品。如果房屋所有者违约，贷款者从房屋出售的所得中得到偿付。如果此时存在任何剩余资金，这些资金将归还给房屋所有者。然而，如果房屋出售所得不足以清偿按揭贷款的余额，那么贷款者可能试图从该房屋所有者的其他资产中收回剩余部分。

在一家借入资金的企业通过指定特定资产作为抵押品对贷款进行担保的时候，获得抵押的贷款者在无法得到支付的情况下获得了针对那些资产的最优先权利。例如，一家航空公司可能借入资金为飞机的购买提供融资，同时将飞机作为贷款的抵押品进行抵押。如果这家航空公司随后在有抵押的贷款完全偿付之前破产，那么获得抵押的贷款者将从出售飞机的所得中得到偿付。向该航空公司发放无抵押贷款的贷款者可能无法得到任何偿付。

快速测查 16-3

你预期有抵押的贷款的利率是高于还是低于其他方面均相同的无抵押的贷款的利率？为什么？

16.3.2 长期租赁

租赁在第 10 章的附录中得到过简略考察。在覆盖大部分资产使用寿命的时期内租赁一项资产类似于购买这项资产，同时使用由所租赁资产担保的债务为购买提供融资。

例如，假设一家航空公司签订了一项为期 30 年的租赁一架飞机的合约。该航空公司获得飞机的排他性使用权，作为回报它承诺每年支付固定的租赁费用。此外，航空公司可能购买这架飞机，同时发行由自己提供担保的 30 年期债券来筹措购买飞机所需要的资金。

表 16-1 对两家虚拟航空公司——艾尔邦德公司和艾尔利斯公司以市值计算的资产负债表进行了比较。在两种情形里，公司的主要资产都是市值为 7.5 亿美元的一组机群。两家公司都拥有市值为 2.5 亿美元的股东权益和 7.5 亿美元的负债。两

家公司的区别在于对艾尔邦德公司而言，负债采取 30 年期有担保债券的形式。而对艾尔利斯公司来说，则采取 30 年期租赁的形式。

表 16 - 1 　　　　　艾尔邦德公司与艾尔利斯公司以市值计算的资产负债表　　　　单位：亿美元

a. 艾尔邦德公司

资产		负债与股东权益	
机群	7.5	30 年期有担保债券	7.5
其他资产	2.5	股东权益	2.5
总计	10	总计	10

b. 艾尔利斯公司

资产		负债与股东权益	
机群	7.5	30 年期租赁	7.5
其他资产	2.5	股东权益	2.5
总计	10	总计	10

作为债务性融资的形式，有担保债券和租赁的主要差别是谁将负担与租赁期末所租赁资产的市场残值相关联的风险。[①] 因为艾尔邦德公司已经购买了飞机，所以它承担风险。然而，在艾尔利斯公司的例子中，则是租赁者——将飞机租赁给艾尔利斯公司的企业——承担这项残值风险。

快速测查 16 - 4

长期租赁应当被看做债务性融资手段还是权益性融资手段？

16.3.3　因退休金而承担的负债

退休金计划在第 2 章中得到过简略讨论。退休金计划被划分成两种类型：固定缴款和固定收益。在固定缴款退休金计划中，每位雇员都拥有一个账户，雇主通常也包括雇员，向该账户进行定期缴存。在退休时，雇员得到一项收益，这项收益的规模取决于个人退休金账户中资金的累积价值。

在固定收益退休金计划里，雇员的退休金收益由一个计算公式决定，这个计算公式考虑了雇员为雇主服务的年限，以及大多数场合下的薪水等因素。一个典型的计算公式是每服务一年，获得退休前平均薪水的 1%。对于那些拥有固定收益退休金计划的企业而言，向雇员支付未来退休金收益的承诺是该企业长期负债总额的主要部分，而且不同国家之间在企业退休金筹措做法中的差别产生了不同的企业资本结构模式。例如，在美国和英国，法律要求企业使用足够支付那些承诺收益的资金池建立一只独立的退休金信托基金，这被称为为退休金筹措资金计划。因此，因退

---

① 此处可能存在税收与会计方面的差别，这取决于租赁的类型和租赁的期限。

休金而承担的负债是一种企业负债形式，它由作为抵押品的因退休金而形成的资产提供担保。

然而，在许多国家里，因退休金而承担的负债并不通过这种途径筹措资金。例如在德国，企业并不留出独立的资金池来充当这种负债的抵押品。因此，支付退休金收益的义务是企业的一项无抵押负债。[①]

为了对其进行阐述，考察表 16-2。表 16-2 对比了美国笔业公司和德国笔业公司从经济角度衡量的资产负债表。

美国笔业公司拥有一项全部得到资金支持的退休金计划，这意味着因退休金而形成的资产的市场价值（4 亿美元）等于因退休金而承担的负债的现值。因退休金而形成的资产包括由企业、政府和个人等主体发行的证券（股票、债券、抵押贷款等）。美国笔业公司同样已经发行了市值为 4 亿美元的债券。它的股东权益价值 6 亿美元。

与美国笔业公司类似，德国笔业公司拥有价值 10 亿美元的运营资产、4 亿美元的因退休金而承担的负债，以及价值 6 亿美元的股东权益。然而，德国笔业公司没有为它的因退休金而承担的负债提供担保的充当抵押物的独立证券池。因此，它的退休金计划被认为是没有资金支持的。

表 16-2　　　　　　　美国笔业公司和德国笔业公司的资产负债表　　　　　　单位：亿美元

a. 美国笔业公司的资产负债表

资产		负债与所有者权益	
运营资产：厂房、设备等	10	债券	4
因退休金而形成的资产：股票、债券等	4	因退休金而承担的负债	4
		股东权益	6
总计	14	总计	14

b. 德国笔业公司的资产负债表

资产		负债与所有者权益	
运营资产：厂房、设备等	10	因退休金而承担的负债	4
		股东权益	6
总计	10	总计	10

快速测查 16-5

假设美国笔业公司因退休金而形成的资产仅价值 3 亿美元。如果其因退休金而承担的负债仍然拥有 4 亿美元的现值，那么它的股东权益是多少？

---

① 德国的公司会计准则确实要求企业在其资产负债表中将它的因退休金而承担的负债作为企业负债的一种形式进行展示。

16.4　无摩擦的金融环境中的资本结构无关性

我们已经看到，企业资本结构的可能性很广泛。现在我们将注意力转移到决定一家企业为什么选择一种资本结构，而不是另一种资本结构的因素上。

为了理解企业管理层怎样通过资本结构决策提升股东的财富，一个良好的开始方式是阐明什么是无关紧要的。莫迪利亚尼和米勒证明了在经济学家想象的无摩擦的金融环境中，由一家企业发行的全部证券的总市值将受制于该企业的盈利能力和标的真实资产的风险，并且与怎样分割为该企业提供融资而发行的证券组合无关。[①]

默顿·米勒用比萨饼来解释莫迪利亚尼和米勒关于资本结构的观点："将一家企业看成是一张被分成 4 份的巨型比萨饼，现在如果你将每 1/4 份切成两半，成为 1/8 份，莫迪利亚尼和米勒的观点表明，你将拥有更多份数，而不是更多的比萨饼。"

莫迪利亚尼和米勒的无摩擦的金融环境存在下述假设条件：

（1）不存在收入所得税。

（2）不存在发行债务性证券或权益性证券的交易成本。

（3）投资者可以按照与企业相同的条款借入资金。

（4）企业的不同关联方能够无成本地解决它们之间的任何利益冲突。

在这种无摩擦的金融环境里，企业的总市值与其资本结构无关。为了理解因何如此，我们对两家企业的价值进行比较，这两家企业仅在资本结构上存在差异：仅发行股票的诺德特（Nodett）公司以及发行股票和债券的萨姆德特（Somdett）公司。

诺德特公司当前拥有每年 1 000 万美元的总收益，我们将其视为息税前利润。该企业将全部 1 000 万美元作为红利派发给它的 100 万股普通股的持有者。

我们假设诺德特公司预期红利的市场资本化比率为每年 10%，于是该企业的总价值将是 1 000 万美元永续年金的现值，即：

$$\frac{1\,000\ 万美元}{0.1}=1\ 亿美元$$

同时，它的每股价格将是 100 美元。

萨姆德特公司在投资和运营政策方面与诺德特公司是相同的。因此，它的息税前利润拥有与诺德特公司相同的预期价值和风险特征。萨姆德特公司仅在资本结构方面与诺德特公司不同。萨姆德特公司已经按照每年 8% 的利率发行了面值为 4 000 万美元的债券。因此，这些债券承诺每年支付 320 万美元（＝0.08×4 000 万美元）

[①]　在他们的开创性工作之前，金融理论家和实践者只是假设资本结构确实有意义，然而却是基于错误的理由。参阅 Franco Modigliani and Merton Miller，"The Cost of Capital，Corporation Finance，and the Theory of Investment，" *American Economic Review*（June 1958），pp. 261 - 297。

的息票利息。我们假设该债券采取永续年金的形式。[1]

我们假设萨姆德特公司的债券是没有违约风险的，同时无风险利率为每年8%。无论已实现的息税前利润的价值是多少，利息支付将是同样的每年320万美元。在债券支付利息之后，萨姆德特公司股东可以得到的收益的计算公式为：

萨姆德特公司的净收益＝息税前利润－320万美元

向萨姆德特公司的债券持有者和股东支付的现金总偿付为：

萨姆德特公司的总偿付＝萨姆德特公司的净收益＋利息支付

萨姆德特公司的总偿付＝息税前利润－320万美元＋320万美元

＝息税前利润

莫迪利亚尼和米勒的资本结构无关性观点背后的直觉判断是，因为萨姆德特公司正好提供与诺德特公司相同的未来现金流，所以萨姆德特公司的市场价值将是1亿美元，该金额与诺德特公司的市场价值相同。因为萨姆德特公司债券的利息偿付被假定为无风险的，所以该债券将拥有等于4 000万美元面值的市场价值。因此，萨姆德特公司权益的市场价值将是6 000万美元（1亿美元的企业总价值减去4 000万美元的负债）。假设萨姆德特公司的普通股数量为60万股（诺德特公司数量的60%），每股价格将为100美元。我们可以运用套利观点对其进行证明。

假设萨姆德特公司股票的价格低于诺德特公司股票的价格。例如，假定萨姆德特公司股票的价格为每股90美元，而不是每股100美元。这将违反一价定律。为了对其进行考察，注意可以通过购买萨姆德特公司股票和债券的成比例数量复制或者"人工合成"诺德特公司的股票。例如，持有1%的诺德特公司股票（1万股）与持有1%的萨姆德特公司股票（6 000股）和1%的萨姆德特公司债券拥有完全相同的未来现金流。因此，套利者可以通过卖空诺德特公司股票总数量的1%得到100万美元，与此同时，以94万美元买入1%的萨姆德特公司股票和债券，在没有自身资金必要开支的条件下赚取6万美元的瞬时套利利润。表16-3A概括了相关的现金流动。

表16-3A   在萨姆德特公司以每股90美元出售股票时实施套利

头寸	即期现金流	未来现金流
以每股100美元 卖空1%的诺德特公司股票	100万美元	息税前利润的－1%
购买复制型资产组合（人工合成的诺德特公司股票）		
按照每股90美元的价格购买 1%的萨姆德特公司股票	－54万美元	（息税前利润－每年320万美元）的1%
购买1%的萨姆德特公司债券	－40万美元	每年320万美元的1%
复制型资产组合总计	－94万美元	息税前利润的1%
净现金流	6万美元	0

---

[1] 或者我们假设该债券仅是"滚动型"的，也就是说，在到期时被新债券替代。

现在假设萨姆德特公司股票的价格高于诺德特公司。例如，假定萨姆德特公司股票的价格为每股110美元，而不是每股100美元。这同样将违反一价定律。为了对其进行考察，注意可以通过某种方式复制萨姆德特公司的股票，这种方式是购买特定比例的诺德特公司股票，同时使用与萨姆德特公司相同的负债-权益比例组合来为购买进行融资。例如，购买1%的诺德特公司股票（以100万美元购买1万股），这种购买由借入相当于购买价格40%的资金（40万美元）提供融资，将产生与持有1%的萨姆德特公司股票（以66万美元购买6 000股）完全相同的未来现金流。表16-3B概括了相关的现金流动。

表16-3B　在萨姆德特公司以每股110美元出售股票时实施套利

头寸	即期现金流	未来现金流
以每股110美元卖空1%的萨姆德特公司股票	66万美元	（息税前利润－每年320万美元）的－1%
购买复制型资产组合（人工合成的萨姆德特公司股票）		
按照每股100美元的价格购买1%的诺德特公司股票	－100万美元	息税前利润的1%
以永续年金的形式借入40万美元	40万美元	每年－3.2万美元
复制型资产组合总计	－60万美元	（息税前利润－每年320万美元）的1%
净现金流	6万美元	0美元

虽然每家企业的股票拥有相同的价格，但是股东的预期收益率和股票投资的风险存在差异。为了强调这些差异，我们对数字化例子进行少许充实。假设未来的息税前利润的概率分布如表16-4所示。

以每股收益标记的列显示了对应于每一项息税前利润数值的每股收益（因为我们假设不存在收益的再投资，所以也是每股红利）。诺德特公司每股收益的计算公式为：

$$每股收益_{诺德特公司} = \frac{息税前利润}{100万股}$$

表16-4　萨姆德特公司和诺德特公司的息税前利润以及每股收益的概率分布

经济状况	息税前利润	诺德特公司 每股收益（100万股）	萨姆德特公司 净收益	萨姆德特公司 每股收益（60万股）
差年景	500万美元	5美元	180万美元	3.00美元
正常年景	1 000万美元	10美元	680万美元	11.33美元
好年景	1 500万美元	15美元	1 180万美元	19.67美元
均值	1 000万美元	10美元	680万美元	11.33美元
标准差		4.08		6.80
贝塔系数	1.0	1.0		1.67

说明：每一种经济状况都是同等可能的。

无论已实现的息税前利润的数值是多少，利息支付都将是相同的 320 万美元（＝0.08×4 000 万美元）。因此，萨姆德特公司的每股收益为：

$$每股收益_{萨姆德特公司}=\frac{净收益}{60\ 万股}=\frac{息税前利润－320\ 万美元}{60\ 万股}$$

将表 16-4 中诺德特公司与萨姆德特公司的每股收益进行比较。很明显，增加的财务杠杆效应（仅改变财务组合而没有改变资产）提升了每股收益的均值和风险。在好年景，当息税前利润等于 1 500 万美元时萨姆德特公司的每股收益更高；同时在差年景，当息税前利润等于 500 万美元时萨姆德特公司的每股收益更低。

在诺德特公司的情形中，不确定的息税前利润的全部风险分布于 100 万股之中。在萨姆德特公司的情形中，相同的全部风险暴露仅分布于 60 万股之中，因为负债持有者拥有无风险的索取权。因此，萨姆德特公司的股票拥有比诺德特公司更高的预期收益率以及更大的风险，但是两家企业的总价值是相等的。

在无摩擦的环境中，莫迪利亚尼和米勒的分析暗示资本结构无关紧要。现有股东的财富将不受增加或是降低企业负债比率的影响。

如果诺德特公司（拥有 100 万股流通股）即将宣布发行 4 000 万美元的负债，该负债用于回购和清偿普通股，这对股价的影响是什么？在股票回购以后，将有多少股票处于流通之中？

答案是普通股的价格将在每股 100 美元的水平上保持不变。4 000 万美元的负债发行将用于回购并清偿 40 万股股票，于是剩余总市值为 6 000 万美元的 60 万股流通股。

快速测查 16-6

莫德特（Mordett）公司是一家资产总值等同于诺德特公司和萨姆德特公司，但是拥有 5 000 万美元的无风险负债（利率为每年 8%）和 50 万股股票的企业。莫德特公司每股收益的概率分布是什么？每股价格是多少？如果诺德特公司（拥有 100 万股流通股）即将宣布发行用于回购并清偿普通股的 5 000 万美元负债，这对其股价的影响是什么？股票回购后，多少股票将处于流通之中？

16.5 通过财务决策创造价值

我们已经证实，在无摩擦的金融环境中资本结构确实无法影响企业价值。在真实世界里，存在众多类型的摩擦。对于投资者和企业而言，针对利息收入以及来自债务性证券和权益性证券费用的税收处理均可能与权益性证券的支付不同。同时，签订和执行在所有可能境况下约定将企业现金流配置于不同类型的证券持有者的合约是有成本的。更进一步地，法律和管制措施在不同地域有所差异，而且随时间的推移发生变化。为一家企业找到最优资本结构涉及权衡取舍，这种权衡取舍取决于该企业自身所处的特定法律和税收环境。

为了考虑企业融资的真实世界中存在的摩擦，我们现在考察管理层可能通过资本结构决策增加企业价值的途径。这些途径分为三种类型：

● 通过资本结构的选择，该企业可以降低它的成本或者规避负担沉重的管制。这类成本的例证是税收以及破产成本。

● 通过资本结构的选择，该企业或许能降低不同利益关联方之间潜在且成本高昂的利益冲突。例如，管理者和股东之间的冲突或者股东和债权人之间的冲突。

● 通过资本结构的选择，该企业或许能向利益关联方提供本来不能得到的金融资产。因此，该企业扩展了可资利用的金融工具集合，而且获得了这样做的额外报酬。就该企业从事的这种活动而言，它正在执行金融中介的功能。

16.6 降低成本

通过资本结构的选择，企业可以降低它的成本。例证是税收、补贴和财务危机成本。我们分别对每一项进行考察。

16.6.1 税收和补贴

除了股东和债权人以外，还存在一个企业产出的息税前利润的额外索取者，也就是政府税收当局。某些税收在企业层面缴纳（企业所得税），同时某些税收在个体股东的层面缴纳（针对现金红利以及已实现资本所得的个人所得税）。

在美国，企业资本结构在企业所得税存在的条件下至关重要，这是因为利息费用在计算企业应税收入的过程中是可以扣除的，而红利则不能。因此，通过运用债务性融资手段，企业可以减少必须付给政府税收当局的现金流金额。

例如，考察 16.4 节中的两家企业——诺德特公司和萨姆德特公司。在萨姆德特公司的情形中，息税前利润流将按照优先次序在三类拥有索取权的主体之间进行划分：

● 债权人（利息支付）；

● 政府（税收）；

● 股东（剩余部分）。

为了说明税收的影响，我们考察企业所得税税率为 34%，同时不存在个人所得税的情形。萨姆德特公司流向股东和债权人的税后总现金流的计算公式为：

$$现金流_{萨姆德特公司} = 净收益 + 利息$$
$$= 0.66 \times (息税前利润 - 利息) + 利息$$
$$= 0.66 \times 息税前利润 + 0.34 \times 利息$$
$$= 现金流_{诺德特公司} + 0.34 \times 利息$$

通过拥有尽可能多的负债，萨姆德特公司的总市值得到最大化。为了说明因何如此，观察表 16-5 中显示的流向企业股东和债权人的税后现金流。它说明了在每一个可能的虚拟场景中，萨姆德特公司的税后现金流都比诺德特公司的税后现金流多出 108.8 万美元。

表 16-5	诺德特公司与萨姆德特公司税后现金流的概率分布		单位：百万美元
息税前利润的可能水平	诺德特公司	萨姆德特公司	
	税后现金流	净收益	税后现金流
5	3.3	1.188	4.388
10	6.6	4.488	7.688
15	9.9	7.788	10.988

因此，萨姆德特公司的市场价值应当比诺德特公司的市场价值多出一定金额，该金额是由负债的利息支付产生的税收节省（即利息税盾）的现值：

萨姆德特公司的市场价值＝诺德特公司的市场价值＋利息税盾的现值

按照萨姆德特公司的负债不存在违约风险的假设条件，利息税盾的现值等于 34% 的税率乘以负债的价值：

萨姆德特公司利息税盾的现值＝0.34×4 000 万美元＝1 360 万美元

将萨姆德特公司与诺德特公司进行比较，一方面说明了债务性融资手段对企业价值在股东和债券持有者之间分布的影响，另一方面说明了债务性融资手段对政府税收当局的影响。表 16-6 进行了详细的说明。

对于萨姆德特公司和诺德特公司而言，全部索取权（包括政府税收当局的索取权）的总价值为 1 亿美元。在诺德特公司的情形中，权益的价值为 6 600 万美元，同时政府税收索取权的价值为 3 400 万美元。在萨姆德特公司的情形中，权益的价值为 3 960 万美元，负债的价值为 4 000 万美元，同时政府税收索取权的价值为 2 040 万美元。

专栏 16.2

无关性定理与资本结构

在经历多年的困惑之后，经济学家最终得出结论：极为令人尊敬的"无关性定理"可能确实与资本结构的研究无关。资本结构的主流结论最初由诺贝尔经济学奖得主弗朗哥·莫迪利亚尼与默顿·米勒阐述，它论述了精心调整的资本结构，即一家企业的负债和权益结构的组成对增加总体股东价值影响甚微。

该理论背后的一项主要假设是，企业的目标是最大化股东价值，同时"比萨饼的尺寸"已经被做得尽可能大，因此改变资本结构仅充当差异化分配企业价值的角色。然而，这一假设是如此严格，以至于除了极少数情形之外无法成立。

企业能否将比萨饼做得尽可能大？该问题的主要来源看起来在于代理成本。许多时候，企业内部人的自由裁量权可能导致他们偏离最大化股东价值的目标。一些这样的手段可能包括：工作不够努力、过度投资、堑壕效应与"毒丸"技术以及自利性交易。虽然某些手段可能比其他手段更难实施，但是所有这些手段对股东而言都是成本高昂的。

降低这些代理成本的一种途径可能是增加负债，因为企业拥有向负债持有者支付回报的义务，这是一项以市场为基础的强行驱动执行机制，对股东而言可能缺乏这项机制。当然，如果我们从这一视角进行观测，将不得不再次考察来自负债的税盾以及负债对权益的成本，但是这次将代理成本与业绩之间的权衡取舍纳入了考虑范围。另一种降低成本的途径则是试图通过股票期权将管理层激励与股东激励结合起来，或者更好地监控管理层的生产行为。总而言之，由于运营企业的管理层是人类，因而总是存在扰乱"无关性定理"均衡的代理成本，同时使得调整资本结构成为在比萨饼中增加价值的潜在可行途径。

资料来源：改编自"Beyond Irrelevance," *The Economist*，February 9，2006。

如果诺德特公司（拥有100万股流通股）即将宣布发行用于回购并清偿普通股的4 000万美元债务，这对股价的影响是什么？股票回购后，多少股票将处于流通之中？

在完全权益性融资的条件下，诺德特公司普通股的每股价格将是66美元。如果管理层宣布它正在发行价值4 000万美元的债券来清偿普通股，那么股票价格将上升，从而反映1 360万美元的利息税盾现值。100万股股票的价值将上升到7 960万美元或每股79.6美元。回购并清偿的股票数量将是502 513股（＝4 000万股/每股79.6美元），于是剩余的497 487股处于流通之中。因此，100万股股票的原始持有者获得了每股13.60美元的收益。出售股票的持有者以现金形式获得收益；保留股票的持有者拥有未实现的资本所得。在这些假设条件下，管理层将希望在企业的资本结构中最大化负债的比例。

表16-6　　　　诺德特公司与萨姆德特公司索取权价值的详细说明

索取者	诺德特公司	萨姆德特公司
债权人	0美元	4 000万美元
股东	6 600万美元	3 960万美元
政府税收当局	3 400万美元	2 040万美元
总计	1亿美元	1亿美元

快速测查 16-7

莫德特公司是一家资产等同于诺德特公司和萨姆德特公司，但是拥有5 000万美元无风险债务余额的企业。假设企业所得税税率为34％，莫德特公司的总价值是多少？同时总价值怎样在权益、负债和政府税收索取权之间划分？如果莫德特公司（拥有100万股流通股）即将宣布发行用于回购并清偿普通股的5 000万美元负债，这对其股价的影响是什么？股票回购后多少股票将处于流通之中？

补 贴

有时候，补贴作为一种融资的特殊形式加以利用，因此让企业将它们的资本结构向该方向倾斜是有利的。一个例证是政府主体为一家投资于经济萧条地区的企业的负债提供担保。举个例子，假设某公司在某地投资了 1 亿美元，世界银行将为债务提供担保。因此，对该公司而言不存在成本。因为这项担保仅在该公司使用债务为投资融资时才是可以获得的，所以通过选择使用债务进行融资增加了该公司股东的财富。因此，人们会预期该公司将选择债务性融资手段而不是权益性融资手段。

快速测查 16 - 8

除了免费的政府担保，针对债务性融资的补贴可能采取的其他形式是什么？

16.6.2 财务危机成本

随着企业资本结构中负债比例的增加，如果未来现金流小于预期现金流，那么拖欠负债的可能性也随之增加。面临拖欠负债合约风险的企业被认为处于财务危机之中。在这种情形下，企业通常承担将企业总价值降至不存在负债时之下的巨额成本。这些成本包括企业管理者在避免破产的过程中所花费的时间和努力，以及支付给擅长破产诉讼程序的律师的费用。最重要的是，业务可能遭受损失，因为客户、供货商和员工对破产威胁极度担心，这种破产威胁随企业清算的可能性产生。

将财务危机的成本和税收节省纳入考虑范围产生了一项权衡取舍，这种税收节省与更高水平的债务性融资相互关联。为了说明这项权衡取舍，再次考察诺德特公司。

我们在 16.3.1 节中说明了与发行债务相关联的税收节省将导致诺德特公司的管理层希望发行债务来清偿股票。如果该企业发行 4 000 万美元的债务，那么股票价格将从 66 美元上升至 79.6 美元；同时如果它发行 5 000 万美元的债务，股票价格将上升至每股 83 美元。现在假设对于更高水平的负债而言，企业可能存在极大的破产可能性，而且承担巨额的破产成本。在那种场合里，如果该企业宣布将发行 6 000 万美元债务来回购其普通股，股票价格将下跌而不是上涨。

图 16 - 1 说明了越来越高的负债比率对企业股票价格的可能影响。最优的负债比率位于股票价格被最大化的那一点处。

我们可以设想，一家企业正宣布为了回购股票打算发行的不同债务水平，观测公告对企业股票价格的影响，然后选择最大化股票价格的债务数量。这极少（如果曾经有的话）在实践中发生。在实践中，找到能够最大化企业价值的精确的债务性融资与权益性融资的组合是很困难的。然而，对于拥有过多或者过少负债的企业而言，改进的方向可能是清晰的。

快速测查 16 - 9

财务危机成本的降低怎样影响企业的资本结构?

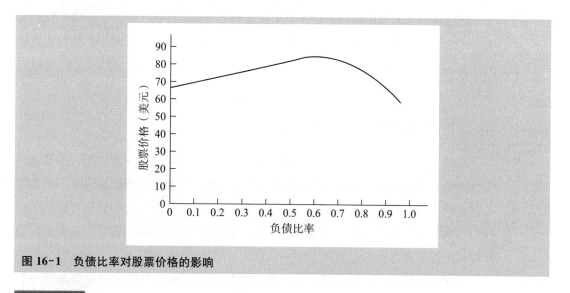

图 16-1   负债比率对股票价格的影响

专栏 16.3

破　产

在当今的美国,破产充当许多企业降低退休金承诺和工会合约负担的途径。实际上,存在缺陷的美国破产体系似乎经常在艰难的时刻过于放纵企业。

这种影响可能是极其剧烈的,而且是日本的一个痛苦的教训。在日本的"失去的十年"期间,发放给日本最弱小企业的贷款被给予补贴,而且利率水平比相应竞争性市场中得到担保的风险更低。这些企业变得以"无生气企业"闻名。在 20 世纪 90 年代,拥有大部分"无生气企业"的部门最终倾向于失去最少的工作岗位,因为相对于更具有生产能力以及更强大的借款者而言,它们更容易获得贷款。随着不具有生产能力的企业持续存在,以及具有生产能力的企业无法出现,生产能力在这些部门中下降,甚至这些部门中的健康企业也会遭受损失,因为"无生气企业"正在浪费资源,而且充斥市场。

虽然美国没有这种扭曲的借贷体系,但破产体系可能对某些经济部门具有类似的影响。关于这一点的例证是航空公司。如果该行业没有充斥无生气的航空公司,西南航空公司——一家健康且有盈利能力的航空公司,本该更快获得市场份额。即使破产体系看上去确实正在完善,破产仍然是企业逃脱重组以及干扰市场力量的途径。在动态经济条件下,创新依赖于创造性破坏机制。因此,减轻破坏程度将反过来降低对创新的激励。

资料来源:改编自 "Don't Feed the Zombies," *The Economist*, April 6, 2006。

16.7　解决利益冲突

可以通过资本结构决策为股东创造价值的第二种途径是，降低企业中不同利益关联方之间潜在且有成本的利益冲突：例如，管理者和股东或者股东和债权人之间的冲突。这些成本通常被称为**代理成本**（agency cost）。[①] 我们分别对每一项进行考察。

16.7.1　激励问题：自由现金流

在第 1 章中，我们讨论了公司的管理者与股东之间的利益冲突问题。当管理者拥有大量关于怎样配置企业现金流的自由裁量权时，就存在将现金投资于不增加股东财富的项目的诱惑。例证包括拥有负净现值的投资，这种投资能够提升管理者的权力、威望或者津贴。为了缓解这种由自由现金流产生的激励问题，特定数量的债务可能是好事情。

负债迫使管理层以利息和本金的预设支付形式将现金分配给企业债务的持有者。因此，发行债务回购股票可能是通过减少管理者可以利用的自由现金流数量来为股东创造价值的途径。

快速测查 16 - 10

自由现金流产生了何种激励问题？发行债务怎样有助于解决这一问题？

16.7.2　股东与债权人之间的冲突

我们已经讨论了财务危机的成本，同时说明了它们怎样限制企业资本结构中的最优负债数量。但是，企业的股东（以及按照股东利益行事的管理者）与债权人之间同样存在与巨量债务相关的激励问题。因为一旦破产，股东拥有极少动力去限制企业的损失，所以激励问题产生。因此，按照股东最大利益行事的管理者选择实施更加具有波动性的投资，这种投资有增加股东财富的效应，但是以损害债务持有者的利益为代价。

例如，假设企业的当前资产价值为 1 亿美元。该企业拥有一项债务，该债务将于一年后到期，同时面值为 1.04 亿美元。管理层拥有将全部 1 亿美元投资于支付 4% 利率，且于一年后到期的无风险短期国库券，或者投资于一项一年后要么价值 2 亿美元，要么一无所获的商业项目的选择。

即使商业项目成功的可能性确实很小，管理层（按照股东的最大利益行事）依然

[①]　这一术语来自本书 2.3 节中讨论的委托-代理问题。

将会选择实施有风险的商业项目。原因是如果管理层投资于国库券,那么该企业股票的价值将降为零。如果该企业拥有某些一年后价值大于1.04亿美元的机会,无论多么小,股票现在都将拥有部分价值。这个例子中的债权人承担有风险商业项目的全部价值下降的风险,同时股东得到全部因投资而增加的价值上升的潜在收益。

因此,当债权人向特定企业贷款的时候,他们面临潜在的道德风险问题。在拥有大量债务的企业中,为了提升股票价格(指代权益的比萨饼份额的大小),管理者可能有动力以实际上减少企业总价值(整个比萨饼的尺寸)的方式重新调配企业的资产。因为债权人了解到在一些不利情况下,管理者确实可能企图做出这些举动,所以他们将首先限制贷款的数额。

快速测查 16-11

何种类型的投资可能以企业债权人的利益为代价增加企业股东的财富?

专栏 16.4

股票回购

2005年,股票回购以创纪录的水平增长。由于2004年的利润和收益比投资增长得快,所以许多标准普尔500指数里的企业节余了比它们知道怎样处理的现金要多的现金,于是,很多企业直接回购它们自己的股票。但是股东应当为此而向它们表示感谢吗?一言以蔽之,是的!

一家企业回购自己的普通股可能意味着三件事情:它认为该股票的价值被低估;它希望拥有足够的股票从而使得雇员能够执行股票期权或者购买股票;或者,它只是没有看到任何当前的盈利性投资机会,同时希望给予股东从外部增加企业价值的机会。由于回购减少了在市场中流通的股票数量,所以它增加了剩余股东的收益幅度。由于每股收益增加,从而这将提升股票价格。股票价格也可能因为回购是一种信号显示的方式而上升:如果一家企业回购自己的股票,这一事实正在告诉股东,企业知道他们不知道的某些事情。实际上,谁能比企业自身更了解自己呢?一般而言,企业宣布因其认为其股票价值被低估而购买股票倾向于比直接宣称为降低股权稀释程度以及增加每股收益而回购更能提升股票价格。

因为回购经常与更高的股票价格相关联,所以它可能为企业在未来筹集资本提供了成本较低的途径。本质上,在未来筹集资本就是现在回购股票,同时随后按照更高的价格出售,因此收益是双倍的。当一家企业面临未利用现金的时候,多次股票回购创造了增加价值的最佳做法。

资料来源:改编自 "A Valuable Alternative to Empire Building," *The Economist*,April 19,2005。

16

16.8 为利益关联方创造新机会

通过资本结构决策创造价值的第三种途径是为企业的某些利益关联方创造机会，否则，这些机会将以更高成本得到，或者根本无法得到。这一观点是，通过改变提供给利益关联方的索取权，企业可以在不改变运营资产的规模或组成的条件下创造价值。

为利益关联方创造机会的一个例证是将退休金承诺作为企业融资的一种形式加以利用。这可能为资助退休金计划的企业员工创造价值，方法是提供一类他们可能无法得到的退休收益。通过资助退休金计划，企业的股东可能通过以更低的现值总成本得到劳动力服务而获取收益，这种现值总成本比不资助退休金计划时可能的现值总成本要低。但是对投资者而言，新型金融工具的创设过程通常由专门的金融服务企业，而不是一般的非金融企业更有效地实施。

快速测查 16 - 12

向其雇员提供退休金计划可能怎样增加企业股东的财富？

16.9 实践中的融资决策

融资决策总是涉及与企业的特定环境相关的权衡取舍。例如，相对于确实不得不缴纳税收的企业而言，因为已经持续亏损而不缴纳任何企业所得税的企业将以极其不同的方式评价税收收益和财务危机成本之间的权衡取舍。在考察了财务决策通常对所有者和企业管理者至关重要的某些主要方面之后，我们现在考察一些特殊的情形。

接下来，我们描述五家不同的公司和五类不同的融资方法。我们要求读者提供看上去最适合每一种情形的融资方法。答案被总结在表 16 - 7 中。

16.9.1 五家公司

奥尔（Orr）石油公司

奥尔石油公司需要 1 000 万美元来为因尝试钻探而应拥有的部分土地的使用权提供融资。如果尝试是有利的，那么该公司将需要额外的 1 000 万美元来开发该土地。奥尔石油公司的股票当前正在按照每股 10 美元出售，同时每股收益为 2 美元。石油行业的其他公司的股票按照 10～12 倍收益的价格出售。相对于 40% 的行业平均值，奥尔石油公司的负债比率为 25%。上一个资产负债表日期的总资产为 1.05 亿美元。

戈姆（Gormeh）食品公司

戈姆食品公司经营美国西南部的食品连锁店。它由戈姆家族的五位姐妹所有，每人持有 1/5 的流通股。该公司是有盈利能力的，但是快速增长将其置于巨大的财务压力之下。不动产都是高度抵押的，存货正被用于担保银行的信贷额度，而且应收款项正在被售让。这家公司拥有 1 500 万美元的资产，现在需要额外的 200 万美元来为运输部门购买设备。

孟买（Bombay）纺织品公司

孟买纺织品公司在印度制造棉布，同时将大约一半棉布出口给在新加坡经营的小型布料公司。该公司的部分厂房和设备已经由来自政府的贷款提供融资，同时这是该公司唯一的长期负债。这家公司为投入支付现金，并且向新加坡的客户提供 60 天的赊欠期限。由于出口销售额近期增至每年 500 万美元，所以产生了额外 50 万美元的融资需求。

霍利的汉堡女皇（Holey's Burger Queen）

贾维斯·霍利已经在费城开了 5 年出租车，而且已经积攒了 5 万美元来购买汉堡女皇的特许经营权。汉堡女皇公司要求每笔特许经营权的投资至少拥有 10 万美元的权益资本，然后该公司将为剩余部分安排债务性融资。霍利刚刚得知，他附近的现有汉堡女皇特许经营权的拥有者希望以 25 万美元出售特许经营权，同时霍利希望从他那里购买这项业务。

李氏影业公司

李氏影业公司是一家独立的小型电影生产企业，该公司近来由于某部电影的意外成功而引起关注。当前有 10 位所有者，他们希望该公司生产的新电影数量能够翻番。该公司近来要转型为股份有限公司，而且现在需要从外部投资者那里筹集 1 000 万美元。

16.9.2　五类融资方法

来自朋友或亲戚的贷款

当生意作为小型企业开办，同时未来前景极不确定的时候，"家族性"融资制度形式是适宜的。生意的成功在很大程度上依赖于企业家（们）的决心和性格特征。只有从私人角度了解企业所有者并且信任他们的人才会借钱给他们。

租赁性安排

在租赁性安排中，租赁者向承租者提供某些实物资产——办公室、仓库和设备，作为得到设定时期内的固定支付的回报。从功能角度来看，租赁本质上是由所租赁资产进行担保的无追索权的债务性融资手段（查看 16.3.2 节中的讨论）。

普通股

发行普通股是当企业被组织成股份有限公司时使用的一种融资方法。它通常要么在公司首次公开发行上市时使用，要么在希望实施重大扩张行动时使用。

附带认股权证的债务

认股权证是给予其所有者按照固定价格购买发行公司股票份额的权利的买入期权。当公司预期需要在负债必须得到清偿之前的某些时候筹集新权益资本时，这种权证与债务一起发行。这种债务拥有的利率比没有附带认股权证时更低。

售让应收款项

当企业售让应收款项时，它将应收款项（按照一定的折扣）出售给**被售让方**（factor），被售让方是专门投资于应收款项的企业。售让通过出售企业资产，而不是借款或发行新证券筹集资金。

表 16-7 　　　　　　　　　　　　对不同情形适用的不同融资方法

公司	融资方法	原因
奥尔石油公司	附带认股权证的债务	如果发现新石油，奥尔石油公司的股票价格会上涨，新的权益融资将继续为额外投资所需要的资金融资
戈姆食品公司	租赁性安排	没有更多的负债能力。租赁提供由所租赁物品担保的债务融资
孟买纺织品公司	售让应收款项	与其费时费力地管理应收款项，不如将其售让给专门投资于应收款项的企业更有效率
霍利的汉堡女皇	来自朋友或亲戚的贷款	他已经不能再从专业机构那里借入更多的钱，除非他能够自己获得更多资金。只有那些知道并且信任他的人才会提供资金给他
李氏影业公司	普通股	债券融资的代理成本将非常高

16.10　怎样评价杠杆化投资？

在第 6 章中我们讨论了怎样运用折现现金流概念分析诸如是否进入新行业或者将生产过程自动化等投资决策。[①] 我们得出企业应当接受拥有正净现值的项目的结论。在本节，为了说明在评价投资项目的过程中怎样考虑企业的资本结构，我们对这种分析进行扩展。

我们将审查在实践中运用的三种可以相互替代的方法：

● **经过调整的现值**（adjusted present value，APV）；
● **股权现金流**（flows to equity，FTE）；

---

① 在进一步学习之前，强烈建议读者复习第 6 章。

● **加权平均资本成本**（weighted average cost of capital，WACC）。

原则上，所有这三种方法均应当带来针对投资项目净现值的相同估计值结果。在下面的例证中，我们将说明这是怎样成为可能的。

相互比较的三种评价方法

为了解释这三种方法，我们考察一个特定的项目。向全世界的客户提供卫星通信服务的全球联通公司（Global Connections Corporation，GCC）正在考虑投资于一颗新卫星以提升其业务能力。全球联通公司的当前市值（负债加上权益）为 10 亿美元。新投资需要 1 亿美元的初始必要开支，同时可望引致每年 2 000 万美元的收入增加。新卫星的年维护费用被估计为 500 万美元，同时可望无限期持续。全球联通公司利润的有效税率为 30%。它的资本结构是以公司市值为基础的 20% 负债和 80% 权益。全球联通公司希望如果新项目完成，依然保持这种比例。拥有 8% 年利率的全球联通公司债务是无风险的。如果卫星通信行业中未杠杆化投资的必要收益率是每年 10%，那么该项目的净现值是多少？

出发点是计算以 100% 权益对其进行融资的项目的净现值。然后，我们将比较每一种方法怎样解释债务性融资的影响。

该项目的预期税后增加现金流是 2 000 万美元的预期收益减去 500 万美元的维护费用的差额与 1 减去税率的差额的乘积：

$$未杠杆化预期现金流 = (1-0.3) \times (2\,000\,万美元 - 500\,万美元)$$
$$= 0.7 \times 1\,500\,万美元 = 1\,050\,万美元$$

使用 10% 作为市场折现率，我们得出该项目的净现值为：

$$未杠杆化投资的现值 = \frac{1\,050\,万美元}{0.1} = 10\,500\,万美元$$

减去 1 亿美元的初始必要开支，我们得到该项目的净现值为：

$$无杠杆条件下的净现值 = 1.05\,亿美元 - 1\,亿美元 = 500\,万美元$$

现在我们考虑因债务性融资影响而进行调整的三种不同方法。

经过调整的现值方法

经过调整的现值方法直接基于我们在 16.6.1 节中使用的税盾评价方法。该项目经过调整的现值等于未杠杆化投资的现值加上由实施该项目产生的额外债务性融资的利息税盾的现值。通过假定的全球联通公司的融资政策得知，实施该项目所产生的新债务金额为该公司市值增加额的 20%，或是 0.20 × 经过调整的现值。因为这项新债务是永久性的，所以由此而产生的额外税盾的现值是税率乘以新债务的金额，或是 0.30 × 0.20 × 经过调整的现值 = 0.06 × 经过调整的现值。于是该项目经过调整的现值为：

$$经过调整的现值＝未杠杆化投资的现值＋额外税盾的现值$$
$$＝10\ 500\ 万美元＋0.06×经过调整的现值$$
$$＝10\ 500\ 万美元/0.94＝11\ 170\ 万美元$$

用 0.06 乘以经过调整的现值，我们得到额外税盾的现值为 670 万美元。由该项目的调整后净现值给出的全球联通公司股东的价值增加额为[①]：

$$调整后净现值＝未杠杆化投资的净现值＋额外税盾的现值$$
$$＝500\ 万美元＋670\ 万美元＝1\ 170\ 万美元$$

股权现金流方法

在股权现金流方法中，我们计算流向企业股东的增加的预期税后现金流，然后通过使用权益资本成本 k_e 进行折现的方法计算净现值，净现值可以使用下述公式计算[②]：

$$k_e＝k＋(1－t)(k－r)d \tag{16.1}$$

这里：

$k＝$无杠杆条件下的资本成本；

$t＝$税率；

$r＝$利率，它被假定是无违约风险的；

$d＝$市场的负债/权益比率。

因为全球联通公司保持负债/权益比率 $d＝0.20/0.80＝0.25$ 的资本结构，通过代入式（16.1），我们得到本例中的权益资本成本是：

$$k_e＝0.10＋(1－0.30)×(0.10－0.08)×0.25＝0.103\ 5$$

从卫星项目流向全球联通公司股东的增加的预期税后现金流（CFS）为：

$$CFS＝未杠杆化的预期现金流－税后利息费用$$
$$＝1\ 050\ 万美元－(1－t)×r×D＝1\ 050\ 万美元－0.70×0.08×D$$
$$＝1\ 050\ 万美元－0.056D$$

这里 D 表示项目被实施后全球联通公司债务余额的增加量。我们发现权益余额现值的增加量 E 为：

$$E＝CFS/k_e＝10\ 145\ 万美元－0.541\ 1D$$

---

① 在作为实施项目结果的所发行新债务金额被指定的情形中，可以直接计算额外税盾的现值，从而可以直接计算调整后净现值，而不像这里所做的那样首先计算经过调整的现值。将这里所使用的调整后净现值简化为经过调整的现值是一种常见的术语构造方法，但是术语的内容将使其含义变得模糊不清。

② 这一计算公式只有在从违约角度而言企业债务是无风险的时才能适用。通过使用承诺或预期的债务利率作为无风险利率的替代直接应用该计算公式将它扩展至风险资产是不正确的。当债务有违约风险时，税盾的正确估价是复杂的，而且超出了本书的层次。

$=10\ 145\ 万美元-0.541\ 1\times0.25\times E=10\ 145\ 万美元-0.135\ 3E$

$=10\ 145\ 万美元/1.135\ 3=8\ 936\ 万美元$

同时 $D=2\ 234$ 万美元，因为全球联通公司的融资决策为 $D=0.25E$，所以为新项目提供融资所发行的新证券数量为 1 亿美元-2 234 万美元=7 766 万美元。因此，股东从实施该项目中得到的净现值为 8 936 万美元-7 766 万美元=1 170 万美元，与经过调整的现值方法中所推导出来的金额相同。

加权平均资本成本方法

运用这一方法，我们通过使用加权平均资本成本对预期的未杠杆化税后现金流进行折现的方式估计该项目的现值，然后减去全部 1 亿美元的初始必要开支。

加权平均资本成本的计算公式为：

$$加权平均资本成本=k_e\frac{1}{1+d}+(1-t)r\frac{d}{1+d} \qquad (16.2)$$

总之，加权平均资本成本是权益的资本成本与负债的税后成本的加权平均值，权重是权益和负债的市场价值在项目净现值中所占的比重。因此，在卫星项目中加权平均资本成本为：

$$加权平均资本成本=0.103\ 5\times0.80+0.7\times0.08\times0.20=0.094$$

该项目的净现值通过以加权平均资本成本进行折现的预期的未杠杆化税后现金流减去 1 亿美元的初始必要开支计算：

$$NPV=\frac{1\ 050\ 万美元}{0.094}-1\ 亿美元=1\ 170\ 万美元$$

快速测查 16-13

假设全球联通公司拥有 30% 而不是 20% 的负债对企业价值的市场比率，同时这也是卫星项目的融资比率。进一步假设其他所有情况均与书中的情形相同，使用经过调整的现值方法得出卫星项目的净现值。然后使用股权现金流方法和加权平均资本成本方法验证你将得到和使用经过调整的现值方法时相同的估计值。

16

小 结

● 外源融资使企业的投资规划比内源融资更直接地服从资本市场的行为准则。

● 从最宽泛的意义而言，债务性融资包括贷款和债务性证券，例如债券与按揭贷款，以及企业未来支付的其他承诺，例如应付账款、租赁和退休金。

● 在无摩擦的金融环境中，不存在税收或交易成本，同时签订和执行合约是无成本的，无论企业采用何种资本结构，股东的财富都是相同的。

● 在真实世界里，存在一些可能导致资本结构决策对股东财富产生影响的摩擦。这包括税收、管制以及企业利益关联方之间的冲突。因此，企业的管理层可能通过下述三种方式之一的资本结构决策创造股东价值：（1）通过降低税收成本或难以承担的管制成本；（2）通过减少企业不同利益关联方之间的潜在利益冲突；（3）通过向利益关联方提供其无法得到的金融资产。

● 这里存在三种可以相互替代的方法，这些方法在估计项目净现值的过程中考虑财务杠杆：经过调整的现值方法、股权现金流方法和加权平均资本成本方法。

关键术语

内源融资	外源融资	剩余索取权	抵押品
代理成本	被售让方	经过调整的现值	加权平均资本成本

问题与疑难

内源融资与外源融资

1. 将你的家庭看做限制性边界。为了支付暑假补习班的学费以顺利通过你上学期不及格的初级公司金融课程的补考，可以利用的外源融资和内源融资选择的例证是什么？

债务性融资

2. 普兰提利斯（Plentilease）公司和诺里斯（Nolease）公司是几乎完全相同的两家公司。它们之间的唯一区别是普兰提利斯公司租赁它的大部分厂房和设备，而诺里斯公司购买厂房和设备，同时通过借入资金为购买提供融资。比较并对比它们的以市值计算的资产负债表。

3. 汉纳-查尔斯（Hanna-Charles）公司需要为其销售力量增加新的车队。为了获得最大的公司利益，负责购买的管理者已经和一家本地汽车经销商进行了磋商。在数轮谈判之后，一家本地经销商为汉纳-查尔斯公司提供了两种选择：（1）针对车队的 3 年期租赁；（2）以最高价格的 15% 折扣直接购买该车队。在 3 年之内，第一种选择将花费汉纳-查尔斯公司比全部成本低 5% 的估计成本。

a. 租赁的优势与劣势分别是什么？

b. 汉纳-查尔斯负责购买的管理者将执行哪种选择？为什么？

4. 欧洲笔业公司（Europens）和亚洲笔业公司（Asiapens）是几乎完全相同的公司。它们之间的唯一区别是欧洲笔业公司拥有完全无资助的退休金计划，而亚洲笔业公司拥有全部受助的退休金计划。对比它们以市值计算的资产负债表。退休金的资助状况使得两家公司的利益关联方存在何种差别？

无摩擦的金融环境中的资本结构无关性

5. 迪维多（Divido）公司是一家拥有 1 亿美元总市值的全股权融资企业。该公司以现金等价物的形式持有 1 000 万美元，并且以其他资产的形式持有 9 000 万美元。这里存在 100 万股迪维多公司的普通流通股，每股拥有 100 美元的市场价格。迪维多公司已经决定发行 2 000 万美元的债券，同时购买价值 2 000 万美元的本公司股票。

a. 这对该公司股票价格和股东权益的影响是什么？为什么？

b. 假设迪维多公司的息税前利润为 2 000 万美元、1 200 万美元或者 400 万美元的概率相同。说明在不存在税收的条件下，财务重组对每股收益的概率分布的影响。为什么股票变得更有风险的事实未必影响股东财富？

通过财务决策创造价值

6. 近年来，当发行所谓的垃圾债券来支付另一家公司的并购费用（这种债券通常拥有反映相对较高风险的相对较高息票利率）时，限制对垃圾债券所支付利息进行扣除的法规已经被提议通过。你认为这种提议背后的推理过程是什么？哪个公司利益关联方将从这项法规中获益或者受损？

降低成本

7. 泰比里厄斯（Tiberius）公司预期永远拥有每年 10 万美元的息税前利润。该公司可以按照 10% 的利率借入资金。该公司当前没有债务，同时权益成本为 14%。如果企业所得税税率为 34%，该公司的价值是多少？如果该公司借入 20 万美元并用这笔资金买断股票，那么该公司的价值是多少？解释你的答案并精确说明你做的所有假设。

8. 英格兰的康福特（Comfort）鞋业公司已经决定将其探戈舞鞋分部分拆为位于美国的独立公司。探戈舞鞋分部的资产拥有和康福特鞋业公司相同的运营风险特征。康福特鞋业公司的资本结构是从市场价值角度而言的 40% 负债和 60% 权益，而且这一资本结构被管理层认为是最优的。康福特鞋业公司资产（如果没有被杠杆化）的必要收益率为每年 16%，同时，该公司（以及分部）当前必须为其负债支付的利率是每年 10%。探戈舞鞋分部的销售收入可望无限期地保持在去年的 1 000 万美元水平上，可变成本为销售额的 55%，年度折旧为 100 万美元，这项折旧每年恰好与新投资相匹配，公司税率为 40%。

a. 以未杠杆化形式体现的探戈舞鞋分部的价值是多少？

b. 如果探戈舞鞋分部在存在 500 万美元债务的条件下被分拆，那么它的价值是多少？

c. 探戈舞鞋分部的股东要求的收益率将是多少？

d. 说明新企业权益的市场价值将通过股东收益做出判断。

9. 基于上述问题，假设狐步（Foxtrot）舞鞋公司生产定制舞鞋，而且是探戈舞鞋分部的竞争者。除了是完全未杠杆化的之外，狐步舞鞋公司拥有和探戈舞鞋分部类似的风险及特征。为了控制市场中的商机，探戈舞鞋分部可能收购狐步舞鞋公司，狐步舞鞋公司决定杠杆化以回购股票。

a. 如果当前存在 50 万股流通股，狐步舞鞋公司的股票价值是多少？

b. 如果狐步舞鞋公司希望借入等于企业价值 30% 的资金，它可以回购多少股票，并且按照什么价格回购？

10. 如果管理层愿意借入等于企业价值 40% 的资金，重新计算上述问题（问题 9）中 b 部分的答案。狐步舞鞋公司是否应当借入更多的资金？

11. 哈夫姆（Havem）公司和尼德姆（Needem）公司几乎是完全相同的，仅在资本结构上存在差异。哈夫姆公司是一家仅发行股票的未杠杆化的企业，而尼德姆公司发行股票和债券。任何一家企业都不支付企业所得税。哈夫姆公司将它的全部年度收益以红利形式派发，同时拥有 100 万股流通股。它的市场资本化比率为 11%，并且该企业当前估值为 1.8 亿美元。除了 40% 的企业价值采取债券形式，以及拥有 50 万股流通股以外，尼德姆公司与哈夫姆公司是完全相同的。尼德姆公司的债券是无风险的，同时支付每年 9% 的息票利率，而且每年滚动。

a. 尼德姆公司的股票价值是多少？

b. 作为预测来年状况的投资者，你使用三种等同可能的经济状态——正常、不佳和大好——来对哈夫姆公司和尼德姆公司进行审查。假设两家公司的收益率分别为 $\frac{1}{2}$ 和 $1\frac{1}{2}$。做出展示三种虚拟场景里哈夫姆公司和尼德姆公司的收益及每股收益的表格。

12. 利用前述问题（问题 11），现在我们假设哈夫姆公司和尼德姆公司必须按年度支付 40% 的税收。给定如前所述的可能产出的相同分布：

a. 哈夫姆公司和尼德姆公司的可能税后现金流是什么？

b. 股票的价值是多少？

c. 如果某人是风险厌恶型的投资者，他将投资于哪家公司？

16

13. 兰博（Rambo）公司没有债务余额，而且拥有 1 万美元的总市值。如果经济形势是正常的，那么息税前利润将被预测为 1 000 美元。如果经济中存在强劲扩张，息税前利润将高出 20%。如果经济中存在另一次掉头向下，息税前利润将下跌 40%。兰博公司正在考虑以 9% 的利率发行 5 000 美元的债务，所得将被用于买断股票。当前存在 100 股流通股，企业所得税税率为 50%。

a. 在发行任何债务之前，在三种经济虚拟场景的每一种里计算每股收益。同时，在经济扩张或步入衰退时计算每股收益变化的百分比。

b. 假设兰博公司完成了资本结构调整，重复 a 部分的过程。

解决利益冲突

14. 格里菲-兰（Griffey-Lang）食品公司面临一个困难的问题。在管理层增长业务的努力过程中，他们累积了 1.5 亿美元的负债。与此同时，该公司的价值仅为 1.25 亿美元。管理层必须在一年内提出改善这种境况的计划，否则将面临破产。与工会讨论员工福利和退休金计划的劳工关系会议也即将到来。此时的格里菲-兰食品公司拥有可以实施的三种选择：（1）开始生产一种新型的未测试产品，如果成功（0.12 的概率），将使得格里菲-兰食品公司将公司价值增至 2 亿美元；（2）廉价甩卖两幢食品生产厂房以努力减少部分债务和企业价值，因此使该企业至少可能避免破产（0.45 的成功概率）；（3）不做任何事情（失败的概率＝1.0）。

a. 作为债权人，你希望格里菲-兰食品公司做什么？为什么？

b. 作为投资者呢？

c. 作为雇员呢？

为利益关联方创造新机会

15. DL 公司近来开发了一项红利再投资计划。该计划允许投资者自动地将现金红利再投资于 DL 公司以交换新的股票。随着时间的推移，DL 公司的投资者可以通过将红利再投资于购买该公司的额外股份而增持份额。

数以千计的公司提供红利再投资计划。拥有红利再投资计划的大部分公司不收取任何经纪费用或服务费用。事实上，DL 公司的股票将按照比市场价格低 10% 的价格被购买。DL 公司的一位分析师估计，大约 75% 的 DL 公司股东将参与这项计划。这比平均水平稍微高一点。

评价 DL 公司的红利再投资计划。它是否将增加股东财富？给出优点及不足。

16. 具有挑战性的问题。奥拜尔兰德（Obieland）公司发行了仅有的未清偿债务——零息债券。该债券 1 年后到期，同时拥有 1 000 美元的面值。奥拜尔兰德公司的资产当前为 1 200 美元。首席执行官南希·斯特恩认为该企业中的资产一年后价值 800 美元或 1 600 美元的概率一样。1 年期国库券的现行利率为 6%。

a. 该企业权益的价值是多少？负债的价值是多少？

b. 假设奥拜尔兰德公司可以重新设定现存资产，从而一年后的价值将是 400 美元或 2 000 美元。如果资产的当前价值不变，那么股东是否将支持这种变动？为什么？

实践中的融资决策

17. 下述文章节选自 2000 年 12 月 19 日的《金融时报》。

布依格公司为 3G 寻求 53 亿美元巨额资金

拉斐尔·曼代（Raphael Minder）于巴黎

布依格（Bouygues）公司，法国的建筑与电信企业集团，正在寻求借入 60 亿欧元（53.3 亿美元）从而为其移动电话下级公司布依格电信公司的第三代移动网络提供融资。

布依格公司宣称它正在与多家银行进行商谈，但是不会透露额外的融资需求是否与它和意大利电信公司谈判破裂有关，意大利电信公司曾经希望增加它在布依格公司 10.8% 的持有份额。

为了获得法国 3G 移动电话执照拍卖的申请资格，行动必须在 1 月 31 日的最终期限之前开始。意大利电信公司的移动电话业务部门意大利电信移动电话公司曾经希望在该日期前提升它的持有份额，同时在布依格电信公司的管理中拥有更大的影响力。

布依格公司提到，两个星期之前，它"不再"与意大利电信公司进行谈判，但是没有详细说明谈判被终止。这家法国公司声称它已经和可能需要布依格电信公司份额的"有限数量"的公司进行谈判，其中包括意大利电信公司。

然而，布依格公司清晰地表明，它希望保持对移动电话业务部门的主要控制。它宣布正在寻找 8～10 年间的长期贷款。60 亿欧元中的大约 23 亿欧元将为现有贷款提供再融资。该公司谈到布依格电信公司的投资者已经投资了 51 亿欧元，这笔资金可以用于开发新网络。

本年早些时候，布依格公司探讨了与日本电信公司（NTT DoCoMo）合并的可能性。德国电信公司也已经显示出对法国 3G 移动电话执照拍卖的兴趣，同时已经表明它不会独立提出报价。

解释布依格公司 3G 移动网络的提议性融资方法怎样影响这家企业的资本结构。

18. 下述报告来源于 2000 年 12 月 18 日的《金融时报》。

伊坎竞标阻挠瑞莱恩斯公司

美国的金融家卡尔·伊坎（Carl Icahn）正在增加他施加在瑞莱恩斯（Reliance）公司上的压力，瑞莱恩斯公司是一家由另一位"企业狙击手"和金融偶像索尔·斯坦伯格（Saul Steinberg）控制的保险公司。

高河（High River）公司，伊坎先生的关联企业之一，星期一宣布，它以及其他伊坎投资机构计划购买由瑞莱恩斯公司发行的大约 6 100 万美元债券，以阻止该保险公司任何不令人满意的计划。瑞莱恩斯公司曾经

在某些时候陷入困境，同时现在正试图寻找某些主体接管其未履行完的保险合约。作为对曾经强大的斯坦伯格先生的又一次打击，瑞莱恩斯公司在本月被从纽约证券交易所除名。

高河公司声称它计划按照 17 美分的价格购买 9% 的高级债券，比 6～8 美分高，6～8 美分是它所说的该债券在 12 月正在交易的价格。

伊坎先生宁愿看到政府管制者运营瑞莱恩斯公司，也不愿同意该公司管理层的计划。他正担心如果该公司申请破产保护，那么债券持有者将会一无所获。

高河公司说道："我们认为现在正在考虑的计划……将提供极低的可能性或没有可能从瑞莱恩斯公司的资产中成功地偿付债券，而且使债券持有者不受影响。"

伊坎先生已经拥有在 11 月购买的瑞莱恩斯公司的债务份额。斯坦伯格曾经大胆地突袭迪士尼和化学银行的内心，他已经在瑞莱恩斯公司崩溃期间清算了大部分私人财产。

已经出售 75% 业务的瑞莱恩斯公司正在寻求结束运营。

解释为什么与处于困境的企业存在利益关系的某些主体希望增加头寸？为什么要购买处于困境的企业的债务而不是证券？

19. 下面是来自 2006 年 4 月 20 日的《经济学家》杂志的一篇文章。

信贷型衍生工具：敏感时期
繁荣信贷违约互换市场中的意外扭曲

过去的几个月对信贷型衍生工具的购买者而言是令人气愤的。这些购买者包括银行以及已经获得作为市场基石的信贷违约互换合约的对冲基金。在金融世界中仍然年轻的这一领域存在价值 17 万亿美元的合约，超过了全世界流通中的公司债务金额。如果借款者都采用一种形式打赌信贷型衍生工具会提供保险，那么信贷型衍生工具就会这样做。

近来，极少部分的这种赌博明显误入歧途。

首先，几乎没有任何企业在前 25 年破产。评级机构指出，违约的数量在几乎 10 年之内是最低的。虽然这对公司而言是个好消息，但是对于信贷违约互换合约的拥有者而言却是个坏消息。与此同时，分析师公告了正在签订的信贷型衍生工具信贷违约互换合约数量的猛烈增长。所有这些都降低了信贷型衍生工具的溢价或买卖价差。那些拥有保护措施的人已经损失了金钱（虽然出售者已然获得了利益）。

但是，分析师指出最伤害信贷型衍生工具购买者的问题是不可思议的技术性问题。少数公司出人意料地竞标它们自己的债券。因为回购消除了违约风险，基于这些债券签订的信贷型衍生工具信贷违约互换合约的价格一律受到影响。

这些公司包括一家英国的连锁超市森宝利 (Sainsbury) 公司。为了削减融资成本，它在上个月回购了全部 17 亿英镑（30 亿美元）的债券余额。这意味着没有剩余得到担保的"可交割"债券。信贷型衍生工具的投资者最终因有担保证券的存在而地位稳固。去年，在森宝利公司艰难挣扎的时候，部分信贷违约互换合约按照每单位被保险债务 150 个基点进行定价。现在它们返回到 20 个基点左右。

类似的情况发生在 TDC 公司中，TDC 公司是一家在截至目前欧洲最大的杠杆收购中被合并的丹麦电信公司。以其债券为基础签订的信贷违约互换合约的溢价曾经被预期将会暴涨，但是当 TDC 公司宣布作为交易的一部分，它将以平价赎回其债券时，信贷违约互换合约的溢价猛烈下跌。

在美国，信贷违约互换合约购买者中的恐慌曾经是极少见的。但是分散化经营的一家旅游、休闲和房地产集团胜腾 (Cendant) 公司的重构却导致了严重的混乱，以及上个月信贷违约互换合约溢价的剧烈下降。随着该公司将自身分拆成四家业务单位，它可望竞标自己的债券。

在每一种情形里，信贷违约互换合约的购买者会发现自己正在为保护处于灭绝边缘的债券进行支付，甚至就像对开往废品处置场的汽车的保险进行支付。按照美林证券公司的欧洲信贷型衍生工具战略分析师约翰·琼森的说法，欧洲与美国公司法规的不同尤其影响信贷违约互换合约的购买者。

结果是，为了涵盖来自重组或杠杆收购的风险，国际掉期与衍生工具协会正在研究标准的信贷违约互换合约文件是否需要改变。"存在我们可以看到的众多变化。"国际掉期与衍生工具协会的总法律顾问金伯利·萨默 (Kimberly Summe) 说道。

当然，对购买者不利的事件对出售者则是有利的。但是这种技术性分歧逐步削弱了每个人的信心。如同国际货币基金组织近来指出的那样，信贷型衍生工具市场有助于稳定金融体系。它使银行能够减轻信贷风险、提供贷款条件的透明性，甚至可能使信贷周期的波动变得平滑。

然而，二级市场存在担心流动性以及恐慌发作的趋势。恐慌是突然发现保险合约没有价值的购买者的可以理解的反应。现在，这些购买者至少已经得到了警告。

当审查企业的资本结构的时候，分析的基本要素来源于莫迪利亚尼和米勒的模型，即企业所得税和个人所得税的影响以及围绕破产成本的问题。信贷违约互换合约市场的存在将怎样改变这一分析过程？如果借款者破产，信贷型衍生工具将提供保险，存在对冲破产成本的工具是否意味着资本结构的更多负债是最优的？这种工具的可得性是否因此可能影响企业的资本成本？卖出期权等衍生工具同样存在，而且可以被用于限定权益性投资的价格下降损失。这种工具的存在是否将改变最优的资本结构以及资本的成本？

怎样评价杠杆化投资?

20. 假设菲茨罗伊火焰喷射器公司(Fitzroy's Flamethrowers Inc., FFI)拥有两倍于权益市场价值的债务市场价值。该公司拥有 12%($k_e =$12%)的权益资本成本,以及 8%的负债利率($r=$8%)。如果这家公司面临 40%的企业所得税税率,它的加权平均资本成本是多少? 1 个百分点的利率上升将怎样影响其加权平均资本成本? 1个百分点的权益资本成本的增加呢? 两者同时增加 1 个百分点呢?

21. 金融技术公司(Financial Technology Corporation, FTC)拥有 20 亿美元当前市场价值,该当前市场价值在支付 8%利率的无风险负债和权益之间同等划分。在金融技术行业中,由权益进行融资的投资的必要收益率为 10%,同时有效公司税率为 40%。这家公司拥有以 1.5 亿美元初始预付成本投资于扩张性数据传输网络的机会,该网络预计永久每年产出 2 400 万美元的税前净收入增量。如果该项目完全以权益融资,它的净现值是多少? 如果以保持当前资本结构为目的进行融资,经过调整的净现值是多少?

22. 当投资得到资助,从而保持资本结构为初始的50:50的负债和权益混合时,在上述问题(问题 21)中计算金融技术公司的权益资本成本。

23. 对于 100 万美元(这是一项等于现金必要开支减去由该项目提供的折旧税盾现值的净值数字)而言,一期结束后,投资项目的产出如下分布:

$$\overline{EBIT} = \begin{cases} 296\ 万美元 & \dfrac{1}{2} \\ \\ 274\ 万美元 & \dfrac{1}{2} \end{cases}$$

也就是说,该项目拥有 296 万美元的息税前利润或者 274 万美元的息税前利润的概率相同。假设一项 50%的税率被应用于除了债券利息以外的所有收入,债券利息可以从应税收入中扣除。假设该项目完全由提供 10%利率的债券进行融资,同时所有投资者都是风险中立的,这意味着他们仅关注预期价值。如果项目被实施,那么该企业权益性头寸的当前市场价值是多少?

24. 具有挑战性的问题。假设巨人公司(Gargantua Ltd.)的所有投资者,即债务与权益的持有者是风险中立的,同时要求等于 10%的预期收益率。股票持有者,同时是乐观主义者,认为一期后巨人公司的资产遵循下述分布:

$$\overline{V} = \begin{cases} 2\ 400\ 万美元 & \dfrac{1}{3} \\ \\ 2\ 200\ 万美元 & \dfrac{1}{3} \\ \\ 2\ 000\ 万美元 & \dfrac{1}{3} \end{cases}$$

或者说,资产的市场价值为 2 400 万美元、2 200 万美元或者 2 000 万美元的概率相同。巨人公司的董事局主席 E.G. 潘塔格鲁尔(E.G. Pantagruel)希望尽可能多地借入资金,因为他认为这会使和股东之间存在的问题最小化。但是贷款者认为巨人公司的前景由下述分布更好地说明:

$$\overline{W} = \begin{cases} 1\ 980\ 万美元 & \dfrac{1}{2} \\ \\ 1\ 760\ 万美元 & \dfrac{1}{2} \end{cases}$$

假设该公司一期后将被清盘,同时债券利息是不征税的。如果企业所得税税率为 40%,巨人公司应当瞄准的负债/权益比率是多少?

25. 具有挑战性的问题。可测未来公司(Foreseeable Future Company, FFC)在一个企业所得税税率为 40%的确定环境中运营。公司的当前所有者仅拥有一种资产,该资产是从水中提取葡萄酒的新技术流程知识,它将以 150 美元的预付投资在一年后一次性产生 450 美元的息税前利润。该公司可以运用债务最多借入 100 美元,剩余资金必须是权益。这项新权益可能采取像债务那样无风险的优先股形式。于是,全部债务和优先股将拥有 10%的无风险利率。债务的利息支付是可以抵扣税收的,但是优先股的红利却不可以(提示:填充下述表格,使用左边那列数字代表发行 100 美元债券和 50 美元优先股的情形。记住,这些数字是提前一期的）。

决定现存所有者的权益的现值以及加权平均资本成本，也就是说，通过发行 100 美元债券和 50 美元优先股为 150 美元投资融资的税后加权平均资本成本是多少？如果这家公司可以增加它的负债/权益比率，也就是说，发行 150 美元的债务为项目提供融资（参阅下表中右边那一列），是否有人从中获益？如果有的话，谁将获益，获益多少，以及为什么获益？

450 美元	息税前利润	450 美元
−10 美元	利息	−15 美元
440 美元	税前利润	435 美元
−___美元	税收（税率为 40%）	−___美元
___美元	税后收益	___美元
−100 美元	债券面值的偿付	−150 美元
___美元	权益的剩余价值	___美元
−55 美元	优先股的支付	0 美元
___美元	普通股的支付	___美元

16

第 17 章　实物期权

本章说明怎样将经济理论应用于企业内战略决策的制定过程。在第 1 章中我们得出结论：在理论和实践中，企业管理者评价战略决策的标准都应当是企业所有者财富的最大化。在第 6 章和第 16 章中，我们说明了怎样应用折现现金流分析估计一项投资对企业所有者财富的贡献。在本章里，为了审查公司战略的基本方面，我们将对这种分析过程进行扩展。我们分析期权理论可以被怎样用于评价管理层的能力，这些能力包括选择投资项目开始的时机、扩张该投资项目或者在开始后放弃它等方面的能力。

17.1　投资于实物期权

截至目前，我们忽略了众多（如果不是大部分的话）公司投资机会的一个极其重要的方面——管理层推迟项目开工的能力或一旦开工，扩张该项目抑或是放弃该项目的能力。没有考虑这些实物期权（与金融期权相比）将导致分析师在评价投资项目时低估项目的净现值。

电影行业提供了实物期权在投资项目评价过程中的价值重要性的良好例证。电影制片厂经常购买电影剧本的相关权利，然后等待决定是否以及何时真正投拍该剧本。于是，这家电影制片厂拥有等待的选择权。一旦开始投入拍摄，在随后的每个步骤中，电影制片厂都拥有终止项目的选择权，终止项目是对成本超出限额以及爱好电影的公众口味改变等信息的反应。

电影行业中另一项极其重要的管理性期权是电影制片厂制作续集的选择权。如果原始电影被证实是成功的，那么这家制片厂拥有拍摄同样名称与角色的更多电影的排他性权利。拍摄续集的选择权可能是电影项目总价值的重要部分。

在投资项目与买入期权之间存在根本的类似性：在两种情形里，决策制定者都拥有在未来时期购买某种东西的权利，而不是义务。

基于下述三项理由，认可买入期权与管理性期权的类似性是重要的：

- 它有助于将投资项目分析建构为一系列随时间推移与管理相关的决策。

- 它阐明了在评价项目的过程中不确定性的作用。
- 它通过应用为评价股票买入期权而发展完善的数量模型，给予我们估计项目期权价值的方法。

17.1.1　实物期权的类型

实物期权可以从灵活性的角度被划分成众多不同的类型，这种灵活性在改变实物投资机会条款的过程中提供。同时通过类比，这些实物期权可以按照我们已经介绍的金融期权类型近似地被估值。推迟投资项目开工的选择权被称为**递延期权**（deferral option），同时可以恰当地契合于美式买入期权。此时，期权的行权价格是该项目的必要初始投资，同时期权的到期期限对应于最终决策点，超过该点后决策无法推迟。

放弃项目期权（option to abandon）对应于美式卖出期权。该期权的行权价格将是终止项目必须支付的金额。该金额可能是约定的金额，或者仅是如果清算此时项目的市场价值。

在递延期权和放弃项目期权两个方面都可能存在执行**规模调整的期权**（option to rescale）的可能性。此时，项目可以按照某种固定价格扩张或者缩减。

更复杂的实物期权包括转换型期权，转换型期权要求一项固定金额的支付以改变运营或生产模式。一个例证是电力生产企业，它可以在使用不同燃料来源（或许是煤炭和天然气）之间进行转换。关闭或重启一条生产线，或是退出以及重新进入市场也是转换型期权的例证，它们可以被模型化为美式卖出期权和买入期权。

复杂的投资项目通常被组织成一组相互替代的阶段，在每个阶段的期末做出关键决策。这种投资项目可以作为复合性期权进行分析。复合性期权中存在针对选择权的期权。例如，一家主要药物公司的生产周期包括测试不同化合物的研究阶段、进行临床试验的产品开发阶段和上市最终产品的营销阶段。每一个阶段都涉及新投资，这些新投资以上一阶段的期权得到继续执行为条件。

17.1.2　一个例证

一个例证可能有助于阐明买入期权和管理性期权之间的类似性怎样在分析投资项目的过程中提供帮助。考虑一家电影制片厂是否购买著作的电影改编权的决策。该著作当前正由畅销书的作者撰写。

假设这位作者针对拍摄电影的排他性权利索取 100 万美元，该电影以计划一年后出版的小说为蓝本。如果作为书籍，这部小说是成功的，那么这家电影制片厂将以它为蓝本拍摄一部电影。但是如果这部小说从商业角度来看是失败的，那么这家电影制片厂将不执行将其拍成电影的选择权。图 17 - 1 将这一投资项目显示为决策树的形式。

电影制片厂的当前决策为是否支付 100 万美元作者要求的价格，这由决策树左边的一个决策框表示。从第一个决策框中引出的右向分支对应于支付 100 万美元的决策，同时下向分支对应于不支付 100 万美元的决策。

与水平决策分支相连接的圆圈代表不受管理层控制的事件：这部小说是否会在商业上取得成功。这里存在从代表这一事件的圆圈中引出的两个分支。向上的分支对应于这部小说成功的可能性，向下的分支则对应于该小说失败的可能性。每一项可能性拥有 0.5 的概率。电影制片厂的分析师估计，如果这部小说取得成功，那么一年后电影的净现值将是 400 万美元。但是如果这部小说失败，那么一年后电影的净现值为 −400 万美元。

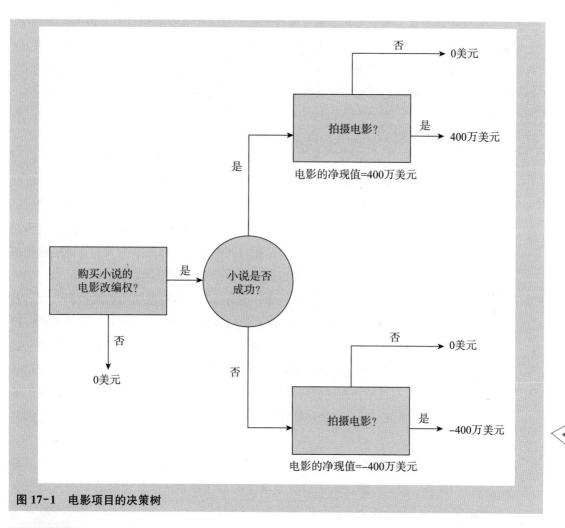

图 17-1　电影项目的决策树

对无形投资进行衡量

多年以来，美国国民账户的统计数字已经描述了美国的宏观经济缺陷，但是问题在于当我们精确考虑经济中无形投资的巨额数量时，这种图景是否更加清晰。就像公司可以投资于厂房或机器一样，它也可以投资于无形资产，例如商标。衡量国民收入账户的现行方法仅适用于前一种类型的投资，而完全忽视了无形投资。

无形投资的增长速度变得比一般资本投资更快。虽然美国的投资率在过去数年内相对稳定，但是如果我们加入无形投资的趋势，那么整体投资率将稳定地上升。然而，这能否改变经济状况的前景呢？无形资产的更高投资将推高生产率，即使这无法解释1995年后生产率的加速趋势。如果整体投资由无形投资驱动上升，那么整体储蓄也将如此。这将无法解决美国的国内经常账户赤字，国内经常账户赤字被定义为总储蓄与总投资之间的差额。

某些乐观主义者提出对无形投资的作用进行适当核算会直接影响我们，因为记录显示大规模无形资产正在被出口，例如技术知识和管理技能。另一些人则质疑借贷行为无法为消费支出提供支持，而是为开发无形资产的投资以及研究与开发人力资本的支出提供支持。说到底，这两种争论观点都没有说服力，而且无形投资的规模不足以缓和总体宏观经济赤字的更大问题。

资料来源：改编自 "Getting a Grip on Prosperity," *The Economist*，March 2，2006。

注意，从事件中延伸出来的每一个分支的右边都是另一个决策框，该决策框代表决策管理层必须做出的关于是否真正拍摄电影的决策。如果在没有考虑管理层一年后放弃项目的能力的条件下分析这个项目，那么该项目将会被拒绝。这是因为按照任意资本成本，无论多么低，该项目此时的预期现值都为0美元。管理层肯定不会花费100万美元购买一项权利来拍摄一部预期净现值为0美元的电影。

但是，这是对投资机会的错误说明。因为管理层拥有拍摄电影的权利，而不是义务，所以一年后的可能支付是如果该小说被证实成功时的400万美元净现值，以及如果该小说被证实失败时的0美元净现值。这种支付概率分布拥有200万美元的预期价值。只要用来将这笔200万美元预期净现值折现至现在的资本成本小于每年100%，那么该项目的预期现值将超过100万美元的小说电影改编权。因此我们看到，建构一个项目分析框架来将管理层在未来改变做法的能力纳入考虑范围是极其重要的。

我们也在以期权为视角对项目进行考察的过程中了解到某些不确定性对项目净现值的影响。例如，假设未来可能净现值的范围翻番，但是预期价值仍然为0美元：如果小说取得成功，那么预期价值为800万美元，而如果失败则是−800万美元。因为如果小说失败，管理层将不会拍摄电影，所以最差的结果仍然为0美元，而不是−800万美元。由于如果小说被证实失败，那么管理层可以放弃该项目，因此一年后电影的净现值从200万美元增至400万美元，因此作为未来可能产出翻番的结果，项目的预期净现值也增加一倍。从这个意义上说，项目未来支付不确定性的增加将会增加项目的价值。

作为投资项目总价值组成部分的管理性期权的价值有多么重要？答案取决于项目的类型。在一旦项目开始，管理层没有任何行动自由来改变计划的条件下，考虑任何投资项目都是困难的。在考察研发投资时，将期权价值纳入考虑范围是特别重要的。期权金融理论在资本预算中的运用已经被至少一家大型医药公司所采用。一般而言，项目未来产出的不确定性越大，明晰考虑期权的需要也越大。

17.2　递延期权：　不确定性与不可逆性的例证

通过提出一项不确定性条件下的递延期权，我们将从某种细节上说明并考察针对实物期权的分析过程。迪西克特（Dixit）与平狄克（Pindyck）提供了投资决策**不可逆性**（irreversibility）的一个例证。[①] 递延期权是为了获得与投资未来支付相关的定价信息立即实施投资或者将决策推后一个时期的权利。

考察一家企业正在考虑是否投资厂房的情形。这项投资是完全不可逆的，意味着除了以难以承受的成本进行改建之外，专门建造的厂房既不能被用于生产任何其他产品，也不能被改建从而用于生产其他产品。因此，在初始投资后，该厂房在其他用途上立即失去价值。从实践目的而言，这等同于假设残值为 0 美元。一旦投资被实施，成本将会沉没，而且无法收回。我们假设可以按照成本 I 不断地建造这种厂房，并且该厂房可以在运营成本或边际成本为 0 美元的条件下无限地在未来每个时期生产累计产出。该厂房产出的当前价格是每单位 P_0。价格的不确定性反映在从该价格到下期开始的新价格水平 P_1 的一期内简单离散变动中。因此，下一时期价格要么存在 q 的可能性增加 u，要么存在（$1-q$）的可能性减少 d。价格将按照这一水平持续变动至未来。

$$P_1 = \begin{cases} (1+u)P_0 & \text{概率为 } q \\ (1-d)P_0 & \text{概率为 } (1-q) \end{cases} = P_2 = P_3 = \cdots = P_\infty$$

令 r 为每一期的利率，如果投资现在发生，基于预期价值的项目净现值由下式给出：

$$NPV_0(I, P_0, q, u, d, r) = -I + P_0 + q \times \left[\sum_{t=1}^{\infty} \frac{(1+u) \times P_0}{(1+r)^t} \right]$$
$$+ (1-q) \times \left[\sum_{t=1}^{\infty} \frac{(1-d) \times P_0}{(1+r)^t} \right]$$

注意到括号里的项是永续年金现值的表达式，我们可以将项目净现值简化为：

$$NPV_0(I, P_0, q, u, d, r) = -I + P_0 + P_0 \times \left[\frac{q \times (1+u)}{r} + \frac{(1-q) \times (1-d)}{r} \right]$$

---

①　A. K. Dixit and R. S. Pindyck，*Investment under Uncertainty*，"Developing the Concepts Through Simple Examples," chapter 2, pp. 26 - 55 (Princeton, N. J.: Princeton University Press, 1994).

例如，如果利率为每期 10%，该厂房的成本为 1 600 美元，初始产出的价格为 200 美元，同时存在 50% 的可能性价格上升或下降 50%，决定立即投资的净现值为 600 美元。在这个例子中，价格的不确定性在下一期得到解决：对于两项产出的结果而言，价格将存在同等可能性上升至 300 美元或下降至 100 美元，但是预期价格保持在现有的 200 美元水平上。在下一期里，如果价格下降，在较低价格上的永续现金流将拥有 500 美元 $=\frac{1}{2}\times\frac{100\ 美元}{10\%}$ 的预期现值。而如果价格上升，永续现金流的现值将是 1 500 美元 $=\frac{1}{2}\times\frac{300\ 美元}{10\%}$。加上当前时期的净现金流，我们得到 $NPV_0 = 2\ 000\ 美元 + 200\ 美元 - 1\ 600\ 美元 = 600\ 美元$ 的当前投资净现值。

如果投资决策被推迟到下一期解决价格不确定性后做出，我们可以采用直接的方式计算延迟决策的净现值。首先计算进行决策时的净现值，然后通过将其折现回上一期获得当前的净现值。

如果价格上升，进行决策时的净现值由下述等式给出：

$$V_u(I, u, r, P_0) = \max\left[0, \left(1+\frac{1}{r}\right)(1+u)P_0 - I\right]$$

这里我们明显可以看出，在价格水平的不确定性得到解决后，投资的选择权具有价值。如果该时点处的项目净现值是负的，那么将不实施该项目。原则上，计算过程是对称的，因为如果价格下降，则是：

$$V_d(I, d, r, P_0) = \max\left[0, \left(1+\frac{1}{r}\right)(1-d)P_0 - I\right]$$

延迟决策的价值此时拥有以下述等式给出的预期净现值：

$$NPV_1(I, P_0, q, u, d, r)$$
$$= \frac{1}{1+r}\times[q\times V_u(I, u, r, P_0) + (1-q)\times V_d(I, d, r, P_0)]$$

使用和前面相同的参数，我们可以看到如果价格下跌，投资的递延期权将不会被采纳。这是因为为了获得每期 100 美元的当期永续现金流而投资必需的 1 600 美元是无意义的：

$$\left(1+\frac{1}{r}\right)(1-d)P_0 - I = 100\ 美元 + \frac{100\ 美元}{10\%} - 1\ 600\ 美元$$

$$= 1\ 100\ 美元 - 1\ 600\ 美元 = -500\ 美元$$

但是，如果价格上升，期权将被执行：

$$\left(1+\frac{1}{r}\right)(1+u)\,P_0-I=300\ \text{美元}+\frac{300\ \text{美元}}{10\%}-1\ 600\ \text{美元}$$

$$=3\ 300\ \text{美元}-1\ 600\ \text{美元}=1\ 700\ \text{美元}$$

这将产生的当期预期现金流为:

$$NPV_1=\frac{1}{1.1}\times(0.5\times1\ 700\ \text{美元}+0.5\times0\ \text{美元})=772.73\ \text{美元}$$

这个例证说明,即使未来预期价格等于当前价格,或者出现均值保留展开式,延迟投资决策的选择权依然是有价值的。

17.2.1 敏感性分析

立即投资与递延期权的净现值曲线被标示在图 17-2 中。

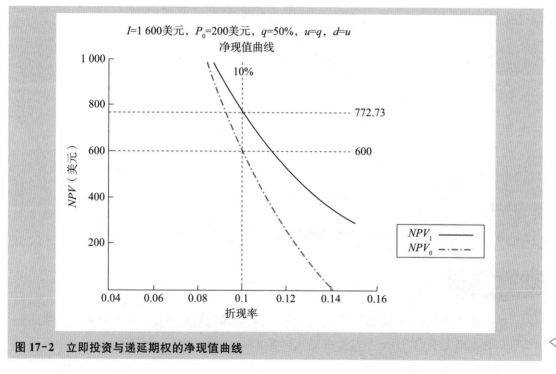

图 17-2 立即投资与递延期权的净现值曲线

随着未来价格的波动性增加,保持当前价格,预期价值依然不变,递延期权的价值也将增加。例如,如果价格同等可能地上升或下降 75%,净现值将显现下述数值:

$$NPV_0=\frac{1}{2}\times\frac{50\ \text{美元}}{10\%}+\frac{1}{2}\times\frac{350\ \text{美元}}{10\%}+200\ \text{美元}-1\ 600\ \text{美元}$$

$$=2\ 000\ \text{美元}-1\ 400\ \text{美元}=600\ \text{美元}$$

$$NPV_1=\frac{1}{1.1}\times(0.5\times2\ 250\ \text{美元}+0.5\times0\ \text{美元})=1\ 022.73\ \text{美元}$$

我们可以接着检验净现值对初始价格的敏感程度。对初始价格的备选值，我们保持价格上升或下降 50% 的同等可能性。净现值被标示在图 17-3 中。

这项分析结果使我们能够对最优投资策略进行概括。我们认为如果初始价格低于 96.97 美元，则永不投资该厂房。如果初始价格在 96.97～249.35 美元之间，对投资决策进行递延，而且仅在价格上升的条件下进行投资。如果初始价格超过 249.35 美元，立即投资，而不是递延决策。

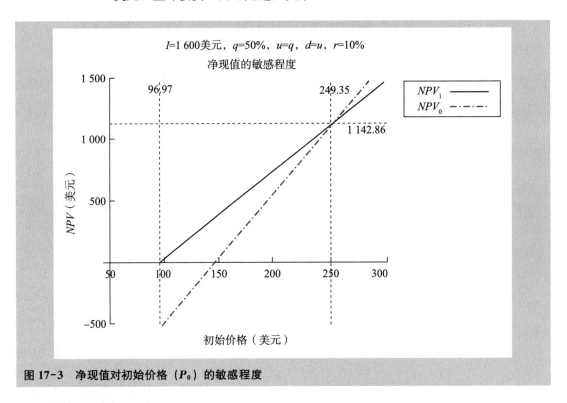

图 17-3　净现值对初始价格（P_0）的敏感程度

快速测查 17-1

如果初始价格为 150 美元而不是 200 美元，接着通过假定在接下来的时期内价格分别有 50% 的概率上涨或下跌，价格不确定性被模型化，计算 NPV_0 和 NPV_1。

回到 200 美元初始价格拥有同等概率上升或下降 50% 的基本例证。可以按照初始投资成本 I 的备选值计算出净现值的敏感程度。图 17-4 是对净现值对初始投资成本的敏感程度的描述。

如果初始投资成本下跌至低于 1 288.33 美元，那么不是递延投资的选择权并等待未来价格的实现，立即投资将是最优的。在 1 288.33 美元与 3 300 美元之间的初始投资成本水平上，执行递延期权，同时等待价格不确定性得到解决以决定是否投资是最优的。最后，如果初始投资成本在 3 300 美元以上，即使拥有递延期权，投资于该厂房也不是可以盈利的。

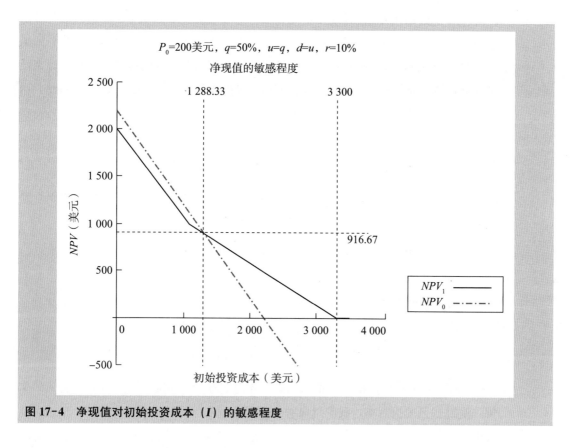

图 17-4　净现值对初始投资成本（I）的敏感程度

17.2.2　使用二项式期权定价模型评估实物期权

假设存在该厂房所生产产品的期货市场，那么我们可以想象怎样构建一个无风险投资组合，这个无风险投资组合由潜在价格风险被完全对冲的投资项目构成。将递延期权看做一项针对一期后到期时的厂房现金流的买入期权。这项期权的执行价格是厂房的投资成本，$E=I$。到期时期权的价值由下述等式给出：

$$C_1(P_1)=\begin{cases}P_1+\dfrac{P_1}{r}-I, & \text{如果 } P_1+\dfrac{P_1}{r}>I \\ 0, & \text{其他}\end{cases}$$

我们已经计算出原始参数集合下依条件而定的数值，而且得到下述等式：$C_1(100\text{ 美元})=0$ 以及 $C_1(300\text{ 美元})=1\,700\text{ 美元}$。这仅说明在价格的较低实现水平上将不会实施投资，因此，来自选择权的支付价值是 0 美元。而在较高价格水平上将会进行投资，同时在该时点产生 1 700 美元的正净现值。

为了构建对冲性资产组合，我们可以如下计算对冲比率 h：

$$\frac{\Delta C_1(P_1)}{\Delta P_1}=h=\frac{C_1(300\text{ 美元})-C_1(100\text{ 美元})}{300\text{ 美元}-100\text{ 美元}}=\frac{1\,700\text{ 美元}-0\text{ 美元}}{200\text{ 美元}}=8.5$$

这种对冲性资产组合将包括出售买入期权以及使用期货市场买多 h 单位的厂房

产出。来自多头的现金流是现在付出 hP_0，同时一期后得到 $hP_1 + rhP_0$。第一项是多头的正常资本收益或损失，而第二项类似于在支付红利的股票中持有头寸。如果下一期标的商品的价格拥有等于当前价格的预期值，就像这里的例子那样，那么任何投资者都不持有多头头寸，除非能够用公平的投资收益率补偿投资者。因此，当前及下一期与对冲性资产组合相关的现金流为：

$$CF_0 = C_0 - 8.5 \times 200 \text{ 美元}$$
$$CF_1 = 8.5P_1 + 0.10 \times 8.5 \times 200 \text{ 美元} - C_1(P_1)$$

我们可以通过观察无论商品价格怎样变动，下一期支付是否总是相同来核查资产组合是否为对冲性资产组合。如果价格下降，支付由下式给出：

$$8.5 \times 100 \text{ 美元} + 170 \text{ 美元} - C_1(100 \text{ 美元}) = 850 \text{ 美元} + 170 \text{ 美元} - 0 \text{ 美元}$$
$$= 1\,020 \text{ 美元}$$

同时，如果价格上升，支付结果为：

$$8.5 \times 300 \text{ 美元} + 170 \text{ 美元} - C_1(300 \text{ 美元}) = 2\,550 \text{ 美元} + 170 \text{ 美元} - 1\,700 \text{ 美元}$$
$$= 1\,020 \text{ 美元}$$

因此，对冲性资产组合要求初始必要支出 CF_0 在一期后锁定于 1 020 美元的支付。使用 10% 的折现率，我们可以对未来现金流进行折现，同时使其等于初始现金流出：

$$CF_0 = -C_0 + 8.5 \times 200 \text{ 美元} = \frac{1\,020 \text{ 美元}}{1 + 10\%} = 927.27 \text{ 美元}$$

求解递延期权的当前价值，我们得到：

$$C_0 = 8.5 \times 200 \text{ 美元} - 927.27 \text{ 美元} = 772.73 \text{ 美元}$$

将投资递延至下一期的选择权的价值当前为 772.73 美元，同时，我们可以看到当前实施投资不是最优的。当前实施投资的净现金支出为 $NPV_0 = 600$ 美元 = 2 200 美元 - 1 600 美元。但是除此之外，我们还拥有放弃递延期权的机会成本。当我们考察现在投资的总成本即所需厂房投资以及递延期权价值的损失时，它总计达 1 600 美元 + 772.73 美元 = 2 372.73 美元，这比来自厂房产出的未来预期现金流的现值 2 200 美元要多。

快速测查 17-2

存在三项理由使得认可买入期权与管理性期权之间的类似性是重要的。这些理由是什么？

17

17.3 运用布莱克-斯科尔斯计算公式评估实物期权

既然我们已经认识到在投资机会中考虑期权价值的重要性，那么我们怎样量化期权的价值？一种途径是运用布莱克-斯科尔斯计算公式。

例如，假设一家名为雷德公司（Rader Inc.）的企业正在考虑并购另一家企业——塔吉特公司（Target Inc.）。我们假定它们都是 100% 的股权融资企业，也就是说，两家企业都没有流通中的债务。每一家企业均拥有 100 万股普通流通股，这些股票可以自由地在竞争性市场进行买卖。塔吉特公司的当前市场价值为 1 亿美元，同时其价值的比例性变化的标准差为 0.20。假设塔吉特公司的管理层向雷德公司提供了一项期权，一年后以 1.06 亿美元获得 100% 的塔吉特公司股票。无风险利率为每年 6%。

如果该期权价值 600 万美元，这项投资是否值得？

从雷德公司的角度来看，这是一项资本预算决策。初始必要开支为 600 万美元，这是一年后获得塔吉特公司资产期权的成本。为了决定这项期权的价值，我们可以使用与用于对欧式股票买入期权进行定价的模型相同的价值评估模型，这个价值评估模型在第 15 章中得到发展完善。应用布莱克-斯科尔斯计算公式[1]：

$$C = N(d_1)S - N(d_2)Ee^{-rT}$$

$$d_1 = \frac{\ln(S/E) + (r + \sigma^2/2)T}{\sigma\sqrt{T}}$$

$$d_2 = d_1 - \sigma\sqrt{T}$$

其中，

C = 期权的价格；

S = 股票价格；

E = 行权价格；

T = 以年表示的期权到期期限；

σ = 股票连续复利年收益率的标准差。

期权价格运算表

S	E	r	T	σ	结果
100 美元	106 美元	0.06	1	0.2	C = 800 万美元

---

[1] 因为在本例中，期权执行价格等于按照无风险利率进行复利的标的企业的未来价值，所以我们可以使用布莱克-斯科尔斯计算公式的线性估计：

$$\frac{C}{S} \approx 0.4\sigma\sqrt{T}$$

专栏 17.2

默克公司的期权分析

许多年前，在与《哈佛商业评论》（*Harvard Business Review*）的编辑会晤的过程中，一家医药公司的首席执行官朱迪·卢恩特（Judy Lewent）说明了其公司在资本预算决策中对期权分析的广泛运用。仅举一个例证，为了获得早期研究项目的进入权利，默克（Merck）公司经常开展与大学的商业联系。合同的建构框架通常如下：默克公司向大学进行初始支付，随之而来的是在一系列依研究成果而定的过程中支付。默克公司使用期权定价理论工具来分析这些合同。

期权的价值大约为 800 万美元。投资机会的净现值为 200 万美元——雷德公司的期权的价值减去 600 万美元的成本，于是它是值得的。

现在我们考察期权理论怎样有助于评价不涉及期权的直接购买，但是确实包含管理性期权的投资机会。假设电力设施公司拥有一个投资于建造电力生产厂房的项目的机会。在第一阶段需要 600 万美元的初始必要开支来建造安置设备的设施。在一年后的第二阶段，必须购买成本为 1.06 亿美元的设备。假设从现在的角度来看，一年后已完工厂房的价值是一个随机变量，该随机变量拥有 1.12 亿美元的均值以及与之成比例的 0.2 的标准差。

假设我们对这个投资机会进行传统的折现现金流分析。依照折现率 k，已完工厂房的现值为 1.12 亿美元/$(1+k)$。因为电力生产设备的 1.06 亿美元投资必要开支已经被确知，所以现值通过以无风险利率进行折现计算。如果无风险利率为 6%，那么投资必要开支的现值为 1 亿美元。除此之外，建造设施的初始必要开支为 600 万美元，于是，该项目的净现值由下式给出：

$$净现值 = 1.12 亿美元/(1+k) - 1 亿美元 - 600 万美元$$
$$= 1.12 亿美元/(1+k) - 1.06 亿美元$$

如此计算的该项目净现值对于任何大于 5.66% 的 k 而言将是负的，5.66% 甚至低于无风险利率。例如，如果 k 为 12%，那么已完工厂房的现值将为 1 亿美元，同时该项目的净现值则为 -600 万美元。

但是进行这样的运算忽略了管理层有权在一年后放弃该项目的重要事实。换句话说，只有厂房的价值被证实大于 1.06 亿美元，管理层才会在第二阶段投资额外的 1.06 亿美元。[1]

在考虑管理层自由度的条件下，我们怎样对这项投资进行评价呢？答案是，我

---

[1] 为简化起见，我们假设如果该厂房没有完工，那么 600 万美元的初始必要开支全部损失。也就是说，残值为 0 美元。

们可以应用和刚才用于评价雷德公司购买塔吉特公司的期权的方法相同的方法。即使环境稍有不同，这种情形也拥有相同的结构，甚至拥有相同的支付。

为了对其进行考察，注意通过实施项目的第一阶段，电力设施公司将实际支付600万美元"购买"一年后到期的期权。这项期权是实施项目的第二阶段，执行价格为1.06亿美元。全部项目的现值为1亿美元。

布莱克-斯科尔斯计算公式指出，这项期权大约价值800万美元。因此，该项目拥有200万美元的净现值，而不是当我们忽略管理层在一年后终止该项目的期权时所计算出来的负净现值。

我们的结论是，将管理层的灵活度明确纳入考虑范围将增加项目的净现值。而且从期权定价理论中我们知道，灵活度的价值随着项目波动程度的增加而增加。

再次考察电力设施公司的例子。假设电力生产厂房的价值实际上比我们开始考虑的更易于变动。标准差不再是0.20，我们假设它为0.40。这使得投资项目更加具有吸引力，应用布莱克-斯科尔斯计算公式，我们得到该期权的价值现在为1 600万美元。因此该项目的净现值为1 000万美元，而不是早先计算的200万美元。

实际上，所有未来投资机会都可以被看成是买入期权，因为企业在投入初始必要开支之前几乎总是在等待，而且可以决定不再继续投入必要开支。企业等待的时间类似于期权的到期期限；初始必要开支类似于执行价格。同时，项目预期未来现金流的现值类似于标的股票的价格。因此，从传统角度计算出来的项目净现值类似于期权的内在价值。也就是说，如果立即执行它将价值多少。传统的净现值对项目的价值轻描淡写，因为它忽视了期权的时间价值。

快速测查 17 - 3

如果电力生产厂房价值的标准差是0.3而不是0.2，电力设施公司投资项目期权的价值是多少？

17

小 结

● 投资项目的一项极其重要的特征是管理者推迟项目开工的能力或者一旦开工扩张或放弃项目的能力。没有考虑这些管理性期权将导致对项目进行评估的分析师低估项目的净现值。

● 基于下述三项理由，认可买入期权与管理性期权之间的类似性是重要的：（1）它有助于将投资项目分析建构为一系列随时间推移与管理相关的决策；（2）它阐明了在评价项目的过程中不确定性的作用；（3）它通过应用为评价股票买入期权而发展完善的数量模型，给予我们估计项目期权价值的方法。

关键术语

递延期权　　　　放弃项目期权　　　　规模调整的期权　　　　不可逆性

问题与疑难

1. 托尼（Tony）知道在以后 5 年的任何时点，他都可以关闭一半生产设施，同时以 1 000 万美元的总价值清算财产、厂房和设备。然而，剩余的运营能力将受到不利影响，而且价值的下跌是 40%。从标的风险资产、行权价格、到期期限和波动性等角度描述所涉及的期权。

2. 在过去历史中的许多时期里，以及在众多行政管辖范围内，曾经存在约束违法高利贷，即收取过多利息的法规。考察下述绕开这种禁令的框架。假设你是一位商人，同时发现为仓库融资是必要的，但是以正利率贷款是非法的。你从投资者那里接受现金，同时作为交换提供仓库的契约。你承诺两年后按照指定价格（P 美元）回购这项财产，同时投资者也承诺在相同日期以 P 美元向你出售该仓库。如果你最初需要 50 万美元获得该仓库，同时投资者要求每年 20% 的投资收益率，P 美元应当被设定为何值？在这项计划里应设计何种期权？同时投资者将承担什么风险？

3. 商业银行从建立预先承诺的信贷额度中获得以费用为基础的大部分收入份额。为了换取以借款业务限额估算的费用，商业银行保证按照预先决定的固定利率或浮动利率发放贷款。从借款者的角度来看，他们拥有何种期权头寸？潜在的不确定性是什么？执行价格是多少？

4. 在第九局的上半局中，一人出局，三垒有人，落后 1 分的棒球队考虑执行抢分触击战术。从教练的视角来看，这一战术是一项有风险的赌博还是一项选择的权利？我们对安全性抢分触击和自杀性抢分触击的讨论重要吗？［如果不是棒球迷，网上百科可以帮助你理解这个问题。］

5. 参考 17.3 节中电力设施公司的例证。该项目的盈亏平衡的无风险利率是多少？对厂房而言，盈亏平衡的风险水平是什么？

6. 一家电影制片厂，纳迪尔（Nadir）电影生产公司，不得不决定是否以小说《星球战争》（*Planetary Wars*）为蓝本拍摄一部电影，它已经获得了该项权利。电影制片厂的专家估计这部电影的生产成本为 3 000 万美元，同时将于一年后产生的分销成本和税收的净现金流集合可望是概率为 0.5 的 6 000 万美元和概率为 0.5 的 1 000 万美元。这家电影制片厂在决定是否接受该项目的过程中使用 20% 的折现率。

a. 该项目的净现值是多少？是否接受该项目？此时首席财务官，一位工商管理硕士提出，他们没有考虑拍摄电影续集的选择权。如果该电影在票房上取得成功，那么无疑他们希望在下一年拍摄《星球战争 2》。

b. 画出该项目的决策树。

c. 假设续集的成本估计值和未来现金流的分布与原始电影相同，将拍摄续集的选择权纳入考虑范围怎样影响该项目的可取性？

d. 假设纳迪尔电影生产公司的管理人员认为这种类型的成功电影可以拥有多达三部的续集。将这项因素纳入考虑范围，该项目的净现值是多少？

7. 卡瑞布（Caribou）建筑公司拥有位于加拿大北方的一片土地，但是并不确定在所有权范围之内能否找到石油。这片土地绝对没有任何其他商业价值。现在可以用 1 000 万加拿大元钻探一口探井。公司的地质学家估计存在 80% 的可能性一口探井没有石油。如果钻井干涸，仍然存在可以在所有权范围内找到石油的某些可能性。无论该探井是成功还是失败，在下一年内都按照 1 亿加拿大元配备生产能力。该项目两个阶段的折现率都被估计为 10%。一旦生产能力得到配备，就可望永久产生相同数量的税后现金流，税后现金流的数量直到生产能力得到配备后才会知道。每年现金流的概率分布依探井的产出情况而定，并且在下表中给出。注意这些现金流开始于两年之后。

探井成功		探井失败	
现金流（万加拿大元）	概率（%）	现金流（万加拿大元）	概率（%）
1 000	25	0	60
3 000	50	1 500	30
5 000	25	3 000	10

图示该投资项目的决策树。这家企业是否应当投资于探井？基于探井产出，这家企业应当做什么？

8. 继续上述问题（问题 7）。假设正在讨论的土地在探井工作完成后的第一年末可以作为狩猎保护区以 500 万加拿大元出售，你的分析将怎样变化？出售而不是开发该土地的选择权的当前价值是多少？

9. 假设某公司拥有一个机会来投资使用电视机连接计算机的新型计算机技术。在第一阶段，为了测试这项技术的可行性，需要一笔 1 亿美元的初始必要开支。在一年后的第二阶段将需要额外的 10 亿美元投资。假设从此时的视角来看，一年后该项目的价值是一个均值为 11 亿美元的随机变量，项目的必要收益率为每年 10%。该项目的连续复利收益率的标准差为 0.2，连续复利的无风险利率为 5%。使用布莱克-斯科尔斯计算公式来帮助决定该项目是否为一项值得的投资。

10. 参考上述问题（问题 9），无风险利率的盈亏平衡点是多少？该项目风险的盈亏平衡点是多少？

11. 参考评价递延期权的章节中的例证，使用一期二项式期权定价模型评价递延厂房投资的期权的当前价值。假设投资成本 I 为 2 000 美元，该厂房产出的初始价格（P_0）为 250 美元，同时该价格在下期将上升或下降 50%，然后保持不变直至无限期的未来。假设相关的折现率为 10%。给定将投资递延一期的期权的价值，这对现在进行投资是否有意义？

12. 参考上述问题（问题 11），如果折现率降至 5%，你的答案将怎样变化？

17

延伸阅读

第 2 章

Crane, D., K. Froot, S. Mason, R. C. Merton, A. Perold, Z. Bodie, E. Sirri, and P. Tufano. *The Global Financial System: A Functional Perspective*. Boston: Harvard Business School Press, 1995.

Kohn, M. *Financial Institutions and Markets*. 2nd ed. Oxford University Press, 2004.

Merton, R. C., and Z. Bodie. "Design of Financial Systems: Toward a Synthesis of Function and Structure." *Journal of Investment Management* 3, 1st Quarter 2005.

Miller, M. *Financial Innovations & Market Volatility*. Cambridge: Blackwell, 1991.

第 3 章

Fraser, L., and A. Ormiston. *Understanding Financial Statements*, 8th ed. Upper Saddle River, NJ: Pearson Prentice Hall, 2007.

Hutton, A. "Beyond Financial Reporting: An Integrated Approach to Corporate Disclosure." *Journal of Applied Corporate Finance* 16, Fall 2004.

Penman, S. *Financial Statement Analysis and Security Valuation*, 3rd ed. New York, NY: McGraw-Hill Irwin, 2007.

Wild, J., K. R. Subramanyam, and R. Halsey. *Financial Statement Analysis*, 9th ed. New York: McGraw-Hill Irwin, 2007.

第 4 章

Fisher, I. *The Theory of Interest: As Determined by Impatience to Spend Income and Opportunity to Invest It*. 1930. New York: Augustus M. Kelley, 1965.

第 5 章

Bodie, Z. "Thoughts on the Future: Life-Cycle Investing in Theory and Practice." *Financial Analysts Journal* 59, January-February 2003.

——, D. McLeavey, and L. Siegel, ed. *The Future of Life-Cycle Saving and Investing*. Charlottesville, VA: Research Foundation of CFA Institute, 2007.

Merton, R. C. "Thoughts on the Future: Theory and Practice in Investment Management." *Financial Analysts Journal* 59, January-February 2003.

Modigliani, F., and R. Brumberg. "Utility Analysis and the Consumption Function: An Interpretation of Cross-Section Data."

Post Keynesian Economics. Ed. K. Kurihara. New Brunswick, NJ: Rutgers University Press, 1954.

第 6 章

Berk, J., and P. DeMarzo. *Corporate Finance*. Boston, MA: Pearson Addison Wesley, 2007.

Brealey, R., S. Myers, and F. Allen. *Principles of Corporate Finance*, 8th ed. New York: McGraw-Hill Irwin, 2006.

Hirshleifer, J. "On the Theory of Optimal Investment Decision." *Journal of Political Economy* 66, August 1958.

Ross, S., R. Westerfield, and J. Jaffe. *Corporate Finance*, 8th ed. New York: McGraw-Hill Irwin, 2008.

第 7 章

Campbell, J., M. Lettau, B. Malkiel, and Y. Xu. "Have Individual Stocks Become More Volatile? An Empirical Exploration of Idiosyncratic Risk." *Journal of Finance* 56, February 2001.

Fama, E. F. "Efficient Capital Markets: A Review of Theory and Empirical Work." *Journal of Finance* 25, May 1970.

——. "Efficient Capital Markets II." *Journal of Finance* 46, December 1991.

Samuelson, P. A. "Proof That Properly Anticipated Prices Fluctuate Randomly." *Industrial Management Review* 6, Spring 1965.

第 8 章

Bodie, Z., A. Kane, and A. Marcus. *Investments*. 7th ed. Boston: Irwin/McGraw-Hill, 2008.

Fabozzi, F. J., and T. D. Fabozzi, eds. *The Handbook of Fixed Income Securities*. 4th ed. Burr Ridge, Ill.: Irwin, 1995.

第 9 章

Bodie, Z., A. Kane, and A. Marcus. *Investments*. 7th ed. Boston: Irwin/McGraw-Hill, 2008.

Cornell, B., "Dividends, Stock Repurchases, and Valuation." *Journal of Applied Finance* 15, Fall/Winter 2005.

Foerster, S., and S. Sapp. "The Dividend Discount Model in the Long-Run: A Clinical Study." *Journal of Applied Finance* 15, Fall/Winter 2005.

Graham, J., and A. Kumar. "Do Dividend Clienteles Exist? Evidence on Dividend Preferences of Retail Investors." *Journal of Finance* 61, June 2006.

Miller, M., and F. Modigliani. "Dividend Policy, Growth, and the Valuation of Shares." *Journal of Business* 34, October 1961.

——, and M. S. Scholes. "Dividends and Taxes." *Journal of Financial Economics* 6, December 1978.

第 10 章

Arrow, K. J. "The Role of Securities in the Optimal Allocation of Risk Bearing." *Review of Economic Studies* 31, April 1964. Trans. of 1953 article in French.

Crouhy, M., D. Galai, and R. Mark. *The Essentials of Risk Management*. New York: McGraw-Hill Irwin, 2006.

Doherty, N. *Integrated Risk Management: Techniques and Strategies for Managing*

Corporate Risk. New York: McGraw-Hill Irwin, 2000.

Merton, R. C., and Z. Bodie. "On the Management of Financial Guarantees." *Financial Management* 21, Winter 1992.

Smithson, C., and B. Simkins. "Does Risk Management Add Value? A Survey of the Evidence." *Journal of Applied Corporate Finance* 17, Summer 2005.

第 11 章

Bodie, Z., A. Kane, and A. Marcus. *Investments*. 7th ed. Boston: Irwin/McGraw-Hill, 2008.

第 12 章

Bodie, Z. "On the Risk of Stocks in the Long Run." *Financial Analysts Journal*, May-June 1995.

——, R. C. Merton, and W. Samuelson. "Labor Supply Flexibility and Portfolio Choice in a Life-Cycle Model." *Journal of Economic Dynamics and Control* 15, 1992.

Markowitz, H. "Portfolio Selection." *Journal of Finance* 7, March 1952.

——. *Portfolio Selection: Efficient Diversification of Investments*. New York: John Wiley & Sons, 1959.

McDonald, R. *Derivatives Markets*, 2nd ed. Boston, MA: Pearson Addison Wesley, 2006.

Merton, R. C. "An Analytical Derivation of the Efficient Portfolio Frontier." *Journal of Financial and Quantitative Analysis* 10, September 1972.

——. *Continuous-Time Finance*. Rev. ed. London: Basil Blackwell, 1992.

Tobin, J. "Liquidity Preference as Behavior Towards Risk." *Review of Economic Studies* 25, February 1958.

第 13 章

Bodie, Z., A. Kane, and A. Marcus. *Investments*. 7th ed. Boston: Irwin/McGraw-Hill, 2008.

Lintner, J. "The Valuation of Risk Assets and the Selection of Risky Investments in Stock Portfolios and Capital Budgets." *Review of Economics and Statistics* 47, February 1965.

Merton, R. C. "An Intertemporal Capital Asset Pricing Model." *Econometrica* 41, September 1973.

——. "A Reexamination of the Capital Asset Pricing Model." *Studies in Risk and Return*. Eds. J. Bicksler and I. Friend. Cambridge: Ballinger, 1977.

Mossin, J. "Equilibrium in a Capital Asset Market." *Econometrica* 35, October 1966.

Ross, S. A. "Arbitrage Theory of Capital Asset Pricing." *Journal of Economic Theory* 13, December 1976.

Sharpe, W. "Capital Asset Prices: A Theory of Market Equilibrium." *Journal of Finance* 19, September 1964.

第 14 章

Brown, K.C., and D. J. Smith. *Interest Rate and Currency Swaps: A Tutorial*. Charlottesville, Va.: Institute of Chartered Financial Analysts, 1995.

Hull, J. C. *Options, Futures, and Other Derivatives*. 6th ed. Upper Saddle River,

NJ：Pearson Prentice-Hall，2005.

McDonald，R. *Derivatives Markets*，2nd ed. Boston，MA：Pearson Addison Wesley，2006.

Pritamani，M.，D. Shome，and V. Singal. "Exchange Rate Exposure of Exporting and Importing Firms." *Journal of Applied Corporate Finance* 17，Summer 2005.

第 15 章

Black，F.，and M. S. Scholes. "The Pricing of Options and Corporate Liabilities." *Journal of Political Economy* 81，May-June 1973.

Finnerty，J. "Extending the Black-Scholes-Merton Model to Value Employee Stock Options." *Journal of Applied Finance* 15，Fall/Winter 2005.

Merton，R. C. "Theory of Rational Option Pricing." *Bell Journal of Economics and Management Science* 4，Spring 1973.

——. "An Analytic Derivation of the Cost of Loan Guarantees and Deposit Insurance: An Application of Modern Option Pricing Theory." *Journal of Banking and Finance* 1，June 1977.

——. "On the Pricing of Contingent Claims and the Modigliani-Miller Theorem." *Journal of Financial Economics* 5，November 1977.

——. "Applications of Option-Pricing Theory: Twenty-Five Years Later." *Les Prix Nobel 1997*. Stockholm：Nobel Foundation. Rpt. in *American Economic Review*，June 1998.

Scholes，M. S. "Derivatives in a Dynamic Environment." *Les Prix Nobel 1997*. Stockholm：Nobel Foundation. Rpt. in *American Economic Review*，June 1998.

第 16 章

Barclay，M.，and C. Smith. "The Capital Structure Puzzle: The Evidence Revisited." *Journal of Applied Corporate Finance* 17，Winter 2005.

Berk，J.，and P. DeMarzo. *Corporate Finance*. Boston，MA：Pearson Addison Wesley，2007.

Brealey，R.，S. Myers，and F. Allen. *Principles of Corporate Finance*，8th ed. New York：McGraw-Hill Irwin，2006.

Harris，M.，and A. Raviv. "The Theory of Capital Structure." *Journal of Finance* 46，March 1991.

Merton，R. C. "On the Pricing of Corporate Debt: The Risk Structure of Interest Rates." *Journal of Finance* 29，May 1974.

Miles，J.，and R. Ezzel. "The Weighted Average Cost of Capital, Perfect Capital Markets and Project Life: A Clarification." *Journal of Financial and Quantitative Analysis* 15，September 1980.

Modigliani，F.，and M. Miller. "The Cost of Capital, Corporation Finance, and the Theory of Investment." *American Economic Review* 48，June 1958.

Myers，S. C. "Interactions of Corporate Finance and Investment Decisions: Implications for Capital Budgeting." *Journal of Finance* 29，March 1974.

Ross，S. "Capital Structure and the Cost of Capital." *Journal of Applied Finance* 15，Spring/Summer 2005.

Ross，S.，R. Westerfield，and J. Jaffe, *Corporate Finance*，8th ed. New York：McGraw-Hill Irwin，2008.

第 17 章

Amram, M., F. Li, and C. Perkins. "How Kimberly-Clark Uses Real Options." *Journal of Applied Corporate Finance* 18, Spring 2006.

Borison, A. "Real Options Analysis: Where Are the Emperor's Clothes?" *Journal of Applied Corporate Finance* 17, Spring 2005.

Coase, R. H. "The Nature of the Firm." *Economica* 4, 1937.

——. *The Firm, the Market, and the Law.* Chicago: University of Chicago Press, 1988.

Copeland, T., and V. Antikarov. *Real Options: A Practitioner's Guide.* Thomson/TEXERE, 2003.

——. "Real Options: Meeting the Georgetown Challenge." *Journal of Applied Corporate Finance* 17, Spring 2005.

Copeland, T., and P. Tufano. "A Real-World Way to Manage Real Options." *Harvard Business Review*, March 2004.

Dixit, A., and R. Pindyck. *Investment under Uncertainty.* Princeton: Princeton University Press, 1994.

Jensen, M. "Agency Costs of Free Cash Flow, Corporate Finance and Takeovers." *American Economic Review* 76, May 1986.

——, and W. H. Meckling. "Theory of the Firm: Managerial Behavior, Agency Costs, and Ownership Structure." *Journal of Financial Economics* 3, October 1976.

McDonald, R. "The Role of Real Options in Capital Budgeting: Theory and Practice." *Journal of Applied Corporate Finance* 18, Spring 2006.

Merton, R. C., and S. C. Mason. "The Role of Contingent Claims Analysis in Corporate Finance." *Recent Advances in Corporate Finance.* Ed. E. I. Altman and M. G. Subrahmanyam. Homewood, Ill.: Richard D. Irwin, 1985.

术语表

收购（acquisition） 一家企业获得针对另一家企业的控制性利益的行为。

精算师（actuaries） 在数学和统计学方面受过训练的专业人士，他们搜集并分析数据，同时估计疾病、事故以及其他诸如此类的风险的概率。

经过调整的现值（adjusted present value）计算项目净现值的一种方法，该方法将由项目的债务性融资产生的价值纳入考虑范围。

逆向选择（adverse selection） 一类激励问题，其中那些购买抵御风险的保险的人比一般人群更可能处于风险之中。

税后利率（after-tax interest rate） 支付收入所得税后赚取的利率。

阿尔法值（alpha） 证券或证券组合的平均收益率与资本资产定价模型预测的收益率之间的差额。

分期偿还（amortization） 随时间推移逐步清偿本金的过程。

分期偿还时间表（amortization schedule）展示贷款偿付额比例的表格，贷款偿付额为在贷款期内本金和利息的总和。

以年百分比表示的利率（annual percentage rate）（与有效年利率对比）拥有特定复利频率的贷款和储蓄账户的年化利率。

年度化资本成本（annualized capital cost）现值等于初始必要开支的年度现金支付。

套利（arbitrage） 为了从价格差异中获取真实利润，购买并立即出售同一资产的行为。

资产（asset） 拥有经济价值的任何东西。

资产配置（asset allocation） 选择将多少资产投资于诸如股票、债券和现金等主要资产类型。

平值期权（at-the-money option） 执行价格等于标的证券当前价格的期权。

税前利率（before-tax interest rate） 不考虑收入所得税条件下赚取的利率。

贝塔系数（beta） 一种证券的市场相关风险的衡量标准，说明当市场资产组合收益率变化时，一种证券的收益率倾向于变化多少；在资本资产定价模型中得到衡量的风险。

二项式期权定价模型（binomial option pricing model） 一种广泛使用的期权定价模型，假设每一期的标的资产仅取两种之一的可能数值。

布莱克-斯科尔斯计算公式（Black-Scholes formula） 使用最广泛的期权定价模型，以研发者布莱克和斯科尔斯的名字命名，它假定存在一个对数正态分布和复制型资产组合的持续调整。

账面价值（book value） 列示于公司官方认可的资产负债表中的资产价值。

盈亏平衡点（break-even point） 在该点处净利润或项目净现值为零的销售规模。

买入期权（call option） 给予其持有者按照特定价格在某一指定到期日当日或之前购买某种资产的权利的一项金融工具。

资本资产定价模型（capital asset pricing model） 以资产组合选择的均值-方差学说为基础的一般均衡理论。

资本利得（capital gain） 持有期内资产在市场价格上的收益。

资本损失（capital loss） 持有期内资产在市场价格上的损失。

资本资产定价模型（CAPM） 资本资产定价模型。

资本市场（capital market） 长期债务和权益性证券的市场。

资本市场线（capital market line） 资本资产定价模型中标准差与预期收益率之间的风险-收益权衡取舍线，代表所有投资者都可以得到的最佳风险-收益组合。

最高限额（caps） 保险合约中在赔付上所设置的上限。

现金预算（cash budget） 预测现金流入与流出的短期计划。

现金循环时间（cash cycle time） 一家企业必须开始向其供货商支付现金的日期与开始从客户那里得到现金的日期之间的天数。

现金红利（cash dividend） 向一家公司股东分配的现金。

现金清算（cash settlement） 以现金形式，而不是通过标的商品或证券的交割进行的远期合约或期权合约的清算。

抵押品（collateral） 作为债务保障进行抵押的资产。

抵押（collateralization） 给予贷款者一旦违约发生获取特定企业资产的权利。它被广泛地用来减少与贷款相关的激励问题。

商业银行（commercial bank） 执行两项功能——吸纳储蓄与发放贷款的金融中介。

商业贷款利率（commercial loan rate） 银行针对发放给企业的贷款索取的利率。

复利（compound interest） 为上一期赚取的利息支付的利息。

复利计算（compounding） 从现值趋向终值的过程。

置信区间（confidence interval） 拥有特定发生概率的随机变量的取值范围。

连续概率分布（continuous probability distribution） 当随机变量在其值域内可以取任意数值的时候，这项随机变量拥有这种分布。

自付金额（copayments） 被保险方必须以他自己的资源进行弥补的损失部分。

公司（corporation） 与其所有者不是同一法人实体的企业。

相关性（correlation） 两项随机变量倾向于一起移动的程度的统计衡量标准。

资本成本（cost of capital） 在计算项目净现值的过程中用来对现金流进行折现的资本化比率。

对手方（counterparty） 也被称为交易对手。处于合同对手方的交易者。

附息债券（coupon bond） 要求发行者在债券存续期内向债券持有者进行定期利息支付（被称为息票支付）的债券。

信用风险（credit risk） 一项合同的交易方将违约的风险。

当期收益率（current yield） 债券的年息票价值除以债券的价格。

决策树（decision tree） 在做出战略决策的

过程中涉及的决策序列和可能结果的图形表述。

免赔额（deductibles） 在被保险方得到来自保险方的任何偿付之前，必须用其自身资源支付的金额。

违约风险（default risk） 无法完全支付固定收益工具本金或利息的某些部分的可能性。

固定收益退休金计划（defined-benefit pension plan） 雇员的退休金收益由考虑服务年限，而且在大多数场合中考虑工资或薪水的计算公式决定的一类退休金计划。

固定缴款退休金计划（defined-contribution pension plan） 雇主进行定期缴存，雇员通常也进行定期缴存，同时受益人得到该资产的价值加上累积收益的一类退休金计划。

衍生工具（derivatives） 收益以其他资产的价格来定义的金融工具。

折现现金流分析（discounted cash flow analysis）基于未来现金流的净现值计算过程进行决策。

折现红利模型（discounted-dividend model） 将股票价值作为其预期未来现金红利的现值进行计算的任何模型。

可分散风险（diversifiable risk） 一项证券的风险部分，这种风险可以通过与其他风险资产进行组合得到消除。

分散化原理（diversification principle） 通过在风险资产之间进行分散化，投资者有时可以在不降低预期收益的条件下实现整体风险暴露程度降低的理论。

分散化（diversifying） 通过持有少量多种风险资产，而不是仅集中于一种或数种风险资产来降低风险的方法。

红利政策（dividend policy） 关于向其股东派发红利的公司政策。

红利收益率（dividend yield） 股票的美元年度红利除以股票价格，以百分比表示。

有效年利率（effective annual rate） 在利息每年仅复利一次条件下的贷款或储蓄的等同利率（与以年百分比表示的利率进行对比）。

有效市场假说（efficient markets hypothesis） 一种资产的当前价格完全反映所有关于影响资产价值的未来经济要素的公开可得信息的观点。

有效资产组合（efficient portfolio） 在特定风险水平上为投资者提供最高可能预期收益率的资产组合。

有效资产组合边界（efficient portfolio frontier） 显示投资者可以通过分散化获取的最优风险-收益组合的图形。也可参见资本市场线。

汇率（exchange rate） 以另一种货币表示的一种货币的价格。

除外责任（exclusions） 看上去可能符合保险合约的赔付条件，但是被特别排除的损失。

行权价格（exercise price） 在一项期权合约中必须为标的资产支付的价格，也被称为执行价格。

预期假设（expectations hypothesis） 资产的远期价格等于预期的未来即期价格的理论。

预期收益率（expected rate of return） 每项可能收益率的所有可能结果乘以其概率的总和。

截止日（expiration date） 一项期权可以被执行的最后日期。

外源融资（external financing） 来源于企业之外的资金，通常来自贷款者或投资者。

面值（face value） 债券到期日的已承诺现金支付。

可行计划（feasible plan） 现值小于或等于

居民户终生资源现值的生命周期支出计划。

金融学（finance） 针对在不确定的环境中人们怎样随时间推移配置资源的研究。

金融期货（financial futures） 标的资产为股票、债券或其他金融资产的期货合约。

金融性担保（financial guarantees） 抵御信用风险的保险。

金融体系（financial system） 用来签订金融合同以及交换资产与风险的市场和其他机构的集合。

固定收益工具（fixed-income instruments） 也被称为债务型工具。它们承诺在未来支付固定数额的现金。

资金流动（flow of funds） 一定时期内不同经济部门之间储蓄、投资和外源融资的流动。

远期合约（forward contract） 两个交易方之间在未来按照预先安排的价格交换某些物品的协议。

远期价格（forward price） 在合同签订之时指定的使远期合约价值为零的物品交易价格。

基本价值（fundamental value） 消息灵通的投资者在自由且具有竞争性的市场上为一项资产支付的价格。

终值（future value） 一项投资通过以复利利率赚取利息的方式增长至未来某些日期的金额。

期货合约（futures contract） 在某些有组织的交易所里进行交易的标准化远期合约。

增长型永续年金（growth perpetuity） 投资的现金流按照不变增长率增长的年金。

成长型股票（growth stock） 由于未来投资可望赚取超过市场资本化比率的收益率而拥有较高市盈率的股票。

对冲比率（hedge ratio） 一项资产组合要求的在一单位资产中所占的比例，该资产组合被设计用来复制衍生证券（例如买入期权）的支付。

对冲者（hedger） 通过放弃部分收益潜力降低其风险暴露程度的交易方。

对冲（hedging） 为降低损失暴露程度所采取的行动导致放弃了可能收益的风险转移方法。

人力资本（human capital） 未来劳动收入的现值。

即期年金（immediate annuity） 立即开始的定期现金流，就像在储蓄计划或租赁中那样。

隐含性红利（implied dividend） 可以从一项股票指数的未来价格中推断出来的红利。

隐含波动性（implied volatility） 使得观测到的期权市场价格等于使用期权定价公式计算出来的结果的波动性数值。

指数型期权（index options） 针对股票指数或任何其他经济指数的买入期权与卖出期权。

指数化（indexing） 和某些指数业绩表现保持一致的投资策略。

指数挂钩型债券（index-linked bonds） 从用于计算特定国家生活成本的商品与服务篮子的角度对利息与本金进行计价的债券。

投保（insuring） 为了规避遭受更大损失的可能性而确定支付某些金额的行为。

无形资产（intangible assets） 价值与物质形态不相关的资产。

利率套利（interest-rate arbitrage） 当违约风险保持不变时，按照较低利率借入资金，同时以较高利率贷出资金的行为。

利率的最高限价（interest-rate cap） 最大利率得到保证的利率保险政策。

利率的最低限价（interest-rate floor） 贷款

最低利率的一项担保。

内源融资（internal financing） 来源于企业内部的资金，包括留存收益、累计工资和应付款项。

跨期预算约束（intertemporal budget constraint） 一个人的终生消费支出的现值不能超过其终生资源现值的约束。

实值期权（in-the-money option） 如果当前时刻为其到期日，那么将拥有正价值的期权。

内在价值（intrinsic value） 也被称为有形价值。期权如果立即执行的虚拟价值。

投资银行（investment bank） 基本功能为帮助企业、政府和其他主体筹集资金，从而为其活动提供融资的企业。

一价定律（Law of One Price） 在竞争性市场中，如果两项资产是等价物，它们将拥有相同市场价值的观点。

负债（liability） 针对一项主体资产的任何索取权，不是所有者权益。

终身年金（life annuity） 只要购买者存活则承诺定期支付的合同。

有限责任（limited liability） 普通股的一项特征，由此如果一家企业被清盘，而且出售所得不足以清偿该企业的全部债务，那么债权人不能向股东索取更多资金弥补这项缺口。

流动性（liquidity） 一项资产可以转换成现金的相对容易程度和速度。

多头（long position） 在金融合同中被用于说明购买者的头寸状况的术语。

追加保证金（margin call） 来自经纪人或交易对手方的要求投资者增加更多抵押品的需求。

市场资本化比率（market capitalization rate） 也被称为经过风险调整的折现率。为了愿意投资于特定风险资产，匿名投资者需要的预期收益率。

市场资产组合（market portfolio） 按照在流通总市值中的比例持有全部资产的资产组合。

市场权重型股票指数（market-weighted stock indexes） 代表资产组合价格表现的一类指数，该资产组合按照在总市值中的比例持有每种股票。

到期期限（maturity） 对于固定收益工具而言，直至所借全部数量偿还完毕的时间长度。

均值（mean） 在概率分布中，每种可能收益率乘以其概率的所有可能结果的总和。

合并（merger） 两家企业成为一家单独企业的联合行为。

最小方差资产组合（minimum-variance portfolio） 拥有最低可能方差的风险资产组合。

货币市场（money market） 短期债务（短于一年）的市场。

道德风险（moral hazard） 拥有抵御某种风险的保险导致被保险方承担更大风险，或者在规避引发损失的事件中不太谨慎的情形。

按揭利率（mortgage rate） 房屋购买者为他们得到的房屋融资贷款支付的利率。

共同基金（mutual fund） 以一组投资者的名义购买，同时由专业投资公司或其他金融机构管理的股票、债券或其他资产的组合。

净现值（net present value） 一个投资项目可望增加企业现有股东财富的数量。

净值（net worth） 一项主体的资产减去负债的数值。

名义终值（nominal future value） 未经通货膨胀调整的一定金额的终值。

名义利率（nominal interest rate） 未经通货膨胀调整的利率（与实际利率对比）。

名义价格（nominal price） 以未经通货膨胀调整的某些货币表示的价格。

不可分散风险（nondiversifiable risk） 不能通过分散化消除的风险部分。

正态分布（normal distribution） 最广泛应用的连续概率分布。钟形曲线是它的特征。

资本的机会成本（opportunity cost of capital） 在被投资于拥有相同风险的其他资产的条件下，资本可以赚取的收益率。

风险资产的最优组合（optimal combination of risky assets） 和无风险资产相混合获得最有效资产组合的风险资产组合。

期权（option） 在未来按照固定价格购买或出售某种物品的权利。

普通年金（ordinary annuity） 现金流开始于当期期末而不是立即开始的年金。

虚值期权（out-of-the-money option） 如果当前时间为到期日，那么没有价值的期权。

柜台交易市场（over-the-counter markets） 也被称为场外交易市场，其中交易资产的网络没有中心集结点。

平价债券（par bonds） 拥有等于面值的市场价格的息票债券。

合伙企业（partnership） 拥有两位或更多享有企业权益的所有者的非公司企业。

支付框架图（payoff diagram） 显示衍生产品到期价值与其标的资产价格之间关系的示意图。

销售额百分比法（percent-of-sales method） 假定企业利润表和资产负债表的大部分项目及销售额的比率在下一年保持与上一年相同的计划性预测。

永久性收入（permanent income） 现值等于人力资本的不变消费支出水平。

永续年金（perpetuity） 永远持续的现金流。

资产组合选择（portfolio selection） 做出怎样对财富进行投资的决策的过程。

资产组合理论（portfolio theory） 风险管理的量化分析。

预防性储蓄（precautionary saving） 由拥有足够资金以偿付未来不可预测花费的愿望激发的储蓄。

溢价债券（premium bond） 市场价格高于其面值的债券。

现值（present value） 现在手头的金额，它在价值上等同于某些特定的未来支付。

市盈率（price/earnings ratio） 一家企业的股票价格与其每股收益的比率。

委托-代理问题（principal-agent problem） 在代理人做出的决策与委托人在知道代理人所知道的信息并且自己进行决策的条件下所做出的决策不相同时出现的情形。

概率分布（probability distribution） 说明随机变量的可能值以及相关概率的集合的统计学术语。

购买力平价（purchasing power parity） 对汇率进行调整从而在不同货币区域保持代表性商品与服务篮子的经过通货膨胀调整的价格相同的理论。

纯粹折现债券（pure discount bonds） 也被称为零息债券。承诺在被称为到期日的某一日期一次性支付现金的债券。

卖权（put） 以固定价格卖出一个指定项目的权利。

卖出期权（put option） 给予持有者在某一特定到期日当日或之前按照指定价格出售某些资产的权利的金融工具。

卖出期权-买入期权平价关系式（put-call parity relation） 卖出期权价格、买入期权价格、标的证券价格和行权价格现值之间的价格关系。

资本收益率（rate of return on capital） 以每年百分比表示的资本生产能力。

实际终值（real future value） 依照通货膨胀进行调整的终值。

实际利率（real interest rate） 依照通货膨胀进行校正的利率。

实际利率平价（real interest-rate parity） 无风险贷款的预期实际利率在全世界范围都相同的理论。

实际价格（real price） 依照通货膨胀的影响进行校正的价格。

再投资利率（reinvestment rate） 在多于一期中投资的资金可以进行再投资的利率。

剩余索取权（residual claim） 由普通股代表的索取权类型，其中普通股的所有者有权在偿付所有其他金融义务后得到该企业剩余的任何资产。

风险规避（risk aversion） 一种为降低风险暴露程度某人愿意支付成本的行为。

风险暴露（risk exposure） 风险来源影响主体福利的程度。

风险管理（risk management） 进行降低风险的成本-收益的权衡取舍，并且决定将采取的做法的过程。

经过风险调整的折现率（risk-adjusted discount rate） 也被称为市场资本化比率，是使投资者愿意投资该股票所要求的预期收益率。

风险管理过程（risk-management process） 分析并解决风险的系统化尝试。

证券市场线（security market line） 在资本资产定价模型中，说明任何资产的风险溢价都等于其贝塔系数乘以市场资产组合风险溢价的关系式。

自我融资性投资策略（self-financing investment strategy） 在没有后续现金注入的条件下，仅需要初始必要现金开支的投资策略。

敏感性分析（sensitivity analysis） 一种检验项目价值的方法，即使某些标的变量被证实不同于原本的假设。

股票回购（share repurchase） 公司向其股东分配现金的方法，其中公司在股票市场中支付现金来购买自己的股票，因此减少了流通股的数量。

空头（short position） 在一项金融合同中被用于说明出售者的头寸状况的术语。

单利（simple interest） 利率乘以初始本金，不包括利息的利息。

独资企业（sole proprietorship） 资产与负债为所有者的私人资产与负债的企业。

投机者（speculator） 希望增加财富而持有提升风险暴露程度的头寸的投资者。

即期价格（spot price） 在远期合约中为立即交割的物品指定的价格。

即期价格-期货价格平价关系（spot-futures price-parity relation） 期货价格、即期价格和无风险利率之间的关系。

价差（spread） 两种资产价格或收益率之间的差额。

标准差（standard deviation） 用来衡量股票收益率的概率分布波动性的最广泛的统计术语。标准差越大，股票的波动性也越大。

策略（strategy） 在做出当前决策的过程中考虑未来决策的规划。

执行价格（strike price） 期权合约中指定的固定价格，也可以参见行权价格。

可持续增长率（sustainable growth rate） 企业所有者权益的增长率。企业无法比可持续增长率增长得更快。

互换合约（swap contract） 两个交易方之间在特定时期的指定区间交换一系列现金流

的合同。

协同（synergy） 两家企业的组合行为，该行为导致组合企业的营运资产价值超过两家企业分别持有的营运资产价值。

时间线（time line） 用于分析现金流的时机选择的示意图。

时间价值（time value） 如果当前时间为到期日，期权价格与期权价值之间的差额。

货币的时间价值（time value of money） 一种基本观念，现在手头给定金额的价值大于未来得到相同金额的索取权的价值。

交易成本（transaction cost） 伴随着销售过程的成本，包括运输成本、搬运成本、保险成本和经纪费用。

三角套利（triangular arbitrage） 涉及三种货币的套利交易。

记账单位（unit of account） 计价支付的手段，通常是货币（例如美元、法郎和日元），有时是黄金或白银，抑或是商品和服务的某些标准化篮子。

波动性（volatility） 一项经常使用的资产风险性衡量标准，与可能收益率的范围以及发生的可能性有关。在期权交易中，就像在隐含波动性中那样，与标准差等同使用。

加权平均资本成本（weighted average cost of capital） 使用权益资本成本的加权平均值以及税后债务成本计算项目净现值的方法。权重是权益和债务的市场价值在投资现值中所占的比重。

营运资本（working capital） 企业流动资产与流动负债之间的差额。

收益率曲线（yield curve） 描述固定收益工具的承诺利率（收益率）之间关系的曲线，这些固定收益工具的风险和到期期限是给定的。

收益率价差（yield spread） 两种金融工具之间的收益率差额。

到期收益率（yield to maturity） 使债券的已承诺现金支付流的现值等于债券价格的折现率，即债券的内部收益率。

译后记

很早以前就拜读过兹维·博迪和罗伯特·C. 默顿的《金融学》的第一版，当时就深深折服于作者深邃的学术思想以及明快的行文风格。此次有机会翻译它的第二版，又一次领略了大师的风采。现在把翻译过程中的一些感想和体会记录如下，就当做译后记吧。

我认为本书被全世界的许多顶尖高校采用并得到广大读者的青睐是有一定道理的。首先，本书构建了一个全新的统一分析框架，这个分析框架几乎囊括了金融领域所涉及的全部问题。这种处理方式的好处是从整体的角度为读者提供了金融领域的全景式描述，从而便于读者根据自己的喜好自行选择感兴趣的内容。也就是所谓的"师傅领进门，修行靠个人"。从这个意义上说，本书是一本很好的入门教材。这种处理方式的另一个好处是这种统一的分析框架给出了金融领域各个组成部分之间的逻辑联系，而这种逻辑联系正是学科本身的建构基础，通过掌握这种逻辑联系，读者完全可以事半功倍。这也是本教材的特色之一。

其次，本书鲜明地提出了从功能视角出发划分金融体系的观点。这种观点实际上阐明了金融体系在社会经济中的作用，既为资源配置提供了便利，也为提升金融体系的运行效率设定了标准。当今金融领域的大部分问题，甚至金融危机都可以从金融体系的运行效率中找到原因。更为重要的是，金融体系存在的终极目的是通过运行提高社会资源配置的效率，因此从功能的视角对金融体系进行划分，有利于从系统的角度动态地研究金融体系的运行。

最后，本书的行文风格说明了大师之所以是大师的原因。作者并没有用艰深晦涩的语言说教浅显的问题，而是用简洁明快的语言阐述金融学的相关理论，一路娓娓道来，使读者不知不觉就步入金融学的殿堂，颇有"听君一席话，胜读十年书"的感觉。正如萨缪尔森所说，优秀的教材就像优质的葡萄酒那样需要很长的酝酿时间。大量专栏和图表的采用为读者提供了丰富的背景知识并预留了进一步探究的空间。

在撰写译后记的此刻，我心里充满了忐忑。翻译讲究"信、达、雅"，我深知距离这个标准还差得很远。如果我们的翻译影响了大家的阅读，我在此向大家表示歉意。同时也欢迎大家就金融学以及翻译的相关问题与我交流。此外，本书译稿初步完成之后，李桂君老师提供了一些翻译方面的修改意见，在此表示感谢！

曹　辉

中国人民大学出版社经济类引进版教材推荐

双语教学用书

　　为适应培养国际化复合型人才的需求，中国人民大学出版社联合众多国际知名出版公司，打造了"高等学校经济类双语教学用书"，该系列聘请国内外著名经济学家、学者及一线教师进行审核，努力做到把国外真正高水平的适合国内实际教学需求的优秀教材引进来，供国内外读者参考、研究和学习。

　　中国人民大学出版社将陆续修订出版该系列丛书中的经典之作，以飨读者。想要了解更多图书具体信息，可扫描下方二维码。

 高等学校经济类双语教学用书书目

经济科学译丛

　　20世纪90年代中期，中国人民大学出版社推出了"经济科学译丛"系列丛书，引领了国内经济学汉译的第二次浪潮。"经济科学译丛"出版了上百种经济学教材，克鲁格曼《国际经济学》、曼昆《宏观经济学》、平狄克《微观经济学》、博迪《金融学》、米什金《货币金融学》等顶尖经济学教材的出版深受国内经济学专家和读者好评，已经成为中国经济学专业学生的必读教材。

　　中国人民大学出版社将陆续修订出版该系列丛书中的经典之作，以飨读者。想要了解更多图书具体信息，可扫描下方二维码。

 经济科学译丛书目

金融学译丛

　　21世纪初，中国人民大学出版社推出了"金融学译丛"系列丛书，引进金融体系相对完善的国家最权威、最具代表性的金融学著作，将实践证明最有效的金融理论和实用操作方法介绍给中国的广大读者，帮助中国金融界相关人士更好、更快地了解西方金融学的最新动态，寻求建立并完善中国金融体系的新思路，促进具有中国特色的现代金融体系的建立和完善。

　　中国人民大学出版社将陆续修订出版该系列丛书中的经典之作，以飨读者。想要了解更多图书具体信息，可扫描下方二维码。

 金融学译丛书目

图书在版编目（CIP）数据

金融学：第二版/（美）兹维·博迪，（美）罗伯特·
C. 默顿，（美）戴维·L. 克利顿著；曹辉，曹音译. --
北京：中国人民大学出版社，2025.1
（经济科学译丛）
ISBN 978-7-300-32815-7

Ⅰ. ①金…　Ⅱ. ①兹…　②罗…　③戴…　④曹…　⑤曹
…　Ⅲ. ①金融学　Ⅳ. ①F830

中国国家版本馆 CIP 数据核字（2024）第 104220 号

"十三五"国家重点出版物出版规划项目
经济科学译丛

金融学（第二版）

兹维·博迪　罗伯特·C. 默顿　戴维·L. 克利顿　著
曹　辉　曹　音　译
刘　澄　曹　辉　校
Jinrongxue

出版发行	中国人民大学出版社		
社　　址	北京中关村大街 31 号	邮政编码	100080
电　　话	010 - 62511242（总编室）	010 - 62511770（质管部）	
	010 - 82501766（邮购部）	010 - 62514148（门市部）	
	010 - 62515195（发行公司）	010 - 62515275（盗版举报）	
网　　址	http://www.crup.com.cn		
经　　销	新华书店		
印　　刷	涿州市星河印刷有限公司		
开　　本	787 mm×1092 mm　1/16	版　　次	2025 年 1 月第 1 版
印　　张	31.5 插页 2	印　　次	2025 年 1 月第 1 次印刷
字　　数	656 000	定　　价	108.00 元